Het ingewikkelde universum
Boek Een

Dolores Cannon

Vertaald door:
Philomène Kerremans

©2001 Dolores Cannon
Eerste oplage door Ozark Mountain Publishing, Inc.-2001
Eerste Vertaling in het Nederlands-2022

Alle rechten voorbehouden. Geen deel van dit boek, gedeeltelijk of geheel, mag worden gereproduceerd, overgedragen of gebruikt op enigerlei welke wijze, elektronisch, fotografisch of mechanisch, foto-kopie, opname, of bij enigerlei informatieopslag en terughaal systeem zonder schriftelijke toestemming van Ozark Mountain Publishing Inc. Uitgezonderd zijn korte quotes in de vorm van een literair artikel en recensies.

Voor toestemming, serialisering, condensatie, adaptatie, of voor het verkrijgen van onze catalogus van andere publicaties, schrijf naar Ozark Mountain Publishing, Inc, P.O. box 754, Hunstville AR 72740, ATTN: Persmission Department.

Library of Congres Catalogiging Publications Data
Cannon, Dolores 1931-2014
Het ingewikkelde universum door Dolores Cannon
   Het vervolg op The Custodians biedt metafysische informatie
verkregen door talrijke onderwerpen door hypnotische regressie van vorige levens.
1. Metafysica 2. Therapie uit vorige levens 3. Hypnose 4. Reïncarnatie
I. Cannon, Dolores, 1931-2014 II. Hypnose III Metafysica IV. Title

ISBN: 978-1-956945-41-6

Illustratie en vormgeving: Victoria Cooper Art
Boek in: Times New Roman
Vertaald door: Philomène Kerremans
Boekontwerp: Nancy Vernon
Uitgegeven door:

PO Box 754, Huntsville AR 72740
WWW.OZARKMT.COM
geprint in de VS

99,9999% VAN WAT ONZE REALITEIT BEÏNVLOEDT, ZAL NIET DETECTEERBAAR ZIJN DOOR ONZE ZINTUIGEN. DE MENS MOET LEREN VOOR ZICHZELF TE DENKEN, IN PLAATS VAN BLINDELINGS TE VOLGEN WAT HEM IS GELEERD.

-- Buckminster Fuller

DE GRENZEN VAN HET MOGELIJKE KUNNEN ALLEEN WORDEN GEDEFINIEERD DOOR ER VOORBIJ TE GAAN IN HET ONMOGELIJKE.

--Arthur C. Clarke

INHOUDSTAFEL

Introductie	i
DEEL I – OP ZOEK NAAR DE LEERLING	
Hoofdstuk 1: Linda en Bartholomeus ontmoeten	3
Hoofdstuk 2: De lessen beginnen	32
Hoofdstuk 3: De energie apparaten	58
DEEL II – VERDERZETTING OP DE CUSTODIANS	
Hoofdstuk 4: De weggelaten transcripties	81
Hoofdstuk 5: De planeet als opslag van kennis	131
DEEL III – AARDSE MYSTERIES	
Hoofdstuk 6: Atlantis	159
Hoofdstuk 7: Het mysterie van de pyramides	241
Hoofdstuk 8: Onverklaarbare mysteriën	268
DEEL IV -VIBRATIES, FREQUENCIES EN NIVEAUS	
Hoofdstuk 9: Het ontwaken	327
Hoofdstuk 10: De Plek die we "thuis"noemen	350
DEEL V: METAFYSICA OF KWANTUMFYSICA	
Hoofdstuk 11: Parallelle universums	399
Hoofdstuk 12: De energie en de assistenten	439
Hoofdstuk 13: Het gebruik en de manipulatie van energetische kracht	481
Hoofdstuk 14: De transformatie van het menselijk lichaam	514
Hoofdstuk 15: De Mechanische Persoon	562
Hoofdstuk 16: De Goddelijke bron	584
Over de auteur	599

Introductie

Het wordt ten zeerste aanbevolen dat u Eerst De Bewaarders leest voordat u de informatie in dit boek aanpakt. Dit is een vervolg op dat boek. The Custodians was een verslag van mijn werk aan UFO/ontvoeringszaken sinds 1986 en behandelt mijn vooruitgang van eenvoudig naar zeer complex. Ik ontdekte dat ontvoeringen en waarnemingen het topje van de ijsberg waren. Naarmate mijn werk vorderde kreeg ik steeds meer ingewikkelde informatie. Tegen de tijd dat dat boek was samengesteld, realiseerde ik me dat het te groot was en informatie bevatte die afweek van UFO's naar zeer complexe metafysica. Dat was toen ik besloot om wat informatie uit dat boek te verwijderen om in een nieuw boek te worden gestopt met meer gecompliceerde theorieën. Dit is het boek dat daaruit voortkwam.

Ik ga er (misschien ten onrechte) van uit dat tegen de tijd dat de lezer dit punt in mijn werk heeft bereikt, ze bekend zullen zijn met mijn achtergrond als onderzoeker naar het paranormale door het gebruik van hypnose. Mijn wortels in hypnose gaan terug tot in de jaren 1960 toen ik begon te werken in hypnose met behulp van de oudere methoden. Na het opvoeden van een gezin keerde ik in 1979 terug naar hypnose. Ik wilde me toen concentreren op regressie uit het vorige leven en therapie in het verleden, dus bestudeerde ik de nieuwe inductiemethoden die sneller waren en gebruikte ik beelden en visualisatie. In de loop der jaren van therapie en onderzoek heb ik mijn eigen techniek ontwikkeld die uitsluitend gebruik maakt van de somnambulistische staat van trance. Dit is de methode waarmee ik in staat ben om een enorme schat aan informatie aan te boren door rechtstreeks met het onderbewustzijn te communiceren.

Naarmate mijn werk vorderde, maakten andere entiteiten vaak gebruik van de diepe trancetoestand om via mijn onderwerpen te communiceren. Dit gaat na meer dan 20 jaar nog steeds door en er komt nog steeds meer informatie naar buiten. Dit zal in toekomstige boeken worden opgenomen. Ik kreeg te horen dat ik geslaagd was voor de tests en dat ik de antwoorden zou mogen hebben op alle vragen die ik wilde stellen. Dit kwam omdat ik trouw was gebleven aan het materiaal en het niet had gecensureerd of veranderd. Ik beschouw mezelf als de verslaggever, de paranormale onderzoeker en onderzoeker van "verloren" kennis. De zoektocht is dus eindeloos.

De lezer zal in mijn werk opmerken dat de andere entiteiten de woordenschat in de geest van het onderwerp gebruiken en dit gebruiken om vaak analogieën te leveren in een poging om het onverklaarbare te verklaren op een manier die mensen kunnen begrijpen. Zo gebruiken ze vaak woorden die niet correct Engels zijn. Ze zullen woorden maken van de dichtstbijzijnde zelfstandige naamwoorden en werkwoorden die ze in de geest van het onderwerp kunnen vinden. Hoe het ook wordt gedaan, het werkt en we kunnen begrijpen ...

~ Dolores Cannon

DEEL I

OP ZOEK NAAR DE LEERLING

Hoofdstuk 1
Linda en Bartholomeus ontmoeten

Ik was aanvankelijk van plan om Linda's verhaal op te nemen in The Custodians, maar dat boek groeide zo groot dat ik dit gedeelte moest verwijderen. De predestinatie van het ontmoeten en uiteindelijk werken met Linda had veel vreemde en ongewone ondertonen. Onze eerste ontmoeting was tijdens mijn eerste lezing in Little Rock, Arkansas, in de zomer van 1989. Het eerste deel van Conversations With Nostradamus was gedrukt en ik begon de promoties door lezingen te geven en boekondertekeningen te doen in mijn eigen achtertuin, om het zo maar te zeggen. Na mijn lezing was Linda een van de vele mensen die een boek kocht en in de rij stond om een handtekening te halen. Toen ik haar exemplaar ondertekende, overhandigde ze me haar visitekaartje en zei dat als ik ooit iemand wilde om mee te werken, ze beschikbaar zou zijn. Ze leek zelfbewust en zei op dat moment niet meer. Andere mensen gaven me ook hun kaarten, of schreven hun namen en contactgegevens op stukjes papier. Sommige van hun opmerkingen gaven aan dat ze dachten dat ze UFO-ontmoetingen hadden gehad. Ik maakte aantekeningen op deze kaarten en beloofde ze eerst terug te krijgen, omdat ik op dat moment UFO-onderzoeken uitvoerde met Lou Farish in Arkansas. Ik realiseerde me al snel dat het onmogelijk zou zijn om alle anderen te ontmoeten.

In het verleden probeerde ik altijd te werken met iedereen die een hypnotiserende regressie van vorige levens wilde, omdat ik niet wist welk belang het voor hen zou kunnen hebben. Nadat mijn eerste boek was gepubliceerd, begon het bombardement en ik besefte al snel dat de dingen niet meer zo eenvoudig zouden zijn. Mijn leven zou nooit meer terugkeren naar die langzamere normale stijl. Er was geen manier waarop ik al deze mensen kon ontmoeten en met hen kon praten, laat staan dat ik ze kon terugbrengen. Ik nam aan dat de meerderheid van hen gewoon nieuwsgierigheidszoekers waren, op zoek naar de ervaring in plaats van antwoorden op problemen in hun leven. Ik stopte de kaarten en stukjes papier in mijn tas en was volledig van plan om een serieuze poging te doen om contact met hen op te nemen als het enigszins mogelijk was. Linda's kaartje zat daar tussen. Ik raakte al snel verstrikt in te veel gebeurtenissen om terug te komen met Linda en de anderen. In die tijd was ze geen individu, maar een wazig gezicht in een menigte, een van de velen.

Een paar maanden later keerde ik terug naar Little Rock voor een nieuwe lezing en had ik mijn eerste sessie met Janice. Ik deed een speciale poging om haar te zien omdat ze vermoedde dat ze een UFO-ervaring had, en ik ontdekte al snel dat haar zaak verder onderzoek rechtvaardigde. Ik regelde dat ik met haar zou werken elke keer dat ik die lange vier uur durende rit naar Little Rock maakte. (Het verhaal van de verbazingwekkende dingen die we ontdekten, werd gerapporteerd in The Custodians en het tweede deel van dit boek.)

Bij toeval ontdekte ik dat Linda een vriendin van Janice was, en ze zei dat Linda teleurgesteld was dat ik nooit meer bij haar was teruggekomen. Ik legde de situatie uit aan Janice: dat ik overspoeld werd met verzoeken, die nu telefonisch en per brief binnenkwamen. Ik was heel selectief geworden in het kiezen van degenen met wie ik tijd zou hebben om mee te werken. Omdat Janice zei dat Linda heel graag met me wilde afspreken, plande ik met tegenzin een afspraak tijdens mijn volgende reis naar Little Rock in de winter van 1989. Ik was terughoudend omdat ik wist dat ik het erg druk zou hebben. Ik had naast een lezing verschillende sessies gepland en ik wist uit eerdere ervaring dat er ook mensen zouden zijn die de hele nacht op wilden blijven om te bezoeken. Hoewel ik bang was dat ik mezelf zou overladen met te veel nieuwsgierige zoekers, stemde ik uit respect voor Janice ermee in om Linda te zien. Ik had zeker niet verwacht dat er iets uit de sessie zou komen, zeker geen lopende relatie.

Elke keer als ik naar Little Rock reisde, verbleef ik bij mijn vriendin, Patsy, en ze stond me toe om afspraken te maken voor regressies bij haar thuis. Er was altijd privacy omdat Patsy aan het werk was. Toen Linda aankwam zaten we in Patsy's woonkamer en praatten. Ze was een aantrekkelijke vrouw, waarschijnlijk in de 40. Mooi gekleed, haar haar aantrekkelijk gerangschikt, leek ze niet het type te zijn (als er zoiets bestaat als een type) om regressie van vorige levens te willen verkennen. Ze was een zakenvrouw die haar eigen dierenwinkel runde. De meeste van haar kinderen waren volwassen en hadden het huis verlaten om hun eigen leven na te streven. Rustig en zacht gesproken, niet het type om lui dromen of fantaseren aan te moedigen, leidde ze een druk vol leven.

Toen ze hoorde van mijn eerste lezing voelde ze een overweldigende impuls om aanwezig te zijn, ook al had ze niet echt zoveel interesse in Nostradamus. Ze zei dat ze opgewonden was op de avond van de lezing, met een grote verwachting, hoewel ze niet kon begrijpen waarom. Terwijl ze tijdens het gesprek in het publiek zat, vertelde ze haar man dat ze een oncontroleerbare drang had om met mij te praten. Hoewel de drang bijna overweldigend was, aarzelde ze om me te benaderen. Na de lezing stond ze in de rij mensen te wachten op handtekeningen, discussiërend of ze wel of niet iets moest zeggen. Ze was bang voor hoe het zou klinken. Haar man moedigde haar aan; zeggende dat als ze er zo'n sterk gevoel bij had, ze door moest gaan. Maar toen het moment daar was, kon ze me alleen haar kaart overhandigen en zeggen dat ze graag met me wilde werken. Natuurlijk wist ze op dat moment niet hoe vaak ik dat verzoek die dag had gehoord. Ons gesprek was heel kort en toen ze de aula verliet stopte ik haar kaart met de anderen in mijn tas. Ik vergat het incident totdat het lot ons samenbracht in Patsy's woonkamer.

Toen ik Linda vroeg naar haar redenen om de hypnotische regressie te willen hebben, kon ze het me niet vertellen. Ze was niet op zoek naar het antwoord op een probleem, noch nieuwsgierig naar vorige levens. Het was een dwang die haar niet alleen wilde laten, en ze voelde dat er iets was dat ze me moest geven, maar had absoluut geen idee wat het was. Omdat mijn werk Nostradamus betrof, dacht ze vaag dat het misschien iets met hem te maken had. Ik werkte al met verschillende mensen aan de afronding van dat project, wat resulteerde in nog twee delen van Conversations With Nostradamus. Ik had echt geen nieuwkomer nodig, zeker niet eentje die vier uur verderop woonde. Ze had geen kennis van de andere projecten waar ik bij betrokken was, dus wist helemaal niet waarom ze daar was.

Ik zuchtte, denkend dat de regressie waarschijnlijk een eenvoudig, alledaags vorig leven zou blijken te zijn met geen ander belang dan voor haar. Ik had er de afgelopen dagen veel van uitgevoerd en ik had echt geen zin om er nog een te doen. Ik was herstellende van een zere keel en mijn energie was de hele reis laag geweest. Hoewel moe, wist ik dat ik de sessie voor haar moest doen. Toen we begonnen verwachtte ik helemaal niets, en was al snel aangenaam verrast en volledig overrompeld. Het was weer een voorbeeld van iets doen zonder verwachtingen en ontdekken dat het podium werd bepaald door krachten buiten mijn controle.

Ik gebruikte mijn normale hypnotische inductiemethode die Linda in een vorig leven zou plaatsen. Toen ze het toneel betrad, was haar stem zo ontspannen en stil dat het moeilijk was om te horen. Ik wist uit ervaring dat haar stem luider zou worden naarmate we praatten. Ze zag bladeren op de grond en wist dat ze in een bos was, maar was verrast om te zien dat haar lichaam dat van een man was. Ze droeg laarzen die tot haar knieën kwamen en een shirt met lange mouwen. Haar beschrijving was van een jonge twintiger met lang bruin golvend haar en een baard en snor. Zijn ogen waren priemdend blauw. Hij was bezig met het hakken van hout in het bos in de buurt van waar hij woonde. Dit leek Linda te verbazen. "Ik krijg het gevoel dat ik dit eigenlijk niet hoef te doen. Andere mensen zouden het voor me doen. Maar ik doe het graag, omdat ik alleen ben en ik hou van het gevoel en de opwinding van het werk."

Ik stelde haar voor om de plek te zien waar ze woonde. "Het is een kasteel, met een ophaalbrug en vlaggen die op de top van de muren wapperen. Mijn vader is de koning."

D: Dan hoef je toch echt geen hout te hakken?
L: Nee, maar het is wel leuk. Het geeft me een goed gevoel. (Rustig) Mensen denken dat ik gek ben.
D: Waarom denken ze dat?
L: Omdat ik graag werk. Ik hou niet van het leven van de rechtbank. Het is zo oppervlakkig. Wanneer je met je handen werkt, voel je een gevoel van voldoening dat niets anders je kan geven.

Zijn naam was Bartholomeus en hij woonde in het kasteel met zijn familie en vele, vele andere mensen, waaronder bedienden. "Het is best een grote gemeenschap. Ze leven allemaal binnen de muren."

D: Je wordt tenminste niet eenzaam, toch?
L: O, ja. Ze geven niet om mij. Ze kennen mijn interesse voor leren niet. Ze geven niet om kennis. Ik ben gelukkig op mijn eigen manier.

De situatie in zijn land was niet vreedzaam. Er was gevaar en ze moesten dicht bij de kasteelmuren blijven.

L: De boeren willen dat niet. Ze worden niet goed behandeld. En dus kun je niet zonder escorte naar buiten.
D: *Wat vindt je vader van de manier waarop de mensen zich gedragen?*
L: Het is zijn schuld. Erg aardig is hij niet. Hij probeert hen niet te helpen. Hij gebruikt ze alleen voor zijn bestwil
D: *Je zei dat je geïnteresseerd was in kennis. Heb je een bepaald soort kennis die je graag bestudeert?*
L: Ja. Ik bestudeer graag de sterren. Het universum. En daarom denken mensen dat ik gek ben.

Natuurlijk ging ik ervan uit dat hij het over astronomie of astrologie had.

D: *Hoe nemen anderen de sterren waar in jouw periode?*
L: Als fonkelende kleine stukjes van de maan.
D: *Zijn er niet andere mensen in jouw tijd die graag de sterren bestuderen?*
L: Slechts één. Hij is mijn vriend.
D: *Is hij degene die je heeft geholpen om deze dingen te leren?*
L: Ja. Hij weet het. Hij is niet van hier. Maar hij is heel oud en binnenkort zal hij me verlaten.
D: *Maar misschien kan hij zijn kennis doorgeven.*
L: Ja, dat is wat hij op dit moment doet. En het is een hele grote verantwoordelijkheid die ik moet dragen als hij weggaat. Dan wordt het de mijne. Ik moet het leren en doorgeven, zodat het niet zal sterven en verloren zal gaan. Het mag niet verloren gaan.
D: *Wat voor soort kennis van de sterren is het?*
L: Het is de kennis van het universum. Heel Gods schepping, niet alleen van deze aarde. Maar van vele, vele, vele universa en sterren die zo ver weg zijn dat wij mensen ons niet eens kunnen voorstellen waar ze zijn. Deze man met wie ik studeer is op veel plaatsen geweest en hij is hier gekomen om mij deze kennis te schenken in de hoop dat mijn geest het zal doorgeven aan de toekomstige mensen die zullen komen, zodat ze niet bang zullen zijn.
D: *Je zei dat de oude man ergens anders vandaan kwam?*
L: Ja, hij kwam uit de Pleiaden.

D: Dat deed hij?

Nu was mijn interesse gewekt. Dit was geen eenvoudige regressie.

D: Waar is dat?

Ik wist dat het een sterrenbeeldvorming was, maar ik wilde zien wat hij zou zeggen.

L: Het is ... in de Melkweg. Heel ver van hier.
D: Lijkt dat niet onmogelijk?
L: Nee. Hij kwam hier op een lichtstraal ... (verbaasd) wat voor mij heel moeilijk te begrijpen is.
D: Ik denk het wel. Toen je deze man voor het eerst ontmoette, vond je deze ideeën moeilijk te geloven?
L: Nee. Ik wist dat ze zo waren. Er zijn veel dingen die geschapen zijn die wij mensen niet begrijpen. We kunnen alleen maar voelen dat ze zo zijn, in ons hart.
D: Hoe ziet deze man eruit?
L: Hij is heel oud. Hij is voorovergebogen, heeft wit haar en draagt een gewaad. Een heel gewone oude, oude man.
D: Waar woont hij?
L: Ik weet het niet. Hij komt gewoon naar me toe. Waar ik ook ben, hij komt gewoon naar me toe.
D: Hoe kan hij dat?
L: Ik weet het niet. Eerst dacht ik dat hij magisch was, maar ik denk niet dat dat klopt. Ik denk dat hij krachten heeft die ik me op dit moment niet kan voorstellen, omdat mijn intellect niet geavanceerd genoeg is om te begrijpen.
D: Hoe wordt magie bekeken door de gemiddelde persoon in jouw periode?
L: Het is een manier van leven hier. Er zijn tovenaars, maar die zijn nep. Mijn vader hecht veel waarde aan deze mensen. Ze zijn niet wie ze zeggen dat ze zijn.
D: Het lijkt erop dat hij geïnteresseerd zou zijn in je vriend.
L: Nee, want ik kan ze niet van deze man vertellen. Zijn bestaan zou bedreigd worden.
D: Studeer je al heel lang met deze man?
L: Ik studeer nu vijf jaar. Ik was... Twintig.

D: *Wat dacht je toen hij voor het eerst bij je kwam?*
L: Ah! Ik dacht: "Waarom ik? Ik heb vrede nodig. Ik heb dit niet nodig." (Haalt herinneringen op) Ik zat in het bos onder een boom en dacht na over mijn leven. En toen ik mijn ogen opendeed, stond hij recht voor me. Ik vroeg hem wie hij was. En hij zei tegen mij: "Ik ben van heel ver gekomen om je dingen te leren die je je niet kunt voorstellen." Dus ik zei tegen hem: "Wat maakt dat je denkt dat ik deze dingen wil leren?" En hij zei tegen mij: "Omdat het voorbestemd is om te zijn. En daardoor leer je ze wel."
D: *Alsof je geen keuze had.*
L: Dat is wat ik tegen hem zei. "Ik zal doen wat ik verdomd goed behaag." En hij zei tegen mij: "Ja, en je zult alsjeblieft leren."
D: *Hij klinkt als een interessante man. (Ze grinnikte.) Heeft het erg lang geduurd om je te overtuigen?*
L: Nee. Ik wist in mijn hart dat dit zo was.
D: *Ook al was het vreemd. En hij komt nu al zo'n vijf jaar, waar je ook bent?*
L: Ja. Bijna elke dag. Hij laat me niet vaak rusten, want er is zoveel dat ik moet weten. Hij vertelde me dat als hij me verlaat, ik een wonderkind moet vinden dat veel jonger is dan ik. En zo zal de kennis leven. Ik kan dit materiaal niet opschrijven.
D: *Waarom niet?*
L: Vanwege de gevaren van vernietiging. Het moet een levende kennis zijn die van generatie op generatie wordt doorgegeven. En alleen uitverkorenen mogen deze kennis hebben. Ik voel me erg dankbaar en gelukkig om de uitverkorene te zijn in mijn tijd.
D: *Het is een grote verantwoordelijkheid.*
L: Het is een grote eer, maar toch voel ik dat het gewicht van deze eer heel hard op mijn ziel drukt.
D: *Dan moet je onthouden wat hij zegt en het niet opschrijven?*
L: Nee, ik kan het niet opschrijven. Het zal worden opgeslagen in mijn intellect, en wanneer ik mijn wonderkind vind, zal het allemaal worden herinnerd, als bij toverslag. Het zal in de juiste volgorde komen, zodat dit wonderkind precies de kennis zal begrijpen die hij moet hebben. En dan slaat hij het net als ik op. Het mag niet geschreven worden.
D: *Denk je niet dat het gevaar bestaat dat je er iets van vergeet?*
L: Nee. Het intellect is zeer groot. Mensen begrijpen het intellect niet.

D: *Is er niet het gevaar, als het van de ene generatie op de volgende wordt doorgegeven, dat er vervorming kan zijn?*
L: Nee, want er is iets dat het intact houdt in het intellect.
D: *Ik denk aan hoe mensen zijn. Ze veranderen informatie over lange perioden.*
L: Maar dit wordt op een heel speciale plaats opgeslagen en kan alleen op het juiste moment worden gebruikt. Ik kan dit met niemand naar believen bespreken. Het wordt alleen op het juiste moment besproken en dan wordt dat deel van het intellect aangeboord voor de informatie.
D: *Maar is het goed als je met mij over deze dingen praat? (Ja) Omdat ik geen bedreiging voor je vorm?*
L: Dat klopt.
D: *Kwam hij speciaal om u te zien of leefde hij op aarde?*
L: Hij kwam alleen voor mij. Ik denk niet dat anderen hem kunnen zien. Anderen horen me tegen hem praten en daarom vinden ze me gek. Ze zien hem niet.
D: *Dat zou verwarrend zijn, nietwaar?*
L: Ja, maar dat is oké. Ik weet dat ik niet gek ben. We zijn erg geïsoleerd waar ik woon. Er zijn niet veel mensen in dit gebied. We leven heel ver weg van de meeste andere koninkrijken.
D: *Heb je enige vorm van religieus geloof geleerd?*
L: Wij geloven .... Alleen maar magie. Brand. God van het vuur is zeer krachtig.
D: *Maakt dit deel uit van wat de tovenaars onderwijzen? (Ja) Is dit de reden waarom je vader in deze dingen gelooft?*
L: Ja. Hij is erg misleid.
D: *Dan is deze informatie toch niet voor hem*
L: Nee. Hij kon zich deze dingen niet voorstellen. Hij kon ze niet accepteren. Ik moet heel ver reizen.
D: *Is u dit verteld?*
L: Ja. Als mijn onderwijs klaar is, zal ik heel, heel ver weg moeten reizen om een wonderkind te vinden om deze kennis te geven. Ik zal nooit meer terugkeren naar mijn bos. Daarom moet ik er nu van genieten.
D: *Zou je niet in staat zijn om iemand te vinden die geschikt is waar je woont? (Nee) Wat vind je ervan om te vertrekken?*
L: Heel triest.
D: *Bent u de erfgenaam van het koninkrijk?*

L: Nee, ik ben de jongste. Als ik de erfgenaam was, zou ik niet gekozen zijn om dit werk te doen.
D: *Je zou andere verantwoordelijkheden hebben.*
L: Ja. En aangezien ik er geen heb, kan ik gaan.
D: *Ik ben erg geïnteresseerd in de informatie die je krijgt. Maar laten we die scène verlaten en ik wil dat je op tijd vooruitgaat naar een belangrijke dag. Een dag waarop er iets gebeurt wat jij belangrijk vindt.*

Het voorgaande was vreemd genoeg en had mijn interesse gewekt, maar ik was niet voorbereid op wat er daarna zou komen.

D: *(Lange pauze) Wat is het? Wat zie je?*
L: (Nadrukkelijk) Ik ben in het universum. Ik ben op reis. Ik ben op een sight-seeing missie.
D: *Hoe komt dit?*
L: Ik werd gevraagd om op deze missie te gaan, zodat ik mijn mening zou kunnen geven aan anderen in een land ver weg. Ik reis heel snel, maar dat lijkt niet zo. Het lijkt alsof er geen beweging is.
D: *Hoe reist u?*
L: lamina ... capsule.
D: *Wat is dat?*
L: Het is een ronde aangelegenheid.
D: *Is het erg groot?*
L: Nee. Het is gewoon een heel klein ovaal kamertje. Nee, een klein ovaal stukje licht. En er is niemand op deze plek behalve ik. Ik weet niet ... Ik rijd er niet mee. Het reist gewoon vanzelf.
D: *Zit je binnen?*
L: Ik sta, maar ik kon gaan zitten als ik wilde.
D: *Dan is het groot genoeg om erin te gaan staan?*
L: Ja. Er zit een raam in. Een opening, maar je kunt je hand er niet doorheen steken.
D: *Waarom niet?*
L: Omdat er een soort bedekking is waardoor je er niet buiten kunt gaan. Maar het stelt je in staat om te zien wat er aan de andere kant om je heen is.

Dit is herhaaldelijk gebeurd wanneer ik iemand heb teruggevoerd naar de tijdsperiode van de Middeleeuwen. Ze weten niet wat glas is.

Het moet in die tijd ongewoon zijn geweest, want dit is een herhaalbaar patroon. Wanneer dergelijke opmerkingen worden herhaald, hebben ze geldigheid omdat het onderwerp niet weet wat de andere mensen hebben gemeld. Dit zijn enkele van de kleine dingen waar ik op heb leren letten.

D: *Wat zie je door de opening?*
L: Ik zie dat het daar heel donker is. Heel donker inderdaad, heel zwart, heel vredig. En af en toe zie ik dingen om me heen zweven. Er is hier niet veel kleur, zoals op aarde. Heel zwart en grijs. Helemaal niet veel kleur.

D: *Wat voor soort dingen zie je voorbij drijven?*
L: Oh, ik zie formaties van ... zwarte rots soms.

D: *Hoe ben je op dit kleine plekje terechtgekomen?*
L: Ik sliep en ik werd gewekt en vroeg of ik wilde komen. Ik zei: "Natuurlijk." En toen ben ik weer gaan slapen. En toen was ik me ervan bewust dat ik in dit kleine kamertje was. Ik weet niet hoe ik hier terecht ben gekomen. Het enige wat ik weet is dat ik gewoon heb ingestemd om te komen en toen was ik hier.

D: *Was het je vriend die je vroeg?*
L: Nee. Hij zei dat hij mijn vriend kende, maar dat hij van een andere plaats in het universum kwam. Niet de Pleiaden. Aan de andere kant van de Pleiaden. Hij was van een planeet genaamd (Fonetisch: My-con) Micon. Micon? Ik heb nog nooit van die plek gehoord.

D: *Hoe zag die persoon eruit?*
L: Hij was klein, heel klein. Hij had geen haar. Hij had een heel groot rond hoofd.

D: *Kon je zien hoe zijn gezicht eruit zag?*
L: Ik weet niet meer of hij een gezicht had. Ik herinner me alleen dat zijn hoofd erg groot en erg rond was. En zijn lichaam is heel klein. En ik vroeg me toen af hoe hij zijn evenwicht bewaarde, vanwege de grootsheid van zijn hoofd.

D: *Natuurlijk was het nacht en het was sowieso moeilijk om zijn gelaatstrekken te zien. Zou dat kloppen?*
L: Nee. Omdat hij ... Zilver. Helder! Zilverkleurig, en hij was helder.

D: *(Verbaasd) Je bedoelt dat hij straalde?*
L: Ja. Daarom kon ik zijn gezicht niet zien, omdat het te fel was. En ik was slaperig en ik kon niet zien. (Linda keek naar beneden.) Ik

draag een grote riem. (Handbewegingen.) Een grote riem om mijn middel. Het is erg dik en erg warm, en het is ook zilver. Het heeft compartimenten rond de voorkant van mij, als zakjes. Ik vraag me af waarom ik deze riem draag en welk doel het dient. Het is echter geen leer. Het is heel zacht, het is niet hard. Het voelt niet als iets dat ik weet. (Met behulp van handbewegingen leek ze het ook te onderzoeken.) Er is geen begin aan deze riem, geen gesp. En ik kan me niet herinneren dat ik het op me heb gezet. Daar baal ik een beetje van.

D: *Zit er iets in de zakjes?*
L: Ze hebben het gevoel dat ze dingen in zich hebben, maar er is geen opening, dus ik kan er niet in zien. (De riem leek hem dwars te zitten.) Ik denk dat ik binnenkort te horen krijg waarom ik deze riem om mijn lichaam heb.

De stem in dit gedeelte klonk ouder en had een duidelijke uitspraak die niet leek op die van Linda.

D: *Je hebt er geen last van. Het is gewoon een curiosum.*
L: Ja, dat is zo. Het is heel vreemd, dit gevoel. Ik heb het gevoel dat mijn maag zich onder de riem uitbreidt.
D: *Maar het is geen ongemakkelijk gevoel.*
L: Nee. Het is heel licht, heel licht.
D: *Draag je je gewone kleren onder de riem?*
L: Nee, nee, nee. Ze zorgden ervoor dat ik ze op mijn kamer achterliet. Ik draag .... (Hij leek het te onderzoeken.) Het glimt ook. Ik weet niet wat dit spul is. Het kledingstuk is heel licht en het omvat mijn hele lichaam. Ik heb deze schoenen aan. Het zijn geen laarzen, het zijn schoenen. En het is allemaal samen. Het is allemaal één. Ik zit erin gehuld. Ik heb echter geen hoed op.
D: *Is er iets aan de muren, of is de kamer kaal?*
L: Laat me zien. (Lange pauze) Er is een enorm raam.
D: *Dit is iets anders dan de kleine opening?*
L: Nee, dit is de opening. Het is heel lang. (Pauze) Ik vraag me af waar de deur is. Die zie ik niet.
D: *Het wordt alleen maar nieuwsgieriger en nieuwsgieriger, nietwaar?*
L: Ja, dat is zo. Ik vraag me af waar ik naartoe ga.

Zodra hij zich dit afvroeg, begonnen de antwoorden te komen. Ze leken ergens anders vandaan te komen, want het was alsof hij herhaalde wat hij hoorde. Het was nieuwe informatie voor hem.

L: Ze vertellen me dat het niet lang meer zal duren. Ik ga een nieuwe plek bezoeken waar mensen naartoe zijn gegaan om een nieuw leven te beginnen. En de reden dat ik daar naartoe ga is om ... (Verrassing) vind mijn wonderkind! (Met plezier) ga mijn wonderkind vinden. Ik ben al zo lang aan het zoeken.
D: *Je hebt hem niet op aarde gevonden?*
L: nee! Ik heb overal gekeken en ik ben nu heel oud. En ik was zo bang dat ik hem niet op tijd zou vinden. (Met vreugde en plezier.) Daar ga ik naartoe. Ik ga naar deze nieuwe plek om mijn wonderkind te vinden.

Ik had ineens een idee. Dit was een te goede kans om te laten liggen.

D: *Zou je bereid zijn om de kennis die je geleerd hebt te delen, niet alleen met je wonderkind, maar ook met mij?*
L: Ik zal het eerst moeten vragen. Ik kan dit niet doen tenzij ik het vraag.

Ik controleerde de bandrecorder en zag dat onze tijd opraakte.

D: *Oké. Als ik op een ander moment terugkom en met je spreek, zou je dan tijd hebben om toestemming te vragen en te krijgen?*
L: Ja, dat zal ik vragen.
D: *Misschien kun je het op die manier delen met twee wonderkinderen, want ik ben ook heel benieuwd.*
L: (Verrukking) Oh, zou dat niet geweldig zijn? (Bijna in extase) O, dat zou tweeledig zijn. Zou dat niet geweldig zijn?
D: *Dus ik zou het fijn vinden als je toestemming zou vragen en dan kan ik weer komen en het bespreken.*
L: Dat zou mooi zijn. Ik was erg bang dat deze kennis verloren zou gaan. En ik voelde me zo blij dat ik mijn wonderkind zou vinden. Maar het stoorde me heel erg dat mijn kennis verloren zou gaan voor deze Aarde. En dat zou jammer zijn, want ook al zijn de

mensen hier erg primitief en geven ze niet om zulke dingen, deze kennis moet blijven.

D: *Daar ben ik het mee eens. Ik ga je vragen om door te gaan op je reis. (Ja) Ik ga me niet bemoeien met de reis van Bartholomeus. Maar ik wil dat het andere deel van jullie dat ik spreek die scène verlaat en vooruitdrijft in de tijd.*

Ik heb Linda toen geconditioneerd met een trefwoord en haar weer volledig bewust gemaakt. Ik was nu teleurgesteld dat ik pas een band van 60 minuten in mijn recorder had gestopt toen we aan deze sessie begonnen. Maar ik kon niet weten dat dit soort informatie naar buiten zou komen. Ik verwachtte een saai, alledaags vorig leven, en zo begon het ook. Normaal gesproken ben ik in staat om in een sessie van 60 minuten volledig door een leven te gaan, omdat er niets spectaculairs gebeurt in de eenvoudige levens. Toen Bartholomeus begon te praten over de vreemde bezoeker en de informatie die hij kreeg, wist ik dat ik het verhaal niet in één sessie kon voltooien, dus ik probeerde het niet. Ik wist dat dit een nieuw project zou zijn dat enkele weken zou duren om te voltooien als ik toegang zou krijgen tot de verborgen informatie. Blijkbaar begon ik aan een nieuw avontuur, al had ons gesprek vooraf in Linda's onderbewustzijn niets van deze verdienste aangegeven.

Toen ze wakker werd leek ze verward en was ze nog steeds een beetje groggy. Ze merkte op: "Ik had een boodschap om je te geven. Dat weet ik nog. En ik voel een grote verantwoordelijkheid. Het is echt belangrijk. Ik weet niet wat de boodschap is. Ik weet gewoon dat er veel kennis is die we niet hebben. Het werd ons afgenomen, vanwege onze primitieve manieren en onze angsten. En het is nu tijd om terug te keren. En om de een of andere reden ben je uitverkoren en ik ben uitverkoren om dat terug te brengen naar deze planeet. En het is een heel grote verantwoordelijkheid. Dat voel ik. Het weegt heel zwaar op mijn ziel. Dat is alles wat ik me herinner van de sessie."

Het was duidelijk dat ze somnambulistisch was, want ze was zo diep in trance geraakt dat ze zich niets anders kon herinneren dat tijdens de sessie werd gezegd.

Ik was nu zeker geïnteresseerd om dit verhaal voort te zetten. Voor mij was het alsof ik een doos van Pandora opende. Ik hou van een mysterie. En als iemand zegt dat hij me dingen gaat vertellen die verloren zijn gegaan en die ik moet weten, is dat te intrigerend om te negeren.

Het enige probleem zou de afstand zijn die ik zou moeten afleggen om met haar te werken. Daarom besloot ik om minstens één keer per maand naar Little Rock te komen en in hetzelfde weekend met zowel Linda als Janice te werken.

* * *

Ik had nu twee aparte projecten tussen Janice en Linda. Om met hen samen te werken, voelde ik dat ik in januari 1990 een speciale reis naar Little Rock moest maken en niets anders moest doen dan sessies houden. Ik was van plan om de hele reis te wijden aan het werken aan het materiaal van de twee vrouwen. Dit had makkelijk moeten zijn aangezien ik geen lezing gepland had. Mijn vrienden zeiden dat ze niemand zouden vertellen dat ik zou komen, zodat we de bezoekers weg konden houden. Natuurlijk liep het niet zoals we hadden gepland. Een kennis van hen kwam erachter dat ik eraan kwam en wilde een regressie. Dat had ik gepland voor de vrijdagavond dat ik aankwam, ook al was ik moe van de lange rit. Zo kon ik de rest van het weekend aan de twee vrouwen wijden.

In eerste instantie dacht ik eraan om de sessies af te wisselen, maar toen besloot ik dat het gemakkelijker zou zijn om de trein van individuele verhalen te volgen als ik me op één draad tegelijk concentreerde. Als we elkaar afwisselden, betekende dat ook dat de ene vrouw moest wachten terwijl ik een sessie met de andere uitvoerde. We besloten om met elke vrouw op verschillende dagen te werken. Ik zou proberen om drie sessies met Linda te hebben op zaterdag en drie met Janice op zondag. Dit was de eerste keer dat ik dit ooit had geprobeerd en wist niet hoe het hen zou beïnvloeden. Ik verwachtte dat ze moe zouden zijn, maar niet zo moe als ik, omdat ze het gevoel zouden hebben de hele dag korte dutjes te doen. Het was een experiment en we wisten niet hoe het zou uitpakken. Maar als we het zouden kunnen beheren, zou ik het equivalent van een maand werk in slechts één dag gedaan kunnen krijgen.

* * *

Mijn eerste sessie met Linda zou op zaterdagochtend beginnen. Toen ze aankwam voor deze serie sessies zag ik dat haar rechteronderarm in het gips zat. Ze was voor kerst op het ijs gevallen en had het gebroken. Ik was een beetje bezorgd dat het een afleiding zou zijn tijdens ons werk omdat het ongemakkelijk en ongemakkelijk zou zijn. Ik dacht dat ze niet goed zou kunnen rusten en dit zou kunnen interfereren met het in een diepe trance raken. Maar ze legde een kussen over haar buik en liet het gips daarop rusten.

Voordat ik op zoek ging naar de informatie die Bartholomeus mij moest geven, wilde ik meer te weten komen over zijn achtergrond. Als er later een boek geschreven zou worden, zou dit nodig zijn om de toon te zetten. Ik zou moeten ontdekken wat er in zijn leven gebeurde tussen onze eerste ontmoeting en zijn reis in het ruimtevaartuig om zijn wonderkind te lokaliseren. Dit was de eerste orde van zaken. Ik gebruikte linda's trefwoord en het werkte meteen. Het gips op haar arm leek geen probleem te veroorzaken. Ze kon het negeren toen ze in een diepe somnambulistische trance raakte. Ik telde haar toen terug naar de tijd van Bartholomeus en vroeg haar wat ze aan het doen was.

L: (Ze begon langzaam en zachtjes weer.) Ik sta op het terrein. Het ligt binnen de muren van de stad. Als een marktplaats. Er is veel activiteit. Er is vandaag de dag veel aan de hand. Mensen met hun goederen om te verkopen. Mensen die dingen maken. Smid is er. Rennende kinderen. Honden, dieren. Het is erg druk vandaag. Ik ben hier omdat het de herfstequinoxviering van de oogst is. Daarom is er zoveel activiteit. Het is de tijd nadat de oogst voorbij is en mensen hun geluk vieren. En ook om de goden te danken voor de gunsten die ze hen tijdens het groeiseizoen hebben gegeven. Deze viering zal drie dagen en drie nachten duren, met als hoogtepunt een groot feest op de laatste avond.

D: *Wat voor soort goden aanbid je?*

L: Er zijn er veel. Er zijn de goden van de elementen. De goden van de aarde. De god van de Zon en de maan, en de wind en de regen.

D: *Zou u iets in uw land hebben dat de "kerk" wordt genoemd? (Pauze, alsof hij het niet begreep.) Zoals de katholieke kerk?*

L: Ze kwamen hier vaak om te proberen het platteland te bekeren, maar het werd niet geaccepteerd. Degenen die kwamen waren stoned. Ze laten ons nu met rust.

D: De mensen vonden het niet leuk dat ze probeerden hun overtuigingen te veranderen?
L: Nee, omdat ze ons heidenen noemden en ons slecht behandelden, alsof we niet goed genoeg waren.
D: Uw mensen aanbidden nog steeds de oude religie, klopt dat?
L: Dat klopt.
D: Heb je al contact gehad met je leraar? (Pauze) Weet je wat ik bedoel?
L: Ik heb onlangs met iemand gesproken, maar hij heeft me niet verteld dat hij mijn leraar is.

Blijkbaar waren we eerder in zijn leven gekomen dan toen we elkaar in onze eerste sessie spraken.

L: Hij is een heel oude man. Hij komt hier niet vandaan. Hij kwam me een tijdje terug bezoeken toen ik in het bos was. Hij liep mee en ik zat onder een boom na te denken. En hij liep gewoon naar me toe. Hij had een knapzak, een tas, op zijn rug, dus ik nam aan dat hij ergens naartoe reisde. En we hebben net gepraat, dat is alles.
D: Waar zei hij dat hij vandaan kwam?
L: Dat deed hij niet. Hij zei alleen dat hij van een heel verte plek kwam. Eentje die ik niet kende. Hij vroeg me waar ik zo hard over nadacht. En ik zei dat ik alleen maar aan het nadenken was over mijn leven. We raakten aan de praat over dit en dat, en over hoe mensen het niet begrijpen.
D Is dat hoe je je voelt? Dat mensen je niet begrijpen?
L: Ja. Het is alsof ze een totaal ander concept hebben van wat er in hun leven gebeurt. Ze leven hun leven niet op dezelfde manier als ik het mijne zou willen leven.
D: Voelde deze oude man zich net zo als jij?
L: O, ja. Hij zei dat het de tijd is. En dat beseffen mensen niet.
D: Dat was goed dat je iemand vond met wie je kon praten.
L: Ja. Ik vond het erg jammer om hem te zien gaan. Maar hij zei dat hij misschien snel op deze manier terugkeert. En dat we misschien nog eens konden praten.
D: Dat zou heel goed zijn. Heeft hij je een naam verteld?
L: Ja. Zijn naam was heel vreemd. Zijn naam was ... Christoffel. Die naam heb ik nog nooit gehoord. Ik vond het op de een of andere manier heel vreemd.

D: Bedoel je dat het een vreemde naam is voor jouw land?
L: Ik heb dit nog nooit gehoord. Hij was een oude man, en het leek bijna alsof die naam voor een heel jonge man zou moeten zijn. Als ik het zeg, geeft het me een heel vredig gevoel.
D: Maar nu vermaak je je daar op het festival, nietwaar?
L: O, ja. Veel vers voedsel en allerlei waren die door de boeren werden gemaakt. Veel gezang en gedanst.
D: Dat is een goede dag. Laten we die scène verlaten. Drijf weg van die scène. En ik wil dat je vooruitgaat in de tijd naar wanneer je ouder bent in dat leven. Wat doe je nu? Wat zie je?
L: Ik ben in een stad ver weg van mijn huis. Het heeft straten gemaakt van steen. Het heeft een zeer vuile ... veel mensen die bedelaars zijn. Het is heel somber. Ik vind het hier niet leuk.
D: Heeft de stad een naam?
L: Ik moest op een boot om op deze plek te komen. Het is in het land van Engeland, en de naam van de stad is Liverpool. Het is hier heel erg.
D: Wat doe je daar?
L: Ik heb heel ver gereisd om te zien hoe mensen op deze planeet leven. Om te zien hoe verschillend ze allemaal zijn. Soms blijf ik lang, en soms vertrek ik heel snel. Ik zal deze plek waarschijnlijk morgen verlaten. Het is heel triest. Het doet me pijn om te zien tot welk niveau mensen zijn gezonken. Ze zijn heel slecht voor elkaar.
D: Maar je zei dat je ook andere steden en andere landen hebt bezocht?
L: O ja, veel. De afgelopen tien jaar heb ik van de ene plaats naar de andere gereisd.
D: Wat zijn enkele van de landen die je hebt bezocht?
L: Ik heb Gallië bezocht en ik heb Rome bezocht. Ik heb veel plaatsen bezocht. Ik bezocht het oosten. De meeste mensen zijn er nog nooit geweest.
D: Wat is er in het oosten?
L: Oh, het is een heel groot land. En hun levensfilosofie is heel anders dan de onze. Ze hebben een verschillend gekleurde huid en ze doen iets dat 'meditatie' wordt genoemd. Waarin ze in contact komen met hun (had moeite) ... innerlijke kennis. Ze zijn heel wijs.
D: Als je naar die andere landen gaat, hoe reis je dan?

L: Ik loop.

D: *Het zou een lange weg zijn, nietwaar?*

L: Oh, ja. Soms, als het water hoog is moet ik een boot nemen. Doorgaans wandel ik gewoon.

D: *Hoe weet je waar je heen moet?*

L: Oh, ik ga gewoon waar ik voel dat ik moet gaan. In die richting ga ik gewoon.

D: *Moet je je zorgen maken over het hebben van geld of eten?*

L: Soms. Over het algemeen kom ik onderweg iemand tegen en die is heel lief voor me. Ze nemen me even op, en tot nu toe heb ik me geen zorgen hoeven te maken. Er is voor mij gezorgd.

D: *Weet je nu de naam van het land waar je vandaan komt? Waar woonde je toen je jonger was?*

L: Soms noemen mensen het andere dingen. Sommige mensen noemen het ... (moeilijk) Seeton (fonetisch). (Lange pauze) Ik kan het me niet herinneren. Het heeft geen naam als zodanig. Het is een geheel eigen koninkrijk en ze reizen helemaal niet van daaruit.

D: *Toen was het heel ongebruikelijk voor jou om te vertrekken?*

L: Ja. Niemand gaat daar ooit weg.

D: *Het was heel dapper van je om weg te willen.*

L: Ik wilde echt niet weg, maar ik kreeg te horen dat ik dat moest doen. Ik kreeg te horen dat ik moest zien waar het leven op heel veel plaatsen om draaide. Maar niet getreurd, dat er op mijn reizen voor mij gezorgd zou worden. En dat ben ik geweest. En ik ben niet eenzaam.

D: *Dat zou beangstigend zijn om het onbekende platteland op te gaan en niemand te kennen.*

L: Dat was het in het begin. Ik was versteend.

D: *Wie heeft je verteld om dit te doen?*

L: Mijn vriend die regelmatig naar me toe komt. Hij zei dat het belangrijk was om te zien waar het leven hier om draaide. Dat mijn koninkrijk zo geïsoleerd was dat ik in geen miljoen jaar zou kunnen doorgronden hoe andere mensen waren, als ik er niet zelf achter zou komen.

D: *Wat heb je geleerd over mensen?*

L: Ik heb heel veel geleerd over culturen van mensen. En hoe ze anders zijn, door hun locatie en de manier waarop ze hun leven leiden. Hoe dat van invloed is op hoe ze naar het leven kijken. Hoe sommige heel goed zijn, en sommige heel slecht. Sommigen zijn erg onwetend en kijken niet verder dan het uiteinde van hun neus.

D: *Iedereen spreekt verschillende talen, nietwaar?*

L: Ja, dat doen ze.

D: *Heb je moeite om met hen te communiceren?*

L: Nee. Mijn vriend heeft me veel dingen geleerd. Een daarvan is om je te concentreren op het midden van iemands voorhoofd, en de communicatie kan plaatsvinden zonder een woord te spreken. Het is van geest naar geest. Het is geen gesprek, maar van informatie-uitwisseling.

D: *Moeten de andere mensen die je ontmoet zich concentreren?*

L: Nee. Ze zijn in het begin verbaasd. Ze zullen tegen me beginnen te praten, en als ik mijn blik op hen richt, is het alsof er een kalmte over hen heen valt en we communiceren. En nadat onze communicatie is voltooid, gaan ze verder, op een manier, waar we begonnen. Het is heel vreemd.

D: *Weten ze het achteraf nog?*

L: Nee. Het is als een tijdsverloop dat plaatsvindt. En ze zijn zich er niet eens van bewust.

D: *Is daar een reden voor?*

L: Ja. Omdat ze erg bang zouden zijn als ze het wisten en me waarschijnlijk ter dood zouden brengen vanwege hun angst. Ze zouden denken dat ik slecht was.

D: *Dit soort communicatie maakt het makkelijker voor je, nietwaar?*

L: O ja, heel erg. Ik zou anders niet met ze kunnen praten. Dat is heel fijn om dit te doen. Ik spreek tot edellieden. Ik spreek tot koningen. Ik spreek met boeren. Ik spreek met handelaars. Het is heel leerzaam geweest.

D: *Je hebt belangrijke mensen ontmoet, zoals koningen?*

L: Ja, op mijn reizen heb ik soms koningen ontmoet, soms alleen de edellieden. Ik heb priesters ontmoet, hogepriesters. Hun filosofieën vind ik altijd interessant. Maar ze zijn altijd heel rechtvaardig. Dat vind ik soms lachwekkend. Dat vertel ik ze niet.

D: *Denken ze dat hun eigen filosofie de enige is?*

L: Ja, ja, dit vind ik grappig.

D: *Toen ik je een keer sprak, zei je dat je ook iemand zocht. Is dat zo?*

L: Ja, ik ben op zoek naar een jongeman die me kan leren wat mij is geleerd voordat het mijn tijd is om te vertrekken, zodat hij mijn werk kan uitvoeren. En tot nu toe heb ik hem niet gevonden.

D: *Hoe zal je weten wanneer je hem gevonden hebt?*
L: Ik zal het onmiddellijk weten. Er zal mij een teken worden gegeven, en dan zal ik het weten.
D: *Weet je wat het teken zal zijn?*
L: Nee, maar mij is verteld dat wanneer we onze communicatie beginnen, het mij zal worden verteld.
D: *Zou dat een reden zijn waarom je op reis bent? U denkt niet dat u de jongeman in uw eigen koninkrijk zou vinden?*
L: Ja. Maar ook terwijl ik op reis ben, leer ik veel dingen. En ik kan deze jongeman vertellen wat ik heb gezien.
D: *Je hebt heel veel mooie dingen gezien, neem ik aan.*
L: Ja. En ik heb ook een aantal heel slechte dingen gezien. Maar dat is waar het leven om draait. Je moet het goede en het slechte samenbrengen.
D: *Je kunt geen oordeel vellen.*
L: Nee. Dat zou geen enkel doel dienen. Ik kan op dit moment niets doen om de status te verbeteren. Het is een verzameling van informatie die op dit moment plaatsvindt.
D: *Ja, het zou nutteloos zijn om te proberen de mensen te helpen. Het zijn er gewoon te veel.*
L: Ze wilden niet luisteren. Ze zijn op dit moment niet klaar om veranderingen aan te brengen in hun vooruitzichten.
D: *Ik neem aan dat je als een waarnemer bent? (Ja) Wat dacht je familie toen je besloot te vertrekken?*
L: Ze waren verdrietig. Maar ze hebben altijd het gevoel gehad dat ik gek was. Het was dus gewoon iets anders.
D: *Je was nooit meer hetzelfde als zij.*
L: Dat klopt. Dus lieten ze het gewoon los. Ik mis ze soms.
D: *Ik kan me voorstellen dat je soms eenzaam bent.*
L: Ja. Ook al weten ze de dingen niet die ik weet, een gezin is een zeer geruststellende plek om te zijn.
D: *Ja, dat kan ik begrijpen. Maar nu ben je in een plaats die Liverpool heet?*
L: Ja. Ik ga hier morgen weg. Ik ga waarschijnlijk naar Spanje.
D: *Moet je weer een boot nemen? (Ja, ja.) Heb je er ooit aan gedacht om de andere kant op te reizen, over de oceaan?*
L: Daar is wel eens over gesproken. Ik denk echter niet dat er op dit moment een bewezen route is geweest. Het is een heel grote

oceaan daarbuiten, en ik ben op dit moment niet klaar om dat project te ondernemen.

D: *Je bedoelt dat mensen niet in die richting zijn gegaan?*

L: Daar is veel discussie over. Er is een man genaamd Columbo, die zegt dat de aarde ovaal is. En mensen lachen hem uit.

D: *Zag je de man genaamd "Columbo"?*

L: Nee, ik heb hem niet gezien. Ik hoorde alleen over hem van de stedelingen. Ze praatten over hem en lachten. En ik dacht bij mezelf, hoe verdrietig. Dus ik stond daar gewoon en luisterde een tijdje. En een tijdje dacht ik dat ik hem misschien een beetje zou helpen, maar ik kreeg te horen dat ik dat niet moest doen. Maar hij heeft gelijk. Hij weet niet hoe gelijk hij heeft.

D: *Hoe weet je dat?*

L: Ik kreeg over deze dingen te horen van mijn vriend. Ik kon deze man, Columbo, helpen op zijn reis. Maar mij is verteld dat ik moet zwijgen.

D: *Wat vertelde je vriend dat je daar was?*

L: Hij liet me foto's zien. Het waren geen tekeningen. Het waren wat hij noemde "foto's". Ik begrijp niet wat dat is. Het is een foto, maar het is niet zoals alles wat ik ooit heb gezien. Het is niet getekend of geschilderd. Ze zijn erg mooi. En hij laat me ongelooflijke dingen over deze aarde zien, die ik me nooit had kunnen voorstellen.

D: *Kun je dat met mij delen?*

L: Het was alsof ik heel ver weg was aan de nachtelijke hemel, naar beneden keek, naar beneden, heel ver weg. En het was het mooiste. Je kon de vorm van de aarde en plaatsen in de oceaan zien waar ik nooit van had kunnen weten. Weet je, mensen denken tegenwoordig alleen aan het bestaan van waar ze zijn. Ze staan er nooit bij stil dat er een andere plek zou zijn. En er zijn heel veel plaatsen die niemand kent, of zich zelfs maar zou kunnen voorstellen. Veel grotere plaatsen dan waar we nu wonen. Veel grotere massa's land, met bossen en heuvels en bergen. Ongelooflijke plaatsen. Sommige waar mensen zijn, sommige waar geen mensen zijn, gewoon land wachten. (Dit werd allemaal gezegd met een weemoedige toon. Bijna melancholisch.)

D: *Hoe zijn de mensen op deze plekken?*

L: Ik heb ze niet allemaal bezocht. Ik heb maar een heel klein stukje in mijn omgeving bezocht, want naar deze plekken lopen zou onmogelijk zijn. Mij wordt echter verteld dat ik misschien ooit ook deze verre oorden kan bezoeken.

D: *Je zei dat je foto's te zien kreeg.*

L: Ja, maar ze waren niet van mensen, alleen van de Aarde en het land van grote afstand. Ik zou die mensen daar wel heel graag zien. Ik vraag me af of ze zijn zoals wij.

D: *Denk je dat dit is waar deze man, Columbo, naartoe gaat?*

L: Hij denkt dat hij naar het oosten gaat. Ik denk niet dat hij van die andere plekken weet. Hij weet niet dat ze bestaan.

D: *En je vriend wil niet dat je het hem vertelt.*

L: Nee. Hij zei dat dat heel erg zou zijn. Hij zei dat hij me toch niet zou geloven.

D: *Dat is waar. Hij moet het zelf uitzoeken, net als jij. Wat geloven de gemiddelde mensen in jouw tijd dat er is?*

L: Ze geloven dat als je ver gaat op een schip, er heel veel slechte dingen zijn die je zullen overnemen. En je zult voor altijd verloren zijn.

D: *Geloven de mensen van uw tijd dat er nog andere mensen zijn?*

L: Nee, ze geloven niet dat er iets is dat verder gaat dan wat ze zien.

D: *Toen hij je de foto's van de aarde liet zien, hoe zag die er dan uit?*

L: Het was een beetje rond en er was veel water. (Opgewonden) En weet je wat? Ik denk dat de Aarde om en om en om draait.

D: *Zag het er naar uit dat het dat deed?*

L: Ja, maar heel langzaam. En er is water en land, grote stukken land. Overal meer water.

D: *Geloven de mensen in jouw tijd dat de Aarde er zo uitziet?*

L: Ze weten niet dat ik deze dingen heb gezien. Ze denken dat de aarde alleen is waar ze zijn. En verder is er niets. De meeste mensen zijn erg angstig en ze blijven bij wat ze weten. Ze wagen zich niet ver weg van waar ze wonen.

D: *Dus je bent heel dapper geweest om deze dingen te doen.*

L: Ik moest heel vertrouwen hebben in mijn instructies die me werden gegeven. In het begin was het heel moeilijk. Maar na een paar jaar was het helemaal niet moeilijk.

D: *Je was waarschijnlijk ook bang. Je wist niet wat er was.*

L: Ik was erg bang. Ik was erg bang. Toen ik erachter kwam dat ik niet gekwetst zou worden, dat er voor me gezorgd zou worden, dan was het heel makkelijk.

D: *Zie je je vriend nog?*

L: Ja, af en toe komt hij met me praten. Hij laat me soms hele leuke dingen zien. Hij vertelt me dingen die ik moet weten. Hij laat me zien over de Aarde. En hij vertelt me hoe het over vele jaren zal zijn. En hoe mensen vooruitgang zullen boeken in hun denkpatronen en in hun levensstijl. En hoeveel beschaving zal veranderen. Het is heel interessant. Het is soms heel moeilijk om te denken dat deze dingen echt zullen gebeuren.

D: *Wat zijn enkele van de ongelooflijke dingen die hij je heeft verteld dat er zal gebeuren?*

L: (Opgewonden) Hij vertelde me eens - en ik vind dit heel moeilijk te geloven - dat er koetsen zullen zijn die in de lucht vliegen. Is dat niet dom?

D: *Oh, dat klinkt wel raar, nietwaar?*

L: En dat mensen in hen over deze hele aarde zullen reizen. En dat ze al die plekken zullen kennen die wij nu niet kennen.

D: *Dat klinkt heel wonderbaarlijk om te denken dat iemand zou kunnen vliegen.*

L: Dat is heel spannend. Ik kan niet ... (Zucht) mijn geest kan zoiets niet doorgronden. Ik vroeg hem of de paarden vleugels zouden hebben. En hij zei dat er geen paarden zouden zijn. Kun je je dat voorstellen?

D: *Nee, ik kan me niet voorstellen hoe het zou gebeuren.*

L: Dat kan ik ook niet. Er zullen veel prachtige dingen zijn. Hij zei dat er machines zullen zijn die het werk van tien man zullen doen. En dat ze alleen maar op knoppen hoeven te drukken en dat er dingen worden gemaakt.

D: *Dat zou toch veel werk schelen?*

L: Ja, dat zou zo zijn. Hij zei dat mensen beter met elkaar zouden communiceren dan nu. Ze zullen dingen hebben om van de ene plaats naar de andere te spreken, en je zou ze vele kilometers verderop kunnen horen. Hij zei dat dit de communicatie voor de hele wereld zal openen, zodat we allemaal met elkaar kunnen praten. En niet meer onwetend zijn.

D: *Dit zijn allemaal goede dingen, nietwaar?*

L: Ja. Het zou zo mooi zijn als een deel van deze angsten kan worden weggenomen. En mensen zouden lief voor elkaar zijn.

D: *Denk je dat dat zou gebeuren als ze zulke dingen hadden zodat ze met elkaar konden praten?*

L: Ja. Dan zouden ze niet zo bang zijn. Zie je, mensen zijn nu erg geïsoleerd. Ze wonen binnen hun eigen familie in hun eigen kleine steden. En ze zijn erg bang voor alles wat buiten die grenzen valt. En door deze angst communiceren ze niet zo goed. Ze zouden veel van elkaar kunnen leren als ze het maar zouden toestaan. Onwetendheid zou door deze methoden worden afgeschaft.

D: *Dus je denkt dat het antwoord is om te leren communiceren?*

L: Zeer zeker. Gebrek aan communicatie is erg slecht, omdat het angst toestaat om iemands wezen te omhullen en de realiteit niet te zien van wat er voor hen ligt. Het verhult alles in duisternis.

D: *Dus hij vertelde je over dingen waar ze tegenaan konden praten of doorpraten?*

L: Ja. En ze konden het ook horen. Het waren kleine machines. Ik weet niet hoe ze eruit zien. Hij vertelde me gewoon dat het kleine machines waren.

D: *En dat zou goed zijn want dan konden ze met elkaar communiceren.*

L: Ja. Zie je, dan konden zij hun ideeën over dingen geven, en de andere mensen konden hun ideeën geven. En misschien kan het beste idee worden gebruikt.

D: *Dat klinkt mij heel goed in de oren. Heeft hij je andere dingen verteld die moeilijk te geloven waren?*

L: Ja, heel veel dingen. Hij zei dat er andere aardes in het universum zijn. En dat deze mensen veel sneller vooruit zijn gegaan dan wij. En zij hebben meer kennis dan wij. Maar naarmate onze wereld groeit en we deze machines hebben om ons te helpen beter opgeleid te worden, kunnen deze mensen uit de andere plaatsen op bezoek komen en ook hun ideeën uitwisselen.

D: *Dat klinkt allemaal heel goed.*

L: Ik denk dat het geweldig zou zijn.

D: *Het is moeilijk om te denken aan mensen die op andere aardes leven, nietwaar?*

L: Ja, dat is zo. Het is heel moeilijk, al heb ik dat altijd geweten. En om de een of andere reden was dat voor mij gemakkelijker te begrijpen, dan te denken dat er andere plaatsen op aarde waren waar ik geen weet van had. Ik weet niet waarom ik het daar zo moeilijk mee had.

D: *Het was gemakkelijker voor je om te begrijpen dat er mensen op andere werelden waren?*

L: Ja, ik kon dat veel gemakkelijker begrijpen dan dat er andere plaatsen op aarde waren en dat de aarde niet alleen hier was.

D: *Maar is het niet moeilijk voor andere mensen in jouw tijd om aan andere werelden te denken?*

L: O ja, ze zien dat als slecht en slecht, en ze zijn erg bang om aan zulke dingen te denken. Het is hun angst die hen tegenhoudt. Alles wat ze niet begrijpen noemen ze kwaad en slecht, en ze proberen er vanaf te komen door het te doden of te verbranden. Ze zijn gewoon heel bang.

D: *Toen je naar Rome ging, is dat niet waar de katholieke kerk haar thuis heeft?*

L: Ja, ze hebben daar heel veel mooie plekken. Ze hebben veel priesters die die religie aan het platteland onderwijzen. Ook zij zijn doordrenkt van angst.

D: *Denk je van wel?*

L: O, ja. Ik geloof het wel. Ze proberen de boeren onder controle te houden met hun religieuze filosofie. Maar het is allemaal een dekmantel voor de angst.

D: *Waarom zou een religie bang moeten zijn?*

L: Ik weet het niet. Hun God moet niet erg goed zijn. Als Hij goed was, waarom zouden ze dan zo'n angst hebben?

D: *Je bedoelt, de priesters zelf zijn bang?*

L: Ja, ze hebben dit systeem. Het is als een koninkrijk. Het is hetzelfde oude ding, alleen een andere naam, om de boeren in het gareel te houden. Een systeem van de hogere regionen tegen de kleine mensen. Ze geloven dat er alleen hun God is en dat alle anderen slecht zijn. Dat er maar één manier is om goed te zijn, en dat is de manier waarop ze onderwijzen. En als je hun instructies niet opvolgt, zul je voor eeuwig verdoemd zijn. Dit is onjuist. Er zijn vele, vele wegen. Dit is een woord dat ik heb geleerd, weet je? Het woord "avenue". Is dat geen raar woord?

D: *Dat is een vreemd woord. Wat denk je dat het betekent?*

L: Avenue betekent pad of pad. Ik vind dat een heel interessant woord. Laan.

D: *Ja. Maar denk je dat het verkeerd is, dat ze denken dat hun religie boven alles staat?*

L: Zeer zeker. Ze vertellen hen dat ze heel, heel heilig of heel, heel wijs zijn en dat dit is hoe het is. Het staat de individuele persoon niet toe om zijn eigen innerlijke waarheden te onderzoeken. Ze leren dat hij zeer beperkt is. Hij moet aanwijzingen expliciet opvolgen en het slechts op één manier doen. En dit is heel erg. Het staat een persoon niet toe om zelf na te denken. (Zucht) Maar dit is het moment. Weet je, zo is het overal. Het is niet alleen Rome. Het is niet alleen met de religie. Het is met de politiek van de dag. Je mag niet zelf nadenken. Je wordt verteld wat je moet denken en wat je moet doen. Ik was verbaasd dat er zo'n rode draad van consistentie was, een patroon over de hele wereld. Ze hebben misschien andere gebruiken en doen dingen een beetje anders, maar het is in principe allemaal hetzelfde. De angst is allemaal hetzelfde. Het kan over iets anders gaan, maar het is in feite dezelfde mantel die mensen dragen. En ze laten het hun interpretatie van het leven kleuren, en ze staan toe dat het hen tegenhoudt. Ze zijn bang dat ze gestraft worden.

D: Ze blijven liever bij wat ze weten. Daar zijn ze veilig mee.

L: Dat klopt. En dan is er geen gevaar om gestenigd of opgehangen te worden of in een doos te worden gestopt.

D: Hoe bedoel je, in een doos stoppen?

L: Ze hebben deze dingen. Ze zijn heel verschrikkelijk. Het zijn houten kisten. En mensen worden in deze dozen gestopt en daar dagenlang zonder voedsel of water gehouden. Ze sterven daar soms. Het is heel verschrikkelijk.

D: Deze dingen worden mensen aangedaan die niet op dezelfde manier geloven?

L: Ja, of als ze vragen stellen. Oh, er zijn een paar slechte mensen die het verdienen om in die hokjes te zitten. Ze stelen of doden of dat soort dingen. Maar om daar geplaatst te worden alleen omdat je anders gelooft, is een heel erg onrecht, in mijn manier van denken. Wie kan het pijn doen als je in gedachten iets anders denkt? Het is misschien beter, weet je?

D: Wat heb je gevonden over de gezondheid van mensen, terwijl je reist?

L: Op sommige plaatsen is het erg goed en leven ze lang, vooral als ze in de open lucht op de boerderijen wonen. Als ze in de stad wonen is het heel erg slecht. Zoals ik al zei, steden hebben de neiging om erg vies te zijn en er is veel ziekte. Mensen leven niet erg lang. Er is veel dood in de stad.

D: Zijn er mensen die je 'artsen' zou noemen om voor deze mensen te zorgen?

L: Ja, maar ze doen geen goed. Deze mensen gaan toch dood. Ik denk dat ze helemaal niet helpen. Ze denken van wel, maar dat doen ze niet.

D: Nou, je hebt geluk gehad tijdens je reizen. Ben je ooit ziek geworden?

L: Een paar keer. Niet iets heel ergs. De meeste van deze mensen in de stad sterven tegen de tijd dat ze veertig zijn. Dit is oud in de stad. Ik ben vijftig en dit is geweldig voor mensen dat ik in zo'n goede gezondheid verkeer. Mijn haar wordt nu wit, maar ik ben in goede gezondheid.

D: Dat wordt dan als oud beschouwd.

L: Heel oud, heel oud.

D: Maar je kunt nog steeds lopen en reizen.

L: Ja, ja, ik ben in goede fysieke conditie. Ik heb geen paard. Ik wil niet de verantwoordelijkheid om voor iemand anders te zorgen dan voor mezelf. Ook al is dat voor mij gedaan.

D: Ik dacht dat als je een paard had, je sneller kon reizen.

L: Op deze manier hoef ik me geen zorgen te maken over voer voor mijn paard, of onderdak. Ik kan gewoon op mijn eigen tempo gaan en zo lang blijven als ik wil en dan vertrekken. Soms lift ik mee, maar niet heel vaak.

D: Maar je reist wel op boten.

L: Dat is een noodzaak, want zo ver kon ik niet zwemmen. Dat is gewoon nodig om op een andere plek te komen.

D: Zijn de boten erg groot waar je op reist?

L: Soms. Ik heb gereisd op een groot schip met veel zeilen. En andere keren ben ik net in een bootje gegaan. Het hangt ervan af met wie ik een ritje kan maken.

D: Je hoeft je op die manier geen zorgen te maken over geld, toch?

L: Nee, is dat niet geweldig? Ik had nooit gedacht dat ik zo lang zonder geld had kunnen reizen. Het is verbazingwekkend.

D: Heb je kleding of iets bij je?

L: Nee. Als mijn kleren aan flarden gaan, komt er altijd wel iemand langs die me nieuwe geeft. En iemand voedt me. Ik heb wel een stok achter de deur die ik bij me draag. Het is als een staf. Het helpt me om heuvels op en af te gaan. Het is mijn oude vriend geworden.

D: Denk je dat je ooit deze jongeman zult vinden aan wie je de kennis moet doorgeven.

L: Ik maak me nu een beetje zorgen, vanwege mijn leeftijd. Ik maakte me niet eerder zorgen. Ik voelde gewoon dat hij op het juiste moment aan mij zou worden getoond. Maar naarmate ik ouder word, maak ik me zorgen dat ik hem niet op tijd zal vinden. Weet je, ik heb hem veel te vertellen. En het is niet iets wat ik hem in een dag of een week zou kunnen vertellen. Ik heb hem heel veel dingen te vertellen en dit zal enige tijd vergen. Ik zal bij hem moeten blijven. Ik moet hem kunnen onderwijzen terwijl ik mijn gezondheid heb. Dit is een zeer grote zorg van mij op dit moment. Al heb ik wel te horen gekregen dat ik me geen zorgen moet maken. Het is geregeld. En tot nu toe zijn alle dingen geregeld die mij zijn verteld. Dus ik denk dat ik moet stoppen met me zorgen te maken. Ik voel me niet een oude man. Alleen als het onder mijn aandacht wordt gebracht.

D: *Je lichaam voelt dan niet oud aan.*

L: Niet voor mij van binnen. Maar voor de buitenstaanders ben ik heel oud.

D: *Maar je gaat nu naar Spanje?*

L: Ja, ik ben er nog nooit geweest. En ik begrijp dat het heel mooi is. Dus ik dacht dat ik zelf zou kijken en zien. Ik ben ten oosten van daar geweest, en ik ben ten noorden van daar geweest, en ik ben ten westen van daar geweest. Maar ik ben daar niet ten zuiden van geweest. Misschien ga ik er deze keer wel naartoe. Ik word meestal gedirigeerd als ik 's ochtends opsta om te vertrekken, in welke richting ik moet gaan. Mij wordt verteld dat ik naar het oosten of noordoosten moet gaan of welke weg ik ook moet nemen. Mij wordt gezegd dat ik deze weg moet nemen, en dat doe ik ook.

D: *Je stelt geen vragen. (Nee) OK. Laten we die scène verlaten. Ik wil dat je verder gaat totdat je in Spanje bent aangekomen en vertel me wat je ervan vindt. Heb je een boot genomen?*

L: Ja, ik heb deze keer een groot schip genomen. Ik ontmoette de kapitein in de herberg en hij was erg ingenomen met me en liet me op zijn schip rijden. Ik bleef in zijn hut. Het was heel mooi. Het was een heel groot schip met veel masten.

D: *Wat vind je van Spanje?*

L: Er zijn hier tot nu toe niet veel mensen. Het is erg warm. Zo'n verandering. Het verwarmt mijn botten. Het was erg fris in Liverpool, erg vochtig. En het zonlicht voelt heel goed op mijn lichaam. De lucht is erg fris en de wind is gewoon perfect. Alle verhalen die ik heb gehoord zijn waar.

D: Ga je daar nog even blijven?

L: Ik denk het wel. Ik wil graag een tijdje met deze mensen op bezoek, om te zien wat hun levensfilosofie is. Ze lijken erg vriendelijk. Ze lijken niet zo bang te zijn. Deze mensen zijn open. Ze zijn niet zo doordrenkt van traditie. En ze lijken onafhankelijker te zijn in hun denken dan wat ik heb gezien.

D: Misschien vind je daar je wonderkind.

L: Ik denk het niet. Ik denk dat mijn wonderkind hier heel ver vandaan is. Ik weet niet waarom ik dat nu denk. Ik denk niet dat ik hem zal vinden. Ik denk dat hij me zal vinden. Ik denk dat ik nu nog wel even hier in Spanje blijf. Misschien sturen ze hem naar mij. Het is zo verfrissend en is zo'n verandering. Ik mag hier nog even rusten.

D: Maar denk je echt dat je hem ooit zult vinden?

L: Mij is dat verteld en ik heb geen reden om anders te geloven.

D: Je hebt je leven hieraan gewijd. Zolang je het gelooft, moet er een kern van waarheid in zitten.

L: Ja. Het is een hele grote les die ik lang geleden heb geleerd. Een les van geloof.

D: Dus als het de bedoeling is, zul je hem vinden. (Ja) Oké dan. Dat klinkt als een hele mooie plek, en je kunt even uitrusten.

Ik bracht Linda toen terug naar volledig bewustzijn en liet Bartholomeus in zijn wereld achter, wetende dat we ons snel weer bij hem zouden voegen en ons verhaal zouden voortzetten.

Hoofdstuk 2
De lessen beginnen

Na de eerste sessie stopten we een paar uur om te lunchen, uit te rusten en te bezoeken. We gingen rond 14.00 uur weer aan het werk Met linda's trefwoord telde ik haar weer terug naar dat leven. Ik had de achtergrond over Bartholomeus afgerond en wilde nu verder gaan met het verkrijgen van de informatie. Mijn nieuwsgierigheid was zeker gewekt en ik wilde ontdekken welke kennis Bartholomeus aan zijn wonderkind moest doorgeven. Ik was van plan om hem terug te brengen naar het vaartuig en van daaruit het verhaal op te pakken.

D: Ik zou graag willen dat je Bartholomeus weer zou vinden toen hij in die vreemde kamer was en hij ergens naartoe ging. Ik tel tot drie en we zullen er zijn. 1, 2, 3, we zijn weer naar die scène gegaan. Je had net je slaapkamer verlaten en bevond je op deze vreemde plek met dingen die buiten voorbij gingen. Wat doe je en wat zie je? Vertel me er eens over.

L: Ik ben de enige hier. (Bijna vol ontzag.) Ik zit in een stoel en kijk uit in het universum, kijkend naar de sterren en de planeten die voorbij gaan. Ik werd gewekt en gevraagd om op reis te gaan. En toen ik akkoord ging kreeg ik te horen dat ik deze kleren moest aantrekken. Toen omhulde een lichtstraal me en het volgende wat ik wist zat ik alleen in deze stoel.

D: Zei je niet dat je nu ouder bent?

L: Ja. Ik ben heel oud. Ik ben inmiddels bijna zestig. Ik ben heel erg oud.

D: Was je nog op zoek naar je wonderkind?

L: Ja, dat was ik. Ik had het gevoel dat ik mijn missie in dit leven had gefaald. Ik probeerde te vertrouwen, wetende dat ik het stukje van de puzzel op het juiste moment zou krijgen. Maar toen ik zo oud werd, begon ik te twijfelen en begon ik te vrezen.

D: Heb je ooit iemand gevonden in al je reizen op Aarde waarvan je dacht dat je die met de informatie kon vertrouwen?

L: Nee, niet één. Ik dacht dat de oosterse cultuur misschien meer begripvol en open en ontvankelijk was. Maar ook zij zijn bedekt met hun eigen tradities en geloofssysteem. Ik was erg teleurgesteld. Toen begon ik het geloof te verliezen. Pas vanavond kreeg ik te horen dat dit mijn laatste reis zou zijn. En ik zou het laatste stuk krijgen -- het einde van mijn zoektocht.

D: Wat was het laatste stuk?

L: Het laatste stuk is het delen van deze kennis met iemand die verwant is aan mij, die openstaat voor ideeën die ze niet kunnen doorgronden. Iemand die in staat is om deze dingen te onderzoeken zonder angst, zonder vooroordelen, zonder vooringenomenheid. Gewoon de feiten accepteren en ze zorgvuldig onderzoeken. Gewoon om je weten te delen, en dat is alles.

D: Nemen ze je mee naar je wonderkind?

L: Ze nemen me mee naar een nieuwe plek. Ze noemen het de "kolonie". Het is een nieuwe experimentele plek waar ze hopen dat de zuivere waarheid zal doordringen en op geen enkele manier zal worden vervormd. Deze mensen zijn van een zuiver hart en geest. Ik zal hun leraar zijn. Ik zal hen de kennis geven die ik in deze vele jaren heb verzameld. Zij zullen de hoeders van deze kennis zijn. Vanwege hun zuiverheid zullen ze het op geen enkele manier, vorm of vorm misbruiken, hamsteren of kleuren. Zij zullen de hoeders zijn van de kennis van de universele waarheid.

D: Is dit waar je wonderkind zal zijn?

L: Ja. Hij kan dan op zijn beurt op het juiste moment worden gestuurd om de planeet Aarde te verlichten wanneer de tijd rijp is. Tot die tijd blijft hij op deze plek met de anderen en wacht. De anderen hebben hun plaats om deze boodschap ook op het juiste moment te brengen.

D: Waarom zou je het niet kunnen doorgeven aan iemand op aarde? Dat was wat je dacht dat je ging doen.

L: Omdat er niemand van een zuiver hart was die het kon houden zonder vervorming of misbruik. Op dit moment bevindt de evolutie van de planeet zich niet in een ruimte in de tijd dat de mensheid er klaar voor is. Ze hebben zoveel, veel lessen die ze moeten leren voordat ze iets van dit alles in het juiste voordeel van de mensheid kunnen gebruiken. Het zou worden vervormd, misbruikt en uiteindelijk de hele aarde vernietigen.

D: *Dus op deze manier zal het uiteindelijk terug naar de Aarde worden gebracht.*

L: Dat klopt. Dit wonderkind zal hier in deze "kolonie" wonen. Deze plek kent geen tijd of ruimte. Ze zullen op geen enkele manier verouderen of veranderen. Het is een houvast. En ik zal hier vertrekken als mijn werk gedaan is, en naar mijn plaats gaan voor rust. Ik zal hier niet blijven en ik zal ook nog geruime tijd terugkeren naar de Aarde.

D: *Als je jezelf als oud beschouwt, zal dat dan een verschil maken waar je naartoe gaat?*

L: Nee. Maar ik kan niet in deze kolonie blijven. Mijn zielspatroon is anders dan deze op deze plek. Het is niet compatibel voor een lang verblijf voor onbepaalde tijd. Ik zou me hier niet op mijn gemak voelen. Ik verlang er wel naar om naar mijn rust te gaan als mijn werk erop zit. Ik moet een tijdje in rust zijn. Ik moet bij het Al zijn.

D: *Zeg je dat je in dit lichaam terug naar de Aarde zult komen nadat je klaar bent met het geven van je boodschappen en kennis aan deze andere mensen?*

L: Nee, ik zal niet terugkeren naar de Aarde voor vele, vele generaties. Ik zal naar het "Alles" gaan voor rust. Ik kom veel later in een andere hoedanigheid terug.

Uit zijn antwoorden klonk het alsof hij verwees naar de geestenkant te gaan en een tijdje de rustplaats binnen te gaan voordat hij gereïncarneerd werd in een ander lichaam. Deze plek wordt beschreven in mijn boek Tussen dood en leven. Het enige probleem dat ik had om dit te begrijpen, was dat hij het sterven niet had genoemd. Hij zat blijkbaar nog in zijn fysieke lichaam. En iedereen weet dat je je lichaam niet mee kunt nemen als je doodgaat.

D: *Ik probeer het te begrijpen. Je hebt nog steeds je fysieke lichaam. Het is in deze kamer zittend op de stoel.*

L: Ja, het is mijn lichaam. Ik heb nooit gevraagd wat ermee zou gebeuren. Ik denk het wel. Maar het leek gewoon niet belangrijk.

D: *OK. Laten we doorgaan tot het punt waarop dit voertuig, of what di took is, de machine waarin je je bevindt, diens bestemming heeft bereikt. Je zei dat je op reis bent geweest naar de plek van de kolonie. Laten we doorgaan tot je je bestemming hebt bereikt. Vertel me wat er gebeurt, als je er bent aangekomen.*

L: Het is een zeer lichte plek, en ik zit in mijn stoel te zweven over deze lichte plek. Ineens omhult een heel fel licht mijn lichaam. Het begint vanaf de bovenkant van deze kamer. Het is cilindrisch van vorm en ik zit er middenin. In een oogwenk ben ik bij die andere geesten. Ik ben niet meer in de kamer. Ik word gewoon door dit licht meegevoerd naar de aanwezigheid van deze wezens. Ze zijn allemaal heel erg blij om me te zien. Ze zien eruit als lichtwezens. Stuk voor stuk verschillend maar toch gelijk. Het zijn zeer heldere wezens.

D: Ze hebben geen fysieke kenmerken?

L: Dat doen ze, maar ze zijn zo helder. Als ik in hun gezicht probeer te kijken, ben ik verblind. Het is alsof je in de zon kijkt. Ik zie dat ze glimlachen. Ze moeten een mond hebben. Ik heb het gevoel dat ze naar me glimlachen. Maar ze zijn bedekt met zo'n helder licht dat ik hun lichaamsvormen niet kan onderscheiden.

D: Ben je nog in je fysieke lichaam? (Pauze. Misschien wist hij het niet zeker.) Hoe voelt het?

L: Het voelt heel licht, heel licht, alsof ik zweef. Alsof er geen gewicht is, geen kracht van welke aard dan ook. Ik ben gewoon vrij. Ik denk niet dat ik een lichaam heb. Ik denk dat ik gewoon mezelf ben.

D: Denk je dat die andere wezens fysiek zijn?

L: (Pauze) Misschien. Maar ik denk dat het waarschijnlijk pure energie is. Ik zie ze, maar ik denk niet dat het menselijke lichamen zijn.

Dit werd gezegd met een gevoel van nieuwsgierigheid, van verwondering, alsof hij iets vreemds en anders probeerde te begrijpen waar hij niet op voorbereid was.

L: Ik denk dat ik op een ander niveau van bestaan ben gekomen. Het begon als een fysieke reis, maar ik denk dat ik door het fysieke vlak ben gekomen en ergens ben binnengekomen waar ik geen weet van heb. Toch heb ik het gevoel dat ik hier zou kunnen vertrekken als ik dat zou willen, op elk moment, en terugkeren naar die kamer.

D: Denk je dat je je fysieke lichaam in die kamer zou kunnen vinden? (Ja) Je zei dat je je kennis met deze wezens ging delen. Klopt dat? (Ja) Al eens eerder heb ik gevraagd of het mogelijk zou zijn om jouw kennis ook met mij te delen. En u zei dat u toestemming moest krijgen. Wat denk je?

Ik voelde verwachting, in de hoop dat ik deze kennis zou mogen ontvangen. Mijn nieuwsgierigheid wilde graag dat dit zou gebeuren, maar het zou allemaal afhangen van krachten buiten mezelf - krachten waarvan ik geen kennis had.

L: Ik vroeg het aan mijn vriend en hij zei dat je misschien kon meeluisteren met mijn lesopdrachten.

Ik voelde een sensatie van vreugde.

D: Dat zou prachtig zijn als ik dat zou mogen doen.
L: Hij zei dat er momenten zouden zijn waarop je bepaalde dingen niet zou kunnen horen, maar het meeste zal je ter beschikking worden gesteld.
D: Waarom zou ik bepaalde dingen niet kunnen horen?
L: Omdat er nog maar een paar dingen moeten worden gedaan voordat een plan op aarde wordt geïmplementeerd. En die paar dingen moeten worden bewaard totdat het plan wordt uitgevoerd. En eenmaal geïmplementeerd krijgt u de resterende informatie.
D: Als ik dan deelneem aan de lesopdrachten, kan ik de kennis delen?
L: Dat klopt. Je krijgt deze kans omdat je ook een van de weinigen bent die niet zal kleuren of vervormen. Je bent zuiver van hart en gaat dit niet voor jezelf gebruiken.

Linda's ademhaling ging steeds sneller. Ze vertoonde tekenen van ongemak.

D: Ik zie dat dat belangrijke eisen zijn.
L: Ja. Niet iedereen kon dit. Slechts een heel, heel klein aantal.

Tijdens de laatste paar zinnen merkte ik dat haar ademhaling onregelmatig, sneller en een beetje moeizaam was. Dit maakte het moeilijk voor haar om duidelijk te spreken.

L: De lucht hier zal aanpassing vergen. Het is heel zwaar op mijn borst. (Ze ademde nog steeds zwaar.) Het zal nog een paar dagen duren voordat ik word aangepast.

Ik gaf suggesties om elk fysiek ongemak te verdrijven. Mijn grootste zorg is altijd voor het comfort van het onderwerp.

D: Het fysieke lichaam dat 1 uur 's nachts spreekt, zal zich zonder problemen kunnen aanpassen, zelfs als de entiteit die tegen mij spreekt problemen heeft. Begrijp je?
L: (Haar ademhaling werd weer normaal.) Ik begrijp het.
D: Oké. Ga je beginnen met je lessen?
L: Binnenkort. Er is nu een gastvrije tijd. Een tijd van vreugde. Een tijd van samenzijn.
D: Hebben ze je verwacht?
L: Ja, ze hebben op me gewacht en ze zijn heel erg blij. Ze juichen me toe. Ze knuffelen me. Ze zijn heel blij voor me.
D: Het klinkt als een leuke plek, een mooie omgeving.
L: Oh, het is heel leuk. Het is erg warm.
D: Kunnen we verder gaan naar wanneer je met je lessen begint en ik in staat ben om te luisteren? Heb je een plan of bestelling waarin je je lessen gaat geven?
L: Ik had het niet overwogen. Ik had ooit een plan, maar het is al zo lang geleden dat ik het vergeten ben. Ik heb nu besloten om eerst te beginnen met vragen van mijn vrienden. En dan zal ik een lezing geven over hun vragen. Ik denk dat dit op dit moment waarschijnlijk de beste manier is.
D: Daar ben ik het mee eens. Maar omdat ik hun vragen niet zal kunnen horen, zult u ze dan herhalen? (Ja) Ben je op het punt waar je gaat beginnen? (Ja) OK. Ga je gang in je eigen tempo dan.
L: Ik wijs op ... Artness (Fonetisch. misschien: Ardness) heeft me gevraagd, (Langzaam alsof ik luister en dan herhaal.) "Wat gebeurde er op het aardse vlak om mensen zo smal te maken in hun geloofssysteem?" Vele, vele eonen geleden kwamen mensen die naar de Aarde kwamen met enorme kennis van het universum. Er waren anderen die al op aarde leefden, die niet zo goed geïnformeerd waren als degenen die net waren gekomen. En het

deed degenen die net kwamen de kwestie van de macht onderzoeken. Het was iets wat ze tot die tijd nog niet hadden meegemaakt. En dat gevoel vonden ze fijn. Het gaf hen een opwinding die ze niet eerder hadden gekend. Dus besloten ze hun kennis voor zichzelf te houden en niet met anderen te delen, zoals het initieel bedoeld was. En ze maakten degenen tot slaaf die niet zo goed geïnformeerd waren. Ze vertelden hen dingen die niet zo waren, om hen bang te maken om hen te dienen. Ze werden beschouwd als goden. Zij werden de goden. De gewone mensen, de gewone mensen, degenen die hier eerst waren, dachten dat ze goden waren, omdat ze ongewone dingen konden doen. Het was niet de bedoeling dat dit zou gebeuren. En toen ze in al deze macht en hebzuchtige staat van zijn kwamen, wilden ze niet weg. Ze wilden blijven. En dat deden ze. Toen ze uit dit leven verliepen, werden er verhalen over deze goden en hun grote krachten overgeleverd. En de angst begon vat te krijgen. Angst, dat als ze niet deden wat de goden hadden gezegd, ze vernietigd zouden worden. Het was een zeer donkere tijd voor de planeet Aarde.

D: *Wat vertelden deze wezens hen dat hen bang maakte, waardoor ze tot slaaf gemaakt konden worden?*

L: Ze vertelden hen dat ze de wind en het licht, de zon, de maan, de regen konden regeren. Ze regeerden het, en als deze mensen zich niet aan hun regels hielden, zouden ze vernietigd worden. De mensen zouden geen water hebben, geen zon. Ze wisten dat ze de zon nodig hadden en het water en de wind, de regen. Ze moesten deze dingen hebben om te bestaan. En de goden hadden controle over dit alles, dus ze moesten gehoorzamen of ze zouden onmiddellijk vernietigd worden. Ze wisten niet dat hun wezen, hun geest, eeuwig leeft. Ze konden alleen het hier en nu zien. Het oorspronkelijke doel van deze lichtwezens die naar de Aarde kwamen was om deze informatie te delen, zodat de angst kon worden weggenomen en de mensen het konden begrijpen.

D: *Verrichtten deze wezens wonderen om de mensen te laten geloven dat ze goden waren?*

L: Ja, dat deden ze. Het was allemaal een trucje. Ze deden het met licht en magie, maar de mensen dachten dat ze goden waren. Ik wil zeggen dat dit een perfect voorbeeld is van de menselijke natuur, van de voortdurende strijd binnenin tegen angst en zelfbediening. Om het zelf te dienen. Macht.

D: *Maar de wezens die kwamen waren degenen die het probleem veroorzaakten.*

L: Ja. Ze deden niet wat hen werd opgedragen. Ze vielen omdat ze kwamen om zichzelf te dienen en niet de mensheid.

D: *Je zei dat dit een voorbeeld van mensen was, maar toch werd het probleem niet door de mensen veroorzaakt.*

L: Ze werden gezonden om het niveau van de Aardse wezens naar een hoger bestaan te brengen. Ze werden gezonden om degenen die hier waren te onderwijzen, niet om hen tot slaven te maken. Ze faalden in hun opdracht. Ze werden verondersteld mensen te laten begrijpen en te laten leven op een hogere orde van dingen. Ze kwamen vast te zitten.

D: *Hoe bedoel je, ze kwamen vast te zitten?*

L: Ze raakten betrokken bij macht en verloren het licht dat aan het menselijke element op aarde zou worden gegeven. De Aarde was een plek om nieuwe dingen te ervaren. En degenen die hier kwamen in de hoop degenen die hier al waren tot hun niveau te verheffen, kwamen vast te zitten en werden naar een lagere orde gebracht in plaats van andersom.

D: *Met andere woorden, dat was geïntegreerd in de menselijke soort? (Ja) Is dat alles wat u over die vraag wilt zeggen? (Ja) Wil je nog een vraag uit de groep?*

L: We gaan hier eerder naar de historische achtergrond, zodat iedereen kan begrijpen wat er in de loop van vele eonen is geëvolueerd. Ik denk dat dit waarschijnlijk de beste manier is om het uit te leggen. Om te laten zien wat er in het verleden is gebeurd en van daaruit verder te gaan. De vraag was: 'Waarom werden er niet meer gestuurd om degenen te helpen die vast waren komen te zitten? Waarom werden sommigen niet gestuurd om degenen naar huis te brengen die misbruik maakten van hun vertrouwen?" De reden was: in dat tijdsbestek waren we bang dat als er meer zouden worden gestuurd, ze ook in dat patroon zouden vallen. Dus werd besloten dat we zouden wachten tot deze generatie voorbij was, en dan een nieuwe instroom zouden sturen in de hoop het project om te keren. Dat is dus gebeurd. De eerste mensen die naar de Aarde kwamen waren van de planeet Tyrantus (Fonetisch: Tyrant-tus). Het lijkt in sommige opzichten erg op het magnetisch veld van de aarde. Het was dus niet moeilijk voor deze mensen om geaccepteerd te worden in de hoofdstroom van het leven. Ze zouden niet als eigenaardigheden worden gezien. Ze leken erg op de aardbewoners. Uiteindelijk faalden ze.

D: *Dat zijn degenen die macht wilden?-*

L: Ja. Zij kwamen op de eerste plaats. Sommigen fokten met de aardbewoners onder elkaar. De tweede golf die werd verzonden was van (Ze had moeite met de naam.) Iranius. (Fonetisch: Iran-i-us) Deze mensen waren anders. Ze zagen er niet menselijk uit en daarom kwamen ze vermomd. Ze kwamen als dieren.

D: *Dieren?*

L: Ja. En hun taak was om heel rustig samen te werken met geselecteerde wezens om het project om te draaien. Er waren enkele uitverkorenen die instructie kregen van deze dieren, zoals ze werden gedacht. Het was op een ander niveau, deze instructie van deze wezens werd hen in hun dromen gegeven. Ze werden geïnstrueerd over concepten van liefde, onsterfelijkheid en samenwerking tussen de soorten. Het gebeurde heel rustig en subtiel. Helaas mislukte ook dit project, omdat er maar een paar waren die geïndoctrineerd konden worden in deze nieuwe denksystemen. En ze werden geminacht door de bevolking. Zij waren, vanwege de angst van de algemene bevolking, bang om te accepteren wat hen werd gegeven. En natuurlijk zouden de machthebbers het niet accepteren, want dan zouden ze hun macht verliezen. Dus tegen die tijd was de mens naar het laagste niveau gezonken en het was een zeer teleurstellende situatie.

D: *Deze wezens kwamen als dieren zodat ze niet opgemerkt zouden worden?*

L: Ja, omdat ze niet menselijk waren.

D: *Hoe zagen ze er echt uit?*

L: Ze waren erg klein en ze hadden grote ronde hoofden en kleine lichamen die verdorren waren. Ze hadden armen en benen, maar ze waren erg buigzaam. Ze waren niet als menselijke armen en benen. Ze dachten dat ze te opvallend zouden zijn en dat mensen bang zouden zijn en hen ter dood zouden brengen.

D: *Dus ze hadden het vermogen om zichzelf als dieren te laten verschijnen?*

L: Klopt. Ze hadden het vermogen om het uiterlijk van een dier aan te nemen. Ze vermomden zich. Ze stapten in dat bestaan.

D: *En op deze manier konden ze mensen beïnvloeden door hun dromen, zei je, op een subtiele manier.*

L: Door hun dromen. Rechts. Gehoopt werd dat als ze genoeg mensen konden beïnvloeden dat het project heel snel kon worden omgedraaid. Maar blijkbaar was het te subtiel, te traag, dus faalde het ook.

Toen ik onderzoek deed naar Indiase legendes voor mijn boek Legend of Starcrash, vond ik veel verhalen van dieren die in de vroegste tijden aan mensen verschenen om kennis over te dragen. Dit is heel erg een onderdeel van de Indiaanse cultuur. Andere culturen over de hele wereld hebben ook soortgelijke legendes. Het is interessant om op te merken dat in moderne UFO / Buitenaardse waarnemingen de buitenaardse wezens vaak als dieren verschijnen als een overlay of schermgeheugen, zodat de mens niet bang zal zijn.

D: *Krijg je hier nog vragen over?*
L: De vraag was: "Waarom werden er niet meer Iraniërs naar de planeet Aarde gestuurd? Omdat ze een zeer sterk intellectueel ras zijn, konden ze iedereen overwinnen die op dat moment op aarde was." En het antwoord daarop, mijn vriend, is: dwang werkt nooit. Dat is geen haalbare kaart. Degenen op Aarde moeten door hun eigen keuze tot het besef komen. Geweld is te vaak gebruikt als oplossing voor veel problemen. Dit werkt nooit.
D: *Dat is een goed antwoord. Wat is de volgende vraag?*
L: "Hoe lang heeft deze tussentijdse tijd van degradatie geduurd voordat er meer werden gestuurd." Het duurde tienduizend jaar. De beslissing werd genomen om de aarde een tijdje zelfstandig te laten groeien en misschien iets voor zichzelf te vinden. Heel lang veranderde er niets. Mensen groeiden, maar groeiden in duisternis. Er was heel weinig licht in hun hart.
D: *Wat deden de mensen dat zo donker was?*
L: Ze waren heel primitief. En veel liefde was er niet. Er was veel moord, veel haat, veel machtsstrijd, die vele eeuwen, vele eonen duurde. De duisternis doordrong heel lang.
D: *Heb je nog een vraag?*
L: Ja. De vraag is: "Hoe zit het met de aarde verandert in deze tijd?" Er waren veel veranderingen aan de oppervlakte. Er waren er heel veel die van de planeet werden weggehaald in de hoop lichtere energieën te rekruteren.

D: *Wat voor soort veranderingen op aarde vonden er in die tijd plaats?*

L: Er waren overstromingen. Water, overal water. Continenten die samen waren, vielen uit elkaar. Er waren tijden van intense hitte. Hitte zo heet dat degenen die hier waren, vervielen. Sommigen reisden naar andere delen om te ontsnappen. Degenen die wel ontsnapten, begonnen nieuwe kolonies en baden om leiding en kennis.

D: *Wat zorgde ervoor dat de continenten uit elkaar vielen? En waarom was er zoveel water?*

L: Onder het oppervlak van de aarde zijn er dingen die "rasters" worden genoemd en die de aarde bij elkaar houden. En toen dit alles gebeurde, veranderden deze dingen binnen het aardoppervlak hun positie en zorgden ervoor dat de continenten uit elkaar vielen. Het water kwam van de hitte die het bevroren water deed smelten. Toen deze continenten uit elkaar vielen, gingen er veel verloren. Mensen, planten, dieren, ze waren verloren. Toen kwam de afkoelingsperiode na deze intense hitte. Naarmate het afkoelde, begon er veel nieuwe vegetatie te ontstaan. Nieuw leven begon zich te ontwikkelen en er was grote hoop dat de Aarde in het licht zou komen. Ze dachten nu dat ze hadden geleerd dat liefde en acceptatie van de naaste zou gedijen. En dat deed het een tijdje, maar niet voor heel lang. Mensen zijn moe van een vredig bestaan en zoeken naar iets spannends en anders. En dit is wat er uiteindelijk gebeurde.

D: *Je bedoelt dat het de aard van de mens was om niet tevreden te zijn als het goed ging?*

L: Ja. En daar hoopte men verandering in te brengen. Maar dat deed het niet.

D: *Wat deden ze als ze iets spannends wilden?*

L: Ze speelden eerst spelletjes, en toen werden spelletjes een test van kracht en wil. En van het een kwam het ander, en ze waren terug bij de macht. De "Ik ben belangrijk. Ik ben sterker. Ik ben beter." Dit was erg moeilijk voor mensen om te begrijpen en van te leren. Ze blijven in dezelfde val trappen die voor hen is opgezet.

D: *Denk je dat dat komt omdat het bloed van degenen die hier kwamen geïntegreerd is in de mensen? Is dat waar het vandaan komt, of is het de menselijke natuur?*

L: Het is de menselijke natuur die op het vlak van het bestaan wordt uitvergroot door de vermenging van de culturen. De mensen uit andere landen, andere plaatsen. Ze kwamen en probeerden de wereld beter te maken, maar werden opgenomen. Dus daarom werd wat zij kozen om te vernietigen en beter te maken alleen maar door hen uitvergroot in het Aardse bestaan.

D: *Dus hun genen hielpen om deze eigenschap sterker te maken? Zou dat een manier zijn om het te zeggen?*

L: Ja. En ze werden gestuurd om iets anders voor de planeet te doen. Daarom duurde het lang voordat iemand anders werd gestuurd, uit angst om het nog eens uit te vergroten.

D: *Oké. Ik denk dat dat alle tijd is die we nu hebben voor vragen. Maar ik kan over een tijdje terugkomen en meer vragen.*

L: Dat zou prima zijn. Ik zal hier zijn.

D: *En vanaf dat punt kunnen we het verhaal voortzetten.*

L: We hebben alleen het oppervlak van het begin aangeraakt.

D: *We moeten ergens beginnen. Ik heb heel veel vragen.*

Ik heb Linda toen naar voren gebracht tot volledig bewustzijn. Ze wilde me vertellen over een beeld dat in haar hoofd bleef hangen. Ik zette de bandrecorder weer aan voor haar beschrijving.

D: *Je zei dat je de binnenkant van de wereld kon zien?*

L: Het was alsof het hol was, en er waren dingen die het bij elkaar hielden. Ik weet niet wat ze waren. Ze trokken naar binnen. En het was alsof er veel dingen bovenop gingen. (Handbewegingen.) Zo gaan, op en neer. In het midden van de aarde leek het op een holle bal. En deze dingen aan de zijkanten van de bal bewogen op en neer. Ik weet niet wat ze waren. Het waren dingen die het bij elkaar hielden. -- De mensen die de tweede keer kwamen hadden grote ronde hoofden, en ze waren zilver. Ze hadden lichamen, maar ze hadden deze verlengstukken die uit hun armen kwamen en in hun midden en hun benen.

D: *Uitbreidingen?*

L: Heb je ooit die beelden en tekeningen uit de oosterse culturen van sommige van hun goden gezien? Ze hadden menselijke gezichten en lichamen, en armen die in verschillende richtingen naar buiten kwamen?

D: *Ik heb er een paar gezien die al deze armen hebben.*

L: Ja, klopt. Behalve dat deze mensen heel klein waren en enorme ronde hoofden hadden. Ik herinner me de gezichten niet meer. Ze hadden geen haar. Toen hadden ze al die armen en benen die op verschillende plaatsen naar buiten kwamen.

D: Toen waren dit echte aanhangsels, echte armen en benen.

L: Klopt. Het waren kleine mensen. Hun hele wezen was glimmend. Ik weet niet of ze pakken droegen of dat het de mensen zelf waren. Het was overal zilver, overal één effen kleur.

D: En ze wisten dat ze zich niet zo konden presenteren aan mensen, omdat ze er zo anders uitzagen. Het zou te beangstigend zijn geweest. (Rechts) Bedoelde je dat ze in een dier konden gaan of zichzelf als een dier konden laten verschijnen?

L: Ik begreep dat ze naar beneden kwamen en op de een of andere manier in het dier gingen. In hun intellect of hoe ze het ook deden, ik weet het niet. Ze deden het zodat ze in de nabijheid van de mens konden zijn.

D: Ik dacht dat als een dier met een mens zou gaan praten, ongeacht hoe ver terug in de tijd, dat hen zou hebben opgeschrikt. Maar zo was het niet.

L: Nee. Het werd op de een of andere manier gedaan door de geest, of door hun dromen. Maar de reden dat ze in deze dieren gingen, was zodat ze in nauw fysiek contact met de mensen konden zijn. Ik denk dat deze mensen huisdieren moeten hebben gehad, want ik zag deze mensen slapen en deze dieren in de buurt liggen.

D: Kun je zien hoe de eerste mensen eruit zagen? Degenen die tot slaven werden gemaakt?

L: Ik zag ze in de vorm van een mens. Ze waren donker. Ik weet niet of het de context was dat ze van de duistere kant waren of lager in intelligentie of groei of zoiets, maar ik zou ze in het donker zien. En deze eerste wezens die naar beneden kwamen zagen er heel menselijk uit, maar ze hadden een lichte huidskleur. Weet je, in onze religieuze achtergrond wordt ons geleerd dat Adam en Eva kwamen en alle andere mensen op aarde propageerden. En van wat ik hieruit haal, is het anders. Er waren veel van deze mensen op aarde. Maar toch, als ik me deze donkere mensen voorstel, liggen ze op de grond. En ook daar weet ik niet of dat een synoniem was voor lichte wezens en donkere wezens. Maar het was voor mij heel duidelijk dat deze lichte hier boven en rechtop stonden, en er is een grove massa donker hier beneden.

D: *Natuurlijk moeten ze heel erg onder de indruk of bang zijn geweest voor deze mensen. Ik vraag me af of ze in het begin primitief waren, en daarom werden ze gemakkelijk tot slaaf gemaakt.*

L: Ik zou aannemen, op basis van wat er gezegd werd, dat ze heel weinig kennis hadden. En deze andere wezens waren hier om hen te verlichten en naar een hoger niveau van bestaan te brengen. Dus daaruit zou ik kunnen opmaken dat ze heel primitief waren.

D: *Er zou veel angst en ontzag zijn, en daar maakten ze gebruik van. Of deze wezens nu menselijk, humanoïde of wat dan ook waren, ze waren niet zo geëvolueerd dat ze niet op een krachtreis konden gaan wanneer mensen op hun knieën vielen. Het laat dus zien dat zelfs iemand die geavanceerd is, kan worden gecorrumpeerd.*

L: Het waren geen perfecte wezens, maar ze waren goed geïnformeerd, en ik denk dat dat de reden is waarom ze kwamen, om hun kennis te brengen. Ze zagen er menselijk en heel vorstelijk uit. Zeer lang en vrij zelfverzekerd. Ik herinner me dat ik zei dat *ze er goden van maakten.*

D: *Je kunt zien waarom ze dat zouden doen.*

L: En die lichtwezens op die planeet aan wie hij het verhaal vertelt. Ze waren heel helder, wit licht. Het was als een klodder. De globs van licht. Ze deden me denken aan de vorm van die Casper de Geest cartoon. Behalve dat het heel helder intens licht was, en ze waren heel vredig, heel gelukkig, liefdevol. Ze vinden het gewoon leuk om liefde te delen.

Linda uitte haar ongeduld dat we niet sneller meer informatie kregen. Ze dacht dat het maar een paar sessies zou duren. Ik herinnerde haar eraan dat er te veel informatie was om het er in anderhalf uur allemaal uit te gieten. Het duurde ook langer omdat ze langzamer sprak. Ik was gewend om lang te werken (in sommige gevallen enkele maanden) om informatie te verzamelen en op orde te brengen, maar Linda was dat natuurlijk niet. Mijn aandeel in deze projecten was om geduld te hebben en te proberen de volgorde van gebeurtenissen te organiseren.

We stopten om te eten, uit te rusten en te bezoeken met Patsy. We begonnen onze laatste sessie ruim in het donker. We wisten dat het laat zou zijn als we klaar waren, maar het maakte me niet uit, omdat ik niet zeker wist wanneer ik terug zou kunnen keren naar Little Rock.

We wilden proberen zoveel mogelijk gedaan te krijgen op één dag. Ik dacht dat zij de volgende dag laat kon slapen en ik ook.

Het trefwoord bracht Linda opnieuw in de diepe trancetoestand en we keerden terug naar dezelfde scène die we een paar uur eerder hadden verlaten. Bartholomeus ging door alsof er geen onderbreking was geweest.

L: Ik sta op een platform voor mijn studenten. Ik neem op dit moment vragen.
D: *Voordat we weer vragen stellen, wil ik graag iets verduidelijken wat u eerder hebt gezegd. Die eerste mensen die hier op Aarde waren toen de anderen kwamen. Weet je waar ze vandaan komen?*
L: Ze waren hier. Het waren aardse wezens.
D: *Werd je verteld hoe deze oorspronkelijke wezens eruit zagen?*
L: Ik ging ervan uit dat het mensen waren zoals ik. Ik heb het nooit gevraagd.
D: *Oké. Toen hadden we het verhaal meegenomen naar de tijd waarin jullie spraken over de catastrofe met het uiteenvallen van de continenten van de aarde en de mensen die verhuisden naar waar ze veilig zouden zijn. We waren op dat moment toen ik werd weggeroepen. Wil je nu nog wat vragen van je studenten beantwoorden?*
L: Ja. Mijn studenten willen weten waarom deze mensen ontevreden waren over hun situatie? Waarom verstoorden ze de vrede die ze al enkele jaren kenden? Het antwoord daarop vind ik heel verwarrend. Ik kreeg te horen dat ze een emotionele toestand van een hogere aard wilden ervaren. Ze waren de rust beu. Ze wilden spanning in hun leven. En toen de spelen oorlog werden, bood dit die uitlaatklep voor hen. Hun harten werden verduisterd en er was veel doden, veel trauma. Het was iets wat ze zelf wilden ervaren.
D: *Ze waren de vrede beu. Verveeld, bij wijze van spreken?*
L: Niet zozeer verveeld als, het bood hen niet veel emotionele uitlaatklep. Ze voelden dat extremen in gedrag hun emotionele behoeften bevorderden. Het gaf hen ervaringen die ze zelf wilden verkennen. Niet beseffend dat wanneer ze deze emoties lieten heersen, ze het licht in zichzelf verloren. Het ging niet weg, maar het werd heel erg schemerig. En dat allemaal vanwege het willen ervaren van de opwinding van emotionele toestanden en trauma's.

D: *Zei je niet dat de ruimtewezens besloten om hen met rust te laten en hen te laten proberen dingen voor zichzelf uit te werken?*
L: Ja. In deze tijd waren er niet veel van deze mensen en ze waren voor niemand een gevaar. Dus werd besloten om ze aan hun eigen middelen over te laten. En ze zouden ofwel groeien in deze ervaring of ze zouden worden gesloopt. En dan kon de planeet worden overgedragen aan anderen die een goed leven wilden leiden.
D: *Keken de ruimtewezens al die tijd naar de mensen door hun geschiedenis heen?*
L: Ja. Ze schudden gewoon hun hoofd van verbazing over de zwarte kunsten en vroegen zich af waarom.
D: *Waar keken ze vandaan? Al deze dingen moeten lang hebben geduurd.*
L: Hun tijd is heel anders dan ons concept van tijd. Ze konden zich erop afstemmen door mentale projecties, of soms bezochten ze de planeet op een fysieke manier. Dit werd niet vaak gedaan omdat het niet veilig was om dit te doen. De mensen hier in deze tijd waren erg slecht en ze doodden anderen zonder na te denken. Er werd veel gemoord.
D: *Waarom waren deze ruimtewezens zo bezorgd? Konden ze niet gewoon weggaan en de aarde vergeten?*
L: Nee, want er was een masterplan voor deze Aarde. Het is de mooiste planeet in dit universum. Het is ontworpen in schoonheid als een experiment. Helaas is het nooit geëvolueerd in de manier waarop het was ontworpen. Het moest een experiment worden in emotie en fysieke genoegens. Dingen die veel andere plaatsen niet hebben. Het was ontworpen om een ervaring te zijn voor degenen die hier kwamen en vervolgens om te vertrekken. Mensen zouden hier op vakantie komen om de aarde te ervaren, de geneugten die het zou geven. Fysieke genoegens die deze wezens normaal niet zouden ervaren.
D: *Je bedoelt, ze kwamen hier zoals op vakanties en dergelijke voordat de situatie slecht werd?*
L: Het was voordat mensen deze aarde bewoonden. Toen raakten sommigen van hen zo betrokken bij dit fysieke genot, ze raakten er zo in verstrikt, ze gingen niet weg. Ze bleven om het verder te ervaren. Hoe langer ze bleven, hoe minder ze konden vertrekken. Ze verloren het vermogen om te vertrekken. Dus ze waren hier

toen de eerste groep wezens kwam. Degenen die verondersteld werden degenen te helpen die vastzaten in de lichamelijkheid van deze planeet, om hen te helpen hun lichtgeesten te herwinnen. Ze raakten er ook in verstrikt.
D: *Ze moesten hen helpen terug te krijgen wat ze vergeten waren, maar zo werkte het niet.*
L: Nee, want ook zij zijn betrapt. Dus bleven ze ook en raakten ze verstrengeld met degenen die hier het eerst waren.
D: *U zei dat het in het begin deel uitmaakte van het masterplan. Kun je me daar iets over vertellen?*
L: In het begin was het plan een mooi plan. Het plan zou zielen in staat stellen naar de Aarde te komen om de schoonheid te bezoeken, om plezier te beleven aan aardse dingen, als beloning voor dingen die ze in andere werelden hadden gedaan. Het was bedoeld als een korte vakantie, een plezierige ervaring, en dan om te vertrekken en verder te gaan over hun bestaan.
D: *Dat was het masterplan?*
L: Ja. Het was als een beloning voor een goed uitgevoerde klus.
D: *Het lijkt wel of er van alles mis is gegaan, nietwaar?*
L: Ja. Het was triest.

Dit was niet de eerste keer dat ik dit hoorde. In andere regressies die met andere onderwerpen te maken hebben, wordt de aarde genoemd als een vakantieplek, een vakantieverblijf, waar wezens uit veel verschillende werelden en dimensies kwamen in de vroege dagen voordat de wereld door mensen werd besmet. Er werd gezegd dat dit was voordat zielen verstrikt raakten in de lichamelijkheid van de Aarde.

D: *Heeft iemand nog een vraag?*
L: Toen de zondvloed kwam en de continenten uit elkaar vielen. Hij wil weten of dat een abrupte verandering was of dat het een geleidelijk iets was dat gebeurde. In sommige gevallen was het erg abrupt. Maar de opwarming van de planeet was een geleidelijk iets. Wat abrupt was, was toen de overstromingen begonnen. Het vernietigde veel en kwam heel snel. Er was vrijwel nergens op de planeet dat het niet raakte. De meeste inwoners werden gepakt en verdwaald. Slechts weinigen overleefden het. Men hoopte dat dit hen de fout zou doen inzien die ze eerder hadden gemaakt, en ze

konden dankbaar zijn voor de vrede die hen nu bezocht. Maar ze waren het al snel beu.

Ik verwonderde me over de overstromingslegendes die in elke cultuur van de wereld voorkomen. Maar dit kan een zeer oude en primitieve tijd in de geschiedenis van de aarde zijn geweest. Blijkbaar is de aarde verschillende keren verschoven en overstromingen van grote ernst zijn niet ongewoon in onze geschiedenis. De Bijbelse zondvloed en andere kunnen op een later tijdstip hebben plaatsgevonden. Het is alsof er werkelijk niets nieuws is in de fysieke geschiedenis van de wereld, maar een herhaling van een reeks gebeurtenissen. Sommige van deze dingen zijn vastgelegd in oude verslagen, en sommige vonden waarschijnlijk plaats vóór onze opvatting van het bijhouden van gegevens.

D: *Is er nog een vraag? We volgen de geschiedenis heel goed.*
L: "Waarom verlieten de mensen die overbleven de planeet niet als ze verlicht genoeg waren om gered te worden?" Het antwoord is dat ze geen verlichte wezens waren. Ze waren nog steeds aardse wezens en ze hadden geen zin om te vertrekken. Ze wisten niet van een bestaan buiten hun eigen dagelijks leven. Ze waren zich dus niet bewust van het feit dat er een keuze was. Daarom wisten ze niet dat ze konden vertrekken. En het is waarschijnlijk goed dat ze dat niet deden. Vraag: "Denkt u dat als ze waren vertrokken, het andere plaatsen waar ze naartoe gingen, zou hebben besmet?" Dat is een mogelijkheid, want hun motieven waren niet zo zuiver als sommigen. Als ze plaatsen bezochten die ontvankelijk waren voor hun manier van denken, hadden ze hen misschien beïnvloed. Het waren er echter zo weinig, ik betwijfel of dat een mogelijkheid zou zijn geweest. Vraag: 'Wanneer werd de beslissing genomen om meer lichtwezens te sturen?' Pas vele jaren later werd de aarde opnieuw bezocht door een schip. Er waren veel mensen op dit schip.
D: *Maar eerst, hoe zagen die mensen eruit die deze keer kwamen? U zei dat het er veel waren.*
L: Het waren er heel veel. Ze waren in sommige opzichten mensachtig. Genoeg dat ze geaccepteerd zouden worden. Ze waren heel erg lang en hadden grappige voeten.
D: *Grappige voeten? Wat bedoel je?*

L: Ze hadden geen handen en voeten zoals de onze. Ze werden bedekt gehouden om niet opgemerkt te worden. Ze droegen te allen tijde schoenen en handschoenen, om niemand bang te maken. Hun ogen waren erg groot en donker. En ze hadden alleen gaten in hun gezicht in plaats van een neus. Ze hadden een mond, hoewel ze die niet gebruikten op een manier die wij wel hebben. Ze spraken geen taal of aten geen voedsel van de Aarde, noch dronken ze vloeistoffen.

D: *Wat gebruikten ze toen voor levensonderhoud?*

L: Ze hebben een systeem dat totaal vreemd is aan het menselijke concept. Het is een energiesysteem van licht, bevorderd, gevitaliseerd, gerevitaliseerd door een reeks licht.

D: *Je bedoelt dat het licht was dat hen in leven hield?*

L: Ja. Zonder dat zouden ze sterven. Ze namen hun lichten mee op het schip en moesten van tijd tot tijd in een kamer rusten om gerevitaliseerd te worden. Ze hoefden maar een korte tijd op deze kleine plaatsen door te brengen, maar het was cruciaal voor hun gezondheid dat ze dit af en toe deden.

Een soortgelijk concept werd gemeld in Legacy From the Stars waar wezens in een sarcofaag gingen liggen om een lichtbad te nemen. Dit was ook hun enige voedsel en ze zeiden dat het licht afkomstig was van de Bron.

D: *Kwamen deze wezens allemaal naar één plek op aarde?*

L: Nee. Er waren - satelliet? (alsof het een onbekend woord was) - satellietschepen die het hoofdschip verlieten en naar verschillende gebieden gingen waar mensen waren. Ze hielden contact met het hoofdschip en vergeleken periodiek notities over hun voortgang.

Dit werd allemaal gezegd alsof het herhalen van informatie uit het hoofd werd geleerd of ergens vandaan werd gehoord. Alsof het vreemd en onbekend was. Een loutere opsomming van feiten.

L: Sommige waren succesvoller dan anderen. Sommigen faalden volledig. De meeste waren echter succesvol. Ze leerden heel veel dingen aan de aardbewoners. Dingen die hun fysieke bestaan zouden verbeteren. Filosofieën die hun spirituele en filosofische kijk zouden verbeteren, in de hoop die vonk van licht te planten die zou kunnen groeien.

D: *Wat voor soort dingen leerden ze hen om hun fysieke leven te helpen?*

L: Ze gaven hen kennis van de landbouw: tijden om te planten, tijden om te oogsten, hoe te planten, wat ze niet kenden. Ze waren eerder jagers en deden veel moorden. De missie was om hun aandacht af te leiden van het doden naar een positievere modus, zoals groei en oogst, een andere bron van voedsel en energie. Dit zou hen ook stationair of op één plaats houden, in plaats van een nomadisch leven te Leiden. Ze zouden meer tijd hebben om na te denken en hun redeneervermogen te ontwikkelen als ze stilstonden. Ze leerden hen ook hoe ze dieren anders moesten gebruiken dan ze te doden. Ze leerden hen om vriendelijker voor elkaar te zijn en een harmonieuzer bestaan te leiden. Helaas zagen de mensen de leraren weer als hun goden. Maar deze keer bleven de leraren trouw; ze waren niet verstrikt in het aardse bestaan. Hun doel was om te komen om les te geven. En toen hun opdracht klaar was, vertrokken ze allemaal samen. Dit experiment werd als een groot succes beschouwd. De aardse mensen kregen een beter bestaan en een reden om uit te breiden wat ze hadden. Ze kregen les en ze kregen een stabieler bestaan. dan ze in lange tijd hadden gekend. En een kans om hun geest te gebruiken op een manier waar ze nog niet eerder aan hadden gedacht.

D: *Dat waren heel goede dingen.*

L: Ja. Het was een zeer goed project en velen waren blij en verheugden zich enige tijd over de voltooiing ervan.

D: *Maar je zei dat sommige leraren naar plaatsen gingen waar het een totale mislukking was.*

L: Ja, omdat die mensen zo doordrenkt waren van hun aardse genoegens. Ze konden en wilden geen hulp accepteren, dus werden ze aan hun lot overgelaten, om te evolueren zoals ze zouden doen of om verloren te gaan. Om af te sterven, wat velen deden. Omdat ze niet luisterden, waren ze verdwaald.

D: *Waren er specifieke rassen die hierdoor misschien zijn afgestorven? Rassen die niet meer bestaan op Aarde?*

L: In deze tijd waren de aardse wezens allemaal gelijk. Het zou nog wel even duren voordat er een verschil in kleur en uiterlijk zou zijn. In deze tijd leken ze allemaal op elkaar en waren er helemaal niet veel.

D: *Wil je verder met de vragen?*

L: Vraag: "Wanneer kwamen de veranderingen die de verschillende kleuren en de verschillende talen, dialecten die op aarde worden gesproken, maakten?" Dit gebeurde enige tijd later in de evolutie van de aarde. Het had te maken met andere zaaiingen die in verschillende gebieden plaatsvonden. Mensen kwamen uit het hele universum. Sommigen bleven en trouwden met de aardse wezens. Dit was een lang proces voordat het zich ontwikkelde tot wat we weten dat vandaag bestaat. In mijn leven duurde het heel lang voordat ik me realiseerde dat er een andere huidskleur was naast degene die ik had gekend. Tijdens mijn reizen zag ik slechts twee andere kleuren, maar ik kreeg te horen dat er meer waren dan wat ik had gezien. Ik had het oostelijke, het gele ras gezien en ik had het bruine ras gezien. Mij is verteld dat er een ras met een rode huidskleur is, waarvan ik me niet kan voorstellen hoe dat er op een persoon zou uitzien. Mij is verteld dat er een zwarte huidskleur is, waarvan ik me dat zou kunnen voorstellen. En mij is verteld dat er een andere kleur is die ik niet heb gezien. Het is als mijn huid, maar dan anders. Het is witter. Dat heb ik ook niet gezien.

D: *Is u verteld over kleuren die vroeger op Aarde waren en die niet meer bestaan? (Nee) Maar deze huidskleuren kwamen voor door andere wezens die uit andere werelden kwamen?*

L: Ja. Het was een langzame ontwikkeling.

D: *Ik had altijd gedacht dat een deel ervan werd veroorzaakt door het warme en koude klimaat. Dat is toch niet de enige factor?*

L: Nee. Dat kan achteraf zijn gebeurd, maar daarvoor werd het veroorzaakt door de vermenging van de mensen. Ooit leken we allemaal op elkaar. Er was geen verschil. En toen begonnen we te trouwen met wezens uit andere werelden, en dat is het moment waarop de veranderingen begonnen te evolueren.

D: *Hoe waren we toen we allemaal hetzelfde waren?*

L: Toen we allemaal hetzelfde waren, hadden we een bruingekleurde huid. Dat was de kleur. Het was een heel warm bruin.

D: *Hadden we haar?*

L: Nee. Geen haar.

D: *Kwam dat door de vermenging?*

L: Ja. We vermengden ons met mensen van andere planeten, en ook met sommige dieren. We wilden de kracht van deze dieren hebben en dachten dat we het konden krijgen door ons met hen te mengen. Het was een heel slecht idee, omdat er veel vreemd uitziende wezens waren die uit deze paringen evolueerden. En het beïnvloedde onze spraak en ons vermogen om rationeel te denken. Dus werd het gestopt, want het was heel erg.

D: *Het zorgde ervoor dat de mensen achteruitgingen in plaats van vooruitgang boekten.*

L: Ja. Ze werden meer dierlijk dan menselijk. En we waren al genoeg achteruit gegaan. Het was dus verboden om verder met dieren te mengen.

D: *Waren er bepaalde dieren die met meer werden gefokt dan met andere?*

L: Ja. Degenen die erg sterk en groot waren, werden meestal gekozen vanwege de fysieke kracht en de grootsheid van hun gestalte.

D: *Maar je zei dat het een aantal heel vreemd uitziende wezens creëerde.*

L: Ja, dat was zo.

D: *Werden die eigenschappen doorgegeven? Ze zijn toch niet allemaal afgestorven?*

L: Nee. Sommigen deden dat wel, maar sommige sterke punten bleven.

D: *Maar het waren geen positieve eigenschappen.*

L: Nee. Behalve dat het de aardbewoners een grotere gestalte gaf dan voorheen. Ze waren klein van gestalte en dit bracht een verandering in grootte teweeg. En ook extra fysieke kracht die ze nog niet eerder hadden gehad.

D: *Maar het had genoeg negatieve bijwerking dat het daarna verboden werd.*

L: Ja, het was niet goed, want deze eerste nakomelingen gaven niets om hun familie of leven. Ze zochten alleen naar eenzaamheid en een fysiek bestaan, puur overleven.

D: *Het was niet wat de ruimtewezens wilden.*

L: Nee. Het doel dat ze in gedachten hadden was om de aardbewoners te leren met elkaar om te gaan in een meer open en liefdevol bestaan. En deze wezens waren eenlingen. Ze hadden geen interactie met andere wezens, tenzij het noodzakelijk was voor hun fysieke overleving. De tweede generatie van deze wezens was iets beter. Ze hadden in ieder geval deelgenomen aan een gemeenschap.

D: *Deze ruimtewezens die van vele plaatsen kwamen en zich kruisten en uiteindelijk de verschillende rassen creëerden. Kwamen ze met goede motieven?*

L: Sommigen wel. Ze brachten technologie en een filosofie van goede bedoelingen met zich mee. Anderen kwamen om te verkennen, alleen om te verkennen. Ze kwamen niet om les te geven of om te helpen, maar gewoon om te zien. Deze mensen zouden helaas per ongeluk verstrikt kunnen raken in de aardse manieren, en het zou moeilijk voor hen zijn om te willen vertrekken.

D: *Er waren dus verschillende redenen om te komen. Was er een reden waarom ze allemaal op ongeveer hetzelfde moment kwamen?*

L: Omdat de eerste experimenten in de landbouw succesvol waren en die wezens massaal vertrokken. En men dacht dat de Aarde sneller vooruit zou gaan als ze meer ervaringen zou krijgen. Het fokprogramma was gestopt en men voelde dat het nu tijd was om binnen te komen en te helpen bij een hogere vorm van bestaan. Sommigen kwamen echt om dit werk te doen. Anderen kwamen vanwege de nieuwsgierigheid ernaar. Anderen kwamen uit egoïstische motieven. Ze kwamen om te veroveren. Ze waren krijgers in hun eigen bestaan. Hun planeet was heel klein en de meeste andere mensen associeerden zich niet met deze wezens omdat ze te eigenbelang hadden. En zo werden ze geïsoleerd van de anderen. Ze zagen dit als een kans om zichzelf vooruit te helpen in het universum. Zie je, niemand mocht lange tijd naar de Aarde komen. Toen werd de toestemming gegeven om in deze tijd naar de Aarde te komen. De eerste mensen die kwamen waren van de planeet Syrus (fonetisch: Sy-rus). Zij waren degenen die succesvol waren en vertrokken. En omdat ze succesvol waren, was men van mening dat anderen misschien ook konden helpen. Maar dat was niet het geval. Sommigen wel, anderen niet.

D: *Degenen die als krijgers waren, waarom werd het hen niet verboden om te komen?*

L: Ik denk dat ze kwamen zonder het te vragen. Het was onverwacht.

D: *Ik dacht dat er misschien een groep of iemand was die hier de leiding over zou hebben en de ongewenste mensen zou weerhouden om hierheen te komen. Weet je iets over zo'n groep?*

L: Ja. Het bestaat al heel lang. Men was echter van mening dat de aarde zoveel problemen had dat het er niet toe zou doen. Ze waren hier, ze vroegen geen toestemming. Ze kwamen gewoon. En toen ze hier eenmaal waren, was het alsof ze gewoon zouden integreren. En erger dan wat het was, kon het niet zijn.

D: *Ik zie het. Ik dacht dat misschien iemand hen zou hebben bevolen om te vertrekken.*

L: Ze hadden een aantal goede eigenschappen samen met hun negatieve. Ze waren zeer intellectueel ontwikkeld. Ze werden in de verkeerde richting gemotiveerd door hun intelligentie. Ze waren dynamische leiders in ontwikkelingsvaardigheden.

D: *Heb je nog een vraag uit de groep?*

L: "Ik zou graag willen weten waarom deze mensen op aarde niet een beter bestaan zouden kunnen worden bijgebracht door het aspect van liefde en verfijning van de geest?" Het antwoord is dat ze deze dingen onderwezen zouden kunnen worden, als ze dat wilden. Maar op dit moment wilden ze niet meer zijn dan wat ze waren. Het is een universele wet. De een mag zonder toestemming geen inbreuk maken op een ander. En deze mensen waren tevreden met de manier waarop de dingen waren, wilden op dat moment geen veranderingen. Het is heel moeilijk voor mij om te begrijpen waarom een persoon geen beter leven zou willen als het hem werd aangeboden. Maar zo was het nu eenmaal.

D: *Beschouwden ze het niet als een inbreuk toen ze hen landbouw en technologie brachten?*

L: Ze accepteerden deze dingen als geschenken. Ze wilden deze dingen voor zichzelf. Ze wilden geen nieuwe filosofie. Ze waren in die tijd alleen geïnteresseerd in de fysieke aspecten van hun bestaan.

D: *De materiële dingen om hun leven te helpen?*

L: Klopt. Ze waren niet geïnteresseerd in iets anders dan wat ze konden voelen, zien of zijn. Er werd alleen gehoopt dat het planten van dat kleine vonkje het mogelijk zou maken om te groeien, zelfs zo langzaam, maar het was tenminste een begin. Het zou heel veel eonen duren voordat het ontwaakt was.

Ik had dezelfde informatie van anderen ontvangen. Het wordt meestal gepresenteerd in Keepers of the Garden. In het begin van mijn werk vond ik het concept van het zaaien van de planeet Aarde nogal radicaal. Maar het is door vele onderwerpen heen gepresenteerd en ik denk altijd dat de herhaling van bewijsmateriaal validiteit toevoegt, omdat de betrokken mensen geen manier hebben om te weten wat ik al heb ontvangen.

Het was nu tijd voor mij om de sessie weer af te sluiten. "Mag ik nog een keer komen en meer vragen stellen en luisteren naar je lessen? Je hebt mij veel te leren, evenals de anderen."

L: Ja, dat mag. Het is soms verwarrend voor mij, deze dingen die ik weet. Ik hoop alleen dat ik ze je kan uitleggen, zodat je de waarheid kent. Er zijn in de loop der jaren veel vervormingen opgetreden en dus hebben we veel verkeerde informatie over deze dingen. Het zal mij een genoegen zijn om de dingen te verduidelijken en jullie de voortgang te laten zien, in de hoop dat het licht helder zal schijnen en iedereen het zelf zal zien. Op deze manier kan onze planeet evolueren en deel uitmaken van wat ze vanaf het begin voorbestemd was. We zullen ook lichtwezens worden, als we onszelf alleen maar toestaan om alles wat niet van dit licht is te verwerpen. Dat alles is niet van de perfecte essentie waaruit we allemaal, ooit, zijn geëvolueerd. Terugkeren naar die plaats in iemands lot zou zeer wonderbaarlijk zijn.

Ik bracht Linda toen weer tot volle bewustzijn en Bartholomeus trok zich weer terug. Het was erg laat toen deze sessie voorbij was, bijna tien uur, en Linda was duidelijk moe. Tegen het einde van de sessie waren er langer dan normaal gaten terwijl ze sprak, bijna alsof ze in slaap viel. Een paar keer moest ik haar prikken door te herhalen wat ze had gezegd, om haar zover te krijgen dat ze verder ging. Maar toen het werd getypt, paste het allemaal in elkaar en was het logisch. We waren hierna allebei moe, ook al hebben we tot na elf uur met mijn vrienden zitten praten. Ik wist dat ik de volgende dag hetzelfde schema zou hebben met Janice. Maar we hebben in elk geval veel werk op één dag kunnen verzetten.

Ik was van plan om minstens één keer per maand terug te keren naar Little Rock, zodat ik aan deze verhalen kon blijven werken. Maar dat lukte echter niet. De maanden erna was ik druk bezig met de eindredactie en het kombuiswerk aan het Nostradamus vervolg (Deel II). Ik was ook uitgenodigd op verschillende radioshows. Ik had geen tijd om ergens heen te gaan of iets anders te doen. Onze volgende kans om te werken was er pas enkele maanden later.

Hoofdstuk 3
De energie apparaten

Ik zag Linda niet meer totdat zij en haar man naar mijn gebied kwamen voor de Ozark UFO-conferentie in Eureka Springs, Arkansas, in april 1990. We wilden minstens één sessie hebben terwijl ze daar was. Ik had veel dingen aan de hand en de enige keer dat we bij elkaar konden komen was tussen het einde van de conferentie en het banket. De sessie werd gehouden in haar motelkamer en we wisten dat er geen tijd was om een volledige sessie te houden. Ik stopte een uur tape in de recorder en dacht dat we zouden proberen zoveel mogelijk gedaan te krijgen. Alles was beter dan niets. Tijdens deze sessie bleef ik op de klok letten, wetende dat we op tijd moesten stoppen om ons aan te kleden voor het banket. Ik had graag het verhaal voortgezet, maar ik denk dat ik het meeste heb gekregen van wat ze wilde zeggen zonder het gevoel te hebben dat ik haar opjaagde.

Haar man, John, nam deel aan deze sessie en leek ondersteunend en behoorlijk geïnteresseerd te zijn. Hij zei later dat hij wist dat deze informatie niet van haar kwam, omdat ze niet zo slim was. Het was een grappende, chauvinistische opmerking, maar het bleek een punt. Hij was er zeker van dat ze dit niet had kunnen verzinnen. Ze had de verbeelding niet, vond hij.

Ik gebruikte het trefwoord en telde haar terug naar dezelfde scène toen Bartholomeus de gloeiende lichtbollen onderwees.

L: Ik ben op een platform en ik geef lezingen aan al deze lichtwezens die hebben gewacht tot ik kwam om mijn kennis aan hen door te geven.

Ze ging door alsof het het volgende moment was, in plaats van enkele maanden later. Het was alsof de tijd had stilgestaan in afwachting van onze terugkeer.

L: Ik vertel hen de geschiedenis van de Aarde. Hoe het zich in de loop van de eonen heeft ontwikkeld en hoeveel mensen van verschillende planeten en universa kwamen om de aardbewoners vooruit te helpen.

D: Vertel je ze over een specifiek moment in de geschiedenis?

L: Ik ben net klaar met het vertellen van hen over een tijd waarin veel leraren kwamen om hun kennis te schenken aan die van de Aarde. Ze bleven niet maar een korte tijd om hen landbouw- en bouwtechnieken te leren.

D: Zijn dat de belangrijkste dingen die ze onderwezen?

L: Ja. Ze leerden hoe graan te planten, hoe te irrigeren, hoe te oogsten, wanneer te planten, wanneer te oogsten, hoe het voedsel op te slaan zodat het op een later tijdstip kon worden gebruikt. Ze leerden enkele bouwtechnieken die hen onbekend waren, zodat ze plaatsen konden bouwen om te wonen, plaatsen om elkaar te ontmoeten.

D: Wat voor soort gebouwen hadden ze daarvoor?

L: Ze waren gemaakt van hout en dierenhuiden. En ze leerden hoe ze de hulpbronnen van de aarde moesten gebruiken om baksteen te maken, om steen te gebruiken. Hoe het samen te stellen, om een meer permanente plaats te hebben die niet onderworpen zou zijn aan de elementen en zo gemakkelijk zou worden vernietigd.

D: Hebben ze hen nog iets geleerd?

L: Slechts een enkeling werd geleerd hoe ze de elementen in hun voordeel konden gebruiken. Hoe de zon en de maan en de sterren te gebruiken ten behoeve van de mensen op deze planeet. Hoe de energie van de Zon te gebruiken.

D: Op welke manier leerden ze hen om de energie van de Zon te gebruiken?

L: Ze leerden het door bepaalde apparaten. Hoe de energie gedurende de dag met deze apparaten op te vangen, zodat deze later als energiebron kan worden gebruikt. Deze energie kan veel dingen doen. Het zou dingen kunnen verplaatsen. Het kon dingen aansteken. Het zou dingen kunnen bewaren, zoals voedsel. Het had vele, vele toepassingen waar de aardbewoners zich niet bewust van waren, omdat ze niet over de juiste apparatuur beschikten om deze energie op te vangen en op de juiste manier te gebruiken. Er waren maar bepaalde mensen die deze kennis mochten hebben, en ze werden tot geheimhouding gezworen. Deze mensen werden gezien als priesters of goden, en zij waren de enigen die van deze dingen mochten weten. Wel mochten ze studenten kiezen om het werk dat gedaan werd voort te zetten.

D: *Kun je dit apparaat beschrijven dat al deze wonderbaarlijke dingen zou kunnen doen?*

L: Het was gemaakt van een substantie van een andere plaats, niet van deze aarde. Het leek op een stuk brons, maar dit was niet wat het was. Het was lang en het had een driehoekige vorm. Het lag op het aardoppervlak en moest in een bepaalde mate tussen de aarde en de zon worden gemanipuleerd, op een specifieke tijd en plaats dat de zon aan de hemel stond. Het moest op een bepaald tijdstip van de dag zijn en het was cruciaal dat dit apparaat op een specifieke straal en graad tussen de zon en de horizon van de aarde werd geplaatst.

D: *Meer was het niet, gewoon een stuk metaal?*

L: Het leek op metaal en het had de vorm van een driehoek. Het was waarschijnlijk vijf voet lang en drie voet lang en het was V-vormig in het midden.

D: *Je zei dat ze hen ook leerden hoe ze de kracht van de maan en de sterren moesten gebruiken. Hoe was dat mogelijk?*

L: De maan heeft ook veel energie. Mensen hebben dit nooit begrepen. Het is een zeer passieve vorm van energie, totaal in tegenstelling tot de Zon die zeer actief en sterk is. De passieve energie van de maan is echter net zo sterk als die van de Zon.

D: *We zien het als koud.*

L: Ja. Het is een heel ander type. En daarom denken mensen dat het koud is, maar dat is het niet.

D: *Wat voor soort apparaat gebruikten ze om de energie van de maan vast te leggen?*

L: Het was glanzend en helder als een stuk glas.

D: *Kon je er doorheen zien, zoals iets gemaakt van glas?*

L: Nee. Het was zilver en glanzend en zat op een boogvormig voetstuk. Het was hol in het midden en draaide in vele richtingen. Het was veel groter dan het instrument dat voor de zon werd gebruikt, vanwege de aard van de energie. Het was vijftig voet in diameter en twintig voet hoog. Het was heel erg groot.

D: *Dat is waarschijnlijk de reden waarom het een voetstuk moest hebben om het te draaien.*

L: Ja. Er waren veel mannen voor nodig om het te verplaatsen.

D: *Waar werd de energie van de maan voor gebruikt?*

L: De energie van de maan kan worden gebruikt om de effecten van tijd op de menselijke vorm te veranderen. Het kan worden gebruikt voor het genezen van het menselijk lichaam. Het kan voor veel dingen worden gebruikt.

D: *Hoe zou het het effect van tijd op het menselijk lichaam veranderen?*

L: Naarmate een persoon ouder wordt, is er een storing in de cellulaire communicatie in het hele systeem. En vanwege deze afbraak zorgt het ervoor dat de organen van het lichaam verouderen en niet efficiënt functioneren, waardoor vitale functies van het lichaam verhongeren. Dit apparaat verjongde de cellulaire structuur, waardoor het normaal kon functioneren, zoals op jongere leeftijd. Alleen degenen die uitverkoren waren, mochten deze kennis ontvangen en dit werd hen gegeven zodat ze langere tijd op Aarde konden blijven om de Aardbewoners te leiden.

D: *De energie zou toch opgeslagen moeten worden, niet alleen gericht?*

L: Ja. Het werd op geheime plaatsen opgeslagen. Mensen werd verteld dat dit tempels van de goden waren, en ze werden bang gemaakt zodat ze ze met rust zouden laten en niet zouden onderzoeken wat erin zat. Ze mochten deze plekken niet betreden.

D: *Toen werden de energie van de Zon en de maan beide opgeslagen op dit soort plaatsen?*

L: Ja. In aparte kamers, anders zou de energie van de Zon te destructief wezen voor dat van de maan.

D: *Je zei ook dat ze de energie van de sterren gebruikten, hoe deden zed dat dan?*

L: Ze vingen lichtdeeltjes op van bepaalde sterrenstelsels.

D: *De sterren zijn zo ver weg. Hoe hebben ze dat kunnen doen? De sterren zouden niet veel kracht hebben.*

L: Nee, het was niet zozeer de energie, als wel de plaatsing van de sterren aan de hemel. Ze werden in kaart gebracht en bijgehouden, om meer te weten te komen over profetie. Meer over de spirituele aard van de dingen.

D: *Toen was het niet zozeer de energie van de sterren, het was een studie van de sterren?*

L: Een studie van de sterren voor projecties (had moeite met het vinden van woorden) van andere tijden en ... Ik snap het niet. Ander... projecties van profetie. Profetie. Ik ben in de war.

D: *Is het iets waar je niet bekend mee bent? Is dat wat je bedoelt? Begrijp je het niet?*
L: Ja, de plaatsing van de sterren in de lucht gaf hun informative over de profetie, over dingen die gingen gebeuren.

Het was duidelijk dat ze astrologie probeerde te beschrijven, maar blijkbaar had de entiteit, Bartholomeus, er geen woord voor of begreep ze het concept niet. Nog een voorbeeld dat we zijn verstand gebruikten en niet dat van Linda.

D: *Het zou een heel prachtige plek en tijd lijken, als ze al deze prachtige dingen zouden krijgen om hun leven beter te maken. Wat is er gebeurd?*
L: Het was een tijdje geweldig. Deze priesters gebruikten hun kennis verstandig. Ze hielpen hun mensen vooruit. Ze waren vriendelijk. Ze genazen hun gebroken lichamen. Ze beschermden hen. Ze leerden hen veel dingen. En dan, zoals al vele malen is gebeurd, vindt negativiteit plaats en groeit als slecht onkruid in een veld. Het verstikt uiteindelijk de tarwe of het graan. En deze dingen gingen verloren.
D: *Gewoon een geleidelijk iets, of iets plotselings dat de negativiteit veroorzaakte?*
L: Het was een geleidelijke achteruitgang.
D: *En dit veroorzaakte het verlies van de kennis?*
L: Ja. Deze prachtige dingen die als geschenk aan de aardbewoners werden gegeven, werden vernietigd omdat er een opstand was onder het gewone volk, dat de energie van de zon wilde hebben. Ze kwamen erachter dat het was opgeslagen in deze bepaalde tempel van, waarvan ze dachten dat het de goden waren. En ze wilden het voor de massa. Ze dachten dat dit hen machtig zou maken. En ze richtten een leger op om de tempel in te halen, en de priesters werden afgeslacht. En toen ze de tempel binnengingen, waren ze natuurlijk niet in staat om de energie goed te gebruiken, omdat ze de kennis niet hadden. En het werd vernietigd. Er was enorme verwoesting, explosies, brand en massavernietiging. En het was verloren.
D: *Dit zou ook de andere energie van de maan hebben vernietigd, nietwaar?*

L: Ja. Er was geen explosiegevaar van de energie van de maan. Omdat het echter in de buurt werd gehouden, werd het ook vernietigd.

D: *Werden de originele apparaten ook vernietigd?*

L: Ja, omdat ze op deze plek werden bewaard.

D: *Konden de mensen die hen oorspronkelijk deze kennis gaven niet komen en het opnieuw aan hen geven?*

L: Nee, want ze waren al heel lang, enkele honderden jaren, van de aarde verdwenen. Ze waren terug naar huis gegaan. Ze waren niet op de hoogte van wat er was gebeurd.

D: *Die groep wezens leek een positieve groep te zijn. Ze probeerden mensen wat kennis te geven die ze konden gebruiken.*

L: Ja. Ze waren erg bedroefd toen ze erachter kwamen, maar het was lang nadat het was gebeurd. En de beslissing werd toen genomen om het niet te vervangen.

D: *Maar er moeten overlevenden van die groep mensen op aarde zijn geweest.*

L: Ja, er waren mensen die zich in afgelegen gebieden bevonden en niet betrokken waren bij de eigenlijke belegering van de tempel. Ze waren weg van het centrum van de omwenteling. Ze waren heel oud of heel jong, en ze dachten dat het de woede van de goden van de tempel was die deze vernietiging veroorzaakte. Ze waren dus niet op de hoogte van wat er echt gebeurde.

D: *Ik kan me voorstellen dat hun leven daarna heel anders was.*

L: Ja, dat was zo, want ze moesten vertrouwen op de weinige kennis die ze hadden. Ze konden alleen planten als ze het zich herinnerden. Ze hadden geen leiding van de priesters. Het lukte echter wel. Ze deden het heel goed met de weinige middelen die ze hadden.

D: *Ze waren waarschijnlijk nooit in staat om terug te keren naar de andere staat waar ze alle kracht en energie hadden om hen te helpen.*

L: Nee, dat deden ze niet. Het was een grote, grote tegenslag. Veel dingen gingen verloren. Veel technologie en veel geheimen.

D: *Keerden de overlevenden terug naar primitieve manieren?*

L: Ja. Ze bleven echter huizen bouwen en velden planten, en ze bleven handel drijven met andere mensen, zoals ze eerder hadden gedaan.

D: *Toen wisten ze nog hoe ze moesten bouwen met de rots en steen*

L: Ja. Ze hadden echter niet de apparaten die ze eerder hadden om de steen te verplaatsen. Het moest allemaal met de hand gebeuren. Er was geen energie om het te verplaatsen.
D: *Was dit de energie van de Zon die werd gebruikt om de stenen op hun plaats te brengen? (Ja) Werd een deel hiervan gedaan door levitatie? Of weet je wat ik bedoel?*
L: Ja, ik denk dat je het zo zou kunnen noemen. Deze energie kwam de steen binnen of wat dan ook moest worden verplaatst, en het trok het als een magneet naar welke positie dan ook werd berekend. En toen het dat station bereikte, werd het vrijgegeven, en het bleef daar gewoon.
D: *Dus na de vernietiging van deze energiebronnen moest het met de hand gebeuren.*
L: Klopt. Omdat ze niet wisten hoe het moest.
D: *Ze behielden gedeeltelijke kennis, maar het was niet genoeg. Er zijn veel lessen te trekken uit deze dingen.*
L: Ja, er zijn heel veel dingen om te weten. Sommigen van hen zijn heel erg verdrietig.

Ik bracht Linda naar voren. Deze sessie kon niet zo lang duren als normaal, omdat we ons klaar moesten maken om naar het banket te gaan, en we waren echt de tijd aan het pushen.

Toen Linda wakker werd, tekende ze hoe ze de apparaten zag. In het geval van die voor de zon nam ze een stuk papier en vouwde het in tweeën om de hoek van de driehoek weer te geven.

Vanwege de eindredactie en de drukproef van het Nostradamus-vervolg kon ik niet meer met Linda werken totdat ik in juni 1990 naar Little Rock ging voor een schrijversconventie.

* * *

Ik reed in juni 1990 naar Little Rock om de Writer's Convention bij te wonen. Daarnaast was ik van plan om met zowel Linda als Janice te gaan werken, ook al had ik een volle agenda. Ik heb maar één sessie met Linda kunnen hebben.

Met behulp van het trefwoord telde ik haar terug naar de tijd van de gloeiende wezens en bartholomeus' doorlopende verhaal aan hen.

L: Ik ben omringd door deze lichtwezens. Ze bombarderen me met vragen. Er is zoveel te weten, en we zijn erg enthousiast over het feit dat we al deze kennis kunnen absorberen om veilig te bewaren, om op het juiste moment aan anderen te worden gegeven. We voelen ons erg gezegend om voor dit werk gekozen te worden. Er wordt veel gebabbeld. Ik moet iedereen kalmeren zodat het werk verder kan gaan. (Pauze) Ik heb dit nu bereikt en we zijn klaar om door te gaan met deze missie.

D: *Kun je voor mij de vragen herhalen die ze stellen?*

L: Er waren er veel en iedereen sprak op een bepaald moment. We gaan verder vanaf waar deze opwinding zo'n verstoring begon te veroorzaken. Het had te maken met de energiebronnen die werden ontvangen van de Zon en de maan. (Er waren twee maanden verstreken, maar toch gingen ze vanaf het laatste geval door.) Dit is wat alle opwinding veroorzaakte. Omdat er veel zonnen en vele manen in het universum zijn, en ze bevatten allemaal deze kracht en energie. Het is hetzelfde op veel planeten, en deze energie kan worden gebruikt zoals het op aarde was, voor gebruik voor de mensheid en alle interplanetaire reizen.

D: *Het kan worden gebruikt als een bron van kracht, bedoel je?*

L: Ja. Het kan voor veel dingen worden gebruikt. Niet alleen als drijfgas en bron van kracht en energie, maar het heeft ook vele andere toepassingen. Plus groei van spiritualiteit van de wezens die een bepaalde planeet of gebied bewonen. Het heeft het potentieel voor genezing en met deze genezing komt spirituele groei en kennis. Dit is wat de verstoring veroorzaakte, omdat het zo spannend was.

D: *Hadden ze daar nog nooit van gehoord?*

L: Sommigen wel, maar de meesten niet. Ze hadden over deze dingen nagedacht, maar wisten het niet zeker. Voor sommigen was dit een verificatie.

D: *Het probleem is natuurlijk altijd hoe je de energie kunt gebruiken om het op deze manieren te laten werken.*

L: Dat klopt, maar het is geen heel moeilijk proces. Het is een heel eenvoudige taak. Niet veel mensen weten hier echter van, omdat het zo eenvoudig is. Het is een proces van vergroting, van absorptie van de energie door vergroting vanuit de Bron. De energie wordt tienvoudig verzameld en vergroot en vervolgens geabsorbeerd in een collectief apparaat om op het juiste moment te worden gedistribueerd. Het vergrotingsproces is het belangrijkste onderdeel van het proces. En tenzij dit wordt begrepen en goed wordt gedaan, zal het proces niet werken. De verzameling en de verdeling kunnen niet worden bereikt tenzij de vergroting eigendom heeft plaatsgevonden. Dit is waar velen hebben gefaald. Ze hebben heel hard geprobeerd, maar hebben het eenvoudigste aspect van het proces gemist.

D: *Wat is dat simpele aspect?*

L: Het eenvoudige aspect is niet de grootte, maar de kwaliteit van het materiaal dat wordt gebruikt bij de vergroting van de energie. Dit materiaal is op heel veel plaatsen in het heelal niet te vinden. Het is alleen beschikbaar op bepaalde planeten. De aarde is een van deze plaatsen waar deze stof gemakkelijk beschikbaar is. En daarom was het universele pact met de aardemensen zo belangrijk voor alle betrokkenen, ook al zijn de aardbewoners erg primitief. En het is heel vaak geprobeerd om hen te helpen evolueren naar een hoger inzicht, wat ook vele malen heeft gefaald.

D: *Wat voor soort pact werd er gesloten?*

L: Er werd verschillende keren een pact gesloten met de aardbewoners om intergalactische vluchten toe te staan om te komen ruilen voor dit materiaal. Van tijd tot tijd waren er verstoringen in deze handel, vanwege het strijdende karakter van de Aarding. Dingen werden vernietigd, mensen vertrokken en nieuwe pacten moesten opnieuw worden onderhandeld. Meestal werden deze gemaakt met de leiders in bepaalde gebieden op aarde. Soms konden ze worden onderhandeld met particuliere burgers die de leiding hadden over een bepaald gebied.

D: *Ik denk aan een pact omdat ik meestal onderhandel voor iets terug. (Ja) Wat kregen de aardbewoners ervoor terug?*

L: De aardbewoners ontvingen technologie die ze nog niet eerder kenden, of een hulp bij de technologie die ze in een zeer primitief stadium aan het ontwikkelen waren. In deze pacten kregen ze meer informatie om hen te helpen ontwikkelen waar ze op dat moment toevallig aan werkten. Het heeft het proces alleen maar veel versneld. En er kon meer kennis in de praktijk worden gebracht.

D: *Wat is dit materiaal dat ze zo graag wilden?*

L: Dit materiaal is een mineraal dat net onder het aardoppervlak wordt aangetroffen. Het is een fijne, poederachtige substantie die kan worden ingenomen en eenmaal onder druk gezet, wordt het gevormd tot dunne vellen. Deze vellen worden gebruikt in het vergrootproces en moeten voortdurend worden vervangen terwijl ze de energie filteren, kort na gebruik. Ze moeten dus voortdurend worden vervangen. Er is veel van deze stof op veel plaatsen op aarde. En het is heel gemakkelijk om er toegang toe te krijgen met de juiste tools.

D: *Het is dus heel gewoon. Welke kleur heeft de poederachtige substantie?*

L: Het is grijs, variërende grijstinten. Soms kan het worden aangezien voor vuil, maar het is zeer fijn van consistentie, bijna poederachtig.

D: *Bij de constructie van deze platen zei je dat het onder druk is gezet. Moet het worden verwarmd of zijn er andere stappen in het proces om het poeder om te zetten in de vellen?*

L: Nee, het is gewoon een enorme druk. In deze drukkamer wordt het vanwege de mate van druk erg heet. Er hoeft geen warmte te worden toegevoegd. Het wordt gewoon heet van de druk die erop wordt uitgeoefend.

D: *En dan wordt het gevormd tot vellen?*

L: Ja. Zeer dunne vellen, zeer buigzame vellen.

D: *En dan wordt dit gebruikt in het vergrotingsproces. (Ja) En toen zei u dat het werd opgenomen in een collectieve kamer? (Ja) U zei dat drijfgas een gebruik was. Als dit op een soort vaartuig zou worden gebruikt, zou het dan aan boord van het vaartuig moeten zijn?*

L: Ja. Er is een collectief deel op het vaartuig, in de buik van het vaartuig. Hier wordt veel energie opgeslagen voor lange reizen. Het is geen erg grote ruimte die nodig is voor deze container, omdat de energie zeer krachtig is en het voor lange tijd kan opnemen.

D: *Dan kan het lange afstanden en lange periodes gaan zonder dat het wordt aangevuld?*

L: Ja. Vele, vele jaren.

D: *Dan moet het vaartuig uiteindelijk terugkeren naar de bron van de energie die moet worden opgeladen?*

L: Ja. Ze werken nu echter aan een draagbaar apparaat dat deze energie van verschillende manen en zonnen kan verzamelen, door deze vellen aan boord te hebben. Dit is echter niet erg succesvol geweest, omdat de vellen erg .... (Lange pauze) Ik denk dat het woord "fragiel" is. En ze moeten op een bepaalde manier en temperatuurregeling worden gehouden. Als het op de een of andere manier erg varieert, vernietigt het het vermogen van het vel om de energie te vergroten zonder het te filteren. Deze vellen worden niet ver van tevoren gemaakt, omdat ze hun vermogen verliezen. De substantie waarvan de vellen zijn gemaakt, kan lange tijd worden opgeslagen zonder zijn vermogen te verliezen. Maar het blad, eenmaal gemaakt, moet binnen een korte periode worden gebruikt.

D: *Wanneer deze zich in natuurlijke omstandigheden bevinden, zoals op aarde, zijn de vellen dan stabieler?*

L: Nee. Het is hetzelfde probleem. Het eigenlijke poeder kan voor lange periodes worden bewaard. Eenmaal onder druk in het vel, moet het snel worden gebruikt.

D: *Is het gevaarlijk voor mensen of andere wezens om met deze stof om te gaan? (Nee) Dus het is een volkomen veilig onderdeel of element?*

L: Ja. Het is wat je 'inert' zult noemen. Het heeft geen specifieke eigenschappen totdat het drukproces het activeert.

D: *Dus dit is wat de wezens wilden toen ze deze pacten met de Aarde sloten.*

L: Ja. Anders zou de Aarde aan haar lot worden overgelaten, omdat degenen die het bevolken zeer onvoorspelbaar zijn en het geduld van velen uit andere landen hebben beproefd.

D: *Is it one group that has learned to use this element as a power source?*

L: Nee, er zijn velen die ervan weten, en ze komen van tijd tot tijd op bezoek. Ze worden echter gecontroleerd door een raad. Er zijn vertegenwoordigers van elke plaats die in deze raad zitten. En ze nemen de beslissingen: wie mag bezoeken en wat ze van de Aarde mogen geven en nemen. Het wordt allemaal van tevoren besloten voordat er contact wordt gelegd. Niemand mag komen zonder toestemming van deze raad.

D: *Ik heb al eerder van deze raad gehoord en ik ben altijd nieuwsgierig geweest naar waar het zich bevindt. Hebt u die informatie?*

L: Deze raad bevindt zich op een plek die voor niemand anders dan een raadslid toegankelijk is. En ze moeten een wezen zijn met veel respect voor hun leeftijdsgenoten. Niemand weet precies waar het is.

D: Maar het is een fysieke plek?

L: Nee, het is geen fysieke plek. Het bevindt zich op een ander vlak en is alleen toegankelijk voor degenen die voldoende geëvolueerd zijn om erheen te gaan.

D: Dan geven ze toestemming om dit materiaal te komen halen. En om kennis te ruilen met de Aardbewoners.

L: Dat klopt.

D: Heb ik gelijk als ik aanneem dat andere groepen ook om andere redenen zijn gekomen, naast het verkrijgen van het materiaal?

L: Ja. Sommige groepen komen om te leren waarom we de dingen doen die we doen. Ze komen om onze wegen te observeren. Sommigen komen om ons te leren hoe we een vreedzamer volk kunnen zijn. Er zijn veel redenen waarom ze komen, niet alleen voor handelsdoeleinden. Sommigen komen gewoon strikt uit nieuwsgierigheid, maar niet vaak, omdat deze toestemming om de atmosfeer binnen te gaan niet alleen voor nieuwsgierigheid wordt gegeven.

D: Ze moeten dan wel een doel hebben.

L: Dat klopt.

D: Komt een van deze groepen ooit voor negatieve doeleinden?

L: Niet vaak, want de raad is heel wijs en ze staan het niet toe. De aardbewoners hebben genoeg negativiteit voor vele levens. Soms raken mensen die op bezoek komen echter betrokken bij de negativiteit die hier is en reageren ze op zo'n manier dat ze negatief lijken. Wanneer ze uit deze atmosfeer worden verwijderd, zijn ze dat niet.

D: Dan is dit een manier om energie te verzamelen en voortstuwing voor vaartuigen te creëren. Zijn er geen andere manieren?

L: Er zijn veel manieren om drijfgassen te maken voor ambachten voor energie. Dit is maar één manier. Deze manier, hoewel kritischer in zijn verzameling, is echter minder schadelijk voor het milieu van de meeste planeten. Het is zo'n krachtige methode en kan heel gemakkelijk in kleine ruimtes worden opgeslagen, dat het het zeer wenselijk maakt.

D: Dan zijn er andere methods, die gevaarlijk zijn voor het milieu?

L: Heel erg, zoals je weet van wat er nu gaande is in de tijd van de Aarde dat je leeft. Hier wordt in jullie tijd aan gewerkt en wanneer mensen zich meer bewust worden van wat er gedaan kan worden, zullen veel dingen die jullie nu gebruiken voor energie niet langer beschikbaar zijn voor gebruik op Aarde. Maar het zal een ontwaken vergen. Er zijn veel mensen die deze verandering niet willen.

D: *Gebruikten deze wezens ooit deze gevaarlijkere soorten macht?*

L: Nee, niet de macht waar je het over hebt. Kernenergie werd onderzocht, maar nooit gebruikt. Het werd weggegooid als te vervuilend voor de sterrenstelsels. Het was geen goede bron omdat het erg volatiel was.

D: *Dus vonden ze de veiligere methoden. Ik dacht dat als dat element zo zeldzaam en moeilijk te vinden was op andere planeten, ze misschien andere methoden hadden ontwikkeld die handiger voor hen waren.*

L: Dat is waar. Ze hebben andere planeten gevonden waar dit materiaal direct beschikbaar is. De aarde is echter een dichterbij gelegen bron dan sommige van de anderen. En daarom is het nagestreefd. Anders was het met rust gelaten. Het was gewoon handiger.

D: *En de aardbewoners zouden dit zelf kunnen ontwikkelen als ze het proces begrepen?*

L: Ja. Dit proces is aan sommigen gegeven, maar het heeft niet veel acceptatie gevonden, omdat er velen zijn die economisch profiteren van de andere manieren. En de andere manieren lijken, voor de aardbewoners, een betere bron te zijn. Het is iets dat hier al langer is, denken ze. Maar in werkelijkheid is dit niet zo. Deze andere energiebronnen zijn hier al vele malen eerder gebruikt. Ze gingen echter ook vele malen verloren.

D: *Ik dacht dat het misschien kwam omdat het zo eenvoudig was dat ze niet geloofden dat het zou werken.*

L: Dat hoort erbij, maar het gaat veel dieper dan dat. Het heeft te maken met macht en hebzucht. Er is een vraag van mijn studenten. Ze willen weten hoe het materiaal door de bezoekers is ontdekt. Ik vertel hen dat er opnieuw ruimteschepen naar de Aarde kwamen om te bezoeken. Het was bij toeval dat ze dit materiaal ontdekten dat ze voor energie hebben gebruikt. Het was een hele openbaring en ze waren erg extatisch om het te vinden, omdat ze ver naar andere sterrenstelsels waren gereisd om dit mineraal te verzamelen. De expeditie was deze keer om medische kennis te geven aan artsen die zeer archaïsch de geneeskunde beoefenden en veel mensen doodden. Ze kwamen om hen wat basiskennis te leren van de fysisch-biologische samenstelling van de mens. Het was een broodnodige operatie om het leven op deze planeet vooruit te helpen. Terwijl hier een grote plaag heerste en velen dagelijks stierven. Ze probeerden te beslissen wat ze met de lijken moesten doen. Het was in deze periode dat het mineraal werd ontdekt terwijl ze massagraven aan het graven waren.

D: De ruimtemensen of de Aardemensen?

L: Aarde mensen. De ruimtemensen observeerden wat er op dat moment aan de hand was. Ze bemoeien zich nooit met het dagelijks leven van mensen. Ze observeren alleen en bieden mensen mogelijkheden om hun techniek te leren.

D: Maar als ze zich er niet mee bemoeiden, hoe gaven ze dan de mensen, de artsen, de informatie?

L: Door mentale telepathie. Artsen dachten dat het iets was dat ze zelf hadden ontdekt. Ze moesten weten hoe ziekten van de ene op de andere werden overgedragen en hoe het in het bloed leefde. Bloed is zeer cruciaal voor de levenskracht van een menselijk lichaam.

D: En de mensen, de artsen, wisten niet hoe de ziekte werd overgedragen?

L: Nee, ze waren zich niet bewust van de noodzaak, de waarde, van het bloed dat door het menselijk lichaam stroomde. Het was voor de levenskracht van de mens zeer noodzakelijk dat dit bloed in het lichaam aanwezig was. En ze pasten geen goede hygiëne toe.

D: In die periode wisten ze ook niets van ziektekiemen, toch?

L: Nee. Dit was wat ze probeerden over te brengen, over bacteriën en het bloed uit het lichaam laten lekken.

D: Om uit te lekken?

L: Ze hielden niet tegen dat het bloed het lichaam verliet. Ze wisten niet dat het nodig was. En dus als iemand een wond had en overvloedig bloedde, deden ze niets om het te stoppen. Ze wisten niet dat het nodig was om te leven, om een bepaalde hoeveelheid bloed in het lichaam te behouden. Dit was een van de fouten die ze maakten. En het gebrek aan netheid veroorzaakte bacteriële infecties. Hierdoor konden bacteriën het lichaam en de bloedbaan binnendringen. Het was in die tijd onbekend over desinfecteren en wassen en schoon zijn. Ze hadden geen kennis van chemicaliën.

De eerste stap was om hen te leren water te gebruiken om zichzelf grondig te wassen. En om het milieu schoon te houden.

D: *Waren ze in staat om deze kennis over te dragen via één arts of 9*

L: Door velen heen. De zaden van deze kennis werden geplant door de geest, van de ene geest naar de andere. De meeste artsen dachten dat het hun eigen idee was. Het werd niet op zo'n manier gegeven dat ze het gevoel hadden dat ze deze kennis van een ander hadden gekregen. Het was gewoon iets dat bij hen opkwam.

D: *Ik dacht dat als ze het gewoon aan één man zouden geven, hij misschien gevreesd of als ongewoon zou worden beschouwd.*

L: Nee. Ze gaven het aan velen. En toen ze notities vergeleken, waren ze het erover eens dat dit een goed idee was.

D: *Maar dachten de wezens niet dat dit bemoeizuchtig was?*

L: Nee. Ze gaven het cadeau en het was aan het individu of hij het wilde nemen of niet. Het wordt niet als inmenging beschouwd omdat ze de mogelijkheid hadden om te weigeren. Er moest iets gebeuren. Velen stierven.

D: *Gebeurde deze plaag op hetzelfde moment dat ze besloten om hen de informatie te geven?*

L: Het gebeurde toen ze kwamen. Daarom kwamen ze. Velen stierven. En er werd gevreesd dat de balans van het leven zou worden aangetast en dat uiteindelijk het menselijk ras op deze planeet zou uitsterven. En dit was niet wat gewenst was. Deze groep werd hierheen gestuurd voor deze missie. En omdat ze hun missie goed deden, was het een geschenk om een betere energiebron te vinden dan ze eerder hadden gekend.

D: *Dan was dit materiaal niet iets wat ze op dat moment gebruikten?*

L: Ze hadden ermee geëxperimenteerd. Het was echter niet beschikbaar voor hen waar ze waren, en het was een lange reis om het te verkrijgen. Dus werd het idee verworpen vanwege onbeschikbaarheid.

D: *Wat voor soort energie gebruikten ze tot die tijd?*

L: Ze gebruikten licht. En dit was allemaal in orde. Er zijn echter momenten waarop het niet beschikbaar is en opraakt.

D: *Waar kwam het licht vandaan?*

L: Het wordt verzameld op vellen. (Langzaam alsof ze niet begreep wat ze zag.) Op panelen. Lakens. Sommige plaatsen die werden bereid, hadden echter geen licht om hun panelen nieuw leven in te blazen. En daarom kwamen ze zonder stroom te zitten en moesten ze gered worden door een ander voertuig.

D: *Waar kwam de lichtbron oorspronkelijk vandaan?*

L: Van de zonnen in verschillende sterrenstelsels.

D: *Maar deze zouden heel ver weg zijn geweest als ze in de ruimte reisden.*

L: Ja. Dat was het nadeel. (Langzaam, alsof je iets bestudeert.) Sommige van deze panelen hadden vergrootglazen die in staat waren om het licht van deze zonnen op zeer grote afstanden door te geven. Maar er waren zeer grote machines voor nodig om dit te doen, en het was niet haalbaar om deze op ambachten te hebben. Dus ze hadden alleen hun panelen voor energie en konden niet heel ver reizen, anders kwamen ze zonder brandstof te zitten.

D: *Hoe zit het met kristalkracht? Hebben ze daarmee geëxperimenteerd?*

L: Nee. Op dat moment was het niet in hen opgekomen om die mogelijkheid te onderzoeken. Ze waren op zoek naar een ander systeem, want als ze op grote afstanden reisden was het niet goed als ze buiten bereik van een lichtbron gingen.

D: *Dit nieuwe materiaal had dus grote vergrotende eigenschappen. Klopt dat?*

L: Nee, het materiaal zelf had deze eigenschappen niet. Ze hadden echter het vermogen om het te transformeren met de vergrotende vermogens die ze al bezaten. Het was een zeer eenvoudig proces om deze korrels via hun systeem te transformeren en de mogelijkheid te hebben voor opslag in kleine containers, zodat reizen op grote afstanden kon worden bereikt met de minste hoeveelheid pakket.

D: *Was de bron van de kracht nog licht?*

L: Ja, licht is nodig en wordt gebruikt. Deze korrels werden echter gebruikt om op te slaan. Dit was de ontbrekende eigenschap in hun hele energiesysteem. Het stelde hen in staat om hun energie op te slaan in zeer kleine containers, waar ze voorheen zeer grote panelen moesten hebben om hun voertuigen voort te stuwen. Dit zorgde voor een revolutie in hun hele energiesysteem en ze vonden verschillende manieren om het te gebruiken. Niet alleen voor voertuigen, maar voor veel verschillende operaties. In het begin namen ze het gewoon. Maar toen moesten ze ervoor onderhandelen, naarmate de tijd vorderde. Wat ze aan het doen waren werd ontdekt en ze moesten ervoor ruilen. Maar heel lang was dat niet nodig. In eerste instantie toen ze werden ontdekt, verhuisden ze gewoon naar een ander gebied dat op dat moment niet bewoond was. Maar naarmate de bevolking op aarde groeide, was er heel weinig gebied waarin ze dit mineraal konden verkrijgen dat niet bevolkt was. Er zijn dus onderhandelingen gevoerd met verschillende regeringen over de hele aarde, niet alleen op deze ene plek. Er werd gevreesd dat ze zouden worden tegengehouden, dus maakten ze op verschillende plaatsen afspraken.

D: *Kunnen we terugkeren naar de geschiedenis waarover u sprak? U zei dat ze pacten sloten met de mensen om hen te helpen dit materiaal te verkrijgen. En ze zouden hen belonen met technologie van een bepaald type, kennis die ze op dat moment in hun leven konden gebruiken.*

L: Dat klopt

D: *Wat zou er dan gebeuren om het pact te verbreken?*

L: Het pact zou bij verschillende gelegenheden worden verbroken wanneer de fysieke aard van de mens zou toestaan dat macht en hebzucht het overnemen. Om deze technologie te willen gebruiken voor oorlogsdoeleinden, voor vernietiging, in plaats van om de mensheid te helpen. Wanneer deze dingen zouden gebeuren, zouden de mensen proberen de wezens die kwamen te overwinnen. En wanneer dit gebeurde, zouden degenen die hier uit andere plaatsen kwamen een tijdje vertrekken, totdat een nieuwe generatie kon evolueren en een nieuw pact kon worden gesloten.

D: *Dus de aardbewoners namen de technologie die hen werd gegeven, voor welk doel of voordeel dan ook, en veranderden het in oorlogszuchtige dingen. Is dat wat je bedoelt?*

L: Ja. Vele malen gebeurde dit, vele malen.

D: *Het lijkt vreemd dat ze het op hun weldoeners zouden zetten.*

L: Ze dachten dat als ze deze macht hadden, ze de weldoeners konden controleren en hen konden laten doen wat ze wilden dat ze deden. Ze hadden het gevoel dat ze de enige bron hadden die beschikbaar was voor deze andere planetaire wezens, maar ze vergisten zich, omdat er veel andere plaatsen op aarde waren.

D: *Dus dan zouden de wezens zich terugtrekken?*

L: Ja. Ze zouden vertrekken. En vaak, afhankelijk van de gemaakte overtredingen, zouden ze al hun technologie verwijderen, of ze zouden het vernietigen zodat het niet op een negatieve manier kon worden gebruikt. Dan zou het volk achteruitgaan. Dit is heel vaak gebeurd gedurende het leven van deze Aarde. Het lijkt erop dat de mensheid evolueert naar een hogere staat en dan staan ze macht en hebzucht toe om hen en wat ze hebben geleerd volledig te absorberen. Dan worden ze vernietigd en zetten ze vele, vele stappen achteruit.

Toen Bartholomeus de wereld van de kleine gloeiende lichtwezens betrad, oversteeg hij blijkbaar ons concept van tijd, of beter gezegd, tijd bestond daar niet. In het begin leverde hij informatie uit de geest van Bartholomeus, informatie die door zijn vreemde vriend was gegeven. Hoe langer hij rapporteerde dat hij toegang kreeg tot informatie uit toekomstige tijden die niet beschikbaar zou zijn geweest voor Bartholomeus. Hij was echt de tijd ontstegen en bevond zich op een plek waar verleden, heden en toekomst allemaal één waren. Dit is de enige manier waarop ik zijn toegang tot informatie die relevant is voor ons huidige tijdsbestek kan verklaren. Zijn geest (in combinatie met Linda's geest) was uitgebreid in zijn vermogen om toegang te krijgen tot ingewikkelde en relevante feiten en deze te assimileren.

Maar wat was het doel van het onderwijzen van deze kleine wezens? Welke rol zouden ze spelen in onze tijd?

L: Mensen zijn niet in staat geweest om genoeg te leren van overtredingen uit het verleden om hen in staat te stellen voorbij een bepaald punt te evolueren. Dit is al vele levens een zeer ernstig probleem. De wezens hopen deze aardbewoners ooit te helpen in hun evolutie voorbij deze ene ruimte. Zodra ze voorbij deze ruimte evolueren, zullen ze zichzelf toestaan om onderweg verder te evolueren. Dat ene obstakel blijft grote regressies veroorzaken in fouten uit het verleden. Daarom komen we nu bijeen om een manier te vinden om de kloof te dichten, zodat de mensheid die sprong voorwaarts kan maken in hun evolutie. En daar helpen wij bij. Al deze wezens hier vandaag willen helpen deze kloof voor eens en voor altijd te dichten. Zodat de mensheid zich kan ontwikkelen tot wat er altijd voor hen is geweest. And because of their ignorance, they were unable to close it to themselves.

D: *Hoe zijn ze in staat om ons te helpen?*

L: Velen, velen zullen binnenkort naar het werk worden gestuurd om in alledaagse dingen te werken. Om op een subtiele manier te verlichten, om een boodschap van liefde te sturen, zodat deze voor eens en voor altijd kan worden afgesloten. Velen zullen ervoor kiezen om niet op Aarde te blijven. Maar degenen die dat wel doen, zullen heel hard werken en zullen veel prachtige dingen voor hun werk krijgen.

D: *Je bedoelt dat deze kleine energiewezens naar de Aarde zouden komen om te helpen? (Ja) Hoe gaan ze dat doen? Zullen ze in hun energievormen van licht blijven?*

L: Sommigen zullen blijven zoals ze zijn. Anderen zullen het vermogen hebben om veel menselijke lichamen binnen te gaan. Eén lichtwezen zal het vermogen hebben om tien menselijke lichamen tegelijk binnen te gaan. En verlicht het menselijk lichaam zelf, om een progressie van denken en spirituele groei mogelijk te maken die tot nu toe een onmogelijkheid was.

D: *Zullen ze lichamen binnengaan die op Aarde leven en bezet zijn door een andere geest?*

L: Ja. Ze zullen geen natuurwet verstoren of het lichaam overnemen. Ze zullen slechts een lichtpuntje zijn dat het fysieke lichaam zelf zal verlichten en het in staat zal stellen te groeien.

D: *Ik dacht dat je bedoelde dat ze als een ziel zullen binnenkomen en een leven zullen leiden vanaf de baby.*

L: Nee, nee. Dit is niet mogelijk. Deze lichtwezens zijn zo licht en zo geëvolueerd dat ze geen behoefte hebben om een fysiek bestaan aan te nemen. Dit is niet waarvoor ze zijn ontworpen. Ze gaan je concept te boven. Ze zijn geen ziel, zoals je ze zou beschouwen. Het zijn lichtwezens die geëvolueerd zijn uit een God van de hele schepping. De Bron.

D: *Maar onze ziel is daar ook uit voortgekomen.*

L: Ja, dat is waar. Er zijn echter veel, veel verschillende bronnen van de Ene, en ze zijn allemaal anders ontworpen voor verschillende doeleinden. Toch maken ze allemaal deel uit van hetzelfde.

D: *Maar als ze even het menselijk lichaam binnendringen -- je zei dat het het niet zou bezitten of overnemen, maar om te helpen -- is het dan toegestaan om dat te doen volgens de regels van het universum? Ik denk aan de ziel als de bewaker van het lichaam. Mag er iets anders naar binnen?*

L: Ja. Het mag binnenkomen als het vooraf is overeengekomen. Deze lichtwezens zijn zo zuiver dat ze hun wil niet aan een ander zouden opleggen. Er zullen veel zielen zijn die angstig op hun hulp wachten.

D: *Is deze toestemming tussen de twee bewust gegeven?*

L: Nee. Het wordt op een ander niveau gegeven.

D: *Dus het bewuste individu weet niet wat er gebeurt?*

L: Dat klopt. Ze weten dat er iets aan het veranderen is, op een bewust niveau. Ze weten echter niet precies wat. Als ze dit in hun bewuste staat accepteren en de evolutie toestaan, zullen ze het antwoord vinden en zullen ze dan weten wat Ik jullie vertel. In het begin zullen ze alleen een gevoel van verandering van denkpatronen hebben. En dat zullen ze zich afvragen. Maar het zal een sterk gevoel zijn dat ze moeten veranderen, ook al is het niet duidelijk waarom of hoe.

D: *Maar dit zal niet bij elk individu gebeuren.*

L: Nee. Slechts enkele, en deze zullen anderen meenemen in hun manier van denken. Sommigen zullen anders kiezen. Sommigen zijn niet bereid om te veranderen. Ze zullen dit fel bestrijden en zullen veel pijn en problemen veroorzaken. Maar deze negatieve zullen uiteindelijk worden overschaduwd door de meerderheid die de overgang wil maken. En ze zullen gedwongen worden om te vertrekken, omdat ze erg ongelukkig zullen zijn in het milieu dat wordt gemaakt.

D: *Dit zijn waarschijnlijk mensen die geen afspraak zouden maken voor het wezen om deze vermelding toch te maken.*

L: Nee. Ik wil duidelijk maken dat deze lichtwezens op geen enkele manier het menselijk lichaam of de menselijke ziel of het doel waarin zij dit leven zullen leven, zullen verstoren. Ze zijn er alleen om een bepaalde groei mogelijk te maken. Ze zijn er niet om iets te veranderen dat tot nu toe is overeengekomen of vastgesteld.

D: *Dat zou een inbreuk zijn op de vrije wil van het individu.*

L: Dat klopt. Ze zijn slechts een vonk om de mens in staat te stellen de kloof over te steken en voor eens en voor altijd te sluiten, zodat it terugglijden naar primitieve manieren kan worden gestopt.

D: *Is dit de reden dat ze als een geestenvorm komen, om het zo maar te zeggen? Omdat de fysieke wezens niet in staat zijn geweest om dit alleen te bereiken?*

L: Dat klopt.

D: *Andere wezens probeerden veel verschillende manieren, en zoals je zei, waren ze soms verstrikt in de lichamelijkheid van de planeet. En ze faalden ook op vele andere manieren.*

L: Ja. En daarom werden deze lichtwezens geschapen.

D: *Om deze taak op een andere manier uit te voeren.*

L: Ja. Om geen andere reden zijn deze wezens hier.

D: *Is dit de reden waarom Bartholomeus hen de geschiedenis van onze Aarde moet leren?*

L: Ja, ze moeten weten hoe vaak dit is gebeurd. Ze moeten de menselijke natuur grondig begrijpen, zodat ze op geen enkele manier zullen overtreden. Het menselijke element moet dit voor zichzelf bereiken.

D: *Als ze bij wijze van spreken een inzending maken, moet de mens dan op dat moment meer open zijn? (Ja) Wordt dit op een bepaalde manier bereikt? Ik denk aan een mens die onbewust natuurlijke afweersystemen heeft.*

L: Ja. Dit zal een overgang zijn die heel eenvoudig wordt gemaakt. Het enige dat nodig is, is een verlangen om te groeien. Geen walk-in, geen overname, maar een blending, een merging, een adding to, een combining. Een element dat wordt toegevoegd dat verbetert maar niet vermindert.

D: *Dat is logisch als het niet anders werkt. Zijn er andere geesten of wezens die van plan zijn om naar de Aarde te komen om bij dit alles te helpen?*

L: Op dit moment is het afwachten. Het is gehoopt door de raad dat zodra aardse wezens zijn geëvolueerd, dat een komen en gaan van velen uit andere plaatsen kan worden bereikt. En een handelsnetwerk opgezet op basis van een open beleid in plaats van een verborgen beleid. De aarde kan een meer open plek zijn om te bezoeken.

Toen ik deze informatie in het begin van mijn werk ontving, dacht ik dat het ingewikkeld was, maar in de loop der jaren is het bevestigd door vele andere sessies van over de hele wereld.

DEEL II

Verderzetting op de custodians

Hoofdstuk 4
De weggelaten transcripties

Toen ik mijn boek The Custodians schreef, concentreerde ik me op mijn onderzoek met UFO en vermoedelijke ontvoeringszaken. Het legde uit hoe ik begon (zoals de meeste andere onderzoekers doen) met de eenvoudige gevallen van waarnemingen, landingen en ontvoeringen. Het traceerde mijn werk terwijl het zich ontwikkelde van het eenvoudige naar het complexe. Het laatste deel van het boek betrof mijn werk tijdens de late jaren 1980 en vroege jaren 1990 met een jonge vrouw die in Little Rock, Arkansas woonde. Ze leverde veel waardevolle informatie waardoor ik kon ontdekken dat de buitenaardse wezens niet alleen van andere planeten en sterrenstelsels kwamen, maar ook van andere dimensies. Sommige van de concepten die ze me gaven waren geestverruimend, omdat ze niet door anderen waren gemeld.

Een vreemd fenomeen deed zich voor toen ik met Janice werkte. Nadat we in de sessie waren en ze in het diepst mogelijke niveau van trance was (het somnambulistische niveau), zou haar persoonlijkheid verdwijnen en zouden andere entiteiten door haar heen spreken. Dit waren vaak wezens aan boord van het ruimtevaartuig waar ze naartoe werd gebracht. Dit merkwaardige fenomeen deed zich ook voor bij andere onderwerpen waarmee ik werkte, alsof ik een soort directe pijplijn naar deze wezens had opgezet. De informatie die van Janice kwam was zo omvangrijk dat het de meeste Bewaarders in beslag nam. Deze wezens zouden al mijn vragen beantwoorden en informatie verstrekken over een grote verscheidenheid aan onderwerpen.

Mijn zorg was dat The Custodians uitgroeide tot een enorm boek en ik wist dat sommige informatie verwijderd zou moeten worden. Ik ontdekte dat Janice in delen van de sessies wegtrok van UFO's en ruimtevaartuigen en nieuwe grond blootlegde aan meer gecompliceerde metafysische concepten. We communiceerden niet langer met alleen wezens die ruimteschepen bedienden en de vele experimenten in het Aarde-project uitvoerden. We leken contact te hebben gehad met meer geavanceerde wezens, bekend bij de ruimtemensen, maar onbekend voor ons. Ik besloot toen om die delen uit dat boek te verwijderen, zodat het trouw zou blijven aan het oorspronkelijke concept en de focus zou blijven liggen op mijn werk met buitenaardse wezens.

Ik had jarenlang informatie verzameld tijdens mijn normale regressies die de grens overschreden naar een gebied van het paranormale waar ik niet bekend mee was. Om trouw te blijven aan de focus van de boeken die ik op dat moment aan het schrijven was, heb ik deze concepten niet opgenomen. Ik wist ook dat ik die informatie niet kon vernietigen alleen omdat ik het niet begreep. Ik legde het aan de kant, wetende dat het op een bepaald moment in de toekomst waarde zou hebben naarmate mijn begrip toenam. Ik wist niet of en wanneer het grote publiek in staat zou zijn om iets hiervan te begrijpen, dus besloot ik een boek te schrijven dat strikt met deze informatie zou omgaan, en hoopte dat er mensen zouden zijn die het leuk vonden om hun geest te verruimen. Het heeft zeker mijn geest verruimd en mijn denkpatroon herschikt. Elke keer dat ik zelfvoldaan dacht dat ik alle informatie had en een manier had geformuleerd om de manier waarop het universum werkt te begrijpen, zouden "ze" sluw informatie verstrekken die de concepten uitbreidde en mijn geest begon te verkennen .

* * *

De sessies met Janice vonden plaats tijdens de late jaren 1980 en vroege jaren 1990, terwijl ik sterk betrokken was bij het schrijven van het Nostradamus-materiaal. In 1986 werd ik gevraagd om UFO-onderzoeker te worden in Arkansas, en dat was mijn eerste blootstelling aan dit fascinerende onderwerp. Dit alles werd verteld in The Custodians. Ik reisde van mijn huis in de bergen van Noordwest-Arkansas naar Little Rock om te werken met twee vrouwen die uitstekende onderwerpen hadden bewezen en prachtige informatie verstrekten. Omdat het vier uur rijden was, probeerde ik zoveel mogelijk sessies te hebben terwijl ik daar was.

Ik zou in het huis van mijn vriend Patsy verblijven, waar ik de privacy van een slaapkamer op de bovenverdieping had voor de sessies. Janice kwam daar en ik probeerde meerdere sessies met Janice op één dag te hebben. Op een van deze reizen bleek dat drie sessies op één dag voor ons beiden te veel was, omdat de sessies tot diep in de nacht duurden. Daarna probeerden we te zien hoeveel we konden doen zonder een van ons te overbelasten.

Op deze reis in 1990 waren we van plan om een andere gebeurtenis van ontbrekende tijd te verkennen die Janice de maand ervoor had gehad. Ze werd uitgenodigd voor een zaterdagmiddagdiner met veel vrienden in een huis buiten Little Rock. Ze belde haar vriend voordat ze het huis verliet om er zeker van te zijn dat ze geen last-minute items nodig had en stapte vervolgens op de snelweg. Toen ze aankwam, was haar vriend behoorlijk geïrriteerd met haar. Het feest was voorbij en de gasten vertrokken. Haar vriend zei: "Je had tenminste kunnen bellen en me kunnen vertellen dat je te laat zou zijn!" Janice wist niet waar ze het over had, totdat ze ontdekte dat er vier uur waren verstreken sinds ze het huis had verlaten.

Dit leek erg op het lunchincident op kantoor dat werd gemeld in The Custodians, waar enkele uren verdwenen zonder haar medeweten. Het zorgde zeker voor problemen met haar sociale leven. Janice had het punt bereikt waarop ze sociale verplichtingen vermeed om te voorkomen dat ze in de gênante situatie zou worden gebracht dat ze deze eigenaardigheden aan vrienden moest uitleggen. Het werd moeilijker gemaakt omdat ze zelf geen uitleg had, totdat we in 1989 begonnen te werken en ontdekten dat ze (auto en al) van de snelweg werd gehaald. Na het incident zou ze verward, maar zich niet bewust van het feit dat er een groot tijdsblok in haar leven ontbrak, weer op de snelweg worden afgezet.

In ons werk ontdekten we dat Janice al haar hele leven met buitenaardse wezens werkte, onbekend voor haar bewuste geest. Haar ervaringen waren geëvolueerd van vroege reproductie-experimenten tot deelname aan gecompliceerde lessen aan boord van het prachtige en enorme "moeder" -ambacht, waar ze elk onderwerp in het universum kon bestuderen. Natuurlijk was al dit onderwijs nooit beschikbaar voor haar bewuste geest. Het werd in haar onderbewustzijn vastgehouden totdat de tijd rijp was om het los te laten. Een deel van haar wist dat er belangrijke dingen met haar gebeurden op een ander niveau, maar dat hielp niet de verwarring die het bracht in haar normale wakkere leven.

Ik begon de sessie met het gebruik van haar trefwoord dat haar onmiddellijk in het diepe niveau van trance bracht. Ik had toen haar regressie naar de dag dat de ontbrekende tijd plaatsvond.

Ze herbeleefde de details van het klaarmaken om het huis te verlaten, maar ze had enige angst, omdat ze voelde dat er iets ging gebeuren. "Ik voel de aanwezigheid van mijn vrienden. Ze zitten hier al dagen. Ik had een voorgevoel van ... Ik wist dat ik wat werk ging doen, en ik wilde gewoon niet bij het diner zijn, omdat er andere mensen zouden zijn. En ik wil niet ontmaskerd worden. Het is een privé-ding, niet om gesensibiliseerd te worden door een stel mensen die het niet begrijpen. Dus ik wil niet gaan, omdat ik weet dat ik een ervaring ga hebben. Het komt eraan, maar toch weet ik niet wanneer. Dus ik dacht dat ik thuis moest blijven en het moest laten gebeuren waar ik alleen was."

Deze gevoelens moeten op een onbewust niveau zijn geweest, want bewust voelde Janice normaal gesproken alleen ongemakkelijke sensaties voor een gebeurtenis, zonder te weten waar ze vandaan kwamen of wat ze betekenden. Het verband was altijd onduidelijk, vooral omdat het gebeurde op een ander niveau dat ontoegankelijk was voor haar wakkere bewuste geest. Pas later zouden ze in verband worden gebracht met de ontbrekende tijdafleveringen.

Ze verliet het huis, maar de aanhoudingen gingen door. "Ik begon de vreemde gewaarwordingen te voelen. En ik heb geleerd dat het oké is om te rijden als het gebeurt. Ik hoef me geen zorgen te maken over het hebben van een wrak of zo. In het begin was ik soms bang dat ik niet zou kunnen rijden. Het lijkt eng om het niet te kunnen weten." Ze was nog niet ver gereden op de snelweg toen ze fluisterde: "oh! Daar staan ze dan!" Haar gezichtsuitdrukkingen gaven aan dat er iets aan de hand was.

J: (Vol ontzag.) Reusachtig! Enorm schip! Het ligt voor me, maar het is boven me. Ik kijk en denk: 'Welke uitgang?' Ik was maar een minuut of twee op de snelweg, en daar is het dan.
D: Zie je andere auto's om je heen?
J: Ik weet dat er andere auto's zijn, maar het is alsof ik de enige ben. Het is alsof ik in een gang sta, bij gebrek aan een betere term. Het is alsof ik in mijn eigen 'ruimte' ben, maar het staat los van de ruimte van de andere auto's.

Dit fenomeen van gescheiden zijn van de buitenwereld wanneer deze gebeurtenissen plaatsvinden, werd onderzocht in The Custodians, waar niemand anders iets lijkt te zien. Ik heb geleerd dat het een individuele ervaring is en onzichtbaar is voor iedereen die er niet bij betrokken is.

J: Ik heb grote schepen gezien, maar deze is gewoon astronomisch. Oef! (Ze was zeker onder de indruk.) Het is een grijze kleur zoals de lucht eruit ziet op een bewolkte dag. Er zijn verschillende sets of lijnen van kleine vensters, omdat het meerdere verdiepingen hoger is. Het is gewoon enorm!

D: *Wat gebeurt er dan?*

J: Ik ben gewoon blipped. (Ik begreep het niet.) Swhooosh! Knip gewoon met je vingers en het is gewoon "blip". Poot! Het is een instant ding. Het is bijna zo snel als een gedachte kan zijn. Het ene moment was ik op de snelweg, en toen was ik er niet meer. Ik ben daarboven.

D: *Staat jouw auto daar ook?*

J: O ja.

D: *Vertel me wat je ziet.*

J: Het is alsof je daar je eigen stad hebt. Het is gewoon zo groot. We laten de auto daar staan, en ik ga met ze mee. Je weet dat ze op je wachten en ze brengen je waar je heen moet. Deze plek is zo groot dat je zou verdwalen. Je kon niet eens je weg vinden. Het is zo groot.

Haar begeleiders droegen haar op om op een vreemd apparaat te stappen. "Je bent gekanteld. Het ziet eruit als een stoel op zich. Er zijn geen draden. Ik was op zoek naar de draden."

Er was toen een scherpe ademhaling en ze leek zich ongemakkelijk te voelen. Ik kon zien dat ze iets ervoer dat een onbekende fysieke sensatie was. Het leek haar de adem te benemen. "Hoe gaat dat ding zo? Het gaat heel snel."

Ze meldde dat ze duizelig werd, dus ik gaf instructies om eventuele fysieke sensaties te verlichten. Gedurende enkele seconden beschreef ze het gevoel heel snel te bewegen en moest ze letterlijk blijven proberen op adem te komen. Dit werd onderbroken door vocale uitroepen. Ze kon het uiterlijk van het gebied waar ze doorheen schoot niet beschrijven omdat het een waas van kleur werd en de sensaties voorrang kregen.

J: O, godzijdank! Ooohh! Het ging echt snel. Echt, heel, heel snel. Mijn lichaam voelt raar aan. (Een bijna hysterische lach.) O, het tintelt overal.

Ik bleef suggesties van welzijn geven terwijl ze diep ademhaalde. Ik probeerde haar vooruit te helpen, zodat ze ergens zou aankomen en de sensaties konden verdwijnen. Na een paar seconden werd haar ademhaling weer normaal. Toen verbaasde haar volgende opmerking me.

J: (Fluisterend) Je bent zo luid. Je bent zo luid!

Dit was verwarrend. Ik had het volume van mijn stem niet verhoogd. Dit wordt niet gedaan omdat dat de trancetoestand zou kunnen doorbreken als je de toonhoogte verandert.

J: Het is net een megafoon.

Ze zuchtte en kreunde, duidelijk nog aan het bijkomen van de hectische rit. Ik gaf instructies dat ze mijn stem op een normale manier zou waarnemen.

J: Dank je wel. Het was even een megafoon.
D: *Wat zie je als het vertraagt?*
J: Het is nog niet vertraagd in mijn hoofd. Fysiek wel, maar het gaat nog steeds snel. Het is nog steeds snel.
D: *De dingen worden weer normaal, omdat we niet willen dat je enige vorm van ongemak hebt.*
J: Het is geen ongemak. Begrijp het niet verkeerd. Het kan nodig zijn om het te voelen. Ik doe mee omdat ik dat wil. Het is geen ongemak. Het is een belevenis. Dat kan hier niet. Oh, mijn god, het was snel! Kijk, je moet snel gaan om voorbij de snelheid van het licht te komen.
D: *Maar het zal dit fysieke lichaam niet storen.*
J: Nou, het fysieke lichaam is aangepast. Het tolerantieniveau is .... Er is nog een ander woord, naast aanpassing, maar ik weet niet wat het is.

Ze ademde weer zwaar. Toen werd ze heet en bewoog zich om onder de hoes vandaan te komen. Ik heb haar geholpen. Dit gebeurde soms en duidde op een fluctuatie van energie. Soms kan het onderwerp verschuiven van warm naar koud en weer terug. Ze ging door enkele seconden van afwisselend ongemak alsof ze de versnelling nog steeds voelde. Ik probeerde haar nog steeds naar het einde van haar reis te krijgen, zodat we verder konden gaan met het verhaal. Na een paar seconden van suggesties haalde ze diep adem, ontspande zich en begon zeer sierlijke handbewegingen te maken.

D: *Waarom maakt u die handbewegingen?*
J: (Zachtjes) Het is een groet.
D: *Wie groet je?*
J: Een wezen.

Ze ging door met de handbewegingen, bijna eerbiedig, en gaf aan dat het wezen voor haar ook dezelfde bewegingen maakte. Bijna onbewust van mij concentreerde ze zich op haar bewegingen. Ik moest haar weer aan het praten krijgen. Ik vroeg om een beschrijving van het wezen.

J: Het wezen is een gebied dat licht is, maar het is een lichaam. Alsof het nog niet fysiek is. Het licht is erg fel. Het is de afwezigheid van kleur. Je zou zeggen dat het het helderste licht is dat je ooit hebt gezien.
D: *Praat hij met je?*
J: Ja. Het is als een soort instructies. Uitleg en instructies.
D: *Kun je herhalen wat hij zegt?*
J: Nou, ik hoor ze niet. (Zucht van frustratie.) Het is niet in woorden. Het is alsof je stof zag aankomen, of je voelde het in jezelf gaan. Ik bedoel, het is meer dan je hersenen. Het is meer.

Ik heb brieven ontvangen van veel lezers die vreemde ervaringen hebben met het ontvangen van informatie via symbolen die rechtstreeks in hun hersenen lijken te gaan. Dit gebeurt soms na of tijdens het hebben van een UFO-waarneming. Op andere momenten is het gebeurd terwijl de persoon op een bed of bank ligt, en geometrische symbolen lijken hun hersenen binnen te komen door een lichtstraal die door een raam komt. Ik heb te veel van deze rapporten ontvangen om ze af te doen als fantasie. Dit werd ook gemeld in The Custodians, omdat de buitenaardse wezens zeiden dat informatie zeer snel op cellulair niveau werd doorgegeven. Ze zeiden dat de informatie in de bewuste geest zou komen op een toekomstig moment wanneer het nodig zou zijn, en de ontvanger zou niet eens weten waar de informatie vandaan kwam.

D: Weet je waar de instructies betrekking op hebben?
J: (Zucht) Het is te snel om het te weten.
D: Misschien is dat de enige manier waarop veel informatie kan worden overgedragen. Gewoon direct in je lichaam en je geest gaan.
J: Het is overal. Ik voel me als een spons.
D: Voel je je op je gemak in die aanwezigheid?
J: Ik voel me heel nederig. Ik vroeg om het te zien, en het werd een persoon. Het licht kan een persoon zijn als het dat wil. Het kan van alles zijn. Wauw! OP Het staat voor mij als persoon. (Vol ontzag.) Het ziet eruit als een mens, maar het is anders. Hij kan zijn als een zacht licht. Je voelt dat de huid zacht is. Als een licht wezen ... als een gloeilamp die bevroren is.
D: Je bedoelt dat zijn gezicht en lichaam eruit zien alsof het uit licht bestaat? (ja) Gloeiend van binnenuit?
J: Ja. Ik vroeg: "Ben je maar een lichtje? Is dat alles wat je bent? Gewoon een lampje?" En vlak voor mijn ogen vormde het zich gewoon. Ik was echt overweldigd om dat te zien gebeuren. Om te beseffen dat een licht in een persoon kan veranderen.
D: Kun je vragen wie of wat het is?
J: Ik ben zo onder de indruk dat ik het niet vraag. Het is alsof je weet dat je stil moet zijn. (Ze leek te luisteren.) Er gebeuren dingen met je. Er gebeuren dingen met je, en als je iets zou zeggen, zou het gebabbel zijn. Alsof je gewoon niet praat. Je praat, maar niet op een manier die ik ken. Ik laat gewoon gebeuren wat nodig is, want het heeft met iets anders te maken.
D: Nou, laten we verder gaan. Je kunt die volgorde versnellen. Is dat alles wat er is gebeurd? Bleef je gewoon in zijn aanwezigheid en absorbeerde je informatie?
J: Nee. We gingen naar een andere plek.
D: Ben je uit de stoel gestapt?

J: Ik zat toen niet in de stoel. Ik weet niet waar het was. We gingen de planeet op, of wat dit ook is. We zijn niet meer op een ambacht.

Blijkbaar heeft de stoel haar uit het vaartuig gehaald naar een andere locatie. (Een andere dimensie?)

J: (Grote zucht) Het is overal heel helder. Het doet bijna pijn aan je ogen, het is zo helder. Het is er erg rustig. We gingen op wat we beschouwen als een rondleiding door je stad. De manier waarop we bewogen was interessant, omdat we niet liepen. Gewoon bewegen. Geen draden. Ik was op zoek naar draden. (Grinnikt) Gewoon heel soepel. Geen hobbels. Gewoon door de lucht bewegen.
D: *Vertel me wat je ziet als hij je de rondleiding geeft.*
J: Ik weet het niet. (Ze was soms gefrustreerd toen ze probeerde uit te leggen wat ze zag. Ze had er geen ideeën voor.) Het is licht. En je beweegt je door het licht. En dan verandert het, want er zijn delen van het licht. En dan ga je erin, en het wordt - niet solide - maar het verandert van een gebied in iets. En dan ga je naar een ander gebied, en het is anders.
D: Waar verandert het in?
J: (Ze had moeite) Weet je, alsof je in een onderverdeling rijdt, en dan verander je en zit je in een andere, behalve dat het anders is.
D: *Je bedoelt als gebouwen of objecten?*
J: Het zijn geen gebouwen, maar daar wonen ze wel in.
D: *Hij laat je plaatsen zien waar ze wonen, tussen dit licht?*
J: Het licht is de som van de .... Goh! Ik kan dit niet uitleggen.
D: *Kun je een van hen aan mij beschrijven?*
J: Dat kan niet, want ik weet niets waar ze op lijken. Het is als niets dat ik ooit eerder heb gezien.
D: *Nou, ik zie een huis of een gebouw als een container met muren of zoiets. (Haar gezichtsbewegingen duidden op onenigheid) Is het niet zo?*
J: Nee. Je weet dat dat het huis is zoals het licht verandert in de persoon. En dan weet je het licht.... Ik kan het niet beschrijven.
D: *Kun je hem vragen om je te helpen de antwoorden te geven? Ik weet zeker dat hij de antwoorden heeft, en misschien heb je de woordenschat dat hij je kan helpen om het uit te leggen. (Lange pauze)*

Zo is het in alle andere omstandigheden gebeurd. Wanneer ik een uitleg nodig had die het onderwerp niet kon geven, kwam er een andere entiteit naar voren als ik zijn hulp vroeg.

J: Het is geen tijd om het te begrijpen.
D: *Zal hij je vertellen waarom hij je deze dingen laat zien?*
J: Dit is de eerste stap.
D: *Eerste stap van wat?*
J: Ik weet het niet.
D: *Kan hij het je vertellen?*
J: Het is geen tijd.
D: *Deze plek is toch niet op Aarde? (Nee) Een andere planeet?*
J: Ze noemen ze geen planeten.
D: *Hoe noemen ze die?*
J: Dat kan ik nu niet zeggen.
D: *Is het fysiek?*
J: Hoe bedoel je?
D: *Ik denk aan onze Aarde als fysiek, solide. Je kunt het aanraken. (Grote zucht) Of is het anders?*

De stem veranderde. Het werd spontaner, waar Janice's verward en wankelde. Deze klonk gezaghebbend. Misschien kan ik nu antwoorden krijgen. Dit was het type dat eerder antwoorden had gegeven. Haar onderbewustzijn? Of misschien de geest van het andere wezen?

J: Het is een andere realiteit en het is een andere dimensie. En het wordt niet beschouwd als ... (Verward) solide.
D: *Het is dus anders, maar toch is het echt. (Ja) Maar hebben de mensen, de wezens die daar leven, lichamen nodig? (Nee) Was dat een lichaam dat aan Janice werd getoond?*
J: Ja. Het was een lichaam dat aan haar werd getoond, zoals ons lichaam kan worden getoond. Het is geen vorm die we de hele tijd behouden.
D: *Het is geen vast lichaam zoals het hare, een fysiek lichaam? (Nee) Is dit omdat je geen lichaam nodig hebt?*
J: Dat klopt.

D: *Ik probeer het te begrijpen. Deze plek waar je bent, is dat als een hogere staat van evolutie?*
J: Het is een veel hogere staat van evolutie.
D: *Ik heb me laten vertellen over een aantal dimensies. De geest stelt waar mensen naartoe gaan wanneer ze het fysieke lichaam op Aarde verlaten. Is dit zo, of is het anders?*
J: zo is het.
D: *Maar meer geëvolueerd dan wat mij is verteld?*
J: Ik begrijp je vraag niet per se.
D: *In mijn werk hebben mensen gerapporteerd wanneer ze onze fysieke dimensie verlaten, wanneer ze sterven, om zo te zeggen, hun geest of hun essentie beweegt naar verschillende niveaus. En soms lijken die niveaus veel op de aarde, alleen in een ander spectrum. Dan als ze hoger gaan veranderen deze objecten, hoe je ze ook wilt noemen, soms. (Ze schudde haar hoofd.) Is het niet zo?*
J: Sommige functies zouden hetzelfde kunnen worden genoemd, in die zin dat de betrokken eigenschappen die eigenschappen zijn die zich zouden lenen voor die niveaus waarvan jullie op de hoogte zijn gesteld. Op dit oneindige punt van het zijn heeft men echter geen huis nodig. Men heeft geen lichaam nodig. Want het bestaan is op een heel andere ... (Zachtjes) de terminologie is gewoon ....
D: *Ik weet dat het moeilijk is om woorden te vinden. Laten we eens kijken. Trilling? Frequentie?*
J: (Met zekerheid.) Trilling! ... Dat klopt niet, maar als element waar je je in kunt vinden, gebruiken we vibratie. Want wat je begrijpt is onbegrijpelijk in vergelijking met wat ik je op dit moment probeer te vertellen. En het is gewoon evolutionair tot het punt dat men in staat moet zijn om te begrijpen wat ik zeg. En ik moet het in uw taal kunnen communiceren. En dat kan niet met woorden.
D: *De taal is onvoldoende. Dat is me al eerder verteld.*
J: Ik zou dit op een andere manier kunnen doen, maar het zal op dit moment niet plaatsvinden, voor jou.

Ze hadden eerder aangegeven dat ze direct via mij konden communiceren (als channeling), maar ik gaf de voorkeur aan deze methode zodat ik een objectieve verslaggever kon blijven. Of misschien verwees hij naar dezelfde methode om symbolen rechtstreeks in mijn hoofd in te voegen. In dat geval zou ik beperkt zijn in mijn vermogen om ze te extraheren en de betekenis aan anderen over te brengen. Ik begrijp het misschien wel, maar kan de kennis niet overdragen.

J: Talen zijn heel beperkend. Maar het soort communicatie dat door onze mensen wordt gebruikt, is heel anders dan taal.
D: Ze zei dat ze veel informatie kreeg, die gewoon als een spons in haar stroomde. Is dat de manier waarop je communiceert?
J: Dat is één methode. Dat is een zeer intense en zeer grondige methode van assimilatie van informatie.
D: Welke andere methoden gebruik je?
J: Ik geloof dat ze met je heeft gesproken over de ... Symbolen. Maar dat is het woord niet.

Hij verwees naar de symbolen die ze had ontvangen terwijl ze in een ontspannen meditatieve bui was.

D: Maar het is een woord dat we begrijpen, op onze beperkte manier. Zouden we kunnen proberen die symbolen te interpreteren?
J: Dat wordt door iemand anders dan ikzelf bepaald.
D: Kun je zeggen waarom je haar deze informatie geeft?
J: Dat mag op dit moment niet. Ik moet je beter kennen.
D: Dat is helemaal in orde met mij.
J: En ze moet er klaar voor zijn om het te horen.
D: Ja, want vaak als je dingen hoort en je bent er niet klaar voor, kan het best schrikken.
J: Klopt.

De stem bleef dieper en mannelijker klinken dan de normale stem van Janice.

D: Geef je haar deze informatie meer of les je een onbewust niveau?
J: Niets te maken met het onderbewuste, en alles met het onderbewuste. Als ik tot jullie spreek over jezelf, dan spreken we in termen van het onderbewuste, het bewuste en het fysieke, het niet-fysieke, de hele staat van het wezen.
D: Dus het is veel ingewikkelder, veel groter, veel meer dan we kunnen begrijpen.
J: Misschien.

D: *Nou, is dit informatie die ze later zal moeten weten?*
J: Heel zeker.
D: *Zal het haar helpen in haar aardse leven?*
J: Heel zeker.
D: *Zal het anderen helpen?*
J: Heel zeker.
D: *Zouden we de informatie later mogen delen?*
J: Het zal evolueren en het zal naar buiten worden gebracht. Maar het zal tijdig gebeuren. Een deel ervan zal in een natuurlijke staat naar voren komen. Een deel ervan krijg je toegang. Dus het antwoord op je vraag zou misschien "ja" zijn, maar niet op dit moment in de tijd.
D: *Oké. Ik heb veel geduld. Ik ben van plan om de informatie in de vorm van schrijven te plaatsen, zodat andere mensen het kunnen delen en erdoor geholpen kunnen worden.*
J: Dat zal door veel andere factoren worden bepaald. Ik kan je vraag niet "ja" beantwoorden, want dat zal worden bepaald door de uitkomsten van verschillende planetaire en interdimensionale interacties.
D: *Ik dacht dat als het de mensen op aarde zou helpen, we het misschien zouden mogen verkennen.*

De stem klonk niet alleen mannelijk, maar klonk nu oud en heel wijs. De uitspraak van de woorden was zeer zorgvuldig en exact. Er was af en toe een pauze en gemompel terwijl het zocht naar het juiste woord. Dat was de enige keer dat er sprake was van wankelen. Ik voelde me alsof ik in de aanwezigheid was van een entiteit die grote wijsheid bezat.

J: Er zijn en zullen altijd mensen op Aarde zijn die het niet zou helpen. Wie het pijn zou doen. Met pijn, dat wil zeggen, omdat ze nooit klaar zullen zijn om iets van de informatie te kennen of te assimileren. En daarom kan het niet naar buiten worden gebracht, behalve door bepaalde zeldzame individuen die in staat zijn om het te assimileren en te integreren in het wezen. En deze ... we vinden er niet veel op jullie planeet. Daarom is het noodzakelijk dat jullie de bescherming begrijpen van alle informatie die jullie zouden krijgen als jullie in de toekomst op dit punt van oneindigheid komen.

D: *Denk je dat ik op een ander moment op dat punt kom?*
J: Het zal gaandeweg worden bepaald. Het staat mij niet vrij om op dit punt in onze interactie veel dingen met u te bespreken. Het is echter - ik heb moeite met communiceren. Het is mijn probleem. Het kan op een andere manier, maar je moet blijven zoals je bent. Daarom, om met u te communiceren, ben ik ... Ik hoop dat je begrijpt dat ik lijk te wankelen en te struikelen, terwijl het heel moeilijk is om te vertragen tot het trillingsniveau dat woordtaal vormt. En daarom is het moeilijk voor mij om met je om te gaan. Dus we zullen een soort van comfortabelheid ontwikkelen, misschien als u en ik elkaar weer zouden ontmoeten.
D: *Dan denk je dat het verstandiger is dat dit de enige manier is waarop ik met jou communiceer, via een ander.*
J: Op dit moment. Ik zou nu op een andere manier met je kunnen communiceren. Dat zou ik kunnen doen. Maar dat doe ik niet, want het zou voor jou van geen waarde zijn als je de woorden niet zou horen.
D: *Dat is de manier waarop ik dan moet communiceren?*
J: Het is niet de manier waarop je moet, maar het is de enige methode die bij je doelen past en productief voor je is.
D: *Ik denk dat dat klopt. Het zou beter zijn dat ik de woorden krijg via een ander, een ander voertuig, met het werk dat ik doe. Ik voel me meer op mijn gemak bij die methode. Ik begrijp wat je bedoelt dat sommige mensen het nooit zullen begrijpen, en het zou hen schaden. Mij werd vele jaren geleden verteld dat sommige informatie als medicijn is en andere als vergif. Dat het verkeerd begrepen en de verkeerde kant op genomen kon worden.*
J: Heel zeker.
D: *Mij werd verteld dat sommige van deze informatie waar de wereld niet klaar voor is. Ze zeiden ook dat niet al mijn vragen zouden worden beantwoord, om die reden. Ik denk dat je kunt zien dat ik het wel begrijp, en ik ben niet van plan om te pushen.*
J: Ja. Ik vind het jammer dat er op dit moment niet meer gegeven kan worden.
D: *Het belangrijkste is dat Janice absorbeert wat ze moet weten. Ze zal het op een ander moment gebruiken en ze hoeft het niet bewust te weten.*
J: En dat weet ze. Het is het zeldzame individu op jullie planeet dat in staat is om veilig genoeg te zijn om naar dit punt van oneindigheid

te komen. Er is een zeer veilig persoon voor nodig om op dit punt te komen en terug te keren. En veilig is het woord. Het zou belangrijk zijn dat het intelligentieniveau van het wezen door ons wordt begrepen, omdat dit type individu op vele niveaus kan communiceren. Dat is slechts één reden dat deze interactie op dit moment plaatsvindt. Bovendien is er nog een andere factor betrokken, in die zin dat de persoon zeer betrouwbaar is met het zorgvuldig beschermen van het werk. Het zou de wereld niet ten goede komen om van dit punt van oneindigheid te worden verteld, want ze zouden het in de eerste plaats nooit geloven. In de tweede plaats konden ze het nooit begrijpen. En in de derde plaats zouden ze Janice aan een instelling binden.

D: *Dat zou ik nooit willen.*
J: Het zou ook nooit gebeuren.
D: *Maar in mijn beperkte begrip bent u op wat wij beschouwen als het God-niveau? Het Schepper-niveau?*
J: Het is het punt van oneindigheid, ja.
D: *Ik heb veel mensen naar verschillende niveaus gebracht, en ze spreken van sommige die hoger zijn. Al bestaat er misschien niet zoiets als richting.*
J: Het is alleen richting in de zin van beweging van het wezen. Want echt "hoger" is slechts een referentiepunt waar ze vandaan zijn gekomen.
D: *Ja, in onze lineaire manier van begrijpen.*
J: Klopt.
D: *Dus dit zou het niveau zijn dat we allemaal hopen te bereiken op een dag?*
J: Er zijn hier niveaus voorbij.
D: *Die zijn er? Dan is dit niet het ultieme.*
J: Daar kan op dit moment niet over gesproken worden. Behalve om je te vertellen dat interactie vanaf dit niveau zuiverheid van lichaam, geest en geest vereist. Zuiverheid. Deze interacties zijn niet zo overheersend op jullie planeet. Hoewel ze gebeuren, is het niet bekend. Want de meeste mensen zijn niet in staat om het weten te dragen.
D: *Ze zei dat ze niet luistert naar de bandopnames die ik van deze sessies maak. Misschien is het beter dat ze niet weet wat er aan de hand is?*

J: Ze weet wat er aan de hand is. En dat was mijn statement aan jou, in die zin dat ze kan dragen wat ze weet. Want het kunnen dragen ervan is de sleutel tot het bereiken van de verschillende andere staten van zijn. En het is heel belangrijk dat ze ontwikkelingsgericht naar stadia wordt gebracht. -- Je moet één ding begrijpen. Deze persoon heeft heel, heel hard gewerkt met vele wezens. Haar werk met UFO-energie is slechts één facet van wat ze doet. Ze is niet van je normale mensenwereld, hoewel ze heel erg deel uitmaakt van je bevolkte wereld. Functioneel gezien zijn haar eigenschappen totaal onbegrijpelijk door de gemeten wetenschap. Wat je moet begrijpen is dat deze persoon op het fysieke niveau opereert en een zeer fysiek menselijk wezen is. Maar werkt tegelijkertijd op vele andere dimensies en niveaus onderling afhankelijk.

D: *Je zei dat er andere niveaus boven waren, maar toch noem je dit een oneindig niveau.*

J: Het is een oneindig niveau.

D: *Voor mij betekent oneindigheid voor altijd, alsof er niets meer is dan dat.*

J: Er is het punt van oneindigheid, en dan is er voorbij het punt van oneindigheid.

D: *Moet ze hier heel vaak komen?*

J: Het is geen kwestie van moeten komen. Dit is een interactie die nodig is voor .... (Aarzeling, zoeken naar woorden.)

D: *Haar werk of wat?*

J: Hmmm. Veel redenen. De ene is troost voor het individu.

D: *Dus ze ervaart troost als ze daar komt? (Ja) Ook al wordt ze gebombardeerd met informatie, en het gevoel van snelheid? (Ja) Het is nog steeds troost.*

J: Zie je, om het punt van oneindigheid te bereiken moet je voorbij de snelheid van het licht gaan. Voorbij licht. Het licht uit het verleden is dus sneller dan het licht. Dan kom je in een ander soort zijn.

D: *Nou, ik denk dat we dit al lang genoeg doen. Ik ben heel beschermend over hoe lang we dit doen. Ik wil u dus hartelijk bedanken dat u mij toestaat met u te spreken.*

J: Je zou niet met me praten tenzij het vooraf door anderen dan door mijzelf was goedgekeurd. Ik dank u voor het toestaan van haperende communicatie, want het is moeilijk. En ik wil u alleen maar bedanken voor uw geduld in mijn struikelen.

D: *Dat is oké. Ik waardeer het dat u met mij hebt gesproken. En misschien spreken we op een ander moment in de toekomst weer, als je wilt.*
J: Misschien zijn de dingen zo geëvolueerd dat we een meer diepgaande discussie zouden kunnen voeren. Maar het is op dit moment niet gerechtvaardigd.
D: *Dat is oké. Ik heb geduld. Ik zal wachten tot het zover is. Ik zal alles nemen wat ik in de tussentijd kan krijgen.*

Ik oriënteerde Janice en bracht haar naar voren tot volledig bewustzijn. Zoals gewoonlijk deed ze er lang over om rechtop te kunnen zitten. Ze was altijd in staat om met me te praten, maar leek zo ontspannen dat het onmogelijk voor haar zou zijn om op te staan en minutenlang te lopen. Ook toen was ze wiebelig tot ze helemaal wakker was. Dit leek haar normale patroon te zijn, en niets om je zorgen over te maken. Terwijl ze zelf aan het componeren was, bespraken we een deel van de sessie. Ze had altijd totaal geheugenverlies van de sessie.

Na het eten en ontspannen met Patsy gingen we terug naar de slaapkamer voor nog een sessie. Afgesproken werd dat twee genoeg zouden zijn voor dit bezoek. We hebben in het verleden drie sessies gehad, maar die blijken vaak vervelend en vermoeiend, meer voor mij dan voor het onderwerp.

Voordat we begonnen bespraken we wat we wilden weten. Janice vroeg zich nog steeds af welke symbolen ze de week ervoor in haar hoofd had zien stromen. Ik legde uit dat het wezen zei dat het geen tijd was voor haar om het te weten, en we konden de informatie nog niet hebben. Hoewel ze teleurgesteld was, wist ik uit eerdere ervaringen dat je dit niet kon forceren. Ze zouden de informatie laten doorkomen wanneer de tijd rijp is. Het zou geen zin hebben om te proberen ze toch te negeren. Ik moest altijd hun vertrouwen behouden, anders zou alle informatie worden afgesloten en zou mijn onderzoek stoppen.

Uiteindelijk besloten we een vreemd incident te onderzoeken dat zich de avond ervoor had voorgedaan. Ze was een verduisterde parkeerplaats opgegaan om in haar auto te stappen. Toen ze de motor startte, zag ze plotseling wat leek op rook of mist die rond de auto opsteeg. Denkend dat er iets mis was met de auto, stapte ze uit en liep er omheen om te zien waar de rook vandaan kwam. De rook sloeg vervolgens neer in een ruimte voor de auto. In het midden kon ze een kat onderscheiden. Het laatste wat ze zich herinnerde was dat ze naar het dier toe liep in de mist. Toen ze zich ervan bewust werd dat ze weer in haar auto zat en zich klaarmaakte om naar huis te rijden, was het enkele uren later. Daarom hebben we besloten om ons in deze sessie op dit evenement te concentreren.

Na het gebruik van haar trefwoord raakte ze meteen in diepe trance en ik nam haar mee terug naar de vorige avond toen ze een vergadering verliet en naar haar auto op de parkeerplaats ging. Ze begon het tafereel te herbeleven.

J: Ik probeer te kijken of het rook is die uit de motorkap komt. Het is niet bepaald rookkleurig, maar ik kon het gewoon een beetje omhoog zien bewegen. En het was voor de voorruit, en op de motorkap van de auto, en over de hele voorkant van de auto. Het is niet dik als rook, het is dampend. Meer als mist. Eerst dacht ik dat het de oververhitting van de auto was, maar ik had het gevoel dat het iets anders was. Ik stond daar en wachtte. Ik dacht: nou, ik zal maar zien wat er gebeurt. En toen zag ik dat daar een kat was. Ik zei: "Ik wist het. Ik wist het. Ik wist het." En toen bewoog ik me naar de kat toe, maar de kat was geen kat. De rook en de kat waren er gewoon om me uit de auto te halen. En toen bewoog ik me naar de kat toe. Ik wist dat de kat zou bewegen, en als de kat bewoog, zou ik weggaan. Zo werkt het. Je hebt dit soort dingen die gebeuren, en je weet dat het niet is hoe het eruit ziet.

D: *Wat gebeurde er toen je naar de kat toe liep?*

J: Ik zat opgesloten. Het is alsof je vastzit aan een frequentie. Je kijkt in de ogen van de kat en je zit opgesloten. Het is alsof je van het zijn in het nu naar een frequentie gaat. Het is alsof je van kanaal verandert op een tv, maar dan doe je het anders. En dan is het alsof je op een balk staat, of je bent in een gang. Maar je weet dat je beweegt. Ik weet niet of ik fysiek beweeg, of gewoon mentaal in beweging ben.

D: *Toen je je daaraan vastklampte, zag je dan iets anders dan de kat?*

J: Ja. Het veranderde in een groep wezens vlak voor mijn ogen. Ik wist dat ik er naartoe ging, maar soms beweeg ik ernaartoe en dan bevind ik me in het schip. Ze stonden daar, en toch konden ze daar niet hebben gestaan. Hoe dan ook, ik bleef naar hen toe bewegen, alsof ik getekend was, alsof ik op automaat stond. Toen hoorde ik een geluid en ik wist wat er gebeurde. En ik begon mezelf te voelen gaan, op een andere manier. Je voelt je heel vloeibaar en je gaat zo. En ze wachtten op me om te komen.

D: Wie zat er te wachten?

J: Er was daar een hele groep wezens. Ik wist niet zeker of ik ze echt herkende. De man in dat groene gewaad, ik ken hem wel. Ik probeerde naar iedereen te kijken, maar ik ging te snel, dus ik kon ze niet allemaal bekijken.

D: Je zei dat het iemand was die je herkende?

J: Ik herkende de kleding uit een andere tijd. Toen ik op een grote vergadering was, en ik zat in een auditorium. Diezelfde man stond op een podium een lezing te geven. En ik zat daar, behalve dat ik in een damptoestand was. Als je naar iets keek, zag je het fysieke ervan, maar dan is het meteen weer damp. Het is een andere manier van kijken. We waren daar allemaal op deze grote plaats, en hij was daar beneden, voor een hele groep van ons. En hij deed zijn deel en hij vertrok, en toen kwam er iemand anders.

D: En je dacht dat het veilig was om met hen mee te gaan, omdat je hem kende?

J: Omdat ik hem zag en ik wist dat het goed was.

D: Waar ben je gebleven?

J: Ik weet niet waar ik gebleven ben. Ik lig in de lucht. Ik lig gewoon. Het staat niet op een tafel. Ik begrijp het niet, maar ik weet dat ik niet op aarde ben.

D: Zie je iets om je heen?

J: Nee, op dit moment kan ik dat niet. Je weet hoe de nachtelijke hemel eruit ziet. Je weet dat het er is, maar ik kan de sterren zien. En ik denk niet dat er gisteravond sterren waren.

D: Kun je iets om je heen voelen, als je het niet kunt zien?

J: Ik weet dat ze er zijn. Ik weet dat zij de voorbode zijn van waar ik naartoe ben gegaan. Dus ik bewoog me er doorheen om te komen waar ik ben. Ze stonden tussen mij en waar ik ben. Ik ben veilig en ik ben oké. En ze vertellen me dat ik weet dat ik veilig ben. Het is alsof ik moest gaan liggen nadat ik daar aankwam.

D: Is er iemand bij je?

J: Ik voel dat die er is, maar ik zie ze niet. Er hangt een groot paars licht over mijn gezicht. Het pulseert. Het is ontroerend. Het is als een hartslag, behalve dat het geen hartslag is. Het is enorm. En soms is alles daarbuiten groen. Het is als een gloeiend ding, bijna een indigo iriserend centrum. Ik heb het veel gezien en ik weet niet wat dat is. Toen kwamen er weer wat andere vormen in het licht, maar ik heb ze nog nooit in dat licht zien komen. Ik heb dat licht honderd miljoen keer gezien, maar dat heb ik nog nooit gezien. Dit is nog nooit gebeurd. Shapes. Patronen. Shapes. Patronen. (Ze herhaalde deze woorden keer op keer met een toenemende snelheid, wat aangaf dat ze snel plaatsvonden.) Alsof ik kijk naar wat er binnen gebeurt ... het integreert in mij. Vormen, patronen, vormen, patronen. Patronen, vormen. Sneeuwvlokpatroonvormen, zeszijdige patroonvormen.

D: Maar heeft het een goed gevoel?

J: Oh, het voelt alsof je aan het proppen bent voor een test of zo. Je weet hoe het voelt als je heel hard studeert. Alleen hoef ik het niet echt te bestuderen. Ik neem het gewoon in me op. Maar het overkomt me. (Vol ontzag.) O, mijn hemel, kijk daar eens naar!

D: Terwijl je dat doet, is er iemand die onze vragen kan beantwoorden? En we zouden het doel hiervan kunnen achterhalen?

J: Het is alsof de groep tussen ons in zit.

D: Wil je iemand vragen of ze naar voren kunnen komen en onze vragen kunnen beantwoorden? Terwijl je de vormen bekijkt, kunnen ze met ons praten.

J: Het licht ging weg. De vormen gingen weg. Ik hoor wat praten. Ik weet echter niet wat ze zeggen, want ik begrijp dat gepraat niet.

D: Kun je iemand vragen om ons te helpen met informatie?

J: (Pauze) Ze luisteren niet.

D: Misschien kun je het mentaal doen.

J: Dat probeer ik. (Zachtjes) Ik weet gewoon niet wat er gebeurt. (Ze mompelde en leek stil met iemand te communiceren.) Ze klinken alsof ze allemaal bezig zijn en ze praten. (Pauzeren, weer mompelen.) Nu zijn ze gewoon om me heen.

D: Wat doen ze?

J: Informatie uitwisselen.

D: Met jou, of met elkaar?

J: Allebei.

D: Oké. Kun je mentaal aan een van hen vragen of ze onze vragen kunnen beantwoorden terwijl dit allemaal met je aan de hand is?

J: Het is moeilijk te vragen terwijl dit gebeurt. Er is zoveel aan de hand op dit moment. Het is gewoon een grote .... Het is veel .... (Verward en een beetje overweldigd.) Er komt zoveel binnen, het is moeilijk voor mij om het zelfs maar te vragen. (Ze maakte handbewegingen die naar verschillende om haar heen wezen.) Deze man doet een uitwisseling, dan doet deze man een uitwisseling, en deze man doet een uitwisseling, en deze man doet een uitwisseling. (Keer op keer herhaald).

D: *En ze doen dit allemaal mentaal met je?*
J: Ik denk niet dat het mentaal is. Ik weet niet hoe het moet, of wat het is. Het voelt niet mentaal.
D: *Nou, kunnen we daar voorbij, dan heb je niet zoveel in je hoofd? Laten we naar het moment gaan waarop dat klaar is.*
J: Mijn hoofd doet pijn!

Ik vermoedde dat het ongemak misschien te wijten was aan te veel input in haar hersenen. Ik gaf suggesties dat wanneer ik haar hoofd aanraakte, elk ongemak zou verdwijnen. (Ze gaf wat ontspannen en opgelucht gekreun. Ik kon zien dat het beter voelde.) Laten we naar waar je niet zoveel inbreng hebt en je dingen met mij kunt bespreken. (Een lange opgeluchte zucht.) Kun je nu mentaal iemand vragen om vragen te komen beantwoorden?

J: Oké. Nu bespreken ze wie er met je gaat praten. Ik probeer te zien, maar ik kan het niet zien. (Een plotselinge hap.) O, er kwam een piramide op me af. Met het punt naar beneden. En er staan lijnen op. Het kwam gewoon naar beneden.
D: *Wat is het, een lampje of wat?*
J: Ik weet niet waar het van gemaakt is. Het is nu in beweging. Het lijkt meer op een van de videogames die je ziet. Het komt naar mijn hoofd. Ik zie het in mijn lichaam komen. Het heeft verschillende niveaus. Het is verdeeld en het heeft ringen eromheen zoals een boom ringen zou hebben, behalve dat het een piramide is. En het punt komt naar beneden, en het gaat naar een bepaald punt. En het houdt op. Dan gaat het weer en stopt het. Het beweegt weer en stopt, beweegt opnieuw en stopt. Het is alsof mijn hele lichaam erin zit. Het verspreidt zich over het hele lichaam. Mijn armen voelen grappig aan. Het voelt alsof mijn lichaam weggaat. (Ik was even bezorgd.) Het is prima. Het is oké. Het doet geen pijn. Mijn lichaam gaat gewoon weg. Het is gewoon oplossen. oh, het is gewoon oplossen.

D: *Je kunt mijn stem altijd horen, waar je ook bent. Is er iemand in die groep die onze vragen kan beantwoorden en dit voor u kan uitleggen?*
J: Alsjeblieft. (Haalt diep adem) Op dit moment is het niet mogelijk om uw vragen te beantwoorden. Ze zullen je vragen beantwoorden, maar nu niet. Het kan nu niet gebeuren.
D: *Oké. Maar het is een goed gevoel?*
J: Het is een goed gevoel, ja. Het is gewoon dat mijn lichaam is opgelost. Het is helemaal ....

Ze wilden dat ik wachtte, dus ik gebruikte de tijd om meer suggesties voor welzijn te geven.

J: (Lange pauze) We kunnen begrijpen dat je wat communicatie-input wilt hebben. We doen echter wat werk en grijpen een kans en misschien vrijheid met uw sessie. Een voortzetting is van kracht op het werk van gisteravond. En je wilt de informatie van de avond ervoor krijgen, terwijl wat er nu gebeurt een geheel nieuwe ontwikkeling van informatie voor deze persoon is. Om meer te weten te komen van het product van betrokkenheid waartoe ze wordt geleid.

De stem was zeker veranderd. Het was altijd gemakkelijk om te zien wanneer een van de wezens sprak, omdat de verandering onmiddellijk was.

J: Ik zal het je nu uitleggen. Wat wil je weten?
D: *Ze is nieuwsgierig naar het doel van de vormen en beelden die ze heeft gezien.*
J: Dit is een hele taal van -- ik kan niet met je bespreken vanwaar. Ik kan je echter vertellen dat er een communicatiemethode is die belangrijk is voor mensen om tot hun beschikking te hebben. En toch is het op dit specifieke moment onmogelijk om het aan jullie te communiceren in een taal die jullie zouden begrijpen. Er zal een manier zijn om dat te doen wanneer Janice meer ervaring opdoet in het functioneren op deze manier. Momenteel ontvangt ze, zou je kunnen zeggen, begeleiding en andere communicatiemethoden, vanwege wat werk dat in de toekomst zal worden gedaan. Misschien is de beste manier om het je uit te

leggen door te zeggen: je gaat naar school en je studeert Frans, zodat je naar Frankrijk kunt gaan en Frans kunt spreken. Ze leert het voor toekomstige ontwikkelingen. En ze leert het voor haar eigen bescherming.

D: *Deze symbolen zullen een manier zijn om herse te beschermen)*

J: De symbolen zijn een manier om zichzelf te beschermen tegen het kunnen communiceren van dingen die op dit moment niet op menselijk niveau zouden moeten worden gecommuniceerd. Het is echter belangrijk dat ze worden ingeprent, zodat in de toekomst, wanneer ze naar de voorgrond van haar bewustzijn worden geroepen, de afdruk er zal zijn geweest om te worden geactiveerd. Op dat moment dat ze het moet weten en moet uitleggen en moet onderwijzen.

D: *Zou ze in een later stadium in staat zijn om deze symbolen voor mij te tekenen en uit te leggen?*

J: Misschien. Dat is een vrijheid waar ik geen toestemming voor kan geven. Dat moet komen van een ontwikkelingsniveau dat op dit moment niet aanwezig is. Je had het in je eerdere sessie kunnen vragen en je antwoord kunnen krijgen.

D: *Dat deed ik, en ze zeiden dat ik het op dat moment niet kon hebben.*

J: Dan zou ik je hetzelfde antwoord geven.

D: *Ze wilde ook weten wat het doel is van de groep verschillende wezens die hier bijeen zijn.*

De stem veranderde weer. Deze klonk autoritairder en professioneler. "Ik zal je antwoorden. Het doel van de groep van wezens is dat elk lid van de groep een bepaald niveau van expertise heeft. Dus! Wat je hebt is een groep van -- je zou het misschien het 'neusje van de zalm' noemen in verschillende aspecten van ontwikkeling. Net zoals je je masterprogramma hebt van universiteitsprofessoren die lesgeven in het masterprogramma. Het zijn niet dezelfde professoren die de eerstejaars in je collegeklassen zouden onderwijzen. "

D: *Ze zei dat ze ze niet allemaal kon zien, maar ze leken wel anders te zijn.*

J: Zeer.

D: *Sommigen van hen herkende ze. Welnu, zou u onder deze groep mensen iemand zijn die enkele vragen zou kunnen beantwoorden?*

J: Als ik niet degene ben die de vragen die je hebt beantwoordt, zal degene die je vragen beantwoordt naar voren komen. Want het is aangenaam met de groep om met je te communiceren. Als er mensen in de groep zijn die niet het gevoel hebben dat het op dit moment gepast is om te communiceren, zal het niet worden gedaan. Als dat zou gebeuren, vragen we u te begrijpen dat hoewel iedereen in de groep kan antwoorden, het niet zal worden gedaan. Als de autoriteit vindt dat het antwoord niet moet worden gegeven, zal niemand anders verantwoording afleggen voor de autoriteit.

Dit was ook gebeurd tijdens het werken met Phil in The Keepers of the Garden. Op dat moment communiceerde een groep van twaalf entiteiten met mij en gaf me het verhaal van het zaaien van de planeet Aarde. Ze zeiden ook dat ze alleen informatie mochten geven waar ze het allemaal mee eens waren.

D: *Ik neem altijd wat ik kan krijgen. Als je niet wilt antwoorden, laat het me dan weten. Er is op dit moment een mysterie gaande op Aarde waar veel mensen vragen over stellen. Het gaat om de graancirkels op de akkers in Engeland. Ze noemen ze Corn Circles, hoewel het echt tarwe en andere granen zijn. Ze zijn de afgelopen jaren voorgekomen. Kunt u mij daar informatie over geven? Waar ze vandaan komen, en hoe, en waarom?*

J: Ik kan je vertellen dat er verschillende redenen zijn voor de cirkels. En daar zijn verschillende redenen voor. En op verschillende momenten gelden verschillende redenen. Begrijp je spiralen? (Ja) En je begrijpt windows? (Ja) Op een bepaald moment worden deze door bepaalde energieën gebruikt om te interageren met de stromen van jullie Aarde, de vibraties van jullie Aarde. Ik probeer u te antwoorden zonder technisch te zijn. Ik kan u hierover niet alle informatie geven. Maar ik kan je vertellen dat sommigen van hen worden gemaakt door schepen die landen. En ze worden gemaakt vanwege de methode van voortstuwing of reizen die het schip van brandstof voorziet. En het heeft te maken met de zwaartekracht van jullie planeet. Er zijn andere redenen dan anti-zwaartekracht

D: *Ze worden toch niet allemaal door schepen gemaakt? (Nee) Sommigen van hen lijken in patronen te zitten. Ze hebben cirkels rond cirkels en verschillende ontwerpen.*

J: Dat klopt. Jullie spreken over hun onderlinge relatie met elkaar. (Lange pauze) Pardon. Ik heb uw antwoorden, maar in uw volgende vergadering zal ik ze aan u geven. Ik kan het nu niet doen, want het is een timingprobleem. Wat betekent dat het belangrijk is dat het op dit moment niet wordt begrepen. Ik kan je alleen vertellen dat er een project is waar bepaalde mensen aan werken. En die maken deel uit van dat project. Geloof gewoon dat er geen schade uit deze kringen kan komen. Het is in combinatie met andere aspecten van de energiestroom. Het is heel belangrijk dat ze er zijn. En net zoals Janice de symbolen van taal leert, wordt alles in het werk gesteld met betrekking tot de mantelstabilisatie van de fragiele planeet Aarde. Als het een omgekeerde cirkel moet hebben - cirkels zijn erg krachtig, weet je. En ze worden ook gebruikt als transmissiepunt. Dus dat is wat ik je kan vertellen.

D: *Hebben de patronen betekenis?*

J: Ze hebben wel degelijk betekenis.

D: *Is het veelzeggend dat veel van deze zijn gevonden rond de oude monumenten zoals Stonehenge?*

J: Natuurlijk. Wanneer je aan Stonehenge denkt, wanneer je denkt aan je oude monumenten of je zogenaamde "heilige plaatsen" op je planeet, dan moet je weten dat heilig worden niet onmiddellijk gebeurt. Tijd is een drager van de energie. En we werken al eeuwen met deze specifieke locaties.

D: *Maar het lijkt een nieuw fenomeen te zijn met de kringen.*

J: Het is alleen zichtbaar. Je kon ze vroeger niet zien, maar ze zijn er altijd geweest. Je kunt ze nu zien, vanwege een dimensionale verschuiving die nu heeft plaatsgevonden.

D: *Toen lagen ze op de grond?*

J: Ze zaten onder het oppervlak van de grond. Ze zijn pas opgedoken. De aarde verandert zo veel dat ... (Grote zucht) De verschuiving op jullie planeet is een andere manier geweest die ervoor heeft gezorgd dat ze naar de oppervlakte zijn gekomen.

D: *In het verleden werd de energie die ze creëerden, of de functie die ze dienden, onder de oppervlakte gedaan. (Ja) En wordt er nu op de oppervlakte aangebracht?*

J: Ja, want er zijn dingen veranderd.

D: Veel mensen denken dat het misschien een vorm van communicatie is.

J: Dat is zo. Ik heb je eerder uitgelegd dat ze werden gebruikt als een brandpunt voor vibrationele ... misschien heb ik het niet gezegd. Zie je, dat is wat er gebeurt als je op een andere manier communiceert. Je hebt de neiging om te geloven dat iedereen weet wat je denkt. Wat ik je probeer te vertellen is dat ze een brandpunt zijn voor energie-ingang. Nu komt energie-ingang in een patroon, in een spiraal, binnen en wordt omhoog geschoven .... (Verwarring over hoe het te verwoorden.)

D: Uit dezelfde plaats? (Ja) Eerder als een stuiterend effect? (Ja) OK. Ze had te horen gekregen dat ze deel uitmaakte van een project waarbij ze energie gebruikten.

In The Custodians werd uitgelegd dat Janice deel uitmaakte van een project waarbij haar energie wordt gebruikt om de energieën van de Aarde in balans te brengen. Er zijn veel mensen betrokken bij dit project, hoewel het totaal onbekend is voor hun bewuste geest. Ik kreeg te horen dat ik hier ook deel van uitmaakte en dat mijn reizen me naar vele delen van de wereld zouden brengen, omdat mijn energie daar nodig zou zijn. Dit project leidt niet tot uitputting van energie voor de betrokken deelnemer.

J: Het is een andere fase van hetzelfde project.
D: Maar dit klinkt alsof energie stuitert of stuitert. Zou dat kloppen?
J: Er zijn verschillende .... Mag ik daar antwoord op geven? (Haar vraag was zacht en was duidelijk niet aan mij gericht.) Ja. Heb ik daar antwoord op gegeven? (Dit was zacht en ik begreep niet dat ze niet tegen me praatte.)

Er was een lange pauze, dan kwam er een andere stem, een zachtere, bijna gezoetvooisde. Overduidelijk vrouwelijk.

J: Misschien kan ik u van antwoord dienen. Het is niet nu al de juiste tijd, voor jullie, om nu alles over dit project te begrijpen. Het is belangrijk dat enkele details gekend zijn, die u van leden van de groep krijgt. Een van de dingen die je moet weten is dat er cirkels zijn in Peru. Er zijn cirkels op andere plaatsen op jullie planeet die mensen zich niet realiseren. We doen een poging om de mensheid in staat te stellen andere manieren van communicatie te leren kennen. Er zijn er echter die via die kringen kunnen worden gecommuniceerd. De cirkels van energie gaan ook doorheen de aarde, dus het maakt deel uit van hetzelfde project. Het is gewoon een andere fase. Een ander ding om te weten, is, dat jullie Aarde in de ruimte draait, nietwaar? (Jazeker) En hoe draait het? Welke richting?

D: *Ik zou moeten nadenken. Gaat het tegen de klok in? (Ze maakte handbewegingen) Klokgewijs, oké. Dat deel weet ik niet meer.*

J: Nou, eigenlijk zou het niet uitmaken als het end over end zou draaien. Het doel van de cirkels is simpelweg om een tegengesteld effect te creëren. En dit is een ander gebied van evenwicht. Dat is één doel, en slechts één. Maar ze worden gebruikt en er circuleert energie doorheen. Als je in een andere dimensie kon kijken, kon je de spiraal zien. Je zou het effect van die werveling zien, want het is in beweging en beweging. Je kunt het niet zien, maar het beweegt. Voortdurend in beweging. Net zoals een top beweegt. Rechtsom.

Welke kant gaan graancirkels op? Degenen die ik heb gezien en waar ik in ben geweest, gaan beide kanten op.

D: *Ik denk aan een top. De bovenkant draait en beweegt. En dit zouden plaatsen zijn waar het op aarde landt?*

J: Misschien kun je een draaikolk bedenken.

D: *Oké. Ik denk eraan dat het in de ruimte is en dan naar de aarde komt en landt.*

J: Dat klopt. Eigenlijk wordt de bundel doorgegeven aan het midden van de cirkel en draait deze naar buiten. Herinner je je het brandpunt waar ik het met je over had? De straal wordt doorgegeven aan het midden van de cirkel en wervelt.

Dit was iets wat me opviel toen ik meerdere keren in Engeland in de Graancirkels was. In mijn gedachten leek het alsof er een centraal brandpunt was, en de cirkel wervelde daaruit. Bijna als het visuele beeld van iemand die het mondstuk van een hogedrukslang scherpstelt en vervolgens opent om vanaf dat centrale punt te draaien. Ik weet dat het niet met een slang werd gedaan, maar waarschijnlijk met de focus van energie, maar dat was een analogie waarmee ik me kon identificeren.

D: *En dit maakt deel uit van het project dat nuttig is bij het stabiliseren van de bewegingen van de aarde. In de borden?*
J: Ja, dat is zo.
D: *En het lijkt alleen op bepaalde plaatsen gericht te zijn, of ze vallen daar meer op.*
J: Ze zijn daar opgedoken. Het is een poging om de mensheid te laten vragen. Het is een poging om ook die wezens die in staat zijn om het te begrijpen, toe te staan om het te leren kennen en te begrijpen.
D: *In sommige gevallen zal er een cirkel zijn waar al het graan één kant op gaat. Dan een cirkel rond de buitenkant waar de korrel in de tegenovergestelde richting gaat.*
J: Dit is mijn punt.
D: *Waarom is het in de tegenovergestelde richting in de buitenste cirkel?*
J: Omdat het nodig is om de innerlijke intensiteit in balans te brengen.
D: *Dit moet heel snel gebeuren. Klopt dat?*
J: Heel snel. Je kunt het niet zien.
D: *Ze zeggen dat het van de ene op de andere dag verschijnt. Waar komt de balk vandaan?*
J: Ik kan niet ... (Snelle ademhaling, en de stem was verstoord en vervormd. Het klonk vreemd op de tape, bijna vervormd op dit punt. Een energieflux?) ... vertel het je.
D: *Je kunt het me niet vertellen?*
J: (De entiteit leek overstuur.) "Nee."
D: *Oké. Ik vroeg me af of het uit de ruimte kwam, uit een vaartuig, of .... ?*

Janice reageerde alsof ze zich ongemakkelijk voelde. Ik dacht dat ze het misschien weer warm zou krijgen, zoals in de eerdere sessie. Ik probeerde haar comfortabel te maken door de hoezen aan te passen en koelsuggesties te geven. Maar er leek iets anders aan de hand. Ze ademde onaangenaam snel. Na enkele seconden van suggesties vertraagde haar ademhaling. Ze was weer aan het ontspannen, dus ik ging door met het verhoor. Het wezen onderbrak me.

J: (Zacht) Alsjeblieft ....
D: *Wat is het?*
J: Laat het zijn een periode van aanpassing toe.
D : *Oké. Want ze kreeg het net op dat moment erg warm. (Ja) Kwam dat door energie?*
J: Ja, dat is zo. Het lichaam kwam in contact met de volle kracht van de fase van dat project. Jullie moeten begrijpen dat wanneer we met jullie communiceren, het lichaam een voertuig is om dit te doen. Vanwege de mate van betrokkenheid van dit orgaan bij dit project, is het soms echt onmogelijk om de ervaring op volle kracht te voorkomen. Het wezen zal het werk ervaren dat mentaal wordt gedaan. Geestelijk. Misschien zou je 'mentaal' kunnen begrijpen, maar het is niet echt een mentaal proces, omdat het fysieke kan worden beïnvloed. En het gebeurt heel snel. De woorden die je gebruikte om dat te laten gebeuren, waren, je zei: "Dit moet heel snel gebeuren." Het woord "snel" was dus een trigger. Communicatie op dit niveau wordt zeer delicaat.

Eigenlijk had ik na het luisteren naar de bandrecorder "heel snel" gezegd, in plaats van snel, maar blijkbaar werd het op dezelfde manier geïnterpreteerd door hun gebruik van Janice's vocabulaire.

D: Het spijt me. Ik kon het niet weten.
J: Het is voor jou een onmogelijkheid om het te weten. En we willen met u communiceren. Wij willen u begeleiden in uw werk. We willen dat jullie blijven werken met het wezen. En het is belangrijk voor je om te beseffen dat er momenten zijn waarop een nivellering door ons en door jou moet worden beïnvloed, om het wezen betrokken te kunnen blijven bij je sessie. U moet begrijpen dat het niveau van operationele energie zeer ... (Verward, op zoek naar het woord) ... fijn.
D: Ik weet dat ze reageerde. Het leek wel een hittestoot.
J: Dat komt omdat wanneer dit individu zich in het midden van een van de cirkels bevindt, de specifieke rotatiekracht ervoor kan zorgen dat in het fysieke een enorme hoeveelheid warmte in een oogwenk wordt gegenereerd. We proberen het met jullie te delen en komen hier om met jullie te spreken, omdat het belangrijk is dat deze dingen worden besproken. We zullen je echter enkele methoden moeten leren om het individu soms te helpen doorgaan.

D: *Ja, omdat ik op geen enkele manier kon weten dat een van mijn woorden iets zou triggeren. En dat wilde ik zeker niet.*

J: Het fysieke lichaam van het individu zal er niet onder lijden. Je zult misschien geloven vanwege je fysieke oogobservatie dat de lichamelijkheid van het lichaam zal lijden. Deze persoon is .... (Weer niet zeker van woord.)

D: *Wat is het woord? Geconditioneerd?*

J: Dat is dichtbij. Maar het is meer dan conditionering. (Aarzelde.) Bereid. Ja. Er is een manier om het je uit te leggen. Door de jaren heen, vanwege haar langdurige betrokkenheid bij dit project dat haar hele leven hier heeft geduurd, heeft ze zich ontwikkeld tot een punt waarop ze bestand is tegen fysieke energieniveaus die onbegrijpelijk zijn voor het gewone individu. En ook onmogelijk voor hun fysieke lichaam om te ervaren zonder enig desintegrerend effect.

D: *Zolang ze het aankan, want ik zou zeker niets willen doen om haar kwaad te doen. Vindt u het verstandig dat we niet meer over de cirkels praten?*

J: Er komt meer bij kijken dan alleen praten over de cirkels. De cirkels zijn een integraal onderdeel, want wat je nog moet ervaren zijn de piramides. Jullie hebben jullie fysieke piramides in Egypte. Er zijn echter piramides zoals jullie cirkels, die jullie nog aan de oppervlakte moeten zien, die ook operationeel zijn. Dit is gewoon een andere methode van energiewerk. Energiewerk is van vitaal belang voor het onderhoud van jullie planeet. En wat je ook moet weten, is dat er ambachten zijn die komen, en bij het landen op het oppervlak, een fysieke afdruk kunnen veroorzaken die op vrijwel dezelfde manier wordt gemaakt. Er zijn dus cirkels en er zijn cirkels.

D: *Maar die landingsplaatsen hebben niet hetzelfde energie-effect. Ze worden gewoon veroorzaakt door de voortstuwing van het vaartuig.*

J: Maar als ze eenmaal gemaakt zijn, worden ze gebruikt.

D: *Wat ik vroeg was, kwamen de balken uit de ruimte of uit een vaartuig? Waar worden ze vandaan geleid?*

J: Dat mag ik je niet vertellen. We zullen dat op een andere bijeenkomst bespreken. Er zijn wezens die je geen kennis hebben gegeven, die aanwezig zijn als je je vragen wilt stellen.

D: Oké. Maar 1 weet nooit of ik onderwerpen aansnijd waar ik niets van mag weten.
J: Dat zal wel duidelijk zijn als het moment er is.

Ik stond op het punt om verder te gaan met de vragen, toen ik plotseling werd onderbroken. Er was iets gebeurd dat de groep als een noodsituatie beschouwde. Het had voorrang op wat ik aan het doen was.

J: (Een strenge stem.) Lever de suggestie!
D: Wat?
J: (Het klonk ongeduldig.) Lever de suggestie!
D: Hoe bedoel je?
J: Het wezen heeft pijn. Lever de suggestie!

Janice hield haar hoofd vast, dus ik begon mijn normale suggesties te geven om zoiets te verlichten, door het midden van haar voorhoofd aan te raken. Maar de entiteit onderbrak het proces en beval dat ik met één vinger druk uitoefende. Ik probeerde te doen wat het suggereerde, maar het onderbrak opnieuw. "Je bent op de verkeerde locatie!"

D: Laat me zien waar.
J: (Ze wees naar de locatie.) Licht! Ik zal je begeleiden. (Ze pakte mijn vinger en leidde hem naar de juiste plek in het midden van haar voorhoofd.) Ik zal je begeleiden. Blijf praten en geef de suggestie.

Terwijl ik suggesties bleef geven, bevredigde het de entiteit nog steeds niet.

J: Laat me je hand hebben! Bedien je hand niet! Dit is belangrijk! (Streng.) Bedien je hand niet! Staat u mij toe uw hand te hebben. Dit is belangrijk voor het wezen. Ontspan je hand! Geef me je vinger. (Zachtjes) Geef me je vinger.
D: Je hebt het.

Er was een lange pauze toen ze mijn vinger naar de juiste plek op haar voorhoofd dirigeerde. Ik ontspande mijn hand en gaf suggesties om eventuele ongemakken te verlichten terwijl ze mijn hand manipuleerde.

J: Ik zal je laten weten wanneer ik klaar ben. Het spijt me dat ik zo krachtig tegen u ben, maar er was een noodsituatie.
D: *Kun je me vertellen wat de oorzaak was?*
J: (Pauzeer) Praat niet! (Lange pauze.)
D: *Gebruik je de energie van mijn lichaam? (Nee)*

Er was een lange pauze, daarna leek Janice meer ontspannen te zijn en weer langzamer te ademen.

J: (Mechanisch.) Bedankt. Het spijt me dat ik zo krachtig ben geweest, maar vanwege de noodsituatie was het noodzakelijk voor ons om die fysieke aanraking met het wezen te kunnen hebben. En van waar we opereren is dat onmogelijk.
D: *Ik ben blij dat ik van nut kon zijn, want ik geef ook heel veel om haar veiligheid. Kunt u mij vertellen wat de oorzaak van de noodsituatie is?*
J: Zo meteen. We moeten stabiliseren.
D: *Dan is het niet mijn energie, het is gewoon de fysieke aanraking.*
J: Ja. Het heeft niets met jou of je energie te maken. En als u iets voelt, zullen we het verwijderen.
D: *Nee, dat ben ik niet.*
J: Ik dacht het niet.
D: *Ik probeer gewoon te ontspannen zodat je mijn hand kunt gebruiken.*
J: Dat is heel moeilijk en ik waardeer je. Dat is heel belangrijk.

Er was nog een lange pauze toen ze mijn vinger naar andere punten op haar hoofd bewoog. Ze slaakte een aantal grote zuchten.

D: *Kun je me vertellen waarom je druk uitoefent op die verschillende gebieden?*
J: Dit zijn meridiaanpunten. Deze zijn net zo goed als je acqupressuur. Wat er gebeurt is dat het individu in staat is om zich met mij te verbinden door jouw aanraking, hoewel je lichaam er niet bij betrokken is.

D: *Ik wil dit op de opname zetten. Je raakte het voorhoofd aan en verschillende plaatsen: de ogen, het gebied vlak voor de oren ....*
J: (Onderbroken) Geef me je hand! Houd je arm stabiel.
D: *Het is de manier waarop ik zit. Oké. En je raakte aan voor de oren, en onder de kin, en de bovenkant van de kruin van het hoofd. Dan net boven de neusbrug in het midden van het voorhoofd.*

Deze acties werden keer op keer herhaald. Toen ontspande ze zich en liet mijn hand zakken. Blijkbaar was de noodsituatie voorbij.

J: Dank je wel.
D: *Is het nu beter?*
J: (Haar normale stem.) ja, het is beter.
D: *Ik ben blij dat ik kon helpen. Ik wist niet wat ik deed. Ik zat in een gespannen positie, dus het was moeilijk om te ontspannen.*
J: (De strenge stem was terug.) Bedankt voor het gebruik van je hand.
D: *Wat was de noodsituatie? Kun je het me vertellen?*
J: Het is een resteffect van de cirkels. Wat jullie je moeten realiseren is dat jullie op dit moment interdimensionaal zijn. Het wezen is interdimensionaal. Wanneer je heel snel dimensionaal beweegt, kan er pijn of kortsluiting zijn in de lichamelijkheid van het wezen als de juiste uitlijning niet wordt beïnvloed, in die zin dat er geen punt wordt bereikt voorafgaand aan die dimensionale verschuiving. En wij (hadden moeite om het woord te vinden) ... gingen onszelf als het ware voor.
D: *Ging het iets te snel?*
J: Het is een kwestie van timing. Kosmische tijd, Aardetijd, biologische tijd. Wanneer je incongruent bent in die tijden kunnen deze dingen gebeuren met de lichamelijkheid van het wezen. Wat je nu moet begrijpen is dat wanneer je de cirkels bespreekt, het wezen het leeft.
D: *Dat wist ik niet.*
J: We weten het. We dachten dat het misschien iets zou zijn dat je niet hoeft te weten.
D: *Maar om haar veiligheid en vrijheid van pijn te verzekeren, zou ik deze dingen graag willen weten.*
J: Het werd behandeld op een manier waarop je in de toekomst geïnstrueerd zult worden. Het zal niet, tenzij noodzakelijk, zijn om u in de toekomst vooraf te adviseren. Deze specifieke vorm

van overdracht van informatie aan jullie is zeer ongebruikelijk voor deze groep wezens. Wat je wel moet weten is dat.... (Grote ademhalingen, en ze leek zich weer ongemakkelijk te voelen.)
D: *Heeft ze weer last van warmte?*
J: We proberen te kijken of dit mogelijk is, zodat we het proces van communicatie met jou kunnen versnellen. Er zullen enkele aanpassingen nodig zijn, zoals we op dit moment ontdekken.
D: *Oké. Maar als het haar enig ongemak bezorgt, geloof ik niet dat het het waard is voor mijn bestwil.*
J: Het is geen kwestie van je keuze of het de moeite waard is. Eigenlijk kies je ervoor om het werk te doen of je doet het niet. Ik wil niet krachtig zijn. Ik wil u alleen maar vertellen dat dit zeer belangrijke informatie is. En het is een kwestie van het vinden van het juiste medium om het te leveren. En terwijl de groep met je samenwerkt, zal er een soort evenwicht tot stand komen dat op dit moment niet aanwezig is. We hebben dus enkele kleine aanpassingen van evenwicht tussen het wezen en de groep, en de groep en jij, en jij en het wezen, en het wezen en de groep. Wanneer we heel snel naar een heel serieus onderwerp als de cirkels gaan, dan kunnen dingen heel snel gebeuren. En daar is dat woord. Maar we hebben het met het individu geregeld. Zie je, we waren ons er niet van bewust dat "snel" dezelfde reactie zou veroorzaken. We leren dus tegelijkertijd hoe deze persoon reageert.
D: *Dat is wat ik bedoel. Als ik spreek, weet ik niet hoe het haar zal beïnvloeden.*
J: We kunnen je hachelijke situatie volledig begrijpen en zijn sympathiek. En we waarderen het dat je in staat bent om te begrijpen dat als we krachtig zijn, dit niet te wijten is aan boos zijn op je. Het komt door urgentie. (Lange pauze)
D: *Luister je naar iemand?*
J: (Haar stem klonk normaler.) Ja. Het is iemand die met je wil praten, maar ze kunnen geen Engels praten, en ik kan dat niet praten. We proberen erachter te komen hoe we dat moeten doen.
D: *Kunnen ze het door iemand anders laten communiceren?*
J: Ze kijken. Ze praten. Ze hebben een kleine discussie. Ze zitten in de hoek. Het is alsof ze proberen te beslissen.
D: *Vertel ze dat we hier bijna geen tijd meer hebben. Ik wil heel graag de boodschap krijgen, want ze gaven me instructies. (Verwarring)*

Misschien kunnen ze het doorgeven aan iemand anders die me de boodschap kan geven.
J: Dat is wat ze doen. (Zachtjes, alsof je met iemand anders praat.) Oké. (Grote zucht.
D: Zijn ze er nu klaar voor?
J: (Nog een luidere stem.) Misschien.
D: Omdat ik niet kan weten of ik regels overtreed, als ze me niet instrueren.
J: (Ze begon te praten en schraapte toen haar keel, alsof het wezen zich moest aanpassen aan haar stembanden. De volgende stem was zeker vrouwelijk en zachter.) Er zijn geen overtredingen van de regelgeving geweest. Maar we willen u waarschuwen om uiterst voorzichtig te zijn in uw terloopse discussies over het fenomeen. U moet voorzichtig zijn met wie u terloopse informatie deelt. Er zijn gevoelige gebieden. Het is belangrijk, ik herhaal, slechts terloopse informatie en het delen is niet toegestaan. Je hebt het goed gedaan en we zijn dankbaar. Een van de problemen kan de aard van de informatie en de timing zijn. Het is niet aan iedereen om alles te weten. Je bent heel goed in het kunnen bepalen wie wat moet weten. Dat is een niveau van uw expertise dat ons in staat stelt om goed met u samen te werken. Het is geen kwestie van je wel of niet vertrouwen, maar een kwestie van timing. Tijd om te weten, tijd om niet te weten. Dus wanneer u in de toekomst informatie krijgt, zullen er soms instructies zijn om deze niet bekend te maken, totdat u verdere instructies krijgt. Misschien kun je een manier vinden als het per se cruciaal is voor iets waar anderen aan werken, om hen te adviseren. Maar geef je bron niet prijs. We zullen hun kennis orkestreren, zodat alles wat met anderen wordt gedeeld van dien aard zal zijn dat het vooraf is goedgekeurd.
D: Dan zal ik me aan je instructies houden.

Ik had in het verleden geleerd dat ik naar hen moest luisteren, anders zouden ze manieren vinden om te voorkomen dat de informatie zou worden gepubliceerd. In The Custodians deed ik verslag van hoe vier tapes acht jaar lang verdwenen omdat het geen tijd was om ze op schrift te laten verschijnen. Het is meer dan tien jaar geleden sinds deze sessie, dus ik denk dat het nu tijd is om de informatie naar buiten te brengen. Ook op een ander punt hadden ze gelijk. Verschillende keren tijdens de jaren van mijn werk heb ik gevoelige informatie gekregen en te horen gekregen dat ik deze niet moest publiceren, hetzij voor mijn eigen bescherming, hetzij omdat de tijd nog niet rijp was. Ik heb dus geleerd om me aan hun instructies te houden.

D: Ik denk dat we bijna geen tijd meer hebben. En het voertuig heeft hier vandaag een beproeving mee doorgemaakt. Maar ik wil alle leden van de fractie bedanken die vandaag met mij hebben gesproken.
J: Er zijn anderen die je de volgende keer zullen spreken.
D: En ik zal heel erg mijn best doen om te doen wat je wilt. Als ik fouten maak, is dat omdat ik het niet begrijp.
J: Oh, we zijn ons goed bewust van je mogelijkheden, en waarderen en bedanken je. Het is alleen zo dat het soms nodig is om een beetje in een urgentie te zijn. En als we daarin zitten, kunnen we heel hard klinken, en het is niet onze betekenis.
D: Maar begrijp alsjeblieft dat ik heel hard mijn best doe. En ik zal je vertrouwen niet beschamen, want ik wil niet dat de verbinding eindigt vanwege een fout van mijn kant.

Ik begon met heroriëntatiesuggesties om haar terug te brengen naar deze wereld, maar ze maakte handbewegingen in plaats van mijn instructies op te volgen.

D: Wat betekent dat?
J: (Heel zacht.) We nemen afscheid van jullie.
D: Ik denk niet dat ik die handbewegingen zou kunnen dupliceren, maar ik waardeer het.

Ik heb Janice toen weer volledig tot bewustzijn gebracht. Ze had geen herinnering aan iets dat gebeurde en leek fysiek of mentaal niet slechter te zijn van de beproeving die ze ons beiden had doorstaan. Ik had veel geleerd van de entiteiten in deze sessie. Toen ik in zo'n ongewoon veld werkte, had ik vaak angsten dat er enig gevaar voor het onderwerp zou kunnen zijn, vooral omdat we nieuwe wateren betrad en niet wisten wat we konden verwachten. Ik controleer ook zorgvuldig de fysieke lichaamstekens van de persoon, zodat ik zou worden gewaarschuwd voor eventuele problemen die zich onverwacht kunnen ontwikkelen. De entiteiten vertelden me eerder dat ik me er niet zo druk over moest maken, dat ze me altijd zouden vertellen of er een probleem zich ontwikkelde. Tijdens deze sessie bleken ze trouw aan hun woord. Ze waarschuwden me voor een situatie, waarvan ik niet wist dat die zich zou kunnen voordoen. Ik had een waardevolle les geleerd, maar ik heb ook geleerd dat ik nooit slechts alleen op mijn eigen expertise zou moeten vertrouwen. Ik werd in mijn werk zeker geleid door krachten van elders, een hogere dimensie.

* * *

Als ik dacht dat wat er in de laatste sessie gebeurde verwarrend was, was ik zeker niet voorbereid op de informatie die in deze sessie naar buiten kwam. Ik hoop alleen dat de lezer ingewikkeldere concepten kan volgen.

Er was een tijd van meer dan een jaar verstreken sinds onze laatste sessie. Op een keer toen ik in Little Rock was, kon Janice niet met me werken. Ze wist dat ze de avond ervoor ergens was geweest en het had haar zo beïnvloed dat ze haar huis niet kon verlaten en zeker niet met haar auto kon rijden. In het verleden zei ze dat ze soms in haar auto stapte en niet eens wist waar ze de sleutel moest leggen of hoe ze hem moest starten. De eenvoudigste dingen zouden plotseling heel ingewikkeld worden, alsof haar geest helemaal leeg en verward zou zijn.

Op deze reis in september 1991 was ik in Little Rock om enkele UFO-gevallen voor Lou Farish te interviewen, dus ik zou proberen alles in hetzelfde weekend te doen. Voordat ik ging werken, ging ik eten met Patsy, Janice en enkele andere vrienden. We bespraken vooral ons persoonlijke leven en zeiden niets over UFO's of hoe mijn werk vorderde. Het belangrijkste onderwerp van Janice's dinerdiscussie draaide om een oude jongensvriend die onlangs terug in haar leven was gekomen en de dingen werden serieus. Ze leek extreem gelukkig, ondanks de voortdurende UFO-activiteit die op de achtergrond van haar leven bleef. Na het eten zijn we bij Patsy thuis geweest en hebben we deze sessie gehad. Er waren veel paranormale ervaringen in het leven van Janice geweest sinds we elkaar voor het laatst ontmoetten, maar er werd besloten om er geen uit te kiezen om te verkennen. We dachten dat het beter zou zijn om gewoon te zien waar de sessie toe leidde. Elk van mijn sessies met Janice zat sowieso altijd vol onverwachte verrassingen en wendingen.

Nadat ze op het bed was gaan liggen gebruikte ik haar trefwoord en begon de inductie, maar ze onderbrak en zei dat we moesten wachten tot een bepaalde tijd om te beginnen

J: Om 11:16 kunnen we verder. Precies.
D: *Oké. Volgens mijn horloge gaat het sowieso nog een minuutje. Ik hoop gewoon dat mijn horloge correct is.*
J: 11:16 alstublieft. We zullen het weten. Want de informatie kan niet culmineren als dat niet het geval is.

Dit was de eerste keer dat een entiteit aanwezig was, zelfs voordat de sessie begon. Normaal moesten we naar ze zoeken. Ik ging verder met mijn inductiesuggesties terwijl ik naar mijn horloge keek.

J: Je moet haar weer het woord geven.

Ik zette de recorder uit terwijl ik haar trefwoord zei, zodat het niet op de band zou staan. Ik zette hem weer aan toen ze eronder leek te zijn.

D: *Weet je waar je naartoe wilt, of wil je dat ik je regisseer?*
J: We gaan naar een kruispunt in de tijd. De tijd heeft kruispunten, weet je.
D: *Ja, dat heb je me verteld. Waarom wil je naar een kruispunt in de tijd?*
J: Omdat dat het begin van een ervaring zal zijn. Het zal met veel dingen te maken hebben, omdat het een veelzijdig kruispunt is.
D: *Nou, we zijn op het moment dat je het eerder had. 11:16.*
J: Ik ben op een moment, jij bent op een moment.
D: *Hoe bedoel je?*
J: We hebben het over de coördinatie van verschillende soorten tijd. Zie je, als je het hebt over de tijd van de mensheid, praat je in minuten en uren. Maar als je het hebt over tijd in andere rijken, wordt het niet gemeten met minuten en uren. Maar om informatie door de dimensionale tijd te brengen, moet je je op een bepaald punt in de tijd van de mensheid bevinden. Anders zal de informatie die komt niet volledig zijn en zal deze niet elementair worden gecoördineerd.

D: *Maar dat is vaak moeilijk te weten. Als we sessies hebben, doen we ze gewoon wanneer we kunnen.*

J: Ja, maar als je een onderwerp vindt dat binnen interdimensionale tijd werkt, dan weten ze dat dat belangrijk is. En dat alles geen minuut of seconde voor of achter moet gebeuren. Want het kan gemist worden.

D: *Zoals een deuropening of een poort? (Ja) Wil je het regisseren waar het heen moet?*

J: We zullen het vinden als we reizen.

D: *Hoe reist u?*

J: Ik reis als een balk. Als een deeltje. Ik ben een deeltje. Gewoon een deeltje licht. Heel klein, klein.

D: *Waar reis je naartoe?*

J: (Een grote adem.) Tussen de sterren.

D: *Wat zie je daar?*

J: Oh, het is geweldig! Het is gewoon totale, totale opgeschorte rust, stilte. Raak het fluweel aan.

D: *Kun je zien waar je naartoe gaat?*

J: Nee, maar ik weet waar ik naartoe ga. Ik hoef het niet te zien. Ik weet dat ik zal voelen als ik er ben.

D: *Ik vroeg me af of het ergens op leek.*

J: Nee, want ik kijk niet in het fysieke. Ik kijk in een "zie" veld. Je ziet een patroon en je weet dat het een plek is. En als je naar het patroon gaat, ben je op de plek. En de plaats wordt jou, en jij wordt de plaats. Zozeer zelfs, dat je het niet hoeft te zien, omdat je het bent. Dus als je in het fysieke wilt zien, vraag je het en kun je in het fysieke kijken. Anders ervaar je het op een totaal andere manier. Er is een kleur, een rozenkwartskleur. En dan weet je dat je er dichter bij komt. En dichterbij, en dichterbij, en dichter bij. En het gaat heel snel. Je gaat heel, heel snel. Heel snel. Maar toch voel je je mentaal met een andere snelheid dan de lichamelijkheid die het deeltje aflegt, omdat het deeltje zo snel reist dat je het niet kunt zien.

D: *Je bedoelt dat het onzichtbaar werd?*

J: Ja. Het is daar, gewoon swoosh! (Ze leek afgeleid te zijn door iets dat ze zag.) (Zachtjes) Oké.

D: *Wat?*

J: Het was een kruis. (Afgeleid) Het was een ... oké. Een knooppunt.

D: *Als een kruispunt?*

J: Ja. Net als op een kaart als je op dat punt komt.
D: *Wat gebeurt er als je op dat punt komt?*
D: *Waarom stop je daar?*
J: Om verschillende redenen. Het hangt ervan af waar je wilt wonen.
D: *Hoe bedoel je?*
J: Op dat moment kun je informatie verzamelen, of je kunt naar een andere dimensie gaan en in een totaal ander leven zijn.
D: *Wil je informatie verzamelen?*
J: We zijn nog maar net begonnen, maar ik wil op dit moment informatie verzamelen, omdat het een toegangspoort is tot waar we onze informatie gaan vinden. Zie je, wat er gebeurt is dat we gestopt zijn zodat de tijd van de mensheid in overeenstemming kan zijn met deze tijd. Ik besef dat dit misschien niet veel zin heeft, maar het kan niet anders. Zie je, als je tijd niet meer samen is met deze tijd, dan kan de verbinding niet worden gemaakt. Dus daarom moet je die stop toestaan, die stop, en je zult vooruit schieten op het moment dat het samenvalt. Als je twee cirkels neemt en je plaatst ze naast elkaar, en ze komen samen totdat ze vergrendelen, kun je er niet doorheen.
D: *Maar als je ze passeert, ga je dan naar een plek waar informatie is?*
J: Ik kan naar de ouden gaan. Ik kan gaan en staan waar je wilt. Of ik kan gaan waar we heen moeten. En ik kan naar de Schepping gaan. Of ik kan naar de Godbron gaan.

Ze haalde diep adem en vertoonde een fysieke reactie. Er gebeurde iets.

J: Het is een infuus van informatie. En het is ook een leraar die met jou en met Janice wil spreken. En om je te vertellen dat je tijd en ruimte bent gepasseerd. (De stem veranderde.) Eerst moet je enkele basisprincipes en fundamenten begrijpen met betrekking tot bronenergie.
D: *Ik ben altijd bereid om te leren.*
J: Het deeltje dat je ontdekte was eigenlijk een brondeeltje. Alles begint met een deeltje licht. Alles wat is begint als de kleinste porie van je huid. Als je je een molecuul zou kunnen voorstellen, zou je een lichtpuntje kunnen zien. Je zou weten dat in de ultieme bron, dat alles is wat je bent. Dus wat ik jullie vertel is dat binnen

die bron van "Al Dat Is" de onderlinge verbindingen tussen deeltjes een bronenergie vormen. Als je een soort patroon in een deeltje ziet en je plaatst dat deeltje over een ander deeltje, dan zullen ze in elk minutieus detail volledig overeenkomen. Nu, als energie materie wordt, reist het vanuit die bronenergie langs de straal - of uit de straal - afhankelijk van je concept, of hoe je je ermee wilt verhouden. En terwijl het implodeert, explodeert, deelt het zich zoals een cel zich deelt, om verschillende individuen te vormen. Het kan vele malen verdelen. Het kan één keer delen. Het kan miljoenen keren verdelen. Naarmate het zich verdeelt, wordt het mannelijk, vrouwelijk of man-man, vrouw-vrouw, man-vrouw. Terwijl het zich blijft verdelen en door dimensionale verschuivingen reist, wordt het in elke dimensie wat het uiteindelijk bij de bron is. En het begint te groeien. En terwijl het door universa en sterrenstelsels gaat, is elke plaats waar het komt nog steeds. Wanneer je het deeltje terugbrengt naar de praktische realiteit in aardse termen, heb je menselijke wezens die zijn: als in partners. Je hebt mensen die dat zijn: als in onderverdeelde deeltjes. dat wil zeggen: Je hebt overeenkomsten in mensen. Je hebt vreemden die onmiddellijk totale vrienden worden, omdat ze op bronniveau onderverdelen. Zelden raken de mensen versmolten. Pas als er een hoger doel is, zou die vereniging plaatsvinden. Omdat de mensheid een manier heeft om de werkelijkheid op zo'n manier te veranderen dat zelden de hoogst mogelijke ultieme realiteit, op dit aardse niveau, wordt gerealiseerd. Dus wat je hebt hangt af van planetaire doeleinden. Een gemeenschappelijk doel voor het uiteindelijke voordeel van de mensheid moet worden gerealiseerd en hangt af van de keuzes. Het hoogst mogelijke einde. Je zit opgesloten in een energiepatroon en zult uiteindelijk terugkeren naar de bron in datzelfde energiepatroon vanwaar je kwam. Ik heb het over voorbij de tijd en voorbij de ruimte en voorbij de schepping. Ik zeg jullie dat Ik met jullie praat van voorbij de schepping. De schepping is de cirkel waarover ik sprak, waardoor de mensheid kan komen. En de mensheid kan, wetende hoe, terugkeren naar hun bron. Voordat dat gebeurt, heb je echter nog wat werk te doen op die planeet, want het is tijd. Zoals ik tot jullie sprak in relatie tot tijd, zoals ik tot jullie sprak in relatie tot de tijd van de mensheid en in relatie tot interdimensionale tijd. Ik probeer je de tijd uit te leggen. Je moet de tijd begrijpen. En dat is jouw taak. Want dat is waar je in je boeken mee te maken hebt. Jullie hebben te maken met interdimensionale tijd.

D: *En ook met heel ingewikkelde concepten.*

J: Ingewikkelde concepten die het jouw taak is om te vereenvoudigen, zodat de man op straat het kan lezen en kan zeggen: "Oh!" Zodat mensen tegelijkertijd levens gaan leren leven. Begrijpen dat alles wat ze hier in het fysieke op deze planeet doen, elk ander leven beïnvloedt. Hun lijn gaat helemaal door. Dat spoor van energie van waar we nu zijn, wat we nu zeggen, wat je zegt van waar je bent naar waar ik ben, zal altijd blijven. Het verschil is, terwijl je van dimensie naar dimensie gaat.

D: *Ik blijf denken dat ik word geleid naar verloren kennis, naar verloren informatie.*

J: Het is verloren.

D: *Ik heb het gevoel dat ik het terug moet krijgen.*

J: Dat is mijn punt. Dat is wat ik u vertel. Toen jullie naar de Nostradamus profetieën werden geleid, was dat nog maar het begin. Het topje van de ijsberg. Je hebt alleen het oppervlak aangeraakt. Als je met hem sprak, was het voor hem de realiteit, want zijn werkelijkheid is waar hij is. En zijn werkelijkheid bestaat, net zoals jouw werkelijkheid bestaat. Het zal nooit ophouden te bestaan. Het is maar een verschuiving. Het is slechts een verschuiving. -- Weet je nog dat we in eerste instantie om 11:16 begonnen te praten. We spraken om 11:16 want 11:16 is verbonden met .... (Pauze) Ik denk dat ik het u misschien op papier moet vertellen.

Dit is al eerder gebeurd tijdens sessies, maar deze keer was ik er niet op voorbereid. Ik praatte met haar terwijl ik mijn koffer opende en jaagde op een tablet en stift die ik voor zulke gelegenheden heb leren dragen. Ik bracht de materialen terug naar het bed. Ze ging rechtop zitten en ik gaf haar de stift en legde de tablet in haar andere hand. Ze opende moeizaam haar ogen en staarde naar het papier.

Ik ben in de begindagen van mijn werk meerdere malen getuige geweest van dit fenomeen. Het is altijd fascinerend om te observeren, omdat het onderwerp het glazige uiterlijk heeft van iemand die niet wakker is. Ze zijn zich altijd niet bewust van hun omgeving en hebben al hun concentratie op het papier en wat ze tekenen of schrijven.

J: (Ze begon te tekenen.) Dit ben jij waar we zijn, waar je bent, waar ik bij je ben. Dit is vloeibaar. Dit is voortdurend in beweging. Het houdt nooit op.

D: *Wat is dat?*

J: Niveaus. (Pauzeer terwijl ze tekende.) Ik ga dimensionale tijd uitleggen. (Lange pauze terwijl ze lijnen tekende.) Er zijn er meer, meer.

D: *Wat stellen die lijnen voor?*

J: Tijd. Perioden.

D: *Tijdsperioden? (Ja) Verschillende jaren, bedoel je?*

J: Ja, behalve dat het ingewikkelder is dan jaren, omdat het universa en sterrenstelsels binnenin kunnen zijn. Afhankelijk van hoe ver je gaat. Je kunt in een van deze tijdsperioden uitgaan tot een punt van oneindigheid. (Ze tekende terwijl ze praatte.) Oneindigheid, oneindigheid, oneindigheid. Jij, ik, iedereen op de planeet in het fysieke ....

D: *Op die stip. Oké.*

J: Dan ... de Bron van God.

D: *Daar in de vloeistof. Oké.*

J: Het is allemaal vloeibaar. (Ze markeerde data.) Ach, het maakt echt niet uit welke jaren ik neerzet. Je begint te bewegen. Te allen tijde gaat energie deze kant op.

D: *Vooruit?*

J: En op deze manier.

D: *Vooruit en achteruit ook.*

J: En dat is de tijd ook. En dat geldt ook voor de tijd.

D: *Achteruit en vooruit tegelijk?*

J: Dezelfde tijd. Als je eenmaal de dematerialisatie onder de knie hebt, dan kun je dat deeltje worden waaruit je bent begonnen, terwijl je in het fysieke bent. Je mag hier naartoe gaan, want je was hier. Toen je van hier naar hier kwam, bewoog je je door alles wat bestaat. En je beweegt je altijd door alles wat bestaat. Het is ingewikkeld. Wat je echter moet weten is dat, terwijl je beweegt, in deeltjesvorm, je naar hier gaat ....

D: *Dat jaar of die tijdsperiode.*

J: En je kunt binnen die periode naar welk leven dan ook gaan, omdat er meer dan één leven in elke periode is. Dus wat ik je zeg is dat het heel goed mogelijk is om als deeltje naar de plek te gaan waar

Nostradamus is. Omdat hij bestaat in de afgelopen tijd. Want hier - dit is schepping - stopt de tijd! Door de mens gemaakte tijdsperioden stoppen.

D: Bij de schepping?

J: Bij de schepping. De geschiedenis van jullie mensheid zegt dat God de hemelen en de aarde schiep.

D: Het lijkt erop dat dat was waar de tijd begon, in plaats van te stoppen.

J: Het begint voor de mensheid, maar het stopt voor deze dimensies hier. Omdat je in beide frames gelijke afmetingen hebt. Je hebt gelijke afmetingen. Je hebt de tijd van de mensheid die hier begint. Alle tijden. Alle tijd-tijd. Maar ons soort tijd - geestentijd - is totaal anders, maar toch congruent met. De mechanica is totaal anders. U zegt: "Eén uur." En wij zeggen: niets! Omdat we geen tijd nodig hebben. Want we zijn alles. Dat waren we altijd al. Nostradamus is hier alles wat hij ooit is geweest en zet zijn oneindigheid voort. Ook al zorgde de dood ervoor dat hij hier ophield te zijn, het zorgde er nooit voor dat hij hier ophield te zijn. Dus eigenlijk, in werkelijkheid, is wat je doet, dat je op het punt van zijn dood komt. Je overstijgt zijn dood. Je verbindt je met hem en leeft zijn oneindigheid. En dat is de informatie en het concept in werkelijkheid dat je van hem terugbrengt, terug door de schepping, terug naar hier.

D: Als ik mensen terugneem naar vorige levens, is het dan dit deeltje dat naar die levens gaat en ze herbeleeft? (Ja) Want het is alsof die persoonlijkheid in het andere leven nooit sterft.

J: Het gaat nooit dood.

D: Ik kan op elk moment contact opnemen met die andere persoonlijkheden.

J: Klopt. Wat je doet is, je verbindt trillingsmatig dit deeltje dat hier bestaat met dit deeltje dat hier bestaat. Net zoals je zegt: "Oh, ik herinner me wat er met Kerstmis 1964 is gebeurd. OP We zaten rond de kerstboom. Oh! Ik heb een pop gekregen." Dat is in dit leven. Maar je hebt het over deze trillingssnelheid. Hier. (Tekening.) Deze trillingssnelheid. Alleen jullie stemden dit leven af op Aarde 1-9-4-5. Dit leven begon in 1-9-4-5. Dit is een tijdsperiode in deze dimensie. Maar bij de dood reist het deeltje helemaal naar hier.

D: Terug naar de bron, van waaruit het begon.

J: Maar ingewikkelder is dat het, afhankelijk van wat hier is gebeurd, misschien naar hier kan terugkeren. (Wijzend naar data.)

D: Als het terug wil naar de jaren 1800, kan het dat doen.

J: En kom daar van terug. We beginnen hier met wat natuurkunde. Er is iets meer. Maar wat je moet weten, met betrekking tot de Einsteins en de Nostradamuses .... Er is een gebied. (Ze was aan het tekenen.)

D: Wat is dat?

J: Het is allemaal kennis. Oud, alle kennis. Wat er met mensen als Nostradamus en Einstein is gebeurd, is dat ze hier zijn begonnen.

D: Op dat gebied van alle kennis?

J: Ja. Maar ze namen een specialisatiegebied mee naar de planeet. Nu zijn ze niet noodzakelijkerwijs teruggekeerd naar hier (het gebied van alle kennis), maar het is irrelevant, zodra je het punt van de Schepping passeert, waar je bent.

D: Maar ze behielden meer van deze kennis in hun onderbewustzijn? Zou dat kloppen?

J: Precies. Maar dat was hun doel om te komen, om het te brengen.

D: Naar onze tijd. Oké. Zou het juist zijn om dat kleine vonkje 'je ziel' te noemen?

J: Je zou het een ziel kunnen noemen, maar eigenlijk zou je het in werkelijkheid je "bronenergie" moeten noemen. Een ziel is de naam van de mensheid voor die bronenergie, omdat alles energie is. Alles, alles, elk ding is energie. Nu, dit .... (Ze was weer aan het tekenen.)

D: Het vloeibare deel.

J: God bron of het vloeibare deel. De vonk is alles wat dit vloeibare deel is.

D: Stemt het overeen met ons concept van God?

J: Dat zou kunnen. Ja, als je wilt, zou het God kunnen zijn. Het zou het ultieme kunnen zijn. Het kon bij elke naam worden genoemd. Het heeft niet echt een naam. We doen niet aan namen. Eigenlijk zijn we allemaal vloeibaar als je dit punt eenmaal passeert. Eigenlijk besta je op die manier. En je kunt ook hier en hier en hier samenvoegen. En je kunt ook alles weten, en naar buiten komen. (Tekening) Zie je, ik zeg dat deze overlappen .... (Tekening)

D: Al die puntjes. Ze overlappen elkaar allemaal.

J: En als elk molecuul overlapt, verdelen ze zich opnieuw in hun drieën. (Tekening) En ze zijn alles wat de andere energie was. Alles.

D: Maar het belangrijkste is dat we nu gefocust zijn op dit deel van ons leven. Is dat het idee?

J: Als we hier in elkaars leven gaan, nemen we een deel van wat ze waren en een deel van wat ze zijn mee. We doen hier alles in het fysieke dat we hier doen.

D: In de geest.

J: Het is niet anders.

D: Maar we weten niets van de anderen omdat we gefocust zijn op dit leven en wat we nu doen.

J: Vanwege onze trillingssnelheid zijn we hier. Het enige dat gebeurt als je beweegt, is dat energie versnelt. Het versnelt wanneer het deze kant op gaat (Voorwaarts). Het vertraagt als het deze kant op gaat (Achteruit).

Ze leek klaar te zijn met de tekening, dus ik hielp haar weer liggen en liet haar haar ogen weer sluiten. Ik keek naar het papier terwijl ze zich bewoog om zich weer op haar gemak te voelen. Ik dacht dat het nutteloos zou zijn om het later in een boek te stoppen. Tegen de tijd dat ze ermee klaar was, was het een nietszeggende wirwar van lijnen en stippen, die niet logischer was dan het krabbelen van een kind. Ik wist dat de belangrijke beschrijving zou worden vastgelegd door de bandrecorder.

J: We hebben Janice blootgesteld aan verschillende soorten communicatiepatronen. Het is het begin van een totaal ander concept van communicatie, waarvan Einstein zich terdege bewust was.

D: Ze sprak over de tijd dat ze op de bank in haar huis lag, en al deze informatie leek door het raam te komen op een lichtstraal en haar te bombarderen. Beelden? Symbolen? Waar ging dat over?

J: Energiepatronen.

D: Wat was het doel?

J: Energiepatronen zijn gecodeerd met informatie. Elk patroon bevat een andere set kennis. Een ander concept. En misschien wel een hele geschiedenis van een planeet.

D: In deze ontwerpen en afbeeldingen?

J: Ja. Omdat haar mentale capaciteit zodanig is dat ze de kennis kan dragen, en het is veel als een getimede afgifte vitaminecapsule. Wanneer het kruispunt van de tijd van de mensheid met interdimensionale tijd samenvalt, een interplanetaire ... (zoekend naar het woord) overlappen, als je wilt, zal een reeks omstandigheden doen evolueren. Zodanig dat het zal worden opgenomen, en misschien door u. Uw verbindingen die u maakt, zijn omdat u wordt vertrouwd om correct op te nemen. En je hebt zuivere intenties.

D: *Ja, ik kreeg te horen dat ik niets moest censureren. Gewoon om het te melden zoals het kwam.*

J: En je hebt niet gecensureerd. (Zachtjes) Behalve in een paar gevallen.

D: *Soms was het nodig in een paar delen, maar het grootste deel ervan is puur gebleven. Dat was het doel van al dit bombardement.*

J: Nee, dat was niet het totale doel. Dat was echter een van de doelen. Er is nog een ander doel. En het andere doel is dat ze een bepaalde trillingssnelheid kan dragen met betrekking tot het project waarover ik eerder met je sprak. Het is ook een activering voor andere informatie die ze al bezit. En het is ook een integratie van tijden in haar, omdat ze het belang van kruispunten wel begrijpt. Ze moet actief worden in het verkrijgen van ... (zoekend naar het woord) activering van enkele concepten die al in haar bestaan, vanwege - we gebruiken het woord "geïmplanteerd" niet, maar ze zijn in haar geheugenbank geplaatst. Zodat wanneer het haar in het fysieke wordt gepresenteerd, het ervoor zorgt dat de kennis naar voren komt in de bewuste geest en er een integratie van de tijdframes plaatsvindt. En op bronniveau, op het niveau van een energiepatroon, is de trillingssnelheid van de planeet onderling verbonden tot aan de bron. Daarom is het belangrijk voor de mensheid om zijn planeet niet te vernietigen, snap je. Omdat het interdimensionaal een effect zal hebben, tot aan de bron. Wat ik niet heb uitgelegd, is dat, toen ik zei dat ze een keuze had, dat betekende dat we informatie op haar pad plaatsten. En ze duwde het weg. Dat was haar keuze. We leidden haar naar boeken die ontworpen waren om bepaalde herinneringen te activeren. En ze las ze niet, dus de herinneringen werden niet geactiveerd. We geven haar een fysieke stimulans voor concepten die in die geheugenbank zijn geplaatst. Maar als ze ervoor kiest om haar kans te negeren, dan moeten we wachten op een nieuw moment in de tijd, om dat te herstellen.

D: Dus je denkt dat dat de reden is waarom ze met mij moest samenwerken, om haar te helpen dit los te laten?

J: Ja. Wat ik je wil uitleggen is dat Janice een veelzijdig persoon is die in staat is om zich af te stemmen op verschillende dimensies. Ze heeft een volledig begrip van tijd in relatie tot interdimensionale kruispunten. Met zelfs het verfijnen van die kennis om dingen te begrijpen, zoals de zonsverduistering, kan de geschiedenis van jullie planeet veranderen. Als elke persoon die betrokken is bij het Driehoeksproject zich bevindt op het punt op de planeet waar ze op een bepaald moment in de tijd moeten zijn, zal de geschiedenis veranderen. Als één persoon zichzelf niet lokaliseert, dan zal dat moment, dat kruispunt, die tijd van de mensheid van minuut-uur in relatie tot multidimensionale tijd, nooit meer terugkomen. En het moet worden geprojecteerd in de toekomstige tijd van de mensheid, interdimensionale tijd, om een kans te hebben voor de verandering om plaats te vinden. Anders gebeurt het niet.

D: Maar we zijn normale mensen. We weten niet echt dat we op een bepaalde plek moeten zijn en bepaalde dingen moeten doen.

J: Ja, dat doe je. Dat doe je. Dat doe je. Zij wel. Jullie worden voorbereid. Janice heeft een band met jou, en jij met haar. Alle anderen met wie je werkt, hebben een connectie. En je weet altijd wanneer het tijd is. Je zult denken: "Ik moet dit doen. Dat moet ik doen." En je gaat het proberen. Denk aan mijn uitleg aan u met betrekking tot kruispunten. Je kunt het niet instellen. Je onderwerp kan het niet instellen. Het is al vooraf ingesteld. En wat je moet weten is dat het zal zijn, niet in relatie tot je tijd of de tijd van het onderwerp. Het zal in relatie staan tot planetair universeel belang, net zoals jullie Nostradamus informatie kwam.

D: Maar het kwam de eerste keer als een totale verrassing.

J: Maar het was vooraf ingesteld. Je begon op een gegeven moment. Je had het op geen enkel ander moment kunnen doen. Het zou niet gebeurd zijn. Maar wat je moet begrijpen is dat je UFO-werk op dit moment belangrijker is dan je Nostradamus-werk. Ik vertel jullie dit omdat ik wil dat jullie voorbereid zijn. En ik wil dat je georganiseerd wordt. Je bent nog niet klaar met je werk aan UFO's. En veel van het werk dat je met Janice hebt gedaan met betrekking tot UFO's is voor je eigen begrip. Want terwijl je door je UFO-contacten beweegt, zal er een moment in je leven komen waarop je je verbinding in het hele plaatje zult zien. Een deel van de informatie is dus niet voor publicatie. U mag een deel van de informatie gebruiken. Maar er is een groot deel ervan dat op dit moment niet gunstig zou zijn, in die zin dat het toekomstige ontwikkelingen zou veranderen, vanwege de kennis en wat er trillingsgewijs zou gebeuren als het wordt verspreid. Wat u niet begrijpt, is, als uw informatie wordt verspreid, als ...

D: Nou, ik weet dat ik met veel mensen contact maak.

J: Wat gebeurt er op energieniveau? We hebben het over energie. Wat gebeurt er? Nostradamus' energie gaat door iedereen die dat boek leest.

D: Veel mensen schrijven me en vertellen me dat ze iets voelen.

J: Dat komt omdat ik het met je heb over wat ze zeggen. Ze zeggen tegen jullie wat ik uitleg.

Ik kwam weer aan het einde van de sessie. Ik heb nooit een onderwerp in trance na anderhalf uur. Langer dan dat veroorzaakt een aantal ongewenste effecten, waaronder lethargie en verwarring.

D: Ik denk dat het hoog tijd wordt dat we deze sessie nu verlaten. Dus ik zal blijven werken, en als de tijd rijp is, zal de andere informatie doorkomen. Ik wil u bedanken, wie u ook bent, die mij de informatie heeft gegeven.

J: Ik spreek tot je van buiten de tijd. Voorbij de schepping.

D: Voorbij de schepping. Voorbij het begin van de Schepping?

J: Ja. Je bent een prachtig wezen. En we zijn vele malen om je heen. En we begeleiden u in de richting om de informatie te verzamelen. Want in werkelijkheid bent u onze vertaler, net zoals u de vertaler van Nostradamus bent, omdat zijn kennis voortkomt uit dit niveau van weten.

D: Ik probeer het zo goed mogelijk samen te stellen.

J: En je doet het geweldig.

Ik vroeg toen aan de entiteit om zich terug te trekken en het bewustzijn en de persoonlijkheid van Janice volledig terug te integreren in haar lichaam. Het was duidelijk toen de andere entiteit vertrok omdat Janice begon te hoesten en te bewegen, terwijl ze voorheen dergelijke symptomen niet had. Toen oriënteerde ik haar en bracht haar naar voren tot volledig bewustzijn.

* * *

Dit was de laatste sessie die ik met Janice had. Zij zette haar leven voort zoals ik het mijne voortzette. Haar grootste zorg was het beschermen van haar identiteit, en dit heb ik gedaan door haar naam en beroep in beide boeken te veranderen. Ik zal altijd dankbaar zijn voor de prachtige informatie die ze me gaf, en de concepten waaraan ze me blootstelde, die mijn denkprocessen en de manier waarop ik de wereld bekijk voor altijd zullen veranderen. Het zal ook voor altijd van invloed zijn op de manier waarop ik mijn werk uitvoer en informatie verzamel. Janice's informatie heeft me een andere manier gegeven om de wereld waarin we leven te bekijken en heeft me laten zien dat we in een echt ingewikkeld universum leven waar alles mogelijk is.

Hoofdstuk 5
De planeet als opslag van kennis

Een deel van deze sessie was opgenomen in The Custodians. In het begin van mijn werk over ontvoeringszaken wanneer een onderwerp tijd miste, bevonden ze zich aan boord van een vaartuig dat interactie had met buitenaardse wezens. Naarmate mijn werk vorderde en evolueerde, begonnen dingen te veranderen. Ik vond gevallen waarin ze, in plaats van aan boord van een fysiek vaartuig te gaan, zich in buitenaardse situaties bevonden. Een voorbeeld werd gegeven in hoofdstuk 4. Ik ben tot de conclusie gekomen dat we in dit soort werk nergens aannames over kunnen doen. Zodra ik denk dat er een patroon is vastgesteld, vind ik gevallen die afwijken van dat patroon en in een andere richting leiden. Deze verbreden uiteindelijk mijn begrip van de onbekende wereld die ik heb onderzocht. Ik heb het eerste deel van deze zaak opgenomen in The Custodians om een dramatische situatie van het missen van tijd te illustreren, maar omdat de rest niet volgens de norm voldeed, besloot ik het voor dit boek te bewaren en het verhaal in zijn geheel te vertellen.

In 1997 had Clara verschillende keren geschreven en gebeld met het verzoek om een sessie. Dit gebeurt al zo vaak dat ik niet meer met nieuwe onderwerpen kan werken, tenzij ik een lezing ga geven in de stad waar ze wonen, en alleen als ik de tijd heb. Ik kan niet met iedereen samenwerken en toch mijn eigen energie sparen. In het begin van mijn werk reed ik vaak grote afstanden om sessies met mensen te hebben en probeerde ik iedereen te helpen die erom vroeg, maar tijden en omstandigheden zijn veranderd. Er zijn nu zoveel mensen die sessies willen dat ik ze bij mij thuis niet meer doe, en op de dag dat ik een lezing ga geven. Ik merk dat mijn energie verdeeld is als ik te veel verschillende dingen doe tijdens de lezingen. Ik geef alleen sessies op dagen dat er weinig anders gepland staat. Meestal vertel ik mensen dat ze op mijn wachtlijst worden gezet, en de volgende keer dat ik in hun stad ben, kunnen we een afspraak inplannen.

Clara kwam erachter dat ik in mei 1997 in Hollywood zou zijn voor een conferentie, dus ze belde en vroeg om een afspraak. Ze woont in de buurt van San Francisco, maar ze was bereid om naar Hollywood te rijden. Onder die omstandigheden voelde ik dat ik haar niet kon weigeren, vooral als ze bereid was om al die moeite te doen.

De conferentie draaide uit op een ramp. Gebrek aan publiciteit en planning waren de belangrijkste reden. Hoewel de sprekers er allemaal waren, waren er geen deelnemers. Verschillende lezingen werden afgelast omdat er geen publiek was. Het was de ergste die ik ooit heb bijgewoond, maar daardoor had ik meer tijd over dan ik had verwacht. Phil (mijn vriend en onderwerp in Keepers of the Garden) woonde er nu. Hij maakte van de reis een sight-seeing tour en liet me het Hollywood zien dat ik al wilde zien sinds ik een tiener was die dromen droomde in een verduisterde bioscoop. Ik had nog nooit de tijd gehad om het echt te zien, omdat ik altijd beperkt was tot mijn hotel of het congrescentrum. Na een conferentie moest ik altijd direct naar het vliegveld. We besloten om het beste te maken van een slechte situatie, en ik heb echt genoten van het zien van de glamoureuze kant van de stad.

Dus toen Clara aankwam, was ik ontspannen en had ik genoeg tijd om met haar door te brengen. Ze kwam naar de hotelkamer. Phil zou later aankomen en in de lobby wachten tot we klaar waren, zodat we konden gaan eten.

Clara is een aantrekkelijke blonde vrouw van in de veertig, actief, intelligent en in goede gezondheid. Tijdens het gesprek vooraf, waar ik het probleem of de reden voor de sessie probeer te achterhalen, zei ze dat het belangrijkste dat haar dwarszat een episode van ontbrekende tijd was die een paar jaar eerder was opgetreden. Ze gaat af en toe naar Hawaï voor conferenties met betrekking tot haar werk. Bij deze gelegenheid reed ze op het eiland Maui. Het was bijna schemer, maar nog steeds licht, en ze was op zoek naar een hotel waar ze eerder was geweest. Het was gelegen aan het strand, en ze wilde daar eten om te genieten van het uitzicht op de oceaan. Terwijl ze ernaar reed, ontdekte ze dat ze langs de ingang was gegaan en besloot ze iets verder de weg af te rijden om een plek te vinden om om te keren en terug te gaan. Dit deel van het eiland had weelderige tropische groei en palmbomen die de tweebaansweg schaduwden. Er waren weinig huizen en ze zaten weg van de weg, aan het zicht onttrokken. Ze vond eindelijk een oprit om in te keren, hoewel ze mentaal opmerkte dat ze het nog nooit eerder had opgemerkt toen ze dezelfde route reed. Toen ze binnenkwam, bevond ze zich in een kleine woonwijk die bestond uit modulaire huizen. Ze zaten tussen palmbomen in een zeer aangename omgeving. Het enige vreemde was dat Clara zich niet kon herinneren dat ze deze gemeenschap ooit eerder op die weg had gezien. Ze trok haar auto de oprit op en draaide hem om - en dat was het laatste wat ze zich herinnerde.

Het volgende moment bevond ze zich aan de andere kant van het eiland en reed ze over een drukke vierbaans snelweg. Het was nu pikkedonker en ze had geen idee hoe ze daar kwam.

Toen ze een jaar later terugkeerde naar Maui voor een andere conferentie, reed ze uit nieuwsgierigheid over dezelfde weg op zoek naar de oprit waar ze was omgedraaid, omdat het vreemde incident haar geheugen nooit had verlaten. Ze reed door het hele gebied en hoewel ze het hotel weer vond, vond ze nooit de woningbouw van modulaire huizen. Dit had haar sindsdien in verwarring gebracht en dit was wat haar ertoe aanzette om een sessie te houden. Ze wilde ontdekken wat er die nacht gebeurde en hoe ze zo mysterieus naar de andere kant van het eiland kwam zonder zich te herinneren dat ze daarheen was gereden.

Ze bleek een uitstekend onderwerp. Ik had geen moeite om haar meteen in diepe trance te krijgen. Ze herinnerde zich de datum van het evenement, dus ik telde haar terug naar maart 1994 toen ze op het eiland Maui in Hawaï was. Ze stond voor haar hotel, de Maui Sun, op het punt om door de glazen deuren te lopen. Ze was net gearriveerd voor een jaarlijkse workshop waar ze ontspanning graag combineerde met werk. Ze bewonderde de levendige kleuren van de bloemen rondom het hotel. Nadat ze was ingecheckt, verplaatste ik haar op tijd naar het moment dat ze naar het andere hotel reed om te eten.

C: Ik ben er nog nooit geweest om te eten. Ik ben er net langs gegaan. Het ligt direct aan het water, waar mijn hotel een beetje op de heuvel ligt. En ik wilde echt het zeven in het hotel ervaren met de ramen allemaal open, en het water horen beuken op het strand. Ik wilde er al heel lang naartoe, maar het is er gewoon nooit van gekomen.

D: Hoe laat van de dag is het?

C: Het is net over de schemering. Ik weet niet hoe laat het is met de klok, maar het wordt donkerder. Het is moeilijk te zien omdat er geen straatlantaarns zijn. En ik ga langs het Astland. Dat is echt een grote plek, en ik mis die oprit. Er zijn veel bomen. En de oprit lijkt ... nou ja, niet gecamoufleerd, maar ik mis het gewoon. (Verergerd) Ik kan het gewoon niet zien. Dus ik ga verder naar beneden, om een plek te vinden om me om te draaien en terug te gaan, want ik wil echt eten in dat hotel.

Tijdens dit deel leek ze soms tegen zichzelf te praten terwijl ze reed, en dan ook mijn vragen te beantwoorden.

C: Ik ben aan het rijden. En ik vind deze plek ... Oké. Dus ik zie deze plek. Het is een doodlopende straat. Ja, dit lijkt een goede plek om te keren. Hmmm. Ik heb deze plek nog nooit eerder gezien. (Verward) Hmmm. Het heeft prachtige palmbomen en bloemen, en een hek, maar het is er een waar ik doorheen kan kijken. En er zijn allerlei ... (had moeite met het beschrijven van) modulaire woningen, of zeer chique stacaravans. Ja, oké, dit is een prachtige plek.
D: *En vind je een plek om je om te draaien?*
C: Ja. Het is een doodlopende straat en ik draai mijn auto om. (Zachtjes) En ik zie deze felle lichten. (Pauzeer, dan verwarring.) Het is als ... verblindende lichten.
D: *Waar zijn ze?*
C: (Haar ademhaling werd sneller.) Ze komen uit de lucht vallen. En het is als een trechter van licht. Een trechter, met het brede uiteinde naar beneden naar mij toe. Het is bijna alsof ... van de zon, hoe je door de bomen dit heldere, felle licht ziet. En ik voel veel zeer krachtige energie van dit licht. (Haalt diep adem)
D: *Is het een solide licht?*
C: Het is als stralend licht. Stromen van licht.

Het was duidelijk aan haar stem en haar ademhaling dat ze iets ongewoons en licht verontrustends ervoer.

D: *Rijd je nog steeds met je auto?*
C: Nee! Ik ben het gewoon. Ik ben het gewoon.
D: *Hoe bedoel je?*
C: (Met ongeloof) Het voelt alsof ik deel uitmaak van dit licht.
D: *Zit je nog in je auto?*
C: Nee. Ik heb het gevoel dat ik zweef. En net zoals ik deel uitmaak van het licht. (Diep ademhalen.) Ik ben gewoon licht. Het lijkt een

transcendentie van tijd en licht. Alsof ik beweeg. Ik ga ergens heen, maar ik weet niet waar ik naartoe ga. En het is oké. (Ze was zeker verstrikt in de ervaring.) Het gevoel van zweven. Van bewegen. Door kleuren, door tijd, door ruimte, door .... (Diep ademhalen.) Het is heel aangenaam.

D: *Is dat alles wat je kunt zien, kleuren?*
C: (Traag) Kleuren en gouden licht. En het is gewoon heel rustig. (Ze liet haar heel ontspannen uitademen.) Het gevoel is dat ik alles ben, en alles ben ik. Alles wat er is, is er. Alles wat er is, is hier. Alles wat er is.
D: *Heb je het gevoel ergens heen te gaan?*
C: Ja. Omhoog. Oplopend. Van verhuizen naar een andere plek en een andere tijd.
D: *Laten we eens kijken waar je naartoe gaat.*
C: (Aarzeling) Het is alsof ik net geland ben. Het ziet eruit als een plek waar ... (Diepe zucht.) Het is heel moeilijk te beschrijven.

Ze had moeite om de woorden te vinden om haar omgeving te beschrijven, maar ze leek te zijn geland op zeer vlak terrein waar verschillende torenspitsen waren. "Het zijn net gebouwen. Grijs als graniet. Het is sprankelend van kleur, maar meer grijs. Schitteren als graniet."

D: *Wil je daarheen?*
C: Dat doe ik, maar ik voel een terughoudendheid. Dit is zo geweldig. (Ze werd emotioneel en begon te huilen.) Om hier te zijn! Het is alsof het .... (Ze huilde openlijk.)

Het was moeilijk te begrijpen waarom het zien van deze scène haar emotioneel zou maken.

C: Ik had nooit gedacht dat ik dit nog eens zou zien. (Ze snikte en huilde.)
D: *Leg uit wat je bedoelt.*
C: Het is alsof ik thuiskom. (Ze huilde luid.)
D: *En dit is een plek die je kent?*
C: (Snikkend) Ja. Ik weet het. Maar het is van ver in de tijd. En ik wist niet zeker of ik hier ooit nog zou zijn. (Snikkend) Het is een heel goed gevoel.

Terwijl ik haar probeerde te kalmeren ging er een rilling door me heen. Het was een déjà vu. Dit klonk als dezelfde scène en dezelfde emotionele ervaring die Phil had toen hij onverwacht naar de Planeet van de Drie Torenschoppen ging. Dit was de plek die hij "thuis" noemde, en hij wist dat hij al lang weg was en dacht dat hij het nooit meer zou zien. Dit werd gemeld in Keepers of the Garden. Zou Clara naar dezelfde plek zijn gegaan?

D: Zie je mensen?
C: (Snuffelt) Nee, ik zie nu niemand. Ik kwam net ... (Ze probeerde zichzelf bij elkaar te rapen.)
D: Het was een verrassing, bedoel je. Onverwacht.
C: Ik ben erg verrast. Ik... Ik had niet gedacht dat ik hier ooit nog zou zijn. En het lijkt zo plotseling om hier te zijn. Alsof ik een heel eind ben gekomen. En door een lange tijd. (Ze was nog steeds emotioneel.) Om op deze plek te zijn. (Huilt)
D: Het klinkt als een bijzondere plek. (Ik wist dat ik haar voorbij de emotie moest halen voordat we het verhaal konden voortzetten.) Vertel me wat er gebeurt.
C: Ik kijk, en het is alsof ik op dit licht naar deze plek ben gekomen.

D: Waar zijn de mensen?
C: (Kalmeren.) Het is een groep mensen, en ze komen van rond de gebouwen.
D: Zien ze je?
C: Ja. En ik zie er heel vreemd uit voor hen. (Weer snikkend.)
D: Waarom zie je er vreemd uit voor hen?
C: Omdat ik niet grijs ben zoals zij. Ik ben licht. Ik ben dit wezen van licht. En ze zijn nieuwsgierig. Maar ik ben ook benieuwd. Om te zien hoe dit is.
D: Hoe zien ze eruit?
C: Ze hebben bruine koppen, en ... (Handbewegingen) Hun hoofden zien er zo uit.
D: (Ik probeerde haar bewegingen te ontcijferen) Je bedoelt, een beetje langwerpig?
C: Soort van langwerpig. En hun kin komt bijna tot een punt naar beneden. Het is bijna alsof het allemaal hoofd is, en er is niet veel lichaam. Je ziet gewoon het hoofd.

D: *Kun je gelaatstrekken zien?*
C: Ik zie vooral de intelligentie. En het is heel ....

Ze had moeite met uitleggen, maar ze snikte en huilde tenminste niet meer.

D: *Dragen ze iets, of zie je dat?*
C: Het is als een lichaamspak. Allemaal één kleur, grijs, glanzend.
D: *En je zei dat deze groep mensen je als gloeiend ziet?*
C: Ik ben gewoon licht. En ze lijken nieuwsgierig te zijn naar mijn licht-zijn. Ze zijn heel dichtbij. Ze proberen me aan te raken. En ik ben een beetje ongerust. Ik weet niet wat er gaat gebeuren. Ze proberen me aan te raken.
D: *Kun je hun handen zien?*
C: Ja. Ze zijn een beetje spichtig, gewoon ... oh, de vingers. Ik zie er drie, en dan is er nog een klein pinkje. Het is bijna niets, als een stomp. En ze willen me gewoon aanraken.
D: *Zijn ze in staat om het licht aan te raken?*
C: Ja. Het voelt gewoon liefdevol.
D: *Je was ongerust.*
C: Ja. En als ze dichterbij komen is het .... (Haar gezichtsuitdrukkingen en geluiden waren van een aangename ervaring.) Ze zijn erg nieuwsgierig.
D: *Maar nu heb je er geen last van.*
C: Nee. Het is oké.
D: *Begrijpen ze wat je bent?*
C: Ze lijken te weten wat ik ben en wie ik ben. En zo lopen we samen terug richting de gebouwen. Ze vertellen me dat ik een van hen ben. Maar ik ben hier als onderzoeker naartoe gegaan om informatie te verzamelen. En dat ik na verloop van tijd als een wezen van licht moest gaan. En nu heb ik de informatie verzameld, en ik ben teruggekomen om deze informatie naar dit land te brengen.
D: *Was je al lang weg?*
C: Heel lang. Een heel, heel, heel, heel, heel lange tijd.
D: *Maar ze herkennen je nog steeds?*
C: Het heeft even geduurd. Ze zeiden dat ze nieuwsgierig waren. Ze wisten niet zeker of ik het was, degene die werd gestuurd om

informatie te verzamelen. Nu herkennen ze het. Ze weten dat ik degene ben die is gestuurd.

D: *Worden er veel mensen gestuurd om deze dingen te doen?*
C: Ongeveer elk millennium of twee.
D: *Waarom wilden ze dat je de informatie verzamelde?*
C: Om de kennis die buiten deze plaats ligt terug te halen, zodat de kennis wordt bewaard. Dat het niet verloren is.
D: *Je bedoelt dat het kennis is die geen deel uitmaakt van hun geschiedenis?*
C: Ja. De geschiedenis en kennis van een andere tijd en ruimte.
D: *Waarom zijn ze geïnteresseerd in het ophalen ervan, als het niet hun geschiedenis is?*
C: Omdat ze van die andere plek hadden gehoord en dat ze van die kennis kunnen leren. Het mocht niet verloren gaan.
D: *Toen wilden ze dat je nieuwe informatie vond die ze niet hadden?*
C: Nieuwe informatie van de andere plaats die ze niet kenden. Dat ze konden verzamelen.
D: *Hadden ze geen andere manier om de informatie te vinden?*
C: Van tijd tot tijd kiezen deze wezens hun uitverkorene. En ze kiezen ervoor om naar andere sterrenstelsels te gaan, naar andere tijden en plaatsen in de ruimte, voor informatie over tijd en ruimte en plaats. En breng het terug naar deze ruimte van zijn. Om te leren. Om te groeien. Om uit te breiden. Want naarmate deze tijd en ruimte leert groeien en uitbreiden, scheidt het zich af. Het wordt een andere tijd en ruimte.
D: *Je bedoelt dat het zich alleen kan uitbreiden door kennis?*
C: Door kennis.
D: *Hebben ze manieren om naar andere plaatsen te reizen om kennis op te doen?*
C: Ze gaan op lichtstralen. De lichtstralen zijn soms langwerpige, ronde bollen. Vanuit één dimensie zien ze er zilverachtig en lang, ovaal uit. En vanuit een andere richting kijken ze om zich heen. En ze zijn als een zilveren schijf. En je glijdt gewoon door de lucht.
D: *Zijn ze solide, fysiek?*
C: Ja, ja.
D: *Omdat je ook zei dat het net lichtstralen waren.*
C: Dat zijn ze. Ze kunnen vast zijn, of ze kunnen pure energie zijn. Wat geschikt is voor de plaats. We kunnen pure energie zijn, of

we kunnen een vaste schijf zijn, om te komen waar we moeten zijn.

D: *Waren ze niet in staat om dit soort "apparatuur" te gebruiken om de kennis zelf te verzamelen?*

C: Dat zou kunnen. Maar een wezen koos ervoor om te gaan, en een wezen werd gekozen om te gaan, voor de ervaring.

D: *Je bedoelt, als ze met hun machines gingen, konden ze het niet ervaren?*

C: Nee. Het wezen gaat en het kan de schijf zijn, of het voertuig, of kan gewoon het wezen zijn. Het wezen kan het voertuig zijn, of het voertuig kan het wezen zijn.

D: *Dan hoeft het geen fysieke vorm te hebben? (Nee) Maar toch zie je ze in fysieke vorm.*

C: Ze worden fysieke vorm, zodat ik ze zal herkennen zoals ze waren in de tijd dat ik vertrok.

D: *Sinds je wegging hebben ze deze fysieke vorm niet meer nodig? Klopt dat?*

C: Ze hebben de fysieke vorm niet nodig, maar ze werden de fysieke vorm, zodat ik zou herkennen dat ze zijn geëscaleerd sinds ik weg ben, naar een plek waar ze pure energie kunnen zijn. Zodat ik ze zal herkennen zoals ik deed op het moment dat ik wegging. Toen was ik een wezen zoals zij.

D: *En sinds je weg bent zijn ze veranderd naar waar ze het lichaam niet meer nodig hebben.*

C: Als ze ervoor kiezen. Als ze ervoor kiezen om pure energie te zijn, kunnen ze pure energie zijn. Of ze kunnen het lichaam zijn, of de schijf, het voertuig.

D: *Maar ze hebben nog steeds iets nodig om in te reizen.*

C: Niet noodzakelijk. Ik kwam terug op licht als pure energie uit de andere tijd en de andere ruimte. Het object dat ze me laten zien is zodat ik me zal herinneren dat ik terugkwam in deze stratosfeer, deze ... er is geen sfeer. Het is gewoon ....

D: *Deze dimensie, of wereld waarin ze leven?*

C: Ja. Deze wereld waarin ze leven, dus ik zal erkennen dat we de schijf hebben gebruikt. We kunnen de schijf nog steeds gebruiken als we naar een andere wereld moeten. We kunnen de schijf gebruiken, of we kunnen gewoon pure energie gebruiken. Het is voor mijn herinnering aan het verleden toen ik wegging.

D: *Maar toch is de beste manier om de kennis op te doen, iemand zoals jij te hebben die het gaat absorberen? Is dat een goed woord?*

C: Dat is een goed woord. Absorbeer het, ja.

D: *En nu ben je teruggekomen om het met hen te delen. Maar je bent er niet meer om te blijven?*

C: Dat wordt op een ander moment bepaald, of ik blijf of dat ik doorga naar een andere wereld om meer informatie of kennis op te doen.

D: *Oké. Maar je zei dat ze je ergens naartoe brengen.*

C: We gaan naar deze kamer die rond is. We zitten aan een ronde tafel. Het is als een raad van wezens. En daar deel ik de informatie die is verzameld uit die andere werelden waar ik ben geweest.

D: *Hoe deel je de informatie met hen?*

C: We zitten in ... als een fysieke vorm. (Ze had moeite met uitleggen, maar toch glimlachte ze.) We kunnen de informatie delen op een telepathisch niveau, of we kunnen verbaal praten. De denkpatronen ... onze gedachtecommunicatie wordt soms onderbroken door iemand die zich in de groep uitspreekt en iets zegt dat ... (lachend) humoristisch. Een beetje interplanetaire humor daar.

D: *Iets wat je zei dat ze humoristisch vinden?*

C: Ja. En ze zeggen iets wat ik humoristisch vind. Dat gebeurt dus op een auditieve manier. En het is alsof mijn wezen informatie invoert in een computerbank. Het is telepathisch verzenden van de verzamelde en geleerde informatie naar hun computerbanken, naar hun systemen.

Dit gebeurde ook met Bonnie toen wezens haar auto van de snelweg in een enorm vaartuig brachten. Met behulp van een apparaat dat ze op haar hoofd plaatsten, dupliceerden ze en brachten ze haar herinneringen over naar een soort computer. Dat meldden ze in The Custodians.

D: *Kun je deze systemen zien? Zijn ze in de kamer?*

C: Nee. Het zit in hun hersenen, in hun geest en hun wezen.

D: *Dus de informatie wordt doorgegeven van je geest naar hun geest. (Ja) De informatie van alle werelden die je hebt bezocht sinds je bent vertrokken. (Ja) Alle levens die je hebt geleefd, of gewoon vanuit werelden?*

C: Gewoon uit werelden.
D: *Dan leefde je eigenlijk niet op al die werelden die je met hen bespreekt?*
C: Er zijn andere momenten waarop ik in andere werelden ben geweest. Maar deze keer ging ik naar slechts één wereld om informatie en kennis te verzamelen over die cultuur, over die wereld en over dat systeem. En om het terug te brengen. Dit lijkt een plek te zijn waar informatie wordt verzameld uit alle andere werelden. Daarna naar deze plek gebracht. Het is als een gigantische plek waar alle kennis is opgeslagen van alle universa, van alle sterrenstelsels, van alle plaatsen die er zijn. Als een ontmoetingsplaats. Als een enorme bibliotheek met informatie uit alle tijden en alle ruimtes.
D: *Wie heeft toegang tot deze informatie, als deze daar is opgeslagen?*
C: Dat doet iedereen. Iedereen in alle sterrenstelsels doet dat, als ze weten hoe ze het moeten aanboren. Het is een informatiecentrum. Iedereen kan er gebruik van maken. Het is gewoon de sleutel hebben om het te doen.
D: *En je maakt er nu deel van uit door de informatie die je hebt gevonden door te geven. Maar als je naar één wereld ging, zei je, om de informatie te verzamelen, welke wereld was dat dan?*
C: Die wereld was de Aarde.
D: *Moest je op Aarde leven om de informatie te verzamelen? (Ja) Dan ben je al heel lang weg. (Ja) Je moet veel informatie hebben om te delen.*
C: (Diepe zucht) Meer dan ik dacht dat mogelijk zou zijn.
D: *Maar het klinkt alsof het heel snel wordt doorgegeven.*
C: Ja. Het is sneller dan de snelheid van het licht. Want hoewel het veel, veel tijd en levens kostte om de informatie te verzamelen, is het in dit informatiecentrum of op deze plek waar ik nu ben, alsof het heel snel kan worden verspreid. Het kan worden overgedragen. Het kan door mijn systeem stromen naar die plek die het moet zijn, in een zeer snelle tijd en ruimte, want hier is alles nu. Alles hier gebeurt nu.
D: *En de informatie is daar veilig omdat het bij deze wezens is opgeslagen?*
C: Met deze wezens, en in alles wat hier bestaat. In de rotsen, in de gebouwen, absorbeert alles de informatie. Het is alsof alles een

computerbank is. Alles absorbeert deze kennis. Alles wordt deze kennis. Alles wordt alles wat ik terugbreng.

Toen Phil naar de Planeet van de Drie Torenspitsen ging, zei hij ook dat alle kennis daar te verkrijgen was en dat het op de planeet zelf was opgeslagen. Deze informatie stond in Keepers of the Garden.

D: *Als iemand zoals ik de informatie wilde vinden, hoe kon het dan worden teruggevonden?*
C: Het is een speciale sleutel. Een sleutel om gewoon in jezelf te gaan, want naar binnen gaan is de sleutel tot die kennis, en dit is de plek waar alle kennis is. En iedereen, elk wezen van elk moment en elke plaats, kan daar toegang toe krijgen door hun eigen verlangen.
D: *Je bedoelt dat ze eerst naar de kennis moeten verlangen?*
C: Ja, en de kennis komt door liefde. Je hoeft niet naar deze plek te gaan waar ik ben, waar deze wezens zijn. Vraag gewoon om de informatie en die wordt gegeven.
D: *Het klinkt alsof je een heel belangrijke taak vervult.*
C: Dat is wat mijn doel is. Dat is wat ik ben ontstaan om te zijn en te doen.
D: *Blijf je daar dan heel lang bij deze wezens van energie?*
C: Altijd.

Dit was een schok. Als ze daar bleef, hoe zat het dan met dit lichaam van Clara dat ik sprak dat op het bed lag in Hollywood? Kon een deel van haar daar blijven, en ook hier tegelijkertijd zijn. Ik maak me altijd zorgen over het veroorzaken van schade aan het onderwerp, en dit was een vreemd antwoord.

D: *Ik bedoel, blijf je daar gewoon totdat ze de kennis hebben opgehaald?*
C: Nee. Ik zal hier zijn totdat ik op een andere opdracht naar een andere plaats of een andere tijd ben. Het kan informatie verzamelen uit een andere wereld zoals de aarde, een andere plaats.
D: *Maar ik denk aan het lichaam dat op dit moment 1 uur op Aarde spreekt. Het lichaam van Clara. Zal deze energie waar ik tegen*

spreek, terugkeren naar dat lichaam? Of staat het los van elkaar? Ik probeer te begrijpen wat er gebeurt.
C: Het is één en hetzelfde.
D: *Maar toch zei je dat de energie daar zou blijven tot een andere opdracht?*
C: Dat klopt.
D: *Maar toch maakt het ook deel uit van dit lichaam op Aarde?*
C: Dat klopt.
D: *Hoe kan het op twee plaatsen tegelijk? Kan ik dat begrijpen?*
C: (Diepe zucht) Ze begrijpt het niet.
D: *Is er een manier waarop u ons kunt helpen dit te begrijpen?*
C: (Doelbewust) Ze werd gestuurd om in een lichaam te zijn en informatie te verzamelen. Ik ben een deel van haar die informatie heeft verzameld en nu terugbrengt naar deze plaats van kennis. Dit informatiecentrum. Deze bibliotheek. Ze heeft grote moeite om te begrijpen en te leren dat ze daar kan zijn om informatie te verzamelen en dat ik hier kan zijn om informatie te verspreiden of informatie terug te brengen. En zo is er een tijd dat er -- voor haar -- een splitsing van energie is. Niet wetende of ze op de een of andere plaats is.
D: *Overkomt dit andere mensen ook?*
C: Ja. Er zijn anderen die soortgelijke levens ervaren.
D: *Het gevoel op twee plaatsen tegelijk te zijn.*
C: Ja, ja. Omdat er talloze wezens zijn die gezonden worden. Het zou een enorme verantwoordelijkheid en taak zijn voor één persoon om al die informatie te verzamelen.
D: *Het zou bijna onmogelijk zijn, denk ik.*
C: Ja, ja. Er zijn dus veel wezens. En er zijn andere wezens die naar andere werelden gaan op hetzelfde moment dat ik hier ben, en dat Clara daar in die vorm is. Ik hoop dat ze meer informatie verzamelt in die fysieke vorm om door te geven aan het deel van haar dat ik ben, dat de informatie hier brengt.

Dit ging mijn begrip te boven en zou verdere studie vergen. Ik dacht dat ik terug moest gaan naar de ervaring die we in de eerste plaats aan het onderzoeken waren.

D: *Bent u in de positie om uit te leggen wat er gebeurde toen ze over de weg reed in Hawaï, toen deze overdracht plaatsvond? Zit haar fysieke lichaam op dat moment nog in die auto? (Geen antwoord) We kijken terug naar die tijd, toen ze over de weg reed en dat park tegenkwam.*

C: Ze werd daarheen gestuurd in die tijd en die plaats. Omdat dat de plaats was die voor haar voordeel materialiseerde, zodat ze die ruimte in kon gaan, zodat het deel dat ik ben kon vertrekken en de informatie hier naar het bronnencentrum kon brengen. En toen was het niet gepast op het moment dat de informatie hier werd verspreid, dat ze terugkeerde naar die specifieke plaats. Dus werd ze naar een plaats gebracht die ze, in dat fysieke lichaam, kende op deze snelweg, Pelanoni (fonetisch). Een plek die ze kende, dus de auto zou er zijn, en ze zou weten hoe ze moest komen waar ze naartoe ging, toen het deel dat ik ben haar fysieke lichaam verliet.

D: *Dan moest de overdracht op dat moment op een bepaalde plaats in Hawaï zijn?*

C: Niet noodzakelijk. Dat was gewoon een plek waar ze zich prettig bij voelde in het fysieke lichaam. En de plek die voor haar werd gecreëerd, was een plek van grote schoonheid voor haar. En dus was het een plek waar ze helemaal en volledig ontspannen kon zijn, zodat de overdracht van het deel dat ik van haar ben haar lichaam kon verlaten en naar boven kon komen om de informatie over te dragen.

D: *Toen werd de auto en haar fysieke lichaam in de auto fysiek naar de andere snelweg aan de andere kant van het eiland gebracht?*

C: Dat klopt. Het werd gewoon gedematerialiseerd en vervolgens op een andere plaats gematerialiseerd.

D: *Is dit gebruikelijk om auto's en mensen van de ene plaats naar de andere te verplaatsen?*

C: O, ja. O ja.

D: *Het gebeurt vaak?*

C: Heel vaak, heel vaak.

D: *Als het gebeurt, is het fysieke lichaam dan gedematerialiseerd en ook gerematerialiseerd? (Ja) En er treedt geen schade op aan het lichaam.*

C: Geen kwaad. Het wordt pure energie.

D: *En zij en het voertuig werden gewoon van de ene plaats naar de andere verplaatst.*

C: Dat klopt.

D: *Dus toen ze weer bij bewustzijn was, was ze op een andere plek op het eiland. En reed op dat moment. (Ja) En ze had tot nu toe geen herinnering aan wat er gebeurde.*
C: Dat klopt.
D: *Is dit de enige keer dat dit in haar leven als Clara is gebeurd?*
C: Het is vele malen voorgekomen. Maar deze keer was ze op een plaats en tijd in haar leven dat ze openstond om te onderzoeken, om te zien wat er gebeurde en hoe het kan zijn gebeurd. De andere keren waren niet een tijd waarin ze klaar was om een begrip te hebben, of op een groeitijd in haar aardse fysieke leven dat ze een begrip kon hebben van wat er gebeurde.
D: *Ook was het waarschijnlijk niet zo opvallend dat ze het zich herinnerde.*
C: Dat klopt.
D: *Dit was dus een tijd waarin er iets ongewoons gebeurde, waardoor ze het zich herinnerde.*
C: Dat klopt.
D: *Is het goed voor haar om de informatie nu te kennen?*
C: Ja. Ze zou de informatie moeten kennen. Ze verlangt ernaar om de informatie te weten. Ze zal het nu begrijpen. Het moet een vreugdevol voordeel voor haar zijn.
D: *Dat is heel belangrijk. Zou het goed zijn als ik op een ander moment kwam en met dit deel van haar communiceerde?*
C: O, ja. We communiceren graag. Dat is wat ons werk is, communiceren.
D: *Omdat ik van anderen te horen heb gekregen dat als ik informatie wilde, ik toegang kon hebben tot alles wat ik moest weten.*
C: Dat klopt. Je hebt een speciaal talent en een speciaal geschenk dat je is gegeven. Om informatie te verzamelen die gezwegen heeft, die onderdrukt is, die verborgen is gebleven, die eonen lang is toegedekt. En het is nu de tijd, en we maken deze communicatie via dit voertuig naar jullie, zodat jullie weten en dat jullie je ervan bewust zijn, dat jullie een groot werk doen. En het is op het juiste moment op de planeet Aarde dat jullie de informatie verspreiden op de manier waarop jullie zijn uitverkoren om dat te doen. En om deze kennis door deze bronnen te laten komen, zodat anderen zullen weten dat iedereen in staat is om dieper in dat wat is te duiken, om meer over zichzelf te leren. En het verleden en de toekomst, en alles wat er in alle universa gebeurt. Dus ja, je hebt

toegang tot alle informatie in het resource center. En we erkennen je.

Ik vroeg toen aan de andere entiteit of deel of wat het ook was om zich terug te trekken, en ik liet Clara's persoonlijkheid volledig terug in haar lichaam opnemen. De loslaten of verandering is altijd merkbaar, omdat het onderwerp op dit punt diep ademhaalt. Ik oriënteerde haar naar de huidige tijd en bracht haar terug naar volledig bewustzijn.

Nadat Clara helemaal wakker was riep ik naar het bureau en liet Phil naar boven komen. Ik dacht dat het belangrijk zou zijn voor de twee om elkaar te ontmoeten, omdat hun ervaringen zo op elkaar leken. Phil was verbaasd toen ik hem aan Clara voorstelde, omdat hij wist dat ik heel voorzichtig was met het onthullen van de identiteit van mijn onderdanen, om hun privacy te beschermen. Maar toen ik uitlegde wat er zojuist was gebeurd, werden ze allebei erg emotioneel. Het was alsof twee zielen elkaar hadden ontmoet en onmiddellijk hun verbinding herkenden. Ze spraken en beschreven soortgelijke herinneringen aan deze vreemde planeet van torenspitsen. Het was een zeer emotionele en logisch onnatuurlijke scène, omdat we allemaal wisten dat ze voor een korte periode "thuis" waren teruggekeerd en de gevoelens overweldigend waren. Er zullen andere sessies in dit boek zijn waar proefpersonen hun "thuis" een onnatuurlijke plek ver van de aarde vonden (hoofdstuk 10).

In de afgelopen jaren, 2000 en 2001, heb ik andere gevallen gevonden waarbij de persoon op twee plaatsen tegelijk leek te zijn, of vanuit een ander perspectief rapporteerde. In een van deze gevallen ging een vrouw, in plaats van een vorig leven in te gaan, naar het geestenrijk waar ze een bijeenkomst van leraren, gidsen en meesters bijwoonde. Ze zei dat dit deel van haar er altijd bleef, en een deel van haar taak was om haar voortgang op aarde te volgen en te proberen advies te geven op een onbewust niveau.

Toen dit boek naar de drukker ging, vond ik nog een soortgelijk geval in 2001. Wie deze show van de andere kant runt, heeft blijkbaar besloten dat het tijd is om deze informatie vrij te geven. Een vrouw viel terug naar een vorig leven als man in een afgelegen deel van Griekenland. Hij hoorde daar niet thuis, maar observeerde en luisterde. Ik nam haar mee naar achteren om te zien waar ze vandaan kwam, en ze bevond zich op een donkere planeet. Het was allemaal grijs met een paar gebouwen en geen bomen. Het leek vooral ondergronds te zijn. Ze bevond zich in een vreemd lichaam. Ze beschreef het als een vissenlichaam, maar het leek meer hagedisachtig met een grote mond, enorme ogen, een ongewoon gevormde kop met een bult op de rug en een staart. Ze zei dat ze een waarnemer was en in verschillende perioden in de geschiedenis naar de aarde werd gestuurd. In die tijd nam ze de vorm aan van het bestaande wezen en was ze een waarnemer en accumulator van informatie. Toen ik haar naar de laatste dag van haar leven probeerde te brengen, zei ze dat er geen laatste dag was. Haar huidige persoonlijkheid was nog steeds de waarnemer. Dat was haar taak.

Er is veel gesproken over "shape-shifters". Als ze echt zijn, denk ik dat het deze wezens zijn die in staat zijn om in verschillende geschikte vormen te bestaan. (Ook energiewezens kunnen elke vorm of lichaam creëren die ze kiezen.) Mijn conclusies zijn dat deze shifters zich niet in machtsposities of besluitvorming zouden bevinden (zoals is gesuggereerd), omdat ze waarnemers, accumulatoren en verslaggevers zijn. Dit is vergelijkbaar met Bartholomeus, dus het lijkt al sinds het begin der tijden aan de gang te zijn.

Het lijkt dus alsof dit deel van ons dat een leven op aarde leidt slechts een klein stukje of splinter is van een veel groter wij. Dat we veel zijn in plaats van één, of liever stukjes van een complexer geheel. We zijn alleen in staat om ons te concentreren op de splinter die we waarnemen als onze totaliteit. Dat is maar goed ook, want als we ons bewust waren van de complexiteit ervan, zouden we niet in staat zijn om in deze wereld of werkelijkheid te functioneren. We mogen alleen de gevel zien die een veel groter geheel maskeert. Pas nu mogen we achter de sluier kijken.

Clara wilde nog een sessie hebben toen ze hoorde dat ik terug zou keren naar Californië. Ik moest de volgende week terugkomen om te spreken op de Whole Life Expo in Pasadena. Deze keer vloog Clara vanuit San Francisco naar beneden in plaats van te rijden, en we konden één sessie hebben. Ik wilde me vooral richten op vragen over aardse mysteries, omdat ons was verteld dat we toegang konden hebben tot alle informatie die we wilden. Ik heb Clara niet verteld wat ik wilde onderzoeken. Natuurlijk heb ik in het verleden gemerkt dat de bewakers van de kennis je vaak niet alles geven waar je om vraagt. Ik heb geleerd om er niet op te drukken en te nemen wat ik kan krijgen.

Ik heb altijd genoeg vragen en ik kan altijd doorgaan naar een ander onderwerp.

Tijdens deze sessie vroeg ik naar veel verschillende onverklaarbare onderwerpen, en de antwoorden zullen worden opgenomen in het gedeelte over Aarde Mysteries. Ik kreeg geen informatie over de piramides omdat de tijd nog niet rijp was, maar ik kreeg andere informatie die relevant is voor dit onderwerp.

D: De reden dat ik naar de piramides vroeg, was omdat je zei dat de planeet van de torenspitsen, de hele planeet, alles, de rotsen, elk deel van de planeet, in een opslagplaats was veranderd. (Ja) En op aarde is dit niet het geval?

C: Alles op Aarde heeft de kennis. Het zit allemaal in de geest van de mens, als de mens zich openstelt voor de uitgestrektheid die de geest voor de mens heeft. De mens of mens op Aarde, zoals de ontwikkeling van zijn geest nu is, moet een tastbare plek hebben die ze kunnen aanraken en voelen, zoals bijvoorbeeld een bibliotheek. Dat is een plek waar kennis is. Het wordt opgeslagen. Daar kun je terecht. Het is dus een haalbare zaak dat alle kennis voor de mens, en de hele schepping, alle kennis van de aarde en het universum, een opslagplaats zou hebben. Aarde. En dat is in de Piramide. Als de mens in staat zou zijn om zijn geest volledig open te stellen, dan zou hij weten dat alle kennis in zichzelf zit.

D: Ja, dat is waar. Ik heb in mijn werk ontdekt dat het op deze manier kan worden aangeboord. (Ja) Maar bewust beseffen mensen dat nooit. Het is alleen als ze in trance zijn en onbewust werk doen.

C: Dat is waar. En daarom zijn jullie uitverkoren om de mensheid te laten zien, om mensen op Aarde te laten zien, dat dit een manier is om de geest uit te breiden, om te weten dat alle kennis die binnenin is. Het is in staat zijn om die manier te vinden om die kennis aan te boren. En door jouw werkwijze laat je zien dat dit kan. Er zijn mensen die dit niet zullen geloven, maar als je de informatie door je heen begint te laten stromen op de manier waarop je dat hebt kunnen doen, dan zal de acceptatie op een grotere schaal zijn. En uiteindelijk zullen na verloop van tijd steeds meer mensen dit accepteren als een manier om toegang te krijgen tot dat wat in alles is. En misschien zullen mensen op een later tijdstip - hopelijk in de nabije toekomst - in staat zijn om dit soort kennis op een bewuster niveau aan te boren.

D: *Dat heb ik altijd geloofd. Dat de kennis niet is vernietigd omdat de mensen door de eeuwen heen zijn gestorven. Het is nog steeds opgeslagen in het onderbewustzijn.*

C: Het wordt opgeslagen in het cellulaire niveau van het DNA. Dus ook al kan een persoon een overgang maken van een fysiek lichaam naar een puur energielichaam - dat wat ik ben - je vergeet het nooit.

D: *Het is dus altijd beschikbaar zodra je de methode hebt gevonden om er contact mee op te nemen.*

C: Ja. Het zit in alles. De informatie is er.

D: *Ik heb vaak vermoed dat de piramides en de monumenten in Peru - die ik net bezocht - veel ouder waren.*

C: Macchu Picchu?

D: *Ja, ik ben er geweest. Ik kon daar een combinatie van structuren zien waarvan ik dacht dat ze uit verschillende tijdsperioden kwamen.*

C: There are different time periods at Macchu Picchu. Some are much newer than others. It's as though two civilizations were there. And in fact they were.

D: *Dit is wat de sjamaan ons vertelde. Dat de Inca's niet de belangrijkste bouwden met de enorme blokken.*

C: Dat klopt. De Inca's kwamen vele generaties, vele, vele, vele jaren later nadat de oorspronkelijke - ruïnes, zoals jullie ze nu kennen - de beschaving, de steden, werden gebouwd. Ze werden veel, veel eerder gebouwd dan de Inca's. De Inca's bewoonden ze nadat de andere beschaving de planeet al had verlaten.

D: *Dat dacht ik. Dat geloofde de sjamaan ook. Dat de Inca's kwamen en gewoon gebruikten wat ze vonden.*

C: Ja. Ze vonden een heel mooi leefgebied. En dus zeiden ze: "Waarom zouden we iets creëren als het al voor ons is gemaakt."

D: *En sommige gebouwen die ze bouwden waren van veel mindere kwaliteit.*

C: Dat klopt. Omdat ze de kennis die de vroegere beschaving had bereikt, hadden verloren.

D: *Wat is er met de oorspronkelijke bewoners gebeurd? Ze leken gewoon te verdwijnen en verlieten hun steden. Niemand wist wat er met hen gebeurde.*

C: Ze waren geëvolueerd naar een trillingsniveau waarin ze niet langer een fysieke vorm nodig hadden. Ze hadden een niveau van zo'n zuiverheid bereikt dat ze pure energie werden. En gewoon, zoals je zou zeggen, "verdwenen" uit de massa, of de dichtheid van het menselijk lichaam. Of de fysieke vorm, zoals je die kent. Deze steden werden gebouwd door mensen die Atlantis overleefden en migreerden naar Peru. Ze zaten dus al op een hoger ontwikkeld niveau. Toen ze naar deze planeet kwamen, bevonden ze zich al op een hoger trillingsniveau. En degenen die toen naar buiten gingen en andere gemeenschappen en andere beschavingen creëerden, verloren een deel van dat hogere trillingsniveau, omdat ze zich afgescheiden van het geheel. Het geheel is de beschaving zoals die was. Zoals het was ontstaan toen het terugkwam van de sterren. En toen ze naar buiten gingen en andere gemeenschappen en andere kleine beschavingen creëerden, zoals jullie het zouden noemen, begonnen ze hun hogere vibraties te verliezen. Hun trillingen werden lager en werden daarom dichter, en dichter en dichter. Totdat we de dichte fysieke vorm hebben zoals jullie die vandaag kennen.

D: *De hoogontwikkelden verhoogden min of meer hun trillingssnelheid tot waar ze net veranderd waren?*

C: Ze zijn totaal van vorm veranderd. Er was geen dichtheid meer. Ze werden licht.

D: *Bestonden ze nog op Aarde toen ze veranderden in licht?*

C: Ze bestaan nog steeds.

D: *Waarom kunnen we ze niet zien?*

C: Omdat ze met zo'n hoge frequentie van energie trillen, dat ze geen fysieke vorm meer nodig hebben, zoals je die kent. En het is geen zichtbare vorm.

D: *Maar wat doen ze? Leven ze nog een leven?*

C: Ze leven nog steeds een leven. Ze kunnen vaak een spirituele gids zijn, omdat je weet wat een spirituele gids is. Als een wezen of een energie aan je zou verschijnen, is het heel goed mogelijk dat het een van degenen is die zo'n trillingsniveau heeft bereikt dat ze worden wat je "een geascendeerde meester" zou noemen. Deze hele beschaving, als groep, was één eenheid. En als één eenheid evolueerden ze naar een plek waar ze niet langer een fysieke vorm nodig hadden.

D: *Wat gebeurde er met de lichamen toen ze evolueerden?*

C: De lichamen verdwenen gewoon.

D: *En deze plek waar ze naartoe gingen, was het als een land, een stad?*
C: Ja. Ze kunnen in elke stad zijn. Elke stad, elke plaats kan hun thuis zijn. Ook zijn er wat je 'etherische steden' zou noemen. Steden net als jullie steden, alleen bevinden ze zich op een trillingsniveau dat op een hoger niveau is dat mensen, zoals jullie het kennen, niet kunnen zien. Maar ze bestaan.
D: *En ze bestaan in deze lichte vorm.*
C: In lichte vorm, ja. Als je in staat zou zijn om je bewustzijn te verhogen tot een niveau dat je niet langer een dicht fysiek lichaam nodig zou hebben, dan zou je in staat zijn om de steden te zien. Je zou in staat zijn om in en uit te bewegen en je dagelijkse bezigheden te doen, alsof je in een dichte vorm bent. Maar je trillingsniveau is van zo'n zuivere gedachte, zal ik maar zeggen. Je gedachten zijn zo zuiver. Je leven is zo puur, dat het allemaal positief is. En je bereikt een niveau waarop je gevoeligheid en je trilling, je energieniveau op zo'n hoge toon staat, dat je dit niet meer nodig hebt. Dus je gaat naar die plek, die nog steeds bestaat.
D: *Maar op die plek klinkt het alsof ze niet zouden sterven, als ze puur licht waren.*
C: Nee, je gaat niet dood. Je gaat nooit dood. Zelfs in de dichte vorm ga je niet dood.
D: *Ik weet dat je gewoon van vorm verandert.*
C: Ja. Je verandert gewoon naar een andere vibratie. En het is een mogelijkheid dat je op een gegeven moment naar die trilling zou kunnen gaan. Je zou kunnen transcenderen. Want ook al verlaat je een dichte fysieke vorm, zoals je die kent, je hebt nog steeds stadia waarin je kunt groeien en ontwikkelen naar andere trillingsniveaus. Er zijn veel verschillende trillingsniveaus.
D: *Zelfs op dat niveau, als ze transcendeerden en er massaal naartoe gingen, hebben ze dan nog karma om terug te betalen?*
C: Wanneer je dat trillingsniveau bereikt, zou dat veel verder gaan dan de vijfde dimensie, zoals je zou denken van dimensies. Je hebt al het karma uitgewerkt dat zou moeten worden doorgewerkt. Dus als je dat trillingsniveau bereikt, is er geen karma.
D: *Dan konden ze daar voor eeuwig blijven?*
C: Zolang ze willen.
D: *Zelfs als ze niet sterven, kunnen ze dan besluiten om door te gaan en iets anders te doen?*

C: Ze zouden kunnen besluiten om in fysieke vorm terug te komen. Ze besluiten: "Nou, goh, dat was zo leuk, waarom proberen we dit niet nog een keer."

D: *Maar dan kunnen ze weer verstrikt raken in karma.*

C: Dat is een mogelijkheid, ja.

D: *Ik probeer dit samen te voegen met enkele van de andere dingen die ik heb gehoord. Het is anders dan het geestelijk niveau, waar mensen naartoe gaan als ze op aarde sterven en het fysieke lichaam verlaten. Is dit een andere plek waar deze wezens zich bevinden?*

C: Het kan hetzelfde zijn. Het hangt af van de groei van de geest. Als het iemand is die net een overgang heeft gemaakt, kunnen ze zich op een trillingsniveau bevinden waar deze gemeenschap is. Of er is meer groei nodig om op die plek te komen. Het hangt af van de staat van verlichting waarin die persoon zich bevindt op het moment van die overgang.

D: *Dan is de meerderheid van de mensen op Aarde vandaag, wanneer ze sterven en het lichaam verlaten, bezig met het uitwerken van problemen in karma, dus ze moeten heen en weer blijven gaan. Dus blijkbaar kwamen deze in Peru van een andere plaats toen ze overstaken.*

C: Ja. Die groep was een beschaving die het in groepsvorm deed in plaats van als individuele vorm.

D: *Dus dat is waarschijnlijk wat we proberen te bereiken, om dat niveau te bereiken waarop we niet steeds terug hoeven te komen.*

C: Dat is het uiteindelijke doel.

D: *Ik heb gehoord dat het uiteindelijke doel is om terug te keren naar de Schepper, terug te keren naar God.*

C: Daar gaat het om, naar het licht gaan dat de bron is, dat is wat je God zou noemen.

D: *Ja, er zijn verschillende namen voor Hem.*

C: Veel verschillende namen. Het is wat je ervoor kiest om het voor jou te zijn.

D: *Dan zijn deze mensen, neem ik aan dat je zou zeggen, zo dicht mogelijk bij de Schepper.*

C: Heel dichtbij. Heel dichtbij. Omdat een beschaving in groepsvorm ging, en ze gingen als één, zonder scheiding tussen, wat je zou zeggen, de boezem van God. Dat is één zijn met God, of één zijn met allen, één zijn met alles wat is. Alles zijn wat is. Want het uiteindelijke doel is om één te zijn met God. En je bent niet één met God als je je realiseert dat er een scheiding is, omdat de mens zo hard heeft geprobeerd om van God gescheiden te zijn. Het uiteindelijke doel van de ziel is om terug te zijn bij God, vanwaar we vandaan kwamen.

D: *Ja, dat lijkt me logisch. Zijn er andere beschavingen die deze overgang massaal hebben gemaakt?*

C: Velen hebben dat gedaan.

D: *Zijn er die we in de geschiedenis zouden kennen?*

C: Niet in je bekende geschiedenis, nee.

D: *Het was daarvoor?*

C: Daarvoor, ja.

D: *Het klinkt alsof de mensen van Atlantis gewelddadig zijn gestorven. Dat zouden dus andere omstandigheden zijn als we massarampen hebben.*

C: (Onderbroken) Ik zal één ding zeggen over de massarampen. Als het een beschaving is, of als het een groep mensen is, die zielen, die wezens kozen dat in die tijd, als een manier om naar een ander niveau te gaan. Of naar een andere plek waar ze op een andere manier konden groeien. Het is keuze.

D: *Zoals je kunt zien, heb ik veel vragen.*

C: Ja, dat doe je. U hebt heel goede vragen. En daarom ben je uitverkoren. En daarom willen we de kennis met jullie delen, zodat de mensheid, zoals jullie die vandaag kennen, de informatie en de geheimen zal hebben die voor onszelf zijn opgesloten. We willen graag nog wat met u praten. Clara doet het net als wat jij doet, maar dan in een andere zin. Daarin zullen jullie het aan de mensheid rapporteren. Ze komt in contact met mensen, neemt informatie op en rapporteert die aan ons. En daarom zijn jullie vele verschillende en verschillende volkeren gestuurd om jullie informatie te verzamelen.

D: *Maar de informatie wordt ingewikkelder naarmate ik werk.*

C: Dat komt omdat je meer deuren opent. En als je jezelf toestaat om meer deuren te openen, als je door de deuren stapt, dan gaan er andere deuren open, zodat andere werkelijkheden en veel ingewikkelder materiaal aan je gegeven zullen worden. Het zal een eer zijn om ze samen met u te verkennen.

D: *Ik zal proberen nooit je vertrouwen te schenden.*

C: Dat weten we, anders zouden we niet naar je toe komen.

Ik oriënteerde Clara terug naar de huidige tijd en bracht haar naar het volle bewustzijn. Bij het ontwaken beschreef ze haar gevoelens terwijl ze aan het praten was.

C: Ik had het gevoel dat ik nu zat. Ik had het gevoel dat ik in de toekomst was, in de tijd en nu. Het was alsof alle tijd nu was.
D: *Het was allemaal gecombineerd. Een beetje alsof je gespleten was?*
C: Nee, het voelde niet gespleten. Het voelde heel erg eenheid, in de toekomstige tijd en toch in de oude, ver-verleden tijd. Vele, vele beschavingen geleden. Het voelde alsof deze entiteit geen grenzen van tijd kende. Het was alsof alle tijd nu was.
D: *Nou, je kunt zien hoe we op die manier aan informatie kunnen komen, want het heeft geen grenzen.*

Een ongebruikelijke gebeurtenis gebeurde na deze sessie. Clara ging terug naar haar hotelkamer. Na een paar minuten belde ze me op en vroeg me naar haar kamer te komen. Toen ik daar aankwam liet ze me de achterkant van haar nek zien. Toen ze haar haar aan het borstelen was, zag ze een rode vlek op de achterkant van haar nek. (In de badkamer van dit hotel waren er spiegels aan beide zijden van de muur. Zo kon Clara de achterkant van haar hoofd zien terwijl ze haar haar opveegde. Ze droeg het in een strakke paardenstaart.) De rode markering strekte zich uit tot in de haarlijn van minstens twee centimeter, en vervolgens tot voorbij de haarlijn - dat is waar ze het ongeveer een halve centimeter opmerkte. Het was erg rood en zag eruit als een streep. In het gebied onder de haarlijn was het ongeveer een halve inch tot driekwart inch breed, taps toelopend tot ongeveer anderhalve centimeter bij het breedste deel van de rode markering binnen de haarlijn. Ik pakte mijn camera en maakte er wat foto's van. Maar het begon al te vervagen tegen de tijd dat ik foto's probeerde te maken. Er is geen enkele manier waarop iets irritatie in dat deel van het lichaam had kunnen veroorzaken, omdat ze perfect stil op een kussen had gelegen. Ze zei dat het geen pijn deed of jeukte of zo, het was gewoon rood en ze was er nieuwsgierig naar. Dit zou samen kunnen gaan met de andere mensen met wie ik heb gewerkt, die vlekken en vlekken op hun lichaam hadden bij het werken met soorten energie als deze. Deze gevallen werden gemeld in The Custodians.

* * *

Dit contact met een planeet die alle kennis bevat en altijd meer verzamelt, lijkt erg op de verslagen van mijn andere onderwerpen die te horen hebben gekregen dat ze verslaggevers zijn. Veel mensen hebben implantaten in hun lichaam die fungeren als zenders. Alles wat ze zien, horen en voelen wordt naar computerbanken gestuurd die de geschiedenis van onze planeet Aarde vastleggen. Zijn dit twee afzonderlijke projecten, of zijn ze op de een of andere manier verbonden met het geheel? Ik heb ontdekt dat een van de belangrijkste functies van het onderbewustzijn, of misschien wel onze ziel, is om informatie te verzamelen uit alle levens die we ooit leven. Ons uiteindelijke doel is om terug te keren naar de Bron, ons concept van God, de Schepper. Wanneer we alle reizen en avonturen door al onze vele verschillende levens hebben voltooid, worden we verondersteld terug te keren naar de Schepper met onze accumulatie van kennis. Het wordt dan geabsorbeerd. Op deze manier worden we beschouwd als cellen in het lichaam van God.

Kennis en informatie lijken het belangrijkste doel van de menselijke soort te zijn, en dus kan niets goed of fout zijn. Het is alleen maar positief en negatief. We leren er lessen uit en het stelt ons in staat om karma uit te werken, zodat we onze opdrachten kunnen voltooien en kunnen terugkeren naar waar we vandaan kwamen. Wat dat betreft is uiteindelijk alles wat we hebben en zijn de optelsom van onze ervaringen en onze kennis.

* * *

Een verontrustende gedachte ging door mijn hoofd toen ik hoorde over de hele beschaving in Peru die massaal oversteeg naar een hogere vibratie zodat ze onzichtbaar waren. Er werd gezegd dat dit in het verleden ook met andere beschavingen is gebeurd. Er wordt nu veel gesproken over onze huidige Aarde die haar vibratie verandert en naar een hogere vibratie gaat en dimensies verandert. Dat sommigen zouden gaan en sommigen zouden achterblijven, en degenen die overblijven zullen nooit weten wat er is gebeurd. Is het hetzelfde dat deze beschavingen in het verleden is overkomen?

DEEL III

AARDSE MYSTERIES

Hoofdstuk 6
Atlantis

Een belangrijk mysterie dat de geest van de mensen eeuwenlang heeft geprikkeld, is het bestaan van de beschaving van Atlantis. Velen hebben het slechts een mythe genoemd, een legende, maar toch is het blijven bestaan. Ik heb altijd gedacht dat zelfs een mythe of legende een basis in waarheid heeft, en ik heb dit keer op keer geverifieerd in mijn werk met hypnose.

Wanneer mijn onderwerpen zich in het diepste niveau van trance bevinden, kunnen we op verschillende manieren rechtstreeks toegang krijgen tot het onderbewustzijn. Ik heb ontdekt dat alle kennis beschikbaar is als je eenmaal de wijsheid van het onderbewustzijn aanboort. Vaak krijgt de persoon de informatie rechtstreeks via vorige levens en andere keren worden ze meegenomen naar plaatsen waar ze toegang hebben tot de informatie en deze voor zichzelf kunnen interpreteren. Dit wordt vaak gedaan door de Bibliotheek aan de geestenkant te bezoeken. In dit prachtige bouwwerk is alle kennis die ooit heeft bestaan, en alles wat zal bestaan, vervat in elk denkbaar onderwerp. Dit is mijn favoriete plek in de geestenwereld omdat ik altijd op zoek ben naar "verloren" kennis. Deze plaats wordt meestal beheerd door een voogd wiens taak het is om degenen die toegang willen hebben te screenen en hun doel te bepalen. Mij is verteld dat ik toegang kan hebben tot alles wat ik wil, omdat ik mezelf heb bewezen door de informatie zo feitelijk mogelijk te rapporteren, zonder vervorming of censuur. Natuurlijk is er altijd informatie die niet kan worden gegeven, omdat de geest van de mens er op dit moment niet mee om kan gaan. Hoewel ik in meer dan twintig jaar regressiewerk heb gemerkt dat er nu informatie wordt gelekt die in de begindagen van mijn werk verboden was. Dit geeft me hoop dat de geest van de mens eindelijk zover is gevorderd dat hij ingewikkelde concepten kan begrijpen.

In de loop der jaren dat ik een onderwerp in dit diepe niveau van trance had, vereiste mijn nieuwsgierigheid dat ik zoveel mogelijk vragen stelde over vele, vele onderwerpen. Als ik toegang heb tot kennis, zal ik me nooit van die kans afkeren. De informatie in deze sectie kwam over vijftien jaar naar buiten. Ik legde het opzij en bleef meer verzamelen totdat het nu tijd is om het in dit boek te zetten.

Sommige informatie over het onderwerp Atlantis lijkt op het eerste gezicht tegenstrijdig. Maar ik ben het daar niet mee eens, omdat ik denk dat de verschillende onderwerpen het op verschillende momenten in zijn bestaan hebben gezien. Ik heb ontdekt dat Atlantis geen enkel continent, stad of plaats was. Het was een naam die in die tijd aan de wereld als geheel werd gegeven. De naam is geassocieerd met het meest ontwikkelde deel van de beschaving. Maar de hele wereld was niet op hetzelfde niveau, vergelijkbaar met de onze op dit moment. Deze opmerkelijke beschaving bestond duizenden jaren, dus onderging ze vele veranderingen toen ze opsteeg naar de hoogste vooruitgang die de mensheid kon bereiken, en daalde vervolgens af in haar geleidelijke achteruitgang en ondergang. Je hoeft maar naar de geschiedenis van onze eigen wereld van de afgelopen duizend tot tweeduizend jaar te kijken om een parallel te zien. Onze wereld heeft ook een groot aantal veranderingen en vooruitgang ondergaan, sommige goed en sommige niet zo goed.

Mij is verteld dat vele, vele mensen die vandaag de dag leven ook leefden in de tijd van Atlantis. We zijn op dit moment teruggekeerd omdat de mensheid opnieuw die afgrond nadert die onze wereld in dezelfde afgrond zou kunnen storten die Atlantis claimde. Opererend als een spiraal, heeft de tijd vergelijkbare omstandigheden in onze huidige tijd gebracht, en we gaan op dezelfde weg. We zijn teruggekeerd om ervoor te zorgen dat de mensheid niet opnieuw dezelfde fouten maakt. Door in deze tumultueuze tijd te leven, kunnen we karma terugbetalen dat normaal gesproken tien levens zou vereisen. Dus we hebben ons allemaal vrijwillig aangemeld om hier in deze tijden te zijn.

Brenda gaf ons informatie over Atlantis tijdens zijn gloriedagen voordat het begon te verslechteren.

B: De geschiedenis van Atlantis strekte zich uit over vele duizenden jaren. We zouden kunnen beginnen met u algemene voorwaarden te geven over hoe de dingen zich ontwikkelden. En later als u meer details wenst, kunnen we ze organiseren en aan u geven in de verschillende aspecten van de geschiedenis.

D: *Was dit de eerste geavanceerde beschaving op deze planeet, of waren er eerder anderen?*

B: Het is moeilijk te zeggen, ze strekken zich zo ver terug. Het lijkt erop dat voordat Atlantis ontstond, de belangrijkste beschaving op deze aarde afkomstig was van de galactische gemeenschap die de mensheid hielp. Zij hielpen Atlantis zich te ontwikkelen, zodat de mensheid haar eigen beschaving zou ontwikkelen. Dat is wat de mensheid moest doen om zich uiteindelijk bij de galactische gemeenschap aan te sluiten. Ze waren boos omdat toen Atlantis werd vernietigd, de mensheid op het punt stond zich bij de galactische gemeenschap aan te sluiten. En toen het werd vernietigd, schudde het de mensheid zo ernstig door elkaar en sloeg hen zo ver terug, dat ze zich toen niet bij de galactische gemeenschap konden aansluiten.

D: *Waar wil je beginnen? Ik hou altijd van dingen in orde. Het maakt het voor mij makkelijker.*

B: Ja. Zoals ik zojuist heb vermeld, waren het verschillende nederzettingen van de algehele galactische gemeenschap die Atlantis op weg hielpen. Ze hadden de mensheid in de gaten gehouden en geprobeerd hen vooruit te helpen, maar ze bleven in principe verborgen. De mensheid deed basale dingen zoals landbouw en ze hadden vuur en bouwden eenvoudige steden. En zij vonden dat de mensheid ver genoeg gevorderd was om de wetenschap aan te kunnen dat er anderen waren die niet van de mensheid waren. Ze zagen dat er een groep op Atlantis was die het verst gevorderd was. Ze hadden de hoogst ontwikkelde beschaving in de productie van goederen en kunst en literatuur en dergelijke. Een heel stedelijk type mensen. Ze begonnen deze mensen te helpen de beschaving verder te ontwikkelen. Ze hadden een manier om deze mensen te stimuleren, zodat ze sneller met uitvindingen konden komen. Ze kenden het soort energie dat bevorderlijk was voor creatief denken. En ze stimuleerden de geest van de mensen met deze energie. Toen ze zagen dat het werkte, begonnen ze dit te doen in andere beschaafde centra van de wereld, wat aanleiding gaf tot de andere beschavingen. Je vroeg specifiek naar Atlantis, dus ik zal proberen bij dat verhaal te blijven.

D: *Was Atlantis slechts één plaats?*

B: Het begon als één plaats, maar naarmate de beschaving groeide, verspreidde haar invloed zich. En dus begon wat als Atlantis werd beschouwd meer te omvatten dan alleen het land dat oorspronkelijk Atlantis heette. Haar beschaving verspreidde zich zo dat iedereen die in de invloed van deze sfeer was, werd beschouwd als onderdeel van Atlantis.

D: *Hebben we gelijk als we het zo noemen?*

B: Het is een goede naam. Het is een correctie van de oorspronkelijke naam. Zoals je weet wanneer een beschaving verspreid is over een groot gebied, zullen verschillende dialecten van de belangrijkste taal verschijnen. En in het dialect dat zich in het zuiden ontwikkelde, werd de naam dichter bij Atlanta uitgesproken, wat verder is veranderd in uitspraak in uw taal. Maar het is nauwkeurig genoeg dus .... Het was een directe progressie en het vormt geen probleem om die naam te relateren aan de beschaving waar ik het over heb.

D: *Er waren andere beschavingen, maar je wilt je op dit moment op deze beschaving richten.*

B: Je lijkt de informatie hierover te verlangen. Ik zal dus verwijzen naar de andere beschavingen. De ontwikkeling was gestaag in al deze beschavingen. Atlantis lag iets voor omdat ze zich als eerste begonnen te ontwikkelen. Maar de andere beschavingen ontwikkelden zich ook, zodat ze allemaal konden samenwerken. Voor het welzijn van de mensheid was het noodzakelijk. Zo bleef de beschaving oprukken. De mensen waren een mooi volk. Ze waren over het algemeen gelukkig, goed uitgelicht. Ze waren zowel emotioneel gezond als fysiek gezond, wat hielp om van hen een eerlijk volk te maken. Niet per se licht, maar eerlijk als in mooi. Uw taal is zeer onnauwkeurig met zijn beschrijvende woorden.

D: *Ik weet het. Dat heb ik eerder gehoord. Hadden ze algemene kleuren of kenmerken die overheersend waren?*

B: Niet echt. Eerst wel, ja, en toen ze zich verspreidden kwamen ze in contact met andere volkeren. Het werd een algemeen mengsel, net als in uw land. Ze konden iemands algemene afkomst vertellen, waar hun voorouders vandaan kwamen, soms door hun kleur. Maar het maakte hen niet uit en dus maakten ze zich er geen zorgen over. Ze begonnen met een roodblond hoofd met een paar bruinharige haren. Van een lichte olijfkleurige teint, tussen licht olijfkleurig en romig. En met meestal groene of hazelaar ogen. En later kwamen het mensen te zijn die blond of zwarthoofdig waren, bruine ogen, lichte huid, donkere huid, een algemeen mengsel. En ze hadden de neiging om lang en goed gevormd te zijn.

D: *Ik wilde een mentaal beeld krijgen.*

B: Ze baseerden hun cultuur niet op metal, zoals de jouwe dat doet. Ze geloofden in het gebruik van materialen die net zo dicht bij de oorspronkelijke staat lagen als toen ze ze verkregen. Dus gebruikten ze veel steen en klei voor hun gebouwen. En hun wetenschappen ontwikkelden zich direct in de manipulatie van energieën, zodat ze alle soorten energie konden manipuleren, inclusief dingen als zwaartekracht. Vandaar dat ze in staat waren om gebouwen op te richten met behulp van enorme blokken steen die voor jullie onmogelijk lijken met de basis en mindset van jullie beschaving.

D: *Toen gebruikten ze geen machines of apparatuur?*

B: Klopt. Want het was niet nodig. Ze wisten hoe ze deze energieën moesten manipuleren met behulp van wat lijkt op duidelijke en eenvoudige instrumenten die onmogelijk zouden zijn om dergelijke dingen te doen. Maar ze wisten hoe ze zich moesten afstemmen op verschillende soorten energiestromen en ervoor moesten zorgen dat ze op zo'n manier met elkaar omgingen dat dingen gebeurden zoals ze wilden dat ze zouden gebeuren. Dat klinkt vaag in jouw taal, maar dat lijkt me het beste wat ik kan zeggen.

D: *Hadden ze veel mensen nodig om dit te doen?*

B: Het hing af van wat er werd gedaan. Meestal kon één persoon het doen met de gereedschappen bij de hand, maar het moest de toestemming van iedereen hebben, zodat de energie in een positieve richting zou stromen.

D: *Iedereen hoefde zich niet te concentreren of de energie te sturen?*

B: Nee. Maar ze moesten hun algemene toestemming geven, zodat ze de energie niet zouden blokkeren door het oneens te zijn met wat er aan de hand was. Het is als jouw concept van positief denken. Je hoeft je niet te hard te concentreren voor positief denken. Het is gewoon een algemene mindset die je probeert te bereiken. In het proces van het leren over deze energieën en het manipuleren ervan ontwikkelden ze hun paranormale vermogens tot het hoogtepunt. Zoveel dingen waar onze beschaving van afhankelijk is, waren gewoon niet nodig in hun beschaving. Zaken als telefoons, administratieve rompslomp van de overheid. De administratieve dingen waren heel direct omdat mensen konden communiceren via telepathie. En wanneer er iets moest gebeuren en de toestemming van iedereen nodig was, vroegen ze het gewoon via telepathie en gaven ze hun toestemming. En het zou bijna onmiddellijk zijn en dat zou veel van de problemen in de moderne wereld elimineren.

D: *Was dit de enige manier waarop ze communiceerden, gewoon door de geest?*

B: Nee. Ze communiceerden ook verbaal, maar het was een mix van beide. En ze namen het gewoon voor lief. Ze maakten nooit echt onderscheid of ze verbaal of mentaal communiceerden, omdat ze beide tegelijkertijd zouden doen.

D: *Was dit iets wat ze moesten leren, of kwam het vanzelf?*

B: Alle mensen hebben hiervoor de natuurlijke voorliefde. Het werd in de race gefokt, maar het was een kwestie van ontwikkelen. Zo hebben alle mensen over het algemeen handen met vijf vingers. Deze handen zijn uiterst bekwame hulpmiddelen en ze kunnen zeer delicaat manipulatief werk doen, maar alleen als je de spieren ontwikkelt en de handen gebruikt. Zo is het ook met paranormale vermogens. Alle mensen hebben paranormale vermogens, maar de enige manier waarop ze kunnen worden ontwikkeld is door ze te gebruiken.

D: *Maar dit was iets dat voor deze mensen vanzelfsprekend was?*

B: Nee, ze moesten het ontwikkelen. Het werd gewoon beschouwd als onderdeel van het normale rijpingsproces, maar ze waren zich er meer bewust van dan mensen in het algemeen vandaag de dag zijn. Ze beschouwden het als een normaal onderdeel van de ontwikkeling van een kind, waarbij ze spiervaardigheden en paranormale vaardigheden ontwikkelden. Ze negeerden de tekenen niet zoals ze vandaag worden genegeerd. Het lag daar te wachten om ontwikkeld te worden, maar ze moesten er wel aan werken, alsof ze moesten werken aan het leren lopen. Het vermogen was er altijd al geweest, maar het duurde een tijdje voordat ze zich realiseerden dat het er consequent was. Vroege mensen vertrouwden erop om te overleven, maar beseften niet wat ze aan het doen waren. Later, toen mensen beschaafd werden, vergaten ze het vaak, maar het was er nog steeds. En toen hun beschaving zich ontwikkelde met de hulp van de galactische gemeenschap, realiseerden ze zich dat het iets was dat kon worden ontwikkeld. Hun wetenschap wees erop dat ze zelf een harmonieus geheel moesten zijn om in harmonie te zijn met het universum in het algemeen. En dit was een deel van jezelf. En als het niet ontwikkeld is, zou je niet in balans zijn en zou je geen harmonieus geheel zijn. In de zeldzame gelegenheid dat iemand ziek zou worden, zouden hun paranormale vermogens hen helpen te lokaliseren waar ze uit balans waren van de basisenergieniveaus van het universum. En dus gebruikten ze hun paranormale vermogens op talloze manieren in de kleinste details van het dagelijks leven. Het zou onmogelijk zijn om alle manieren op te sommen. We zouden hier voor een lange tijd gewoon verschillende manieren opsommen waarop hun paranormale vermogens kunnen worden gebruikt. De psyche is veel behendiger dan alleen de geest, hoewel het via de geest functioneert. Het is een ander aspect van de hersenen dan de geest. Geest en psyche zijn twee verschillende aspecten die werken via het orgaan dat de hersenen wordt genoemd. De ene is eenvoudig en zorgt voor de eerste levensbehoeften, en de andere voegt de details en afwerking toe. Het kan heel precies zijn en dingen doen waartoe de geest niet in staat zou zijn, omdat het niet fijngeslepen is ...

D: *Was de meerderheid van de mensen in de wereld in die tijd op deze manier ontwikkeld?*

B: Die in de beschaving, ja. Degenen in de backwoods hadden hun psyche niet zo goed ontwikkeld. Ze vertrouwden er gewoon op als instinct.

D: *Hadden ze een regering van welke aard dan ook?*

B: Eerst wel, maar toen veranderde het naarmate de beschaving zich ontwikkelde, omdat de oorspronkelijke doelen van de overheid achterhaald raakten, vanwege de paranormale krachten. En zo veranderde de regering geleidelijk en veranderde naar waar ze een ander doel had. Ze zetten organisatiestructuur elders beter in, zoals het organiseren van onderzoek.

D: *De wetenschappelijke gemeenschap? Of werd dat in die tijd ook zo beschouwd?*

B: Daar werd echt niet over nagedacht omdat het onderzoek dat werd gedaan voornamelijk gebaseerd was op mystieke en psychische dingen. En dus werd het beschouwd als individuele zoektochten. Wanneer mensen inzichten hadden over dingen, rapporteerden ze dit aan deze organisatie, zodat ze dat feit konden bijhouden en konden zien hoe het in het hele plaatje paste, omdat ze elk feit als relevant beschouwden. En ze verzamelden al deze feiten bij elkaar en organiseerden ze en pasten ze in het hele plaatje, om te proberen de aard van het universum beter te begrijpen. Daar was iedereen bij betrokken. Het was heel complex en de organisatie was nodig. Dat is dus wat er gebeurde met de oorspronkelijke overheidsstructuur.

D: *Hielden ze een soort administratie bij?*

B: Ja, ze moesten een zeer uitgebreide administratie bijhouden. Vanwege de aard van deze beschaving hadden ze niet per se computers, maar ze hadden een manier om informatie op te slaan met behulp van de basisenergie van het universum, die kon worden aangeboord met paranormale vermogens. (Misschien vergelijkbaar met de manier waarop we informatie verzamelen.) Dat was hun belangrijkste opslagruimte, en daarom hebben jullie archeologen niets gevonden. Hun informatie is daar nog steeds opgeslagen en klaar om te worden aangeboord. Je hoeft alleen maar de juiste paranormale vermogens te ontwikkelen om er gebruik van te kunnen maken. Ze hadden papierachtige producten om de kinderen te leren lezen en te illustreren hoe ze hun paranormale vermogens en dergelijke konden ontwikkelen. En dat is allang verrot.

D: *Ik denk dat de wetenschappers verwachten iets opgeschreven of gesneden te vinden of zoiets.*

B: Ja. De plaat is er, maar het is op de psychische vlakken. Het is zeer georganiseerd en het is opgeslagen en het is klaar voor gebruik. En het zal van groot voordeel zijn voor jullie wereld. Het lijkt bijna op Akasha-kronieken, maar niet helemaal, omdat Akasha-kronieken deel uitmaken van het universum. Ze namen dat concept en ontdekten dat het kon worden gebruikt om een ander soort records op te zetten. Het bestaat op een soort energieniveau.

D: *Ik dacht aan de piramides of iets dergelijks. Als ze misschien toegang hebben tot de kennis op een fysieke plaats.*

B: Nee. De piramides en andere soorten megalithische structuren die zijn uitgelijnd met de hemellichamen - daarmee bedoel ik dingen als de mysterieuze steencirkels in Europa - zijn echter apparaten om deze energie te helpen concentreren, zodat men er gebruik van kan maken. Omdat de energie georganiseerd en gefocust moest worden om hiervoor gebruikt te kunnen worden.

D: *Als iemand naar een van deze oude sites zou gaan, zou dat hen dan helpen om er meer toegang toe te krijgen?*

B: Ja, dat zou zo zijn. Sommige steencirkels zouden niet zo fijn afgesteld zijn als ze waren geweest, simpelweg vanwege de processie van de equinoxen.

D: *Je bedoelt de hemel en de aarde die veranderen?*

B: Klopt, en dus zijn ze nu een beetje uit de pas gelopen. Maar anderen die een sterke zonne-uitlijning hadden, zouden nog steeds functioneel zijn. Bijvoorbeeld, sinds Atlantis werd vernietigd, is het belangrijkste focuscentrum nu de piramides van Egypte. En ze zijn nog steeds in perfecte uitlijning, zoals ze waren toen ze werden gebouwd, vandaar dat hun kracht niet is afgenomen. Dat is de reden waarom mensen hallucinante ervaringen hebben gehad bij het doorbrengen van lange tijd in bepaalde binnenste delen van de piramides. Het is omdat dat het centrum is van het focussen van de kracht. En je zou doofstom, blind en achterlijk moeten zijn, om deze emanaties niet op te kunnen pikken. Ze hadden vergelijkbare megalithische structuren op Atlantis. Als je archeologen iets vinden, zijn het deze megalithische structuren en ze zijn niet langer uitgelijnd. Ze waren zwaar beschadigd op het moment dat Atlantis werd vernietigd, en natuurlijk was hun uitlijning verpest. Jullie archeologen zullen erachter komen dat ze ooit op één lijn stonden met de zon, met behulp van de voorrang van het bestaan van deze andere megalithische structuren die onbeschadigd zijn. Deze waren als een gigantische stenen computer, gebruikmakend van de natuurlijke energiestromen van de aarde en de omringende ruimte. En ze op bepaalde manieren te focussen om de verschillende energieniveaus van het universum te kunnen gebruiken.

D: *Je zei dat de mensen van Atlantis geen metaal gebruikten?*

B: Heel weinig metaal omdat ze ontdekten dat hoe meer iets wordt vervaardigd en veranderd ten opzichte van zijn oorspronkelijke vorm, hoe meer het uit harmonie is met het universum en hoe meer trillingen het verliest. En als je iets van de aarde neemt en het gebruikt zonder de moleculaire structuur ervan drastisch te veranderen, zal het nog steeds in harmonie zijn met de energieniveaus en kan het voor dit doel worden gebruikt. Vandaar dat ze de neiging hadden om veel steen in hun structuren te gebruiken, omdat dit gewoon vaste brokken aarde waren die werden versneden en naar een andere plaats werden getransporteerd zonder te worden onderworpen aan smelten, zoals je doet voor de verfijning van bepaalde metalen.

D: *Toen waren al hun gebouwen, zelfs de privéwoningen, van steen gemaakt.*

B: Steen of klei of hout, en dergelijke. Een deel van het meubilair in hun huizen was uit steen gehouwen. Ik gebruikte "gesneden", want dat is het woord in de taal, maar het is niet echt een goede beschrijving van het proces. Toen ze steen uit de aarde haalden, was er een manier om de energievelden tijdelijk te veranderen tot waar het flexibel zou worden als klei. En als gevolg daarvan konden ze het vormen zoals je klei zou doen, in alles wat ze nodig hadden. En dan zouden ze het energieveld terug laten keren naar zijn normale toestand en het zou weer stijf worden als steen. Ze hadden alle gewone gemakken van het leven die je zou verwachten in een beschaafde gemeenschap.

D: *Hoe zit het met eten?*

B: Gewoon een regelmatige balans van voedsel. In het proces van het leren over de energie, leerden ze hoe ze in balans konden blijven met hun eten. Dat elimineerde veel medische problemen waar jullie beschaving problemen mee heeft, en verschillende ziekten veroorzaakt door onevenwichtig eten. Dus als gevolg hiervan zouden de meeste mensen voornamelijk plantaardige, vezelrijke diëten en heel weinig vlees eten. Ze gingen niet tot het uiterste dat sommige van je vegetariërs hebben, omdat het lichaam eiwitten nodig had en ze niet de hele tijd eieren wilden eten. En dus doodden ze vlees als ze het nodig hadden. Sommige van de meer geavanceerde mystici voelden niet de behoefte om te eten, omdat ze de energie konden aanboren en absorberen wat hun lichaam direct uit het universum nodig had, in plaats van indirect via voedsel. (Dit is de manier waarop bepaalde buitenaardse wezens bestaan.) Het is een zeer geavanceerde techniek. En zelfs zo geavanceerd als Atlantis psychisch in het algemeen was, alleen hun meest geavanceerde zou het op regelmatige basis doen.

D: *Waren hun dieren vergelijkbaar met de dieren die we vandaag op aarde hebben?*

B: Ze waren in principe vergelijkbaar. Wat jullie archeologen beschouwen als vroege beschavingen, dat wil zeggen, de beschavingen die eerst landbouw en gedomesticeerde dieren hadden, waren eigenlijk overgebleven overlevenden van deze voormalige beschaving die was gevallen. Ze probeerden de beschaving weer op te bouwen uit hun verbrijzelde overblijfselen. Daar kwamen de gedomesticeerde dieren vandaan, runderen, geiten, schapen, kamelen en bepaalde soorten paarden. De rassen waren anders en ze zagen er anders uit, maar dat komt omdat de mensheid altijd selectief fokt om het uiterlijk van hun gedomesticeerde dieren te veranderen. Maar eigenlijk waren ze hetzelfde dier. Het is bijvoorbeeld het verschil tussen een melkkoe en een brahma-stier.

D: *Hadden ze enige vorm van vervoer?*

B: O ja. Het soort transport dat ze hadden, is tot je gekomen in legendes van magische tapijten. (Ik moest verbaasd lachen.) Kortom, ze konden zonder problemen zweven, omdat ze wisten hoe ze de energie en zwaartekracht moesten manipuleren. En dus deden ze het grootste deel van hun reizen door levitatie. Soms, als ze iets mee wilden nemen maar het niet wilden dragen, in plaats van de extra energie te gebruiken om het afzonderlijk te laten zweven, kregen ze een kleed of iets waar ze op zaten en zweefden ze gewoon zichzelf en de andere objecten op het tapijt.

D: *Ah-ha, net als de Arabische Nachten.*

B: Klopt. Ze leerden deze energie te manipuleren om veel dingen te bereiken, en dit omvatte reizen over het oppervlak van de Aarde. Als ze maar een korte afstand wilden afleggen en de energie niet wilden aanboren, gebruikten ze een dier. Maar als gevolg van het kunnen aanboren van deze energie, was het niet nodig om auto's of vliegtuigen te ontwikkelen. En de galactische gemeenschap was hier erg enthousiast over. Want dit vermogen lijkt, zo goed als ik kan zien, uniek te zijn voor onze race. En het zou een van de bijdragen zijn die we zouden leveren aan de galactische gemeenschap. Omdat de andere planeten zich ontwikkelden door het gebruik van machines en voertuigen.

D: *Zoals we deze keer hebben gedaan.*

B: Ja. En de galactische gemeenschap is enigszins bezorgd dat we onze paranormale vermogens deze keer niet hebben ontwikkeld, maar ze weten dat deze vermogens er zijn die wachten om ontwikkeld te worden. En ze herinneren zich hoe het was met de andere beschaving. Als we er niet in slagen om zelf deze psychische informatie aan te boren, zullen ze ons ongetwijfeld aansporen en ons helpen om het te "ontdekken", zoals ze hebben gedaan met andere ontdekkingen uit het verleden. Dit soort energie werd voornamelijk gebruikt voor persoonlijk transport over lange afstanden, en voor het transport van de blokken steen en dergelijke. Er zijn bepaalde mystici in jullie huidige beschaving die dit nog steeds kunnen doen, maar ze bevinden zich in geïsoleerde gebieden van de wereld. Bepaalde diep in de jungle van India. Maar het vermogen is het meest prominent onder de Lama's in de hoge bergen van Tibet. Ze konden het bewaren omdat ze zo geïsoleerd waren. Zij werden het minst getroffen door de verwoesting van Atlantis die werd vernietigd.

D: *Deden ze iets voor entertainment?*

B: O ja, dat is een basisbehoefte van de menselijke natuur. Het hing af van welke beschaving het was, en volgens hun individuele culturen. In Atlantis zou bijvoorbeeld één ding erg populair zijn: een groep mensen zou gekleurde streamers aan hun armen of aan kledingstukken bevestigen. En dan zweefden ze allemaal om elkaar heen om mooie kleurrijke patronen uit te voeren met de streamers die achter hen stroomden. En de kinderen willen hier graag naar kijken. Ze zouden doen wat hun verbeelding kon bedenken. Ze hadden drama en toneelstukken en muziek. Ze gaven de voorkeur aan live-optredens, maar als ze iets wilden zien dat op dat moment niet lokaal werd uitgevoerd, konden ze psychisch afstemmen op waar het werd uitgevoerd en het met hun paranormale vermogens bekijken. Het leek dus in zekere zin op tv.

D: *Het lijkt erop dat ze zeer sterk psychisch ontwikkeld waren.*

B: Ja, maar de vernietiging van Atlantis maakte hen erg bang. Het gaf hen het equivalent van een mentaal trauma. Zoals wanneer een individu een ernstig mentaal trauma oploopt in zijn jongere leven en het hen de rest van zijn leven beïnvloedt, tenzij ze zich ervan bewust worden en het verwerken en oplossen. Het hele menselijke ras ontving het equivalent. En ook de manier waarop Atlantis werd vernietigd, en de manier waarop de paranormale focuscentra werden vernietigd, het gaf iedereen een tijdelijke psychische burn-out. Het zou zijn alsof je per ongeluk een explosie te dichtbij ziet en je ogen tijdelijk blind zijn.

D: *En dit heeft hen meerdere generaties lang beïnvloed.*

B: Ja. Het vermogen was er nog steeds, het was gewoon een tijdje verdoofd. Daarna begon het geleidelijk zijn gevoel terug te krijgen. En het duurde niet zo lang als je zou denken. Maar de mensheid in het algemeen herinnerde zich dit onbewust en dus vermeden ze het ontwikkelen van paranormale vermogens gedurende enkele duizenden jaren, bang dat ze opnieuw zouden worden verbrand, om zo te zeggen.

D: *Dat zou logisch zijn. Tja, zijn ze lang in zo'n ontwikkeling gebleven?*

B: Ja, dat was de belangrijkste drijfveer van hun beschaving. Ze gebruikten kristallen voor het focussen van bepaalde soorten energieën, om contact te maken met de galactische gemeenschap. Ze zouden het mentaal kunnen doen, maar om de mentale energieën te helpen versterken, zouden ze bepaalde soorten kristallen gebruiken. Hun wetenschap van kristallografie was zeer geavanceerd.

D: *Je zei dat ze dit gebruikten om contact op te nemen met de galactische gemeenschap?*

B: Ja, voor lange afstandscommunicatie. In plaats van ieders energie te verspillen door gebruik te maken van ieders telepathische vermogens, zouden ze deze kristallen gebruiken. Omdat niet iedereen in de galactische gemeenschap hierop was afgestemd, zou het zijn alsof je met een dove persoon probeert te spreken. Men moest een ander communicatiemiddel gebruiken.

D: *En ze begrepen de kristalcommunicatie?*

B: Klopt. En dus zouden ze de energieën die door de kristallografie worden gegenereerd gebruiken voor interactie met de galactische gemeenschap. Het was complementair en compatibel met zowel hun beschaving als de verschillende beschavingen van de galactische gemeenschap.

D: *Kon één persoon deze kristallen focussen of waren er veel mensen voor nodig?*

B: Eén persoon zou het kunnen doen omdat deze kristallen kunnen putten uit de verschillende energieën en energievelden van de Aarde. Zoals de elektromagnetische velden, zwaartekracht, zonlicht, wat-heb-je. Wat er moest gebeuren, zou afhangen van wat voor soort energie de kristallen zouden gebruiken. En er zouden verschillende soorten kristallen zijn voor verschillende doeleinden. En sommige van deze verschillende soorten zouden gespecialiseerd zijn voor het putten uit bepaalde soorten energie.

D: *Moesten ze op een bepaalde manier gesneden worden of op een bepaalde manier gevormd worden?*

B: Hun moleculaire structuren, de matrices, het roosterwerk van de moleculaire structuur zouden op een bepaalde manier ontworpen moeten worden. En ja, vaak had de vorm van het oppervlak ook invloed. Maar ze zouden op moleculair niveau beginnen en iets vergelijkbaars doen met de kristallen als met de rotsen. Ze zouden het energieveld veranderen, zodat ze het roosterwerk van de moleculen opnieuw konden ontwerpen, zodat ze een bepaalde energie op een bepaalde manier zouden concentreren. En dan de energievelden resetten zodat het zo zou blijven.

D: *Toen vormden ze bepaalde vormen voor verschillende doeleinden?*

B: Geen vormen! De interne structuur. De moleculaire structuur van het kristal. En dan, ja, zouden ze het oppervlak van dit kristal veranderen om het vorm te geven zoals het moest zijn. Maar het was eerst belangrijk om de interne structuur, de moleculaire structuur correct te krijgen, anders kon je alle vormen in de wereld doen en geen goed doen.

D: *Ik dacht dat het iets te maken had met de facetten of de verschillende vorm hoe het gefocust zou zijn.*

B: Je moet eerst de moleculaire structuur correct krijgen. Het is als de structuur van een sneeuwvlok, maar draag het naar beneden in oneindig kleine niveaus van energie. En je moet deze allemaal goed gevormd hebben, anders zou het je geen goed doen.

D: *Maakte het uit hoe groot het kristal was?*

B: Het hing af van waar het voor werd gebruikt, hoe groot het zou zijn of de vorm ervan uiteindelijk. Maar hun grootste zorg was de moleculaire structuur. En omdat ze de moleculaire vorm van deze kristallen konden regelen, is dat een van de redenen waarom hun wetenschap van kristallografie zo ver gevorderd was. En daarom konden ze kristallen voor zoveel verschillende doeleinden gebruiken. Omdat ze specifieke gecontroleerde moleculaire structuren hadden, evenals gecontroleerde vormen of maten.

D: *Ik heb altijd gedacht dat hoe groter ze waren, hoe krachtiger ze waren.*

B: Niet noodzakelijk. Er was één kristal dat ze hadden voor het focussen van een bepaald type energie dat ongeveer drie centimeter lang en erg slank was. Het was lensvormig, aan beide uiteinden gericht. En als je er zijdelings naar keek, had het de vorm van een vijfpuntige ster of iets dergelijks. En het was slechts ongeveer een achtste van een centimeter breed op het breedste punt. Het was erg slank, maar het was een krachtig kristal vanwege het soort energie dat het concentreerde. Ik kan de informatie niet vinden van waar het voor werd gebruikt, maar ik kan die vorm van kristal zien.

D: *Ik zie het. Dan moesten ze zich bewust zijn van de energie die ze wilden en wat de verschillende energieën zouden doen.*

B: Precies. Ik denk dat je het nu begint te zien. Ze hadden verschillende kristallen voor het focussen van verschillende soorten energie voor de verschillende doeleinden. Ze hadden bijvoorbeeld bepaalde soorten kristallen die kosmische straling konden concentreren, en ultraviolette straling en sterlicht om 's nachts zichtbaar licht te maken. En deze kristallen kunnen ook infraroodwarmte gebruiken, zoals van lichaamswarmte, om 's nachts licht te maken. Jullie archeologen hebben een aantal van deze kristallen gevonden in de oerwouden van Midden-Amerika. Ze zijn in vele eeuwen niet onderhouden, maar toch gloeien ze 's nachts nog steeds en produceren ze licht, maar niet zo duidelijk als vroeger. En het lijken voor de archeologen eenvoudige stenen ballen. Ze kunnen niet begrijpen waar ze voor waren of hoe ze werkten, omdat dit een gespecialiseerd type kristal is. Ze hebben ballen van verschillende groottes gevonden. En er zijn geruchten geweest over hoe ze 's nachts gloeien. Daarom komen ze zo veel voor en zijn ze overal te vinden. Op de plaatsen waar ze ze vonden, werden ze gebruikt om 's nachts licht te geven. Zoals de meeste beschavingen zijn er ook 's nachts dingen aan de hand, en je had een vrij wijdverspreide bron van kunstlicht nodig.

D: *Het waren als enorme straatlantaarns die de steden verlichtten?*

B: Ja. Straatverlichting, binnenverlichting, spotlichten, afhankelijk van wat voor soort verlichting nodig was. En er waren andere soorten kristallen die warmte uitstraalden om huizen te helpen verwarmen. Ze hoefden hun bossen dus niet te kappen om vuren te bouwen. Ze zouden deze kristallen in plaats daarvan kunnen gebruiken en de bossen kunnen bewaren voor meubels, of gewoon voor het kweken en oxygeneren van de lucht.

D: *Welke soorten gebruikten ze in de huizen voor licht?*

B: Stenen ballen. Ze kwamen in alle maten. En ze hebben ze in alle maten gevonden in Midden-Amerika. Je hebt persoonlijk alleen van de grote gehoord, maar ze hebben ook kleinere gevonden ter grootte van een bowlingbal of iets kleiner, die in twee handen kunnen worden gedragen.

D: *Dat zijn stenen, maar je noemt ze kristallen.*

B: Zoals ik al zei, jullie archeologen noemen ze steen omdat ze steen lijken te zijn, maar ze zijn een gespecialiseerd type kristal.

D: *Ik zie kristal als het soort waar je doorheen kunt kijken.*

B: Sommige kun je wel en andere niet. Ze worden kristallen genoemd, niet vanwege hun uiterlijke verschijning, maar gewoon vanwege hun moleculaire structuur.

D: *Ik zie het. Toen werden deze kleinere stenen ballen gebruikt voor verlichting in de huizen?*

B: Klopt. Er zou een sokkel uit de muur steken waar ze op konden zitten. Of een soort houder in het plafond, net als een setting voor een steen op je sieraden. Er zou een instelling zijn, om zo te zeggen, zoals deze, die uit het plafond steekt waar ze een van deze ballen of meer kunnen implanteren, afhankelijk van wat voor soort opstelling ze wilden.

D: *Waren degenen die werden gebruikt voor verwarming vergelijkbaar?*

B: Ze hadden een andere structuur en dus zagen ze er anders uit. Ze zouden dichter bij het uiterlijk komen van je perceptie van kristallen. En ze konden in verschillende kleuren worden verkregen, afhankelijk van hoe ze in hun interieur wilden passen. En ze zouden één ding kunnen doen met de lichtbollen waar je niet aan hebt gedacht. Omdat de ballen in verschillende maten kwamen, konden ze er een paar krijgen die erg klein waren, bijvoorbeeld een tot twee centimeter breed. En maak er een mooi arrangement van, zowel als decoratie als lichtbron.

D: *Dit is weggaan van Atlantis, maar het brengt iets naar voren in het boek dat ik schreef over Jezus toen Hij in Qumran woonde (Jezus en de Essenen). Ze hadden een mysterieuze lichtbron. Het klinkt heel gelijkaardig. Zou u daarvan op de hoogte zijn?*

B: Het lijkt erop dat de lichtbron afkomstig was van oude kristallen die overbleven uit de vroegere dagen en die van generatie op generatie werden doorgegeven. Omdat ze niet meer de kennis hadden om er meer van te maken, koesterden ze deze.

D: *Ze zeiden dat ze van de Ouden kwamen, de mensen die vele jaren eerder hadden geleefd. Ze hadden veel dingen die van hen afkomstig waren.*

B: Ja. Ze werden doorgegeven en verzorgd en van generatie op generatie gebruikt. En ze gaven de kennis door over hoe ze deze moesten onderhouden, want zolang ze deze kristallen in stand hielden, konden ze praktisch voor altijd licht produceren. Het was eenvoudig onderhoud.

* * *

Ik heb vele jaren met Phil gewerkt en de informatie die hij verstrekte is in veel van mijn boeken opgenomen. In plaats van naar de bibliotheek aan de geestenkant te gaan, haalde hij zijn informatie uit de Planeet van de Drie Torens, die een opslagplaats of opslagplaats van alle kennis leek te zijn. Vaak leverde een groep van twaalf entiteiten ook ontbrekende stukken of kreeg hij scènes te zien en probeerde ze te interpreteren met behulp van deze entiteiten.

We hadden toegang tot deze informatie door een liftmethode te gebruiken, in plaats van de cloudmethode die zeer effectief is bij de meeste van mijn onderwerpen. Phil visualiseerde zichzelf in een lift in een kantoorgebouw en stopte op de juiste verdieping die toegang bood tot alle informatie die we zochten. In dit geval hadden we de mogelijkheid besproken om iets over Atlantis te vinden. De methode doet er niet echt toe, toegang krijgen is het belangrijkste deel van het werk.

De lift was gestopt en ik vroeg hem wat hij zag toen de deur openging.

P: Er zijn felle glinsterende lichten. Ze zijn de energie van het niveau van waaruit we werken. En ik ga door de lichten. Ik zie wat lijkt op een vliegend vaartuig, of een vliegend schip, dat boven een veld van groen gras vliegt. Het heeft een enigszins puntige vorm aan de voorkant en een enigszins ovale vorm aan de achterkant. En er is ruimte voor twee personen om te zitten. Er zijn andere vaartuigen in de lucht die veel zouden kunnen bevatten. Er is in de verte, vanuit mijn oogpunt, een stad die schittert in de zon. Dit is een van de vele steden op dit moment.

D: *Weet je waar we zijn?*
P: Dit was al eerder besproken. De vragen hadden betrekking op die tijd op aarde. Dit is slechts één stad op wat toen het continent Atlantis werd genoemd.

Het lijkt misschien een tegenstrijdigheid dat hij vliegende vaartuigen zag terwijl Brenda deze niet zag. Zoals gezegd bestond de beschaving in die tijd duizenden jaren en onderging vele veranderingen en vooruitgang. Tegen die tijd hadden ze blijkbaar mechanische apparaten ontwikkeld en waren ze overgestapt op technologie. We zouden ook andere veranderingen ontdekken.

D: *Kun je vertellen waar dat vaartuig van gemaakt is?*
P: Het is een aluminiumlegering, zeer vergelijkbaar met die in het heden.
D: *Kun je vertellen hoe het wordt aangedreven?*
P: Door wat kristalkracht wordt genoemd. Er zijn op hun plaats over het hele land stralen van kristalenergie, die worden gericht op verschillende andere delen van het continent. En deze vaartuigen richten zich alleen maar op deze straal en worden erlangs geprojecteerd. Vergelijkbaar met het concept van snelwegen die vandaag in uw hele land in gebruik zijn.
D: *Hebben ze ook vaartuigen die de planeet verlaten of in de ruimte reizen?*
P: Ja, maar ze waren niet van hetzelfde type constructie. Er waren mensen die deze mogelijkheid kregen. Zij waren echter de hogepriesters of hoogste functionele orde, die in gemeenschap waren met die van de sterrennatuur. Dit waren geen gebruikelijke ervaringen onder de algemene bevolking. Degenen die van het hoogste morele karakter en begrip waren, mochten deze ervaring ervaren, als onderdeel van hun leren en spirituele evolutie. Het was geen plezierige ervaring. Het werd gegeven in de context van leren.
D: *Zijn er vandaag de dag delen van het oorspronkelijke continent boven water?*

P: Delen van het Atlantis-continent stijgen inderdaad weer op en zullen opnieuw naar en boven het oppervlak stijgen. Er is echter op dit moment niet wat men delen van het oorspronkelijke droge land zou noemen. Dat wil zeggen, niets significants.

D: *Ik heb gehoord dat een deel van de Verenigde Staten er deel van uitmaakte.*

P: Dat klopt niet zoals wij het waarnemen. Jullie vroegen om land dat werd beschouwd als een permanent deel van Atlantis, en het hele continent van de Verenigde Staten maakte in feite ooit deel uit van de oceaanbodem.

D: *Weet je waar Atlantis zich oorspronkelijk bevond volgens onze geografische kaart zoals die nu is?*

P: Het was in de Atlantische Oceaan. Er zijn die gebieden die in die periode ook boven en onder waren. Er zijn vandaag gebieden die op dat moment bovengronds waren, die vervolgens een tijdje zonken en sindsdien weer zijn opgedoken. Er zijn die gebieden die destijds onder water stonden, die nu bovengronds liggen. Er zijn sinds die periode veel veranderingen op aarde geweest. Vaak is het een of het ander, dat wil zeggen land of zee.

D: *Dan is het grootste deel van het continent nu onder water.*

P: Dat klopt.

D: *Hoe zit het met de rest van de wereld? Het kan niet het enige bevolkte continent zijn geweest.*

P: Er waren in dat ene specifieke gebied veel verschillende beschavingen van volkeren. Een sociale structuur, niet zo ver verwijderd van wat jullie op jullie planeet vandaag de dag hebben. Dat wil zeggen, er waren veel verschillende soorten en klassen van mensen. Er was de lage of arme arbeidersklasse. En dan economisch gezien de midden- en hogere klassen.

D: *Maar er waren andere continenten naast Atlantis?*

P: Dat klopt. Er waren gebieden, niet als continenten, in de zin dat ze één bepaalde naam of aanduiding kregen of kregen. Want in die tijd werd het op handen zijnde en belangrijkste bevolkingsgebied "Atlantis" genoemd. Het is echter niet juist om te zeggen dat dit op dat moment het enige bevolkte gebied was. Het was de etalage of het centrum van de beschaving in die tijd.

D: *De andere gebieden hadden geen namen.*

P: Dat klopt. Er was niet de noodzaak om deze op te nemen in wat toen de 'wereldregering' zou zijn genoemd.

D: Hadden ze dezelfde culturele vooruitgang als dit continent Atlantis?

P: Er waren gebieden die technologisch enigszins superieur waren. Moreel werd echter niemand overtroffen in dat gebied van Atlantis. Het was de bekroning van de beschaving op dat moment. In die tijd was het op jullie planeet de belichaming van de zoektocht naar waarheid.

D: Bestond de mensheid al lang toen Atlantis zich ontwikkelde tot deze staat?

P: Er waren vele, vele generaties daarvoor. De evolutie van de spirituele manifestaties was in hoge mate, hoger ontwikkeld dan zelfs tot op de dag van vandaag.

D: Ik vroeg me af of dit de hoogste ontwikkeling was die de mens op dat moment had bereikt.

P: Dat klopt, en sindsdien. Want het morele karakter van jullie planeet heeft tot op de dag van vandaag nog een grote afstand te gaan om dit hoogtepunt van succes te bereiken.

D: Ik dacht dat er misschien andere eerdere beschavingen waren die we niet kenden.

P: Er waren inderdaad andere beschavingen en continenten vóór de Atlantische cultuur. Niemand heeft echter overtroffen wat in die tijd in Atlantis werd gevonden, strikt gesproken vanuit een moreel en karakterstandpunt.

D: Waren er dan momenten waarop de mens zo ver zou evolueren en de beschavingen zouden worden vernietigd, voordat het Atlantische continent werd gevormd?

P: Er was, zoals het zand van de woestijn de verschuivende lotgevallen van de mens verlegde. Want er waren altijd die vooruitgangen die die specifieke cultuur tot een niveau van onderscheid tussen haar leeftijdsgenoten zouden overschaduwen. Door verschillende soorten van wat "ongeluk" zou kunnen worden genoemd, leken deze culturen nooit een stevige voet aan de grond te krijgen op de beschavingen die op dat moment bestonden. En zo was er een voortdurend verlies en wederopbouw, en dan weer verlies. Totdat er plotseling de grote vooruitgang van dat continent Atlantis kwam. Daarvoor waren er veel culturen die het spirituele karakter van Atlantis te boven gingen. Echter, geen enkele genomen in de context van de totale bevolking als geheel. Er waren individuen in andere culturen die door ijver en zelfverloochening en training die niveaus van bewustzijn bereikten, die boven de algemene bevolking van Atlantis lagen. We spreken hier echter van een algemeen algemeen bevolkingsbewustzijn. Dat wil zeggen, de cultuur of bevolking in het algemeen had het hoge gebied van bewustzijn bereikt. En er waren culturen vóór de Atlantiërs die een hoger moreel karakter hadden, maar toch niet dezelfde soort cultuur of innerlijke verbondenheid hadden. Het was meer de individuele basis.

D: *Maar elke keer moest de mensheid opnieuw beginnen vanaf een heel laag niveau?*

P: Er waren altijd mensen die de kennis bewaarden, want dat was een angstvallig bewaakt geheim. De kennis werd met veel eerbied en waardigheid beschermd. Het was echter niet beschikbaar voor de bevolking in het algemeen. En zo waren er altijd die van de hogere morele normen, die de hoeders van de kennis waren.

D: *Toen was de Aarde veranderd, continenten waren opgestaan en verdwenen, vóór deze tijd van Atlantis.*

P: Dat klopt. Dit werd veroorzaakt door verschillende cataclysmen die natuurlijk zijn voor de planeet. Want in die periode was de Aarde nog steeds bezig met aanpassingen en vestigde zich in een lang en welvarend leven. De Aarde was op dat moment wat jonger dan nu, het was veel onrustiger.

D: *Onze wetenschappers hebben de neiging om te denken dat er in die begintijd geen mensen waren.*

P: Niet zo, want er waren mensen in de tijd dat wetenschappers geloofden dat er helemaal geen leven was. Ze hebben echter eenvoudigweg niet het perspectief van terugblik dat nodig zou zijn om het bestaan van deze mensen te bevestigen. Want bij elke verandering was er de vernietiging van degenen die vóór de verandering bestonden, zodanig dat hun culturen spoorloos verloren gingen. Niet dat de volkeren zelf zodanig gedecimeerd werden dat er geen mensen meer waren, maar dat er geen spoor meer was van hun prestaties. Simpelweg vanwege de cataclysmische vernietiging die volgde op elke natuurlijke verandering van de Aarde.

D: *Dan zijn er altijd wel een aantal geweest die het hebben overleefd.*

P: Dat klopt. Want het is altijd bekend geweest dat de verandering aanstaande was. En degenen die afgestemd en bewust waren, zouden voorbereidingen treffen en zo intact overleven en doorgaan. Er was altijd dat niveau van bewustzijn dat stelt dat de grootst mogelijke prestatie in de geschiedenis van de mens datgene is wat er op dit moment is. Dit is in de geschiedenis van de mens gangbaar geweest. Er waren veel eerdere beschavingen die helaas hetzelfde standpunt innamen. Dat is alleen de menselijke natuur.

Ik heb regressies gehad waarbij hele beschavingen werden vernietigd door dramatische veranderingen op aarde. Soms door muren van water, soms door vulkaanuitbarstingen die muren van modder en puin produceerden. Mij werd verteld dat deze vóór Atlantis waren en dat de mensheid geen kennis heeft van hun zeer geavanceerde prestaties. De wetenschappers hebben geen gegevens van hen omdat eventuele overblijfselen onder water of onder bergen van de aarde zijn begraven. Onze wereld is als een rusteloze oude vrouw die voortdurend fronst en kronkelt en draait.

Ik keerde terug naar wat Phil waarnam.

D: *Je zei dat je in de verte een stad kon zien?*
P: Dat klopt. De hoeders van de kennis zijn gebaseerd op of komen uit deze stad. De Elohim van de ouden, de hoeders van de morele fysieke wetten van de waarheid. Dat is de hoogste vorm van bewustzijn van de natuurlijke en fysieke wetten van de mensheid, in combinatie met het spirituele bewustzijn.
D: *Degenen die deze zogenaamde mentale krachten hadden, waren er dan maar een paar in vergelijking met de hele bevolking?*
P: Niet dus, want de stad als geheel was zich zeer bewust. Het is alsof deze stad zelf een soort energie vasthield, die deze mensen leek te verheffen tot veel grotere mogelijkheden dan normaal in de rest van het land werd gezien.
D: *Wat doet de stad stralen?*
P: Het is van de kristalaard, van de bouwmaterialen die hun constructie vormen. Het is alsof het beton dat jullie vandaag gebruiken van kristallijne aard is.
D: *Ben je in de stad waar je kunt rondkijken en observeren?*
P: Er is een wat terughoudende houding om dichter bij de stad te komen. Want degenen die niet van de hoogste energie zijn, werden niet toegelaten, want het zou aanzienlijke schade toebrengen aan de fysieke en spirituele entiteit als geheel. Het

energieniveau van deze stad was zodanig dat het degenen die niet bekend waren met hoe ze deze energie moesten kanaliseren, zou overbelasten. En dus is het een wat voorzorgsmaatregel die we van een afstandje waarnemen. Want de energie is veel te krachtig om op dit moment te proberen te kanaliseren.

D: *Ik waardeer het dat je me dat vertelt. We zullen niets doen dat u op enigerlei wijze zal schaden. Kun je informatie krijgen door het van een afstand te observeren?*

P: Dat klopt. Er zijn mensen die zich bewust zijn van onze aanwezigheid aan de rand en deze informatie naar ons kunnen kanaliseren zonder enige vorm van fysieke verstoring in het voertuig te veroorzaken. Er zijn mensen die in hun geestesoog zouden zien dat er iets te leren valt van dit contact. En zo zouden ze naar deze stad reizen, aangetrokken door een onzichtbare kracht die hen naar dit gebied zou leiden. Daar zouden ze intuïtief de verbinding voelen met degenen die de Wachters van de Waarheid waren. En wie zou dan contact opnemen met deze personen. En de gemeenschap zou gegeven worden die dat wat waarheid is zou vestigen voor de individuen die ernaar op zoek zijn.

D: *Maar we zijn echt van hun toekomst. Hebben ze normaal gesproken met mensen gesproken in verschillende tijden?*

P: Er is altijd de mogelijkheid om datgene te overbruggen wat de tijdsbarrière wordt genoemd, want in de ware zin van het woord is er geen dergelijke barrière. Het is altijd mogelijk om je te verhouden tot degenen die van deze hogere orde zijn, alleen door te denken. Er is geen barrière om te denken. Ze zijn zeer verheugd dat jullie dit zouden proberen te doen, want het is van de hogere orde van denken die jullie in staat stelt dit te doen. Was dat niet zo, dan zou het niet mogen.

D: *Ja, ik ben altijd op zoek naar kennis. Als we dan terugblijven zodat u zich veilig en beschermd voelt, wil ik graag enkele vragen stellen over de stad.*

P: Er zal die kennis worden gegeven die veilig is voor het betrokken voertuig, en voor de algemene missie, zoals je het zou noemen. Dat is om deze informatie naar voren te brengen naar jullie tijdsperiode.

D: *Als de energie van deze stad zo krachtig was, hoe zit het dan met mensen die er niet woonden. Zouden ze binnen mogen komen?*

P: Zoals we al eerder zeiden, waren er mensen die probeerden naar de stad te komen. Het energieniveau was echter zodanig dat ze intuïtief niet veel verder zouden komen, want ze konden weten dat dit een gebied was dat verboden terrein was. Het bewustzijn van dat wat zich op een hoger niveau bevindt, zou hen vertellen dat ze niet verder hoeven te naderen, anders brengen ze zichzelf schade toe. Het was een aangeboren en intuïtief bewustzijn. Er was geen behoefte aan bewakers of centurions, want het bewustzijn was zodanig dat degenen die geschikt waren om deze stad te naderen niet de behoefte zouden voelen om zich af te keren. Het was een automatische veiligheidsvoorziening, die degenen die niet van de hogere aard waren, zou wegsturen.

D: *Is dit de enige stad van dit type die op dat moment bestaat?*

P: Het is een van de vele. Elk was uniek in het specifieke aspect van zijn energie. De kennis en het niveau van de mensen daar was enigszins uniek. De steden als geheel leken echter erg op elkaar, in die zin dat ditzelfde type manifestatie, de energieniveaus die overal en rond heersten, gemeenschappelijk waren.

D: *Toen werden elk van deze steden voor verschillende doeleinden gebruikt?*

P: Dat klopt, want er was het leren van fysieke naturen, de elementen van persoonlijkheid, bijvoorbeeld. En er was het bewustzijn van de spirituele natuur, de elementen van spiritualiteit. Er waren steden die deze zouden integreren.

D: *Voor welk type werd deze stad gebruikt?*

P: Dit was van het type gezondheid en natuur, of bewustzijn van dat wat fysiek en spiritueel combineert om de gezondheid en het evenwicht van fysiek en spiritueel bewustzijn te behouden.

D: *Kunnen ze je informatie geven over de soorten gebouwen? Je zei dat ze van kristal waren gemaakt.*

P: In de constructie is er het poeder van kristallijne aard, dat afzonderlijke individuele kristallen lijken te zijn. Het was alsof het gebouw zelf gemaakt was van kristallijn materiaal, zodanig dat het gebouw als geheel dan een kristalreceptor zou worden.

D: *In eerste instantie dacht ik dat het volledig uit enorme kristallen bestond.*

P: Niet zo, ze waren van poedervormige aard, zodanig dat de afzonderlijke granen zelf van kristallijne aard waren.

D: *Ik had niet gedacht dat je kristallen zo groot kon vinden. Maar dit poeder werd gemengd met iets om de muren te maken?*
P: Dat klopt. Ze werden gemengd met een basis- of mortelgehalte, waardoor ze in één vaste vorm aan elkaar zouden worden gecementeerd. Ze werden in een betonnen vorm gegoten en mochten uitharden. Ze waren enigszins zelfverwarmend in die zin dat de energie die werd afgegeven van de temperatuur van de zon die erop scheen in de middagzon was.
D: *Waren het grote gebouwen?*
P: Er waren structuren die enkele tientallen verhalen zouden oprijzen, misschien dertig verhalen, indien nodig. Er was de kennis aanwezig om deze gebouwen te bouwen. Er was handel en industrie, en dan was er nog de kantoorruimte, om het zo maar te zeggen. De gebieden waar kennis en informatie werd geassimileerd en verspreid, net zoals jullie dat vandaag de dag in jullie samenleving hebben.
D: *Dan zijn alle gebouwen in deze stad van hetzelfde materiaal gebouwd.*
P: De hele stad als geheel, zodat de hele stad en die inwoners erin, door deze energie werden bestraald.
D: *Maar de normale steden op de planeet waren niet gebouwd van dit materiaal?*
P: De kleinere steden werden gebouwd van meer gangbare vormen van materialen, zoals de kleien en stenen en bossen die gangbaar waren.

Dit klonk meer als de stad die Brenda zag.

D: *Dat zou verklaren waarom deze een ander energieniveau afgaf.*
P: Dat klopt. Het was alsof de stad zelf het hogere mentale karakter van die inwoners weerspiegelde.

Hij beschreef de meubels, maar ze waren gemaakt van vergelijkbare materialen die we vandaag gebruiken. Er was ook niets ongewoons aan de mensen en hun kleding, behalve dat ze meestal tunieken of gewaden droegen.

P: De verlichting zelf werd gedaan met kristalenergie, zodat de kristallen voor verlichting een lichtenergie zouden afgeven, maar een helder enigszins blauw getint licht. Er waren in die tijd kristallen die bij opwinding door kosmische energie die energie zouden afgeven, of vertalen in fysiek licht. Het was gewoon een energie-transducer.

D: *Zijn de vloeren en wanden ook dit kristallijne materiaal?*

P: Dat klopt. Het was alsof de hele stad van dit materiaal was gebouwd.

D: *Is er een ander type voertuig dan het voertuig dat je in de lucht zag?*

P: Er zijn er veel die vervoer mogelijk maken. Veel van een nutskarakter, in tegenstelling tot een transporterend karakter. Want bij de bouw en herbouw was het noodzakelijk om grote ladingen materialen over lange afstanden te vervoeren.

D: *Hoe zien de transportmiddelen eruit?*

P: Het zou je kunnen omschrijven als een soort shuttle-vaartuig qua uiterlijk. We verwijzen hier naar het tweemansambacht dat eerder werd gepresenteerd. Enigszins eivormig van onderaf gezien, en iets groter aan de achterkant in tegenstelling tot de voorkant. Er was een ruimte aan de voorkant waarin de individuen zouden zitten. Er was een kijkgebied, waardoor de gebieden rond en onder en boven konden worden geobserveerd. Er was in die tijd geen behoefte aan wrijvingsmechanisch transport, zoals je in deze tijd hebt. Het was meer een levitationeel karakter. Deze werden aangedreven door kristallen. Het was noodzakelijk om de hoeveelheid energie-output te verhogen om de extra lading te compenseren. De opstelling van de aandrijfkristallen zou in veelvouden kunnen zijn, wat een gecombineerde output mogelijk zou maken, wat voldoende zou zijn om die lading voort te stuwen.

D: *Je bedoelt dat het verschillende kleinere kristallen had, afhankelijk van hoeveel lading het moest trekken of voortstuwen?*

P: Dat klopt. Er waren meer van één gemeenschappelijk type kristal, gerangschikt in zo'n patroon dat hun totale energie-output veelvouden van een enkele vorm zou zijn. Deze kristallen kwamen als geheel van nature voor. Ze werden echter vervaardigd volgens een bepaalde specificatie, zodat hun energie-output kon worden gericht.

D: *Je zei dat deze werden aangedreven door stralen van energie die ergens vandaan werden geprojecteerd, zoals snelwegen?*

P: Dat klopt. Voor langeafstandstransport waren er bakens van kristalenergie. Een radiator van kristalenergie die zo zou worden uitgelijnd dat het pad naar een ander baken zou leiden, dat op een ver punt zou worden gestationeerd. Het zou dan gewoon een kwestie zijn van het uitlijnen van iemands vaartuig of transport langs dit baken van energie. En dan langs dit baken gereden of voortgestuwd worden. Het was noodzakelijk om de energie om te leiden, zodat men vooruit of achteruit zou gaan, naar het ene punt en van het andere. Het was gewoon een kwestie van de kristallen zelf, de voortstuwingseenheden, zodanig te herschikken dat de voortstuwing in de ene of andere richting zou zijn. De balken of bakens waren breed genoeg dat er meerdere vaartuigen tegelijkertijd dit baken konden bezetten en in misschien tegenovergestelde richtingen konden reizen. Het was niet, zoals is geïnterpreteerd, een strakke en smalle balk, maar een breed en algemeen baken.

D: *Toen werden deze bakens op verschillende plaatsen op de planeet geplaatst?*

P: Niet zozeer de planeet zelf, want de kennis en het bewustzijn die nodig was om deze vorm van transport te gebruiken, was niet overal aanwezig. Ze bevonden zich over het hele continent op verschillende strategische of belangrijke plaatsen, niet willekeurig. Want er waren die gebieden die zulke bakens nodig hadden, en die gebieden die dat niet waren.

D: *Toen werkten de voertuigen in deze stad anders?*

P: Er was energie beschikbaar in de hele stad, dus er waren geen bakens of balken nodig. De beschikbare energie in de omringende atmosfeer of omgevingsenergie was voldoende om deze vaartuigen in elke gewenste richting te laten vliegen.

D: *Ze waren in staat om gebruik te maken van de energie die werd veroorzaakt door de kristallen gebouwen en de stad zelf.*

P: Dat klopt.

D: *Als je dan de stad uit wilde, moest je het andere type voertuig gebruiken.*

P: Dat klopt.

D: *Hoe zit het met de communicatie binnen de stad?*

P: Het was telepathisch van aard. Er was geen behoefte aan telefoons in de zin dat men ze vandaag zou interpreteren. De bewoners waren zeer telepathisch van aard en konden zich bewust zijn van en communiceren met iedereen die ze maar wilden op elk gewenst moment. Er waren echter wat "machines" konden worden genoemd, enigszins vergelijkbaar met uw computers. Dit waren distributeurs en accumulatoren van kennis en informatie. Deze werden vooral binnen de stad zelf gebruikt, voor de meer accurate communicatie van informatie.

D: *Waren de mensen in staat om telepathisch over lange afstanden te communiceren?*

P: Heel nauwkeurig. Er waren mensen die konden communiceren tussen verschillende gebieden op de planeet. Er was geen behoefte aan kunstmatige vormen van communicatie. Het was niet nodig om jezelf alleen tot de planeet te beperken, want er was het vermogen om te communiceren met degenen die zich op vrij verre planeten bevonden, simpelweg met telepathische middelen. Deze vorm van communicatie is tot op de dag van vandaag nog steeds beschikbaar, ware het als het als zodanig wordt herkend.

D: *Gereactiveerd, tot op zekere hoogte.*

P: Dat klopt.

D: *Had iedereen op de planeet dit vermogen om te communiceren?*

P: Niet dus. Want er waren er die het niets kon schelen. Misschien voelden ze geen behoefte aan dergelijke vormen van communicatie en waren ze niet geïnteresseerd in het leren van wat nodig was om dit soort communicatie mogelijk te maken.

D: *Toen was de hele planeet niet zo hoog ontwikkeld.*

P: Dat klopt. Er waren mensen die de toewijding en de kennis verlangden die deze communicatie zou vergemakkelijken. De communicatie was op zichzelf niet het middelpunt van de zoektocht naar kennis. Het was niet het einde van de middelen.

D: *Waarom communiceerden ze met andere planeten?*

P: Er werd informatie gegeven die een hoger begrip van jezelf mogelijk zou maken, met betrekking tot jezelf en anderen ook. Het was beschikbaar gesteld door de vooruitgang van het sociale bewustzijn van de bewoners. Een vollediger begrip van sociale functies op planetair niveau.

D: *Mensen van de andere planeten namen contact met hen op wanneer ze naar de juiste staat waren geëvolueerd?*

P: Niet dus. Het was gewoon een kwestie van de evolutie van het bewustzijn, zodanig dat het bewustzijn van degenen op de planeet al snel een niveau bereikte waarop ze zich bewust waren van veel meer dan alleen hun eigen soort op hun eigen planeet. Hun bewustzijn verbreedde en nam toe, zodat ze zich vervolgens bewust waren van de communicatie tussen andere planeten.

D: Hadden ze ook fysiek contact met mensen van andere planeten?
P: Ja, zoals we al eerder hebben gezegd. Er werd dat vermogen gegeven om rechtstreeks met hen te communiceren of om degenen die van de andere aard waren persoonlijk te ontmoeten.

D: Ja, je zei wel dat bepaalde mensen van de planeet mochten.
P: Dat klopt.

D: Kwamen de mensen van andere planeten hier ook?
P: Dat klopt. Want er werd gezien dat er die kennisuitwisseling kon worden gegeven die gunstig zou zijn voor beide betrokken partijen. Zodat hun leren completer en geaarder was.

D: Weet je of deze communicatie al lang aan de gang was voordat ze zich ervan bewust waren?
P: Er was in andere delen van het universum communicatie gaande ver voordat de planeet als geheel verscheen. Het bewustzijn dat door dat specifieke deel van de bevolking werd bereikt, maakte echter de communicatie tussen degenen op andere planeten en zichzelf mogelijk.

D: Ik was benieuwd of de mensen van de andere planeten naar de Aarde waren gekomen voordat ze bij wijze van spreken werden opgemerkt.
P: Er waren, geruime tijd voorafgaand aan de Atlantische incarnatie, die visitaties die een bewustzijn van de planeet in andere delen van het universum mogelijk maakten. Het was niet onbekend dat de planeet op zo'n manier evolueerde. En men zag dat de evolutie zodanig was dat er uiteindelijk telepathische vormen van communicatie zouden worden vastgesteld waarin die wezens die op planeten waren achtergelaten, die niet reisden, spoedig in staat zouden zijn om rechtstreeks contact te maken met deze bewoners van deze nieuw evoluerende planeet.

D: Waren er andere soorten machines in de stad?
P: Er waren weer de communicatietypes van machines, evenals het ophalen en opslaan van informatie. Er was dat niveau van machines dat het comfort van de gebouwen zelf zou verzekeren. Er was de conserveringsmachine, zodat het voedsel en de kledingstukken enzovoort gezond en in een schone en hoge staat van uiterlijk werden gehouden.

D: Dat is een interessante term 'conserveringsmachine'. "Ik denk aan onze koelkasten. Maar dat had het niet kunnen zijn als je het ook over kleding had.

P: We spreken hier in een brede categorie, en niet zozeer in een enkel concept. Het lijkt qua concept inderdaad erg op de koelkast en wasmachine die tegenwoordig zo gewoon zijn in jullie samenleving.

D: Dan hebben ze altijd behoefte gehad aan zulke dingen, neem ik aan.

P: Dat klopt. Want de behoefte aan reinheid en behoud is al vele eeuwen gangbaar bij de mens.

D: Zijn er dieren in de stad?

P: Het werd in deze kristallen stad niet gepast geacht om de omzwervingen van dieren door de straten toe te staan, zoals in die tijd gebruikelijk was in sommige andere delen van het continent. Dieren zouden zich niet kunnen aanpassen aan de enorme energiekracht van de stad.

D: Was de levensduur van de mensen ongeveer hetzelfde als de onze?

P: Het was iets korter dan tegenwoordig gebruikelijk is in dit tijdsbestek. Echter niet vanwege een slechte gezondheid. In deze energie zijn verkort de levensverwachting enigszins. De accumulatie van kennis was echter zodanig dat men in een veel kortere tijd leerde wat vele, vele jaren in latere mindere levens kan duren. Het was alsof het leerproces versnelde. En in het leven met de energieën werden de fysieke lichamen veel sneller en groter gebruikt dan degenen die buiten de energieën zouden leven. De ziekte en slechte gezondheid die in andere delen van de planeet heersten, waren voor een groot deel onbestaande in dat specifieke type stad.

D: Toen hadden andere mensen op de planeet een andere levensduur dan degenen die in de stad woonden.

P: Dat klopt. Degenen die in de energiesteden woonden, hadden een levensduur die iets korter was dan gemiddeld wordt beschouwd. Mogelijk in de leeftijdscategorie van veertig en vijftig jaar zou gemiddeld zijn. Degenen die buiten woonden en van hogere orde waren en zich bewust waren van netheid en dieet, konden verwachten dat ze in de jaren zestig en zeventig zouden leven. Er waren echter mensen die iets primitiever waren, wiens levensduur veel minder was.

D: Ik vermoed dat veel hiervan ook te maken had met medische vooruitgang.
P: Dat klopt. Het was gewoon een niveau van bewustzijn dat de levensverwachting dicteerde.

Ik besloot de sessie te beëindigen omdat ik vond dat we genoeg hadden geleerd over de kristallen stad. Ik vroeg of ik op een ander moment terug kon komen en informatie kon krijgen over hun kennis en vaardigheden.

P: We zullen proberen je datgene te geven wat op dat moment het meest geschikt is om te geven. We zouden graag willen dat u begrijpt dat de geschiktheidsfactor de belangrijkste leidraad is in elk van deze sessies. Want wat bij de ene sessie gepast is, is dat misschien niet bij de volgende.

D: Het is volgens welke energie de vragen beantwoordt?
P: Afhankelijk van de energie van de algehele situatie, want er zijn veel deelnemers aan dit streven, niet alleen die van jezelf, wat een effect heeft op de algehele werking. Het is deze totale som van de voorwaarden van de energieën, die de geschiktheidsfactor vormt. We zullen hem beschermen in zijn pogingen om zichzelf te begrijpen, evenals zijn leven, dat, zoals altijd, zeer verschillend en gescheiden kan zijn. Want vaak hebben mensen het gevoel dat ze hun leven zijn. En toch is iemands leven in feite een verlengstuk van zichzelf. Iemands zelf kan behoorlijk gescheiden worden van zijn leven. Hier wordt het leven gedefinieerd in de sociaal-maatschappelijke culturele aspecten, en niet in fysieke zin. De ervaring van het leven is dan iemands leven. En zo filtert men door dit levensconcept die ervaringen die de ervaring van het leven zelf zijn.

Dit was een moeilijke sessie voor mij. Er leek een energie van Phil uit te gaan, ook al was hij niet in de buurt van de stad. Het gaf me een lichte hoofdpijn en verstoorde mijn manier van denken en vragen stellen. Het was moeilijk om vragen te stellen en je te concentreren. Het was ook vreemd dat toen ik deze sessie verliet en naar het appartement van John ging voor een sessie over het materiaal van de Nostradamus, ik nog een vreemde ervaring had. Dit was de dag dat de boze Imam mij met zijn energie overrompelde. Dit werd gemeld in

Conversations With Nostradamus, Volume II. Twee keer op één dag blootgesteld worden aan een vreemd soort energie. Toeval?

* * *

Voortdurende informatie kwam van Phil naar voren tijdens een andere sessie toen ik vragen stelde over aardse mysteries.

D: Ik ben losse eindjes aan het knopen over de geschiedenis van Atlantis. Ze zeiden dat de mensen van Atlantis een groot mentaal vermogen hadden ontwikkeld. Dat ze veel dingen met hun verstand konden doen die voor de mensen van onze tijd onmogelijk te doen zijn. Kun je me vertellen welke vermogens de mensen van Atlantis hadden op mentaal niveau?
P: Er zijn van die dingen die duidelijker waren voor degenen die je de Atlantiërs zou noemen. De mensen waren meer afgestemd op de adem van het bestaan en waren in staat om meer waar te nemen. De talenten van deze individuen werden meer gemotiveerd door een verlangen om te leren, in tegenstelling tot een verlangen om te verdienen. Dat is wat jullie op dit moment in jullie samenleving vinden, zoals jullie die definiëren.
D: Wat zouden ze kunnen doen dat we vandaag niet kunnen doen?
P: Er is niets dat toen werd gedaan dat vandaag niet kon worden gedaan. De motivatie ontbreekt echter misschien bij een meerderheid van de mensen die we op dit moment op jullie planeet zien. Er zijn velen die proberen die verloren kennis terug te winnen.
D: Maar welke krachten hadden zij die wij verloren hebben?
P: Het vermogen om te metamorfoseren is ongebruikt en vergeten. Dat wil zeggen, iemands bestaan veranderen van het ene bepaalde wezen in het andere. Het is gewoon een kwestie van het opnieuw samenstellen van iemands atomaire structuur om zich beter te identificeren met een andere reeds gevestigde en geïdentificeerde set atomaire harmonieën. Het vermogen om dit te doen heeft veel meer te maken met de acceptatie van levensmodellen dan wat tegenwoordig algemeen bekend is. Het concept is dat er bij de vorming van een fysieke planeet overeenkomsten zijn tussen de energieën die deze planeet vormen, dat die-en-die energieën die-en-die zullen zijn. En andere energieën zullen die-en-die anders

zijn. Er is een overeenkomst dat rotsen rotsen zullen zijn en bomen bomen zullen zijn. Dit is in harmonie met de behoeften en verlangens van de individuele energieën. Er zijn echter mensen die het vermogen hebben om hun geaccepteerde realiteiten te veranderen, zodat ze zichzelf vervolgens kunnen modelleren als een ander schepsel of realiteit. Dit is geen overtreding van de universele wet, maar slechts een toepassing van de universele wet. Er is het vermogen om dit te doen bij veel mensen op jullie planeet vandaag, die bang zijn voor dit talent. Ze zijn zich er enigszins van bewust en zich bewust van het vermogen om dit te doen. Maar zijn gebonden aan veel verschillende soorten angsten en loyaliteiten, dus weigeren ze het bestaan van zo'n talent te erkennen. Het was echter gebruikelijk in die dagen van Atlantis.

Dit was de eerste keer dat ik van een dergelijk concept hoorde buiten de versie van Hollywood. Ik wilde het verduidelijken.

D: Bedoel je dat in plaats van dat de geest het lichaam van een dier binnendringt, ze in feite het bestaande lichaam van de mens veranderen in de vorm van een dier, en weer terug?
P: Dat klopt. Het zou gewoon een verbouwing zijn van de algemene algemene harmonie van een bepaald bestaan. Zodanig dat het vervolgens een ander totaal ander soort bestaan werd. Het zijn verschillende trillingen. Iemands trilling veranderen van die van een boom naar die van een steen zou gewoon een kwestie van aanpassing zijn. Er zijn entiteiten die dit naar believen kunnen doen, voor een bepaald doel. Het bleek echter dat tijdens die dagen van Atlantis, vóór het uiteenvallen, dat velen dit talent en vermogen gebruikten om veel vernietiging en schade aan te richten. Niet alleen voor de mensen om hen heen, maar ook voor zichzelf. De hogere orde en harmonie van dit vermogen werd verworpen ten gunste van persoonlijke verheerlijking of gewin. En daardoor ging het talent verloren.
D: Waarom zou iemand dat willen doen? Het klinkt min of meer als een spelletje.
P: Er zijn geen spelletjes in het leven die niet onderwijzen. Er zijn echter die "spellen" die kunnen worden gebruikt op een manier die niet gezond en gezond is. Men zou dan zien dat de spellen die werden gespeeld en dood en verderf zaaiden, dan geen spelletjes

waren, maar aansprakelijk werden voor de gevolgen van de betrokken personen.

D: Maar hoe kan metamorfose, het overschakelen van verschillende vormen, dood en verderf veroorzaken?

P: De daad van bedrog en verraad was in die tijd niet onbekend. En daarom kun je zien dat het onheil dat over een beschaving werd geregend door de individuen die in een andere persoon konden veranderen en die persoon konden imiteren, heel duidelijk kon zijn; zelfs in je leven als je jezelf als iemand anders zou kunnen voorstellen en onheil zou kunnen veroorzaken in de gedaante van die persoon. Wanneer men dat naar een niveau van kruispersonalisatie tussen de ene soort naar de volgende brengt, dan zijn er velen die in de war zouden raken over wat hun ware identiteit is. En ze zouden daarom verdwaald raken in wat en wie ze werkelijk zijn.

D: Dus je bedoelt dat ze dit voor de verkeerde doeleinden gebruikten.

P: Dat klopt. De doelen waarvoor deze talenten werden gegeven, werden in een alarmerend tempo afgedankt. En dus werd gezien dat dit vermogen noodzakelijkerwijs zou moeten worden verwijderd, om de grootschalige vernietiging van de beschaving in het algemeen te voorkomen.

D: Gaat dit samen met de legendes van half-mens en half-dier?

P: Dat klopt. Minotaurussen bijvoorbeeld. Er waren mensen die zouden veranderen in dat wat één was geworden, en toch aspecten van dat wat een ander is, behielden. En raakte toen in de war over wie van de twee ze waren, en behield zo een deel van beide. Dit vermogen ontaardde vervolgens in een verwarring van de identiteit van beide werkelijkheden of bestaansvormen, zodanig dat het gevaar bestond dat er een algemeen verlies van identiteit van alle soorten zou zijn. Daarom werd gezien dat deze identiteitsovergang niet zou worden toegestaan.

D: Ik heb ook gehoord dat ze dit misschien andere mensen hebben aangedaan zonder hun toestemming.

P: Om dit te bereiken, was het noodzakelijk dat het bewustzijn van het individu niet alleen wist vanwaar hij kwam, maar ook van datgene waar hij naartoe ging. Daarom zou er noodzakelijkerwijs het bewuste bewustzijn van dit proces moeten zijn, om het mogelijk te maken. We zien dat er gevallen waren waarin er instructies werden gegeven over hoe dit individu in dat cijfer te veranderen.

En vervolgens kregen ze verdere instructies over hoe je dat individu in een ander kon veranderen, zodat de oorspronkelijke identiteit dan verloren ging. Men zag dat dit een manier was om er een uit beeld te halen, om zo te zeggen, om er een te veranderen in iets dat minder bedreigend of neutraal was.

D: *Maar dit zou eigenlijk indruisen tegen morele wetten, en ook tegen de wetten van het universum.*

P: De techniek was uiteraard in lijn met de wetten. Het zou niet mogelijk zijn om dit te doen, ware het niet dat het al een gevestigde wet was. Het feit dat dit mogelijk was, suggereert dat het al als wet was vastgesteld. De morele implicaties van dergelijke acties waren echter in direct conflict met het handvest dat aan deze planeet werd gegeven op het moment van de toekenning van het leven, zodanig dat de vooruitgang van het ras zou worden verbeterd en niet zou worden belemmerd. Men zag dat deze kruismutatie de voortgang belemmerde en daarom werd het weggenomen.

D: *Was er nog iets anders dat ze met hun geest konden doen, dat we in deze tijd hebben verloren of niet ontwikkeld?*

P: Er waren heel veel verschillende talenten, zoals je ze zou noemen. Het zijn echter gewoon erkenningen van universele waarheden. Na verloop van tijd zal er weer het bewustzijn en het vermogen worden gegeven om deze realiteiten te herkennen en te gebruiken - bij gebrek aan een betere term.

D: *Dit was een van de dingen die ik hoorde, dat ze hun capaciteiten en de wetten van het universum begonnen te misbruiken. Dat was een van de redenen waarom ze moesten stoppen.*

P: Dat klopt.

Dit gedeelte kwam uit een andere sessie en ik weet niet zeker of het over hetzelfde gaat of niet.

D: *Op een keer, toen we aan het praten waren, zeiden ze dat in het allereerste begin, toen geesten voor het eerst naar de aarde kwamen om lichamen te bewonen, ze de lichamen van dieren binnengingen. En ik geloof dat je me vertelde dat het niet langer mocht. Is er iets gebeurd? Waarom mocht het niet meer?*

P: Er werd de mogelijkheid gegeven om te experimenteren met, wat je zou kunnen noemen, een transmigratie-ervaring. Of misschien eenvoudiger, het implanteren van bewustzijn en bewustzijn in dierlijke lichamen, zodat een dier dan het bewustzijn van, wat je noemt, menselijk bewustzijn zou waarnemen en erbij zou hebben.

D: *Bedoel je dat de dieren zich meer bewust waren dan ze nu zijn?*

P: We bedoelen alleen dat de dierlijke lichamen in die tijd het bewustzijn en bewustzijn hadden van de dierlijke lichamen die jullie "menselijk" noemen. Het is niet zo dat de dieren zelf zijn veranderd, sprekend vanuit een strikt fysiek referentiepunt. Het bewustzijn, het bewustzijn, dat verschilt tussen dier en mens, werd in die tijd echter aan de dieren gegeven. Het was gewoon een bewustzijn om te integreren in een dierlijk lichaam.

D: *Heeft dit ervoor gezorgd dat het dier zich anders gedroeg?*

P: Vanuit een strikt spiritueel gevoel werd het bewustzijn niet zozeer veranderd, maar mocht het de bewoning van een dierlijk lichaam of een andere levensvorm ervaren. Het zou zijn alsof je bewustzijn dat van een dier zou mogen binnengaan. Jijzelf, je bewustzijn, zou niet zo veel veranderd worden. Je zou nog steeds je identiteit behouden. De expressie van je fysieke zou echter anders zijn. Je zou je dan bewust zijn in een dierenlichaam.

D: *Je zou beperkt worden door wat het dier zou kunnen doen.*

P: Door de fysieke beperkingen van het diervoertuig klopt dat.

D: *Ik heb vragen gesteld over de levenskracht die de dieren vandaag de dag bewoont, en ik kreeg te horen dat het anders is.*

P: Dat klopt. Het is niet zo bewust of waarnemend, of op hetzelfde niveau als die intelligentie die je zelf bewoont. Het is op zichzelf een dier of levenskracht, maar het is niet van dezelfde energie als dat bewustzijn dat je draagt.

D: *Toen was het in die begintijd anders?*

P: Het verschilde niet zo veel van de intelligentie die je dierenlichaam bewoonde. Het is gewoon dat de intelligentie in die tijd aan meer dan één fysiek type lichaam werd gegeven.

D: *Dan was dit gewoon een vorm van experimenteren?*

P: Dat klopt. Er is altijd, op het gebied van ervaring, de behoefte aan dat wat nieuw is en dat wat niet eerder is gedaan. Daarom mocht het. Degenen die de planeet op dat moment bedienden, stonden deze transmigraties toe, om die intelligenties in staat te stellen het leven in een fysieke omgeving te ervaren door middel van veel verschillende soorten fysieke expressie. Men zag dat dit het vermogen om zich uit te drukken op fysiek of fysiek niveau kon verbeteren. De toegevoegde uitdrukkingsvermogens zouden de mogelijkheden van de intelligenties vergroten om - we vinden dit moeilijk te vertalen, want er wordt geen concept gegeven op dit niveau. De bedoeling van de uitdrukking was echter om te leren.

D: Toen was dit aan de hand toen de geesten voor het eerst naar de aarde kwamen?

P: Dat is niet juist, want het was ruim na het oorspronkelijk zaaien van de planeet. Het was echter in een gevorderde staat van bewoning van de planeet, in de Atlantische ervaring, waarin er een hoge mate van bewustzijn van de levenskrachten was.

D: Ik dacht dat er misschien geen mensen waren op het moment dat dit werd gedaan, er waren alleen dieren.

P: Dat klopt niet. Want er zou niet de mogelijkheid worden gegeven om op deze manier te transmigreren, als er niet de menselijke ontwikkeling was geweest die hieraan voorafging. Dat wil zeggen, de ervaring van menselijke incarnatie.

D: Toen zei u dat de Atlantiërs zich meer bewust waren?

P: Dat klopt. Ze waren zich zeer bewust van de levenskracht en de implicaties van levenskrachten in dierlijke of fysieke lichamen. Het was alsof dit een wetenschap was die in hoge mate werd opgevat. En dus mochten ze experimenteren met meer voertuigen, om dit fenomeen van de intelligentie of het bewustzijn dat een dierlijk lichaam bewoont beter te begrijpen. Het is gewoon een vergoeding dat dit is gebeurd. Het werd echter misbruikt en misbruikt, in die mate dat de dierlijke uitdrukkingen het water van genetische poelen modderen. Het veroorzaakte verstoringen in de harmonie van fysieke expressie. Als dit experiment zich aan zijn hoogste morele code had gehouden, zou het veel van de hoogste uitingen van intelligentie in veel verschillende vormen van dierlijk leven mogelijk hebben gemaakt. De introductie van disharmonie in dit experiment veroordeelde het echter tot mislukking.

D: Een punt dat ik probeer te begrijpen. Stierven ze eerst en gingen ze dan het dierlijke lichaam binnen, of deden ze dit terwijl ze ook in het menselijk lichaam waren?

P: Het zou tegelijkertijd kunnen. Want er werd aangetoond dat het bewustzijn van het ene voertuig naar het andere kon worden gemigreerd. Het zou zijn alsof men zou mediteren en zichzelf van zijn lichaam zou verwijderen. En plaats jezelf dan in het fysieke lichaam van een ander dier.

D: *Ik dacht dat als ze dit als een experiment deden, ze stierven en toen terugkwamen als een dier, wat echte transmigratie is.*

P: Er waren ervaringen waarbij degenen van de andere kant degenen hielpen die nog fysiek waren. En dus zou je kunnen zeggen dat er van die gevallen waren waarin een incarnatie mocht plaatsvinden. Echter niet in de klassieke zin van wedergeboorte, zoals jullie hier op jullie planeet nu hebben.

D: *Toen waren de Atlantiërs mentaal en intellectueel zo ontwikkeld dat ze deze dingen als een experiment deden.*

P: Het zou juister zijn om te zeggen dat ze veel bewuster waren, niet zozeer intellectueel, maar gewoon ruimdenkend. Want er lijkt hier nogal een onderscheid te zijn. Er zijn mensen die misschien niet het hoogste intellect hebben, en toch zeer bewust zijn. En er zouden mensen kunnen zijn die van geniaal niveau kunnen zijn, en toch afgesloten kunnen zijn voor alles behalve dat wat van de vijf zintuigen is. Er is hier geen onderscheid tussen wat beter of het hoogst is in prestatie.

D: *Ik dacht dat ze misschien hoog ontwikkeld waren.*

P: Het een hoeft niet bij het ander te zijn.

D: *Ik probeer dit goed te begrijpen, dus ik kan wat dingen zeggen die naïef klinken. Maar het lijkt alsof ze een spelletje aan het spelen zijn?*

P: Dat klopt niet. Want daar kwam geen frivoliteit aan te pas. Het was inderdaad een serieuze poging van de kant van de ontdekking. Of om het beter weer te geven, serieus onderzoek naar de gevolgen van intelligenties die dierlijke vorm of fysieke vorm bewonen.

D: *Maar ze waren in staat om hun bewustzijn min of meer in het dier te projecteren. Dan konden ze terug naar hun eigen lichaam wanneer ze dat wilden.*

P: In die gevallen klopt dat. In misschien meer gevallen was het een migratie van de intelligentie van de ene vorm naar de andere.

D: *Dit was een complete migratie?*

P: Dat klopt in sommige opzichten. Er zijn echter subtiele verschillen die op dit moment niet volledig kunnen worden gegeven. We nemen waar dat er een gebrek aan volledig begrip is in de fysieke gevolgen van gelijktijdig bewustzijn, op dit niveau op dit moment. Er waren echter die gevallen waarin men ervoor koos om zijn

vorige fysieke lichaam te verlaten, om te bewonen wat van mindere of andere aard was.
D: Maar in die gevallen zouden ze niet terugkeren naar het oorspronkelijke lichaam.
P: Dat klopt.
D: Zou het oorspronkelijke lichaam niet sterven?
P: Het kan misschien bewoond worden door een andere of andere intelligentie. Het zou zijn alsof ze van plaats wisselden.
D: Maar het zou niet de dierlijke intelligentie zijn die de mens binnenkomt. Op die manier handelen.
P: Niet dus, want er zat om te beginnen niet de intelligentie in het dier. Er is niet wat je een dierlijke intelligentie zou noemen. De intelligentie was van een spirituele aard, die gewoon nieuwe vormen van fysieke expressie probeerde.

Blijkbaar moest dit door de intelligentie worden gewild of gewenst en zou het dier niet geavanceerd genoeg zijn om de wil of het verlangen te hebben om van plaats te ruilen. Ook, zoals ik ontdekte in Between Death and Life is de dierlijke geest anders dan de menselijke geest, omdat het meer een groepsgeest is die lijkt op kolonies mieren of bijenkorven.

D: Je zei dat dit disharmonie creëerde?
P: Dat klopt, want er was de integratie van die verschillende levensvormen binnen gemeenschappelijke groeperingen. En zo waren er mutaties. Het was zodanig dat de ware vormen of ... we vinden dit concept hier moeilijk te vertalen, want opnieuw is er op dit moment geen nauwkeurig begrip van de realiteit van levensvormen die fysieke lichamen bewonen. Daarom moeten we datgene gebruiken wat op dit moment bekend is: de bouwstenen die ons ter beschikking staan, om zo goed mogelijk weer te geven wat we waarnemen als de ultieme realiteit. Met andere woorden, we zouden uw kennis gebruiken die op dit moment voor u beschikbaar is. We hebben echter het gevoel dat je kunt zien dat het afgebeelde beeld niet zo nauwkeurig zou zijn als we zouden willen. En dus moeten we ons enigszins opofferen in de vertaling, om datgene over te brengen wat het dichtst in de buurt komt van wat we als waarheid waarnemen. We vragen u ook te begrijpen dat we niet kunnen toestaan dat dit wordt vertaald als het zou

worden afgebeeld op wat we een valse of misleidende manier zouden noemen. Daarom zijn er een aantal gebieden waarover we niet kunnen spreken, simpelweg vanwege het feit dat er niets is om op conceptuele basis over te brengen. Want elke poging om deze conceptuele basis over te brengen zou, vanwege de aard van wat beschikbaar is voor overdracht, worden vertaald en een vrij onnauwkeurig en misleidend beeld geven.

D: *Doe gewoon je best. Ik waardeer alles wat je me in die zin kunt geven.*

P: We vragen je dan om gewoon aan te geven wat je wilt weten.

D: *Nou, je zei dat ze in staat waren om de lichamen te muteren ...?*

P: De lichamen muteerden, niet dat ze muteerden. Het onderscheid is hier tussen de fysieke en spirituele aspecten. Met andere woorden, de lichamen zouden dan uitdrukken of weerspiegelen wat van de geestelijke natuur is of was. Want het is bekend dat het fysieke slechts een weerspiegeling is van het geestelijke. En daarom was er bij het kruismengen van deze spirituele energieën de mutatie of kruisreflectie van het fysieke naar het spirituele.

D: *Ik dacht dat ze na hun bewoning misschien gekruist waren met andere dieren, en dit was wat je bedoelde met mutatie.*

P: Dat klopt. Het is echter ook belangrijk om te leren begrijpen dat het samenwonen zelf, niet de enige bepalende factor is in deze mutaties. Als iemand de levensvorm van het ene type dier zou ervaren en assimileren, en dan zou migreren of overgaan naar dat voertuig dat van een andere dierlijke vorm is, zou men zo de onderscheidende grenzen van fysieke aspecten overschrijden. Dus er zou een overdracht van de eigenschappen of assimilaties van de ene vorm naar de volgende zijn. En het is daardoor, dat deze mutaties ontstonden.

D: *Ik heb gehoord dat dieren normaal gesproken niet kunnen kruisen met een andere soort. Ik dacht dat dat was wat je bedoelde met mutaties.*

P: We bedoelen hier om het idee over te brengen dat de fysieke expressie weer slechts een weerspiegeling is van dat wat in spirituele zin is. Daarom, als de helft van de ene reflectie vermengd zou zijn met een helft van een andere uitdrukking, zou je kunnen zien dat het resultaat een mutatie zou zijn.

D: *Door dit te doen, waren ze in staat om op de een of andere manier het genetische te beïnvloeden .....*

P: (Onderbroken.) Dat is juist, want het genetische wordt volledig beïnvloed door het spirituele. Het zou als volgt kunnen worden uitgelegd, dat de uitdrukking van de mens een spirituele uitdrukking in de natuur is. En de fysieke vorm die zich rond deze uitdrukking vormt, is gewoon een weerspiegeling van dat wat geestelijk menselijk is. En daarom volgt hieruit dat deze menselijke vorm in veel verschillende delen van het universum wordt aangetroffen, simpelweg vanwege het feit dat dit een vergelijkbare uitdrukking is. De menselijke vorm wordt uitgedrukt in menselijke vorm, of het nu hier op deze planeet is of op een andere planeet. Er zijn andere uitdrukkingen. Die uitdrukkingen die niet menselijk zijn, maar die zich bewust zijn, als ze zich op deze planeet zouden uitdrukken, zouden zich op een heel onbekende en mogelijk angstaanjagende manier uitdrukken. Het is eenvoudig dat de menselijke vorm een vorm van fysieke expressie is die een uitdrukking is in het fysieke van het spirituele.

D: *Dit heeft twee vragen opgeroepen. Misschien kunnen we ze allebei dekken. Zou dit enkele van de legendes van vreemde wezens, half-mens half dier verklaren?*

P: Dat klopt. Er was inderdaad die kruisexpressie. Het modderen van het water.

D: *Dat is wat je bedoelde met de disharmonie?*

P: Dat klopt.

D: *Toen waren dit echte fysieke wezens.*

P: Dat klopt. Ze waren verstoten in hun eigen samenleving. Want er waren mensen die zichzelf als zuiver beschouwden en neerkeken op deze schepselen die zij een "minder zuivere" uitdrukking noemden. Er ontstond toen een soort kastenmaatschappij, zoals je die nu in India hebt. Er zijn mensen die worden beschouwd als van een hogere aard, en degenen die als van een mindere aard worden beschouwd.

D: *Toen deze vormen verschenen, zoals half-man half-paard en verschillende van deze aard, waren ze dan in staat om zich van hun eigen soort voort te planten?*

P: Niet zo, want die van hen was geen genetische blauwdruk. Het waren slechts uitdrukkingen van dat wat van de spirituele natuur was, en niet op zichzelf een ras van wezens, zoals jullie nu hebben. Er zijn die rassen van wezens, of ze nu mens of dier zijn.

D: *Toen waren ze uniek in hun soort.*

P: Dat klopt.
D: Er schijnen zoveel verhalen te zijn over verschillende soorten.
P: Dat klopt. Want er waren meer dan enkele gebeurtenissen van deze kruismigratie. Er waren meerdere evenementen. Ze waren echter niet op zichzelf wat je "een ras" van wezens zou noemen. Om dit verder uit te leggen, moeten we jullie misschien een korte verhandeling geven over dit bewustzijn van spirituele integratie. In de fysieke of menselijke expressie zijn er die energieën die op zichzelf menselijk van aard zijn. We spreken hier strikt in spirituele zin, waarbij we elk type fysieke component negeren. Dit zijn menselijke energieën. In fysieke expressie verschijnen deze menselijke energieën in fysieke zoals jullie ze kennen, in menselijke vorm. De realiteit hier is dat het fysieke gewoon een uitdrukking is van dat wat spiritueel is. De menselijke vorm is fysiek gezien slechts een uitdrukking van die energie die menselijk van aard is. De levenskracht die eigenaardig of bijzonder menselijk van aard is, vertaalt zich naar het fysieke niveau in de menselijke vorm. Er zijn die energieën, zoals die wat je "gras" energie zou noemen. Een grasspriet is gewoon een fysieke manifestatie van die energie die van de grasspriet is. Je ziet dus dat er vele vormen van energie zijn. En deze verschillende vormen van energie vertalen zich anders naar het fysieke niveau. Het universum is gemaakt van energie. Het fysieke universum is gewoon een uitdrukking of een vertaling van deze hogere energieën. Dus zie je, de realiteit van het universum is gebaseerd op spirituele energie. Het fysieke universum is niets meer dan een uitdrukking of een vertaling van dat wat spiritueel van aard is. Daarom, wanneer iemand een spirituele energie neemt en deze vertaalt in een fysieke expressie, heb je wat wordt waargenomen als een fysieke vorm, die eenvoudigweg die spirituele energie weerspiegelt of vertaalt waarvan het een contingent is. Dus als je om je heen kijkt en deze fysieke vormen ziet, zie je in feite niets meer dan reflecties of vertalingen. Dit zijn reflecties of vertalingen gebaseerd op, of afgeleid van, die energieën waarvan ze een onderdeel of reflectie zijn. Zodat men bij transmigratie een vermenging van deze energieën vindt. De energie die eigenaardig of in het bijzonder paardenenergie is die zich vermengt met of zich mengt met die energie die in expressie menselijk is. En dus wordt

in deze vermenging of vermenging van energieën de uitdrukking dan vanzelf deels paard en deels mens.

D: *Op die manier -- je gebruikt de centaur als voorbeeld -- zouden ze er meestal hetzelfde uitzien. Daarom hebben we deze legende van de half-man en half-paard?*

P: Dat klopt. De verhoudingen van de mix waren echter niet consistent. Er was de algemene overeenstemming dat dit half paard of misschien half-menselijk was. Er was echter geen wet of dictaat dat eiste dat het menselijke deel zich uitstrekte van waar de nek van het paard misschien zou zijn. De uitdrukkingen waren niet in alle gevallen identiek, maar ze waren vergelijkbaar.

D: *Toen gaven de legendes gewoon een generalisatie.*

P: Dat klopt.

D: *Toen kwamen de verhalen van zeemeerminnen en de harpijen: half vogel en half vrouw, allemaal voort uit deze feitelijke gebeurtenissen.*

P: Dat klopt.

D: *In die tijd zwierven deze wezens wel over de aarde, maar zoals je zei, werd er op ze neergekeken.*

P: We zouden niet zeggen dat ze over de aarde zwierven. Want ze waren niet verspreid over de hele bevolking van de planeet. Ze waren in feite gelokaliseerd of gesegregeerd in die gebieden waar de experimenten plaatsvonden. In die gebieden waar de cultuur die hoge staat van bewustzijn had bereikt, zodat deze experimenten zich konden manifesteren.

D: *Dit is de reden waarom deze legendes tegenwoordig min of meer in bepaalde culturen voorkomen.*

P: Dat klopt. De ervaring was bij velen bekend gedurende de evolutie van de planeet. De werkelijke fysieke manifestaties waren echter enigszins gelokaliseerd in de Atlantische incarnatie.

D: *Hoe zit het met de verhalen van magie, waar een individu, een soort tovenaar, mensen in dieren kon veranderen?*

P: Misschien zou dit nauwkeuriger geregeld kunnen worden op het gebied van fantasie en verlangens. De wens om meer controle te hebben over iemands leven. Want in die periode waarin magie nogal gangbaar was in het menselijk bewustzijn, was er het verlangen om meer controle te hebben over de fysieke omgeving. En dus gaven deze verhalen geloof aan de mogelijkheid dat mensen inderdaad meer controle hadden over hun omgeving. Het was gewoon een manifestatie van een psychologische behoefte om je majesteit over de elementen uit te drukken. En dus, bij het vertellen en geloven van deze verhalen, werd het plaatsvervangend geleefd door deze personen. Ze konden zich dan voorstellen dat ze iets van deze magische kracht hadden en dan meer controle hadden over hun fysieke omgeving. Het is in deze tijd niet zo anders om het gebruik van wetenschap te zien bij het temmen van dat wat van de fysieke omgeving is. Het is weer dezelfde soort behoefte om controle te hebben over die elementen.

D: *In deze gevallen in Atlantis waren dit mensen die dit andere soort realiteit wilden ervaren.*

P: Dat klopt.

D: *Toen zei je dat het daarna verboden was?*

P: Men zag dat dit meer disharmonie veroorzaakte dan enig voordeel te realiseren. Daarom werd door die energieën en energieniveaus ver boven die welke zich op de experimentele niveaus bevonden, verordend dat dit voor het welzijn van het ras en voor het welzijn van die individuen niet werd toegestaan.

D: *Toen veroorzaakte dit disharmonie voor de geest, de energie, die bewoonde? Het vervormde op de een of andere manier hun persoonlijkheid of hun eigen geest.*

P: Dat klopt. En toen werd gegeven dat -- we zoeken hier naar de juiste vertaling -- toen de mutaties terugkeerden naar het spirituele, er geen verdere manifestaties zoals deze waren toegestaan. Dit was in die periode gewoon geen passende vergoeding en dus heeft deze disallowal tot op de dag van vandaag standgehouden. Die disallowal kan echter op een gegeven moment worden opgeheven. Gezien de stand van zaken op deze planeet op dit moment, lijkt het echter onwaarschijnlijk dat dit in de nabije toekomst zou zijn.

D: *Maar de herinnering overleefde na de vernietiging van Atlantis, en daarom hebben we deze legendes?*

P: Dat klopt. Het stond in schriftelijke verslagen, die werden doorgegeven aan de volgende generaties. En zo veranderd door de eeuwen heen dat het al snel een legende werd.

D: *Creëerde die disharmonie meer karma voor de geest?*

P: Misschien in de zin dat karma kan worden geïnterpreteerd als disharmonie, of misschien disharmonie kan worden geïnterpreteerd als karma. Er was de noodzaak om deze disharmonie af te werken en zo iemands energieën recht te trekken. In die zin zou het dan gezien kunnen worden als karma. Want wij voelen dat karma in jouw context dan een disharmonie of een verkeerde uitlijning van energieën vertegenwoordigt, die door ervaring opnieuw moet worden uitgelijnd. We hebben het gevoel dat het karma-concept, zoals het wordt begrepen, niet nauwkeurig is in deze weergave, want het is geen wraaktype factor. We hebben het gevoel dat het begrip dat op dit moment over karma heerst er een is van een bestraffend of bestraffend effect, en we voelen dat dit inderdaad een totaal verkeerde perceptie is. Het is gewoon zo dat bij het genereren van wat men "slecht" karma zou noemen, men eenvoudigweg te maken heeft met energieën die uit de toon zijn gevallen of verkeerd zijn uitgelijnd. En dus denken we dat het nauwkeuriger zou zijn om te zeggen dat wanneer iemand zijn karma rechttrekt, men in feite zijn energieën opnieuw uitlijnt.

D: *Maakte het misbruik van dit soort vaardigheden deel uit van wat leidde tot de ondergang van Atlantis?*

P: Het zou nauwkeuriger zijn om te zeggen dat dit een weerspiegeling was van die omstandigheden die tot de ondergang leidden. Niet dat dit op zichzelf de directe oorzaak van de ondergang was. Echter, de omstandigheden die aanwezig waren en die de ondergang van deze cultuur veroorzaakten, hadden als element of manifestatie, dit soort toestand, of deze ervaring.

D: *Er was nog een vraag die ik wilde stellen, voordat ik het vergat. Deze levenskracht was blijkbaar in staat om het uiterlijk van het dier genetisch te veranderen, door de manipulatie van de genen of hoe het ook werd bereikt. Betekent dat ook dat we controle hebben over onze eigen lichamelijke cellulaire structuur?*

P: Dat klopt. Je moet begrijpen dat deze controle niet in grote mate op een bewust niveau is. De fysieke expressie is een nauwkeurige weergave van de energie waarvan je bent. En daarom kun je in en uit vrije wil je reflectie niet veranderen. Je kunt je energie veranderen, wat dan een gerelateerde verandering in je reflectie zou veroorzaken. Je kunt je reflectie in de spiegel echter niet veranderen. Je kunt je uiterlijk veranderen, dat wil zeggen je lichaam, en je reflectie zal dan op dezelfde manier veranderen. Je kunt echter niet alleen de reflectie veranderen en niet datgene wat de reflectie veroorzaakt. Het is belangrijk om te begrijpen dat het fysieke slechts een weerspiegeling is. Om de reflectie te veranderen, moet je datgene veranderen wat de reflectie veroorzaakt.

D: *Je bedoelt dat we ons uiterlijk niet fysiek kunnen veranderen.*

P: Als het zou worden toegestaan dat je weer zou kunnen, zoals voorheen was om deze energieën te vermengen, dan zou het mogelijk zijn. Bijvoorbeeld, om de energie van een grasspriet te vermengen met een menselijke energie - als dit zou mogen - zou het effect mogelijk een mens kunnen zijn die grassprieten had in plaats van haar.

D: *(Grinnikt) Ik kan zien waar al deze verhalen vandaan komen. Dat ze zich voorstellen dat deze dingen mogelijk zijn.*

P: Dat is heel goed mogelijk. Toegestaan worden is echter iets heel anders.

D: *Als we genetische controle hadden, zouden we ons uiterlijk kunnen veranderen om eruit te zien als een ander type mens.*

P: Het is hier belangrijk om te begrijpen dat het van weinig waarde zou zijn om de reflectie te veranderen alleen maar om de reflectie te veranderen. De waarde van zo'n experiment zou liggen in het samenvoegen van de energieën die de reflectie veroorzaakten. Je moet zien dat de echte waarde van een hoger niveau zou zijn, dan in het simpelweg maken van interessante reflecties.

* * *

Ik ontdekte dat gedurende het lange bestaan van Atlantis de mensen hun geest in een veel hogere mate ontwikkelden. Dit ging gepaard met wetenschappelijke nieuwsgierigheid om te ontdekken wat mogelijk was en bracht de vermenging van soorten nog verder. Deze wetenschappelijk geavanceerde mensen leken te proberen de geheimen van de schepping zelf te ontcijferen, wat onheilspellend veel lijkt op onze huidige tijd. Misschien werden de verwrongen experimenten veroorzaakt door verveling toen ze het hoogtepunt bereikten van het ontdekken van wat de geest kon doen. In plaats van het te gebruiken voor creatieve en nuttige doeleinden, misbruikten ze deze bevoegdheden op niet-winstgevende manieren.

Toen ik John in diepe trance bracht, had hij altijd toegang tot de prachtige bibliotheek op het spirituele vlak, gelegen in het Tempel van Wijsheid-complex. De meeste informatie die hij in mijn vele boeken gaf, kwam uit deze archieven. Zoals altijd toen we het gebouw binnenkwamen, werden we begroet door de beheerder van de bibliotheek die onze bedoelingen wilde weten en ons op de hoogte bracht van beperkingen.

D: Kan hij informatie vinden uit de volumes of wat ze ook zijn, op het continent Atlantis?
J: Ja. Hij zegt dat we veel onderzoek hebben gedaan naar Atlantis. Hij zei dat je in de kijker kunt gaan.
D: Wat is dat?
J: Hij neemt me mee naar die andere kamer, en het is net een kijkkamer. Het is alsof je alleen maar de aandacht vestigt op Atlantis, en er komen allerlei beelden binnen. Ze staan op de muren.
D: Zoals een scherm aan één muur?
J: Niet echt als een scherm. Het omringt je, en ik zit er middenin te kijken. Oh, het is deze prachtige, mooie, mooie stad. Het is goud. Het ziet er lichtgevend uit, alsof het licht van binnen de muren van de stad komt. En het is donker, en de sterren zijn uit. Er is een prachtige volle maan. En het lijkt erop dat ze weten hoe ze de energie van de maan moeten gebruiken. Het is heel mooi. Ik ben omringd door dit landschap. En ik begin de mensen te zien. Ik kom dichterbij. De mensen zijn gewoon mooi.

Hij zei bij het ontwaken dat de stad van een afstand als een piramide leek te zijn gerangschikt. Eén centrale toren of hoogste punt, en de rest van de gebouwen nemen geleidelijk in hoogte toe naarmate ze dit punt omringden of naar dit punt leidden. Er waren hellingen die deze verschillende niveaus met elkaar verbonden.

D: Hoe zien de mensen eruit?
J: Oh, ze lijken op ons, maar ze zien eruit als filmsterren. Ze hebben allemaal perfecte tanden en mooi haar. Ze hebben geëxperimenteerd met verschillende haarstijlen en haarkleuren en -ontwerpen.

Hij zei later dat het haar delen had die verschillende kleuren hadden, felle kleuren zoals vogels: rood, geel, groen en blauw. En het haar werd gevlochten en gedraaid om verschillende ontwerpen te vormen. Ik merkte op dat het vergelijkbaar zou zijn met punkstijlen vandaag, maar hij maakte bezwaar door te zeggen dat het niet zo wild was. Dit was anders, flamboyant, maar toch mooi op zijn eigen manier.

J: Ze lijken ... toga's, als dat het juiste woord is. Nee, geen toga's, ze dragen als tunieken en gewaden. En ze zijn lichtgevend. Ik bedoel, hun kleding kan van kleur veranderen. Het is alsof er prachtige kleurenspectrums in het doek zijn geweven, dus in verschillende lichten geeft het verschillende kleuren. Je kijkt naar een kledingstuk en het ziet er misschien roze uit, maar je kijkt er op een andere manier naar en het lijkt pastelblauw. En je kijkt er weer naar en je ziet het als violet. Het verandert en glinstert. De kleding is gewoon prachtig. Ik zie dat ze verschillende soorten sieraden hebben, en er zitten kristallen in de sieraden.

D: Hoe zit het met de stad? Waarom denk je dat de muren licht uitstralen?

J: Ik weet het niet. Er zijn een aantal echt grote gebouwen daar. Sommigen van hen zien eruit als onze versie van Griekse tempels. Er zijn anderen die eruit zien als zeer hedendaagse moderne 20e eeuw. Sommige gebouwen hebben twintig en dertig verdiepingen.

D: Hoe gaan ze naar de verschillende verdiepingen?

J: Er zijn beweegbare hellingbanen. Je stapt op een helling en je bent precies waar je heen moet. Het zijn hellingen, maar ze zijn moeilijk te beschrijven. Zie je, deze gebouwen zijn niet gebouwd zoals onze gebouwen die liften nodig hebben. Ze worden in fasen gebouwd. (Hij had moeite met beschrijven.) De lagere niveaus zijn gespreid, dat is het woord. Deze gebouwen zijn niet slechts één gebouw. Het zijn verschillende gebouwen met hellingen ertussen. En deze hellingbanen zijn elektrisch. Het is als een roltrap, maar het is vlak. Ze verplaatsen je heel snel naar deze verschillende plaatsen waar je naartoe moet.

D: Is er enige vorm van vervoer binnen de stad?

J: Ja. Er is veel vervoer. Er zijn sigaarvormige vliegtuigen. En er zijn auto's die sigaarvormig zijn. Maar in principe gebruiken ze veel van deze opritten om door de stad te reizen.

D: Zijn de auto's zoals de onze, met wielen?

J: Nee, ze hebben geen wielen. Ze zijn een soort zweefvliegtuigen.

D: Hoe worden ze aangedreven?

J: Ze worden aangedreven door zonne-energie en kristallen. Zonne-energie stroomde door het kristal.

D: *Hoe zit het met het vliegtuig? Hebben ze vleugels?*

J: Nee, het heeft geen vleugels. Het lijkt helemaal niet op ons vliegtuig. Sterker nog, het ziet eruit als een grote sigaar. (Gelach) En het heeft ramen rondom het midden. En het lijkt zijn kracht te halen uit een groot enorm kristal in zijn punt. Het haalt energie uit iets dat op een toren lijkt. Het is als een ligplaats die het schip helpt op en neer te gaan. Dus het geeft ook energie door deel uit te maken van deze afmeerpost.

D: *Het kon toch niet heel ver gaan, als het daar zijn kracht uit haalde?*

J: Oh, het kan duizenden kilometers gaan. Het slaat zonne-energie op in deze batterij en dit is waar het schip op put.

D: *Hebben ze communicatieapparatuur?*

J: Mensen hebben daar geen telefoons nodig. Ze kunnen telepathisch praten.

D: *Hoe zit het met lange afstanden, de stad uit? Kunnen ze het nog steeds op dezelfde manier doen?*

J: Ja. Ik zie geen radio of tv of iets dergelijks. Dat is niet nodig. Ze hebben wel entertainment, ja. Ze houden van muziek. En er zijn arena's. (Hij pauzeerde en hapte toen plotseling naar adem.) O jee! Dat is verschrikkelijk! Het zijn echt wrede mensen.

Dit was de eerste aanwijzing dat er iets anders aan de hand was. Tot nu toe klonk zijn beschrijving erg op de andere. Blijkbaar was niet alles een paradijs. Zoals ik al eerder zei, Atlantis bestond al duizenden jaren, en misschien zag Johannes hoe het was in de tijd dat het begon te verslechteren. De mensen en de stad waren mooi en prachtig, maar deze buitenkant verborg een donker en lelijk geheim.

J: Er zijn echt wrede dingen aan de hand. Het lijkt op mensen die gehecht zijn aan dierenlichamen. Ze hebben ze in deze arena en ze dwingen ze om tegen elkaar te vechten. Het is als Romeinse gladiatorenwedstrijd-achtige dingen.

D: *Hoe zien de wezens eruit?*

J: Ik zie één wezen. Hij is een man, maar het lijkt wel een man in het midden van de rug van een paard. Hij heeft vier benen en de romp van een man. En hij zit midden in zijn rug. Het lijkt erop dat hij geënt is. En waar het hoofd van het paard zou zijn, is gewoon lege ruimte.

D: *Ik denk dat ik weet wat je bedoelt. (Het klonk alsof hij een centaur beschreef) Hoe zien de andere wezens eruit?*

J: Oh, er is ... het ziet eruit als een jaguar ... het gezicht van een jaguar maar de achterpoten van een mens. Het achterste deel is als een menselijk lichaam. Oh, het is gewoon verschrikkelijk! Het is alsof dit genetische buitenbeentjes zijn. Ze zijn erg wreed tegen hen.

D: *Zijn er alleen die twee wezens?*

J: Oh nee, er zijn er tientallen. Ik zou zeggen dat het er minstens honderd tot tweehonderd zijn. Ze bevinden zich allemaal in deze arena. Ze vechten allemaal tegen elkaar en ze hebben een strijd om de dood. De mensen zitten een beetje rond, en ze klappen niet of schreeuwen of iets dergelijks. Het is gewoon grappig voor hen.

D: *Kun je een ander combinatiewezen zien?*

J: Ja. Er is nog een wezen dat op een stier lijkt. Het heeft de hoorns en het gezicht van een stier, en het lichaam van een stier, maar waar zijn benen zouden zijn, zijn menselijke benen. Deze dingen zien er echt grotesk uit. Er zijn er nog meer. Er is iets dat lijkt op een slang met een menselijk gezicht. En dan is er nog ... oh! Een dier dat eruitziet als een giraffe met een menselijk gezicht.

Hij leek overstuur om deze vreemde wezens te observeren.

D: *Ik wil je geen ongemak bezorgen met mijn nieuwsgierigheid.*

J: Nee, het is niet ongemakkelijk, het is gewoon dat dit genetische fouten waren. Ze kunnen zich niet voortplanten, dus waarom zou je ze niet gewoon laten sterven. Het is als een sport waar deze mensen van genieten. Deze mensen zijn erg wreed.

D: *Ik had gedacht dat als ze telepathisch waren, ze begripvoller en zachtaardiger zouden zijn. Is het niet zo?*

J: Nee. Eigenlijk krijg ik het gevoel dat ze heel erg trots zijn, en dat ze neerkijken op andere wezens. Ze zien alle andere soorten van de aarde als gewoon vreselijke dieren.

D: *Denk je dat ze deze wezens verzamelden en hier neerlegden zodat ze konden vechten?*

J: Ze doen dit periodiek, omdat het is alsof ze altijd kunnen experimenteren met een nieuwe batch.

D: *Hebben deze wezens wapens, of vallen ze elkaar gewoon aan? Ik denk aan gladiatoren.*

J: Nee, ze gebruiken hun natuurlijke instincten. En de mensen vinden het leuk om naar te kijken, maar ze klappen niet en tonen geen enkele uitdrukking. Ze schreeuwen of schreeuwen niet en tonen geen emotie. Ze kijken er graag naar. Het is vermakelijk voor hen.

D: *Het lijkt moeilijk om te begrijpen dat iemand entertainment heeft en geen emotie van een of andere soort vertoont.*

J: Ja, ze tonen geen emotie. Het is zo anders. Deze mensen zijn echt geen aardige mensen. Ik bedoel, ze hebben het koud. Ze zijn superieur. Ze hebben een echte afkeer van andere levensvormen. Nu lopen ze de arena in. Ze hebben zoiets als geweren, maar ze zijn gemaakt van kristal. En ze richten ze op de hartcentra van al die dieren die overblijven.

D: *Degenen die elkaar niet hebben vermoord?*

J: Ja, en ze vermoorden ze. Er is een lichtstraal die naar buiten komt en zich rond hun hart concentreert. Het ziet eruit als een laser, behalve dat het een lichtstraal is, geen laser. (Geluiden van walging.) En nu word ik meegenomen naar een andere plek waar ze deze dieren maken. Deze mensen worden verzameld voor een tekening. Er is een dier in een kamer die van hen gescheiden is, en ze visualiseren het gezicht van een man op dit dier. Ze kijken naar een tekening van een dier met een menselijk gezicht, en ze manifesteren dat op dit dier, met hun geest. Daar concentreren ze zich op. En dit is om hen te leren hoe ze zich moeten manifesteren. Er zit een levend dier in. Het lijkt wel een hond. Het is erg pijnlijk voor het dier om dit mee te maken. Daarom vind ik ze wreed. Er zijn vier mensen die dit doen, een vrouw en drie mannen. Het vergt hun gecombineerde concentratie. Ze concentreren zich op het plaatsen van een menselijk gezicht op dit dier in de kamer.

D: *En ze zijn in staat om dit alleen met hun geestkracht te doen?*

J: Ja. Ze kunnen zich zo hard concentreren dat het zal gebeuren. Maar hun concentratie ligt op de herstructurering van het gezicht van het dier. Ze concentreren zich op het werken aan de cellulaire structuur op het gezicht van het dier, wat erg pijnlijk is voor het dier om door te gaan.

D: *Doen ze dit als een oefening in mind control?*

J: Nou, waarschijnlijk wel. Maar ze proberen ook een soort huisdier te vinden, zoals we honden en katten hebben. Een huisdier dat mensachtige kenmerken heeft.

D: Zijn er machines of iets in de kamer dat hen hierbij helpt?

J: Ja, er is ... het ziet eruit als kristalglas. En er is steen, maar de steen is kneedbaar. Ik bedoel, het is als rubber. Je kunt het buigen en manipuleren. De steen wordt gebruikt in het interieur van de kamer.

D: Is deze steen onderdeel van een machine?

J: Nee. Het wordt gewoon gebruikt in de voering van de kamer. In plaats van beschilderde muren, heeft het geklede kneedbare steen.

D: Dan maken de kristallen deel uit van wat ze ook gebruiken.

J: Ja, ze hebben overal kristallen. Grote massieve kristallen en verschillende kleuren. En ik zie een controlebord met de kristallen. En dan komt het licht van sterrenhopen van kristallen aan het plafond.

D: Bedient iemand deze machine?

J: Ze doen het met hun verstand, maar ze stemmen zich af op de kristallen.

D: Ik weet niet of je toegang hebt tot deze kennis of niet, maar als ze dit dier veranderen in ha f mens en half-dier, heeft dit dan op enigerlei wijze invloed op het dier? De manier waarop het denkt en handelt?

J: Nou, het dier haat het omdat het pijn heeft. Het is pijnlijk.

D: Ik bedoel, zorgt dit ervoor dat het dier meer menselijke eigenschappen krijgt?

J: Ja, het krijgt meer mensachtige eigenschappen, hoewel het niet echt goede menselijke eigenschappen zijn.

D: Ik vroeg me af hoe dit de levenskracht, de geest, om zo te zeggen, in het dier zou beïnvloeden.

J: De reden dat ze het gevoel hebben dat ze op deze dieren kunnen experimenteren, is omdat ze een lagere levensvorm zijn en ze een superieure levenskracht zijn. Hun houding ten opzichte van de dierenwereld is: "We zijn superieur, dus we kunnen doen wat we willen."

D: Maar maakt dit het dier niet minder inferieur als ze dit doen?

J: Ze proberen het dier niet te laten evolueren, nee. Ze zien niet dat het dier een ziel heeft. Ze hebben de zielen en ze kunnen doen wat ze willen, omdat ze goden zijn. En dat zijn ze, het zijn goden. Ze kunnen zoveel. Ze kunnen het gezicht van die hond creëren en herstructureren om het op een mens te laten lijken.

D: *Maar het heeft toch geen zin? Als ze ze gewoon in de arena zetten en ze elkaar laten vermoorden.*

J: Nee, ze gebruiken sommige van deze wezens in dienstbaarheid. Ze geloven dat ze een lage vorm van leven zijn, dus het is oké.

D: *Ze wilden gewoon dat ze menselijker zouden lijken. Het klinkt alsof ze spelletjes spelen.*

J: (Hij fronste zijn wenkbrauwen) Ik denk niet dat ze spelletjes spelen. Het zijn geen aardige mensen. Ik hou er niet van.

D: *Nou, ik wilde je geen ongemak bezorgen om naar zoiets te kijken.*

J: Oh, het was pijnlijk om te zien hoe deze arme dieren elkaar doodden. Maar ze zijn de hele tijd in doodsangst, omdat hun moleculaire structuur is verstoord.

D: *Het lijkt erop dat het tegen de levenskracht van het universum, hun omgeving, ingaat om zoiets te doen.*

J: Dit is de reden waarom Atlantis werd vernietigd.

Atlantiërs werden beschreven als perfecte mensen. Misschien hadden ze de kunst van het genetisch veranderen van het menselijk lichaam al onder de knie of geperfectioneerd. Er waren geen uitdagingen meer. Dus waagden ze zich aan het veranderen en combineren van hun genen met dieren. Het was een nieuwe uitdaging doordrenkt van het avontuur van het onbekende.

D: *Zie je nog iets dat ze met hun geest kunnen doen? Misschien niet zo destructief, maar andere krachten die ze hebben?*

J: Ja. (Hijg) Ze kunnen een persoon heel gemakkelijk tot een orgasme brengen door het gewoon te denken. (Hij vond dit nogal amusant.) Dat is iets wat ze graag doen, andere mensen begroeten en praten en liefhebben. (Gelach) Dat is een spel dat ze wel spelen. Ze kunnen andere wezens op de planeet beïnvloeden. Ze zijn erg superieur ingesteld en denken dat ze de beste zijn en dat alles voor hen functioneert. Als gevolg hiervan hebben ze minachting voor lagere levensvormen. Daarom experimenteren ze zo op de dieren.

D: *Hebben ze een constructieve manier om hun verstand te gebruiken?*

J: O ja. Ze kunnen deze steden creëren met hun geestkracht. Ze kunnen zware voorwerpen tillen en teleporteren.

D: *Levitatie? Nou, dat zou een positieve eigenschap zijn.*
J: Ze zijn zo egocentrisch. Dat is wat ik probeer te zeggen, denk ik. Alles moet daarop inspelen.
D: *Ik ben ook geïnteresseerd in deze kneedbare steen.*
J: Het is een bepaald type steen dat ze gebruiken om hun steden te bouwen, en deze elektrische hellingen.
D: *Komt het zo voor in de natuurlijke staat?*
J: Ik weet het echt niet. Daar vraag ik nu naar. Ik krijg te zien dat het steen is die door geestexperimenten is behandeld, zodat het kneedbaar kan worden. Het zijn heel, heel intelligente mensen. Toch hebben ze echt minachting voor ander leven. (Pauze) Oooo, dat is vies! (Hij onderbrak nadrukkelijk.) Ik wil hier niet blijven! (Een uiting van walging.)
D: *Dat is oké. Dat wil ik niet. Je kunt die stad uitreizen. Woont de rest van de mensen op het continent in dat soort steden, of is dat maar een kleine groep mensen?*

Ik probeerde hem te verwijderen van iets dat duidelijk onaangenaam was om naar te kijken.

J: Nee, sommige mensen wonen op het platteland. Ze wonen in prachtige huizen en ze hebben prachtige tuinen. (Verbaasd) Er zijn geen insecten zoals wij. Dat heb ik gemerkt, er zijn geen insecten. Ze kunnen buiten blijven en er zijn geen echte hinderlijke insecten.
D: *Weet je waarom?*
J: (Verrassing) Ze creëerden veel schadelijke insecten in hun experimenten. Ik vind ze gewoon niet leuk. Ze zijn ook kannibalistisch. Ik zag deze groep van hen een ander persoon opeten.
D: *Denk je dat het een van deze dieren was?*
J: Nee, het was niet zo'n dier. Ze namen deze man gevangen en aten hem op. Dit was buiten de stad. Er was een feestje van hen. Ze gingen in het vliegtuig. Ze namen een van deze mensen gevangen en ze kookten hem en aten hem op.
D: *Oh, mijn hemel! (Ik wilde het onderwerp veranderen.) Nou, hoe zit het met deze schadelijke insecten? U zei dat ze dat deden als experiment?*

J: Ja. Dit was de reden waarom Atlantis moest vallen, omdat ze de levenskracht misbruikten. Dat deden ze gewoon om inventief te zijn. Ik krijg het gevoel dat het niet erg aardige mensen waren. Ik ben hier niet graag. Ik wil hier graag weg.

D: Oké. Als je er last van hebt, hoef je niet te blijven.

J: Ik wil graag weg. Zie je, ze hebben deze echte arrogante levenshouding. Dat ze oppermachtig zijn, en dat al het andere in hun voordeel is. Ze respecteren de levenskracht niet. Daarom werden ze vernietigd.

D: Ik waardeer het dat je ernaar kijkt en me de informatie vertelt. Ik wilde je op geen enkele manier storen.

J: Wat me stoorde was het kannibalisme. Het was gewoon zo zinloos. En dit is waarom we nog steeds kannibalisme in de wereld hebben, denk ik. Maar ze doen gewoon heel zinloze dingen voor de impuls van het moment.

D: Als je je daar ongemakkelijk voelt, kun je de kijkkamer verlaten?

J: Het is nu leeg. Ik dacht altijd dat Atlantiërs aardige mensen waren, met veel energie en dat soort dingen. En dat waren ze niet. Ze waren zeer geavanceerd, ja, maar ze waren zeer, zeer arrogant en zeer respectloos voor lagere levensvormen. Het waren dingen die we niet zouden begrijpen. Ze waren zinloos. Ze zouden deze dieren muteren en dit arme dier zoveel pijn doen, alleen maar omdat ze het wilden doen.

D: Misschien vervelen ze zich.

J: Zo leek het toen ze deze man gevangen namen. Deze groep mensen ging in dit vliegtuig en ze namen deze aborigine-achtige man gevangen. Alsof we nu naar Nieuw-Guinea gaan.

D: Toen hadden ze in die tijd wel inboorlingen.

J: Klopt. Ze gingen naar een plaats waar inboorlingen waren, en ze namen hem gevangen en kookten hem en aten hem op. En dat vond ik echt zinloos.

D: Misschien was alles zo geavanceerd dat ze zich verveelden. En dit waren sporten om hen geïnteresseerd en vermaakt te houden.

J: Waarschijnlijk. Dat gevoel krijg ik.

D: Hun geest was zo geëvolueerd dat niets meer een uitdaging was, dus wilden ze verschillende dingen proberen.

J: De bibliothecaris vertelt me dat de meeste mensen op aarde de Atlantiërs zien als een hoogenergetisch volk. Maar waarom werd hun continent vernietigd? Het was omdat ze de levenskracht misbruikten en ze moesten worden vernietigd.

D: *Dat is veel logischer dan sommige van de andere dingen die we hebben gehoord.*

* * *

Meer informatie werd verkregen over een ander bezoek aan de kijkkamer in de Bibliotheek.

J: Ik loop nu de bibliotheek binnen. Ik ben op de plek waar de beheerder van de bibliotheek is. Hij zegt: "Ik ben hier om u van dienst te zijn en u te helpen." En mij wordt gevraagd: "Wat is mijn verzoek?"

D: *Voordat we om Atlantis informatie vroegen en die in de kijkkamer te zien kregen. En het was verontrustend. We willen graag kijken naar wat informatie over hun-positieve-krachten, als we kunnen.*

J: Ja. Hij zegt stap alsjeblieft de kijkkamer in. Hij was in de war omdat hij dacht dat de informatie die we wilden was om het zinken te bekijken van Atlantis, en waarom het zonk.

D: *Daar komen we een andere keer op terug.*

J: Hij zegt dat dit de reden is waarom de informatie verontrustend was voor het voertuig, omdat het een van de redenen was voor de ondergang. Hij zegt dat er een gevoel van rechtvaardigheid is. En wanneer men zijn negativiteit zo sterk gebruikt, trekt men negativiteit aan. En zo stortte de Atlantische beschaving uiteindelijk in.

D: *Ook al was het verontrustend, we bedanken hem voor het geven van de informatie. Deze keer willen we iets zien over hun helende krachten van die tijd, om te zien welke hoogten ze bereikten met dat soort krachten.*

J: Hij laat me deze prachtige kristallen kamer zien. Er zijn duizenden kristallen in deze kamer. Het is bijna als mat glas, maar ze zijn allemaal gemaakt van kristallen die ze produceren. Ze nemen een gel die ze hebben ontdekt en mengen deze met zand, en dit vormt deze meest perfecte kristallen. Maar er is een speciaal apparaat waarin het zich bevindt. Het ziet er bijna biologisch uit. Hij laat me dit prachtige gebied zien met verschillende gekleurde lichten. Er zijn groen, blauw, rood, violet, geel, oranje en wit. En elk van deze, zegt hij, vertegenwoordigt een ander deel van het lichaam om te genezen. Het wit is om het etherische lichaam en het astrale lichaam te genezen. Het groen is om het fysieke lichaam te genezen. Het blauw is om het emotionele lichaam te genezen. Het rood is om het oorzakelijke lichaam te genezen. Dit zijn allemaal verschillende lichamen van de persoon. Door in deze gekleurde stralen te zitten, in de harmonie en in de volgorde ervan, zou men genezen zijn van elke moeilijkheid die in zichzelf ligt. Ook zijn er terminators van kristallen gerangschikt in verschillende patronen rond een bord waar de persoon op ligt. Het ziet er een beetje uit als een stenen bord, maar tegelijkertijd is het erg comfortabel. Het heeft een stoffen bekleding die er erg dun uitziet, maar toch is het erg sterk in weerstand. Het ziet eruit als een van die space age dekens, het heeft die zilveren metallic kleur. Maar toch is het anders omdat het aanvoelt als schuim als je erop ligt. Dit bed reist onder deze verschillende kleuren door. En de kleuren moeten in de juiste volgorde gebeuren. Als ze in de verkeerde volgorde worden gedaan, kan dit een slechte gezondheid veroorzaken, dus er is een bepaalde volgorde. Maar die volgorde heeft hij me nog niet gegeven. Hij zegt dat dat op dit moment niet belangrijk is. Hij zegt dat dit de hoogste genezingskamer in Atlantis was en werd gebruikt om mensen van de aristocratie of de elite regerende regering te behandelen.

D: *Het was niet voor de gewone man?*

J: Nee. Hij zegt dat ze andere plaatsen hadden die erg op elkaar leken. Maar dit zou als een ziekenhuis zijn voor de elite in je eigen land en tijd.

D: *Toen hoefden individuele kwalen niet behandeld te worden?*

J: De genezing van het hele lichaam moest behandeld worden. Niet alleen het fysieke lichaam, maar ook het emotionele, het mentale, al deze lichamen moesten worden genezen.

D: *Als je een blessure of een ziekte had, werd het niet als iets aparts behandeld.*

J: Nee. Dit was vooral voor spirituele ontwikkeling en genezing van misstanden uit het verleden en dit soort dingen. Het was een soort psychiatrische benadering. Hij laat me de gebieden zien waar mensen botten hadden gebroken en dingen van deze aard. En in zekere zin lijkt het op onze reguliere operatiekamers, behalve dat ze kristalachtige instrumenten gebruiken die zijn verfijnd en geslepen tot vlijmscherpe perfectie.

D: Je zei dat de machine die je in de andere kamer zag, die de verschillende lichamen genas, bijna biologisch was. Wat bedoelde u daarmee?

J: Het ziet er levend uit! Het lijkt alsof het leeft. Het is een computerterminal die lijkt op iets in de plantenfamilie. Omdat het eruit ziet alsof het kan groeien en uitzetten, net zoals een plant kan groeien en uitzetten. En het heeft een lichtgroene kleur. Maar het heeft ook een kristallen vloeistof display-eenheid die eruit ziet als iets uit een sciencefictionmagazine. Maar het lijkt erop dat het zichzelf kan laten groeien en vermenigvuldigen.

D: Wie zou beslissen of iemand een stoornis had die in deze kamer behandeld moest worden?

J: De mensen van die tijd waren heel bewust. Dit was het centrum waar men na de overgang van een naast familielid zou komen, om hen vaarwel te wensen, hen liefde te sturen. Dit is een genezingsproces voor veel dingen. Verdriet. Het waren in deze tijd zeer geavanceerde mensen die in principe hun manipulaties en motivaties kenden. Mensen oordelen op dit moment niet over elkaar.

* * *

Toen ik dit boek in 2001 aan het samenstellen was, kreeg ik een klein stukje informatie gegeven tijdens een sessie in Memphis. Een vrouw beschreef een frequentiemachine die in Atlantis werd gebruikt en die licht gebruikte om frequenties te reguleren om het lichaam in harmonie te brengen voor genezing. Het werd bediend door de geest van de persoon en was pure energie. Het was echt, en het was effectief. Maar na een tijdje bleef het ongebruikt, omdat de wetenschappers een andere machine ontwikkelden waarvan ze dachten dat die effectiever was. Ze gaven er de voorkeur aan kristalmachines te gebruiken die krachtig waren, maar ze vervormden de energie. De kristallen zaten in dozen met een soort vloeistof. Licht dat door de dozen scheen, genereerde de kracht van de geest van veel mensen in de kamer. Het ontaardde in het gebruik voor de verkeerde doeleinden (vooral seksueel) en produceerde vervormde effecten.

Naarmate de Atlantiërs meer leerden over het gebruik van energieën en hun kennis zich uitbreidde, waren ze gefascineerd door de manipulatie van energie. Ze ontdekten nieuwe manieren om ermee te experimenteren en het te regisseren. Ze verloren het uit het oog om het te gebruiken voor positieve doeleinden in hun leven, zoals genezing en evenwicht. Toen de energie (vermenigvuldigd door veel mensen die zich concentreerden en het meer kracht gaven) werd gebruikt voor negatief, werd het verkeerd gericht en vervormd en werd het destructief. Het werd zo krachtig dat het zich in zichzelf keerde. Dit was een van de redenen voor de vernietiging van Atlantis.

We bleven meer informatie krijgen toen we terugkeerden naar de bibliotheek.

J: De voogd vraagt, welk onderwerp zou je willen bespreken?
D: We zijn nog steeds geïnteresseerd in Atlantis. Ik zou graag een paar vragen willen stellen over de tijd van Atlantis wanneer het gelukkig was, voordat het zijn ondergang inging. Toen het op zijn hoogtepunt was. We willen graag iets weten over het gezinsleven van de mensen tijdens de goede tijden van Atlantis. Zie je dat?
J: Ja, hij laat me foto's van Atlantis zien.
D: Hadden ze individuele gezinnen en een gezinsstructuur?
J: Ja, ze hadden individuele gezinnen. De families waren echt met elkaar verbonden. Mensen leefden heel lang, dus er waren grote hoeveelheden mensen. Een gezin zou een hele stad vullen. Of niet een hele stad, maar zo zou het in onze tijd zijn. Maar ze waren met elkaar verbonden en elk lid van de familie was erg belangrijk. Ze hadden allemaal verschillende vaardigheden en technieken om elkaar te helpen. In principe leefden ze niet gemeenschappelijk zoals wij. Iedereen had zijn eigen individuele ruimte, maar ze kwamen allemaal op verschillende tijdstippen samen voor maaltijden en gesprekken en dat soort dingen. Zelfs mannen en vrouwen hadden aparte kamers of aparte ruimtes. Hun huizen waren ruim en hadden veel kamers voor elk lid van de familie, en ze waren allemaal met elkaar verbonden, een soort binnenplaatsen. Ik zie binnenplaatsen met verschillende mensen. Ze zijn allemaal gerelateerd, maar ze zijn nog steeds erg geïndividualiseerd. Ik zie de oudere mensen met de kinderen werken, en deze ouderen zijn honderden jaren oud. Ze zijn niet zomaar honderd, ze zijn honderden jaren oud. En ze lijken het

vooral leuk te vinden om met jonge kinderen te werken. En ik zie dat mensen hun verschillende dingen doen. Er zijn mensen die mediteren. Er zijn mensen die werken aan verschillende wetenschappelijke experimenten en dit soort dingen. En ze hadden allemaal hun eigen gevoel van ruimte, zoals hun eigen kamer waar ze hun eigen ding doen. Een gevoel van individualiteit was erg belangrijk voor hen.

D: En je zei dat ze samen zouden komen om te eten?

J: Ja, ze komen op verschillende momenten bij elkaar voor vermaak en om te eten en te dansen en te zingen. Ze gingen wel in groepsactiviteiten met het gezin. Er waren vakanties en dat soort dingen, maar eigenlijk leefde iedereen vrij individueel.

D: Hoe zit het met kunst en muziek en dat soort dingen?

J: O ja, ze hadden prachtige kunst. Ze mengden grondkristallen met hun verven, zodat alles een lichtgevende kwaliteit had. En de stijlen van schilderijen hadden zoiets als spiralen in zich. Kleine spiraalvormige dingen waardoor ze echt op je afkwamen. En ze hadden al deze processen waarbij ze kristallen gebruikten voor muziek. Het ziet eruit als een soort machine die het kristal in een spiraalvormige draad draait. Zo gaat het. (Handbewegingen van een spiraal.) En het waren snaarinstrumenten waarop ze speelden. Ze nemen het kristal en ze draaien ... het is niet zoals de kristallen die we nu hebben, bergkristallen. Dat waren ze oorspronkelijk, maar ze werden gemuteerd in laboratoria die ze over het hele continent hadden. En ze draaiden het in een mate dat het als een spiraaldraad werd gemaakt. En deze spiraaldraad werd gebruikt als instrument op gitaren, maar niet zoals onze gitaren of iets dergelijks. Het zijn heel verschillend uitziende soorten instrumenten. Er zijn snaarinstrumenten. Er zijn fluiten. En dan zijn er deze dingen gemaakt van enorme lange kristalachtige dingen. Ze zijn allemaal gemaakt van een kristalsoort materiaal. En ze spelen in speciale gebieden, zodat het resoneert. Het opent echt hun hart en spieren, omdat de muziek zo mooi is. Het is heel ontspannend en spiritueel. Het geeft je een vredig gevoel. En er wordt gedanst en gezongen. En ik zie veel touwen van bloemen om mensen heen. En zo dansen ze met touwen van bloemen, zich ermee verstrengelend. Het ziet er niet oud-Romeins of Grieks uit. In feite heeft iedereen deze prachtige gekleurde kledingstukken aan, in rood en blauw en groen en geel. En ze dansen met deze bloemen en slingers. Het is een soort combinatie van gesynthetiseerde muziek en klassieke muziek. De geluiden lijken erg op elkaar, maar het is erg puur van toon. Het is niet gesynthetiseerd, het heeft geen feedback. En ze gebruiken het in hun rituelen. En het wordt gebruikt in kerken - niet in kerken, tempels die ze hadden. Wat de kunst betreft. Kunst is overal. Alles is prachtig geschilderd. Het ziet eruit als gemalen verf. Het is meer als een vaste stof in plaats van een vloeistof, die ze gebruiken. Sommige zijn op canvas type dingen en anderen zijn op muren. En andere dingen worden deels in de muur gebeeldhouwd en vervolgens ingekleurd.

D: Zie je een soort lichtbron die ze in hun huizen zouden gebruiken?
J: Er is die kneedbare bergkristalenergie die ze hebben. Het straalt overal, dus het is altijd licht. Maar door hun hand omhoog of omlaag te bewegen kunnen ze de uitstraling nog helderder of donkerder maken. Als ze slapen, om de kamer in vrede te maken, leggen ze hun hand zo neer als ze donker willen. (Handbewegingen, zoals het langzaam naar beneden bewegen van zijn hand.) Richting de muur. En het is hun trilling die de muur oppikt en de kamer verduistert. Alles wordt gecontroleerd door hun eigen energieën.

D: Hoe zit het met hun kook- of eetgewoonten.
J: Ze hebben van die gebieden die lijken op grote wijngaarden en tuinen. En ze hebben van die vreemd uitziende wezens die voor dat alles zorgen. Ze bewerken de velden en tuinen. Ze zien eruit als centauren en zeemeerminnen en geiten. En al het voedsel dat in de keuken komt, wordt vervolgens door deze wezens verwerkt. Ze doen al het planten en oogsten en plukken van de vruchten. En ze krijgen er voedsel voor terug. De meeste Atlantiërs houden erg veel van hen, zoals een goede boer van zijn paarden houdt en er goed voor zorgt. Deze vreemde wezens worden behandeld als welwillende dieren.

Dus in sommige delen van het continent werden deze wezens gecreëerd en gewaardeerd.

D: Ik ben benieuwd naar die dieren. Waar komen ze vandaan?
J: Ze zijn voor dat doel gemaakt. Ze waren genetisch gemanipuleerd.
D: Je zei dat er zeemeerminnen waren?

J: Ja, de zeemeerminnen gaan het water in en brengen manden met vis terug. De mensen komen en ze lachen en ze zingen en ze aaien deze dieren en kussen ze en houden ze vast, en laten ze weten dat ze geliefd zijn en dat ze dankbaar zijn voor wat ze doen. En de wezens bereiden het eten ook. Niet de zeemeermin. De zeemeermin blijft bij dit vijverachtige ding omdat ze halfvis is. Terwijl de kleine centauren deze wagonladingen met manden met voedsel en fruit en dit soort dingen binnenbrengen, gaat dat naar een centrale keuken. En er is één wezen dat een bovenlichaam heeft, maar geitenpoten heeft. En er is een keukenachtige sfeer, maar de keuken lijkt in niets op onze keukens. Het heeft wel kasten om dingen in te bewaren. Maar in principe wordt het voedsel niet zozeer gekookt als wel levend verwerkt, zoals fruit wordt gesneden of geschild. De vis en dat soort dingen gaan in een ding dat ze heel snel kookt. Het heeft verschillende gebieden ervan. Het is als een magnetron, maar het is geen magnetron. Het ziet eruit als een kristallen kamer waar het voedsel wordt geplaatst dat moet worden gekookt als vis. Ik zie daar geen vlees. Ik zie alleen de vissen en schaaldieren, zoals sint-jakobsschelpen en kokkels en dat soort dingen. En ze zijn gewoon verhit tot het punt waarop ze niet meer leven. En dan worden ze opgegeten.

D: *Waren deze wezens genetisch geschapen om dienaren te zijn?*

J: Ja, ze zijn geschapen om de dienaren van deze mensen te zijn. Ze zijn wel geliefd. Wanneer iemand gewond raakt of iets dergelijks, verzamelt de hele familie zich om energie te geven aan de kant van dat gewonde dier. Ze worden behandeld als dienaren, maar hielden van dienaren. Zoals de manier waarop we een kat of een hond zouden behandelen, toon het liefde en zorg. Ze zijn erg dankbaar voor wat deze dieren doen, omdat ze meer als dieren dan als mensen worden beschouwd. Delen van het lichaam lijken meer op een dier, maar in principe zijn hun gezichten menselijk.

D: *Hoe zit het met hun gedrag of hun intellect.*

J: Oh, ze kunnen spreken en instructies aannemen. Ze weten eenvoudige dingen, ja, maar niets zoals de rest van de mensen dat doen.

D: *Ze zijn niet zo intelligent als de andere mensen, hoewel ze er gedeeltelijk menselijk uitzien.*

J: Ze zien er niet vies uit of iets dergelijks. Ze zien er heel natuurlijk uit en ze worden goed verzorgd. En ze werden zeer gewaardeerd en kregen te horen dat ze geliefd waren. Ik zie die ene bediende die de fruitschaal heeft gemaakt. En deze vrouw neemt het en kust haar en streelt haar hoofd, want in het hoofdgebied zijn er kleine hoorns. Ze wrijft over die hoorns als volgt(handbewegingen) en ze zegt: "Oh, je bent zo geweldig. Kijk hier eens naar, dit is prachtig. Het ziet er zo mooi uit. Iedereen zal het geweldig vinden. En waarom kom je er daarna niet uit en ..." En ze komen allemaal daarna naar boven en ze zijn geliefd bij de rest van de familie. Ze worden behandeld zoals een liefdevol huisdier zou zijn.

D: Kunnen deze wezens zich genetisch voortplanten, of zijn ze uniek in hun soort?

J: Nee, ze kunnen zich niet voortplanten. Mensen kopen ze. Elk van hen is individueel, maar ze worden massaal op de markt gebracht. Ze hebben plaatsen waar je naartoe kunt gaan en deze wezens kunt kopen, zodat ze van dienst kunnen zijn.

Na het ontwaken beschreef Johannes het wezen in de keuken, wat het laatste was wat hij zich herinnerde. Het had een gezicht dat deels koeachtig en deels menselijk was. Alsof een mens de neus van een koe en kleine hoorns uit zijn kop had. Het droeg een kledingstuk van het type slabbetje over het bovenste deel van zijn lichaam, omdat het blijkbaar vrouwelijk was

* * *

P: Er zijn veel meer toepassingen voor kristallen dan nu beschikbaar is voor jullie menselijk begrip. Dat wat onbekend is, overstijgt veel meer dan wat bekend is. Wanneer jullie bewustzijnsniveau echter toeneemt om deze realiteiten te accepteren en te accommoderen, dan zullen de toepassingen zich manifesteren. Het kan worden gezien dat kwarts in een of andere vorm die energie vergroot en intensiveert die menselijke energie is. We zien hier dat de vertaling moeilijk is, want het ware energieconcept wordt niet begrepen. Een vermenging van energieën, zowel menselijk als niet-menselijk, is echter heel goed mogelijk en gemakkelijk te bereiken met deze kristallen. Ze kunnen worden gebruikt als blenders en differentiators of separatoren, afhankelijk van de richting van de energie die wordt gegeven door de persoon of personen die dit kristal gebruiken of sturen. Ze zijn een filter, nuttig op veel verschillende manieren, alleen beperkt door de verbeeldingskracht van degenen die ze zouden gebruiken.

D: *Als je het hebt over een steen die kosmische straling filtert, wat zou dan het doel zijn van het moeten filteren van kosmische straling?*

P: Er is het filteren en scherpstellen, dat afzonderlijk of gelijktijdig kan zijn. Er zijn vier specifieke redenen of doeleinden. Specifieke energieën die het meest geschikt zijn. Dit zou voor het filter- of focusaspect zijn. Focussen richt of condenseert de energieën slechts tot één enkel gebied. Verschillende stenen kunnen elk doen of speciale stenen kunnen beide doen, afhankelijk van het doel. De kosmische energieën zijn een zeer krachtige, nog onaangetaste, bron van energie, die deze planeet nog moet ontdekken - een overvloedige bron van ruwe energie die vele miljoenen keren krachtiger is dan welke grondstoffen dan ook hier op deze planeet.

D: *Het probleem is om het te kunnen blootleggen.*

P: Het probleem is het verhogen van het bewustzijn om het concept te accepteren en tegelijkertijd de verantwoordelijkheid aan te scherpen om het te gebruiken. Deze energie was ooit overheersend op deze planeet, maar door gebrek aan verantwoordelijkheid ging de kennis van het gebruik ervan verloren.

D: *Was dit ten tijde van Atlantis?*

P. Ja, dat klopt. Er is toen veel verloren gegaan. Er was veel misbruik in de Atlantische tijd van veel verschillende soorten en vormen van energieën. Want er was aanvankelijk een hoog begrip van deze energieën die de fysieke werkelijkheid vormen. Er was toen het misbruik van het begrip van deze energieën.

* * *

Clara kreeg informatie van een plek die erg leek op Phil's Planet of the Three Spires. De hare was ook een planeet met vreemde torenspitsachtige structuren, en de informatie was vervat in de hele planeet, alsof de samenstelling ervan een opslagplaats van kennis was. Dit was dezelfde beschrijving gegeven door Phil. Clara noemde deze plek ook emotioneel haar "thuis", net als Phil. Het complete verhaal van hoe ze deze plek vond, werd eerder in dit boek verteld.

D. *Kun je me iets vertellen over Atlantis? Maakt dat deel uit van de records?*
C: Atlantis ging de zee in.
D. *Ik zou er graag van willen weten voordat het de zee in ging. Wat voor een beschaving was het?*
C. Het was zeer geavanceerd. Heel groen. En zeer technologisch geavanceerd, verder dan waar de aarde nu is.
D. *Bestond deze beschaving al lang?*
C. Een zeer lange tijd.
D. *Kunt u mij enkele van hun technologische ontwikkelingen vertellen?*
C. Ze hadden het vermogen om energie door de tijd en door de ruimte te verplaatsen en te verplaatsen op een veel geavanceerdere manier dan technologisch - hoe zeg je? -- er wordt vandaag vooruitgang geboekt. (Had moeite) Hmmm, wat is dit woord dat je gebruikt voor geavanceerde machines? Zoals computers en communicatieapparatuur. Deze apparatuur was zeer uitgebreid. Het werd heel, heel minutieus gedaan. Zelfs tot het punt waarop sommige informatie op een telepathisch niveau werd bereikt.
D. *Hoe werden de machines of computers aangedreven?*
C. Het werd allemaal gedaan door zonne-energie. Alles werd gedaan door de Zon. De grote centrale Zon.
D. *Toen hadden ze geen elektriciteit zoals wij die nu hebben?*
C. Ooit deden ze dat wel. Maar toen het dichterbij kwam en in de laatste jaren van de tijd dat het bestond, werd het allemaal gegenereerd door de grote centrale Zon.
D: *Is dit de Zon die we kennen aan de hemel, of is het iets anders?*
C: De Zon die je kent.
D: *Was the equipment similar to what we have today?*
C: Veel geavanceerder. Je hebt gigantische en gigantische zonnepanelen en zonne-apparatuur, die veel groter is dan wat werd gebruikt in Atlantis. Die van hen was zo geavanceerd dat ze op een efficiëntere manier werden gebruikt en niet zoveel ruimte in beslag namen. Hun technologie was meer afgestemd op de centrale zon, die de energie afgaf. Ze waren alsof ze verbonden waren met een grotere macht. Ze waren verbonden met de sterren en met de krachten van andere sterren.

Johannes had gezegd dat ze ook wisten hoe ze de kracht van de maan moesten gebruiken. Bartholomeus vermeldde ook dat oude mensen deze kennis hadden.

C: Ze communiceerden met wezens van andere planeten, van andere sterren. En door hun communicatie wisselden ze informatie uit, die ze gebruikten in de technologie van hun machines, hun computers en hun andere technologische vooruitgang, wat dat ook moge zijn.
D: *Dus de andere wezens van de sterren hielpen hen?*
C: Ja. Het was een gezamenlijke inspanning.
D: *Mij is verteld dat de wetenschappers de kracht van hun geest ontwikkelden om een aantal van deze resultaten te bereiken.*
C: Dat klopt. In de ontwikkeling van hun geest, toen ze zich begonnen open te stellen voor alle mogelijkheden, dat er inderdaad wezens op andere planeten waren, dan stonden ze in contact op een manier die onbeperkt was. Ze hadden toen het vermogen om, door de beperkte manier van denken en voelen en geloven te verlaten, datgene te ontvangen wat uit andere universa en van andere planeten kwam. En die planeten zouden op hun beurt informatie aan hen geven op zo'n manier dat het erg telepathisch werd. Ze zouden van geest naar geestniveau communiceren zonder lange communicatielijnen nodig te hebben, zoals uw telefoonlijnen. En daarom namen ze dit telepathische vermogen en bevorderden dat door met vele planeten te communiceren. Het werd een wereldwijde gemeenschap, in tegenstelling tot één sector van een menselijk ras.
D: *Ze waren in staat om veel meer te bereiken. Is dat wat je bedoelt? (Ja) Ik heb gehoord dat Atlantis niet slechts één land was, maar de hele wereld in die tijd.*
C: Het was de bekende wereld in de tijd dat Atlantis bestond.
D: *Waren alle delen van deze bekende wereld geavanceerd?*
C: Nee. Niet alle onderdelen. Er waren gebieden die primitief waren, waar mensen zich niet hadden opengesteld voor de communicatie. De hele planeet werd niet volledig verheven tot een hoger trillingsniveau. Er waren enkele plaatsen en enkele bevolkte gebieden die ervoor kozen om hun hart niet te openen en een nieuwe manier van leven, een nieuwe manier van zijn, te onderschrijven. Zo werden ze, wat je zou kunnen noemen,

verschoppelingen. Zij waren degenen die niet geloofden dat ze hun beperkingen konden overschrijden. Degenen die ervoor kozen om een beperkt leven te leiden, kozen zichzelf om in een ander gebied van die planeet te leven. Terwijl degenen die hun hart en hun geest openden voor een onbegrensde manier van leven, stegen en vooruitgingen. En communiceerde met alle planeten.

D: Het was alsof ze niets met elkaar gemeen hadden.

C: Precies.

D: Kun je zien waar de meer geavanceerde, de wetenschappelijke gemeenschap, leefde in relatie tot de manier waarop de wereld vandaag is? Ik weet dat de wereld veel veranderd is.

C: Het is heel enorm veranderd. Wat in die tijd de bekende wereld was, bestond uit een gebied dat je nu de Atlantische Oceaan zou noemen.

D: Zijn er nog overblijfselen van die beschaving die de mensheid op een gegeven moment zou kunnen vinden?

C: Alleen op een etherisch niveau.

D: Dus het is niet op fysiek niveau te vinden?

C: Op dit moment is er een mogelijkheid als de mens zich voldoende openstelt om echt, op een bewuste manier, te geloven dat het gevonden kan worden. Dan wordt het gevonden.

D: Sommige mensen denken dat ze dingen onder water hebben gezien die overblijfselen kunnen zijn van de steden, wegen en gebouwen.

C: Dat is niet waar. Wat ze zien zijn overblijfselen van andere nieuwere beschavingen, sinds Atlantis.

D: Mij is ook verteld dat de Atlantische wetenschappers het punt bereikten dat ze fysieke experimenten deden. Zie je zoiets?

C: Wat voor soort fysieke experimenten?

D: Genetisch of iets dergelijks?

C: Alles wat nu op deze planeet wordt ervaren, werd gedaan in de tijd van Atlantis. Het werd echter vele eeuwen voor de ondergang van Atlantis gedaan. Genetisch gekloonden ze dieren. Ze kloonden mensen. Maar ze vonden dat dit niet het juiste was om te doen. Want het interfereerde met het DNA van het menselijk ras, en het menselijk ras zou er enorm onder lijden als ze zouden doorgaan. Er werd dus aangetoond dat ze moesten stoppen.

Dus genetische experimenten werden gedaan naast het gebruik van de geest om het fysieke te beïnvloeden. Ik ben er nooit achter gekomen wat er eerst kwam, en of ze allebei tegelijk aan de gang waren. Het lijkt erop dat hun nieuwsgierigheid geen grenzen kende. Een echo uit het verleden die zich herhaalt in onze huidige tijd.

D: *Was het alleen als een experiment, of hadden ze een doel?*
C: Het was experimenteel. Hun doel was om te kijken of het kon. En toen ze ontdekten dat het kon, liepen ze tegen veel moeilijkheden en veel problemen aan met de uitkomsten. Het was niet wenselijk, en dus werd het het beste gevoeld door degenen die de regels maakten, dat het zou worden stopgezet.

D: *Wat voor problemen kwamen ze tegen?*
C: Vormen leken anders dan mensen. En er waren veel experimenten van - hoe zeg je? -- kruising? (Ze trok dat woord in twijfel.) Interklonen? Door elkaar halen. En de uitkomst was meer als een dier. Het draaide het evolutieproces om. En ziekte deed zich voor. Het was niet voor het doel van de planeet om dat voort te zetten. Dus werd besloten dat, voor het beste voor de planeet, het zou worden stopgezet. Dat het zou worden gestopt, anders zou het de mensheid vernietigen.

D: *Dat klinkt heel drastisch.*
C: Het was drastisch. Het is drastisch.

D: *Maar in plaats van alleen exacte klonen te doen, begonnen ze het DNA, de genen, te mengen om te zien wat er zou gebeuren? Is dat wat je bedoelt?*
C: Ja. De nieuwsgierigheid. Experiment. Laten we dit doen en kijken wat eruit komt. Laten we dit doen en dit proberen en zien wat er gebeurt. In het plantenrijk hadden ze hybriden gemaakt van verschillende planten en verschillende groenten en bomen. En dus dachten ze: "Wow, dat is gelukt. Waarom zou je het niet met mensen doen?" Dus toen begonnen ze. En het werd: "Oh, nou, laten we nu eens kijken wat we met dit, en dit en dit kunnen doen." En het werd een enorme ramp.

D: *Dus toen ze begonnen met het klonen en mengen van de verschillende genen, zei je dat het dierlijker werd dan menselijk?*
C: Het was alsof ze de evolutie omkeerden. Maar het werd heel grotesk en heel kwaadaardig.

D: *Dus begonnen ze combinaties te krijgen die niet wenselijk waren.*

C: En was nog nooit eerder geweest.
D: *Maar blijkbaar waren ze levensvatbaar. Ze leefden wel.*
C: Ze leefden een tijdje. En ze gingen in een staat van wat je "gek" zou noemen. En vernietiging vond plaats, omdat ze als monsters werden.
D: *Waarom zijn ze gek geworden? Je bedoelt dat omdat het geen normaal proces was, het de geest van het schepsel beïnvloedde?*
C: Dat hoort erbij. Maar een deel ervan was de vermenging van genetica van het dierenrijk met de mens. En zo werd het zo'n speelbal voor de wetenschappers. Om te zien waar we naartoe kunnen en wat we kunnen creëren. We kunnen nu goden worden en datgene creëren wat we kiezen om te creëren. Dat wat nooit eerder had bestaan. En zo regeerde er een ramp.
D: *Maar je zei ook dat er ziekte werd geïntroduceerd.*
C: Ziekten die nog nooit eerder bekend waren, werden geïntroduceerd.
D: *Hoe is dat zo gekomen?*
C: Door de genen te mengen. Door dat wat ziek was te vermengen met dat wat goed was. En dat wat was .... (Had moeite om het woord te vinden.) Wat jullie "vreemde lichamen" zouden noemen voor het menselijk ras. Dat kon dier zijn, of wat dan ook van welk koninkrijk dan ook dat ze wilden proberen te introduceren. Dat is wat ze deden. Dus als één deeltje van het DNA van één streng, of van één ras, een vermoeden van een of andere ziekte had, werd het in het geheel geïntroduceerd, waardoor een hele nieuwe ziektelijn ontstond.

Dit kan een sluimerend type ziekte zijn dat het gastlichaam droeg en waarschijnlijk immuun was. Maar toen het kloonproces het wakker schudde, veranderde het het ook.

C: De ziekte zou muteren en dan zou het muteren in iets anders. En als een ziekte zou worden geïntroduceerd door één DNA-streng, en een andere ziekte zou worden geïntroduceerd in hetzelfde ding, zou de combinatie dan iets introduceren dat zeer destructief zou kunnen zijn en was.
D: *Dus niet alleen de lichamen en het fysieke uiterlijk en de geest van deze wezens veranderden, ook alle -- ik wil zeggen -- bacteriën, moleculen, muteerden en vormden verschillende ziekten. (Ja) Afgaan op manieren die nog nooit waren gebeurd.*

C: Dat klopt. En het werd zo massaal dat ze alle experimenten moesten stilleggen, omdat ze zagen dat het behoorlijk ongebreideld werd. En dat het het hele menselijke ras zou kunnen vernietigen.

Het was in 1997 dat het eerste officiële klonen van een schaap in Engeland werd aangekondigd. Na deze zitting in augustus 1997 discussieerden de autoriteiten openlijk over de gevaren van klonen en de ethiek ervan. Uit mijn werk heb ik ontdekt dat het klonen van mensen al geperfectioneerd is. Er zijn veel dingen waar het grote publiek zich niet van bewust is. Het is alsof de eerste kruimels informatie nu worden gedropt (vooral met de recente aankondiging van het eerste succesvolle klonen van een aap [ons naaste familielid]), dus we zullen eraan wennen wanneer de officiële aankondiging wordt gedaan van het klonen van mensen.

Wetenschappers zeiden dat ze dieren konden klonen en menselijke genen in hen konden introduceren om beter vlees te produceren en een beter dier te maken. Ze zijn onlangs ook begonnen met het introduceren van menselijke genen in speciale varkens, zodat hun organen kunnen worden gebruikt bij menselijke transplantaties. Als het donorvarken een aantal menselijke genen had, zou het menselijk lichaam van de gastheer het orgaan niet afwijzen, omdat het normaal gesproken alles zou afwijzen dat niet menselijk of compatibel was.

Een wetenschapper maakte bezwaar dat het introduceren en mengen van menselijke genen met dierlijke genen onbekende ziekten zou kunnen creëren, die zouden beginnen bij het dier en zich mogelijk naar de mens zouden verspreiden. Het varken had bijvoorbeeld ziekten die uniek waren voor het en niet konden worden verspreid door het te hanteren of zijn vlees te eten. Maar de wetenschappers maakten zich zorgen over wat er zou gebeuren als het gedoneerde orgaan een permanent onderdeel van het menselijk lichaam zou zijn en er constant bloed doorheen zou stromen. Het zou de ziektekiemen van deze ziekten overal kunnen dragen. het systeem van de gastheer, en ze konden muteren in onbekende ziekten die zich door de hele bevolking konden verspreiden. Er was genoeg bezorgdheid om het donorprogramma tijdelijk stop te zetten totdat verder onderzoek kon worden gedaan.

Het klonk alsof de geschiedenis zich herhaalde. De mensheid maakte dezelfde fouten als wij in de vervlogen dagen van Atlantis.

Misschien was dat het doel van deze informatie die op dit moment in onze geschiedenis naar buiten kwam. Een alarmbel uit het verleden.

D: *Toen zaten de ziektes niet alleen in de genetische experimenten. Het begon zich te verspreiden naar de rest van het menselijk ras?*
C: Het was beperkt tot de genetica. Maar wetenschappers zagen dat, mochten ze doorgaan, dan zou het dat wel doen. Omdat die wezens dan zouden integreren in de andere gemeenschap. En dan zou die ziekte door de hele beschaving worden overgedragen. En de machthebbers die gezegd worden, dit kunnen we niet laten gebeuren. Dus dat wat was, werd vernietigd.
D: *Waren deze wezens die ze creëerden, steriel of waren ze in staat zichzelf voort te planten?*
C: Ze konden zichzelf niet voortplanten. Het waren gewoon "klonen", zonder voortplantingsorganen.
D: *Waar gebruikten ze deze wezens voor, toen het voor het eerst begon, voordat het uit de hand liep? Hadden ze een doel?*
C: Het doel om te beginnen was gewoon om te zien of het kon worden gedaan, en het liep uit de hand.
D: *Toen gebruikten ze deze wezens nergens voor?*
C: Waartoe de wezens in staat waren, leerden ze als robots. Dus traden ze op als robots op bevel van de wetenschappers. Ze kunnen hun assistenten zijn, of speelkameraadjes voor anderen. Ze waren ontworpen om een huishoudster te zijn, ontworpen om de herder te zijn, ontworpen om wat dan ook te zijn. Toen ze dat eenmaal zagen: "Nou, we zouden hier een doel voor moeten hebben, als we deze gaan creëren."

Waren dit de zachtaardige dienende wezens die Johannes zag?

C: En toen dachten ze: "Nou, dit is leuk. Dus we zullen al die andere genen introduceren met al die andere dieren, om te zien wat we kunnen bedenken." Wat er toen gebeurde, was chaos.
D: *Toen was de belangrijkste reden om het experiment te stoppen dat ze bang waren dat het uit de hand liep en de ziekte zich zou verspreiden?*
C: Dat was de enige reden. Omdat ze konden zien dat de hele beschaving totaal vernietigd zou worden. Dus in plaats daarvan vernietigden ze die wezens die ze hadden geschapen.

D: En je zei dat de 'powers that be' degenen zijn die hen vertelden dat ze dit moesten doen. Wie bedoel je?
C: De regeringen.
D: Ze wisten dus wat de wetenschappers aan het doen waren.
C: Ja. Ze keurden het goed, totdat ze zagen dat het op een plek was waar het niet kon gaan, en het kon niet zijn. Anders zou de hele beschaving vernietigd worden.
D: Het zou zich zelfs hebben verspreid naar de gemeenschappen die min of meer waren wat jullie "verschoppelingen" noemden?
C: O, ja. O ja.
D: Dus ze pakten toen de wezens die ze hadden geschapen op en moesten ze vernietigen?
C: Ja, dat deden ze. Niet op een massieve manier, maar op een heel rustige en subtiele manier die een natuurlijke manier leek. Dus de gemeenschap in het algemeen zou niet gealarmeerd zijn of in paniek raken. Het werd dus erg onder controle gehouden. Het grote publiek was zich niet bewust van enkele van de groteske wezens die uit de experimenten voortkwamen. Het leek een beetje op de manier waarop uw regering veel dingen voor het grote publiek verbergt. Zo was het in de tijd van Atlantis.
D: Ik heb vaak vermoed dat veel van de legendes van half-mens, half-dier, uit die periode kunnen komen. Kan dat?
C: Ja. Het is mogelijk. Dat deed het.
D: Toen bestonden deze schepselen, half-mens, half-dier, niet meer na de tijd vanAtlantis? (Nee) Dus de legendes moeten zo oud zijn?
C: Ja. Het is ontstaan in Atlantis.
D: In de tijd van de Romeinen en de Grieken en de Egyptenaren hoor je van deze verhalen. Ze hadden dus een basis in feite, maar het ging heel ver terug in de tijd. Klopt dat?
C: Lang voordat Egypte en Rome ooit, ooit werden bedacht.
D: Maar het maakte deel uit van de herinneringen, en ze maakten er legendes van.
C: Ja, dat klopt. Het is overgeleverd, dus het is een herinnering aan het collectieve bewustzijn.
D: Ik heb altijd geloofd dat legendes in feite een basis hebben, als je ze ver genoeg terugbrengt.
C: Allemaal wel. Hoe zouden ze anders ooit een legende worden? Als ze eenmaal een legende zijn, wil elke persoon die het krijgt een

kleine hint van zijn eigen flare en flamboyantie eraan toevoegen, om er een nog grotere, kleurrijkere legende van te maken.
D: Maar het moet allemaal ergens beginnen.
C: Er is altijd het begin.
D: Was er nog iets dat de wetenschappers deden waarvan ze later te horen kregen dat ze moesten stoppen?
C: Dat was het grootste. Dat was het ding van betekenis waar u naar vroeg, en het leek op dit moment gepast om te vermelden.
D: Omdat we in hetzelfde gebied beginnen te struikelen. (Ja) Mij is verteld dat er in onze tijd, vandaag in de 20e eeuw, wetenschappers zijn die met hetzelfde soort dingen experimenteren. Weet u daar iets van?
C: Dat is waar. Dat is waar. Ze staan aan het begin van het spelen met de genetica. En naarmate het publiek zich er meer bewust van wordt, zal er een opstand komen. Van zeggen: "Dat is onnatuurlijk. Laat het zijn."
D: Ik heb vaak het vermoeden gehad dat ze verder zijn gegaan dan ze de mensen laten weten.
C: Ja, dat hebben ze. Ze zullen hier een klein stukje informatie droppen, en een klein stukje informatie daar. En net als in de dagen van Atlantis was het verborgen. In de huidige tijd, zoals u die kent, laten ze een klein dribbeltje informatie toe. Net genoeg zodat het grote publiek niet gealarmeerd raakt. En wanneer er genoeg informatie uitlekt - met opzet, door sommigen uit het binnenland - dan zal het publiek in opstand komen en zeggen: "We kunnen dit niet laten gebeuren. Dat mag niet gebeuren. Omdat het het menselijk ras, zoals wij dat kennen, zal vernietigen."
D: De geschiedenis zal zich herhalen.
C: Ja. Maar door communicatie in de tijd waarin je leeft, zijn meer mensen zich sneller bewust door deze communicatie massaal in één keer te krijgen. Als bekend is dat dit de wereld zou kunnen vernietigen, zal het publiek in opstand komen.
D: Zijn de wetenschappers in de 20e eeuw al begonnen met het combineren van DNA van verschillende soorten?
C: Ja. Heel geheimzinnig.
D: Kun je me daar iets over vertellen? Ik zou graag willen weten hoe ver we zijn gegaan. Ik weet dat het een verontrustend onderwerp is.

C: (Diepe zucht) Het is op dit moment niet gepast dat we het nog over dat onderwerp hebben.

Hetzelfde gebeurde toen ik dit onderwerp verder wilde onderzoeken in The Custodians. De buitenaardse wezens vertelden me veel informatie, maar er waren er enkele die ze niet onthulden, vooral vanwege het effect dat het zou hebben op het voertuig waar het doorheen moest. Als dit gebeurt, kan ik deze richtlijnen niet terzijde schuiven en dat zou ik ook niet willen.

D: *Oké. Maar mij is verteld dat de buitenaardsen onze regering helpen bij dergelijke experimenten. Is dat zo? (Ja) Keuren ze goed wat er aan de hand is?*
C: Wat de buitenaardsen doen is het simpelweg controleren en op een niveau houden waar het menselijk ras zichzelf niet zal vernietigen.
D: *Omdat ze min of meer weten hoe dit werkt, nietwaar?*
C: Ja, dat doen we.
D: *Ik vraag me af of menselijke wetenschappers naar hen zullen luisteren, of zijn ze op eigen houtje op pad gegaan?*
C: We hebben manieren om de wetenschappers te laten weten dat er grenzen zijn.
D: *En ik neem aan dat deze experimenten op geheime plaatsen worden gedaan.*
C: Ja. Over de hele planeet. Maar wij helpen er min of meer een dop op te houden, zodat het de aarde niet vernietigt.
D: *Denk je dat de wetenschappers het uit de hand kunnen laten lopen?*
C: Het zou kunnen gebeuren. Het is een planeet van vrije keuze. (Ze leek zich ongemakkelijk te voelen.)
D: *Dat is niet erg. Je zegt altijd als je me geen informatie meer kunt geven, en dat respecteer ik. Om terug te gaan naar Atlantis -- Kun je me vertellen wat er gebeurde bij de vernietiging? Was er een bepaalde gebeurtenis die uiteindelijk zijn hoogtepunt bereikte en ervoor zorgde dat het in het water zakte?*
C: Daar kan ik het vandaag niet over hebben.
D: *Waarom niet?*
C: Het is gewoon geen geschikt moment om te bespreken hoe het is gebeurd. Het kan, op een bepaald moment in de toekomst, een moment zijn waarop die informatie kan worden vrijgegeven.
D: *Oké. Maar waren er na de verwoesting overlevenden?*

C: Er was veel verlies van mensenlevens in die tijd. De aarde moest opnieuw worden ingezaaid.

D: *Ik geloof in het zaaien, dus dat verbaast me niet. Laat me je een theorie vertellen die ik heb, en je kunt me vertellen of het klopt of niet. Ik heb vaak gedacht dat er misschien overlevenden waren die naar Egypte en Peru en verschillende delen van de wereld kwamen, waar we deze grote monumenten hebben. En dat ze misschien de kennis bij zich droegen van hoe ze deze dingen moesten doen, zoals werken met steen. Klopt dat?*

C: In de tijd van Atlantis waren we in contact met mensen op Atlantis. En zo bezochten wezens uit Atlantis in samenwerking andere sterren. En sommige wezens uit Atlantis, die op andere sterren waren, hielpen toen om het gebied te zaaien waar Egypte is en waar andere gebieden zijn. Dus daarom zijn de informatie en de herinneringen aan Atlantis voortgezet. De legende begon en is doorgegaan omdat wezens uit Atlantis, die op andere sterren leefden, terugkwamen, als zaailingen in fysieke vorm.

D: *Maar als zaailingen bedoel je ... volwassen. (Ja) Omdat ik weet dat het leven in het allereerste begin begon op het cellulaire toneel en evolueerde.*

C: Ja. Niet zo op dit moment. Die wezens, zou je kunnen zeggen, namen een sabbatical, namen een vakantie vanuit Atlantis en gingen naar een andere ster. En toen Atlantis van de Aarde verdween en er andere gebieden opkwamen, kwamen die wezens terug naar de planeet Aarde om het leven opnieuw te beginnen. Velen die de aarde opnieuw bevolkten, moesten uit andere sterrenstelsels komen, omdat er een groot verlies aan mensenlevens was. Simpelweg vanwege de explosieve aard waarin de planeet verdween. En dat is alles wat ik daarover kan zeggen. Misschien kunnen we dat op een ander moment, als het gepast is, en de raad die informatie vrijgeeft, dat toestaan.

Wat Clara zei over mensen die naar andere sterren werden getransporteerd en na de cataclysme werden teruggestuurd, klonk erg vergelijkbaar met informatie die ik ontving, die later in dit boek wordt gerapporteerd. Dit is een levensvatbaar plan om in de toekomst indien nodig een deel van het menselijk ras te evacueren. Blijkbaar is het in het verleden gebeurd, en zou het ook kunnen zijn dat de geschiedenis zich herhaalt. De buitenaardse wezens hebben altijd gezegd dat ze de vernietiging van het menselijk ras niet zouden toestaan. Er is te veel tijd en energie gestoken in de ontwikkeling ervan. Als we er geen acht op slaan, zullen ze ons helpen, ondanks onszelf.

Het ging me niet aan dat Clara me geen informatie kon geven over de vernietiging van Atlantis, omdat ik het al van andere onderdanen had ontvangen. Ik heb dit allemaal jarenlang in mijn bestanden bewaard totdat ik het voor dit boek begon samen te stellen. Toen ontdekte ik dat ik eigenlijk alles had wat ik nodig had. Het was in stukjes en beetjes gegeven gedurende meerdere jaren.

We hadden aanwijzingen gekregen dat de grote beschaving moest vallen vanwege hun misbruik van hun geestkracht en hun pogingen om tegen de morele structuur van het universum in te gaan door genetica te herschrijven. Toch vermoedde ik dat er iets krachtigers bij betrokken was om de werkelijke cataclysme te creëren die Atlantis deed zinken.

* * *

Deze informatie kwam van de bibliothecaris van de grote Bibliotheek op het gebied van de geest.

D: Kunnen we weer toegang krijgen tot de bestanden op Atlantis? Ik zou graag willen weten over de daadwerkelijke vernietiging van Atlantis. De laatste keer vertelde hij ons enkele van de redenen waarom het werd vernietigd, vanwege het misbruik van geestkracht. Maar hoe zit het met de daadwerkelijke vernietiging? Kan hij je daar iets over laten zien?
J: Ja, hij laat me diepe kloven zien die in de aarde zijn gemaakt. Diepe kloven, vanwege deze kristallen. Ze gebruikten deze kristalkracht en gaven zonlicht door aan de grond en het veroorzaakte stress. Ook probeerden ze de gesmolten kern van de aarde aan te boren, en dit veroorzaakte veel druk die ook hielp het eiland te vernietigen. Ze boren zich in de gesmolten kern. En deze gesmolten kern ontplofte, en daarom ontplofte het.
D: Waarom deden ze dat?
J: Ze waren op zoek naar een andere energiebron, in plaats van alleen de zon.
D: Toen gebruikten ze de zon met de kristallen. Hoe verveelden ze zich in de aarde?

J Door zware concentratie en geestkracht.

D: *Ze hadden hun geest tot op zekere hoogte ontwikkeld. (Ja) En wat gebeurde er toen? Je zei dat ze deze kloven in de aarde maakten van beide bronnen, de kristallen en hun geest?*

J: Kometen hadden er ook iets mee te maken.

D: *Weet hij waarom?*

J: Nee. Hij laat alleen zien dat er kometen in de lucht waren die voorzagen dat deze gebeurtenis zou plaatsvinden. De wetenschappers verveelden zich in het vaste gesteente tot op het niveau van de gesmolten kern. Dit zorgde voor een enorme opluchting van de gesmolten kern van de aarde. Maar het beïnvloedde ook alle planeten, en niet alleen de continenten op aarde zelf.

D: *Je bedoelt de planeten in ons zonnestelsel?*

J: Klopt. Omdat dit veel hoge energie afwierp, en dit was de reden waarom Atlantis zonk.

D: *Ze waren aan het knoeien met iets wat ze niet begrepen?*

J: Ze begrepen de kracht achter de gesmolten kern niet.

D: *Toen hadden de kometen hier eigenlijk niets mee te maken.*

J: Nee, maar er waren aanwezigen in de lucht voor dit evenement.

D: *Wat gebeurde er toen?*

J: Het creëerde de kloven door deze mentale boring. En wat ontsnapte was de binnenste gesmolten kern, die de wereld scheef trok, en daarom zonk het.

D: *Als een vulkaanuitbarsting?*

J: Klopt. Het was een verschuiving van de aarde.

Na het ontwaken vertelde John wat hij zich kon herinneren dat niet op de band was opgenomen. Zoals gewoonlijk was de helderste herinnering het laatste wat we bespraken.

J: Ze wisten van astrologie. Ze beheersten die kunst. De kometen die verschenen waarschuwden hen dat ze niet moesten rommelen met het zoeken naar deze energiebron vanuit het centrum van de aarde. Toch bleven ze zich met mentale kracht in de Aarde boren. Stel je een boring voor die de aarde ingaat. En toen het deze gesmolten kern raakte, zorgde dit ervoor dat er een enorme hoeveelheid energie vrijkwam. Dat veroorzaakte vulkaanuitbarstingen. Het is alsof er iets naar de oppervlakte barst. Je weet hoe het kan borrelen en naar de oppervlakte kan barsten en dan ....?

D: *Ik dacht dat het als een vulkaan moest zijn geweest, maar blijkbaar was het krachtiger dan dat.*

J: O ja, het was veel krachtiger. Ze realiseerden zich niet dat ze deze energie niet konden kanaliseren.

D *Om het te stoppen, bedoel je?*

J: Klopt, het was te krachtig. Het was als een vulkaan, behalve dat het een miljoen keer was. Het verscheurde gewoon het hele eiland. Hij was erg terughoudend om het me te vertellen. Ik denk dat hij niet wilde dat mensen ideeën zouden krijgen om dat nog eens te doen.

D: *Er is gesproken over het boren in de aarde met machines.*

J: Ja. Hij vond het erg onwennig dat ik erover praatte. Ik kon er meer op ingaan, maar het was als "onderwerp af, dossier gesloten". Dat was genoeg.

* * *

Meer informatie werd gevonden in Phil's sessies toen hij kennis kreeg van de geschiedenis van de Planeet van de Drie Torens.

D: *Kunt u zien wat de vernietiging van Atlantis teweegbracht?*

P: Er zijn hier veel factoren die zowel schijnbaar als niet-duidelijk zijn. We hebben echter het gevoel dat het fysieke misschien meer lijkt op wat je vraagt. De verwoesting was vele malen groter. Het meest traumatische was echter de vernietiging van de landmassa zelf in een cataclysme van vulkanische activiteit veroorzaakt door aardbevingen. Het grootste deel van deze vernietiging werd versterkt door degenen die in die tijd de heersende klasse waren. Er werd aan de mensen het vermogen gegeven om zichzelf te vernietigen door gebruik te maken van vele verschillende vormen van energieën. Er waren veel verschillende soorten energieën beschikbaar. En ze misbruikten deze eenvoudigweg, zodanig dat er veel disharmonische krachten in dat specifieke deel van de planeet werden.

D: *Ik vroeg me af of de oorzaak een natuurlijk fenomeen was, of dat de mensen een rol te spelen hadden in de daadwerkelijke vernietiging.*

P: Het grootste deel van de vernietiging was een daad van onwetendheid en zwakzinnigheid. Op een bepaald niveau was men zich er echter van bewust dat dergelijke acties gevolgen zouden hebben. En toch werden die gevolgen genegeerd ten gunste van de onmiddellijke zogenaamde winst van dergelijke acties.

D: *Maar je zei dat ze energieën gebruikten, en dit soort energieën maakten deel uit van de oorzaak van de uitbarstende vulkanen en de aardbevingen?*

P: Dat klopt. Er waren de energieën van de kristallen die zo werden gericht dat de krachtlijnen van de Aarde zelf werden doorgesneden. Zodat de lijm, om zo te zeggen, die dat deel van de aarde vasthield, werd doorgesneden. En er was de disharmonie die het gevolg was van deze vernietiging. En dan de cataclysme die volgde.

D: *Betekent dit dat ze niet hadden verwacht dat dit zou gebeuren?*

P: Er waren mensen die waarschuwden dat dergelijke acties zo'n reactie zouden veroorzaken. De meerderheid van de mensen die op dat moment de beslissingen namen, waren echter verblind door hun eigen gevoel dat ze geen verantwoording verschuldigd waren aan de wetten van de natuur en God. En handelden op manieren die veel vernielingen aanrichtten.

D: *Ze speelden dus met dingen die ze niet hadden moeten hebben, met andere woorden.*

P: Ze speelden met dingen op manieren die ze niet hadden moeten doen. Niet dat ze aan het spelen waren met dingen die ze niet hadden moeten hebben.

D: *Dus het werkte averechts en vernietigde uiteindelijk hen en hun wereld in die tijd.*

P: Dat klopt.

* * *

D: *Ik vroeg me af dat alsAtlantis zo'n perfecte plek was en zulke enorme vermogens ontwikkelde, wat er dan gebeurde dat zijn ondergang bracht?*

Brenda: Wat er gebeurde was -- zo goed als ik kan zien -- een onvoorziene natuurramp. En deze natuurramp was zo wijdverspreid dat het alles in chaos gooide. Het lijkt erop dat het belangrijkste dat gebeurde was dat ze zich heel goed ontwikkelden en er bleek een kleine groep te zijn die meer macht wilde dan ze zouden moeten hebben. Maar ze hadden nog niet echt een grote problematische macht ontwikkeld. De manier waarop Atlantis zich bevond, was op twee verschillende tektonische platen. En de spanning tussen deze twee platen kwam op het punt dat ze een grote aardbeving hadden. Ik bedoel, heel belangrijk, tot het punt dat toen de grond splitste, het helemaal door de korst spleet en het magma en de lava eruit begonnen op te wellen, niet van een vulkaan maar van de aardbeving. En het was zo gewelddadig dat het over de hele wereld werd gevoeld. En het was het instorten van gebouwen op beide continenten. Het heeft Atlantis gewoon volledig vernietigd, zoals dit onderwerp zou zeggen.

D: Ik heb een verhaal gehoord en ik wist niet hoe waar het was. Dat de groep die macht wilde het hoofdkristal of zoiets gebruikte en dit hoorde erbij.

B: Dat heeft waarschijnlijk bijgedragen aan het geweld van de aardbeving, omdat het onstabiel was en klaar om op elk moment te gaan. En ze dachten dat ze zouden sleutelen aan wat ze konden doen, en het veroorzaakte de aardbeving erger dan anders het geval zou zijn geweest.

D: Zie je dan, is dat de reden waarom het continent zonk?

B: Het is niet helemaal gezonken. Het zonk, maar eeuwenlang daarna konden schepen die oceaan niet bevaren vanwege de modderbanken die in de weg stonden. Het was te ondiep voor schepen om helemaal over te varen. En terwijl de platen uit elkaar gingen, zonken de modderbanken geleidelijk diep genoeg tot waar schepen konden oversteken zonder aan de grond te lopen. Er zijn enkele verslagen hiervan in uw maritieme annalen, die mensen zojuist hebben toegeschreven aan iets onverklaarbaars.

Dit zou de oude kaarten en de terughoudendheid van zeelieden om een grote afstand uit te varen kunnen verklaren. Er waren veel verhalen, zelfs in de dagen van Columbus, over monsters en verloren schepen. Misschien zat dit achter de legendes van schepen die van de rand van de aarde vielen, want toen ze uitvaren en niet terugkeerden, waren ze inderdaad afgevallen. De mensen thuis konden niet weten dat ze misschien de scholen hadden geraakt en gezonken, of vast kwamen te zitten en dus stierven van de honger. Dit zou ook de legende van de Sargassozee of Zee van Verloren Schepen kunnen verklaren.

D: Toen het gebeurde, was het als een zinken voor de mensen die op het land waren?
B: Nee, het was verwarring en rampspoed, met hun land dat als een gek trilde en rivieren van lava die door de straten liepen. En het was heel verschrikkelijk en mensen renden naar de oceaan en zwommen de oceaan in om weg te komen van de lava en om weg te komen van het schuddende land. En degenen die naar de oceaan ontsnapten, verdronken omdat de eerste aardbeving ervoor zorgde dat vloedgolven terugkwamen en aan beide zijden van het continent stuiterden. En de vloedgolven trokken over de overblijfselen van het eiland en vernietigden alles wat nog niet was vernietigd door de lava en het schudden.

* * *

Ik wil iets zeggen over een zaak die ik in 2000 in New Orleans had. Een man viel terug naar wat hij beschreef als Atlantis, waar hij lid was van een groep priesters. Er was een hogepriester over hen heen en ze gebruikten kristallen om te proberen de negatieve invloeden van een andere groep wetenschappers tegen te gaan die zeer dominant waren. Het leek erop dat de andere groep wetenschappers hun mentale krachten en hun mind control op negatieve manieren gebruikten. En ze voerden ook experimenten uit op negatieve manieren. Dus deze groep priesters probeerde de negativiteit tegen te gaan door kristallen te gebruiken en energie te richten om te proberen de effecten die ze creëerden teniet te doen. Maar de priesters hadden problemen. Ze hadden een groep kristallen, en deze moesten in een bepaalde volgorde of patroon worden uitgelijnd om de hoogste mate van effectiviteit te creëren, maar het werkte niet. Ze bleven de kristallen herschikken en de kracht van hun geest gebruiken, en het was nog steeds niet in staat om te werken.

Het werd geleidelijk erger en het land ondervond veel seismische activiteit. En ze wisten dat het continent zou zinken. Ik vroeg hem hoe ze het zeker wisten, en hij zei vanwege de negatieve dingen die de andere groep deed. Het zorgde voor een onevenwichtigheid en alles was enorm uit balans. Dit samen met al het andere dat er gebeurde, creëerde de seismische activiteit. En ze wisten dat het stuk land, het eiland of wat dan ook, Atlantis, zou zinken. Dus besloten ze het continent te verlaten om ergens anders heen te gaan.

Hij zei dat ze in schepen vertrokken en hun hele groep meenamen. Ik wilde een beschrijving van de schepen, en ze zagen er heel vreemd uit. Hij zei dat het net grote ronde bubbels waren. Ze waren vrij groot omdat ze maar liefst vijftig mensen in één konden bevatten. Toen ze in het water reden, was de helft van de bel boven het water en de helft onder water. De helft die boven het water lag was helder. Je kon er doorheen kijken. De mensen bevonden zich in deze bubbels en voedden ze door de kristallen en mind control. Ze hadden de kristallen meegenomen, sommigen op elk van de schepen. De groep concentreerde hun geest op het creëren van de kracht die deze bubbelschepen over de oceaan dreef. Ze gingen naar wat later bekend zou worden als Egypte.

Toen de groep Egypte bereikte, konden ze de kristallen gebruiken en richtten ze woonruimten op. Ze hebben nooit gehoord wat er met het continent is gebeurd, omdat ze nooit iemand zijn tegengekomen die het overleefde en de reis maakte. Er woonden groepen mensen die inheems waren in het gebied zonder geavanceerde paranormale vermogens. Ze mengden zich er dus niet eens mee. Ze bleven voor zichzelf als deze groep priesters en zouden hun werk voortzetten en daar een geheel nieuwe beschaving beginnen met het gebruik van hun kristallen en mind control. Ze waren van plan om geavanceerde wetenschap te blijven gebruiken.

Dit was een onverwacht voorbeeld van overlevenden die in staat waren om aan de tragedie te ontsnappen en geavanceerde kennis met zich mee te dragen. Ze hoopten een nieuwe beschaving te creëren die niet tot het uiterste van de laatste zou worden gedragen. Wie weet hoeveel anderen ontsnapten en naar andere continenten gingen? Dit zou een verklaring zijn voor de bouw van monumenten en gebouwen die onze wetenschappers niet kunnen verklaren. De kennis was er, en is waarschijnlijk na enkele generaties verloren gegaan. Deze mogelijkheid zal in het volgende hoofdstuk worden onderzocht.

Hoofdstuk 7
Het mysterie van de pyramides

Elke keer als ik een onderwerp in het diepst mogelijke niveau van trance heb, heb ik veel, veel vragen. Toen ik me ervan bewust werd dat ik toegang had tot een onbeperkte bron van informatie, nam de onverzadigbare nieuwsgierigheid van mijn verslaggever het over en wilde ik alles weten wat ik kon over elk denkbaar onderwerp.

Phil had toegang via de Planet of the Three Spires.

P: De kennis bevindt zich niet op de planeet zelf, maar is toegankelijk vanaf de planeet via het communicatiesysteem op de planeet.
D: *Een clearing-house, zou dat een manier zijn om het te zeggen? Een contactpersoon voor het communicatiesysteem?*
P: Ja, dat zou kloppen.
D: *Zei je niet dat de verslagen van het verleden van de aarde vanaf deze plek toegankelijk waren?*
P: Dat klopt. De geschiedenis is hier. De geschiedenis is overal tegelijk. Het is op dit moment alleen beschikbaar voor mij.
D: *Er zijn veel verschillende theorieën geweest over hoe de oude piramides in Egypte werden gebouwd. Kunnen we daar wat informatie over hebben, alstublieft?*
P: Deze structuren werden gebouwd met behulp van levitatie, die tegenwoordig in sommige gebieden op aarde wordt herontdekt. Het verplaatsen van deze stenen werd bereikt met pure mentale energie. Dat is vandaag, op dit uur, zo mogelijk als toen. Het vereist totale focus en concentratie. Er was een groep van vijf tot zeven priesters die geschoold waren in deze wetenschap en vele andere wetenschappen. Dit was slechts één aspect van hun opleiding. De kennis werd overgedragen vanuit Atlantis. De piramides waren een geschenk van de kennis uit Atlantis.
D: *Was levitatie de enige methode waarmee deze stenen werden opgeworpen?*
P: Er werd gezongen van tonen die hiermee gepaard gingen. Het was ook een religieuze ervaring.

D: Ik heb ook gehoord dat sommige piramides misschien op een andere manier zijn gebouwd.

P: Er wordt veel gespeculeerd in de wereld. Altijd wanneer de kennis niet bestaat over hoe iets werd geconstrueerd, wordt getheoretiseerd dat het werd geconstrueerd op een manier, theoretisch die gemeenschappelijk is voor de beschaving in die tijd. Het zou niet vanzelfsprekend zijn om een bouwmethode te veronderstellen die op dat moment onbekend zou zijn. Er zijn veel manieren om piramides te bouwen. Sommige zijn relevanter dan andere.

D: Een andere persoon vertelde me dat ze ze zag worden gegoten, zoals we vandaag beton zouden storten.

P: We zien dat ze werden gedolven en gesneden en vervolgens zweefden. We zullen die informatie echter niet in diskrediet brengen, want we hebben niet de volledige controle over alle informatie. En dit kan helemaal juist zijn. Van wat we echter zien, werden de stenen die we kennen op verre locaties gesneden en gedolven en vervolgens door telepathie getransporteerd. De priester begeleidde de stenen op het transport en zweefde ze vervolgens naar het punt van waaruit ze werden opgericht. Het werk was meer mentaal dan fysiek.

D:Toen werden ze ook door levitatie vervoerd?

Ik doelde op het transport van de stenen, maar Phil dacht dat ik bedoel dat de priesters ook zweven.

P: De priesters werden op meer conventionele manieren vervoerd, zoals in strijdwagens, maar zouden de stenen begeleiden en de stenen in hun zicht houden, om de stenen stevig in hun concentratie te houden. De stenen werden door levitatie van de steengroeven naar de site getransporteerd en vervolgens met levitatie op hun plaats gebracht. De hele opvoeding gebeurde met levitatie. De energieën die tijdens hun levitatie in die stenen werden gebruikt en uitgebreid, werden opgeslagen. Elke steen sloeg een klein deel op en dus bevatte de piramide als geheel veel energie. De stenen fungeren als kristallen omdat ze menselijke energie en vele andere energieën kunnen opslaan.

D: Je had het over zingen, muziek. Welke rol speelde dat?

P: Dit is een fysieke manifestatie van die energie die gefocust wordt.

Toen ik aan mijn boek Jezus en de Essenen werkte, was het moeilijk om informatie over bepaalde onderwerpen te verkrijgen, vanwege de extreme geheimhoudingscode waaronder de Essenen leefden. Ik probeerde erachter te komen of ze methoden hadden om zichzelf tegen hun vijanden te beschermen. Het meest wat ik kon leren was dat het iets met geluid te maken had en dat er per se geen wapens waren, omdat ze niet nodig waren. Ik vroeg ook naar de bouw van de piramides, maar ik kreeg alleen de verhalen en legendes te horen die ze in hun cultuur hadden. Wanneer een onderwerp wordt teruggevoerd naar een vorig leven, worden ze sterk beïnvloed door de morele structuur van de persoonlijkheid die ze op dat moment waren. Zo was het vaak onmogelijk om het onderwerp geheimen te laten onthullen.

Jaren nadat ik aan dit materiaal had gewerkt, leverde een andere vrouw in een ander deel van de Verenigde Staten enkele van de ontbrekende stukken die het oorspronkelijke onderwerp niet kon, vanwege zijn mentale beperkingen. Deze vrouw was in een vorig leven ook lid geweest van de Esseense gemeenschap, betrokken bij het onderwijzen van de mysteries en voelde ook de extreme eis van geheimhouding. Omdat ze niet in de volledige somnambulistische trance raakte, kon ze herinneringen bewaren aan scènes waarin ze weer bij bewustzijn kwam. Ze zei dat het zelfs in de wakkere toestand moeilijk was om over deze dingen te spreken, omdat haar lichaam gespannen was en haar keel zich probeerde te sluiten. Dit was indrukwekkend van hoe ingebakken deze beperkingen in dat leven waren geweest. Ze begreep bewust de redenen voor de privacy van de gemeenschap en de noodzaak om deze informatie te beschermen, want als bepaalde dingen naar buiten kwamen en verkeerd werden gebruikt, konden ze veel stress en schade veroorzaken.

Ze rapporteerde de informatie die in haar bewuste geest bleef: "Ik zag deze vallei waar maar liefst honderd of tweehonderd mensen in rijen zaten. Ze gebruikten geluid om een enorme stenen creatie te laten zweven en te verplaatsen waar ze wilden dat het was. Het geluid was mystiek, heilig en tegelijkertijd aards. Het waren alle dingen van het universum samen. Het geluid werd niet alleen gecreëerd door de stem, maar werd ook begeleid door bepaalde soorten hoorns. (Ze wist niet goed hoe ze de instrumenten moest noemen, omdat ze niet leken op alles wat ze in dit leven had gezien.) Ze waren erg lang, sommige waren gebogen en sommige waren recht. Ze produceerden aanhoudende duidelijke noten, en dit gebeurde in koor. Het gecombineerde geluid ging door, totdat wat ze aan het doen waren was voltooid. Met andere woorden, niemand ademde op hetzelfde moment, dus de geluiden konden constant worden gehouden. Het aantal mensen dat deelnam, was afhankelijk van de baan. Hoe moeilijker of groter de schaal, hoe meer mensen erbij betrokken zouden moeten zijn.

Levitatie was niet het enige gebruiksnut. Geluid kan voor veel verschillende doeleinden worden gebruikt. Er waren verschillende tonen of toonhoogtes die mensen machteloos zouden maken door bewusteloosheid te veroorzaken, of ervoor zouden zorgen dat ze zich op een gekke, boze of geagiteerde manier gedroegen. Het was ook mogelijk om met geluid te doden, hoewel de Essenen nooit zo ver gingen, omdat het bewusteloos maken van mensen hetzelfde doel zou dienen. Ze konden geluid ook gebruiken om zichzelf onzichtbaar te maken. Het had te maken met harmonischen, de natuurlijke methode om de wiskundige vergelijking te vinden die een object doet tikken. Dit kan door één persoon worden gedaan, maar als er een oprukkend leger zou zijn, zouden er meerdere mensen nodig zijn om ermee om te gaan."

Dit deed natuurlijk onmiddellijk denken aan het Bijbelverhaal van Jozua en de Slag bij Jericho, waar geluid ervoor zorgde dat de muren van de stad instortten. Het is bekend dat geluid tot deze dingen in staat is, zoals een bepaalde noot een kristalglas kan verbrijzelen. En de trilling van een marcherende groep soldaten kan een brug instorten als ze geen stap breken.

Ik vroeg me af waarom dit krachtige wapen niet werd gebruikt in latere tijden toen de Romeinen Qumran aanvielen en vernietigden, en de Essenen gevangen namen en martelden. Dit was de tijd dat de Dode Zee-rollen in de grotten werden verborgen om veilig te zijn. Misschien wisten ze dat het tijd was voor het einde van een tijdperk? Misschien waren ze vergeten hoe ze deze methode moesten gebruiken, of hadden ze het niet geleerd? We zullen het waarschijnlijk nooit weten. In alle opzichten bleek dat de ouden de kennis hadden van levitatie door geluid, dat verloren is gegaan voor volgende generaties.

Ik keerde mijn vragen terug naar de piramides.

D: Werden ze allemaal op dezelfde manier gebouwd?

P: De constructie van de piramides nam in complexiteit toe en - de betekenis is moeilijk te vertalen - maar de evolutie was van ruw naar verfijnder, gelijktijdig met de afstemming van de priesters in hun religie. Er werd meer bereikt, meer mogelijk met de hogere afstemming van deze priesters. Dit was niet iets wat de gemiddelde leek kon doen. Het kostte vele jaren van studie en geconcentreerde inspanning om dit te bereiken. Dit was iets dat slechts een select aantal kon bereiken door jaren van studie.

D: *Zou het mogelijk zijn voor mensen van vandaag om te leren zweven?*

P: Het antwoord is ja. Er zijn geen beperkingen, fysiek, mentaal of emotioneel, over wie deze kennis mag ontvangen. De beslissende factor ligt in de persoon zelf, of ze dit willen nastreven en de inspanning willen leveren die nodig is om dit te leren.

D: *Hoe zit het met de vreemde energie in de piramides waarvan mensen zeggen dat ze dingen kunnen bewaren?*

P: De energie is gewoon een energie die zich door het menselijk lichaam kan concentreren. Er zijn die energieën waar het menselijk lichaam zich niet op kan richten, die niet in overeenstemming zouden zijn met de menselijke ervaring. Dus deze piramides bevatten dit soort energie niet, omdat de mensen die de energie in deze piramides hebben opgeslagen niet in staat waren om deze energie in hen te kanaliseren. Deze piramides bevatten dus energie die eigen is aan de menselijke ervaring. Het materiaal kan worden opgeladen door elke mens die zijn energieën erop richt, zoals degenen die met kristallen werken heel goed weten. Hier geldt hetzelfde principe.

D: *Ik heb gelezen dat er vloeken zijn die mensen doden die inbreken in de piramides of hun begraafplaatsen schenden. Is dit waar of is het gewoon de verbeelding van mensen?*

P: Dit is niet wat men een vloek zou noemen, in die zin dat er hier wrekende entiteiten aan het werk zijn. Dit is niet juist. De piramides zitten vol met menselijke energie, meer dan enig ander object of apparaat dat momenteel op aarde is. Wanneer iemand deze piramides betreedt, komt men dit veld van geconcentreerde menselijke energie binnen. Ze worden ondergedompeld en baden in de energie die deel uitmaakt van de persoonlijkheden van degenen die deze stenen hebben geladen. De vloek, de pech waarover je spreekt, is slechts manifestaties van onbalans bij deze mensen die niet met deze energie kunnen omgaan. En zo deze tragedies zichzelf laten overkomen. Iemand die getraind en bewust en open is, kan deze piramides binnengaan en van hen veel kennis ontvangen die in de piramide zelf is opgeslagen. Als men open en aangenaam zou zijn, zijn dit zeer psychische gebieden. Een paranormaal gebouw, als je zou willen.

D: *Hoe zit het met de piramides in Zuid-Amerika? Werden ze op dezelfde manier gebouwd als die in Egypte?*

P: Deze piramides komen uit dezelfde stam van mensen die vanuit Atlantis migreerden in de tijd van de vernietiging. De gebruikte methode is identiek, want dit was algemeen bekend over Atlantis. Deze tempels werden gebruikt om te aanbidden. Vele, vele jaren vonden plaats vanaf de oorspronkelijke Atlantische ervaring totdat deze piramides in het oosten en westen werden gebouwd, en veel ideeën waren ook in verschillende richtingen geëvolueerd.

D: *Maar het was hetzelfde principe hoor. Hoe zit het met de piramides in Mexico, werden ze ook gebouwd door levitatie?*

P: Er was een geleidelijk verlies van deze kunst en veel beschavingen probeerden deze bouwtechniek op meer conventionele manieren te kopiëren. We zijn op zoek naar deze kennis, die erop lijkt te wijzen dat deze zijn gebouwd op de conventionele manier van brugwerk en fysieke arbeid.

D: *Was dat omdat de kennis tegen die tijd verloren ging?*

P: Dat kwam omdat deze generatie nooit de kennis had gekregen en die structuren wilde kopiëren waarover ze hadden gehoord of die ze hadden gezien. Er waren piramides op het continent Atlantis. Ze staan op dit moment echter onder water. Deze piramides zijn voorbestemd om na de cataclysme weer te verrijzen. De kennis die in deze piramides is opgeslagen, zal worden vrijgegeven aan de stichtingsgeneratie, het nieuwe bewustzijn waarvan de Aarde nu aan het integreren is. Deze kennis zal helpen bij de evolutie van de mens in die tijd.

D: *Wat bedoel je met de cataclysme?*

P: Dit is een losse term die wordt toegepast op de vele fysieke veranderingen die nu plaatsvinden en die de komende achttien chronologische jaren op deze planeet zullen plaatsvinden. (Dit werd opgenomen in 1985.) Deze zijn losjes gegroepeerd in de term "cataclysme". Dit moet niet als één gigantische gebeurtenis worden beschouwd.

* * *

D: *Kunt u mij vertellen wie de Grote Piramides in Egypte heeft gebouwd en waarom? En hoe ze die bouwden?*
P: Dit is in veel eerdere channelings gegeven. Dit is een monument voor de prestaties of het hoogtepunt van succes van de vorige beschaving voor de volgende generaties. Een mijlpaal voor hun prestatie, een symbool van hun succes. De belichaming van hun begrip van de aard van de werkelijkheid. Dat dit monument een mysterie blijft, duidt voor de opeenvolgende generaties op hun onbegrip. Op het moment dat dit hoogtepunt wordt begrepen, zal de technologie van die generatie een voldoende niveau van bewustzijn hebben bereikt, om de volgende informatie te krijgen, waarover de piramide heel weinig spreekt. Het is een lakmoesproef voor die generatie. Zodanig dat de hogere energieën die verantwoordelijk zijn voor de verspreiding van energieën kunnen waarnemen dat de opwekkingsstroom op de planeet op dat moment een voldoende niveau van begrip heeft bereikt, dat zij de rest van de beschikbare informatie krijgen. Totdat het volledige begrip van de piramide is bereikt, zou het voorbarig zijn om de verspreiding van de informatie die is bewaard toe te staan.
D: *Ik was geïnteresseerd in hoe deze piramides werden gebouwd. Zie je dat?*
P: Zie je dat? (Gelach) Het is al vermoed door levitatiemiddelen en elektromagnetische voortstuwing van vele verschillende soorten, waaronder het gebruik van tonen en mentale resonantie. Verder uitwerken zou nutteloos zijn, omdat jullie niveau van begrip niet is verhoogd tot het punt dat jullie datgene konden begrijpen wat wij jullie zouden geven. Daarom, wanneer je jezelf door je eigen pogingen tot begrip naar dat niveau hebt getrokken, zodat je deze hogere orde werkelijkheden kunt begrijpen, dan zul je een vollediger begrip krijgen. Je moet je fundering bouwen voordat je je huis kunt bouwen.
D: *Dat is logisch. Ik heb gehoord dat het met muziek werd gedaan. Zou dat samengaan met wat u zei over tonen?*
P: Muziek in de zin van tonen, niet in de zin van zang.

D: *Worden deze tonen steeds haalbaarder met onze synthesizers die vandaag de dag bestaan? Ze zijn in staat om tonen te genereren die we voorheen niet konden genereren.*
P: Niet zo in de zin van eenvoudige sonische of vibrationele realiteiten. Hoe conceptuele realiteiten ook zijn, de toon van mentale energieën. Je mentale energie resoneert op een bepaalde toon - het concept van een toon - omdat je mentale energie geen willekeurige ruis is, zoals velen nu doen. Maar dat je mentale energie zo gefocust kan zijn dat het op een bepaalde toon resoneert. Geen lawaai of zelfs harmonie. Hoewel veel akkoorden van mentale energie mogelijk zijn met de verdere realisatie van het concept van mentale tonen. Zodanig dat deze mentale tonen in koor een enorme krachtige energie genereren die in staat is om jullie Aarde letterlijk in tweeën te splitsen, waren er voldoende wezens om deel te nemen aan een gemeenschappelijke inspanning. Het zou weer de vernietiging van Atlantis zijn.
D: *Zou dit samengaan met wat ons is verteld over hoe de buitenaardse wezens in staat zijn om hun vaartuig voort te stuwen? Door mentale concentratie.*
P: Dat klopt.
D: *Het is dezelfde energie?*
P: Niet dezelfde energie. Hetzelfde concept werd echter in een andere vorm beoefend.
D: *Fungeren de piramides alleen als monumenten, of passen ze in een nuttige behoefte in de energie in de natuur?*
P: Ze zijn een psycho-reactief element van de energie op jullie planeet. Een soort stimulans voor degenen op jullie planeet, die door hun eigen acties proberen hun niveau van bewustzijn te verhogen tot dat niveau waarvan de piramide resoneert. Het was een stimulans, niet alleen in conceptuele termen, maar ook in reactieve termen. De energie op jullie planeet wordt enigszins versterkt door je af te stemmen op en te proberen de conceptuele realiteiten van deze piramides te begrijpen.
D: *Is het waar dat de piramides ook een energiezender zijn naar andere planeten, of zelfs andere sterrenstelsels?*
P: Dat klopt. De energie die naar jullie planeet stroomt, wordt door dit geometrische ontwerp geconcentreerd, veel meer dan het concept van "perfect" zelfs maar kan benaderen. Echter, het vierkant, of zelfs kubus, van het concept van perfectie of perfectie, zodanig

dat de resonantie van deze perfectie verder reikt dan driedimensionale werkelijkheden. De meest absolute waarheid die mogelijk bereikt zou kunnen worden op jullie lagere werkelijkheden, die verder reikt dan alleen jullie driedimensionale werkelijkheden. Deze waarheid wordt dan waargenomen in andere delen van jullie Melkwegstelsel. De energieën die van en naar jullie planeet stromen, worden door deze waarheid geleid of gehomogeniseerd. De waarheid is een beetje als een polariserend filter. Deze conceptuele analogieën zijn onnauwkeurig in die zin dat ze, naar uw begrip, geen basis hebben voor gemeenschappelijke noemers. We proberen jullie echter gewoon in staat te stellen om te begrijpen in termen die jullie kunnen waarnemen, het feit dat waarheid niet simpelweg een abstractie is. Het is een realiteit. Waarheid is veel reëler dan abstract en kan worden gebruikt. Het concept van waarheid, op jouw voorwaarden, is gewoon abstract. In werkelijkheid is er een ware oorzaak en gevolg van dat wat jullie "waarheid" noemen. Deze waarheid wordt dan een beetje als een filter, of misschien zelfs een reflector. Hoezeer je misschien ook een laserstraal zou kunnen reflecteren. Die laser is het coherente licht van een bepaalde golflengte of spectrum zelfs, reflecterend op misschien een spiegel of seismisch apparaat op je maan. De analogie hier als het reflecterende apparaat op je maan zou gelijk staan aan deze piramide. En het conceptuele of de conceptuele stroom van waarheid, universele waarheid, weerspiegelt deze piramide. Op jullie planeet is er deze reflector van hogere waarheden, hogere kennis. Zodanig dat degenen die hun blik op jullie planeet zouden richten, deze weerspiegeling van de waarheid kunnen zien. Daarom was iemand op jullie planeet op een gegeven moment op dit hogere niveau van waarheid geweest, jullie planeet heeft toen of zo een reflector van hogere niveaus van waarheid. Nogmaals, waarheid is veel meer dan eenvoudige abstractie.

D: *Ik denk dat ik meer antwoord kreeg dan ik van plan was. (Gelach)*

* * *

P: De piramides werden gebruikt als observatiepunten. Want de uitlijning van de sterren zou berekend kunnen worden door de nabijheid van de top van de driehoek tot de dichtstbijzijnde markeerster of markeringsster. Bepaalde sterren kregen de status van "mark star", en dus door zich specifiek op één punt op de piramide te positioneren en omhoog te kijken naar de top en vandaar naar buiten naar de hemel, kon men de merkster vinden, of waar de top zich bevond ten opzichte van de merkster.

D: *Waar gebruikten ze deze informatie voor?*

P: Het was om zowel het in kaart brengen van de hemelen als om de tijd in kaart te brengen. En dus precies kunnen vertellen waar men was in de omwenteling van de aarde rond de zon.

* * *

D: *Ik denk aan de piramides, en die in Peru, en in Mexico. De monumenten die gemaakt zijn van de grote stenen. Hadden ze mogelijkheden om deze stenen op te richten die we vandaag in de 20e eeuw niet hebben?*

Clara: Nee. Je hebt het. Je gebruikt het niet.

D: *(Grinnikt) Dat is mij verteld. Het zijn de krachten van de geest die we dan niet meer gebruiken.*

C: Dat klopt.

D: Hoe waren ze in staat om deze grote stenen monumenten op te richten?

C: Laat me je een vraag stellen. Is die steen inheems op die plek?

D: *Ik denk dat dat in sommige gevallen wel zo is, maar in andere gevallen zeiden ze dat het over een lange afstand vervoerd moest worden.*

C: Op veel sterren en op veel planeten creëren we gewoon iets dat alleen door energie tot stand komt. En gewoon, de stenen worden gemaakt. Het kan worden gemaakt van het gebied. Maar als we het vermogen hebben om telepathisch te creëren, of om gewoon te materialiseren door pure energie, kunnen we het van elke plaats naar elke plaats transporteren. Maar de grote piramides werden meestal gemaakt van dat wat inheems was voor dat specifieke gebied. Het zou dus veel mensen in verwarring kunnen brengen, zoals het door de eeuwen heen is gebeurd. Het is gewoon ontstaan door de geest te gebruiken, dat wat we vandaag niet gebruiken. Simpelweg door die steen te maken, te snijden op de manier waarop je hem wilt, gesneden om in het patroon te passen volgens de architecturale structuur die voor die specifieke piramide is gekozen.

D: *Ik heb er een paar gezien waar de stenen absoluut perfect in elkaar passen, zonder mortel of cement. En ze zijn zelfs gebogen zodat ze allemaal in elkaar passen.*

C: Ja. Het gebeurt telepathisch, simpelweg door het denken te gebruiken. Denken is de schepping van alles. Eerst wordt het een gedachte. En in de gedachte van degenen die de structuur creëerden, verenigden ze die gedachte op zo'n manier dat elke hoek perfect zou passen. Want elke gedachte paste perfect bij elke andere gedachte. En dus wanneer elke gedachte zich met elkaar verbindt en vormt, wordt het de andere, zodat het perfect past in een patroon of een ontwerp dat men ervoor kiest om het te zijn.

D: *Sommige mensen denken dat het misschien is gedaan met machines zoals laserstralen.*

C: Gedachte is de snelste laser die we kennen. Elk blok is een gedachte. Een gedachte kan dus de basis zijn. Blok voor blok is één gedachte tegelijk. En alle gedachten bij elkaar, en je zou kunnen zeggen dat een telepathische steen een gedachte is. En dus is elke gedachte een telepathische steen, of een fysieke steen - omdat gedachten fysiek kunnen worden - en elke gedachte wordt dan op elkaar geplaatst. Eentje naast elkaar. Maar het patroon past om te creëren.

D: *Hoe werden ze vervoerd of op elkaar gelegd?*

C: Door te denken. Dus mijn gedachte is om deze steen te maken. Ik zou kunnen zeggen: "Ik zal deze steen van hier halen en hier plaatsen." Het was een collectieve constructie van veel mensen met hun gedachten. Dus mijn gedachte is, dat ik deze steen heb om hier te plaatsen, en deze hier. De gedachte wordt werkelijkheid. Een levend wezen. Een steen is een wezen. Het is gewoon een andere massa energie. Zoals je het ziet, is het een massa die niet beweegt. Maar het is allemaal ruimte. Ik bedoel, het is allemaal ruimte, en het is allemaal energie. Dus daarom brengt deze collectieve groep, met één geest en één eenheid en één doel en één constructie om te creëren, deze gedachten samen. En creëert een fysieke constructie.

D: *Toen was de groepsgeest krachtiger dan het individu.*

C: Veel meer. Het is altijd, wanneer er één gedachte, of één doel, is dat bereikt wil worden.

D: *Ik heb altijd gedacht dat het misschien door levitatie was bereikt.*
C: Je zou dat levitatie kunnen noemen. Door je gedachten te laten zweven, of te zeggen: "Oké, ik ga hierheen en mijn gedachte beitelt deze steen uit. Dus ik zal het maken. Ik zal dit overbrengen." Het is een goede analogie. Je zou in je lineaire manier van denken kunnen zeggen dat het in feite levitatie zou kunnen zijn.
D: *Ik kreeg ook te horen dat het door geluid kon zweven.*
C: Dat is een mogelijkheid. Denken gaat veel sneller dan geluid. Het denken is sneller dan het licht.
D: *Denk je dat mensen op een later moment geluid gebruikten omdat ze vergaten hoe ze de geest moesten gebruiken?*
C: Ja, ja. Mensen raakten zo betrokken bij hun persoonlijkheden, en hun dagelijks leven en gaan-in en gaan-uit, dat ze zich begonnen terug te trekken uit het collectief. Trek weg van de bron. Trek weg van dat wat is. Om los te komen van Al Dat Is, en om geïndividualiseerd te worden. En dus kozen ze als individueel persoon of wezen voor afscheiding van de bron. En met de scheiding van de bron, begonnen ze te vergeten de gedachte te gebruiken. En dus begonnen ze andere manieren te vinden.
D: *Dus het was mogelijk dat ze op latere momenten wel degelijk geluid gebruikten.*
C: O, ja.
D: *Waren de oorspronkelijke groep, die groepsgedachten gebruikte om de piramides te bouwen, mensen*
C. O, ja. Hoogontwikkelde mensen.
D. *Waren dit degenen waarvan u zei dat zij de overlevenden van Atlantis waren?*
C. Teruggebracht naar de aarde van de sterren.
D: *En ze woonden gewoon in deze gecentraliseerde gebieden, Egypte en Peru en Mexico?*
C: Ja, om te beginnen. En toen dwaalden mensen af om nieuwe universa te ontdekken, om nieuwe planeten te ontdekken, om nieuwe landen te ontdekken. En dus, terwijl ze over het land zwierven, creëerden ze meer gemeenschappen. En over het algemeen was het meer dan één persoon die zou gaan, omdat ze gezelschap wilden, of ze wilden bescherming tegen de wildernis of tegen de gevaren die er in de onbekende landen over de heuvels of de wateren zouden kunnen zijn.

D: *En in het begin droegen ze deze kennis met zich mee. (Ja) Maar ze hadden min of meer de groepsgeest nodig om deze grote monumenten te creëren. (Ja) Kun je me het doel van de grote piramide vertellen?*

C: Het is een opslagplaats voor kennis, van alles wat de Aarde is. Het mysterie van de Aarde en de schepping van de Aarde bevindt zich in de grote piramide.

D: *Het probeert er een pakhuis van te maken dat vergelijkbaar is met dat van de drie torenspitsen?*

C: Het is een vergelijkbaar pakhuis. Niet van plan om er eens van te worden.

D: *Veel mensen denken dat de metingen en de oriëntatie van de manier waarop het zit oplossingen kunnen bieden voor het mysterie.*

C: Dat is waar, maar er is meer. De mens heeft het vermogen verloren om zijn verstand ten volle te gebruiken. Hij gebruikt slechts een klein deel van wat hem ter beschikking staat. Hij moet zich openstellen en accepteren dat er geen beperkingen zijn, en zonder beperkingen kun je verder gaan dan tijd en ruimte. En je kunt het mysterie kennen van alles wat er te weten valt. Jullie zullen in een toekomstig moment meer informatie krijgen, omdat de energie van de piramides wordt gereactiveerd en er nieuwe veranderingen zullen plaatsvinden in dat gebied.

D: *Hoe kunnen mensen gebruik maken van de kennis die in de piramides zit?*

C: De mens is daar op dit moment nog niet klaar voor. Hij is niet open genoeg. Hij gaat in een richting dat het een graf is. Hij is niet bereid te accepteren dat het werkelijk het mysterie van de schepping van het universum draagt, en alle kennis van wat het universum is. De aarde en het universum, en van de sterren.

* * *

Brenda: De cultuur van de mensen van de piramides was verbonden met Atlantis. En de stenen structuren die ze bouwden maakten deel uit van enkele van hun wetenschappen. En toen Atlantis werd vernietigd, konden deze stenen structuren niet langer functioneren zoals ze waren ontworpen, omdat het centrale deel ervan met Atlantis was vernietigd.

D: *Hoe moesten ze functioneren?*

B: Het dichtstbijzijnde concept dat ik kan vinden is computer. Ze communiceerden met elkaar zodat men ze kon gebruiken voor het berekenen van hemelse dingen. Maar men zou ze ook kunnen gebruiken voor het manipuleren van kosmische en aardse energieën zoals zwaartekracht en dergelijke, om verschillende redenen. Het waren complexe apparaten, ze konden voor veel dingen worden gebruikt. Maar de meeste concepten kunnen niet in deze taal worden vertaald, omdat het dingen zijn die jullie beschaving niet had bedacht om te doen.

D: *Mij is verteld dat het geheim in de piramides zelf zat. De cijfers en de berekeningen.*

B: Ja, dat zijn ze. De piramides waren nauwkeurig ontworpen, met name de drie belangrijkste uit Egypte. De manier waarop ze zijn gepositioneerd en de manier waarop ze zijn ontworpen, de afmetingen en elke meting die er mogelijk zou kunnen zijn, toegepast zoals bijvoorbeeld afstand van apex tot apex en what-have-you. Alles en iedereen waar je van kon dromen, bevat daarin alle wiskundige formules die de beschaving had. En dat omvat vele wiskundige formules waar jullie beschaving nog niet aan heeft gedacht. Er zullen er een paar worden ontdekt in de piramides, die een tijdje kunnen duren voordat je het begrijpt en kunt toepassen. Ze zullen er toepassingen voor vinden en je zult het gewoon iets geweldigs vinden. De piramides zijn als een gecondenseerde container van alle wetenschappelijke kennis van deze beschaving.

D: *Weet je wat de krachtbron was die deze aanstuurde? Je zei dat het niet kon functioneren na het zinken van Atlantis.*

B: De krachtbron was de Aarde zelf. Maar de reden waarom ze niet konden functioneren, is omdat ze niet langer in evenwicht waren met waar ze gebruik konden maken van de aardestroom.

D: *Er is ons verteld dat het graftombes waren voor Egyptische koningen.*

B: Toen de beschavingen de kennis verloren en niet wisten wat deze waren, was dat wat ze dachten dat ze moesten zijn. En dat was dus het verhaal dat door de eeuwen heen werd doorgegeven.

Er zijn foto's en hiërogliefen gevonden die blijkbaar de bouw van de piramides laten zien en slaven die rotsen over onverharde hellingen slepen om ze op hun plaats te plaatsen. Misschien waren de piramides er al en oud op het moment dat deze afbeeldingen werden getekend, en dit waren de versie van de mensen, van hoe ze dachten dat ze gebouwd moesten zijn. Misschien waren ze in hun tijd net zo'n mysterie als de onze.

D: *Er zijn nooit lichamen gevonden.*
B: Er zijn nooit koningen in begraven.
D: *Waar werden de kamers binnen dan voor gebruikt?*
B: Ze werden gebruikt voor veel complexere doeleinden dan grafkamers. Sommigen van hen werden gebruikt voor het doen van een deel van de energiemanipulatie. Maar de meeste kamers waren bedoeld om meer berekeningen en wiskundige formules in hun metingen te bevatten, en hun relatie tot de metingen van de piramide.
D: *Zie je hoe ze werden gebouwd met deze enorme stenen?*
B: Gedeeltelijk door manipulatie van de aardse krachten en gedeeltelijk door het proces waarvan jullie is verteld dat je steen in vloeistof verandert.
D: *Dezelfde methoden die ze toen op Atlantis gebruikten. (Ja) Iemand vertelde me dat ze dachten dat ze misschien op de een of andere manier muziek hadden gebruikt.*
B: Een van de manieren waarop ze de energieën konden manipuleren was het gecontroleerde gebruik van geluid.

* * *

Sommige proefpersonen maakten per ongeluk gebruik van kennis over de piramides toen ze daar terugkeerden naar een leven.

Ik had een sessie met Steve in augustus 2000 in New Orleans. Hij had een vreemde ervaring tijdens een bezoek aan de Grote Piramide in Egypte een paar maanden eerder. Dit was een van de dingen die hij wilde verkennen terwijl hij in trance was.

Hij was nooit van plan geweest om naar Egypte te gaan en had geen zin om de piramides te zien. Maar toen hij en zijn vrouw naar Zwitserland gingen om familieleden te bezoeken, hadden ze een verrassing voor hen. Ze hadden al afgesproken om Steve en zijn vrouw naar Egypte naar de piramides te brengen. Hij wilde echt niet gaan, maar vond dat ze geen keus hadden. Verrassend genoeg had Steve een geweldige ervaring terwijl ze daar waren.

Hij raakte gescheiden van zijn vrouw en familieleden terwijl hun gids de kaartjes kocht. De Egyptenaren waren zeer selectief en probeerden vooral buitenlanders buiten de deur te houden. Ze lieten slechts 300 mensen per dag toe om de piramides in te gaan. Dus stond hun gids in de rij en kocht de kaartjes voor hen. Toen was Steve op zoek naar de rest van zijn groep tussen de menigte toeristen op het plateau van Gizeh, zodat ze naar binnen konden gaan. Er waren honderden mensen en veel bussen. Veel activiteit.

Toen hij over het plateau naar de piramide liep, gebeurde er iets vreemds. Plotseling was het alsof hij in een soort tijdsverloop stapte. Terwijl hij daar stond rond te kijken, was hij de enige op het plateau. Hij kon niets horen, geen geluid. En alle mensen en bussen waren helemaal verdwenen. Hij voelde zich nog steeds hetzelfde, niet anders, maar toen hij om zich heen keek was hij helemaal alleen. En een enorm gevoel kwam over hem heen toen hij naar de piramides keek. Hij had een plotselinge golf van emotie en het kwam in een haast naar hem toe dat hij "thuis" was gekomen. Dat dit "thuis" was, en het was een geweldige ervaring. Hij zei dat het hem volledig overspoelde toen hij naar de structuur keek.

Daarna werd alles weer normaal als hij richting de piramides bleef lopen. Er was een plotseling gebrul van lawaai toen het geluid terugkwam. De activiteit en alle mensen en de bussen en alles wervelde om hem heen terwijl hij terug in het heden werd geslingerd. Toen zijn vrouw hem tussen de menigte vond, schrok ze toen ze zag dat hij emotioneel huilde. Ze gingen de piramide in, wat een geweldige ervaring voor hem was. Maar hij kon niet bevatten wat er in die fractie van een seconde gebeurde. De tijd leek stil te staan, en alles veranderde, en schakelde toen weer terug.

Nadat Steve in een diepe trance was gebracht, gingen we door een normale regressie en ik sprak met zijn onderbewustzijn om het antwoord te vinden op vragen die hij vroeg.

D: Toen Steve naar Egypte ging en de piramides zag, had hij een vreemde ervaring. Hij wil graag begrijpen wat er in die tijd is gebeurd?

S: Het was een geschenk. Hij was waar zijn geest het gelukkigst was. Veel vreugde.

D: *Toen hij weer op diezelfde grond was? (Ja) Wat is er gebeurd? Hij zei dat het een ervaring was.*
S: Zijn ziel was zo vreugdevol. Dat wilde het uitdrukken. Daarom was het een geschenk voor hem.
D: *Hij zei dat het was alsof al het andere verdween.*
S: Ja, dat was zo.
D: *Ging hij in die paar minuten eigenlijk een andere tijd in?*
S: Deels. Bewust niet.
D: *Omdat de andere mensen niet aanwezig waren.*
S: Nee, dat waren ze niet. Het was om hem de kracht te geven om door te gaan.
D: *Waarom was zijn geest het meest vreugdevol rond de piramides?*
S: Het gaat terug naar een ander leven. Hij was betrokken bij de bouw van de piramide. Hij was een van de belangrijkste mensen om het te helpen bouwen.
D: *Hoe hielp hij bij de opbouw?*
S: De engineering van de plaatsing van de blokken.
D: *Hoe ging dat in zijn werk?*
S: Verschillende manieren. Hij had gewoon de leiding over één manier. De manier om elke steen voor elke plaatsing te kiezen. Het was een zeer gecompliceerde wetenschap.
D: *Het moest toch perfect in elkaar passen? (Ja) Is het met gereedschap gedaan?*
S: Enkele hulpmiddelen. Wat mentale krachten.
D: *Hoe ging het met mentale krachten?*
S: De hersengolven stemmen zich af op de trillingen van de steen.
D: *Wat betreft synchroniseren?*
S: Ja, door geluid en mentale gedachten.
D: *Deed hij het alleen, of werd het met andere mensen gedaan?*
S: Het werd gedaan met hoogontwikkelde mensen. Zij voerden hun technieken uit en wij voerden de constructie uit.
D: *Waren dit mensen die daar op die plek woonden?*
S: Ja, ze woonden daar. Ze emigreerden daarheen.
D: *Je zei dat het ook met geluid werd gedaan?*
S: Ja. Het is een hoogfrequent geluid dat zich kon afstemmen op de moleculaire constructie van de blokken en het kon snijden zoals ze het wilden snijden.
D: *Is het geluid ergens door ontstaan?*
S: Soms, ja.

Ik dacht aan een muziekinstrument.

S: Het is als een stemvork. Het moet ook met de geest gebeuren. Zonder de geest heb je niets.
D: *Kun je zien hoe het instrument eruit ziet waarmee ze de toon hebben gemaakt?*
S: Het was lang, glanzend als metaal. Er zaten veel tanden op. (Alsof je observeert.) En ze raakten de steen ermee aan.
D: *Was het groot?*
S: Nee, het was klein, maar langwerpig.
D: *Wat gebeurde er toen ze de steen ermee aanraakten?*
S: Soms zweefde het. Soms brak het. Het was heel krachtig.
D: *En het creëerde deze toon toen het de steen aanraakte?*
S: Ja. Soms kon je het nauwelijks horen. Het was als een vonk bijna.
D: *Maar de andere mensen moesten er hun verstand mee gebruiken wanneer het individu de steen met het instrument aanraakte?*
S: Ja, dat klopt.
D: *Zouden ze de macht op die manier kunnen versterken? (Ja) U zei dat deze hoogontwikkelde mensen daarheen migreerden. Waar kwamen ze vandaan?*
S: Dat zijn we niet zeker.
D: *Dus ze wisten hoe ze het moesten laten zien, de anderen hoe ze het moesten doen.*
S: Ja. Maar je moest je gedachten wel kunnen beheersen. Alleen bepaalden zouden het kunnen doen, of het zou erg gevaarlijk zijn.
D: *Waarom zou het gevaarlijk zijn?*
S: Het kan je doden. De frequentie zou je moleculair beïnvloeden. Je moest het mentaal blokkeren om jezelf ertegen te beschermen.
D: *Je moest het naar buiten richten? (Ja) Dus als je niet de juiste gedachten had, kon het min of meer terugkaatsen of terugveren?*
S: In wezen wel.
D: *Dus alleen zuiver of weldenkende mensen konden deze energie sturen.*
S: Ja, alleen de weldenkenden.
D: *Dus iedereen die betrokken was bij het sturen van de geestenergie moest min of meer een zuivere geest hebben?*
S: Ja, heel weinig mensen zouden het kunnen.

D: *Als er veel arbeiders waren, zouden ze dan het massabewustzijn van hun geest kunnen gebruiken? (Nee) Het moesten degenen zijn die wisten hoe ze de energie moesten sturen. (Ja) En het instrument hielp het in de steen te dirigeren?*
S: Ja, door mentale energie.
D: *En je zei dat ze dat instrument meenamen toen ze migreerden.*
S: Ja, dat deden ze.
D: *Maar dit was de reden waarom Steve zo'n emotie voelde toen hij terugkeerde naar die plek.*
S: Ja. Het werd hem gegeven als een geschenk om hem kracht te geven. Om hem in staat te stellen door te gaan. Hij was in het verleden tot zeer belangrijke en krachtige dingen in staat. En hij kan datzelfde vermogen gebruiken, omdat de geest krachtig is. Hij kan alles doen wat hij met zijn leven wil doen, maar hij moet discipline leren.

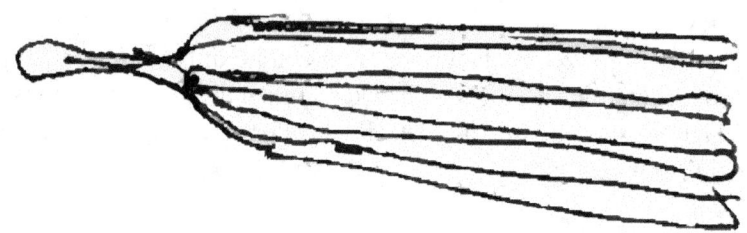

Het instrument dat Steve zag was ongeveer een voet lang. Het was gemaakt van een metaal dat glimde als een spiegel. De tanden waren dun en er zat een kristal in het handvat.

In 2000 viel een vrouwelijke klant terug naar een leven waarin ze een soort mannelijke regisseur in Egypte was. Ze stond in de woestijn aan de rand van een grote stad te kijken naar de bouw van een groot gebouw in de buurt. Hij was gekleed in kleding die niet het type was dat buiten gedragen werd, ze waren te luxe. Hij had gouden strings op zijn sandalen en een zware gouden kraag met een insigne (de stralen van de zon) om zijn nek. Het was zwaar, maar hij was gewend om het ondanks zijn gewicht te dragen. Hij had een gouden helmachtige hoofdtooi met veren (vergelijkbaar met pauw) die uit de bovenkant kwamen. Het was allemaal zwaar en ongemakkelijk in de hete zon.

Hij klaagde over de trage voortgang van het gebouw. Hij zei dat iedereen moe was, zo moe, van het constante bouwen. Het was allemaal voor het ego van de heerser en het was onophoudelijk. Hij zei dat het gebouw de vorm had van een piramide, en de uitlijning was niet helemaal goed, en het ging zo langzaam. Hij zei dat de heerser al twee andere piramides aan het bouwen was, de ene was compleet en de andere bijna compleet, maar ze waren begonnen aan deze derde. Hij vond dat ze de andere moesten voltooien voordat ze aan deze begonnen. De mensen waren de constante bouw beu.

Ik vroeg hoe ze in elkaar werden gezet. Hij zei dat de basis ondergronds was, met bepaalde kamers en doorgangen die perfect moesten worden uitgemeten. Dit deel werd gedaan door fysieke arbeid omdat "ze" geen contact met de Aarde konden hebben. Natuurlijk wilde ik weten wie 'ze' waren. Hij zei dat zij de wezens in de schijf waren, die de hele operatie leidden. Nadat de basis was gebouwd, werd de rest van het gebouw (bovengronds) gebouwd met energie die door de schijf werd geleid. De arbeiders vormden allemaal een ononderbroken cirkel rond het gebouw. Toen werd de energie van de schijf naar hem en anderen geleid en vervolgens naar de arbeiders. Dit creëerde een energiecirkel die voldoende was om enorme blokken steen op hun plaats te tillen. Het was belangrijk dat de arbeiders zuiverheid in hun lichaam hadden (niet drinken etc.) zodat de energie door hun lichaam kon worden geleid. Daarna zouden ze geen weet hebben van wat er gebeurd is. Ze werden bij wijze van spreken gewoon als doorgeefluik gebruikt.

Het enige probleem was dat de schijf soms te laag afdaalde. Het zweefde normaal gesproken over waar de top van de piramide uiteindelijk zou zijn. Dit was de positie van waaruit de energie werd geleid. Maar als het te laag afdaalde, sloeg het een deel van de arbeiders op de grond en gooide ze uit de cirkel. Hij wist niet of het hen schaadde of niet, maar hun plaats moest onmiddellijk worden vervangen, omdat de cirkel ongebroken moest blijven. De beschrijving van de schijf klonk heel erg als hedendaagse waarnemingen: glanzend grijs metaal met een kleinere cirkel binnen de grotere. De energie kwam uit de kleinere cirkel. Ik vroeg hoe de bewoners eruit zagen. Hij zei dat hij hun gezichten niet kon zien omdat ze een ongewoon type hoofdtooi droegen. Het was ontworpen om te voorkomen dat de mensen hun gedachten zouden lezen en hun intentie zouden kennen. De metalen hoofdtooi was dikker aan de bovenkant van het hoofd, hij zei dat dat was omdat daar de gedachten vandaan kwamen. Zijn hoofdtooi moest een kopie van die van hen zijn, hoewel het niet hetzelfde doel voor ogen had. Hoewel hij de constante constructie toeschreef aan het ego van de heerser, dacht hij dat het echt de agenda was van de wezens in de schijf. Er moest in totaal een reeks van zeven piramides komen en die zouden in een bepaald patroon worden gebouwd. De bouw was al aan de gang zolang hij zich kon herinneren, minstens 50 jaar. Hij klaagde dat de mensen het beu waren en vond het te veel.

Het uiteindelijke doel van de piramides was om energie in de ruimte te sturen, dus de coördinaten moesten perfect zijn en de schijf de precieze plaatsing van de stenen. De constructie werd gemakkelijker naarmate het de top of top bereikte, omdat het kleiner was en niet zoveel stenen nodig had. Nadat de bouw was voltooid, mochten de gewone arbeiders werken aan het opvullen van enkele scheuren en ruimtes tussen de stenen, maar zelfs dit moest precies worden gedaan. Hij vond dat ze de ene helemaal moesten afmaken voordat ze aan een andere begonnen. De gewone gebouwen in de stad waren anders gebouwd en waren in vergelijking ruw. Het werk hoefde niet met zo'n intense precisie te worden gedaan. Het sturen van de energie om de stenen op te tillen was te intens voor alle betrokkenen. Toch leek het niet de bedoeling te zijn om die op de schijf te trotseren.

De heerser was een ongewoon gevormde man, erg lang en dun. Hij moest oud zijn, maar hij vertoonde geen tekenen van ouderdom. De man zei dat hij wist dat hij dood zou zijn voordat de zeven piramides waren voltooid, maar het werk zou door anderen worden voortgezet. Hij benadrukte dat degenen in de schijf geen contact met de aarde konden hebben, daarom moesten de arbeiders die fysieke constructie doen. Ze moesten in een ononderbroken cirkel rond de bouwplaats staan om de "Aarde" -energie te richten, die blijkbaar door de schijf werd "verzameld" en omgeleid. Dit was de kracht die het opheffen van de stenen tot stand bracht. Het werd door de arbeiders geleid, waarbij hun lichamen als "versterkers" werden gebruikt. Ze zouden er achteraf geen herinnering meer aan hebben. Dat was niet belangrijk, ze werden gewoon gebruikt. Hij wist wat er aan de hand was, maar werd ook gebruikt om de energie te sturen. Hij zei dat wiskundigen, astrologen en andere wijzen werden gebruikt in de uitlijning. Het moest precies zijn, zodat de uiteindelijke richting van de energie (wanneer voltooid) naar de juiste punten in de ruimte zou worden geleid. Hij was een van de weinigen die het doel van de constante constructie kende, maar hij wist niet hoe het werd gebruikt in de uiteindelijke uitkomst. De wezens in de schijf hadden alleen contact met de heerser.

Toen ik probeerde het verhaal tot een conclusie te brengen, sprong de vrouw in een ander leven, en omdat ik de sessie voor therapie deed, volgde ik die lijn zonder terug te keren naar het verhaal. Het had alle aanwijzingen dat het in Egypte gebeurde, maar het zou Atlantis kunnen zijn geweest.

Het is moeilijk te zeggen naar welke piramides wordt verwezen, omdat er blijkbaar in die tijd veel piramides waren. Sommigen van hen hebben het misschien niet overleefd tot onze tijd. In een andere sessie was een man aanwezig tijdens de bouw van een grote piramide en was betrokken bij het berekenen van de metingen. Hij gaf aan dat het zou worden gebruikt als een communicatieapparaat tussen de aarde en Sirius.

* * *

Een andere sessie in 2000 nam een vreemde wending, en hoewel het niet gaat over de bouw van de piramides, lijkt het te gaan over de oorsprong van een ander mysterie in verband met Egypte.

Nadat ik een regressie in een vorig leven met Marie had doorgemaakt, nam ik contact op met haar onderbewustzijn om vragen te stellen. Ze had een lijstje gemaakt van dingen die ze wilde weten. Ze had een visioen of een scène gehad van iets dat zich in Egypte afspeelde. Ze ging er tenminste van uit dat het Egypte was. Ze zag zichzelf in een kamer met een of ander vreemd apparaat.

D: *Kun je haar iets vertellen over wat dat was? Was het echt of was het gewoon verbeelding?*

M: Het was echt. Wat ze zag was slechts een fragment van een grotere machine. En we zeggen "machine", maar niet zoals we machines kennen. Het was een ingeperkte energiebron.

D: *Wat deed ze ermee?*

M: Ze was eigenlijk net een laboratoriumassistente. Alleen de persoon die wist hoe te reguleren hoeveel van deze energie terug kon gaan naar een menselijke levensvorm om het te regenereren. Het bracht eigenlijk weer leven in dode lichamen. En het was experimenteel.

D: *Werden deze experimenten op aarde gedaan?*

M: Ze werden op Aarde gedaan, maar niet door Aardse wezens. Degenen die wisten hoe ze dit moesten doen, experimenteerden op deze massa mensen. Ik weet niet hoe ze zijn gestorven.

D: *Weet je welk land dit was, of heeft het een naam?*

M: Het woord Targa komt.

D: *Marie had het gevoel dat het Egypte was. Maar u denkt van niet?*

M: Misschien was Targa de groep. Het was in de hitte van de woestijn. Het was een beschaving die leek op Egypte, maar het was niet Egypte.

D: *Je zei dat veel mensen op de een of andere manier stierven?*

M: Het zijn allemaal verkoolde lichamen. En ze zien eruit als mummies. Ze zijn als het soort dat je lange tijd gemummificeerd ziet.

D: *Opgedroogd, bedoel je? (Ja) Maar waarom zouden ze dat soort lichamen willen revitaliseren, regenereren?*

M: Omdat er in die tijd zo weinig levende lichamen waren. Er was iets gebeurd. En ze moesten een manier vinden om genoeg levenskracht op de planeet terug te brengen. Om genoeg van de lichamen levend en actief te hebben.

D: *Maar zou zoiets kunnen werken?*

M: Het werkte.

D: *Ze zouden ze kunnen reactiveren?*

M: Ja. Maar er was een draagtijd, zodra je ze opnieuw verbond, alsof je ze een cocon gaf. Je neemt dit kernmateriaal, dat is wat het geworden is. Het is gewoon opgedroogd genetisch materiaal met de botten.

D: *Het zou al een tijdje dood zijn geweest, denk ik.*

M: Klopt. Maar geen lichaamsvloeistoffen. En je pakt ze opnieuw in en geeft ze een behuizing om te reconstitueren.

D: *Ze moesten gedekt worden.*

M: Helemaal ingepakt. En dan sluit je deze slang aan die aan de basis, op de voeten, is aangesloten op deze energiebron. En je pompt het op. Het heeft een pompgeluid (ze maakte bonkende geluiden) als een groot hartgeluid. En pomp tot je de zwelling in de verbanden ziet. En dan laat je deze pakketten, deze verpakte lichamen, daar blijven totdat je ze nodig hebt.

D: *Dus het is zoiets als opgeschorte animatie? (Rechts) Maar waren ze in staat om te lopen en te bewegen wanneer je ze nodig had?*

M: Ik weet het daarna niet meer. Ik kan alleen maar zien dat het mijn taak daar was om ze in te pakken, ze nieuw leven in te blazen en ze te huisvesten.

D: *Hoe werden ze gehuisvest?*

M: Op planken.

D: *(Dat vond ik vreemd.) In de schappen? (Ja) Maar ik heb de indruk dat tenzij een ziel, een geest het lichaam binnenkomt, het niet echt leeft. Wat denk je?*

M: Nee, er is een levenskracht die het lichaamssysteem activeert. Het heeft niets met de ziel te maken.

D: *Het lijkt dan min of meer op een mechanisch of robotachtig wezen?*

M: Je brengt het systeem op gang, maar de activering van de intelligentie en het bewustzijn komt later.

D: *Dus deze mensen hadden het vermogen om deze dingen te doen, maar jij was er gewoon een helper in.*

M: Als een technicus.

D: *Laat me je onderbewustzijn een vraag stellen die me echt intrigeert. Zou dit kunnen zijn waar het idee van mummies later in Egypte vandaan kwam? Heeft u toegang tot die informatie?*

M: O ja, dat klopt. Maar de Egyptenaren wisten het niet. Het is bijna alsof ze het een beetje achterstevoren hebben gekregen. Ze hadden de apparatuur niet. Ze hadden de resterende voorkennis van het inpakken, en het leven keerde terug en ging door en ging door. Ze wisten niet echt hoe ze moesten reconstitueren. En dat hebben we gedaan.

D: *Dus deze apparatuur was niet beschikbaar voor de mensen die later kwamen?*

M: Klopt. Ze hadden kennis van zielreizen en het hiernamaals, en sterren in transitie. Maar ze wisten niet hoe ze het fysieke lichaam echt terug moesten brengen.

D: *Maar ze herinnerden zich uit de tijd dat je er was, dat het kon?*

M: Ze wisten dat het ergens, op de een of andere manier, mogelijk was, omdat sommige van hun vroege leraren bij ons waren. En ze wisten het, maar ze verloren technologie. Ze hadden andere technologie. Ze hadden dit niet dat het leven terug kon brengen.

D: *Dus ze probeerden de persoon weer tot leven te brengen. En ze dachten dat dit de manier was waarop het werd gedaan.*

M: Ik denk dat ze zich herinnerden dat ze de lichamen uitpakten die we weer tot leven zouden brengen wanneer dat nodig was. Dat wisten ze. En dus gingen ze ervan uit dat het inpakken van de lichamen het leven zou redden. Maar toen wisten ze dat er iets ontbrak.

D: *Iets wat ze niet hadden. Een ingrediënt, een stukje kennis. Maar waar komt deze technologie en kennis oorspronkelijk vandaan?*

M: Mensen niet van de Aarde. Ik was een arbeider voor hen, maar ik was niet een van hen. Ze waren heel erg efficiënt en slim. En groot.

D: *Grote mensen? (Ja) Heb je de kennis van wat er gebeurde om al deze mensen te doden?*

M: Nee, dat doe ik niet. Ik zit in deze kamer het werk te doen.

D: *Maar ze moesten deze mensen terugbrengen omdat er niet genoeg meer over waren. Het moet veel mensen hebben gedood.*

M: Ja, grote aantallen.

D: *Dit was een manier om mensen snel terug te krijgen?*

M: Of het redden van de race.

D: *Ze konden niet gewoon meer creëren, of opnieuw beginnen?*

M: Blijkbaar niet. Dit was erg belangrijk, want het was veel werk en kostte veel tijd. Maar het was ook heel spiritueel werk.

D: *Het was niet alleen om arbeiders te creëren. Zo'n motief was het niet.*

M: Nee, nee, nee, nee. Het ging zozeer over de liefde voor deze wezens en het ras.

Dit moet een herinnering zijn geweest aan een zeer oude tijd, omdat het dateert van vóór de Egyptenaren. Er moet iets catastrofaals gebeurd zijn dat veel mensen het leven heeft gekost (verbrand). Er was niet zo'n grote populatie op aarde als later. Blijkbaar zou het te lang hebben geduurd om te wachten tot de race zich weer zou bevolken. Misschien was dit een stop-gap procedure. Een manier om de mensen te behouden en te reactiveren wanneer dat nodig is. Ze zei dat het het gedroogde genetische materiaal was dat werd ingepakt en bewaard. We weten wel dat zelfs één cel alle genetische informatie bevat om een identiek mens te reproduceren. Dus de ingepakte overblijfselen van lichamen werden opgeslagen totdat ze konden worden gereactiveerd. Ik wou dat we meer volledige informatie over de procedure hadden kunnen krijgen, maar ze was slechts een werkster die instructies uitvoerde en kon alleen rapporteren wat ze wist. Het zou een logische conclusie zijn dat toen deze informatie werd doorgegeven als een raciale herinnering, de nakomelingen wisten dat op de een of andere manier het inpakken en bewaren van lichamen de sleutel was om terug te keren naar het leven. Ze hadden waarschijnlijk herinneringen of legendes die aan hen werden doorgegeven dat deze ingepakte bundels na een lange periode weer tot leven werden gebracht of gereactiveerd. Zoals het zo vaak gebeurt in de geschiedenis, hadden ze gedeeltelijke kennis, maar niet genoeg om te herhalen wat deze oude wezens konden doen. Later zijn de redenen voor het inpakken en bewaren van de lichamen waarschijnlijk verloren gegaan en is het gewoon verworden tot een ritueel dat verband houdt met het leven na de dood.

* * *

Ik kreeg meer informatie over de mysteries van de Piramide en de Sfinx toen dit boek naar de drukker ging. In plaats van de publicatie uit te stellen, besloot ik dat dit nieuwe materiaal in boek twee van The Convoluted Universe zou worden geplaatst. Dit bevestigde voor mij dat mijn reis naar het onbekende nog steeds doorgaat. Ik heb nog veel meer te ontdekken.

Hoofdstuk 8
Onverklaarbare mysteriën

De volgende verklaringen van de verschillende mysteries van de aarde kwamen van verschillende onderwerpen over een periode van meerdere jaren. Sommige lijken misschien tegenstrijdig. Ik neem ze hier op om de lezer aan het denken te zetten. Ik laat de lezers zelf een beslissing nemen. Er kunnen elementen van waarheid in alle verklaringen zitten, ook al zijn ze misschien niet de totale waarheid. Het hangt allemaal af van de interpretatie van het voertuig en hun begrip van de ontvangen informatie.

NAZCA LINES IN PERU

D: Ken je de Nazca-lijnen in Peru?
Phil: Dat klopt. Wat zou je willen weten?
D Er is een mysterie over waar ze vandaan komen en het doel erachter.
P: Het zijn ontwerpen geschilderd door een kunstenaar terwijl hij neerkeek op deze planeet. Hij wilde deze planeet op die plaats of dat punt verfraaien met zijn artistieke vermogens. Het was een manipulatie met telepathische middelen van een afstand. Van een zweefvliegtuig, niet te verwarren met een buitenaards ruimteschip, want dit was een vaartuig van aardse oorsprong dat werd bediend door anti-zwaartekrachtmiddelen. Deze kunstenaar zweefde eenvoudigweg naar een uitkijkpunt hoog boven de vlaktes en gebruikte van daaruit zijn telepathische inspanningen om deze lijnen te tekenen. Dit zijn gewoon "doodles".
D: Er zijn nog andere dingen naast lijnen, nietwaar? In de vlaktes liggen ook tekeningen.
P: Ja, dit is waar we het over hadden, de spin, de aap enzovoort. Dit zijn gewoon artistieke inspanningen en hebben geen speciale betekenis, behalve dat ze het werk van één man waren.
D: Hij was gewoon min of meer aan het spelen?
P: Ja, dat klopt.

D: *Een auteur dacht dat de lijnen oude astronautenvliegvelden waren.*
P: Humph! Dat vinden we amusant, want we zien deze kunstenaar met zwarte baard en wit gewaad in zijn soort strijdwagen. We zien hem nu duidelijk, zwevend boven de lijnen, denkend, pauzerend, beslissend over zijn volgende zet. Het was net zo belangrijk alsof hij "7-Up" had gespeld.
D: *(Lacht) Ze dachten dat dit was waar het vaartuig van de oude astronauten landde en opsteeg.*
P: Dit zou niet kloppen. Buitenaardse vaartuigen hebben geen lijnen van die dimensie nodig om hen mee te leiden. Want hun gezichtsvermogen is best goed en ze zouden op een dubbeltje kunnen landen als het op de woestijnvloer zou worden geplaatst.
D: *Denk je dat buitenaardse vaartuigen er uit nieuwsgierigheid zijn geweest?*
P: Om de lijnen te observeren? Misschien is dit waar.
D: *Er is veel belang gehecht aan deze symbolen.*
P: Ja, want er is veel onbegrip. Dus natuurlijk wordt datgene wat verkeerd begrepen wordt gevreesd, of als het ook veel groter is dan de mens, wordt het veel vereerd.
D: *Heb je enig idee hoe lang geleden de tekeningen zijn gemaakt?*
P: Zou je een afbakening in chronologische jaren wensen?
D: *Ja, als je kunt.*
P: Twaalfduizend, vijfhonderd jaar. (12,500)
D: *Oef! Dat is lang geleden.*
P: Niet echt.
D: *Nou, dat is het voor ons. Toen werd het gedaan door een persoon die in die periode leefde.*
P: Dat klopt.
D: *Het moet een zeer geavanceerde beschaving zijn geweest als ze zweefvliegtuigen hadden.*
P: Dat is, in relatieve termen ten opzichte van wat je vandaag spreekt, juist. Het zou in dat opzicht vooruitgaan. De medicijnen en technologie die jullie vandaag de dag hebben, zouden jullie echter verheffen tot de status van God in hun tijd.
D: *Oh, dan hebben we dingen waarvan ze zich niet bewust waren.*
P: Dat klopt.
D: *Nou, het lijkt zo lang, en de lijnen hebben geen enkel teken van achteruitgang of ....*

P: Ze zijn opgebouwd uit rots, dat het moeilijkst te blazen is door de wind. Dit zijn gesteenten die zo geplaatst zijn dat ze deze omtrek vormen. Er valt niet veel regen op die vlaktes.

D: Zijn er sinds die tijd geen aardse catastrofes geweest?

P: Zeker, maar geen enkele die het zou wissen, anders zouden deze zijn gewist.

D: Ik dacht dat als er een catastrofe op aarde was geweest, de oceaan over dit deel zou zijn gestegen en het met water zou hebben overgoten.

P: Dat is niet gebeurd.

D: Had deze man met het zweefvliegtuig enige connectie met Atlantis?

P: De kennis die het vaartuig in staat stelde om te zweven was van dezelfde kennis die in Atlantis werd gebruikt. En de man zelf was van de afstamming van Atlantis. Dat is echter ongeveer de omvang ervan. Er zijn ook andere continenten geweest, zoals u heel goed weet, Lemurië of Mu.

D: Bestonden deze continenten al voor deze periode waarin deze man leefde?

P: Gelijktijdig met. Deze man was niet alleen, want er was in die tijd een beschaving.

D: Waar liggen nu de Nazca-lijnen?

P: Niet op de exacte plek, maar langs de kust, zeg maar.

D: Er zijn ook markeringen op de zijkant van een klif niet te ver van daar aan de kust.

P: Meer doodles, want hij was behoorlijk inventief. Er waren andere lijnen die werden getrokken, maar die verloren zijn gegaan aan de elementen. Deze zijn echter gebleven vanwege hun positie en relatieve beschutting tegen de elementen. Er waren veel kunstenaars die op deze manier grote, ingrijpende ontwerpen van prachtige structuren construeerden. Deze zijn echter door de elementen verloren gegaan in de tijd.

* * *

D: Weet je waar de Nazca-lijnen in Peru vandaan kwamen?

B: Ze zijn nu heel oud. En ze zijn niet meer zo duidelijk als ze ooit waren. Een reeks bezoekers van een van de beschavingen die ons wilden helpen, wilden de mensheid observeren, maar ze hadden een plek nodig om hun grotere schepen te landen en gewoon kleinere schepen te gebruiken om op het aardoppervlak te reizen. Ze kozen een gebied dat werd verlaten om te gebruiken als hun centrum van werking. En dus gebruikten ze energiestralen om deze lijnen in de aarde te snijden om als richtingaanwijzers te dienen, zodat ze zouden weten waar ze moesten landen zonder zichzelf weg te geven door enige vorm van energie-apparaten te gebruiken. Ze kwamen binnen met alle energiesystemen uitgeschakeld en landden met visuele middelen, zodat ze hun aanwezigheid geheim konden houden. En vandaar de lange rijen die kilometers ver van de ene bergtop naar de andere gaan. Dat deden ze met een energiestraal terwijl ze de eerste keer heel snel voorbij vlogen. Ze moesten het heel snel doen, om niet door anderen ontdekt te worden. De figuren van de dieren en dergelijke werden door de verschillende piloten in hun vrije tijd gedaan als ze geen dienst hadden. Ze zouden energie-apparaten gebruiken met een laag vermogen, zodat ze niet zouden worden gedetecteerd door de andere groep op Paaseiland. Ze observeerden verschillende kunstvormen van de verschillende volkeren. In plaats van ze te tekenen met een handinstrument op een schrijfoppervlak, gewoon voor de lol en om hun vliegvaardigheden in vorm te houden, deden ze het met energie-apparaten die aan hun persoonlijke flyers waren bevestigd.

D: *Oh, net als spelen, bedoel je?*

B: Ja. Hun vliegen daar was heel basic, niets om hun vaardigheden aangescherpt te houden. Het waren allemaal uiterst bekwame piloten en ze wilden hun vaardigheden aangescherpt houden. Het is als een muzikant die elke dag moet oefenen. Dus dat deden ze gewoon. En ook om een deel van de verveling te verlichten.

D: *Toen hadden deze figuren, de spin en de aap etc., geen echte betekenis. (Nee) Er zijn enkele wetenschappers die hun hele leven hebben geprobeerd deze te ontcijferen.*

B: Dat werd beschouwd als een zeer amusant punt onder de piloten. Ze zeiden: "Op een dag zullen de wetenschappers van deze mensen eindelijk hierheen komen om deze te ontdekken. En ze gaan zich afvragen wat hier in godsnaam is gebeurd."

D: *(Lacht) Ik vroeg me af waarom ze zo lang konden overleven, met alle veranderingen op aarde die plaatsvonden.*

B: Omdat ze met energiestralen werden gesneden, beïnvloedde het de plaats waar het werd gesneden op zo'n manier dat het van een meer permanente aard was dan het anders zou zijn geweest.

D: *Er is één ontwerp aan de kust dat eruitziet als een hooivork.*

B: Dat was een van de dingen die ze gebruikten als een directioneel bakenachtig ding om hen te helpen visueel binnen te komen. Tegen de tijd dat ze laag genoeg in de atmosfeer van de aarde kwamen om te worden gedetecteerd, moesten ze hun energie-apparaten uitschakelen en cirkelden ze een paar keer rond de aarde en werden ze lager in de atmosfeer. Als ze laag genoeg kwamen om land te zien, naderden ze meestal de kust. En die figuur uitgehouwen op die klif zou hen in de goede richting wijzen. Ze vlogen in die richting en dan over die lange lijnen die van bergtop naar bergtop gingen, en ze wisten dat ze de goede kant op gingen.

D: *Toen was het een plek waar ze konden landen en verborgen konden worden. Is dat wat je bedoelt?*

B: Ja. Toen ze landden was het in het midden van een verlaten plateau. En er waren geen mensen en niemand anders. Ze hoefden zich dus geen zorgen te maken dat ze ontdekt zouden worden, vanwege de locatie. Dus ze wisten dat ze veilig zouden zijn. En ze konden de schepen op elk moment klaar houden om op te stijgen, in plaats van ze te moeten vermommen.

D: *Waren er in die tijd mensen op aarde?*

B: O ja! O ja! Er waren in die tijd nogal wat mensen op Aarde. En er waren verschillende beschavingen die zich ontwikkelden. Daarom observeerden ze. Omdat de beschavingen er veelbelovend uitzagen en ze wisten dat de mensheid een nieuwsgierigheid en de intelligentie had om zich zeer snel te ontwikkelen tot een levensvatbare technologische beschaving. Dus maakten ze observatieve voortgangsrapporten.

* * *

D: *Een ander aardmysterie waar we nieuwsgierig naar zijn, zijn de Nazca-lijnen in Peru. Weet je waar ik het over heb?*

John: Ja. Hij brengt me er nu naartoe. (In de Bibliotheek) Hij zegt dat deze tekeningen alleen werden waargenomen vanuit planetaire voertuigen. Dit was ook voor de Lemuriërs een heilig gebied. Dit maakte deel uit van het continent Lemurië. Dit waren landingsplaatsen waar buitenaardse wezens kwamen en de technologie van de mensen van die tijd hielpen.

D: Ik dacht niet dat ze zo oud waren.

J: Sommige werden gemaakt door de afstammelingen van de Lemuriërs, zodat ze de buitenaardse bezoekers weer zouden aantrekken.

D: Toen de oorspronkelijke buitenaardse wezens landden, waren er op dat moment geen tekeningen?

J: Er is een lange geschiedenis van komen en gaan, en komen en gaan, en komen en gaan. En deze kunst werd al vroeg doorgegeven. Buitenaardse wezens hielpen bij het maken van deze lijnen. Daarom kijken ze vanuit de lucht preciezer dan vanuit de grond.

D: Wat was het doel van het maken van deze?

J: De buitenaardse wezens die naar dit gebied kwamen, kwamen als bezoekers, zoals op vakantie gaan. Je weet wel: "Laten we een primitieve wereld zien." Een beetje zoals Amerikanen naar Nieuw-Guinea of de Australische outback zouden reizen om bij de aboriginals te zijn. Deze buitenaardse wezens zouden naar de Aarde komen om mensen en de atmosfeer van die tijd en plaats te observeren. En er zijn veel landingen geweest, zelfs tot in de huidige tijd op deze plaats. Dit is een deel van de wereld waar de buitenaardsen worden verwelkomd.

D: Hebben ze enige betekenis?

J: Ze vertegenwoordigen verschillende dierfiguren, en zelfs een die mensen vertegenwoordigt. Het was de mentaliteit van de primitieve mensen, die de buitenaardsen liet weten dat dit hun mensen en dieren waren die hen verwelkomden. Het werd deels gedaan door de lokale bevolking, en deels door de afstammelingen van Lemurië. Dit is een zeer speciale plek in het ruimtetijdperk geweest voor deze ruimtevoertuigen om duizenden en duizenden en duizenden en duizenden jaren te landen. Ze landden toen het deel uitmaakte van Lemurië en nu omdat het deel uitmaakt van het Zuid-Amerikaanse continent. Ze zijn aan het landen en ze landen nog steeds in dit gebied.

D: Kan hij je laten zien hoe de dierenontwerpen zijn gemaakt? Welke methode werd gebruikt?

J: Er was een buitenaards wezen dat een straal energie gebruikte die afkomstig was van een ruimteschip. En dit was gericht over het land. En zo ging dat ook.

D: *De rechte lijnen, of de ontwerpen ook?*

J: Ook de ontwerpen. Maar het wordt van bovenaf in de lucht gedaan. Er is een energiestraal die naar beneden kwam. En dan was er een groep mensen en buitenaardse wezens die de loop ervan zouden volgen. De lijn zou in de aarde terechtkomen en ze zouden hem wegschrapen. Nadat het over een bepaald segment was gegaan, verpulverde het de aarde en konden ze het op de een of andere manier verplaatsen.

D: *Het is al jaren een mysterie met mensen die proberen te achterhalen wat ze moeten symboliseren, omdat ze weten dat ze alleen vanuit de lucht te zien zijn. -- Vlak bij de kust is er een aan de kant van de heuvel die ze de hooivork noemen. Komt dat uit dezelfde periode?*

J: Ja. Het is om deze buitenaardse bezoekers te verwelkomen. Het is net zoals de Hawaii-eilanden mensen leis bieden als ze op bezoek komen. Deze mensen boden deze ontwerpen aan om de bezoekers van andere planeten te verwelkomen, omdat ze bekend stonden als genezers en behulpzaam waren voor de lokale man. Ze brachten ook granen zoals maïs en dit soort dingen met zich mee. Deze werden oorspronkelijk gehybridiseerd door deze buitenaardse wezens om deze mensen te helpen voeden. Ze waren als een missie van het Vredeskorps.

D: *Betekent dit dat maïs en dat soort dingen niet op aarde zijn ontstaan?*

J: Het is gehybridiseerd om op aarde te passen, ja.

D: *Kent u planten of voedsel dat niet op aarde is ontstaan, maar oorspronkelijk hierheen is gebracht?*

J: Hij is het dossier bij wijze van spreken aan het omgooien. Sommige van onze gewassen werden gehybridiseerd door deze buitenaardse wezens. Hij zegt dat suikerriet, katoen, de aardappel, allemaal hybride waren. Het waren aardeplanten, maar ze werden chemisch of op de een of andere manier geholpen door de buitenaardse wezens. Vooral de buitenaardsen hielpen de inboorlingen bij de ontwikkeling van de aardappelplant en de maïs. Dat was heel belangrijk. Andere buitenaardse wezens werkten met katoen in India en dat deel van de wereld. Ze namen een bestaande fabriek en hielpen deze te transformeren.

Toen ik Peru bezocht om Maccu Picchu te zien, kreeg ik van een sjamaan te horen dat maïs en aardappelen zeer belangrijke gewassen zijn in Peru. Ze hebben honderden verschillende soorten.

D: *Ik ben altijd nieuwsgierig geweest naar bananen, of dat er misschien een was. Het groeit niet uit een zaadje, maar uit een wortel van de plant.*
J: Nee. Bananen bestonden in de tijd van Lemurië. Ze waren een van de populaire vruchten. Veel planten en dieren werden door deze buitenaardse wezens gehybridiseerd van oorspronkelijk aardemateriaal.

* * *

D: *Ik was benieuwd naar de Nazca Lijnen. Kun je me iets vertellen over die ontwerpen?*
Clara: (Lange pauze, maar haar gezichtsuitdrukkingen gaven aan dat er iets aan de hand was.) Ik hoefde alleen maar naar boven te gaan en ze nog eens te bekijken. Het oorspronkelijke doel hiervoor was als de leylijnen. Er was een enorme gemeenschap. En dit waren bepaalde lijnen die wezens van andere planeten gebruikten om naar beneden geleid te worden. Om te landen. Op verschillende plaatsen op de ontwerpen waren verschillende gemeenschappen, waren verschillende plaatsen, zoals havens, waar ze kwamen en neerleggen.
D: *Toen woonden er mensen op die vlakte?*
C: Ja. Op verschillende plekken. Op plekken, een eindje van de vlakte. Maar het zou een haven zijn waar ze naartoe konden gaan, en ze zouden neerstrijken. Dit waren als richtlijnen om te weten waar deze verschillende dorpen en verschillende plaatsen waren waar de mensen woonden. De verschillende gemeenschappen. En sommige van deze gemeenschappen zijn niet ontdekt, zoals Macchu Picchu. Sommigen zullen nooit gevonden worden, en sommigen wel. Maar er zijn enkele beschavingen, van millennia geleden, die niet zijn gevonden.
D: *Als de ontwerpen overleefden, waarom zouden de ruïnes van de gemeenschappen dan niet overleven?*
C: Dat komt omdat ze niet op die vlakte waren. Het was een soort vermomming, waar deze dorpen waren. Het was een luchthaven,

zou je het kunnen noemen, waar ze naar binnen konden komen en de ruimte naar beneden konden brengen. En dan konden de grote schepen naar beneden komen, en kleinere schepen kwamen eruit. Ze konden naar de dorpen in de kleinere schepen, van de grote.

D: *Ik denk aan de spin en de aap -- de dorpen lagen daar niet.*

C: Niet op de spin of bij de aap, maar op sommige plekken daarbuiten. Het was een vermomming voor de schepen om een bepaalde plek op de aap te kunnen vinden. En vanuit die specifieke plaats konden ze het dorp gaan zoeken. En van een andere plaats op de aap zou een ander dorp zijn. Een andere beschaving.

D: *Ik zie het. Een beetje zoals een navigatiesysteem.*

C: Precies. Bedankt. Ja.

D: *Ze denken dat oude stammen deze hebben gemaakt, en ze weten niet waarom. Omdat ze niet te zien zijn vanaf de aarde.*

C: Dat klopt. Ze zijn niet te zien tenzij je in de lucht bent. Dus wie ... (pauze) Ik word ervan weerhouden om daar nog meer over te zeggen. Alleen dat er andere dorpen zijn die nooit zijn ontdekt, nooit zijn onderzocht.

D: *Dan waren het niet de oorspronkelijke inboorlingen die daar woonden, die zeer ongeschoold zouden zijn geweest. Ze hebben deze dingen niet gebouwd.*

C: Nee, dat deden ze niet. Het was van een hogere, intelligentere bron dan de inboorlingen die daar woonden. Maar ze hadden interactie met deze intelligentie.

D: *Dan neem ik aan dat dit heel lang geleden zou zijn geweest.*

C: Ja. Veel ouder dan de Inca's. Veel verder, voordat de Inca's kwamen. Dit was voor interactie met de dorpelingen, omdat ze een communicatie hadden, maar de dorpelingen hadden niet de intelligentie als de wezens van het ruimtevaartuig. Maar ze hadden interactie tussen sommige dorpen. Het was gebruikelijk om het komen en gaan van het ruimtevaartuig te zien. Het was een cruciale plaats op de planeet voor interplanetaire verbinding. Toen ze de planeet Aarde bekeken, was het als een grote landingsruimte. Een plek waar ze konden komen en bescherming konden hebben tegen detectie. Hun interactie van gaan en komen. En dat doen ze nog steeds, ook nu nog.

D: *Ze komen nog steeds naar die plek?*

C: Ja, dat doen ze.

D: *Waarom zouden ze nu komen? De dorpen zijn er niet meer.*

C: Dat komt omdat het een patroon van hen is geweest. En ze kunnen nog steeds niet zo gedetecteerd worden als in sommige andere delen van de planeet. Vanwege de bijzondere geografische ligging in de Peruaanse bergen.
D: Dan ga ik ervan uit dat deze ontwerpen waarschijnlijk door de aliens zijn gemaakt. (Ja) Omdat de inboorlingen waarschijnlijk niet de capaciteiten zouden hebben gehad om dat te doen.
C: Nee, dat deden ze niet.

Deze verschillende versies van de oorsprong van de Nazca-lijnen lijken misschien enigszins tegenstrijdig. Maar ik denk dat het gewoon versies kunnen zijn van verschillende tijdsperioden die duizenden jaren beslaan toen er activiteit in het gebied was door zowel buitenaardse wezens als latere beschavingen. Misschien had elk iets te maken met de creatie van de verschillende ontwerpen.

* * *

OVERSTROMINGSLEGENDES

D: Ze zeggen dat elk land in de wereld een overstromingslegende heeft.
Phil: Veel van de informatie is onveranderd doorgekomen en is vrij nauwkeurig. Echter, niet allemaal. De zondvloedlegende is inderdaad meer dan alleen een legende, maar was gebaseerd op realiteiten. Dit werd veroorzaakt door de omwenteling van het land. Het zinken van Atlantis lijkt een overstroming als het wordt bekeken vanuit het perspectief van het zijn op het land zelf.
D: Ik vroeg me af of het gerelateerd was aan Atlantis. Gebeurde het tegelijkertijd?
P: Dit is een uitleg van hoe dit tot stand is gekomen. Want in sommige opzichten was deze overstroming slechts het verlagen of zinken van het land in sommige van deze legendes. Er was echter een echt wereldwijd probleem veroorzaakt door het smelten van de poolkappen als gevolg van polaire veranderingen of verschuivingen. Met de polaire verschuivingen zou elke pool op natuurlijke wijze worden verschoven, en dus zou er de verandering van de ene pool naar de andere zijn. Het is meer dan eens gebeurd.

D: *Gebeurde dit op hetzelfde moment als het zinken van Atlantis?*
P: Ja, dat klopt. Het gebeurde wel, het viel samen met. Omdat dit gewoon een van de vele fysieke manifestaties van deze oorzaak was.
D: *Er is ook gezegd dat er iets drastisch moet zijn gebeurd, omdat er dinosaurussen zijn gevonden met voedsel nog in hun mond.*
P: Dat klopt. De verandering was zo snel dat de aarde in niet helemaal een moment, maar in een zeer snel tempo kantelde. Zodanig dat de atmosfeer werd verschoven en die winden en luchtmassa's enigszins stationair bleven terwijl de aarde eronder kantelde. En dus zouden die koelere Arctische winden en luchtmassa's die voorheen boven de polen lagen, zich heel snel boven die landen bevinden waarin een gematigder klimaat werd gevonden. Zoals je je kunt voorstellen, ging dit gepaard met geweldige winden terwijl de luchtmassa's over het land raasden.
D: *Hoe zit het met aardbevingen en andere fenomenen (vulkanisch)?*
P: Dat klopt. Veel landen die eerder boven water lagen, werden tot zinken gebracht en veel land werd in die tijd onder water verhoogd.
D: *Was toen een tijdlang de hele Aarde bedekt met water? Of is dat slechts een deel van de legende?*
P: Er waren, in het vertellen van deze verhalen, wijdverspreide overstromingen. Het zou echter niet juist zijn om te zeggen dat de hele aarde overstroomd was. Er waren gebieden die veilig waren voor overstromingen. Ze waren echter niet van de bekende wereld in die tijd.

* * *

PAASEILAND

D: *Er is een klein eiland genaamd Paaseiland voor de kust van Zuid-Amerika dat vele, vele gigantische beelden heeft. Mensen hebben zich altijd afgevraagd wat hun afkomst was.*
Phil: Wil je een verklaring? De monolieten werden gecreëerd door een ras van mensen die van de Atlantische cultuur waren en die migreerden ten tijde van de Atlantische ondergang. De symboliek is om naar het oosten te kijken voor de komst van dat ras dat zou terugkeren.

D: *Is dat de reden waarom ze ze zo groot hebben gebouwd?*
P: De fysieke grootte is een uiting van hun respect voor deze mensen of wezens. Vaak is het gebruikelijk in de menselijke natuur om grootte te relateren aan respect. Een interessante opmerking hierbij is hoe een filmster die op het grote scherm wordt geprojecteerd, onmiddellijk wordt aanbeden en vereerd. Dit fenomeen werkt omgekeerd. Wie hoog in het vaandel staat, krijgt gigantische proporties. Degenen die gigantische proporties krijgen, worden in hoog aanzien gehouden.
D: *Ik zie het. Ze zijn larger than life gemaakt.*
P: Precies. En het werkt twee kanten op. Dit is hoe fenomenen zoals fangekte of manie zich voordoen. Het is een eigenaardigheid van het menselijk ras.
D: *Waarom zijn de kenmerken van de beelden overdreven?*
P: Dit is een artistieke uiting, net zoals schilderijen overdreven zijn om een aspect of een uitdrukking te benadrukken.
D: *Ze zijn zo groot dat mensen zich hebben afgevraagd hoe ze gemaakt zijn.*
P: Er was dezelfde technologie bij betrokken die werd gebruikt bij het bouwen van piramides. Het materiaal was iets anders gevormd dan een blok. Er was het gebruik van gereedschap, van beitelen, zoals tegenwoordig wordt gedaan. Maar de manier van transport was hetzelfde. Het was telepathisch van aard en werd gedaan met gedachte-energie.

Er stonden ooit hoedachtige blokken bovenop de beelden. Inmiddels zijn ze afgevallen. Deze waren gemaakt van een ander soort steenmateriaal dan de beelden. Ik vroeg me af wat het doel was van deze zogenaamde "top-knopen".

P: Dit is iets dat werd gedaan om de mensen tegemoet te komen die op de top van deze beelden zouden zitten en dus in hetzelfde vlak of dezelfde richting zouden staren als het standbeeld zelf. Men dacht dat dit een kracht of een inzicht zou geven aan deze priesters, in die zin dat ze met de afgoden zouden staren.
D: *Ze staarden naar zee en keken uit naar de anderen van hun ras die zouden komen. Is dat wat je bedoelt?*
P: Ze vonden dat door dit te doen de terugkeer kon worden bespoedigd. Dat het nodig was dat de energie werd uitgestoten

voordat het zou terugkeren. De beelden waren gericht in de richting waarin ze moesten kijken. De priesters klommen dan naar de top en gingen op deze stenen of topknopen zitten en zo hun energie richten om deze wezens naar binnen te trekken. De inspanning was vele malen succesvol. Ze werden bezocht door wezens die buitenaards van aard waren. Het vaartuig zou uit zee komen. Het staren, verlangen, was als een baken, dat aan de wezens een verlangen om te communiceren zou signaleren en zo zou de komst plaatsvinden.

D: *Wat voor soort vaartuig kwam er over zee binnen?*
P: Er waren buitenaardse wezens die in zweefvliegtuigen zaten. De term is hover craft, want er zijn veel verschillende soorten vaartuigen.
D: *Ik dacht dat het misschien een soort boot was.*
P: Niet zoals de mens zou weten, want deze zweefden over het water en niet erop.
D: *Wat gebeurde er met deze oorspronkelijke Atlantiërs? Zijn ze op dat eiland gebleven?*
P: Ze werden verspreid in de tijd, door ontberingen en de verandering van de aardas, die het klimaat veranderde. De mensen of inboorlingen werden verspreid naar andere delen van de wereld. De huidige inboorlingen waren van de Indische stammen, die nadat het klimaat in zijn huidige staat was teruggekeerd, naar de eilanden migreerden en zo deze monolieten vele generaties later vonden.
D: *Natuurlijk begrepen ze hun doel niet, toch?*
P: Nee, ze dachten dat de stenen zelf goden waren.
D: *Ik heb ook gehoord dat er een vorm van schrijven is gevonden. Het is nooit vertaald. Bij welke stam is dat ontstaan, de eerste of de stammen die later kwamen?*
P: Dit was schrijven dat werd gemaakt of uitgedrukt door de mensen die de stenen oprichtten. Een deel van het schrift dat vandaag in bezit is, is een handleiding over hoe te zweven. De ideeën zijn zo abstract dat ze nutteloos zijn voor iedereen die het zou lezen, als ze konden. Het vereist een complete set abstracties en ideeën die vandaag de dag niet op Aarde aanwezig zijn.
D: *Bleef een van de voorouders van de Atlantiërs daar en kruiste zich om tot in de moderne tijd te komen?*

P: De Egyptenaren, het ras dat een olijfhuid heeft, zijn het dichtst in directe afstammelingen in een fysieke afstamming. De olijfkleurige mensen zijn van de oorspronkelijke Atlantische stam. Allen verlieten het eiland omdat het klimaat niet bevorderlijk was om het leven daar in die tijd te ondersteunen. Want de Aarde is een rusteloze oude vrouw die zich omdraait en fronst, en dus verplaatsen mensen zich naar verschillende gebieden.
D: *Hielpen de buitenaardsen hen om te vertrekken?*
P: Er was geen hulp nodig, want varen op de golven was een gevestigde kunst of wetenschap.

Phil zei bij het ontwaken dat hij de priesters in kleermakerszit op de top van de beelden kon zien zitten en keek naar de zweefvliegtuigen die over het water kwamen.

* * *

Johannes was opnieuw in de bibliotheek op het astrale vlak en de voogd vroeg wat hij ons kon helpen vinden. Ik vroeg hem of er beperkingen waren met betrekking tot wie naar de Bibliotheek kon komen. Hij zei dat er per se geen waren, maar dat zielen met een laag energieniveau daar niet zouden komen. Naast het feit dat ze niet bijzonder geïnteresseerd zijn in het zoeken naar kennis, zouden ze worden afgestoten door het verschil in energie dat door dit rijk wordt uitgezonden.

D: *Er zijn veel dingen op aarde die als mysteries worden beschouwd die mensen niet begrijpen.*
J: Dat is waar. Er zijn veel dingen in de hemel die ook mysteries zijn. Hij zegt dat de bewuste geest de dingen niet altijd kan begrijpen. Dus in zekere zin zou je zeggen dat dat een beperking zou zijn. Maar mensen in hun superbewuste staat kunnen dingen begrijpen die de bewuste geest niet kan begrijpen. Dus in zekere zin, praten over beperkingen, dat is hoe het werkt.
D: *Je bedoelt dat dingen te ingewikkeld zouden zijn?*
J: Ja. Hij zegt dat je niet op het juiste energieniveau zit. Je geeft geen algebraboek aan een driejarige die net naar de kleuterschool gaat.

Hij zegt: dat doe je niet. Dat is ook een deel van hoe onze bibliotheek werkt. Een driejarige zou de algebra niet begrijpen.

D: *Maar soms hebben ze me dingen gegeven waarvan ik dacht dat ik ze niet kon begrijpen.*

J: Dat is waar. Maar de kennis is om je te laten groeien. Om je meer te laten begrijpen.

D: *En om je geest te openen.*

J: En om je open te stellen, ja.

D: *Nou, we proberen een aantal verklaringen te vinden voor aardse mysteries die mensen niet begrijpen. Moeten we de kijkkamer in?*

J: Het hangt ervan af over welke informatie je wilt praten.

D: *Er zijn alle gigantische beelden op Paaseiland. Kunnen we daar informatie over krijgen?*

J: Hij zegt, ja, stap alsjeblieft de kijkkamer binnen. Hij zegt dat dit ooit deel uitmaakte van het Lemurische continent. En toen het Lemurische continent zonk, was dit een heilig bergtopgebied. Hij zegt dat de Lemuriërs tribaal waren, maar ze waren in staat om fysieke wetten te manifesteren. Zij waren in staat om deze beelden te maken. En versterk ze en beweeg ze met mentale kracht en gedachte. En dit werd gedaan door hun sjamanen, hun priesters en hun leiders van de verschillende tribale eenheden. En toen de verschuiving van de aarde plaatsvond, zei hij dat dit een van de plaatsen was die overbleef. Moderne wetenschappers kunnen deze dingen niet dateren omdat de steen uit een primitieve periode komt. Er is iets aan dit type steen dat uniek is. Ik snap het woord niet. Geologen denken dat ze de leeftijd van deze dingen kennen, maar dat doen ze echt niet. Daarom is het een mysterie. Maar het zijn overblijfselen van de oude Lemurische beschaving. Hij zegt dat ze ongeveer twintigduizend jaar teruggaan.

D: *Moderne wetenschappers denken dat de beelden zijn uitgehouwen uit rotsen uit de nabijgelegen bergen.*

J: De rots is uit de nabijgelegen bergen gehaald. Dat is waar. Maar ze werden gevormd door de concentratie van energievormen. De steen werd kneedbaar gemaakt door energierichting. Zodat het voor stenen en vuurstenen instrumenten gemakkelijk was om deze verschillende vormen op te werken. Het was als een mes dat door boter sneed. Het was heel gemakkelijk.

D: *Ze denken dat de steen van een behoorlijke afstand kwam van waar de beelden nu staan. (Ja) Hoe werden ze vervoerd?*

J: Nogmaals, telepathische levitatiemethoden werden gebruikt met deze stenen. Daarom zijn er geen sporen.

D: Sommigen van hen zijn omgevallen. *(Ja) Degenen die we nu zien, kijken allemaal één kant op. Ze lijken allemaal naar het water te kijken, tenzij ze zijn verplaatst.*

J: Nee, ze zijn niet verplaatst. Hij zegt dat ze in de richting stonden waarin de Zon in die tijd opkwam. De Zon kwam in een andere positie op dan op dit moment. En daar zaten ze in lijn mee.

D: *Was er een reden waarom ze tegenover de rijzende Zon stonden?*

J: Het had spirituele en belangrijke religieuze ervaringen voor de mensen in die tijd.

D: *Wat stelden de beelden voor? Ze lijken allemaal op elkaar.*

J: Ze vertegenwoordigen de zielen van de mens. De bewakers van de wachttoren, zeg maar. Dit is door de geschiedenis heen getraceerd. Ze zijn de manifestatie van de beschermende geesten van de verschillende tribale clans van de oude Lemuriërs. Er waren 136 verschillende tribale clans in het oude Lemurië. En deze vertegenwoordigen verschillende facties van deze tribale clans, voorouders, om zo te zeggen. Ze zijn nogal een primitief volk in uw aanbeveling, maar ze hadden ook grote geestelijke gaven.

D: *Het klinkt alsof ze ook grote paranormale krachten hadden.*

J: Ja, hun leiders hadden grote paranormale krachten.

D: *De beelden lijken overdreven kenmerken te hebben. Was daar een reden voor?*

J: Ja, er was een duidelijke reden. Zo keken mensen er toen naar. De mens is in zijn evolutieproces verfijnder geworden. En in feite zal hij nog een verdere stap van verfijning hebben wanneer we naar de gouden eeuw van het bloeiende Watermantijdperk gaan. Hij zal dan verfijnder zijn.

D: *Er was ook wat we noemen een "top-knoop" die bovenop het hoofd van de beelden zat, die sindsdien is gevallen. Deze werd gemaakt van een ander soort gesteente.*

J: Ja. Dit vertegenwoordigt een soort spiritueel koord. Ze zouden hun haar op deze manier kleden. Soms zeiden ze dat ze uit het materiële universum werden getrokken door hun topknoop. (Gelach) Dit was de reden waarom ze deze uitgebreide haarornamenten hadden.

D: *Het was een ander type rots dan waarvan het lichaam van het beeld was gemaakt.*

J: Ja, net zoals het haar nu verschillende kleuren heeft in je leven. Er waren verschillende ontwerpen waarvan deze mensen geloofden dat ze hen zouden helpen om uit hun lichaam te worden getrokken. Ze geloofden dat de geestelijke entiteit - niet hun geest - de belangrijkste geest van het universum hen in staat zou stellen om naar het astrale te gaan. En de manier waarop het werd gedaan, was dat ze eruit werden getrokken. Maar dit is oude geschiedenis in jullie tijdsperiode.

D: *Daarom is het zo moeilijk voor de wetenschappers om het te begrijpen. Ze denken dat de beelden zijn gemaakt door een groep recentere mensen.*

J: Deze waren overgebleven van de Lemuriërs.

D: *Kwamen er dan andere mensen naar dit eiland?*

J: O ja, er kwamen veel mensen naar dit eiland. En ze ontheiligden enkele stenen. Ze kannibaliseerden zichzelf. Ze waren als dieren van de laagste soort.

D: *Dit waren niet de oorspronkelijke mensen.*

J: Nee, dit waren niet de oorspronkelijke mensen van dit land. In feite waren sommige van de overblijfselen van de Lemurische beschaving er nog steeds toen deze indringerstam kwam. En ze werden opgegeten door deze woeste oorlogszuchtige mensen.

D: *Heeft een van de oorspronkelijke afstammelingen het overleefd?*

J: Geen van hen heeft het overleefd. Ze werden volledig weggevaagd door de indringerstam. Want zie je, de zeeën rond Paaseiland wemelen van het dierenleven, maar het is erg moeilijk om het leven op dit eilandgebied te ondersteunen. En in feite namen deze oorlogszuchtige stammen deze mensen gevangen en aten ze op.

D: *Dan zijn deze oorlogszuchtige stammen de voorouders van de mensen die er nu wonen.*

J: Ja. De mensen die afstammelingen zijn van deze oorlogszuchtige stam. De Lemuriërs waren geestelijk en psychisch zeer geavanceerde mensen in vergelijking met de moderne mens, maar ze leefden primitief. Ik bedoel, ze hadden niet het soort uitvindingen dat wij hebben. Ze hadden stadsachtige plaatsen, maar ze waren gebouwd van materialen die heel gemakkelijk konden worden vervangen. Zoals palmvezels en natuurlijke vegetatie type dingen.

D: De wetenschappers hebben ook overblijfselen gevonden van wat ze beweren dat hun schrift is, en ze wisten niet hoe oud het is.

J: Deze dateren uit de oude Lemuriërs en ze werden gedragen door hun nakomelingen. En toen werden de nakomelingen uiteindelijk door de woeste stammen van de hand gedaan. Zie je, de woeste stammen dachten dat ze goed aten. Ze zagen hen gewoon als dieren, maar toch zetten deze mensen oude tradities voort. En sommige van hun zieners schreven zelfs over de tijden daarvoor. En over de aardeverschuiving die plaatsvond die Lemurië opbrak.

D: Toen bewaarden ze de geschriften, maar ze wisten niet wat ze bedoelden. Klopt dat?

J: De afstammelingen van de Lemuriërs wisten wat het betekende.

D: Maar de andere mensen ....

J: Oh nee, het waren maar dieren. Ze waren oorlogszuchtig. De sjamanen van het overwinnende volk pikten de geesten van de plaats op en interpreteerden misschien enkele van de geschriften. Maar ze ... Ik wil het hier niet over hebben. Ze zijn te oorlogszuchtig en ze zijn te gemeen en ze zijn echt ... Ik wil weg. Wat hij me laat zien ... het zijn gewoon vreselijke mensen. Ze sneden de harten van het volk uit. Oh, het is gewoon verschrikkelijk.

Johannes zei bij het ontwaken dat hij deze mensen de Lemuriërs zag achtervolgen. Hij zag hoe een van hen de borst van de man opensneed en zijn hart eruit trok. Hij ging het vervolgens eten terwijl het nog aan het kloppen was. Geen wonder dat de aanblik hem weerzin opwond.

D: Oké. Ik wil niet dat je naar iets hoeft te kijken dat je stoort.

J: De voogd zegt: ga door.

D: Ja, verander het onderwerp. Laten we bij wijze van spreken het scherm omdraaien. Laten we iets anders laten zien. Daar hoeven we niet naar te kijken.

***

ARK VAN HET VERBOND

D: Er staat veel in de Bijbel geschreven over de Ark van het Verbond en er is veel mysterie rond.

Phil: Ja, we zijn bekend met dit gebied. We zouden jullie willen vragen om dit te zien als een ontvanger, een radio-ontvanger die in staat was om die berichten van een hoger niveau te vertalen of te ontvangen en ze om te zetten naar een fysiek vlakniveau. Zodat die informatie op zo'n manier naar deze mensen kon worden gekanaliseerd dat er de grootste mate van nauwkeurigheid in deze channeling zou kunnen zijn. Want dan zou er geen menselijk bewustzijn of bewustzijn zijn waar deze informatie doorheen zou gaan.

D: Je bedoelt dat ze op deze manier met mensen spraken?

P: Dat klopt. Het was een gesproken boodschap.

D: Waar kwamen de plannen vandaan om dit te bouwen?

P: Dit was een geschenk. De plannen werden gegeven om hiervoor de woningen te bouwen. Er waren die ambachtslieden en ambachtslieden van de stam die hun talenten gebruikten om deze behuizing, deze container te creëren. De ontvanger zelf was echter van een ontwerp geconstrueerd door wezens die op dat moment hielpen bij de planetaire evolutie. Er werden instructies gegeven over waar het eindproduct of de behuizing moest worden geplaatst, zodat het zou worden geactiveerd zonder door deze mensen te worden gezien. Want dit gebeurde onder dekking van de duisternis. De mensen kregen de instructie waar ze dit Verbond of de Ark moesten achterlaten, en het werd vervolgens geactiveerd met deze ontvanger. Het trok energie aan van kosmische kracht, die zelfs in deze tijd de planeet omringt en nog steeds beschikbaar is voor dit gebruik. Je wilt graag weten waar deze Ark of ontvanger zich op dit moment bevindt. En het zou niet gepast zijn om de locatie op dit moment bekend te maken. Het is echter in goede handen.

D: Bevindt het zich nog steeds op aarde?

P: We zouden op dit moment geen locatie geven.

D: Volgens onze Bijbel werd het gevaarlijk.

P: Dat zou niet kloppen. Het was misbruikt. Het was zelf inert en niet gevaarlijker dan een grasspriet. Het gebruik ervan om politieke redenen of welke uitdrukking dan ook, corrumpeerde echter het beoogde doel.

D: *In de Bijbel staat dat mensen stierven toen ze het aanraakten. Zat er een soort kracht in?*

P: Er was de energie die voor dit goed werd verwerkt, waardoor iemand gewoon zou uitchecken, of zou doden, om te sterven door een overmatige blootstelling van deze energie. Deze aandrang dat de dood het gevolg zou zijn, was om te voorkomen dat de mensen de ark zouden openen en de inhoud ervan zouden ontdekken. En ook om een aura van bescherming rond dit apparaat te bouwen, dat het met angst en respect zou worden behandeld.

Dit deel van de tape was slecht vervormd en transcriptie werd onmogelijk. Het klonk als zware, luide statica die Phil's stem volledig uitwist. Je kon mijn vragen nauwelijks horen, maar niet zijn antwoorden. De rest van het verhoor over de Ark en het begin van mijn ondervraging over de Bermudadriehoek werden geblokkeerd. Als er een manier is, zou ik dit ontbrekende gedeelte nog steeds willen gebruiken als het kan worden ontcijferd. Er is nu misschien een manier met computers om het statische van de stem te scheiden. Aan het einde van deze kant van de band kwam het geluid plotseling terug. Toen de tape werd omgedraaid was de andere kant normaal. Dit was een vreemde ervaring omdat Phil zijn bandrecorder aan de andere kant van het bed had en zijn band ook niet te verwerken was. Als er iets mis was geweest met de tape, zou ik denken dat beide kanten zouden worden beïnvloed. En als er iets mis was geweest met de microfoon, waarom bleven de problemen dan niet bestaan toen ik de band omdraaide?

Een elektronica-expert zei dat het misschien was gebeurd als de bandrecorder bovenop een tv of een bron van elektronische emanaties was geplaatst. Maar het zat op een klein tafeltje naast het bed, en er was niet eens een radio in de buurt. Dat zou niet verklaren waarom het geluid plotseling terugkeerde. Als de oorzaak een soort elektronisch signaal was, zou ik denken dat beide zijden van de band zouden zijn aangetast.

Dit is sindsdien gebeurd met andere onderwerpen. Ik heb vreemde dingen meegemaakt met mijn bandrecorder, alsof ik beïnvloed werd door energie van buitenaf (statisch, in- en uitfaden, versnellen en vertragen, twee stemmen tegelijk, etc.).

Vanwege de vervormde staat van de tape ging ik proberen samen te vatten wat er werd gezegd, wat meestal een onmogelijkheid is. De volgende week toen ik de sessie met Phil begon, wilde ik weten of ze me konden vertellen wat er was gebeurd.

D: *De laatste keer dat we deze plek bezochten, stelden we veel vragen over de Ark van het Verbond en de Bermudadriehoek en ontvingen we zeer interessante informatie. Maar om de een of andere reden werd het niet opgenomen op de bandrecorder. Weet je waarom?*

P: De gegeven informatie droeg een energievortex met zich mee die vergelijkbaar was met die welke de formulering beschreef. En veroorzaakte een draaikolk in deze directe omgeving, vergelijkbaar met die beschreven in de vertelling. Dit is illustratief voor de kracht van suggestie. Want deze energieën die nu op de planeet zijn, zijn van dien aard dat alleen al het denken erover die gedachte in het fysieke creëert. Dit is de aard van de energieën op deze planeet op dit moment, terwijl we dit nieuwe tijdperk van bewustzijn binnengaan.

D: *Bedoel je de planeet Aarde of de planeet waar je vandaan spreekt? (De planeet van de drie torenspitsen)*

P: Deze fysieke planeet hier, de planeet Aarde. De energieën op deze planeet zijn nu van de aard dat een gedachte een daad is. En dit is dus illustratief voor de voorzichtigheid die moet worden betracht bij het gebruik van deze energieën. Want ze zijn heel creatief.

D: *Ik wist dat de bandrecorder correct werkte.*

P: Dat klopt. De recorder reproduceerde getrouw wat hij ontving. En zoals je kunt zien, heeft je recorder een bewustzijn dat verder gaat, dan wat door je eigen menselijke zintuigen kan worden waargenomen. De machines en apparatuur die op dit vliegtuig worden geproduceerd, verhogen immers ook het bewustzijn. Haar energieniveau wordt zo op natuurlijke wijze verhoogd, omdat het van deze Aarde is, en een deel is van deze Aarde en omdat alles op deze Aarde voortaan doordrenkt zal zijn van deze energieën.

Ik zei dat ik het opnieuw wilde proberen en dezelfde vragen wilde stellen. Omdat ik de informatie wilde gebruiken, maar ik zou op mijn geheugen moeten vertrouwen omdat ik geen duidelijke bandopname had.

P: Je kunt vragen of je dat wilt. Het kan geen kwaad om het te vragen.

D: *Ik vraag me af of er een manier is om te voorkomen dat het de bandrecorder opnieuw verstoort?*
P: We zullen proberen om die energieën die gevraagd worden om gekanaliseerd te worden duidelijker te richten en zo te helpen bij het beperken van die energieën die door dit voertuig worden gekanaliseerd. Er kan echter enige terugval van deze toestand zijn, omdat dit voertuig voor het grootste deel verantwoordelijk is voor die energieën die worden doorgesluisd. En dus moet hij zich bewust worden van dit brede spectrum van energieën en zo leren om dat wat er doorheen gaat te beperken. Dit is geen schadelijke energie. Dit is gewoon energie die doorkomt en zich manifesteert op je bandrecorder. Er is geen fysieke schade in dit.
D: *Het is gewoon dat de machine het kan oppakken.*

Vervolgens heb ik de vragen over de Bermudadriehoek opnieuw gesteld in de hoop dat er deze keer geen inmenging zou zijn. Toen ik die tape transcribeerde was alles in orde. Tijdens het werken met Phil gedurende vele jaren zagen we af en toe ongewone dingen gebeuren met de recorder, maar geen enkele zo drastisch als deze.

* * *

Tijdens de jaren 1980 en in de jaren 1990 bleef ik dezelfde vragen stellen aan andere onderwerpen telkens wanneer een geschikte situatie zich voordeed.

D: *Er zijn verhalen geweest dat de Ark van het Verbond gevaarlijk was. Was dat zo?*
Brenda: Natuurlijk was dat zo! Het was een energie-apparaat.
D: *Verhalen over mensen die gekwetst worden als ze het hebben aangeraakt of....*
B: Als ze niet wisten hoe ze het moesten bedienen en niet correct geïsoleerd waren, ja, dan konden ze er schade van ondervinden.
D: *Weet u wat er uiteindelijk met de Ark van het Verbond gebeurde?*
B: Het duurde enkele eeuwen. Het is moeilijk te zeggen wat ermee gebeurde, want aan het einde voordat het verdween, was er meer dan één Ark van het Verbond. Eentje werd per ongeluk in een ravijn gedumpt. Ze droegen het op het raamwerk waarop het werd vervoerd en ze staken een smalle brug over een ravijn over. Een

van de mannen struikelde per ongeluk en belandde op de bodem van het ravijn.
D: *Was dit tijdens de omzwervingen door de wildernis?*
B: Achteraf. Een werd enkele eeuwen in een tempel opgeslagen. Er kwamen wat indringers dat land binnen en die moesten het verbergen. Een derde bestaat nog steeds, maar het is verborgen in het geheim en slechts een zeer kleine groep weet ervan.
D: *Ik wist niet dat er meer dan één was. (O ja.) Bestonden deze allemaal tegelijk, of maakten ze er nog een nadat die in het ravijn viel?*
B: Zij maakten het origineel en zij maakten er nog andere in latere eeuwen. Er bestaat er nog een. Die op de bodem van het ravijn maakt nu deel uit van een gletsjer. Soms zien mensen het als het ijs opklaart. En degene die verborgen was, is afgesloten in een grot en ik kan niet zien of het zal worden ontdekt of niet. De derde die nog steeds bestaat, bevindt zich in een privébankkluis.
D: *Weet je in welk land?*
B: Het is moeilijk te zeggen. Een westers land met geavanceerde technologie.
D: *Als iemand die ooit in de bankkluis zou tegenkomen, zouden ze dan weten wat het was?*
B: Het is onmogelijk voor iemand om het tegen te komen in de bankkluis, omdat het een privébankkluis is. Het is op privébezit van iemand die extreem rijk is.

* * *

BERMUDA DRIEHOEK

D: *Heeft u een verklaring voor het verdwijnen van schepen en vliegtuigen in het gebied van de Bermudadriehoek?*
Phil: Er is veel gespeculeerd, wat op zijn best onjuist is. Dit gebied is een draaikolk van energie, een enorme en zeer krachtige creatieve draaikolk van die energieën die nu op deze planeet zijn. Dit grillige gedrag is deels te wijten aan die machinaties die diep onder de oceaan liggen, inert en toch niet helemaal slapend. Er zijn in de enorme rivieren van energie die door deze planeet gaan, genoeg van de kracht die overblijft van deze machinerie om een focussend effect te veroorzaken dat deze verdwijningen

veroorzaakt, om zo te zeggen. Dit is gewoon door een deuropening naar een andere realiteit gaan. Ze zijn niet verloren in fysieke zin, want ze zijn er nog steeds, ze zijn gewoon elders. Er is het geloof dat ze een natuurlijke dood zijn gestorven, maar ze bevinden zich gewoon in een andere realiteit, in een ander bestaansniveau, in een ander tijdsbestek. Dit is een bocht of een deuropening, als je die connotatie wilt. Deze mensen worden niet geschaad wanneer ze passeren, anders dan psychologisch, mentaal en emotioneel door deze gebeurtenis. Hun fysieke energieniveaus zouden zijn verhoogd door door deze deuropening te gaan. Velen zouden merken dat ze het meest telepathisch en helderziend waren geworden. Want velen bevinden zich in een realiteit waarin deze bovenmenselijke apparaten heel normaal zijn. Hun manifeste realiteiten zijn zodanig dat ze passen bij degenen met wie ze zijn. Omdat de realiteit hier heel anders zou kunnen zijn als de geest zo geneigd zou zijn om te geloven dat deze dingen mogelijk zouden zijn. Dan, zo zeker als men dacht dat ze mogelijk zouden kunnen zijn, dan zouden ze werkelijkheid worden. Het is gewoon een kwestie van geloven in wat echt is en wat niet. En dat is wat bepaalt wat echt is en wat niet.

D: Er zijn meldingen geweest van de instrumenten van de vliegtuigen vlak voordat dit gebeurde.

P: Dat klopt. Er is een verstoring in deze magnetische flux. Dit is een symptoom van dit fenomeen. Deze flux is het resultaat van het buigen van de magnetische velden van de aarde en andere energieën die de mens op dit moment niet kent. De instrumenten werken in de aanwezigheid van deze velden in hun normale staat. Bij afwezigheid van een normale toestand van deze velden werken de instrumenten echter niet zoals ze zijn ontworpen. Want de velden waar ze aan werken functioneren bij wijze van spreken niet goed.

D: Ze zeiden ook dat de horizon er vreemd uitzag, en soms zag waar ze overheen vlogen er anders uit.

P: Veel dingen zouden er natuurlijk vreemd uitzien, vanwege het toenemende bewustzijn. Niet alleen vanuit fysiek, maar ook vanuit innerlijk vlak bewustzijn. En dus zouden die dingen die in deze realiteit voor het grootste deel behoorlijk afgesloten en niet gezien worden, heel gemakkelijk zichtbaar worden naarmate het bewustzijn stijgt en de innerlijke gebieden die informatie beginnen te assimileren die ze ontvangen, en dan dit bewustzijn aan het bewuste zelf voeden.

D: *Is deze bocht er de hele tijd? Veel mensen vliegen in en uit dat gebied en varen daar zonder problemen in en uit.*

P: Het is er niet altijd, dat klopt. Het varieert, het is grillig.

D: *Als deze mensen door deze deuropening gingen, zouden ze dan ergens landen?*

P: Dat klopt. Want er is fysieke massa, zoals in deze werkelijkheid. Ze zijn nog steeds hier op Aarde. Ze bevinden zich gewoon in een andere realiteit, een andere 'keer', als je ervoor kiest om die analogie te gebruiken. Ze zouden als het ware door het oog van de storm gaan, en zich op een plek bevinden waar ze nog nooit eerder waren geweest. Ze zouden zich in een andere tijd op Aarde bevinden.

D: *Zou je sowieso weten of deze mensen in het verleden of in de toekomst zijn gegaan?*

P: Het maakt echt niet veel uit, want er is, om heel eerlijk te zijn, geen verleden of toekomst. Dit is gewoon een concept dat door de mens is gecreëerd om hem in staat te stellen die gebeurtenissen waar te nemen die hij kan begrijpen. Het zou niet juist zijn om te zeggen dat ze in het verleden of de toekomst zijn overgegaan. Ze zijn gewoon "in een andere tijd".

D: *Ik dacht dat als er in het verleden een vliegtuig zou neerstorten, dat nogal opzienbarend zou zijn voor de mensen van die tijd. Toen landden deze mensen waarschijnlijk ergens of kwamen de schepen ergens aan land, maar ze zaten in een andere tijd.*

P: Een ander vlak zou misschien nauwkeuriger zijn.

D: *Maar het moet voor deze mensen beangstigend zijn geweest als ze het niet verwachtten.*

P: Ze waren ongetwijfeld behoorlijk onder de indruk van deze dramatische wending van de gebeurtenissen. Zoals we echter kunnen waarnemen, hebben de meesten zich vrij gemakkelijk aangepast en vinden ze geen echt verlangen om terug te gaan naar het verleden, om zo te zeggen. Want velen van hen zijn halsoverkop in jullie toekomst gestapt, waar het Christusbewustzijn is. Het is een bekend en waargenomen fenomeen, zoals het aan deze kant is. Mensen hier verdwijnen gewoon, mensen daar verschijnen gewoon. Er is evenveel mysterie voor beiden, als voor wie deze mensen zijn en waarom ze hier blijven komen. En wat zijn hun verhalen fantastisch voor deze mensen.

D: *Het moet voor mensen in de toekomst een verrassing zijn geweest om deze mensen plotseling te laten verschijnen.*

P: Vanuit het oogpunt van de toekomst zou het niet zozeer een verrassing zijn. Zoals de toekomst al weet wat er in het verleden is gebeurd. Het zou gewoon een kwestie zijn van beseffen dat er een ander door de deur is gegaan. En dan om deze mensen te verwelkomen en te helpen zich aan te passen en zich aan te passen aan hun nieuwe realiteit.

D: *Dan kunnen sommige van die mensen nog leven, of ze zijn in die tijd misschien oud geworden.*

P: Dat klopt.

D: *Is er een manier voor hen om terug te komen?*

P: Op dit moment lijkt het niet mogelijk, want de deur is wat scheef en niet gecontroleerd, maar slingert gewoon door de wind die hem blaast, om het zo maar te zeggen. Men zou gewoon op het juiste moment op de juiste plaats moeten zijn en hopen dat de deur op de juiste manier zwaaide. Dit zou kennis vereisen die op dit moment niet op deze planeet aanwezig is. Ze zouden het waarschijnlijk niet willen, als ze dat wel zouden kunnen. Omdat het bewustzijn waarin ze zich nu bevinden ervoor zorgt dat deze realiteit lijkt op kinderen die met speelgoed spelen. Want zij zijn verheven tot ver boven dit vlak waarin wij ons hier bevinden.

D: *Waren deze mensen uitverkoren om dit te doen, of kwamen ze toevallig de deur tegen, om het zo maar te zeggen?*

P: In het grote kosmische schema, in het universele uurwerk, wordt een reden gegeven voor alles wat er gebeurt. En dus zou je kunnen zeggen dat deze gebeurtenissen gebaseerd waren op een zeer geldige reden. Het zou echter niet juist zijn om te zeggen dat dit gepland was. Er gebeuren namelijk veel dingen in het leven die niet gepland zijn, maar die op dat moment heel toepasselijk worden. Het gaat er gewoon om datgene wat er op dat moment het meest geschikt is. En dus zou het heel gepast zijn geweest als dit deze mensen zou overkomen. Om een voorbeeld te geven, het was misschien het meest geschikt geweest voor sommige van deze mensen om vooruit te komen. Misschien waren ze klaar om dit snel door te schuiven naar het volgende vliegtuigbewustzijn. Terwijl we deze fysieke incarnatie moeten voltooien en dan wedergeboren moeten worden en verhoogd moeten worden tot die omgeving waarin ze zich bevinden. Deze mensen hadden mogelijk geen behoefte aan zo'n gebeurtenis. Ze waren gewoon klaar in hun innerlijke vlak bewustzijn en training voor dit ding om te gebeuren. En zo bevonden ze zich op dat punt waarop ze nodig waren.

D: *Zouden er überhaupt mensen zijn die dat gebied binnengaan en een waarschuwing kunnen hebben dat zoiets zou kunnen gebeuren?*

P: Er zou het bewustzijn op de innerlijke gebieden zijn om iemand te leiden. Wanneer men zich in deze situatie bevindt, kan niet worden gezegd dat er geen waarschuwing werd gegeven op de innerlijke gebieden.

D: *Je bedoelt, in hun eigen geest of wat?*

P: Dat klopt. Ze zouden naar zichzelf moeten luisteren, zoals het voor het hele leven gepast zou zijn, om op zichzelf afgestemd te zijn en zichzelf te kennen.

D: *Dan is er echt geen fysieke manier om het te vertellen. Ze zijn toevallig op het verkeerde moment op de verkeerde plaats.*

P: Niet helemaal, want zoals gezegd werd er gewaarschuwd. De waarschuwing werd echter niet ter harte genomen.

D: *Maar er was één geval waarin piloten eropuit werden gestuurd om te zoeken naar enkele verloren vliegtuigen. Ze hadden geen keus, ze moesten op zoek naar de vliegtuigen.*

P: We creëren ons eigen lot. En dus zou het juist zijn om te zeggen dat deze individuen de omstandigheden van hun verdwijningen hebben gecreëerd, op dezelfde manier als velen hun eigen dood kiezen. Want iedereen kiest zijn eigen dood.

Dit concept wordt verder uitgewerkt in mijn boek, Between Death and Life.

D: *Zijn er veel van deze bochten of velden op het aardoppervlak?*

P: Niet in numerieke termen, nee. Dit is een op zichzelf staand incident.

D: *Je sprak een tijdje geleden over machines onder de oceaan die nog gedeeltelijk functioneerden en dat was een van de dingen die dit veroorzaakten.*

P: Dat klopt. Je zou je een spiegel kunnen voorstellen, eens zo grote spiegel, nu kapot. En een stuk van deze grote spiegel bungelt nu aan een draadje. En terwijl de wind of waterstromingen met deze spiegel spelen, vangt de zon die boven je hoofd schijnt af en toe de spiegel op en schijnt voor een kort moment helder en zeker, door de lucht of het water, welke analogie je ook kiest. Je kunt zien dat dit een willekeurige gebeurtenis is en niet door de mens wordt gecontroleerd. Op dezelfde manier bewegen of spelen deze energiestromen met de overblijfselen van deze eens zo grote samenleving en veroorzaken ze dit gebeuren.

D: *Is dit een echte spiegel of is dit een analogie?*

P: Dit is een analogie. Want de spiegel zelf is van kristalnatuur.

D: *Hoe is het oorspronkelijk onder de oceaan terechtgekomen?*

P: Dit was oorspronkelijk niet onder de oceaan. Dit was in de tijd van Atlantis. Een deel van de machinerie van dat grote continent. Het werd overspoeld tijdens de vernietiging en rust nu vrij comfortabel en veilig in de diepte.

D: *Is het in een gebouw van welke aard dan ook?*

P: Het staat op een plateau, waar het oorspronkelijk was gebouwd. De hele landmassa zonk weg en nam alles mee wat deze beschaving had gecreëerd.

D: *Kun je meer uitleggen over hoe het eruit zag?*

P: Het zou niet nodig of nuttig zijn om uit te leggen, omdat het nutteloos zou zijn om het te proberen. Het zou eenvoudigweg niet mogelijk zijn om bevredigende verklaringen te geven over wat men visueel zou zien. Het gaat op dit moment gewoon het menselijk begrip te boven.

D: *Ik visualiseer een kristal in de vorm van een piramide. Ik weet niet of dat juist zou zijn of niet.*

P: Dan zouden we zeggen dat je zou kunnen proberen deze analogie te gebruiken en met je geestesoog te visualiseren wat je ziet, en je percepties kunnen behoorlijk nauwkeurig zijn. Wij zullen hierover geen oordeel vellen, want dat is jullie realiteit, en het zij zo. Want dit is, nogmaals, van de aard van energieën die zijn wat men wenst, en het zij zo.

D: *Maar je praatte alsof het kapot was. Zou dit waar zijn, dat het oorspronkelijke kristal of wat het daar beneden ook is, gebroken is?*

P: Het is gefragmenteerd, ja. Dat klopt.

D: *Hoe heeft dat kunnen gebeuren?*
P: Het zou het beste zijn om op dit punt te zeggen dat het opzettelijk was, om te voorkomen dat degenen die het gebruik van dit kristal begeerden, het op een disharmonische manier zouden gebruiken. Want er waren mensen die niets liever wilden dan deze grote krachtbron voor zichzelf op te eisen. En dus werd gezien dat het noodzakelijk was om dit kristal te segmenteren om het gebruik ervan op een destructieve manier te voorkomen.
D: *Dus ze hebben het met opzet vernietigd?*
P: Dat klopt.
D: *Gebeurde dit rond de tijd van het zinken, of eerder?*
P: Gelijktijdig met.
D: *Heeft het vernietigen van het kristal het zinken veroorzaakt?*
P: Er waren gelijktijdige gebeurtenissen die werden versneld door het disharmonische gebruik van dit kristal, door ervoor te zorgen dat deze energieën op een schadelijke manier werden gebruikt. Wat op zijn beurt tot op zekere hoogte het zinken van het continent veroorzaakte. En dus is er enige correlatie. Het is echter geen eenvoudige oorzaak en gevolg. Het waren enigszins afzonderlijke incidenten en toch ook enigszins verbonden.
D: *Zouden de mensen die het vernietigden niet weten dat het zo'n catastrofe zou veroorzaken?* D: *Zouden de mensen die het vernietigden niet weten dat het zo'n catastrofe zou veroorzaken?*
P: Deze mensen waren verblind door hun hebzucht en ambitie en waren zich niet bewust van de gevolgen van hun dwaasheid. En dus gingen ze door met het gebruik van deze energieën op deze manier en betaalden toen de prijs.
D: *Ik dacht dat ze misschien onwetend waren en niet wisten dat dit zou gebeuren.*
P: Het was niet in totale onwetendheid, want er waren mensen geweest die onophoudelijk waarschuwden voor het gebruik van deze energieën op een dergelijke manier. Er waren mensen die hun hele leven wijdden aan de poging tot verlichting van de mensen van deze energieën, toen het bewustzijn van hun gebruik en macht afnam. De onwetendheid overschaduwde echter al snel de verlichting en de disharmonie overviel de harmonie.
D: *Liggen de stukken in de diepe oceaan?*
P: Dat zou kloppen.
D: *Denk je dat iemand ze ooit zou kunnen vinden?*

P: Er zal de heraanleg van dit land zijn in de tijd van omwenteling. En die informatie die in de tempel is opgeslagen voor de toekomstige generaties zal opnieuw worden ontdekt en geïmplementeerd. Want men zag dat dit land onder water zou komen te staan en buiten bereik zou zijn. En dus werd deze kennis opgeslagen voor die toekomstige generaties die toegang zullen vinden tot deze kennis. En dus zal het gegeven worden aan hen die een hoog karakter hebben en dus bereid en in staat zijn om deze kennis te gebruiken.

D: *Wanneer de wetenschappers of wie dan ook deze kennis vinden, zullen ze dan weten wat het is?*

P: Je zou het hopen. Dat is echter iets wat op dat moment zal worden besloten.

D: *Is de kennis in de vorm van een boek? Of hoe wordt het bewaard?*

P: Schriftelijk, in steen. Het zal moeten worden ontcijferd, want het is gewoon in de taal van de mensen die het hebben opgeslagen. En dus zou het nodig zijn om van de ene taal naar de andere te transcriberen. Dit is echter geen onoverkomelijke taak, omdat veel van het bewustzijn intuïtief zal zijn over hoe dit te bereiken. Er zal veel meer werk en verwerking worden gedaan op het mentale niveau, dan nu wordt gedaan door middel van eenvoudig rationeel niveau.

D: *Is de tempel er nog steeds of zou hij in puin liggen?*

P: Natuurlijk, na vele duizenden jaren enkele kilometers onder de oceaan te hebben gelegen, zou het niet in erg goede staat zijn. Het zou echter in een zodanige vorm zijn dat de informatie behouden blijft. Dat zou voorlopig een juiste inschatting zijn.

D: *Maar dit zal pas ontdekt worden bij de omwenteling van het land?*

P: Dat klopt. En het zal op een geschikt moment zijn, wanneer degenen die deze kennis vinden van de hoogste orde zullen zijn en het dienovereenkomstig zullen gebruiken. Het zal niet worden gegeven totdat het gepast is.

D: *Bevat deze kennis de geschiedenis van wat er met Atlantis is gebeurd?*

P: Dat is zo. Het bevat de geschiedenis en de dagelijkse verslagen van deze beschaving gedurende vele duizenden jaren. En een samenvatting van de laatste dagen voorafgaand aan de sociale ineenstorting en fysieke overstroming. Met een hervertelling hiervan zullen degenen die de informatie vinden begrijpen wat er met die beschaving is gebeurd.

D: Toen dit functioneerde in de tijd van Atlantis, waar gebruikten ze het voor?

P: Dit was een meesterlijke bron van energie. Veel energieën konden in die tijd worden gekanaliseerd. Sommige energieën kunnen voor verschillende doeleinden worden gebruikt, afhankelijk van de toepassing ervan. Er was helende energie, levitatie-energie, verlichting, verwarming, motivatie. Vele soorten energieën waren beschikbaar, zoals nu en terugkerend naar de planeet.

D: Toen het kapot was, creëert het om de een of andere reden deze tijdsbuiging

P: Het is een eenvoudige willekeurige reflectie of overdracht van de energieën. We zouden willen zeggen dat velen die in die tijd leefden weer geïncarneerd zijn.

D: Er zijn veel mysteries en we zijn op zoek naar antwoorden.

P: Vaak vragen mensen maar weigeren ze de antwoorden te horen. Velen stellen de vragen, maar geloven de antwoorden niet, en blijven dus de vragen stellen totdat ze iemand vinden die het antwoord zal geven dat ze willen horen.

* * *

LOCH NESS MONSTER

D: Een mysterie op aarde waar mensen in geïnteresseerd zijn, is het monster van Loch Ness in Schotland. Kunt u mij daar informatie over geven?

Brenda: Het antwoord is complex. Ik probeer het georganiseerd te krijgen. Er zijn verschillende wezens van dit soort op het aardoppervlak. Ze leven over het algemeen in diepe, zoetwatermeren. Er is er een vergelijkbaar met het in een meer in Siberië, dat wordt beschouwd als de diepste. Deze wezens blijven in de diepte en ze hebben echt geen reden om naar de oppervlakte te komen.

D: Is het een soort zoogdier of wat?

B: Het is een zoetwater, aquatisch reptiel. En het is een heel oud dier. Het is al heel lang op aarde. Het lijkt veel op sommige van de insecten op aarde. Het evolueerde tot nu toe en het had geen behoefte om verder te evolueren. Het is dus gebleven zoals het is door de eonen heen. Het is een zachtaardig, onschadelijk wezen, vandaar de beschermende kleuring die het heeft, om te voorkomen dat anderen het schaden. Het eet de waterplanten die in het water groeien.

D: *Zijn het er veel? Ik bedoel, vermenigvuldigen ze zich heel snel?*

B: Ze vermenigvuldigen wat. Ze zijn niet zo productief als andere dieren. Ze leggen eieren in de bodem en in de modder van het meer en de eieren komen uit. Eigenlijk zitten ze een beetje tussen een reptiel en een amfibie in op de schaal. Ze staan dichter bij een reptiel dan bij een amfibie. Ze bevinden zich meestal in koelwatermeren, omdat ze van de koele temperaturen houden. En er zijn er meer dan mensen denken. Ze denken dat ze er hier en daar een te vinden, maar er zijn er meer dan dat. Niet veel, maar een paar kleine gemeenschappen van deze wezens zijn zeker aanwezig.

D: *Als ze dan geen zoogdier zijn, hoeven ze niet echt naar boven te komen voor lucht?*

B: Niet echt. Dat kunnen ze. Dit is hoe ze enigszins verwant zijn aan amfibieën, omdat ze kieuwen en rudimentaire longen hebben. Ze kunnen dus een paar minuten naar boven komen zonder te stikken, maar ze kunnen ook onder water ademen. Dit zijn waterdieren. Ze zijn op het land gezien, maar de wezens verlaten het meer zelden.

D: *In één geval hadden ze sonarreflecties in het water. Sonar is als radar, het weerkaatst op grote objecten. Wat pikten ze op?*

B: Dat is waar, maar vaak weerkaatst sonar ook waar het water van temperatuur verandert. En als er een laag water van verschillende temperatuur is, stuitert het daar ook af. En dus doen ze er verstandig aan om niet te zwaar te leunen op een deel van de lezingen.

D: *Met andere woorden, al die foto's en andere zogenaamde bewijzen zijn niet betrouwbaar.*

B: Volgens de normen van jullie wetenschappers kunnen ze niet als betrouwbaar worden beschouwd.

D: *Ze hebben beweerd dat het net een prehistorisch wezen is.*

B: Dat is zo. Zoals ik al zei, het is eonen geleden vastgelopen in de evolutie. Er zijn andere wezens zoals degene die je het monster van Loch Ness noemt of die op het andere continent ... Meer Superior? De kolonie in dat waterlichaam. Bovendien is er een kolonie in lake Baykal in Siberië. Er zijn anderen verspreid en er zijn vergelijkbare verwante wezens die van warm water in het Amazonebekken houden. De inboorlingen daar hebben er berichten over, maar de machthebbers doen het af als bijgeloof.

D: *Wat kun je me vertellen over het monster van Loch Ness in het grote meer in Schotland.*

Phil: Deze wezens zijn opgesloten in het land, in die zin dat ze nu nergens heen kunnen. Waar ze ooit de hele wereld over konden reizen, zitten ze nu opgesloten - no pun intended. Er zijn echter geen andere wezens die zich zouden kunnen meten met dit specifieke type wezen dat in de vrije oceanen is achtergebleven.

D: *Waar komen ze oorspronkelijk vandaan? Zijn het overblijfselen van de dinosaurussen, of iets dergelijks?*

P: Dat klopt. In de afgelopen eeuwen waren er veel van deze wezens tussen de oceanen en zeeën van de wereld. In de tijd van omwentelingen en verschuivingen konden echter alleen degenen die gestrand waren overleven, vanwege de veranderingen in het zoutgehalte van de oceanen. En daarom konden ze niet veranderen zoals de andere wezens om hen heen. Hun vermogen om in hun vorige staat te blijven, is te danken aan het feit dat de wateren waarin ze gevangen zaten er niet voor zorgden dat ze veranderden. Ze mochten doorgaan zoals ze waren en zijn.

D: *Zijn ze meer amfibieën of zoogdieren?*

P: Ze lijken meer op dolfijnen en bruinvissen, omdat ze wel wervels hebben en luchtademen. Ze zijn echter meer serpentijns of reptielachtig van uiterlijk en hebben geen aanhangsels.

D: *Maar we zouden ze vaker moeten zien als ze zich vermenigvuldigen, nietwaar?*

P: Er is geen correlatie tussen het aantal verschijningen en het aantal dieren. Het feit dat ze tot op de dag van vandaag overleven, heeft zichzelf te danken aan het feit dat ze geheimzinnig zijn en de Hoge Wereld niet koesteren. Er zijn velen die geloven dat dit overblijfselen zijn van de pre-Cambrische tijd. Er zijn er echter wel degelijk velen die van meer actueel erfgoed zijn, maar niet als zodanig zijn erkend.

D: *Je zei dat ze overlevenden waren van de omwentelingen. Was dat Atlantis, of vóór Atlantis?*

P: Er waren in die tijd veel omwentelingen over de hele planeet. Gedurende die tijd waren er veel wezens die verloren gingen als gevolg van veranderingen in het klimaat, in tegenstelling tot veranderingen in de geologie. Als we hier echter spreken over deze wezens die je het monster van Loch Ness noemt, zouden we zeggen dat veranderingen van beide dit hebben veroorzaakt. In die zin werden de warmere zeeën waaruit ze oorspronkelijk kwamen koeler en zorgden ervoor dat veel van degenen in de open oceanen stierven door een verandering in het klimaat. Degenen die zich op dat moment in dat specifieke gebied bevonden, ontdekten echter dat ze konden overleven door in de buurt van de bodem te blijven waar het water veel warmer was. Wel pasten ze zich na verloop van tijd aan het koudere klimaat aan, zodat ze korte tijd in het koudere water konden overleven, zoals dat in het Loch Ness Lake.

D: *Toen vond de Atlantis-catastrofe veel later in de tijdsvolgorde plaats.*

P: Dat is inderdaad niet het geval. De rampen waarover we spreken, vonden echter plaats over een veel bredere periode dan alleen die welke de Atlantis-cultuur overkwam. Het hele scenario was meer in de trant van een miljoen jaar in plaats van duizend jaar.

D: *Ik zie het. Zijn er nog enkele van deze wezens over in andere delen van de wereld?*

P: Er zijn nog veel wezens over in veel verschillende delen van de wereld, die nog niet bekend zijn bij jullie cultuur. Ze zijn echter bekend bij andere culturen die zich meer bewust zijn. Er zijn veel wezens op jullie planeet waarvan jullie je niet bewust zijn.

D: *Zijn dit allemaal zeedieren? Of landdieren?*

P: De verdeling zou zodanig zijn dat er meer zoogdieren bestaan dan de vissen. Zodat het algemene beeld van dat wat jullie vandaag de dag "natuur" noemen, enigszins wordt vertroebeld door deze duistere neef van de natuur, waarvan het ras als geheel zich niet bewust is.

D: *Zijn deze dieren meestal op plaatsen zoals Afrika, Zuid-Amerika, continenten die niet zo bevolkt zijn?*

P: Ze bestaan over de hele bekende planeet. Echter, niet om te zeggen dat ze op de planeet bestaan, maar misschien op de planeet.

D: *Ze zitten misschien onder de oppervlakte?*

P: Dat klopt.

D: *Omdat het grootste deel van de wereld, zoals wij die kennen, is verkend. En we denken dat er niets meer is dat we aan de oppervlakte kunnen vinden.*

P: Het grootste deel van de bekende wereld is verkend. Dat wat onbekend is vandaag de dag, is echter niet onderzocht. Daarom is het niet van de wereld, omdat het niet bekend is dat het bestaat.
D: *Dus onder de planeet bestaan er wezens waar we geen weet van hebben.*
P: Dat klopt. Er zijn rassen en culturen die bestaan zonder de kennis van degenen die jullie de "oppervlaktebewoners" noemen.
D: *Zijn de mensen ondergrondse overblijfselen van Atlantis? Of zijn het rassen die er daarvoor waren?*
P: Er zijn allemaal van de bovenstaande. Er zijn er een paar die er eerder waren, en sommigen erna. Ze zijn echter niet in volledige harmonie met elkaar. En dus hebben ze de neiging om uit elkaars buurt te blijven en enigszins onbekend voor elkaar te zijn, vanwege hun eigen unieke verlangens om gescheiden te worden gehouden. De ware omvang van de interactie tussen die van het oppervlak en die van de ondergrondse bewoners is niet wijdverspreid of algemeen bekend. Er zijn echter mensen die gemeenschappelijk zijn voor elke groep die met geen van beide groepen spreken.

* * *

D: *Kan de bewaker van de bibliotheek ons informatie geven over wezens zoals het monster van Loch Ness? Zijn deze wezens echt?*
John: Ja, ze zijn echt. Het zijn overblijfselen van primitieve levensvormen die vroeger op aarde leefden tijdens het tijdperk van de reptielachtige.
D: *Je bedoelt als de dinosaurus?*
J: Ja. Er zijn wezens zowel in de zee, op het land en zelfs in de lucht, die de mens nog niet heeft ontdekt. Ze zochten hun toevlucht in bepaalde gebieden en hun leven werd verlengd. En ze planten zich voort.
D: *Ik denk aan één in het bijzonder, degene die het monster van Loch Ness wordt genoemd.*
J: Er zijn er ongeveer zeven in de tank van Loch Ness. (Gelach) Dat is wat hij zegt, "tank". (Gelach) En ze hebben zich in de loop van de tijd voortgeplant. Ze leven vrij lang, honderden jaren. Ze planten zich niet zo vaak voort. Het koude water heeft daar iets mee te maken.

D: *Hoe planten ze zich voort?*
J: Zoals de meeste dieren doen.
D: *Ik bedoel, is het zoogdier of legt het eieren of wat?*
J: Ze leggen eieren onder water. Het duurt lang voordat ze geoogst zijn, om uit te groeien tot een volwassene. Het duurt bijna twee jaar, zo lijkt het. Er zijn roofdieren, vissen en dat soort dingen, die in de gaten moeten worden gehouden. Maar ze hebben een hol onder een van de kliffen van het Loch Ness.
D: *Ademen ze ook lucht, of zijn ze strikt aquatisch?*
J: Ze zijn in principe aquatisch, maar ze kunnen voor korte tijd tevoorschijn komen. Vergelijkbaar met de manier waarop vliegende vissen omhoog kunnen vliegen en dan weer het water in kunnen. Dat vermogen hebben ze. Ze hoeven geen lucht in te ademen. Ze krijgen hun zuurstoftoevoer via water, want ze hebben kieuwen.
D: *Er zijn verhalen geweest over hen die op het land kwamen. Gebeurt dit ooit?*
J: Af en toe. Het is in het verleden gebeurd en het zou opnieuw kunnen gebeuren.
D: *Er zijn verhalen geweest over het zien van hen rond het meer.*
J: Oh, ze zijn gezien. Ze komen wel uit het meer tevoorschijn. Maar ze ontsnappen aan gevangenneming omdat ze erg intuïtief zijn en afhankelijk zijn van hun instincten.
D: *Er zijn verhalen geweest over het zien van hun beelden op sonar. Is het echt gebeurd?*
J: Ja. Ze bestaan. Er zijn er nu zeven die in Loch Ness wonen, in een grot die onder water ligt aan een klifachtige kant. Ze jagen op vissen en ze zijn groot.
D: *Ja. Sommige mensen hebben foto's van hen gemaakt toen ze uit het water kwamen. Is er een andere specifieke plaats waar er veel van hen zijn?*
J: Er zijn er twee of drie in een meer in Afrika. Vroeger waren dat er twaalf. Er zijn er twee in het tropische Amazone regenwoud, in een meer bij de Amazone rivier. En in Zuidoost-Azië zijn er vier in de rivieren
D: *Zijn deze wezens gevaarlijk?*
J: Tot op zekere hoogte, nee, ze zijn niet gevaarlijk. Maar ze eten wel vis en kunnen een persoon verwarren met een vis in het water. Vooral de grotere types.

D: *Je zei ook dat er andere wezens uit deze periode waren die het overleefden?*
J: Ja. Ze lijken ook niet allemaal op het monster van Loch Ness. Ze zijn reptielachtig van vorm. Sommigen zien eruit als een grote hagedis
D: *Zei je dat er landtypen waren?*
J: Nee, de meeste zijn aquatisch. Zo functioneren ze, ze leven op de bodem van rivieren en meren en in grotten.
D: *Je zei dat dit overblijfselen waren, overlevenden van het dinosaurustijdperk.*
J: Reptielachtig tijdperk.
D: *Zijn er wezens die overleefden die zich meestal op het land bevonden en niet in het water zaten?*
J: Deze zijn gemuteerd tot moderne biologische evolutionaire dieren. Het zijn vooral waterdieren die uit deze periode hebben overleefd. Er hangt er een in de lucht die je nog niet hebt ontdekt. Die informatie zal in de nabije toekomst worden gevonden. Het is zoiets als: "Stel geen vragen meer. Dat is een dossier dat nog ongeopend is." (Gelach)
D: *Als het in de lucht hangt, waarom hebben we het dan niet gezien.*
J: Het heeft zichzelf bijna onzichtbaar kunnen maken. Dat is de reden.D: Hoe kan het dat doen?J: (Hij glimlachte.) Ik weet het niet. Dit bestand over dit onderwerp is ongeopend. En hij zegt dat er in de toekomst meer informatie zal worden onthuld. En er is één wezen op het land in de jungle van Afrika. Een andere op het land zal te vinden zijn in het Andesgebergte. Hij zegt dat dat je nieuwsgierigheid zal prikkelen, maar ik kan hier niet meer over praten omdat dit een open dossier is en het nog steeds wordt ingediend.

* * *

YETI DE VERSCHRIKKELIJKE SNEEUWMAN

Brenda: Er zijn andere wezens die opgesloten zitten in de evolutie. Deze wezens worden met verschillende namen genoemd. Er zijn zoveel namen in jouw taal voor dit wezen, het is moeilijk om te kiezen welk label er het beste label voor zou zijn: Yeti, Sasquatch, Bigfoot, Snowman. Dat is te verwachten, want dit beestje is zeer wijdverspreid. Elk bergachtig gebied waar er met sneeuw bedekte bergketens zijn, heeft dit wezen. En dit schepsel is extreem verlegen en bang voor mannen. Het is paranormaal in de manier waarop het andere wezens van grote afstand kan waarnemen. Meestal verstoppen ze zich wanneer ze andere wezens voelen. Deze zijn in zekere zin gerelateerd aan de mens. Ze zijn een beetje als de kleine broertjes van de mens. Ze ontwikkelen intelligentie en deze planeet is in staat om meer dan één intelligente soort te ondersteunen, als de momenteel dominante intelligente soort dit toestaat. En het zou voor de verrijking van de planeet zijn en uiteindelijk voor de verrijking van de galactische gemeenschap.

D: *Waar kwam dat schepsel vandaan? Is het inheems op de planeet?*

B: Ja. Toen de oude, de archaïsche, de soort hielpen zich op deze planeet te ontwikkelen, kwamen ze met een intelligente soort die nu de mens is. Terwijl deze soort zich ontwikkelde, waren ze verontrust over de gewelddadige neigingen die het uitbeeldde. En ze merkten dat een parallelle ontwikkelingslijn ook de belofte had om zich te ontwikkelen tot een intelligente soort, maar zonder de gewelddadige eigenschap. En dus bleven ze die soort ook ontwikkelen. Wanneer deze soort zijn volledige potentieel bereikt, zal hij net zo intelligent zijn als de mens, maar op verschillende manieren. En beide soorten zullen veel aanpassingen moeten doen om met elkaar om te kunnen gaan. Omdat deze soort de gewelddadige inslag mist die in de mens zit, en dus zijn ze extreem gevoelig en schuw.

D: *Maar het duurt langer voordat ze zich ontwikkelen dan de mens?*

B: Nee, het is gewoon dat ze later zijn begonnen.

D: *We horen veel verhalen dat ze gewelddadig zijn.*

B: Meestal is het de manier waarop het wezen mensen bang probeert te maken, zodat ze weg kunnen komen en zich kunnen verstoppen, omdat ze gewoon met rust gelaten willen worden. Tot op het huidige punt van ontwikkeling hebben ze niet langer geduurd dan de mens. Het is een mogelijkheid dat hun ontwikkeling wordt vertraagd om ervoor te zorgen dat de gewelddadige eigenschappen niet per ongeluk binnenkomen. Maar sommige anderen zeggen dat ze misschien een paar gewelddadige eigenschappen nodig hebben om hen de energie te geven die ze nodig hebben om tegenslag te overleven. Omdat er de gewelddadige inslag in de mens is die hen heeft geholpen om verschillende soorten tegenslagen te overleven sinds hij zijn intelligentie heeft bereikt.

D: *Het is sowieso niet echt goed om volledig passief te zijn.*

B: Dat klopt.

D: *De manier waarop de mens zich verplaatst en meer van het land ontwikkelt, dringt hij hun territorium binnen?*

B: Ja, en dat is al geruime tijd zo. Daarom deed ik de uitspraak: "Als de mens hen toestaat zich te ontwikkelen, zullen ze dat doen." Maar ze doen goed werk om zich te verstoppen. Ze leven over de hele planeet. Ze bevinden zich in de zeer hoge afgelegen bergen, evenals de diepe regenwouden van de tropische gebieden van de planeet. Ze hebben zich aangepast aan verschillende klimaten en hoogtes, maar ze geven de voorkeur aan de geïsoleerde gebieden.

D: *Nou, mensen zijn bang voor dingen die ze niet begrijpen, dat is een van onze eigenschappen.*

* * *

D: *We hebben gehoord over sommige wezens die we de Sasquatch en de Yeti noemen? Weet hij waar ik op doel? De Abominabele Sneeuwman, dat soort wezens? Ze zijn bekend onder veel verschillende namen.*

John: Hij zegt, ja, ze bestaan.

D: *Zijn ze allemaal hetzelfde type dier, maar alleen te vinden in verschillende delen van de wereld?*

J: Nee, het zijn geen dieren. Hij zegt dat het zowel geëvolueerde wezens zijn als jij.

D: *Kan hij ons wat informatie over hen geven?*

J: Hij zegt dat ze een heel zachtaardig, spiritueel afgestemd volk zijn, omdat ze erg afgestemd zijn op de natuurgeesten. Dit is de reden waarom ze bijna onzichtbaar kunnen zijn. Ze hebben de kracht om zichzelf te laten opgaan in hun landschap en omgeving. Ze zoeken de mens niet actief op omdat ze bang voor hem zijn. Hun natuurgeesten hebben hen verteld dat de mens deze planeet heeft misleid en haar hulpbronnen heeft misleid. Dus schuwen ze de mens. Maar ze houden van het eten dat de mens heeft.

D: *Dan zijn degenen die in de verschillende delen van de wereld zijn gevonden allemaal van hetzelfde type?*

J: Ja. Het waren primitieve overlevenden van de Lemurische cataclysme.
D: *Uit de beschrijvingen blijkt dat ze heel dierlijk zijn.*
J: Op een gegeven moment waren we dat allemaal. (Gelach)
D: *Dan zijn ze niet geëvolueerd. Ze hebben hetzelfde type lichaam behouden?*
J: Tot op zekere hoogte zijn ze geëvolueerd. Maar ze zijn meer geëvolueerd op een spiritueel bewustzijn en een mentaal bewustzijn dan op een fysiek bewustzijn. Hij zei dat ze een beschermd ras zijn, een beschermde minderheid, om het zo maar te zeggen. Want ze zijn veel meer afgestemd op de lagere levensvormen.
D: *Beschermd door wie?*
J: Natuurgeesten.
D: *Uit de beschrijvingen die we hebben gehad, lijken ze niet te spreken zoals wij.*
J: Ze hebben telepathische communicatie. Iets waar jullie mensen spraak voor moeten hebben. Ze zijn dus niet zo onaangenaam als je denkt. Ze maken klikkende geluiden en geluiden zoals dieren dat doen. Maar ze hebben een telepathisch vermogen dat veel sterker is dan de mens zich momenteel heeft ontwikkeld. Eerlijk gezegd is spraak een zeer beperkend iets. Elk individueel woord dat we tegen een ander wezen zeggen, wordt alleen begrepen door het referentiekader van dat wezen van wat dat woord betekent. Dus in feite zouden we het over één ding kunnen hebben, en de persoon die de informatie ontvangt, kan een heel ander beeld krijgen, gebaseerd op hun ervaringsdefinitie van een woord. Wanneer je telepathische communicatie hebt, dan communiceer je wat je denkt. Het is veel, veel breder dan verbale spraak. Wij mensen zijn beperkt tot vocale spraak. We hebben dus een groot, groot obstakel te overwinnen.
D: *Veel mensen denken dat ze gewelddadig zijn.*
J: Nee, hij zegt dat ze in principe niet gewelddadig zijn, maar ze hebben dierlijke kenmerken. Ze zijn bang voor mensen. Ze pikken de emotionele omgeving op. Ze kunnen intuïtief of telefatisch de aura's van mensen lezen, of de omgeving van mensen. Als ze het gevoel hadden dat ze misbruikt zouden worden, zou dit negatieve reacties veroorzaken. Ook als ze in het nauw werden gedreven. En

de meesten, of het nu een man of een beest is, houden er niet van om in het nauw gedreven te worden.

D: Hoe zit het met hun soort voedsel?

J: Ze eten veel noten en bessen. Vis. Ze eten het heel op. (Hij maakte een uiting van afkeer en ik lachte.) Ze eten heel simplistisch van het land. Ze houden ook van dingen als vlinders en insecten.

D: We hebben verhalen gehoord over hoe ze inbraken in kippenhokken van mensen en dat soort dingen.

J: Ja. Ze eten kleinere levensvormen. Ze hebben kippen gegeten. Ze eten ook ratten. (Weer een uiting van afkeer en ik lachte.) Knaagdieren. Prairiehonden. Maar ze eten geen vleesetende dieren. Ze eten alleen dieren die plantaardig voedsel eten.

D: Ik zou denken dat als iemand voldoende geëvolueerd was om mentale krachten te hebben, dat ze niet ... dat klinkt mij primitief in de oren.

J: Oordeel niet. (Hij stak met zijn vinger naar me.) De voogd zegt: "Oordeel niet! Ze zijn geavanceerder in zoveel dingen die je niet zou kunnen begrijpen." Omdat ze afgestemd zijn op de Aarde en de Aarde energieën en de natuurgeesten, en ze hebben telepathie. Daarom zijn ze ook in staat om de mens te vermijden. Hij zei: "Wees niet veroordelend."

D: Als ze dan naar onze maatstaven primitief klinken, zijn ze dat misschien niet.

J: Nee. Naar andere maatstaven zijn ze dat niet.

* * *

D: Laten we naar een ander deel van de wereld gaan. Waarom zijn de dieren van Australië anders dan andere delen van de wereld? Er zijn daar dieren die nergens anders te vinden zijn.

Phil: Er is geen echt antwoord op de vraag die je stelt, simpelweg omdat we dat onderscheid niet zien. Er zijn inderdaad dieren op elk continent die op geen enkel ander continent te vinden zijn. Dat wil echter niet zeggen dat ze op enigerlei wijze uniek zijn ten opzichte van de rest van de dieren op de planeet. Gewoon dat ze op de ene plaats wonen en niet op een andere. Wij vragen u misschien opheldering.

D: In Australië is er een theorie dat de dieren misschien uit de ruimte kwamen. Die aliens brachten ze, en daarom zijn ze daar anders dan andere delen van de planeet.

Ik hoorde dit tijdens mijn eerste reis naar Australië in 1994. Er was in die tijd een boek verschenen dat deze theorie uiteenzette.

P: Er zijn inderdaad dieren die van andere planeten naar deze planeet zijn gebracht. Als we echter de aanwezigheid van alleen die dieren zouden uitsluiten die van andere planeten zijn meegebracht, dan zou er helemaal niets op deze planeet zijn.
D: Ik denk aan het oorspronkelijke concept van het zaaien van de planeet, maar we gaan toch niet met dat idee mee? Of niet? Ik denk aan het fysieke transport van een dier, misschien na de tijd van het zaaien.

De theorie van het zaaien van planeet Aarde staat in Keepers of the Garden en The Custodians.

P: Er zijn veel items, want we omvatten hier niet alleen het dierenrijk, maar het hele bestaan van leven op jullie planeet. Het is verbeterd door het transport van levende en levensvatbare wezens en entiteiten van andere planeten en dimensies. Zodat het hele bestaan van een bepaald type levensvormen op jullie planeet zichzelf te danken heeft aan het bestaan van die levensvorm op een andere planeet.
D: Dan is Australië niet uniek ten opzichte van de rest van de wereld.
P: Er zijn veel verbeteringen geweest aan de levensvormen op deze planeet, in tegenstelling tot de levensvormen op andere planeten. Niet om te zeggen dat de ene misschien beter is dan de andere, maar misschien zijn veranderd voor het specifieke klimaat of de omgeving waarin ze zouden wonen. Misschien zijn er op jullie planeet velen die vinden dat de dieren misschien een beetje vreemd zijn, vanuit jullie perceptie van hun capaciteiten, in sommige opzichten, en hun uiterlijk, in andere. We zouden jullie echter willen vragen om naar het algemene beeld te kijken en te zien dat de verscheidenheid op zichzelf geen indicator is van de vraag of deze wezens oorspronkelijk of van een andere planeet op

deze planeet woonden. Het algemene beeld van gelijkenis op jullie planeet is heel anders dan op andere planeten.

* * *

STONEHENGE

D: Ik wilde iets vragen over Stonehenge in Engeland.
Phil: Dit was gewoon een school voor astronomie. Een plek waar wie astronomie wilde leren dat kon doen.
D: Welk ras heeft dat gebouwd?
P: Het was van Gaelische oorsprong. Deze kennis werd over de hele wereld verspreid in de tijd en het zinken van Atlantis, en zoveel culturen profiteerden van de afstoting van deze kennis door degenen die over de hele wereld reisden.
D: Was dit de enige plek waar stenen op deze manier werden geplaatst?
P: In die exacte structuur, ja. Er zijn velen over de hele wereld waarvan de functie identiek is, maar waarvan de vorm anders is. De piramides in Zuid-Amerika werden gebruikt voor observatie, evenals die in Egypte. Er zijn verschillende plaatsen op aarde die hierop lijken.
D: Hoe werden deze stenen met Stonehenge opgeworpen?
P: Met telepathische middelen, met gedachte-energie. In dezelfde algemene functie als de piramides. Ze werden geleid door telepathische gedachte-energieën van hun steengroeven naar de site. Deze werd over een periode van jaren opgebouwd. Het oorspronkelijke doel ging verloren. Echter, niet om te zeggen dat er geen functie te vinden was in deze monumenten, maar het oorspronkelijke doel was niet van tijd, maar van afstand. Om de posities van de planeten te volgen, zodat de locatie van deze planeet kon worden bepaald ten opzichte van vele andere van bekende oorsprong op andere plaatsen in dit universum.

* * *

D: Weet je wat er met het Maya-volk is gebeurd? Ze waren zeer uniek. Vermoedelijk zijn ze zomaar ineens verdwenen.

Phil: Het antwoord op deze vraag is enigszins gebonden in de rechtbank, om je analogie te gebruiken. Het verhaal of misschien wel het einde is niet compleet over dit onderwerp. Het volstaat echter om te zeggen dat ze niet uitstierven, maar werden vervoerd. We zouden er op dit moment niet om geven om uit te weiden over de middelen, maar ze werden vervoerd.

D: *Weet je waarom?*

P: Ze kozen er zelf voor om te ontsnappen aan die vernietiging die ze hun broeders konden zien overkomen tijdens de Spaanse verovering.

D: *Gebeurt dit vaak met beschavingen in de geschiedenis?*

P: Niet dat het geen precedent heeft, maar het komt niet regelmatig voor. Mocht de situatie zich voordoen dat een beschaving een niveau heeft bereikt, als geheel, dat ze, voor het voortbestaan van de beschaving, zo'n transport verlangen, dan zou het inderdaad gebeuren. Niet dat er een wet is die zegt dat het moet gebeuren. Echter, door de wens van de individuen zelf om hun niveaus van bewustzijn en hun prestaties te beschermen, om hen beter in staat te stellen hun begrip en groei te bevorderen en hun samenleving te beschermen, dan zouden ze die kans krijgen, ware het in hun beste belang en in het belang van de mensen om hen heen.

* * *

GRAANCIRKELS

D: *Wat kun je me vertellen over de graancirkels die in Engeland zijn verschenen? Ik weet dat ze elders verschijnen, maar ze lijken daar meer gedefinieerd te zijn met symbolen en zijn veel uitgebreider. Kun je me iets vertellen over wie ze maakt en hoe ze worden gemaakt?*

Phil was al bijna een uur in diepe trance en had veel vragen beantwoord, maar plotseling opende hij zijn ogen en leek zich ongemakkelijk te voelen.

D: *Die vraag wil je niet beantwoorden?*

P: (Hij leek erg ongemakkelijk.) Nee, het is gewoon ... Ik weet het niet... Ik voel me niet zo goed. Om de een of andere reden voel ik me bijna ziek. Er klopt iets niet. Ik denk niet dat het met de graancirkels te maken had. Al krijg ik wel de indruk dat er iets was toen je die vraag stelde.

D: *We hebben ze nooit als schadelijk beschouwd, omdat ze gewoon in het graan zitten.*

P: Maar er is iets mee verbonden dat verborgen is. Ik weet het niet zeker ... het is anders dan menselijk. Er is een duidelijke ... Ik weet het niet. Dit is op een veel dieper en breder niveau.

D: *Denk je dat dat is wat je dwars zat?*

P: Ik voelde me bijna ziek, misselijk in mijn maag. (Hij ging rechtop zitten.) Ik kan terug. Ik ... laat me hier even pauzeren.

Phil stond op en ging naar de badkamer. Hij was uniek onder mijn onderwerpen omdat hij zichzelf uit een diepe trance kon wekken als hij zich ongemakkelijk voelde. Na enkele ogenblikken kwam hij terug. Het verontrustende gevoel was net zo snel voorbij als het gekomen was. Toen hij weer op het bed ging liggen, ontspande hij zich en kwam meteen weer in de diepe trance. Ik hoefde niets te doen. Ik gaf geruststellende suggesties dat hij zich perfect op zijn gemak zou voelen en versterkte het feit dat hij te allen tijde beschermd was.

P: We zouden zeggen dat er apparaten zijn die zowel jou als de ontvanger van deze informatie zouden beschermen. Er zou niet gegeven worden wat in enige zin schadelijk zou zijn.

D: *Maar hij had wel een fysieke reactie. Dat is wat mij zorgen baarde.*

P: De behoefte aan zo'n apparaat was toen nog niet duidelijk. De verbindingen kwamen echter te dichtbij voor comfort, om zo te zeggen, in die zin dat het tot stand brengen van een dergelijke verbinding fysiek ongemak zou veroorzaken. De energieën van degenen die met het voertuig werden verbonden, waren niet compatibel met de energie van het voertuig.

D: *Denk je dat je de vraag nu kunt beantwoorden? Ik wilde alleen maar weten over de graancirkels. Wie maakte ze en met welk doel? En misschien hoe ze werden gemaakt.*

P: De hogere vormen van communicatie op jullie planeet worden nu begrepen in termen van binaire of computertalen. In jullie gemeenschappelijke geloofssysteem worden de hoogste vormen van communicatie bereikt door jullie wetenschappers en worden daarom niet begrepen door de massa in het algemeen. Deze graancirkels zijn bedoeld om aan de massa's de informatie over te brengen die aan jullie planeet wordt gegeven, zodat de bevolking als geheel begrijpt dat de aard van jullie bestaan radicaal verschilt van wat algemeen wordt beschouwd als het geaccepteerde standpunt. Dat is allemaal niet wat het lijkt. Degenen die zo'n onderneming zouden ondernemen, proberen te communiceren op een manier die resoneert met elk individu op een zeer persoonlijk niveau, op niveaus waar elk individu voor openstaat en niet eenvoudigweg gegeven is.

D: Wie of wat maakt de graancirkels?

P: Het hele antwoord op een dergelijke vraag zou in deze context niet mogelijk zijn, in die zin dat het nodig zou zijn om een heel discours te geven over de oorsprong van het menselijk ras als geheel. Maar we moeten zeggen dat deze symbolen relevant zijn voor de geschiedenis van het leven op jullie planeet. Het is een aardrijkskundeles in de oorsprong van jullie planetaire Iifevormen. En er zijn mensen die nu langzaam de betekenis van deze symbolen gaan herkennen, in die zin dat ze betekenissen overbrengen. Het zijn geen willekeurige handelingen van kunst. Het zijn inderdaad vormen van communicatie. Degenen die kennis hebben van deze vorm van communicatie zullen langzaam tot het besef komen dat ze worden gecommuniceerd en ze zullen dan de boodschap begrijpen die wordt doorgegeven, met betrekking tot de oorsprong van het leven op deze planeet.

D: Het is dus symboliek. Eerder als "neem ons mee terug naar onze roots", zeg maar?

P: Dat klopt.

D: Wordt het gedaan door mensen van de Aarde?

P: Er zijn pogingen geweest om dit te dupliceren. Het is echter niet mogelijk om te zeggen dat de mensen hier de bedenkers van zijn. Omdat de kennis die wordt overgedragen al eeuwenlang niet algemeen bekend is op deze planeet.

D: Wie waren de initiatiefnemers? Degenen die de echte maken.

P: Ze zijn van de orde van ... (op zoek naar het woord) ... de hoeders van de waarheid.

D: Waar bevinden deze hoeders van de waarheid zich?

P: Hun fysieke locatie is niet relevant. Hun doel is echter wel degelijk relevant. Zij presenteren jullie nu, als ras, de waarheid van jullie erfgoed.

D: *Ik denk dat ik probeer te zeggen, zijn het buitenaardse wezens op ruimtevaartuigen?*
P: En dat is wat we proberen niet te zeggen. Want dat zou inderdaad niet zo zijn. We zouden echter zeggen dat ze niet van de aarde zijn.
D: *Maar ze zijn ook niet van de Watchers?*
P: Dat klopt. Niet in de zin van ergens anders vandaan komen. Ze zijn hier van. Ze zijn al thuis. Ze zijn echter niet van de wereld zoals jullie die kennen.
D: *Zou het voldoende zijn om te zeggen, andere dimensies?*
P: Ze zijn van jouw wereld, maar niet van de wereld zoals jullie die kennen. Het is echter niet nodig om hun ware of relatieve locatie bekend te maken, zodat er een poging zou zijn om met deze wezens te communiceren. Op termijn zal er echter de locatie worden gegeven waar ze vandaan komen. Zodanig dat er mensen zullen zijn die naar hen toe kunnen gaan, om hogere inzichten te zoeken.
D: *Maar ze zijn niet van het geestenrijk waar we na onze dood naartoe gaan?*
P: Ze zijn van het geestenrijk in dezelfde zin dat ieder van ons van het geestenrijk is. Ze hebben zich echter op niet helemaal dezelfde manier gemanifesteerd als waarin jullie je bevinden. Om niet te zeggen dat ze bepaalde fysieke vormen niet manifesteren om hen in staat te stellen hun doelen te bereiken. Ze zijn echter niet resident in fysieke vorm.
D: *Ze worden dus min of meer geassocieerd met de aarde, maar ze zijn niet in een vorm die we kennen. Zou dat kloppen?*
P: Dat klopt.
D: *Ze zijn geen overleden geest.*
P: In de zin dat ze van fysieke aard waren en vervolgens vertrokken, nee. Ze zijn van een hogere vorm die niet in het fysieke was zoals jullie dat kennen. Om echter niet te zeggen dat ze niet van fysieke vorm waren. Want inderdaad waren ze ooit in hun evolutie fysiek van aard, maar niet zoals jullie die kennen.
D: *Dus evolueerden ze verder dan degenen die in de ruimtevaartuigen en ons op aarde zitten. Ze evolueerden min of meer naar een ander niveau, om het zo maar te zeggen?*
P: Ze staan niet boven die van het ruimtevaartuig, maar zijn eerder op zichzelf geëvolueerd, tot een niveau boven dat van waaruit ze

waren. Er is echter nog meer te gaan, en toch zijn er meer dingen te doen voordat ze daarheen gaan. Deze communicatie (graancirkels) maakt in feite deel uit van hun poging om de realiteit van hun wereld over te brengen aan degenen van jullie wereld.

D: *Kun je me vertellen hoe de graancirkels worden gemaakt?*

P: Het proces zelf is niet zo mysterieus, maar wordt gewoon gebruikt op een schaal die niet gebruikelijk is in jullie wereld. Er zijn mensen die in staat zijn om de energieën in geconcentreerde vormen te richten, zodat de moleculaire structuren van deze planten zo worden veranderd. Het zou zijn als het buigen van een takje, zodanig dat de kracht van het buigen niet extern maar intern is. Het is gewoon een herschikking van de structuren zelf, en niet van de omgeving.

D: *We denken dat het het gebruik van een soort energie is.*

P: Dat klopt.

D: *Het wordt dus niet gedaan met een machine of een ambacht of zo.*

P: Niet in de zin zoals jij die waarneemt. Er is een realiteit in dat machines spiritueel zijn en niet fysiek. Dus in die zin, volgens de definitie van uw vraag, zouden we zeggen machines niet in de zin van fysiek, zoals u het kent. Dit omvat echter niet het concept van machines op het spirituele vlak, zoals jullie het kennen. We sluiten spirituele machines niet uit.

D.: *Ik denk dat ik aan ruimtevaartuigen denk.*

P: Dit zijn geen machines die worden gebruikt om van de ene dimensie naar de andere te vervoeren of te reizen. Maar eerder dat het concept van machines in de geestenwereld enigszins ontbreekt. En we zouden zeggen dat er inderdaad de realiteit is van degenen die jullie "machines" noemen op het spirituele vlak, anders dan de driedimensionale wereld. Ze worden inderdaad vervaardigd en dienen een specifiek doel. Ze zijn echter niet, zoals u zegt, driedimensionaal, maar zijn van de hogere energieproducenten.

D: *Er zijn meldingen dat sommige mensen ziek worden of fysieke symptomen hebben wanneer ze zich in deze kringen bevinden.*

P: Dat klopt. Dat is dezelfde reactie die dit voertuig had bij het naderen van die energieën. Er zijn mensen die gewoon niet compatibel zijn met die energieën. Het is eenvoudig dat de energieën zelf niet in harmonie zijn met de energieën van de getuige.

D: *Toen ik in de kring was had ik een geweldige ervaring. Het was heel vredig en heel mooi, opbeurend.*

P: Er zijn mensen die in harmonie zijn en degenen die uit harmonie zijn. Dit is echter geen oordeelsoproep, maar er zijn eerder enkele noten die in harmonie zijn met andere noten. En dan zijn er nog enkele noten die niet in harmonie zijn met andere noten.

D: *De fysieke reactie die hij had, het was alsof er iets was dat niet goed was aan de energie.*

P: Dat klopt. Dat is in de zin van perceptie van wat hij begrijpt door zijn ervaring. In het bewuste filter was er een entiteit of energie die onbekend was en als bedreigend werd ervaren. We vinden dat het een product is van deze angst voor het onbekende. De lichamelijke symptomen doen denken aan datgene wat men aantreft wanneer men in disharmonie is met vele vormen van werkelijkheid.

D: *Dan zijn ze niet negatief.*

P: Dat klopt. Het onbegrip of onbegrip is begrijpelijk. In die zin dat er nooit door dit voertuig is gevraagd om op dat niveau te communiceren. Het was een nieuwe ervaring.

D: *Als hij dan daadwerkelijk naar de graancirkels zou gaan, zoals ik deed, zou hij een ongemakkelijk gevoel kunnen ervaren omdat zijn energieën anders zouden zijn en niet compatibel met de cirkel.*

P: Dat klopt.

D: *Weet je waarom deze verschijnen rond de gebieden zoals Stonehenge, Avebury, Glastonbury? Ze zeggen dat dit zeer, zeer oude stroompunten zijn. Maar waarom verschijnen ze in die gebieden in Engeland meer dan in andere delen van de wereld?*

P: Er zijn op dit moment op jullie planeet veel tegenpolen van energievortexen. Er zijn enkele punten waar energie naar binnen gaat en andere punten waar energie uitgaat. Het zijn de poorten van de rivieren die in en uit jullie planeet stromen. Er zijn op dit moment veel wervelingen in dat specifieke deel van de planeet, die energie opnemen, een inlaat. In deze wervelingen zullen de energieën worden gegeven die zodanig zijn dat de energieën die worden toegestaan om binnen te komen harmonieus zijn en afgestemd op de behoeften en doeleinden van de planeet waarop deze energieën zijn gericht. Het is in deze wervelingen waar men de bewaarders van de poort vindt, of beter gezegd, bewakers van de poort, dat deze manifestaties zich voordoen. Zij brengen op dit moment nieuwe kennis naar jullie planeet.

Toen Phil ontwaakte, bewaarde hij enkele herinneringen aan de informatie die hij had ontvangen. Er wordt altijd meer gepresenteerd dan mondeling aan mij kan worden doorgegeven. Daarom is het stellen van de juiste vragen zo belangrijk.

D: *Wat was het gevoel dat je kreeg over de graancirkels? Je zei dat je niet dacht dat het een mens was en je dacht niet dat het een buitenaards wezen in een ruimteschip was.*
P: Maar om te zeggen dat ze zich op aarde bevinden, is ook niet helemaal juist. Het is bijna alsof ze zich in een andere dimensie bevinden. En ze lijken technologie te hebben, misschien vierdimensionale technologie. Het zijn eigenlijk machines. Ze worden geproduceerd en ze werken hier net als machines. Maar ze werken op andere manieren met energieën dan onze machines op dit niveau. Hun machines zijn veel verfijnder en zijn niet zo grof in hun acties. En ze werken met energie. Ik bedoel, ze veranderen letterlijk de energieën.
D: *Vorm ze op de een of andere manier?*
P: Vorm ze. Verander ze. Verander ze. Maar de machines zelf zijn energieën die met energieën werken. Het zijn geen grove fysieke vorm zoals de onze, maar net zoveel machines als onze machines.
D: *Je was er het meest nadrukkelijk over dat ze niet de buitenaardse wezens op het ruimtevaartuig waren.*
P: Ze komen hier vandaan. Wat ik zag was op een hoger niveau dan waar de geesten zijn. Het is bijna als een hogere vorm van ons.
D: *Leven in een andere dimensie?*
P: Misschien. Ik weet het niet zeker. Het is alsof onze energie is verhoogd, niet zo hoog dat we het fysieke hebben verlaten. We waren nog steeds fysiek, maar in een ultra-fysiek. ja, dat is een goede term: ultra-fysiek. Betere energie. Dat is wat het is. Ze zijn niet echt fysiek volgens onze normen, maar ze zijn niet spiritueel. Ze zijn hyperfysisch. Hun energievormen zijn een veel hogere frequentie dan de onze. Het is ultra-fysiek. Dat woord past gewoon perfect.
D: *Ze kunnen ons dus observeren, maar wij kunnen ze niet zien. (Ja) We hebben het eerder gehad over energiewerelden en andere*

dimensies. Sommigen van hen kunnen naast de onze bestaan. Als we in staat zijn om ons bewustzijn te verhogen, zoals zij beweren, gaan we ....

P: Het is meer dan alleen ons bewustzijn. Het is alsof onze fysieke wezens op de een of andere manier veel hoger verschuiven. Ik weet niet zeker hoe dat is, maar het is alsof onze atomen twee keer zo snel trillen. Dus als je alles optilde, stel dan de tafel op waar de elementen op hun plaats waren in hun vibratie, in termen van hoeveel elektronen er zijn. Ik weet niet hoe ik dat moet definiëren. Maar als je het energieniveau van elk atoom nam en verdubbelde, zodat ze allemaal hetzelfde relatieve energieniveau ten opzichte van elkaar hielden, maar alles was twee keer zo hoog als het onze. Daarom zouden we ze niet kunnen zien omdat ze te snel trillen. Ik zie dat de hele graancirkel in één keer wordt gemaakt, niet in segmenten of wat dan ook. De grootte van de machine die dit doet is niet even groot als de graancirkel zelf. Maar het is niet fysiek zoals we het begrijpen. Het is ultra-fysiek.

Deze hele kant van de discussietape begon geleidelijk te versnellen tot waar het onmogelijk was om te transcriberen. Het werd geleidelijk aan onmogelijk om te begrijpen. Misschien kan het worden vertraagd tot waar het kan worden begrepen. Tenminste een deel van dat discussiegedeelte was niet belangrijk genoeg om je zorgen over te maken. Plotseling, ongeveer halverwege de discussieband, begon het weer te vertragen tot waar ik kon transcriberen. Ik heb geen idee waar we het tot nu toe over hadden.

P: ... een rots is een rots en een boom is een boom. Maar als je daadwerkelijk de meester bent van je moleculen, en je begrijpt dat er bepaalde overeengekomen modellen zijn, kun je je moleculen omzetten naar een ander model.

Hier werd de snelheid van de tape voor het eerst weer normaal. Enkele minuten waren een racende waas van lawaai geweest.

D: *Welnu, het gaat terug op het idee dat we de cellen van ons eigen lichaam kunnen beheersen, en op deze manier kunnen we ziekte beheersen. We kunnen de cellen veranderen.*

P: Precies. En je kunt nog verder gaan. Je kunt de moleculen besturen, en toch zijn er op moleculair niveau of atomair niveau patronen die al zijn vastgesteld en die niet kunnen worden gewijzigd.

Tijdens de tape van de sessie trad het tegenovergestelde effect op. Het vertraagde geleidelijk tot waar het sleepte. Het was vervelend, maar het kon tenminste worden begrepen als getranscribeerd. Ik wisselde van bandrecorder en het effect was op beide hetzelfde. Het was dus niet het mechanisch versnellen of vertragen van de recorder. Het was zeker iets dat de tape beïnvloedde. Werd de machine beïnvloed door dezelfde energieflux die Phil beïnvloedde en ervoor zorgde dat hij in trance raakte omdat hij zich ziek voelde? Dit was vergelijkbaar met de manier waarop alleen al de vermelding van de graancirkels Janice in hoofdstuk 4 drastisch beïnvloedde. Er bleek zeker een soort energie-effect te zijn verbonden met de graancirkels dat niet alleen mijn onderwerpen beïnvloedde, maar ook de machines die ik gebruik.

* * *

D: *Er is het fenomeen dat de "Graancirkels" wordt genoemd, of de Engelsen noemen ze de "Graancirkels". Ze lijken te verschijnen rond oude heilige plaatsen. Is er een verband?*
Clara: Er zijn zeer duidelijke energiepatronen gecreëerd, sommige van de andere heilige plaatsen tot de graancirkels, de graancirkels. Er zit een heel duidelijk patroon in. Het is zoiets als jouw - hoe zeg je? - anagram?
D: *Het is een puzzel?*
C: Ja, het is de puzzel, en het is geschreven in de tarwe. Dus de puzzel is voor jou om naar te kijken, en het is allemaal gedaan met energieën. Dus als je naar dit "anagram", deze puzzel kijkt, is het aan jou om erachter te komen.
D: *Kun je me vertellen wie of wat de graancirkels maakt?*
C: Het enige wat ik kan zeggen is dat het positief is. Het is voor de liefde, het is voor het goede.
D: *Maar zijn het buitenaardse wezens? (Nee) Kunt u mij een andere indicatie geven?*
C: Het zijn de energieën in de Aarde. Dat kan ik alleen maar zeggen. De Aarde zelf.

D: *En zou het geleid kunnen worden door wezens zoals de jouwe (De entiteit die via Clara sprak) Omdat ik je beschouw als een ander type dan degenen die zich in het ruimtevaartuig bevinden.*
C: (Een sluwe glimlach.) Wat denk je? Dat is aan u om te beslissen.
D: *(Grinnikt) Ik heb het gevoel dat je veel meer macht en kennis hebt. Maar toch zijn sommige van de wezens die ik heb gesproken over de ambachten ook zeer intelligent en zeer deskundig.*
C: Ja, dat zijn ze. Het zijn zeer intelligente, zeer meesterlijke wezens. Velen van hen hebben een Aardse ervaring meegemaakt op weg naar een hogere vibratie. En verhuisden van de aardeplaneet naar een andere planeet, van welke planeet ze ook komen.
D: *Maar toch krijg ik het gevoel dat het wordt geleid door hogere krachten dan de wezens op het ruimtevaartuig.*
C: We zullen zeggen dat dat de waarheid is.
D: *Omdat ik niet kan waarnemen dat de aarde zelf de ontwerpen zou maken. Misschien met behulp van de energie van de Aarde, maar dat het niet kon.*
C: (Onderbroken) Dat klopt. De energie van de Aarde wordt hierin, in deze kringen, gebruikt.
D: *En het probeert ons boodschappen te geven. Is dat wat je bedoelt?*
C: Ja. Ze heeft geprobeerd ons berichten te geven.
D: *De Aarde. (Ja, ja.) Maar sommige mensen denken dat het wordt gedaan door ruimtevaartuigen.*
C: We zullen dit zeggen. Het wordt gedaan vanuit een veel hogere bron, en een krachtigere bron, dan ruimtevaartuigen.
D: *Ik heb in de kringen gezeten. En voor mij lijkt het alsof er zeker een energiestraal of zoiets is, die de tarwe wervelt. (Ja) Want het lijkt op een centraal punt te beginnen en daar vanaf te komen.*
C: Het is een zeer krachtige kracht, veel groter dan een ruimtevaartuig, die dit creëert, met de energie van moeder Aarde. En er is een boodschap, als men de boodschap binnen de kringen ontcijfert en ontcijfert.
D: *Kun je me vertellen wat de boodschap zou kunnen zijn?*
C: Dat is jouw puzzel. (We lachen allebei.)
D: *Toen ik in de kringen was, voelde ik me heel vredig en een zeer positieve energie. Maar ik heb me laten vertellen dat als sommige mensen de kringen binnenkomen, ze soms ziek worden.*
C: Dat hangt af van de ruimte van waar het wezen is, binnen hun eigen reis, binnen hun eigen pad. Waar hun reis is, is wat ze zullen

voelen. Als hun reis in een plaats van vrede en harmonie is, zullen ze zich geweldig en vredig voelen. Als ze binnen hun contract en binnen hun pad zijn en op hun reis van wat ze hier kwamen doen. Als ze dat niet zijn, zullen ze een verlangen voelen om te bewegen, om weg te willen van die plek. Zoals ze in hun fysieke wezen zijn, willen ze naar een andere plaats op hun reis verhuizen. Dus als ze, laten we zeggen, negatief van hun contract afkomen, dan zullen ze zich niet vredig voelen binnen de kringen.

D: *Dan zou dat verklaren waarom sommige mensen misselijkheidsgevoelens hadden en zich ziek voelden. En ze voelen zich er erg ongemakkelijk bij.*

* * *

Deze sessie werd uitgevoerd in een Bed and Breakfast etablissement in het noorden van Londen. De zomer van 1992 was mijn eerste reis naar Engeland en ik keek er enorm naar uit om de graancirkels te zien nadat ik klaar was met mijn lezingen. Alick Bartholomew, mijn uitgever in Engeland, zat ook in de Board of Crop Circle Investigators. Hij zou me meenemen naar de nieuwste graancirkels die waren gevonden in de buurt van Milk Hill in Alton Barnes en het Oliver's Castle-gebied.

Laura was een aantrekkelijke blondine die een volleerd astroloog was. Ze had geen problemen en was niet op zoek naar iets specifieks. Toen de sessie begon, viel ze terug naar een heel normaal en alledaags leven. Nadat ze haar door de doodsscène had geleid, beschreef ze de geestenwereld. Op dit punt begon een andere entiteit door haar heen te spreken. Toen deed zich de verrassing voor. In deze sessies moet je leren om nooit iets als vanzelfsprekend te beschouwen, en altijd alert te zijn op het onverwachte. Ik zal nooit de gelegenheid voorbij laten gaan om vragen te stellen als het wezen kennis blijkt te hebben.

D: *Mag ik een vraag stellen? We zijn erg geïnteresseerd in de graancirkels die hier in Engeland worden gemaakt. Heeft u informatie over hoe ze worden gebouwd?*

L: Ja, we hebben deze informatie. Ze worden geconstrueerd als onderdeel van een patroon dat nu binnen de energiefrequentie van de Aarde wordt geplaatst. Het patroon zal worden verschoven naar het bewustzijn van veel mensen op het aardse vlak. Dit zal doorgaan binnen de energiefrequentie rond de Aarde. Zoals elke persoon zich verbindt met dit frequentiepatroon, zo zullen ze worden opgeladen. Hun eigen frequenties zullen interageren met de patronen in de cirkel en andere configuraties.

D: *Hoe worden ze gebouwd? Zijn er instrumenten bij betrokken, of wat is de methode?*

L: Er is een energiefrequentiesysteem. En elke persoon zal zich bewust worden van zijn eigen frequenties in zijn lichaam. Je hebt een bepaalde frequentie. Dat is je eigen patroon. Als je nu met andere mensen omgaat, word je je bewust van hun frequentie. Ben je je ervan bewust dat wanneer je met een andere persoon op je aardse vlak spreekt, je ofwel van hun gezelschap zult genieten of van hen wilt scheiden.

D: *Ja, dat is waar.*

L: Ah! Dat is de directe interactie van de energiefrequenties. En zoals je een frequentie van compatibiliteit waarneemt, zodat die frequentie kan interageren met die van jezelf. En zo kun je in contact komen met elkaars denkpatronen. Het is geen toeval als je het hebt over denkpatronen. Die frequenties, die denkpatronen, verbinden jullie met elke andere intelligente levensvorm in de Melkweg, in het universum zelf. Zo communiceer je, en ook via de energielijnen. Dat is wat de graancirkels en configuraties zal vormen.

D: *Dan worden deze geproduceerd door de mensen in een ruimteschip?*

L: Dat klopt, maar ook door je eigen denkpatronen. Begrijpt u dat? Dolores, je eigen denkpatronen zullen bijdragen aan dit complete communicatiesysteem.

D: *Is dat de reden waarom ik op dit moment hier in Engeland moet zijn? Of ga ik er gewoon van uit?*

L: Nee, daar ga je niet van uit. U hebt gelijk. Waarom zouden we u anders samen met andere kringonderzoekers hebben gebracht? Onthoud dat elke persoon die je ontmoet, je eigen frequenties zullen verbinden met die van hen. En zo blijven de verbindingen doorgaan. Bepaalde ruimtevaartuigen en capsules verbinden zich rechtstreeks met de gedachtefrequenties van alle levensvormen op jullie Aarde, en vele andere frequenties daarnaast.

D: *Dus de ontwerpen werden echt door gedachten gemaakt?*

L: Dat is een manier om erover na te denken. Het is niet altijd gemakkelijk om over te brengen hoe deze communicatie tot stand komt. De gemakkelijkste manier om erover na te denken is in gedachtegolfpatronen.

D: Met andere woorden, het wordt niet gedaan door een soort machine of een straal of zoiets. Dat is een theorie die is gepresenteerd. Iets mechanisch.

L: Het is niet mechanisch. Er zijn verschillende mensen die het met machines hebben geprobeerd. Ze zijn bekend. Maar de machine waarover we spreken, lijkt in geen enkele mate op de nogal fysieke machinerie die op jullie Aardse vlak wordt gebruikt. We hebben dat woord gebruikt zoals het in uw vocabulaire staat. En het is het dichtstbijzijnde woord dat we konden vinden. De machines die we gebruiken zijn veel geavanceerder en complexer dan je ooit zou kunnen begrijpen.

D: Ik bekijk het dus waarschijnlijk op een vereenvoudigde manier, maar ik wilde die vragen stellen omdat ze aan mij zijn voorgelegd. Dan is het een combinatie van het werken met de energieën van bepaalde mensen, die deze ontwerpen creëert.

L: Dat klopt.

D: Mensen denken dat de ontwerpen als een taal zijn en ze proberen een boodschap aan ons over te brengen. Is er een boodschap in de kringen?

L: De boodschap die wordt overgebracht, is dat alle mensen een rol te spelen hebben. En welk symbool je ook kiest om te zien, welk hulpmiddel we ook kunnen gebruiken om je aandacht te trekken, om je golfpatronen te veranderen, we zullen proberen na te streven. Voor sommigen is het een straal, een straal, zoals je de term gebruikte. Voor anderen zijn het de oude symbolen. Voor anderen zijn ze slechts een afvlakking van de com. Alles wat nodig is om je aandacht te trekken, zal worden gebruikt. Want zoals jullie aandacht wordt gewonnen, zo kunnen jullie gedachtevormen interageren met onze dimensie. En dus kan er op elk moment hulp worden gegeven om jullie allemaal op jullie Aardse vlak te helpen.

DEEL IV

VIBRATIES, FREQUENCIES EN NIVEAUS.

Hoofdstuk 9
Het ontwaken

Ik had veel sessies tijdens de jaren 1980 en delen hiervan werden gebruikt in mijn vele boeken. Er waren andere delen die in mijn bestanden zijn gebleven in afwachting van een logisch boek om in te voegen. We bespraken veel onderwerpen met Pam terwijl ze in diepe trance was. Verschillende entiteiten kwamen tijdens de sessies langs om ons informatie te geven en vragen te beantwoorden.

Tijdens deze sessie in 1988 zag ze een gewaad wezen dat haar deed denken aan Father Time. Hoewel ze instinctief wist dat er geen geslacht was voor dit wezen, beschouwde ze het onmiddellijk als mannelijk. Hij was gekleed in witte gewaden, maar gloeide eigenlijk van een intense innerlijke energie. We vroegen waar hij vandaan kwam en het antwoord was: "Voorbij het hiernamaals. Of als je wilt, de Hal van Altijd."

D: Weet je wie hij is?
P: Nee. Hij zei dat hij een van de essenties is die zich manifesteren om de communicatie te vergemakkelijken. En om het me gemakkelijker te maken, heeft hij zichzelf toegestaan in dichte en grove fysieke materie, omdat het voor mij gemakkelijker is om met een fysiek wezen te praten dan alleen een lege ruimte in de lucht. Dit is niet de eerste keer. Hij is aan vele anderen verschenen in vele andere tijdsperioden op deze planeet en anderen, zegt hij, om niet alleen communicatie te vergemakkelijken, maar ook om te inspireren en te troosten. Dit is dus geen taak die lichtvaardig wordt opgevat, en dit is geen solo-evenement. Maar in feite wordt dit voor het doel van communicatie zelden gedaan. Hij verschijnt voornamelijk in de galm en dromen van mensen met het oog op inspiratie en troost.

D: Zou het juist zijn om te zeggen dat hij als een gids is?
P: Hij vindt de term 'gids' veel te beperkend, maar realiseerde zich toen dat ons concept van gids beperkt is. Als we zouden uitbreiden wat we van gidsen vonden, dan zou hij dat label accepteren.

D: *Ik probeer hem in een soort categorie te plaatsen, neem ik aan.*
P: Ja. Hij zegt dat dat menselijk is. (Ze lachte.) Hij zei dat een van de problemen die we als beperkte aardse wezens hebben, is dat we proberen die dingen die grenzeloos en eeuwig zijn te labelen, te categoriseren en in hokjes en slots te plaatsen. En dat is een heel beperkende gedachte. Als we zouden kunnen oefenen met denken over ruimte die eeuwig doorgaat, tijdloosheid, eeuwigheid en oneindige mogelijkheden, dan zouden we misschien kunnen nadenken over hoe we "gids" kunnen definiëren. Net zoals het plaatsen van een geslacht op een wezen op de een of andere manier de manier waarop we over het wezen denken beperkt. Door ergens een label op te plakken, beperken we het. Hij zegt dat "vriend" misschien een betere manier zou zijn om naar hem te kijken dan "gids". Want hij wil ons niet leiden of leiden, maar ons bijstaan op elke manier die we vragen.
D: *Heeft hij ooit op Aarde in een fysiek lichaam geleefd?*
P: Nee, maar hij is nauw verbonden met aardse wezens die om hulp hebben gevraagd. Er is geen behoefte voor hem geweest om het vergeten te hebben dat gepaard moet gaan met het leven in fysieke vorm als mens op deze planeet.
D: *Toen heeft hij nooit de behoefte gevoeld om een fysiek leven te hebben, om deze ervaring te hebben?*
P: Nooit de behoefte gevoeld. Hij zegt dat hij maar één verantwoordelijkheid heeft, en dat is het principe van liefde duidelijk maken. Dus het moeten zijn om daadwerkelijk een mens te zijn, zou zijn aandacht vertragen of afleiden van zijn veel grotere taak.
D: *Ik denk aan de verschillende niveaus en dimensies en probeer hem fysiek ergens te plaatsen.*
P: Als je de planeet zou zien als een pingpongbal. En naar buiten uitstrekkend nog een concentrische bol, zeg maar, ter grootte van een sinaasappel. En dan naar buiten uit te breiden van dat, laten we zeggen, een andere bol ter grootte van een basketbal. En dan steeds grotere bollen verder. Je zou die vliegtuigen of levels kunnen noemen. En in feite zijn sommige van de vliegtuigen en niveaus net zo langzaam en bijna net zo dicht en vergeetachtig als de pingpongbal van de aarde. Maar hij heeft deze niveaus overstegen. De moeilijkheid ligt in het doorlopen van deze levels, omdat sommige plakkerig zijn, bijna als stroperige statische. Als

kleren die in de droger aan elkaar kleven. Het is met liefdevolle intentie dat hij de poging doet om deze niveaus tot de meest dichte te doordringen, zodat we deze communicatie kunnen hebben. Maar in zijn normale rijk wordt hij niet vastgehouden aan wat we als een "niveau" zouden beschouwen. Hij is licht. En licht kan doordringen -- ik wilde bijna alle niveaus zeggen. Zijn antwoord was dat licht alle niveaus kan doordringen. Niet om de verklaring te nuanceren.

D: *Wanneer we ons fysieke lichaam verlaten, gaan we dan ook over deze verschillende niveaus heen, van de pingpongbal naar buiten?*

P: Ja, dat doen we. Zoals ik al zei, zijn er kleverige niveaus. We hebben te allen tijde uit ons naar buiten gaan, vele, vele trillingen. Deze gaan niet naar X-spot en stoppen dan. Ze blijven in alle richtingen stromen en verstrengelen zich met de vibraties van alle anderen en de vibraties van al het andere. Elke trilling heeft niet alleen kracht en kracht die we zouden kunnen gelijkstellen aan elektriciteit, het heeft ook magnetisme. Onze vibraties worden dus aangetrokken door soortgelijke trillingen. Als bijvoorbeeld een groot percentage van onze gedachten zich op een bepaald trillingsniveau heeft bevonden, kunnen we ons gemakkelijker aangetrokken voelen tot een specifieke concentrische ring. Als we echter hebben geoefend met het projecteren van onze gedachten, gevoelens en verlangens op Al Dat Is, op de grootste kracht en liefde van het universum - van de universa, corrigeert hij - dan kunnen we, als een vis die door het water glipt, vele, vele niveaus overstijgen, omdat onze gedachten extreem krachtige vibraties zijn. Die extreem krachtige trillingen worden aangetrokken door even krachtige trillingen. En we kunnen zeker veel van deze meer kleverige niveaus overstijgen.

D: *Zijn er barrières die ons ervan weerhouden om naar een bepaald niveau te gaan?*

P: Onze gedachten, onze angsten, onze overtuigingen en onze intentie.

D: *Zouden we in staat zijn om naar het niveau te gaan waar hij vandaan komt?*

P: Op dit moment kunnen we dat doen met ons bewustzijn, dat altijd op dit niveau verblijft, zonder dat we het weten, die voor 99% slapen. Er is een enorm deel van ons dat altijd in het rijk van licht en eeuwigheid verblijft. Het is onze verantwoordelijkheid om dit naar de "wakkere" staat van ons bewustzijn te brengen.

D: *Ik denk dat we zo geconcentreerd zijn op ons fysieke lichaam, dat wanneer we sterven, om zo te zeggen, en we het fysieke lichaam verlaten, we alleen zo ver zouden gaan en dan terugkeren naar het fysieke niveau.*

P: Dat is absoluut een mogelijkheid. Het hangt af van je focus. Je bewuste gedachten zijn de krachtbron die jij en ieder ander mens bezitten. De gedachten die je bewust genereert zullen een belangrijke bepalende factor zijn voor waar je naartoe gaat, en of en hoe snel je bewust terugkeert in de fysieke vorm op deze planeet.

D: *Je zei dat we voor 99% sliepen? Bedoel je alle mensen?*

P: Natuurlijk zijn er mensen die in staat zijn geweest om de realisatie te hebben door hun denken, hun liefdevolle intentie, hun werkelijke geloof en geloof in het eeuwige liefdeslicht. Er zijn mensen op deze planeet geweest die zeker in staat zijn geweest om grove fysieke materie te transcenderen en niet te "sterven", zoals jullie bekend zijn. Ze worden "geascendeerde meesters" genoemd, wat een term is van enige humor, want het betekende gewoon dat ze in staat waren om veel van de kleverige lagen te overstijgen. Het lijkt niet mogelijk om daadwerkelijk nog in fysieke vorm op de planeet te zijn en tegelijkertijd in het licht te opereren. Dus om deze staat daadwerkelijk te bereiken, moeten we afschudden wat materieel en dicht is, en dit is door sommige mensen bereikt. Het zou elk molecuul van het menselijk lichaam in staat stellen om bijvoorbeeld de kracht op te voeren. Elk molecuul zou volledig licht worden. En door het licht aan te doen, wordt de vibratie zodanig versneld dat het lichaam, evenals het oneindige bewustzijn, dit niveau overstijgt.

D: *Dan verdwijnt het lichaam?*

P: Dat klopt

D: *Omdat er geen behoefte zou zijn aan een fysiek lichaam in de andere dimensie.*

P: Het zou heel afleidend zijn. (Ze lachte.) Je realiseert je dat de Aarde zwaartekracht heeft die objecten met gewicht vasthoudt. Om in de ruimte te reizen moet je iets doen aan zwaartekracht en gewicht. Ze hebben dus eigenlijk de mogelijkheid om te teletransporteren,

als wervelende glitter. Demonteren en weer in elkaar zetten volgens hun bewuste bedoeling.
D: *Het is dus alsof het hele lichaam uiteenvalt. Ik weet niet of dat het juiste woord zou zijn. Verdwijnt.*
P: Ja, verdwijnt is voldoende. Het zou een zeer gecontroleerde toestand moeten zijn, en alleen in de zin dat deze trillingen zouden kunnen worden verhoogd tot een niveau dat buiten jullie fysieke gezichtsvermogen zou liggen. Het is echter niet gedaan door mensen die je over het algemeen als normaal zou accepteren. Sommige mensen hebben zich gerealiseerd dat ze in feite deel uitmaken van de Kracht van God. Zodra ze, in hun bewustzijn, het licht worden dat ze zijn, hebben ze het vermogen om hun moleculen te demonteren. Er zijn mensen van gevorderde aard die hun moleculen kunnen herschikken. Dit zou echter niet normaal of gebruikelijk zijn. Er is heel weinig reden om de moleculen weer samen te voegen tot een grove, dichte fysieke vorm. Eenmaal gedemonteerd, betekent het opnieuw monteren dat je op de een of andere manier terug moet gaan.
D: *Sommige mensen denken dat dit een methode zou zijn om aan de dood te ontsnappen.*
P: Het is niet nodig om aan de dood te ontsnappen. Want zoals je kunt zien is er geen ware dood in de zin van iets waar je aan zou ontsnappen. Er is geen geestelijke dood in die zin. En dus zou het fysieke lichaam natuurlijk niet naar een ander niveau hoeven te worden getild. Het zou zijn alsof je je jas probeert mee te nemen als je sterft. Je hebt er geen behoefte aan, dus waarom zou je het meenemen? Het zou niet nodig zijn om te proberen een lichaam te transfigureren om het mee te nemen naar het spirituele vlak. Het zou op dat niveau geen functie of nut hebben. Om dit echter in geïncarneerde vorm te proberen in een poging om meer kennis op te doen terwijl je nog steeds gezond bent of nog steeds functioneert, dan zou het inderdaad een hulpmiddel kunnen zijn. In die zin dat het veel ervaringen zou kunnen omvatten die veel verder gaan dan wat als normale of alledaagse ervaringen zou worden beschouwd. Maar nogmaals, op zichzelf heeft het geen echte waarde.
D: *Hoe zit het met de gerapporteerde transfiguratie van Jezus. Was dat Zijn werkelijke fysieke lichaam?*

P: Dat fysieke lichaam werd ver boven een niveau verheven dat zou vergaan. Om het natuurlijke vervalproces te versnellen was het alsof de moleculen eenvoudigweg werden gescheiden door een geavanceerd proces van energiestimulatie, zodanig dat de moleculen zelf afbraken. Dat is het natuurlijke vervalproces in versnelde vorm. Toen Jezus na Zijn "dood" aan mensen verscheen, was het voor Hem mogelijk om Zijn frequentie, of beter gezegd, de frequentie van Zijn geest of ziel aan te passen aan degenen die Van Hem zouden getuigen. Hij kon het zo aanpassen dat slechts één persoon uit een menigte Hem kon zien. Het kon ook worden aangepast, zodat de hele menigte Hem kon zien als dat nodig was. En dit wordt vele malen op veel verschillende plaatsen gedaan. Het was niet uniek voor de Jezus-ervaring.

Ik heb veel gevallen gehad waarin buitenaardse wezens dit hebben kunnen doen. Ze sterven niet voordat ze besluiten dat te doen, meestal omdat ze klaar zijn om te vertrekken en verder te gaan met een ander avontuur in een ander lichaam elders. In deze gevallen verdwijnt hun lichaam, of zoals ze zeggen "disformeert". Het is gezien dat het uiteenvalt in een glinsterende substantie of in afzonderlijke minuscule moleculen. Ik had er nog nooit van gehoord dat het door een mens wordt gedaan, omdat normaal gesproken de enige manier waarop onze ziel het lichaam kan verlaten, is door de geestvorm die het fysieke lichaam achterlaat om te ontbinden.

D: Wanneer de meeste mensen sterven, verlaten ze het lichaam op Aarde, en de geest, de essentie van hen gaat door.
P: Dat is juist. Dat is de normale gang van zaken. Het voorbeeld dat we beschrijven is iemand die niet voor 99% slaapt. Dit zou een persoon zijn die het geloof, het verlangen en de intentie heeft om dat te doen. Om te transcenderen, hun lichaam mee te nemen. Andere mensen verlangen ook naar deze transcendentie, maar geloven niet dat ze dit kunnen doen. Daarom kunnen ze dat niet en moet hun lichaam fysiek sterven. Je geloofssysteem is een schacht van staal. Zonder echt te geloven dat dit mogelijk is, is het niet mogelijk.
D: Ze lijken een gehechtheid aan het lichaam te hebben als ze het mee willen nemen.

P: Je lijkt ook je vraag te hebben beantwoord, dat het een belangrijke gehechtheid is aan het individu. Het menselijk lichaam heeft een specifiek doel, en dat is het leven in die vorm ervaren. Hij zegt iets in die zin dat je om fysieke vorm vroeg, en ieder mens manifesteerde zich op die manier. Dat is het belang ervan. De mens is niet de enige "soort", en dat staat tussen aanhalingstekens en met humor gezegd. (Ze lachte.) Maar is niet de enige soort die gehecht is aan fysieke vorm. Je moet je realiseren dat die mensen die bewust in staat zijn geweest om - laat ik de term "demonteren" gebruiken - bewust het fysieke lichaam te gebruiken, niet in de 99% slaaptoestand zijn. Als je in feite ontwaakt voor de kennis en het geloof dat je deze niveaus, of lagen, van zijn kunt transcenderen en in staat bent geweest om deze prestatie te bereiken, dan ben je ook ontwaakt voor het feit dat je niet hoeft door te gaan in het zware en dichte materiële vlak.

D: *Het lijkt me dat het in staat zijn om de geest in zo'n mate te beheersen een laatste les zou zijn. Zou dat kloppen?*

P: Les. Leren. Lijkt een probleem van semantiek te zijn. En het woord 'definitief' leren is natuurlijk beperkend, want dan denk je dat dat het einde is. Maar in feite is het de grootste fysieke kennis die we kunnen bezitten. Als, als het gepaard gaat met het geloof van het hart. Het moet dus verder gaan dan de geest. De geest is een werktuig van de geest.

D: *Maar als je zou leren om de geest en het lichaam in zo'n mate te beheersen, zou het de laatste fysieke leer zijn.*

P: Het is moeilijk, want we zijn als kinderen die de Stille Oceaan naderen. We zijn als kleine kleine wezens die kijken naar een uitgestrekte, uitgestrekte zee zonder grenzen. En het lijkt zo groot. Zijn punt is, denk ik, dat we de geest gebruiken als ons gereedschap om bij de geest te komen. Maar in feite, wanneer we onze slaperigheid loslaten, is de geest degene die de geest heeft gebruikt. Elke keer dat je een bewuste gedachte hebt om je vibratie te verhogen, heeft die gedachte kracht en kracht en helderheid. Je hebt je gericht op wat het is dat je wilt bereiken. Die gedachte gaat eruit als een heldere, rechte pijl. Het houdt niet op. Alle andere bewustzijnen die zich bewust worden van die heldere, rechte gedachte kunnen er kracht aan toevoegen. Maar het feit dat je het in eerste instantie had, betekent dat je die lijnen, die snelwegen van harmonie en "verhoogde" vibratie uitschiet.

Verhoogde of versnelde vibratie. Dus elke keer dat je die bewuste inspanning levert, bereik je in feite wat je intentie is, omdat je de overtuiging hebt dat het mogelijk is. Je kunt het zeker doen terwijl je een fysieke vorm hebt. Als je je geest daadwerkelijk kunt toestaan om het feit te accepteren dat werkelijk elk molecuul van alles licht is en licht synoniem is met liefde, kun je dit in je geloofssysteem brengen en vervolgens met elk atoom van je fysieke wezen werken. Je kunt de stroom hoger zetten. Je kunt het licht laten schijnen. Door de stroom op te voeren, door het licht aan te doen, door die trilling te versnellen, kun je je fysieke vorm daadwerkelijk demonteren.

D: *Als, zoals je zei, mensen voor 99% slapen, welke stappen kunnen we dan nemen om wakker te worden?*

P: Hij zei: Grote vraag! De informatie is natuurlijk gegeven, maar het is zeker voor herhaling vatbaar. Als onze geest ons grootste gereedschap is, en als we het ten volle willen gebruiken, dan willen we ons bewust verbinden met degenen in het rijk van licht. Dus zenden we die trillingen uit. We oefenen bewust het denken op licht, op uitgestrektheid, voorbij de sterren. Denk niet dat het ergens eindigt en dan is er nog iets anders. Stuur het gewoon uit als een satellietsonde. Gewoon weten dat het zal worden wat we van plan zijn. Onze intentie is die ongelooflijk sterke levenslijn die we kunnen uitsturen. Het moet echter op een gedisciplineerde en gerichte manier gebeuren. Er moet sprake zijn van een soort continuïteit.

D: *Dus wat moeten we elke dag doen?*

P: Richt je gedachten bewust op licht. Geen licht zomaar zonder, maar licht dat uit elke cel van je levende lichaam straalt. Van de planeet zelf, van elke plant en elk dier, en van de lucht en het water zelf. Denk dat alles waar je mee in contact komt of zelfs maar aan denkt, in essentie gemaakt is van licht. En de kern van licht, de bottom line, is liefde. En liefde is een kracht die veel verkeerd wordt begrepen door mensen, die het in een heel klein, smal doosje stoppen.

D: *Hoe denk je over licht of focus je op licht?*

P: Hoe richt de mens zich? Hij lacht omdat hij beseft hoe belangrijk die vraag is, en hoe voor de hand liggend het hem lijkt. (Ze lachte.) Hij zei niet te proberen te visualiseren, zoals bij het zien van een film, maar om te proberen zich alle dingen gloeiend voor te stellen. Denk maar aan gloed. Misschien maakt dat het makkelijker.

D: *Op zoek naar de aura?*

P: Wat ik zie als je die vraag stelt, lijkt heel erg op rook die uit alle dingen komt. Zwaaien en wervelen en patronen en verspreiden, en blijven stromen. Het is dus als gloeiende rook. Lichtgevende vezels waarover in veel Indiaanse verhalen wordt gesproken, bestaan wel degelijk. Dus als je zou denken aan gloeiende draden, misschien; als je in feite de aura voor altijd zag doorgaan! De meeste mensen zien het als alleen omringende dingen, maar het is binnen en door en blijft doorgaan. Het doordringt alle dingen.

D: *Op deze manier zouden we allemaal verbonden zijn, want als het voor altijd doorgaat, zou elk individueel licht, om zo te zeggen, het andere overlappen.*

P: Dat klopt. De analogie van het wandtapijt is niet gemist.

D: *Hoe verklaart u de analogie van het wandtapijt?*

P: Niet zo simpel als ik vrees dat we een wandtapijt kunnen bekijken. Het wandtapijt lijkt relatief vlak te zijn, hoewel gecomponeerd op vele vezels die in en uit weven, kruisingen raken, patronen maken en ontwerpen vormen. Het wandtapijt is in feite holografisch, dus het heeft diepte en alle andere dimensies.

D: *Ik heb die vraag gesteld omdat ik naar de kamer ben gebracht waar het wandtapijt staat. (Beschreven in Tussen dood en leven)*

P: Houd er rekening mee dat informatie aan u wordt gegeven via andere menselijke wezens in de vorm die zij het beste kunnen interpreteren en vervolgens de informatie kunnen leveren. Er is zo'n liefdevolle poging om aan mensen de ongelooflijke uitgestrektheid van Al Dat Is te communiceren, dat wezens veel verschillende analogieën zullen gebruiken die zichtbaar zullen worden voor de persoon met wie je spreekt. En zal heel echt zijn in hun gedachten. Het zijn in feite analogieën die tot leven komen, als je wilt. Dus om daadwerkelijk te geloven dat een kamer van Akasha kronieken in vaste vorm bestaat, is geweldig, het voelt goed, en het is een goede analogie.

D: *Veel van deze zelfde analogieën zijn door verschillende mensen gekomen.*

P: Dat klopt. Maar hij zei dat andere liefdevolle essenties "dezelfde boeken lezen". Als ze een techniek hebben gevonden die zal werken om een mens op zo'n manier open te stellen voor deze andere mogelijkheden en rijken dat ze de gegevens kunnen begrijpen en interpreteren, dan zijn ze geneigd om vergelijkbare technieken te gebruiken met verschillende individuen. Een probleem dat we zijn tegengekomen bij het werken met mensen is het verifiëren, valideren en op de een of andere manier in het reine komen met logica. En dit is behoorlijk beperkend en vrij onnodig. Het ontwaken is het doel. Het ontwaken van het feit dat we in essentie licht zijn, we zijn liefde. Elke cel van ons lichaam, elke cel en elk molecuul van alles. De krachtbron die al het leven bestuurt is licht. Dus om te ontwaken voor die kennis, en om in dat rijk te willen opereren, en te geloven dat het mogelijk is, zijn allemaal factoren die je daar zullen brengen.

D: *Dan worden we gevangen in het wiel van karma dat ons hier gebonden houdt en ons ervan weerhoudt te transcenderen.*

P: Absoluut. Want dat is de slaaptoestand op het wiel van karma. En die term heeft ook veel verduidelijking nodig. Maar omwille van de continuïteit, op het wiel van karma slaapt de mens, dus onbewust.

D: *Ze realiseren zich niet dat ze kunnen uitstappen.*

P: Dat is juist. Het zal echter niet worden bereikt zonder echt geloof. Zie je, overtuigingen zijn echte dingen, net zoals gedachten dat zijn. Totdat ze aan licht worden blootgesteld, zijn overtuigingen, laten we zeggen, als touwen die ons binden. En ons grotere Zelf - ik moet zeggen dat het heel verwarrend is om te spreken in termen van groter en dan weer groter dan dat, en dan weer groter dan dat zelf. Want het grotere zelf waar ik het over heb, is zeker niet lichtcellig en bevindt zich in het engelenrijk. Het grotere Zelf is nog maar een bewuster zelf, maar nog niet uitgebreid naar Al Dat Is. Dus zie je, hier is waar terminologie erg cruciaal is om te begrijpen. Ik wou dat er een andere term was die we konden gebruiken. Misschien moet ik het het "karmische" zelf noemen. Want het karmische zelf is degene die bepaalt aan welke afleidingen we vasthouden.

D: *Voor de lessen die we moeten leren.*

P:, Dat we besloten hebben dat we moeten leren, door ons geloof. Als er iets zou zijn dat we uit deze sessie naar andere mensen zouden kunnen brengen, zou het de kracht van onze overtuigingen zijn. Geloof is een zeer moeilijke term, zelfs voor de mens om echt te begrijpen. Wat is geloof? Het gaat verder dan wat je ergens van vindt. Het is wat je denkt en voelt en waar je dat innerlijke weten over hebt. Maar het is nog groter dan dat. Het tart de definitie. Het lijkt erop dat overtuigingen snelwegen zijn. We houden vast aan deze snelwegen van geloof. Onze taak als wezens die proberen verlicht te worden, is om geloofssnelwegen naar het licht te sturen. Overtuigingen zijn - het is zo moeilijk om dit te verwoorden - zeer sterke gedachten. Ik zie dat onze vriend denkt dat een van de problemen voortkomt uit de semantiek. Dat door een woord te zetten op iets uitgestrekts en grenzeloos en zonder scherpe randen, we de neiging hebben om die snelwegen te versmallen.

D: *Waarom komt al deze informatie nu beschikbaar?*

P: Eerst is er een oproep geweest. Grotendeels te wijten aan het feit dat we op dit punt in de menselijke geschiedenis onmiddellijke massacommunicatie hebben. Veel meer mensen worden zich intellectueel bewust van de mogelijkheid dat er grotere rijken bestaan. Zodra hij zich intellectueel bewust is geworden dat deze mogelijkheid bestaat, wil de nieuwsgierige mens het proberen. Dus zenden ze verlangen, intentie en de clincher uit: vragen. Dus op dit moment op de planeet zijn er eigenlijk meer aantallen mensen die vragen om communicatie met de onzichtbare rijken. Het lijkt echter een interne urgentie dat we deze informatie krijgen. Er is al een lange periode een verlangen onder de engelenrijken om bewust communicatie en contact met mensen te hebben. Deze urgentie is dus niet noodzakelijk een nieuwe urgentie. Het verlangen van de engelenrijken bestaat al heel lang. Ik kan op dit moment niet onderscheiden wat de reden is voor de urgentie, of die al lang bestaat of dat er iets op handen is. Kijken naar een potentiële planetaire ramp, zoals door velen is gespeculeerd als de reden voor deze communicatie, is op dit moment niet de bedoeling.

* * *

Pam: Het lijkt erop dat God, de kracht, de opwekkingscentrale van Alles wat Is, bekend onder vele namen - maar we zullen die kracht voorlopig gewoon God noemen - ook nieuwsgierigheid is. Nieuwsgierigheid is een ongelooflijke kracht. Dus wanneer je de krachtigste kracht neemt die is, en slechts een deel ervan gebruikt, is die nieuwsgierigheid in staat om zich in fysieke vorm te manifesteren, alles waar de kracht zijn aandacht op richt. Dus daarom heb je een groot aantal levensvormen, omdat de Godkracht een zeer merkwaardige kracht is. En het feit van het denken überhaupt, het denken aan iets, brengt het tot manifestatie. De gedachte creëert, en wij zijn een van de vele, vele, vele, vele gedachten.

* * *

Phil: Er is leven in alles wat er is. Er is natuurlijk dat wat je levenloos zou noemen. Het onderscheid dat hier wordt gemaakt is echter van een niveau dat het menselijk begrip ver te boven gaat. Niettemin is het vanuit de hogere bewustzijnsniveaus duidelijk dat alles, in een of andere vorm, bewust is. Hier maken we het onderscheid tussen bewust en levend. Vanuit jouw gezichtspunt zou het moeilijk zijn om bewustzijn op dat niveau waar te nemen. Het is echter wel degelijk waar dat iedereen, zelfs rotsen, bewustzijn heeft, misschien niet op een niveau waarop je het kunt waarnemen. En als het dus begrepen zou worden, dan zou men kunnen zeggen dat, ja, inderdaad, zelfs rotsen zelf leven als dit bewustzijn het leven vormt. Er is wat je een levenskracht zou noemen die gescheiden en verschillend is van dat wat we bewustzijn noemen. Vanuit jouw perspectief zijn bewustzijn en leven echter enigszins met elkaar verbonden in die zin dat ze één en hetzelfde lijken te zijn.

* * *

Pam: Muziek is absoluut een geweldige kunstvorm. Het is een vorm van interstellaire communicatie en planetaire communicatie.
D: Kun je uitleggen dat het interstellair is?
P: Geluid is een trilling, zoals jullie al weten. Trillingen strekken zich niet uit naar buiten en stoppen dan op een X-punt. Een trilling blijft uitgaan. Het is moeilijk te bevatten dat we voor altijd uitgaan, omdat onze beperkte menselijke hersenen niet denken in termen van eeuwigheid en eeuwigheid. Het lied van de walvis is echter gedessineerd, harmonieus en volledig gepland. En deze vibratie gaat door op een harmonieuze, patroonmatige en

geplande manier. Daarom reikt het naar buiten en degenen die dit patroon en deze harmonie opmerken, doen dat.

D: *Betekent dit dat interspace wezens het kunnen oppikken en begrijpen?*

P: Absoluut.

* * *

Phil: Het is echt niet nodig om iets te eten. De wereld waarop we leven leeft in een levend plasma. In dit plasma zitten alle elementen die nodig zijn voor het leven. Dit gaat verder dan wat we zien als lucht, water, licht. Maar het volstaat om te zeggen dat alle noodzakelijke voedingsstoffen in een onzichtbare vorm over de hele aarde bestaan. Het probleem is dat dit plasma wordt beïnvloed door het denken en door daadwerkelijke fysieke vervuiling, en in veel delen van de wereld niet langer zuiver is. Wat jullie 'buitenaardsen' noemen, hoeft fysiek niet te eten. Ze kunnen van de kosmos plasma ontvangen, onvervuilde, onvervormde levenskracht. (Dit werd onderzocht in The Custodians.)

D: *Veel van de ruimtewezens hebben me verteld dat ze geen voedsel nodig hebben zoals wij. Dat lijkt een menselijke eigenschap te zijn. Ze kunnen leven van lucht en atmosfeer en licht.*

De buitenaardse wezens blijven zeggen dat ons lichaam steeds meer licht wordt om aan de dichtheid van onze dimensie te ontsnappen, en dat ons dieet verandert om dit mogelijk te maken. Gaan we naar de staat waarin we ook op licht zullen bestaan? Is dat het plan?

* * *

Een deel van een sessie met LeeAnn in 1989 waarvan we dachten dat het een UFO-ervaring zou zijn, omdat dat was wat we onderzochten, toont aan dat we vaak niet krijgen wat ze verwachten. Het laat ook zien dat de persoon vaak niet aan boord van een vaartuig wordt genomen, maar ergens anders dat zeker niet de aarde is. (Zoals Clara in hoofdstuk 5.)

LeeAnn herinnerde zich bewust dat ze een prachtig gouden licht zag net toen ze ging slapen. Het had een heel warm, vredig, kalmerend effect toen ze wegdreef. De kamer was donker, dus het kon niet van een normale bron komen. Ze herinnerde zich flarden van een droom die nacht over het zijn in een zeer witte, zeer steriele kamer. In een deel van de droom zag ze een visueel beeld van een vulkaan of lava, en toen ze ontwaakte, was het woord "hologram" in haar gedachten.

We hadden al andere ervaringen onderzocht die plaatsvonden net nadat ze dacht dat ze was gaan slapen. Een daarvan werd gemeld in The Custodians toen ze aan boord van een ruimtevaartuig werd genomen. Ik verwachtte dat dit verband zou houden met dat soort ervaringen, dus toen ze in trance was, bracht ik haar terug naar die nacht omdat ze ging slapen. Ineens was het niet meer donker, het was licht, maar ze kon de bron van het licht niet bepalen. Ze zag zichzelf toen zitten op een plek die leek op een auditorium, maar wist niet hoe ze daar kwam. Het was een steriele schone ruimte en ze zat op trappen die op tribunes leken, behalve dat ze stevig waren, gegoten. De kamers waren verdeeld door duidelijke doorzichtige muren die geen glas waren, maar ze gingen af op een niet-eindigende manier vergelijkbaar met een Spiegelzaal. De sfeer was erg rustig en stil. Ze was verbaasd toen ik haar vroeg hoe ze gekleed was.

L: Gewoon in het licht. Ik denk als een gewaad. Helemaal niet echt gekleed, maar ook niet uitgekleed. Ik weet dat er mensen zijn. Ik zie ze niet, maar ik voel ze wel. Er moet dus iemand zijn. Ik kijk om me heen en ik zou ze moeten kunnen zien.

D: *Als je hen zou kunnen vragen hoe je daar bent gekomen, wat zou dan hun antwoord zijn?*

L: (Lange pauze) Dit is een goede. Ik moet deze verzinnen. (Langzaam, alsof je hoort en herhaalt.) Het is een manifestatie van het transcenderen van de fysieke grenzen van je lichaam om je te wagen in de rijken van de ruimtetijd. Waar de eenheid -- dit slaat nergens op - de eenheid van het universum riep. Het einde van het zijn ... geheel. Het slaat nergens op.

D: *Het is goed als het geen zin heeft. Misschien kunnen we het later begrijpen. Dat is het antwoord dat je hebt gekregen?*

L: ja. Wat er ook in stond.

D: *Ben je er in het fysieke lichaam?*

L: Nee, dat denk ik niet.

D: *Toen reisde je erheen in een soort geestvorm?*
L: Zeggen ze. Nou, het fysieke lichaam is er niet. (Lange pauze) Ik denk dat het een kwestie is van .... Ik begrijp het niet, maar ik wil wel zeggen wat juist is. De energie van je geest is zodanig dat je slechts een kracht bent en je in staat bent om door dimensies en door de ruimte te reizen, zonder, denk ik, echt te weten hoe. En als je er klaar voor bent, dan ben je er klaar voor. En het is niet uit wil of uit vrije wil. Dat kun je zelf niet doen. Het gebeurt gewoon. Hoe meer je een bewuste inspanning probeert te leveren, hoe meer je jezelf tegen de muur slaat.
D: *Dan zal het niet gebeuren totdat het klaar is om te gebeuren.*
L: Rechts. Dus je hebt die scheiding nodig. Die mindset, objectief en subjectief.
D: *Hebben deze wezens hier iets mee te maken?*
L: Ik denk het wel. We zijn hier om te leren, om te dienen, omdat ze licht werpen en ze leiden. En te weten, zodat we u van dienst kunnen zijn.
D: *Dat zijn goede dingen. Waarom wilden ze dat je hierheen kwam?*
L: Omdat er veranderingen zullen optreden. Er vinden veranderingen plaats. Binnen de evolutie van de planeet, allemaal voor de verbetering van de planeet. Binnen het tijdperk waarin we ons bevinden, moeten mensen door jouw voorbeeld hun eenheid met het universum en de vader worden getoond. En op dat moment zal het goed komen met de planeet. We hebben heel veel genomen en misbruikt, en nu moet ze gereinigd worden. En we zijn hier om te helpen, door het goede voorbeeld te geven, niet door te prediken. En vriendelijkheden verwekken vriendelijkheden.
D: *Maar ze vertelden je dat er veranderingen plaatsvonden?*
L: ja. Ik wil er echt niets van weten, maar ik denk dat ik het wel moet weten.

Ze pauzeerde toen ze iets leek te observeren. Toen begon ze vulkaanuitbarstingen en aardbevingen te beschrijven. Ook explosies en branden worden veroorzaakt door gassen die uit de ondergrond komen. Er vielen veel doden, maar midden in dit alles zag ze shuttlevaartuigen mensen evacueren naar een groter schip hoger in de lucht. Ze zouden vervolgens worden getransporteerd naar andere planeten in andere sterrenstelsels.

L: Ze komen hulp bieden. We verhogen onze trillingsniveaus, of ze verhogen onze trillingsniveaus, iemand doet dat, iets doet. En dan ben je daar gewoon "whoosh". En omdat je slechts een energiekracht bent, fluctueer je in een hoger tempo. En de lichamelijkheid van de dichtheid van je lichaam is niet zo dicht als het nu is, maar toch ben je hetzelfde wezen. Ik denk dat je zo moet zijn, want als je planeten zou veranderen, denk ik dat ze een andere atmosfeer hebben. Het is niet zo dicht en de structuur van je wezen moet veranderen. Het trillingsniveau moet meer veranderen in een lichtfiguur dan in een dichte materie zoals wij. En ik denk dat dat is wat er gebeurt. En dat is de waarheid, want mensen kunnen dat zelfs doen als ze in dit vliegtuig zitten. Ze kunnen de dichtheid van hun lichaam veranderen. En mensen lopen door muren en zo. Er zijn mensen die dat doen, echte mensen. Dus ik denk dat als je een meer hoogontwikkelde soort hebt - of "zijn" is een beter woord - ze in staat zijn om te helpen wat we al weten, omdat je inherent alles weet. En door die trillingssnelheid te verhogen zou het er sowieso niet toe doen, want zelfs als de fysieke lichamen zouden sterven, zouden ze toch ergens anders naartoe gaan.

D: *Maar in dit geval nemen ze het fysieke lichaam mee.*

L: Ja, maar ze herschikken de deeltjes om de overdracht op te vangen.

D: *Nemen ze alle overlevenden op de planeet mee?*

L: (Helaas) Nee, ik denk het niet. Ik zou willen denken van wel. Veel fysieke lichamen gingen verloren in de vernietiging. Ze nemen niet iedereen mee.

D: *Is er een reden waarom?*

L: De mensen die meer ontwikkeld zijn, zijn degenen die worden meegenomen. Ik kan dat ook niet geloven hoor, want het lijkt niet te passen. Ik denk het wel. Wie ben Ito rechter?

D: *Degenen die meer geëvolueerd zijn, zijn degenen die deze overgang kunnen maken.*

L: Denk ik. En ik zie een regressie in de planeet. De fysieke mensen gaan terug naar een primitievere, meer beestachtige staat, zoals wij vroeger waren.

D: *Je bedoelt degenen die op de planeet zijn achtergebleven?*

L: ja. Meer terug ... voor de holbewoner zelfs.

D: *Is er een reden waarom ze achteruitgaan?*

L: Nadat dit gebeurt, verandert de werkelijke fysieke atmosfeer op de planeet. En om het fysieke menselijke leven te ondersteunen, verandert de menselijke soort, omdat de planeet dichter wordt. De lucht is dichter van al deze dingen die gebeuren. Het begint gewoon helemaal opnieuw. Ik kan niet geloven dat we opnieuw beginnen.

D: *Nou, misschien is dit een alternatief. Misschien proberen ze ons de verschillende dingen te laten zien die kunnen gebeuren. Maar gebeurt dit met alle mensen die op aarde zijn achtergebleven?*

L: Ik zou het vreselijk vinden om "allemaal" te zeggen. Alleen omdat het zo lang zou duren als alles.... Maar nee, slechts enkele, slechts enkele. Dat is wat het is. De rationele geest zegt dat het lijkt op aangeboren afwijkingen, vanwege wat er ook is gebeurd. En de sferen zijn veranderd. Maar er moeten hogere levensvormen zijn, menselijke vormen.

D: *Dan denk je dat ze je laten zien wat er zou gebeuren met sommige van de mensen die overleven?*

L: Nee, niet de overlevenden. Dit zijn de nakomelingen van de overlevenden, denk ik.

D: *Laat ze je de anderen laten zien die niet in die richting zijn geëvolueerd.*

L: (Pauze) Ik zie niet in hoe zulke tegenstellingen bestaan. Ik denk niet dat ik meer op Aarde ben. De mensen zijn te licht. Licht in de fysieke structuur, bijna geest van een geest. Het is niet dicht, om de aarde te bewonen. Maar misschien zal met de verandering de aarde de hemel zijn, toch?

D: *Deze mensen die je nu ziet, zijn degenen die zijn weggenomen? En ze bestaan ergens anders.*

L: De mensen die lichter zijn, zijn meer geëvolueerd en worden weggehaald. Ik weet niet wie dat oordeel kan vellen. Het is een erg leuke plek. Kalm. Meer gasvormig. Het lijkt meer op het bestaan in een gasvorm, met blauw en lavendel en paars. En je doet geen dingen zoals je op Aarde doet, omdat je niet gebonden bent. Je hebt niet eens huizen. En je hebt vormen, maar kennis wordt verworven. Het is gewoon door na te denken. Er zijn geen tastbare, solide boeken of wat dan ook. Er is niets dat enige dichtheid heeft, behalve de gasvormige toestand. En het is een heel vrije, heel zwevende plek, waar iedereen aardig is en iedereen blij is.

D: *En er zijn geen fysieke, solide structuren?*
L: Ja, er zijn er een paar daar. Die kristallijne dingen waar ik je eerder over vertelde. Ik denk niet dat ze glas zijn. Zo mooi, nogal sierlijk eigenlijk in structuur. Kristallen torens. Er zijn een aantal grote dingen die structureel meer lijken op een Romeins ontwerp, met zuilen. Ze zijn niet gemaakt van marmer, zoals de Romeinen deden. Het is een blauwachtig soort glas, lichtblauw glas. Het is heel mooi.
D: *Waar worden die structuren voor gebruikt?*
L: Ik denk dat ze worden gebruikt om te leren. Dat is precies wat er binnenkwam voordat je de vraag stelde, omdat ik wist dat je het ging vragen. Maar het leren gebeurt door middel van geluid, niet via boeken.
D: *Denk je dat alle mensen die door de ambachten werden meegenomen naar deze plek gingen, of gingen ze naar andere plaatsen?*
L: Oh nee, ze gaan hier niet allemaal naartoe. Ze gaan allemaal naar hun huizen. Maar niet iedereen komt hier vandaan.
D: *Je bedoelt dat al deze mensen uit andere plaatsen komen? (Tuurlijk) Ze komen niet oorspronkelijk van de aarde?*
L: Oh, ik weet zeker dat er mensen zijn die gewoon van de aarde komen. Alles ligt binnen dat rijk van mogelijkheden. Maar niet iedereen zal naar deze planeet gaan. Wie weet waar we vandaan komen. Oh, ik weet zeker dat er mensen zijn die gewoon van de aarde komen. Alles ligt binnen dat rijk van mogelijkheden. Maar niet iedereen zal naar deze planeet gaan. Wie weet waar we vandaan komen.
D: *Ze zullen naar een sfeer gaan die hen bekend is?*
L: Ja. Hun thuis. Iedereen zal, omdat ze in groepen reizen, weer verenigd zijn met schoonmoeders. (Grinnikt) Familieleden. Dat is oneindig.
D: *Maar deze staat is niet wat we de "dood" -staat noemen.*
L: O nee, dit is een fysieke toestand. Niet dicht fysiek zoals dit lichaam is dicht fysiek.
D: *Ik probeer dit te begrijpen. Al deze mensen worden aan boord genomen, worden op de een of andere manier getranscendeerd, de moleculen afgebroken, op de een of andere manier aan boord van deze vaartuigen gebracht. (Jazeker) Maar het was niet*

iedereen. Al degenen die op het vaartuig werden meegenomen, worden teruggebracht naar hun huis van herkomst?

L: Ja. Ze kwamen naar de aarde om te helpen bij de evolutie van de soort, omdat ze naarmate de soort vorderde de godheid vergaten. En dus stuurden ze anderen om te helpen bij die spirituele ontwikkeling, die er vanaf het begin niet was. Ik denk dat dat logisch is.

D: *En dat waren er veel?*

L: O ja, veel, veel. De ene kant van mij zei dat dit de mensen waren die werden opgepikt omdat hun trillingsniveaus hoger zijn. Maar ik kan persoonlijk niet zien hoe iemand achterblijft. Maar wie moet er dan oordelen? God in goddelijke wijsheid zou iedereen mee kunnen nemen omdat we allemaal één zijn.

D: *Ja. Maar zie je dat een van deze mensen wordt teruggestuurd naar de Aarde, of gaan ze allemaal ergens anders heen? Ik dacht dat het een tijdelijk iets was.*

L: Mensen zullen worden teruggestuurd naar de Aarde, mensen die ervoor kiezen om terug te komen. Want wat ik nu zie is de zeer primitieve soort cultuur. En ik denk dat de mensen die worden teruggestuurd de mensen zijn die terug willen komen voor hun eigen ontwikkeling, die weten dat de planeet dingen te bieden heeft die ze moeten leren of onthouden. En de mensen die terugkomen, zullen denk ik een tijdje de leiders of de lichtwezens zijn. Om wie te helpen, ik weet het niet, tenzij er een andere soort gaat evolueren.

D: *Worden deze mensen teruggebracht door de ambachten in het fysieke lichaam waarin ze zijn achtergelaten?*

L: Nee, ik zie ze niet in het fysieke lichaam waarin ze zijn achtergebleven. (Ze zuchtte.) Nee, ze zullen niet in hetzelfde fysieke lichaam zijn. Het wordt een hoogontwikkelde soort en een niet-zo-geëvolueerde soort. Het is bijna alsof de engelen zullen zorgen voor de nieuwe soorten die hier zullen zijn. En als ze op elkaar ingespeeld zijn dan ... Ik weet het niet. Ik denk dat de planeet er heel anders uit zal zien. Ik weet het niet. Ik weet het niet. Ik weet het niet. Ik weet het niet.

D: *Je zei dat je de overlevenden van hen zag die veranderden in deze dierlijke type mensen, teruggevallen naar de primitieve staat. Wordt de hele wereld zo, of zijn er sommigen die de beschaving voortzetten.*

L: Het lijkt erop dat de beschaving opnieuw begint.
D: *Je ziet het niet als doorgaan in misschien geïsoleerde delen van de wereld?*
L: Nee. De wereld is terug naar de staat waar gebouwen en technologie en auto's en vliegtuigen er niet meer zijn. Terug naar een staat waar alle struikgewas net ontluikt en de bomen net beginnen te groeien. Het is bijna aan het begin helemaal opnieuw. Het is alsof je het bos ingaat en een klein stukje bos vindt waar mensen niet in hebben gelopen of verstoord, en alles is heel nieuw en heel fris. Zo is de hele planeet.
D: *Denk je dat alles vernietigd is?*
L: Dit is de tijd op de weg. Direct na ... wat zie ik? Ik zie dat er meer water op de planeet is. Of meer landmassa's bedekt met water.

Ik vroeg haar toen om te beschrijven hoe de wereld eruit zag tot aan de delen van de continenten die boven water zouden blijven. Het verbazingwekkende was dat ze bijna precies hetzelfde beschreef als wat ik meldde in deel twee van Conversations With Nostradamus. Ze had deze informatie niet uit het boek kunnen halen, omdat het nog niet was gepubliceerd toen we deze sessie in 1989 hadden.

D: *Dit kunnen mogelijkheden zijn. Ze hoeven geen concrete waarheid te zijn. Nou, hebben ze advies?*
L: Het advies is heel eenvoudig en is door de eeuwen heen onderwezen. Behandel anderen zoals je zou willen dat ze je behandelen.

Deze Gouden Regel is te vinden in de zeven basisreligies op onze planeet:

BRAHMANISME: Dit is de som van de plicht: doe anderen niets dat je pijn zou doen als het je zou worden aangedaan. (Mahabharata 5:1517)

BOEDDHISME: Kwets niet anderen op manieren die je zelf kwetsend zou vinden. (Udana-Varga 5:18)

CONFUCIANISME: Het is toch de stelregel van liefdevolle vriendelijkheid: doe anderen niet aan wat je niet zou willen dat ze jou aandoen. (Analects 15:23)

TAOÏSME: Beschouw de winst van je naaste als je eigen gewin en het verlies van je naaste als je eigen verlies. (Tai Shang Kan Ying P'ien)

ZOROASTRISME: Dat de natuur alleen goed is, die zich onthoudt van het doen aan een ander wat dan ook, is niet goed voor zichzelf. (Dadistan-I-dinik 94:5)

JODENDOM: Wat haatdragend voor u is, moet u niet aan uw medemens doen. Dat is de hele wet; al de rest is commentaar. (Talmoed, Sjabbat 31 a)

CHRISTENDOM: Alles wat gij wilt dat de mens u aandoet, doet gij zelfs met hen; want dit is de Wet en de profeten. (Matteüs 7:12)

ISLAM: Niemand van jullie is een gelovige totdat hij voor zijn broer verlangt wat hij voor zichzelf verlangt. (Soennah)

D: Soms heeft het eenvoudigste advies de meeste wijsheid.
L: Als de trillingssnelheid van de planeet verandert, door mensen die vriendelijker worden, of mensen die de God in iedereen herkennen, zal de trillingssnelheid van de planeet veranderen. En door dat niveau te verhogen, zal de planeet Aarde tot op zekere hoogte genezen worden. En de reiniging die zou moeten plaatsvinden, vanwege hoe we de planeet hebben gehavend, hoeft niet noodzakelijkerwijs te gebeuren. Dank de planeet voor haar goedheid, want er is geen scheiding tussen ons en onze planeet. Maak de scheiding niet. We zijn allemaal samen één. De planeet, wij, de vogel, de hond, er is geen scheiding tussen wat dan ook. Alleen al het verschil in manifestatie van vorm. En als mensen zich dat realiseren, dan zouden we de Hemel op de planeet hebben.

Toen LeeAnn wakker werd, besprak ze haar perceptie van de plek waar ze zich bevond onmiddellijk nadat ze in slaap was gevallen.

L: Het leek op een Spiegelzaal, maar het was geen glas, zoals als je in een spiegel kijkt, zie je de reflectie steeds weer. Dit leek meer op een tunnel. Waar je naar beneden kon blijven kijken, en het was verdeeld in secties. De kamer was rond of gebogen met de gegoten treden en de hal ging voor me af.

Omdat ze eerder het concept van een hologram had genoemd, vroeg ik me af of deze Spiegelzaal iets te maken had met het projecteren van de rampbeelden die ze zag. Ik legde haar het concept uit. Ze wist niet eens wat een hologram was.

D: *Blijkbaar moest je dit om wat voor reden dan ook zien. Heb je er last van?*
L: Nee. (Lachje) Ik heb het verzonnen.

Ik lachte. Dit was de beste manier om iets te integreren dat storend zou kunnen zijn. Als het onderwerp het niet al te serieus neemt, zal het hun leven niet verstoren. Later, wanneer ze klaar zijn om het dieper te verkennen, zal hun geest het aankunnen.

LeeAnn wist niet dat ik met anderen had gewerkt aan de kaarten van de veranderingen op aarde, en dat we ons hadden geconcentreerd op dezelfde vormen van de continenten en omstandigheden van de wereld die zij had beschreven. Later nam ik haar mee naar een van de andere deelnemers aan dit project. Toen ze met Beverly over deze dingen sprak, was ze verbaasd dat sommige dingen die ze zich herinnerde overeenkwamen met wat Beverly had ontvangen. (Beverly was de kunstenaar die de kaarten van de aardveranderingen tekende in Conversations With Nostradamus, Volume IL)

Hoewel er grote overeenkomsten zijn, zie ik deze catastrofale scènes nog steeds graag als alternatieve toekomsten, waarschijnlijkheden en mogelijkheden, in plaats van zekerheden. Ik wil niet dat dit onze toekomst is, en we kunnen het advies aannemen om de aarde als een levend wezen te behandelen en vriendelijker te zijn voor haar en voor elkaar. Misschien kunnen we dan dit soort toekomsten afwenden.

Blijkbaar nemen de buitenaardsen geen enkel risico. Ze bereiden zich voor op elk worst-case scenario. Misschien begrijpen zij de menselijke natuur beter dan wij.

Hoofdstuk 10
De Plek die we "thuis" noemen

Verschillende proefpersonen zijn onverwacht ergens anders heen gegaan in plaats van een vorig leven in te gaan tijdens het doen van dit soort therapie. Het is zeker niet de Aarde, maar elk van hen beschouwt het emotioneel als hun "thuis". Vaak lijkt het zo'n vijandige omgeving dat deze beschrijving moeilijk uit te leggen is, maar het valt niet te ontkennen welke sterke emoties het onderwerp voelt als ze het weer zien. De eerste keer dat dit gebeurde was met Phil in Keepers of the Garden toen hij de Planeet van de Drie Torens zag. De emotionele band was overweldigend. Het gebeurde opnieuw met Clara in hoofdstuk 5 toen ze een vergelijkbare planeet zag met torenspitsachtige structuren. Ze had ook een sterke emotionele reactie. Als we het bestaan van reïncarnatie ontkennen, zou dit moeilijk te verklaren zijn. Als de persoon slechts één leven op de planeet Aarde zou leiden, zou dit worden beschouwd als het enige huis dat ze ooit hebben gekend. Waarom zouden ze zo'n krachtige en emotionele band hebben met een desolate buitenaardse, zeer onopgegraven planeet? Wanneer ze het zien, is er een sterke huisziekte en verlangen om daar te blijven, in plaats van terug te keren naar hun huidige aardse thuis.

Ik noem deze mensen "Sterrenkinderen", hoewel ik me realiseer dat dit een brede term is. Ze beschouwen deze planeet als de buitenaardse omgeving. Ze willen hier niet zijn. Het zijn zachtaardige mensen en begrijpen niet hoe mensen zo hardvochtig naar elkaar kunnen zijn; hoe de wereld zoveel geweld kan hebben. Ze hebben een verlangen om "naar huis" te gaan, ook al weten ze niet echt waar "thuis" is. In de meeste van deze gevallen, wanneer ze in trance zijn, zeggen ze dat ze hun eerste aardse leven ervaren, of er maar een paar hebben gehad. Elk van deze Sterrenkinderen zegt dat ze zich vrijwillig hebben aangemeld om hierheen te komen en het leven te ervaren in de hoop dat hun levenskracht die geen geweld heeft gekend een positief effect op de Aarde zal hebben. Ze worden de infusie of transfusie van nieuw bloed genoemd. Ze hebben vrijwilligerswerk gedaan, maar ze weten dit niet bewust, en zijn hier dus erg ongelukkig. Velen van hen proberen zelfmoord te plegen om te ontsnappen aan wat zij beschouwen als een ondraaglijke situatie.

Omdat mijn boeken in vele talen zijn vertaald, ontvang ik nu post van mensen over de hele wereld die dezelfde emoties ervaren. Ze dachten dat ze de enigen in de wereld waren die deze gevoelens hadden en zich echt alleen voelden, omdat deze gevoelens geen enkele zin hadden voor hun familie en vrienden. Het was een prachtige openbaring om mijn boeken te lezen en te ontdekken dat ze niet alleen waren en dat er eigenlijk vele anderen waren die dezelfde onrust doormaakten.

Sinds ik met Phil werkte in de late jaren 1980 heb ik veel van deze Sterrenkinderen over de hele wereld ontdekt. Sommigen gaan door dezelfde emoties als Phil. Anderen lijken zich te hebben aangepast en zijn heel blij om hier te zijn. De laatsten zijn jonger, dus misschien worden de machthebbers steeds beter in het helpen aanpassen. In elk van deze gevallen zei hun onderbewustzijn echter dat de belangrijkste reden waarom ze hier waren, was om te fungeren als een kanaal van energie dat op dit moment nodig is in de evolutie van de Aarde. Velen, velen hebben me verteld dat we door dramatische veranderingen gaan terwijl de Aarde haar vibratie verandert en zich voorbereidt om het bewustzijn van de mensen van onze planeet naar een hogere dimensie te verheffen. De Star-Children energie is nodig om deze overgang te helpen stabiliseren.

Tijdens een sessie zei een man dat hij klaar was met het terugbetalen van al zijn karma en dat hij hier niet hoefde te zijn, maar deel uitmaakte van het collectief dat door de Bron was gezonden. Anderen zijn verzamelaars van informatie, hoewel dit onbekend is voor hun bewuste geest. Een voorbeeld hiervan was een prostituee-cliënt in Londen in 2000 die melding maakte van een extreem traumatische jeugd en leven. Ze wilde absoluut niet fysiek zijn en had een zelfmoordpoging gedaan om te vertrekken. Toch zei ze in trance dat ze was gestuurd om informatie te verzamelen over menselijk gedrag. Wat is een betere manier om deze kant van de mensheid te onderzoeken dan als prostituee? Een andere vrouwelijke cliënt probeerde op een subtielere manier zelfmoord te plegen. Haar lichaam doodde haar langzaam toen al haar organen ernstige problemen ontwikkelden. In trance beschreef ze dat dit niet thuis was, en ging naar haar vermeende "thuis": een prachtige waterwereld waar ze zonder zorgen tevreden zwom. Toen ze naar deze wereld werd gestuurd om in een zwaar dicht lichaam te wonen, kwam ze ertegen in opstand en probeerde ze het lichaam te vernietigen in de vergeefse poging om naar huis terug te keren.

Veel hiervan was voor mij in de begindagen van mijn werk niet logisch. Later, toen ik meer gecompliceerde informatie over dimensies en andere realiteiten ontving, begon het een vreemd soort logica te krijgen. Naarmate ik meer en meer informatie opnam, kwam ik meer van dit soort zielen tegen, vaak onder ongewone omstandigheden.

Ik vond twee gevallen van proefpersonen die getuige waren van de vernietiging van een planeet. In Singapore in 1999 had ik een geval van een Chinese vrouw die haar hele leven een ongelooflijk gevoel van verdriet had. Haar ouders merkten op dat ze als kind nooit lachte. Ze had ook een gevoel van zwaarte in haar borststreek dat bijna pijn was. In de sessie zag ze haar thuisplaneet opblazen. De schok veroorzaakte de pijn in de borststreek en het verdriet werd veroorzaakt door het overweldigende besef dat ze nooit "naar huis" kon terugkeren en dat alle mensen die ze kende weg waren.

Deze zaak had meer geldigheid omdat literatuur over UFO's en het paranormale niet direct beschikbaar is in Singapore. Ik was een van de eerste auteurs die daar lesgaf in een pas geopend metafysisch centrum. De overheid is zeer controlerend over wat voor soort materiaal er geschreven of gedoceerd mag worden. 1999 was het eerste jaar dat dergelijke gesprekken werden toegestaan. Toch kreeg ik van de eigenaar van het centrum te horen dat ik wel over al mijn andere boeken kon doceren, maar niet over UFO's. Ik heb wel mijn UFO-boeken meegenomen, die allemaal verkocht werden, dus het lukte me wel om de informatie het land in te krijgen. Mijn vrouwelijke cliënt was niet blootgesteld aan dergelijke geschriften en ze was geschokt door de sessie, omdat het de vreemdste verklaring was die ze ooit zou hebben bedacht.

In Memphis, in 2000, kwam ik een ander geval tegen met vergelijkbare drastische gevolgen. Een vrouw herbeleefde een leven als man waarbij ze in een klein vaartuig op een planeet belandde. Toen ze naar buiten liep, schrok ze toen ze ontdekte dat het zand en vuil waren blootgesteld aan een ongelooflijke hitte die het in een glasachtige substantie had veranderd. Ze merkte op dat er een ongelooflijke warmtebron voor nodig moet zijn geweest om dat te doen. Toen ze de ruïnes van een stad zag, begon ze uitbundig te huilen.

Het enige wat overbleef waren gruwelijk verwrongen en verbrande granaten van gebouwen. Er was nergens een teken van leven en ze wist dat iedereen zo volledig verbrand was dat zelfs hun botten niet overbleven. Iedereen was volledig verbrand. Dit was haar (zijn) huis en hij verwachtte familie en vrienden te vinden, maar er was niemand.

Ze werd overmand door emoties en het duurde een tijdje om het los te laten, zodat ze objectief kon worden. Hij ging naar andere plaatsen op zoek naar leven, maar overal was de vernietiging compleet. De enige overgebleven vegetatie waren planten met zwaardpuntige bladeren. Hij herinnerde zich toen dat hij getuige was geweest van de oorzaak van de verwoesting. Vanuit een groter vaartuig had hij een enorme explosie uit de oppervlakte zien opstijgen met enorme golvende grijze wolken. Blijkbaar was dit de oorzaak, maar hij wist niet waarom het gebeurde. Hij besloot naar beneden te gaan en te zien en ontdekte de vreselijke vernietiging van zijn thuisplaneet. In wanhoop wilde hij er alleen maar vanaf komen en terugkeren naar het grotere vaartuig dat in de hogere atmosfeer cirkelde.

Hij was helemaal radeloos en huilde toen hij aanmeerde met het grotere vaartuig. Hij was vergeten hoe hij het moest invoeren (waarschijnlijk vanwege zijn emotionele toestand). Toen hij eindelijk ontspande, bevond hij zich binnen. Zo moest hij binnenkomen, door zijn verstand te gebruiken. Volledig uitgeput en overmand door emotie, ging hij naar zijn vertrekken en ging liggen op iets dat leek op een stoel bij het raam. Hij wilde gewoon gaan slapen en wegkomen van de angst van de scène.

We konden het verhaal niet verder volgen, want hij trok zich terug in slaap en vergeetachtigheid. Vervolgens hebben we andere onderwerpen met betrekking tot de problemen van de klant behandeld. Deze gevallen laten zien dat de vernietiging van een thuisplaneet meerdere keren heeft plaatsgevonden in de ongelooflijk lange geschiedenis van het universum, en dit kan in dit leven worden overgedragen als extreem verdriet, het gevoel er niet bij te horen of ernaar te verlangen om "naar huis" te gaan, maar niet te weten waar "thuis" is. De periode van aanpassing aan een nieuwe wereld is vaak moeilijk en is verborgen in de verslagen van het onderbewustzijn.

* * *

Dan was een jongeman uit Australië die me vanuit verschillende landen met aandrang had gemaild met de vraag naar mijn reisschema, zodat hij me in de VS kon vinden. Hij was aan het wandelen in Zuid-Amerika en kwam in juni 2000 naar de VS. Ik probeerde hem te ontmoedigen om naar de VS te komen om me te zien, maar zijn e-mails waren hardnekkig. Hij was van plan om in Los Angeles aan te komen en een auto te huren om naar Chicago te rijden, omdat hij daar was op het moment dat ik op een Dowser's Conference zou spreken. Hij zei dat als hij me miste, hij me zou volgen naar Arkansas. Dus ik stemde ermee in om met hem samen te werken en boekte een sessie op het moment dat hij dacht dat hij zou aankomen. Ik raad dit soort gedrag af, maar omdat hij zo aandrong vond ik dat ik een uitzondering moest maken omdat hij zo ver reisde.

Hij verbleef in een hostel in de buurt van het Convention Center en de volgende ochtend kwam hij een beetje te laat aan vanwege het verkeer, dus we begonnen niet op tijd. Hoe belangrijk dit was, beseften we pas later. De organisator van de conferentie stond me toe om zijn kamer te gebruiken voor privésessies, omdat we (samen met verschillende anderen) in een privéwoning verbleven op een behoorlijke afstand van de conferentiesite. Ik had twee sessies per dag gepland en Dan was de enige op deze dag, omdat het de laatste dag van de conferentie was.

Tijdens de discussie voor de sessie vertelde hij me dat hij uit Australië kwam, maar een prachtige baan als grafisch ontwerper voor een groot bedrijf in Londen had geaccepteerd. De klus was prima begonnen, maar na een tijdje begon de druk van schema's, het leven in de grote stad, etc. zijn tol te eisen. Het tastte zijn gezondheid aan. In plaats van terug te keren naar Australië besloot hij zijn baan op te zeggen en te reizen. Omdat hij een waardevolle werknemer was, gaf zijn baas hem verlof en vertelde hem dat hij weer aan het werk kon komen wanneer hij het allemaal uit zijn systeem haalde. Daarom ging hij eerst naar Zuid-Amerika en backpackte hij door het hele land. Zijn vriendin vergezelde hem op een deel van de reis, maar de ruwe levensomstandigheden waren niet opwindend voor haar en ze liet hem uiteindelijk achter in Argentinië. Hij vervolgde de rest van het avontuur alleen en kwam uiteindelijk aan in de VS. Hij had zijn toegewezen geld nauwlettend in de gaten gehouden en had besloten om na het verlaten van de Verenigde Staten naar Australië terug te keren. We hadden verschillende dingen te ontdekken tijdens deze sessie.

In mijn normale routine zal de persoon uit een wolk afdalen en zich in een geschikt vorig leven bevinden dat we kunnen onderzoeken om de oorzaak van zijn problemen te vinden. Maar in plaats van af te dalen in een leven op aarde, ging Dan ergens anders heen.

Dan: Ik verliet de wolk, maar ik ging niet naar beneden. Ik zie een groot fel licht met een silhouet. En de manier waarop die lichtstralen door het silhouet komen, de lichtsplinters, dus ik zie geen detail. Ik heb het gevoel dat ik in de ruimte ben.

D: Maar je kunt ook door de ruimte zweven, als dat is waar je naartoe wilt.

Dan: Ik stel me deze deuropening in de ruimte een beetje voor. Dus misschien moet ik daarheen gaan. Ik heb het gevoel dat ik tegen een stroom in zwem, om er bij te komen. Het is bijna alsof mijn geest me niet toestaat om daarheen te gaan. Of ik weet niet hoe.

Ik gaf suggesties die bevestigden dat hij veilig en beschermd was en alles wat hij wilde in veiligheid kon verkennen.

Dan: Ik weet niet zeker of ik er doorheen ben gegaan of niet, maar nu zie ik een enorme, massieve, zeer enorme groene planeet. Het is meestal in eclips, in de schaduw, dus ik kan alleen de rand ervan zien. Het is heel ver weg. Er zijn prachtige sterren achter, en een heldere zon helemaal links. En dat is een schaduw werpen. Ik kan de rand van de planeet zien, en het is een prachtig groen, zoals smaragd. Ik zie een textuur. Het is niet soepel; het ziet er hobbelig uit als een sciencefictionmaan. Ik vlieg over een woestijn tussen enkele structuren die geen ander doel hebben dan te fungeren als een poort, als een markering, zo u wilt.

D: Maken ze deel uit van een muur?

Dan: Nee. Het zijn twee pijlers. Niet anders dan het Washington Monument, maar zanderig van kleur en naast elkaar staand. Zoals een deuropening, maar dan zonder latei of een deur als zodanig. Het zijn slechts markeringen.

Ook hier was een planeet met onderscheidende torenspitsachtige structuren als overheersend kenmerk.

D: *Door die deur vliegen?*
Dan: Of erboven, een beetje als een adelaar. Als ik ernaar kijk voel ik een soort verlangen, zo je wilt. Deze twee pilaren staan op een vlakte, als een woestijn. En een smaragdgroene zee is rechts, vanuit mijn positie. Er is een baai verderop in de verte. Het is geen strand, als zodanig. Het is alsof de woestijn gewoon stopt. En dan zijn er iets verder landinwaarts rotsen, zoals een rotspunt in de oceaan. En het is heel groot.
D: *Moet je door de poort, de pilaren, om daar te komen?*
Dan: Nee, het is als een wegwijzer. Je bent hier. Dit is -- bij gebrek aan een beter woord - dit is mijn thuis.
D: *Je zei dat er een gevoel van verlangen was toen je naar de twee pilaren keek.*
Dan: Ja. (Emotioneel) Het opnieuw zien van deze plek bracht mijn vroegste herinnering naar boven om me helemaal op mijn gemak te voelen. Ik probeer verder te verkennen, maar het is alsof ik een foto in mijn geheugen heb genomen en ik houd die vast.

Dit gaf me zeker het gevoel van déjà vu, omdat dit dezelfde emotionele beschrijving was die Phil en Clara gaven. Logischerwijs was er niets aan deze plek dat dat soort gevoelens zou inspireren. Toch heb ik lang geleden geleerd dat logica er niets mee te maken heeft. Emoties verdringen de logica.

Dan: En ik weet dat ik op deze plek geen lichaam heb. Ik probeer naar mezelf te kijken en ik weet dat ik gewoon essentie ben. Ik heb bijna het gevoel dat ik de planeet ben. Ik ben deze plek, als je wilt. En hier is de oceaan net als de onze, maar het is volledig smaragdgroen. En de woestijnen zijn net als de onze, maar ze zijn niet bekend bij deze persoon. Het is anders, maar toch vertrouwd. En ik voel me een adelaar, gewoon kijkend naar alle dingen. Ik zie het tot nu toe.
D: *Zijn er steden, of is het alleen het land?*
Dan: Als ik in de woestijn keek, lijkt er gewoon niemand te zijn. Geen gebouwen, alleen woestijn. En als ik eerlijk zou moeten spreken, wat ik voel is dat de pilaren bijna als een stemvork voor energie zijn. En mijn wezen kent deze vork, deze toon, deze vibratie. En

het brengt me elke keer terug als ik er moet zijn, omdat het als een focus is, als een kristal. Het is hier erg comfortabel.

D: Dat is goed. Maar voel je nog andere wezens zoals jijzelf op deze plek?

Dan: Ik heb het gevoel dat ik niet alleen ben. Ik voel me stabieler, comfortabeler. Alsof ik zo blij ben om er gewoon te zijn. Ik heb het gevoel dat ik al het andere ben. Ik kan het niet laten om die emotie in mij te voelen waar ik welkom ben. Ik ben gewoon aan het zijn. Het is echt moeilijk te beschrijven.

D: Maar je voelt je als pure energie zonder lichaam?

Dan: Ja, omdat ik me nergens toe kan verhouden. Ik ben als het ware alle dingen. De stilte van de rotsen, de hitte van de woestijn, het rollen van de oceaan. Ze zijn allemaal comfortabel en gewoon leuk.

D: Wat doe je daar?

Dan: Gewoon bestaan. Maar misschien komt dat omdat ik me maar op één onderdeel concentreer, omdat het zo comfortabel is om het te doen. Als ik zou moeten zeggen dat ik een doel had, zou ik je er geen kunnen vertellen, want het is gewoon om er te zijn. (Pauze) Een ding met deze pilaren is dat ik het gevoel heb dat ze me helpen reizen. Stel dat als ik hierheen zou willen komen, ik die pilaren zou kunnen gebruiken omdat ik ze zo goed ken, om me daar terug te krijgen. Dat is maar een voorbeeld. Ik zeg niet dat ik dat heb gedaan.

D: Je wilt reizen van waar je ook was?

Dan: Naar waar ik ook heen wil. Ergens. Dat is een beetje zoals het voorportaallicht. Die pilaren zijn als het licht dat we laten branden voor de pizzaman. Weet je, dit is waar je bent.

D: Om een plaats te identificeren. Maar hoe kunnen ze je helpen om naar andere plaatsen te reizen?

Dan: Ik denk niet dat ze me echt helpen om als zodanig te reizen. Het is gewoon een manier om terug te komen. Nu krijg ik foto's van mooi licht. Gewoon licht. Ik heb nu een ander beeld, dus daar ben ik gebleven. Van een derde partij zie ik iets gebeuren, en ik denk dat het misschien gewoon een illusie is van hoe het werkt. Maar het is een soort kwallentype omdat het een soort bol in vorm is. Er zijn van die kleine puntige pezen of tentakels die me aan die plek vast houden. Maar niet gehecht. Net als wanneer de jongens in de kuilen in de oceaan of in de grotten gaan, en ze een lijn touw achterlaten om ze terug naar de oppervlakte te leiden. Dit is wat dit is.

D: *Dat is een illustratie. Je hebt geen lichaam, maar je bent verbonden met die plek. Maar blijkbaar moet je die plek wel eens verlaten hebben. Laten we die scène verlaten en ik wil dat je naar de tijd gaat dat je die plek verliet die je als thuis beschouwt.*

Dan: Instinctief had ik gewoon behoefte aan een verandering. Dat is wat er eerst kwam. Het was gewoon tijd. Ik weet niet waarom.

D: *Het was geen incident of iets dat gebeurde?*

Dan: Heb je ooit een tissue opgezogen met een stofzuiger? (ja) Dat is het soort emotie dat ik krijg. Alsof je het "swoosh" ziet gaan En het door een pijp ziet verdwijnen en mijn energie gewoon "swoosh" voelt gaan. Ik weet dus niet zeker of het een bewuste keuze was. Nu wil ik bijna huilen omdat het pijn doet. Dit hele ding doet gewoon pijn. De scheiding.

D: *Dat is goed, want als we een emotie krijgen, weten we dat we iets belangrijks raken. Maar je zei dat het was alsof de energie werd opgezogen. Je bedoelt, weg van die plek?*

Dan: Ja, als ik zou moeten beschrijven wat ik zie, zou ik zeggen dat ik bezig was met het kijken naar mijn mooie columns en mijn prachtige zee, en dan ineens ben ik er gewoon niet meer. Ik voel die keuze niet. En ik zie dingen als sterrenstelsels, en prachtige scènes waar ik altijd naar staarde in boeken. En-staarde en staarde, en verwonderde zich en verwonderde zich af.

D: *Ze zijn zo mooi.*

Dan: Ja, dat zijn ze. Ze zijn te mooi. Als ik probeer te denken wanneer ik mijn huis verlaat, zie ik die dingen. Ik weet dat dit een juiste visie is, omdat het als een herinnering is. Het is alsof ik bijna een vliegtuig ben dat binnenkomt, of een adelaar, omdat er geen geluid is. Maar ik zie die columns, en voel me gewoon heel goed. En zeggen: "Daar ben ik weer." Uitstekend. En dan wacht ik gewoon tot de volgende keer dat ik hier kan komen. Maar toen ik het over het zuigen had? Dat voelt niet comfortabel. Ik weet niet waar het me brengt. Ik voel het nu. Het is een besef dat ik niet meer terugkom.

D: *Maar we weten dat het er is en je kunt het bezoeken wanneer je maar wilt met je gedachten.*

Dan: Ja, maar het helpt niet. (Snuffelt)

D: *Je zei dat het het gevoel is van de energie, jezelf opgezogen worden. En deze keer weet je dat je niet meer teruggaat. Laten we dat gevoel volgen.*

Dan probeerde vervolgens door te vechten naar iets anders. Hij wilde deze plek echt niet meer verlaten nadat hij er zo lang van gescheiden was geweest. Uiteindelijk nadat suggesties waren toegepast, ontspande hij zich en bevond hij zich in een ongewoon leven. Hij nam aan dat het Egypte was omdat er piramidevormige gebouwen waren die deel uitmaakten van een drukke stad. Het kan een veel oudere beschaving zijn geweest. Hij woonde in een enorm piramide-achtig gebouw met veel enorme kamers en ondergrondse hellingen en tunnels. Hij was erg eenzaam en verveeld toen hij alleen op deze grote plaats woonde, af en toe uit het raam of de deuropening keek en naar de activiteit van de mensen keek. Hoewel hij daar geen gevangene was, voelde hij zich afgescheiden en gevangen in dit bestaan. Ik schoof hem naar voren om te zien wat zijn taak was. Hij werkte als adviseur voor slechts één persoon en hij verveelde zich omdat de persoon er niet vaak was. De rest van de tijd had hij niets te doen. Hij voelde dat hij met universele energieën werkte en gebaren gebruikte om zijn gedachten te concentreren.

Dan: Hij is er niet altijd. Ik zie een grote lichtbol. Ik zie het door de ruimte bewegen. En ik zie ons in directe communicatie. Ik weet niet wat we zeggen. Ik weet niet eens waarom we het zeggen. Behalve dat het misschien advies is of dat ik hem vertel wat er gebeurt, zoals het nieuws.

D: *Van de Aarde, of van deze plaats waar je bent?*

Dan: Deze plek. Dit is niet de Aarde. Ik ben er nu vrij zeker van. De zaken zijn hier te groot. We hebben grote dingen op aarde, maar deze plek is veel groter. Ik vertel hem wat er aan de hand is en misschien hoe we ermee om moeten gaan. Maar ik krijg nog steeds dat overweldigende gevoel van gewoon onvolledigheid. Eerlijk gezegd is het alsof wat ik doe er niet echt toe doet, en het is zo saai.

D: *Maar komt die grote lichtbol soms die kamer binnen?*

Dan: Ja, ik denk dat hij het vermogen heeft. En nu krijg ik foto's van een zeer goed ingesteld gespierd individu. Groot en sterk. Als ik naar mezelf zou kijken, zou ik zeggen dat ik gemiddeld was, en hij is enorm. Ik denk dat hij veel belangrijker is dan I. 1 denk dat hij dit gebied bestuurt.

D: *Maar als hij daar komt, lijkt hij op jou?*

Dan: Ja, maar groter. Ik denk niet dat ik door iemand erg geliefd ben. Ik denk niet dat hij me met veel respect behandelt. Een soort dienaar. Geen beleefdheid erover. Ik voel me hier zo eenzaam. En ik krijg hetzelfde gevoel dat ik hier op Aarde heb. Het is gewoon dat ik eruit wil. Ik wil dat hier een einde aan komt. Ik voel me echt gevangen, denk ik, maar niet gevangen. Dat moet ik duidelijk maken. Ik voel dat ik me op mijn gemak voel. Mijn positie is goed. Maar ik ben als een maitre'd voor deze grote persoon. Ik vertel hem dingen, en als mensen hem willen zien, moeten ze door mij heen komen. En ik vertel ze of ze gezien kunnen worden. En het is gewoon saai.

Onverwacht klopte er iemand aan de deur van de hotelkamer. Ik had het bordje "Niet storen" op de deur gezet en het was te laat in de middag voor de meid. Maar het kloppen ging door, dus ik gaf Dan instructies om even te pauzeren en dat eventuele geluiden hem niet zouden storen. En ik ging kijken wie het was. Het waren de conferentiedirecteur en zijn vrouw. Ze hadden een dolly meegenomen en wilden hun bagage halen. Ze moesten uitchecken of ze zouden nog een dag in rekening worden gebracht. Daar had ik niet aan gedacht toen ik de sessie plande, dus ik zat in een hachelijke situatie. Ik vroeg hen of ze over een kwartier terug konden komen, zodat ik Dan uit trance kon halen. Ik vond dit echt niet leuk, omdat we nog geen kans hadden gehad om aan een van zijn problemen te werken. Ik had echter geen andere keuze dan hem weer bij bewustzijn te brengen. Ze vertrokken, maar ik wist dat ze snel zouden terugkeren.

Ik oriënteerde Dan's persoonlijkheid terug in zijn lichaam en bracht hem naar het heden. Ik hield er echt niet van om onder gehaaste omstandigheden te moeten werken, wetende dat ik niet het beste werk deed. Ik voelde dat het beter was om hem terug te brengen naar het bewustzijn in plaats van te proberen te haasten en het werk niet effectief te doen, dus gaf ik suggesties aan zijn onderbewustzijn om hem te helpen, zodat hij kon leren leven met de menselijke gevoelens. Toch wist ik dat ik meer tijd nodig had om de suggesties effectiever te maken, vooral omdat ik de oorzaak van zijn problemen niet had gevonden. Ik had het gevoel dat ik Dan in de steek liet. Als we de normale tijd hadden gehad die ik gewoonlijk had toegewezen, weet ik dat we het antwoord hadden kunnen vinden.

Ik maakte hem net op tijd wakker, want ze kwamen terug kloppend op de deur. Hij was net zo ontevreden als ik, omdat hij ook het gevoel had dat hij de antwoorden niet had gevonden en de sessie niet had voltooid. We gingen naar beneden naar de tafel op de conferentie waar mijn dochter Nancy mijn boeken verkocht. We wisten dat er geen andere keuze was dan nog een sessie te houden om de losse eindjes af te ronden. Ik voelde dat ik het aan hem verschuldigd was, en wist ook dat ik hem niet kon opladen voor een andere sessie, omdat ik me verantwoordelijk voelde voor de manier waarop deze uitpakte. Dus stemde ik ermee in om hem naar Arkansas naar mijn huis te laten komen, wat ik vreemden nooit laat doen.

Ik zei tegen Dan dat hij me moest bellen als hij in de buurt was, en we zouden hem ontmoeten en hem op de berg naar mijn huis brengen. Ik ben erg voorzichtig om mijn lezers of fans te laten weten waar ik woon, anders zou ik helemaal geen privacy hebben. Maar ik vertrouwde op mijn instinct dat hij een aardige jongeman was, en hij was de halve wereld overgekomen om met mij te werken. Hij had verbleven in hostels die erg goedkoop waren in vergelijking met hotels, maar er waren geen dergelijke plaatsen in Huntsville.

Dan bleef een paar dagen in Chicago om bezienswaardigheden te bekijken en reed vervolgens naar Arkansas. Hij arriveerde op de slechtst mogelijke dag. De avond ervoor hadden we een van onze Ozark-stortbuien die de kreken doen stijgen en veranderen in woeste rivieren. Hij belde vanuit de stad en zei dat hij de nacht had doorgebracht aan de oevers van Beaver Lake in zijn tent. In de loop van de nacht werd de storm zo hevig dat hij wakker werd met enkele centimeters water in zijn tent. Hij kwam er op de harde manier achter dat het blijkbaar niet waterdicht was. Hij kocht nog een tent en reed door naar ons stadje Huntsville.

Toen hij belde was ik echt vergeten dat hij zo snel zou komen. We waren meer bezig met het weer. Ik vertelde hem dat de kreek omhoog was en dat de hoofdweg naar ons huis onbegaanbaar was. Het zou een tijdje duren voordat iemand naar beneden kon komen om hem de berg op de achterweg op te leiden. Dat is de enige manier om bij mijn huis te komen als de kreek stijgt, en duurt ongeveer een uur langer. Hij zei dat hij in de kleine supermarkt zou wachten tot er iemand naar beneden kwam. Hij vroeg eerst de weg om onze berg op te komen, maar ik zei dat hij het moest vergeten. Het is onmogelijk om een vreemdeling over de binnenwegen te leiden als ze het gebied niet kennen. Hij heeft daar uiteindelijk meer dan twee uur gewacht voordat we bij hem konden komen. Op de terugweg naar mijn huis reed Nancy met mijn auto en ik in de zijne zodat ik onderweg de lokale bezienswaardigheden kon aanwijzen. Het gebied is erg geïsoleerd, natuurlijk en rustiek, maar ik geniet van de privacy omdat ik zoveel tijd doorbreng met reizen en lezingen in grote steden, constant omringd door mensenmassa's. Als ik thuis ben geniet ik van de isolatie.

Ik had besloten om hem de nacht in mijn logeerkamer te laten blijven, maar hij stond erop zijn tent in de tuin op te zetten. Hij hoopte eigenlijk dat het 's nachts weer zou regenen, zodat hij kon zien of het waterdicht was. Ik gaf hem avondmaal en het was laat op de avond voordat we de sessie konden hebben. Hij was ontspannen en het was gemakkelijk om hem weer in trance te krijgen. Deze keer wist ik dat we meer tijd zouden hebben om zijn problemen te onderzoeken, en er was geen kans om gestoord te worden. Ik hoopte dat hij zou terugkeren naar dezelfde scène, en hij ging er onmiddellijk heen.

Dan: Ik kijk naar de ingang van mijn kamer. Er zijn geen ontwerpen of iets aan de muur. Het is heel duidelijk. De muren zijn zeker van steen. Weer voel ik het echt onder mijn voeten. Het is cool, en het is leuk. Er zijn zoiets als lantaarns. Ik denk dat ze licht genereren, geen vuur. Het is een soort chemisch proces. Het is gewoon een heerlijk licht. Het is niet beledigend voor mijn ogen.

D: Het is anders, maar het is niet zoals iets dat in brand staat?

Dan: Nee, het is zeker geen vuur. Ik kijk er nu goed naar. En het is een beetje als ... Ik wil fluorescerend licht zeggen, maar dat is het niet. Het is verzacht. Het is een lange gouden buis met een gloeiend glazen kristalachtig ding aan de bovenkant. Voor zover ik begrijp, produceren ze chemisch licht. Ik denk niet dat er veel stroom bij komt kijken en er wordt geen bedrading gebruikt. -- Ja, dit is mijn plek. Hetzelfde raam, en er is niets dat mijn zicht belemmert, behalve als ik naar buiten kijk, is er een piramide aan mijn rechterkant. Er is een piramide links van mij, die kleiner is. En een piramide naast die links van mij die weer kleiner is.

D: Er zijn er dan drie?

Dan: Er zijn er vier, waaronder de mijne. Die naast me is veel groter dan de mijne. En de mijne is verbonden met de grootste en met de andere twee. En ik moet uit mijn kamer afdalen om bij hen te komen. Ze zijn verbonden door een reeks tunnels met deze lantaarns erlangs, zoals gangen. Ik moet op de een of andere manier naar beneden. Ik probeer me voor te stellen hoe dat gebeurt. Schachten, denk ik, maar ik zie geen trappen.

D: Maar het brengt je ondergronds.

Dan: Ja. De hele plaats voelt een beetje opzettelijk.

D: Opzettelijk. Wat bedoel je?

Dan: Ze zijn niet per se om in te leven. Het zijn als bolwerken die zich concentreren op ... een focuspunt voor energie. En ik herinner me dat deze grotere persoon waar we het over hadden langs energie reist, als je wilt. Hij heeft het vermogen om gewoon energie te worden. Ik stap uit mijn kamer op een platform en het is als een lift. Ik zie knipperende lampjes. Dit gaat snel naar beneden.

D: Je zei dat je deze persoon informatie gaf.

Dan: Ja, dat is mijn taak. Het is nu duidelijker. Ik zou contact leggen tussen de mensen die hem als een godheid behandelen - en ik weet dat hij geen godheid is. Ik weet dat hij net zo goed deel uitmaakt van het universum als ieder van ons. Misschien is het dat ik vergeten ben hoe ik moet doen wat hij doet. Ik zie af en toe die grote lichtbol. En mensen - ik wil niet zeggen "gewone" mensen - maar eigenlijk mensen die de geheimen niet delen, als je wilt. Ze aanbidden hem, veel. Ze denken dat hij een god is. En ik weet dat hij dat niet is. Maar ik kan er niets aan doen, want ik ben een aantal geheimen vergeten. En hij zal het me waarschijnlijk niet vertellen. Het is dit machtsdingetje dat gaande is. Ik zie nu zelfs argumenten voor me flitsen. Ik zeg dat het niet klopt, en het kan hem niet schelen.

D: Het is niet juist dat ze hem aanbidden, bedoel je?

Dan: Ja, omdat alle dingen in het universum gelijk zijn. Maar omdat hij dingen kan die ze niet kunnen, denken ze natuurlijk dat hij een soort god is. En ik moet hem nog steeds op de hoogte houden. Ik weet gewoon dat ik weer uit deze situatie wil. Het is geen goed gevoel. Ik denk er soms aan om weg te lopen, maar gewoon gebrek aan toewijding en angst. En gebrek aan een plek om naartoe te gaan, denk ik.

D: Waar zou je naartoe gaan?

Dan: Dat is het. Ik heb geen idee waar ik naartoe zou gaan. Ik ben er vrij zeker van dat ik de enige ben die weet dat hij niet aanbeden moet worden zoals hij wordt aanbeden. En de geheimen die hij heeft, moeten worden gedeeld als een opbeurend ideaal, en niet worden gebruikt als een punt van 'Ik ben beter dan jij'. Hij gebruikt mensen om energie uit te halen, denk ik. Ik weet niet zeker of dat de juiste manier is om het te zeggen, maar het is als een ego-ding. "Kijk hier eens naar. Kijk wat ik kan doen. Ik ben dit. Daarom ben ik beter." Ik probeer te werken met het idee dat hij van een andere plek komt. En ik denk dat het meer een andere ruimte is dan een andere plek. Het is meer dat hij dit idee van universele ... het is moeilijk in termen te vatten. Laten we zeggen dat er een universele energie is. En als je in die rivier bent, kan het goed, of het kan slecht worden gedaan, of het kan helemaal niet worden gedaan. En hij heeft het slecht gedaan, want hij is in de rivier gesprongen. Het heeft hem deze krachten gegeven, dat we door naar hem te kijken kunnen zeggen: "Oh, wow, dat is best verbazingwekkend. Je zou een god moeten zijn om die dingen te doen." En dan in plaats van die kracht te gebruiken die tot stand is gekomen door zelfbewustzijn -- Het is meer dan dat. Het is weten en zijn. In plaats van dat te doen en er nederig mee om te gaan, is hij er volledig egoïstisch mee. En hier ben ik, wetende dat ik op deze vergelijkbare kracht zit, of op zijn minst ergens vandaan kom. Een vage herinnering aan een ander bestaan, of gewoon het begrijpen van de krachten die het universum bezit, en de bewustzijnen, zo je wilt. En hem vertellen dat dit geen goede zaak is. En hij zet me ervoor neer. Hij is er dol op. Het is alsof het niets voor mij is. "Wat ga je eraan doen" soort dingen. Deze eigenwijsheid.

D: Maar je zei dat hij er niet altijd is. Hij komt en gaat.

Dan: Hij hoeft er niet de hele tijd te zijn. Hij kan reizen waar hij maar wil. Het is niets. Wanneer je het principe van het universum begrijpt, is er eigenlijk niets dat je ervan weerhoudt om altijd en overal te zijn. Het is fundamentele materie en energie. En zoals we het begrijpen, is er geen verschil tussen die dingen.

D.: Tenzij we er zelf beperkingen aan opleggen.

Dan: Nou, we kunnen materie beperken tot een vorm, maar er is geen verschil tussen die materie en energie. Wanneer je begrijpt dat bewustzijn de scheidende factor is tussen elke vorm, dan wanneer dat bewustzijn een ruimte bereikt waar het in staat is om die vorm te beheersen, wat is dan het verschil tussen iets in de vorm? Die is er niet. Het is gewoon een verzameling energie die in fysieke materie wordt geplaatst.

D: *Je zei wanneer je kunt controleren of wanneer je niet kunt controleren?*

Dan: Als je kunt. Als je het begrijpt.

D: *Wanneer je begrijpt dat je de energie kunt beheersen?*

Dan: (Zucht) Nou, ik zeg "controle", maar het is niet het woord, want het is gewoon wat we begrijpen. Maar het is meer dat jij de energie bent. Jij bent het, dus je kunt het zijn. De vorm van de fysieke materie is gewoon fysieke energie. Tijd is energie. Wij zijn energie. Bewustzijn is energie. En dat kunnen we in een vorm sturen. Wanneer je dit in zijn zuivere bron plaatst, de bron van bewustzijn, kun je het overal omleiden. Het hoeft niet per se op één plek tegelijk te zijn. Het kan alles zijn wat je wilt dat het is. Als je wenste dat je een eon kon bestaan zonder gemist te worden van een deel van de tijd. Wat ik voor mijn ogen zie, is het idee dat een elastiek wordt uitgerekt. (Handbewegingen) En je houdt het ene uiteinde met je vingers omhoog, zodat dat deel niet wordt beïnvloed door de stretch en het in zijn normale vorm blijft. Dan trek je aan het ene uiteinde en wordt het dunner, maar het andere uiteinde waar je je vingers aan hebt, wordt niet beïnvloed. Het ziet er dus uit als een elastiekje. Maar de andere kant ziet eruit als een uitgerekt lang licht stukje rubber. Dus wat ik probeer te zeggen is dat we continu zijn door bewustzijn. En we kunnen -- "pushen? trekken? manipuleren?" Maar we kunnen dit manipuleren door te zeggen: "Nou, ik besta in dit deel van de band. Ik besta in dat deel van de band. Ik kan een eon in dit deel blijven. Ik kan dit deel een milliseconde leven." Maar er is nog steeds geen verschil met die band, het maakt nog steeds deel uit van dezelfde fysieke materie. Het is gewoon misvormd, gescheiden, versplinterd.

D: *Het is ingewikkeld. Betekent dit dat het in die vorm geen lichaam hoeft te hebben?*

Dan: Het komt terug op het idee dat ik kan bestaan als een grasspriet, en deel kan uitmaken van die energie, en tegelijkertijd een energetisch wezen van puur licht kan zijn in verschillende tijdsruimten. Wat die twee energieën onderscheidt, is mijn bewuste wezen.

D: *Dit gaat terug op het idee dat er geen tijd is en dat alles tegelijk gebeurt?*
Dan: Tijd is gewoon een energie die draait. Het is de pulsatie van materie. Voor zover dit lichaam het hier begrijpt, is dit wat het meest correct voelt, dat het de werkelijke reis van materie is, fysieke materie. Er is dus niet echt tijd als zodanig, maar het bestaat op een causaal vlak - ik weet niet eens wat dat betekent - maar het bestaat causaal. Dus als er materie is, is er tijd. Als er energie is, is er tijd. Als er bewustzijn is, is er geen tijd, omdat we onze fysieke werelden vanuit bewustzijn creëren.
D: *Vanuit bewustzijn. Dus als er geen bewustzijn is, is er geen tijd? Is dat wat je ziet?*
Dan: Nee. Er is bewustzijn, er is geen tijd. Tijd is materieel. Wat ik voor mijn ogen zie is een grote ronddraaiende bal van gas. Ik weet niet helemaal zeker waarom dat op dit moment relevant is, maar mijn hele lichaam trilt als een blad.

Dit moet inwendig zijn geweest, want zijn fysieke lichaam vertoonde geen tekenen van iets anders dan ontspanning.

Dan: Het concept is moeilijk over te brengen. We kunnen alleen beperken door onze verbeelding, omdat het gewoon geen grenzen heeft. Dus we kunnen ons alleen maar voorstellen, daarom onze opvatting erover beperken, om te proberen het te begrijpen. Daar zitten we dus in. Er is geen tijd als zodanig. We kunnen dus vrij bestaan - het beste woord, het enige woord dat eraan komt - is: we kunnen vrij bestaan. Probeer nu een bewuste gedachte te materialiseren - gewoon bewust. Er zijn geen andere woorden. "Denken" is verkeerd, want denken is ook energie. Maar het bewustzijn zelf is als waar het universum - nou ja, ons universum toch - wordt gedefinieerd voordat het gebeurt.
D: *Voordat het gebeurt.*
Dan: Zoals gedacht te gebeuren, is het beste. Dat zijn de meest vrije woorden die ik kan zeggen. Bewustzijn definieert het om te gebeuren.
D: *Dat het gebeurt. Maar het bewustzijn is deze energie waar je het over hebt. Is dat wat u bedoelt?*
Dan: Bewust definieert energie, als je wilt.

D: *Maar dit betekent niet fysiek bewustzijn. Het is als een energiebewustzijn?*

Dan: Denken is energie. Maar wie heeft dat gedacht? Ik heb die vraag gesteld omdat ik een punt probeer te illustreren. Waar we moeten zeggen: "Nou, gedachten zijn energie. Maar wie denkt die gedachte?" En ik probeer te suggereren dat dit lichaam gelooft of voelt, dat bewustzijn die denker is. Dat bewustzijn zelf is de drijvende kracht van de hele schepping, zoals wij die kennen. Of het nu metafysisch, spiritueel, energetisch, fysiek, materieel is. Al deze dingen worden afgeleid door bewustzijn. Het is door bewustzijn om te leren of bewustzijn om te bestaan, dat deze dingen bestaan. Alsof je een muntje omdraait. Je kunt de ene kant van de medaille niet hebben zonder de andere. Dus nu krijg ik weer de bal gas te zien, die draait om een kracht te creëren. Die kracht wordt dichter, wordt wat we begrijpen, of op zijn minst wat / begrijpen - omdat mijn bewuste geest nu tegen me schreeuwt, en ik probeer het te negeren, maar het is moeilijker. - Ik zie het draaien. Ik zie creëren. Om die materie te kunnen zijn, moet het een periode bestaan. Periode? Het moet bestaan. Dus we grijpen naar een concept van tijd, omdat we beperkt zijn? (Hij was niet zeker van dat woord.)

D: *Dat zou logisch zijn. We zijn beperkt in ons fysieke lichaam terwijl we op Aarde zijn, in deze dimensie of wat het ook is.*

Dan: Het hoeft niet per se ... maar ja, ik denk het wel.

D: *We zijn beperkt, maar in de andere staat niet?*

Dan: Bewuste staat, geen grenzen. Het is bijna als - bij gebrek aan een beter schot voor woorden - een speelgroep. Dit klinkt triviaal, ik weet het, maar we zijn altijd perfect. Toch hebben we lessen te leren. Bewustzijn leidt groei af? Ik denk dat "groei" het ding is dat komt - tenzij ik "manifestatie" wil zeggen - maar ik denk dat ergens tussen de twee correct is. Bewustzijn ontstaat ergens tussen het idee van groei en manifestatie, door speels, creatief, energetisch te zijn. En om zichzelf te begrijpen, creëren we andere dingen, anders dan wat het is. Ik word nu meteen terug naar de planeet gebracht waar ik als een tissue werd afgezogen. En ik moet nu meer dingen maken om te groeien. Om creatiever te worden, bestond ik daar -- God weet hoe lang -- het is gewoon het woord "eonen" tegen me zeggen.

D: *Je bestond daar in dezelfde vorm van energie als deze andere persoon? Of zou dat logisch zijn?*
Dan: Ik krijg een gevoel van, met dit wezen waar we het over hebben, degene die zo egoïstisch is - dat is waar we nu naar terug zijn - hij is bijna een staat van totale essentie, maar is nog steeds meer een individu zoals jij en ik. In plaats van volledig te bestaan zoals ik deed in dat bestaan op die planeet met het weefselzuigende effect. Ik kon een individualiteit over mezelf voelen, maar ook meer een energie. Veel meer, veel meer. Maar ik probeer deze persoon voor je te definiëren.
D: *Maar hij vormt soms wel een lichaam, nietwaar*
Dan: Ja, hij is volledig in staat. Het is als magie.
D: *Maar toen je op de andere planeet was waar je je deel van alles voelde, was je dan dezelfde soort energie die hij nu is, of was je geavanceerder?*
Dan: Ik ga zeggen: simpeler. Er was geen intellect. Er was geen oordeel over iets. Het was alsof ik een baby was. Ongecompliceerder. Ik begreep niet eens het idee van het fysieke rijk als zodanig, als een materieel lichaam.
D: *Het was iets wat je nog nooit had meegemaakt?*
Dan: Nooit. Maar deze, ik denk dat hij naar dit stadium is gevorderd, van humanoïde, mens, tot dit idee van energetische zielsniveaus. En hij heeft nog groei te gaan.
D: *Hij was dus niet op het punt dat jij dat wel was.*
Dan: Ik denk dat het twee verschillende dingen zijn. Ik denk dat er een idee is van de eenvoudigst denkbare levensvorm, die zo naïef en grillig is, speels, zachtaardig.

Het klonk alsof hij een elementaire energie beschreef. Was dat wat hij was op die planeet? Gewoon de meest basale vorm van energie?

Dan: De eerste bestaat en heeft alleen maar op die manier bestaan. Het is er. En de andere, dit wezen, heeft zo'n lange weg afgelegd in zijn fysieke evoluties dat hij echt begon te verdwalen in de krachten die het bewuste universum te bieden heeft. En hij wordt zich er zo van bewust dat hij ze kan gebruiken. Er zijn nog meer van dat soort wezens.
D:*Daarom werd hij toen egoïstisch.*

Dan: Ik denk dat dat is wat er gebeurt.

D:Ze hebben zoveel macht en ze vinden het leuk om het te gebruiken, en ze houden ervan om aanbeden te worden.

Dan: Tuurlijk! Dat zou ik ook doen. Ik zou willen pranceren en zingen en pronken, als ik kon zweven of gloeien.

D:Waarom moest je dat bestaan op de andere planeet achterlaten als het zo eenvoudig en ongecompliceerd was?

Dan: Ik denk dat het te maken had met groei. We hebben een idee dat het doel is, om in deze vormen te bestaan, waar pure energie alles is wat we zijn. En we kunnen wonderbaarlijk en glorieus zijn. Maar om bewustzijn op een creatieve manier te laten groeien, moeten we creëren. Laat me het illustreren door te vragen: "Wat creëerde ik, behalve ervaring?" Er was geen liefde. Er was geen avontuur. Er was een klein wonder, want ik kon voelen dat ik zou reizen en andere plaatsen zou zien, en gewoon hun omgeving een tijdje zou ervaren. Maar ik had een verlangen om weer in mijn comfortzone te zijn, want dat was het.

D: Daarom was die plek als thuis.

Dan: Altijd. Ik begin nu te voelen vanuit een objectiever oogpunt, in plaats van de emotie die ik de vorige keer voelde. Ik begin te voelen dat ik er extreem lang ben geweest. Ik kan het niet echt in cijfers vatten. Het was te lang. Dat was het punt, denk ik, het was te lang. Misschien kreeg ik de kans om uit eigen beweging te vertrekken. Ik dacht: "Oh, ik wil niet echt gaan." Dan ineens denk ik dat de beslissing voor mij is genomen. Ik krijg te horen dat het moeilijk voor me was om te vergeten.

D: Daarom had je het gevoel er niet bij te horen en naar huis te willen, omdat je die herinnering nog had. (Jazeker) En als je bij dit andere wezen was, had je een herinnering dat je ooit meer kon dan hij.

Dan: Dat klopt bijna. Maar ik had geen idee hoe ik de fysieke incarnatie moest maken. Hij had elk idee. Hij kon binnenkomen als de wind, en vorm. Het ene moment niet, maar het volgende moment zou hij er wel kunnen zijn. En daar was ik getuige van. Ik kan verschuivingen in licht zien, en het lichaam dat uit dat licht bestaat. En hij stapte eruit. Niet als een deuropening. Ik denk het toch niet. Iets bleef maar zeggen: de piramides flitsten gewoon recht omhoog. Misschien de opstellingen van die piramides en de volgorde waarin ze zich bevonden. Het was: groot, een beetje kleiner, een beetje kleiner, een beetje kleiner, in een halve cirkel. Misschien hielp dat hem een idee te krijgen van waar hij zou zijn. Ik weet het eigenlijk niet. Maar ik heb net de flits.

D: De manier waarop ze waren geregeld?

Dan: Ja, de piramides hielpen.

D: Je zei dat het een focuspunt van energie was? Dus hij kon dat op de een of andere manier gebruiken?

Dan: Ik denk het wel. Hij zou zich altijd materialiseren in zijn piramide, nooit de mijne. Ook nooit de anderen.

D: Welke was van hem?

Dan: De grootste. En mensen zouden hem bewonderen, en dat zou me ziek maken.

D: Dus telkens als hij verscheen, was het alsof de god was teruggekeerd. (Jazeker) Je werd geacht hem te aanbidden zoals de rest van hen deed.

Dan: Ja, hij had een idee dat ik kende. En ik denk dat ik hem daarom heb geadviseerd, omdat ik een aantal bevoegdheden had. En ik denk dat wanneer je op een niveau komt dat hij was, je aura kunt zien zoals je iets anders kunt zien. En je kunt mensen lezen, en daarom is het ook gemakkelijker om controle over hen te hebben. En het is gemakkelijk om daar misbruik van te maken. In plaats van de individualiteit van die persoon in zijn reis te eren, maak je er gebruik van.

Na een tijdje kwam de andere entiteit niet meer. Er was geen uitleg en Dan bleef zitten wachten, verveeld en niet wetend wat hij nu moest doen. De mensen begonnen zich tot hem te wenden voor advies, maar hij had niets om hen te geven.

Dan: Ik was in de war. Hij was vertrokken en ze gingen naar mij op zoek naar deze godheid. Ik zei: "Nou, voer het zelf uit." Dat idee bevielen ze niet. Dus ik verstopte me eigenlijk. Ik zit in deze grote piramide en ik verberg me voor al deze mensen, wetende dat niemand bij me kan komen. Tenzij ze in deze complexen worden binnengeleid, weten ze niet hoe ze erin moeten komen. Ze hadden een god nodig. En ik wilde geen hypocriet zijn. Na jaren tegen deze man te hebben gezegd dat hij niet zo moest zijn, wilde ik die man niet worden, ook al had ik zijn krachten niet en werd ik ouder. Maar tegelijkertijd voel ik dat ik ook niets heb gedaan om te helpen. En dat maakte me een beetje van streek. Ik zit in een cyclus van gewoon niet weten wat ik moet doen. Ze willen deze godheid. Ik zit in een energiefocussysteem van deze piramides. Ik kan me voorstellen dat dat kan helpen, zou kunnen versterken. Het gevoel dat ik krijg is als schreeuwen in mijn oren. "Waar ben je? Wanneer ga je ons helpen? Maak de 'whatever happen'. Ik wilde toen "regen" zeggen, maar ik weet het niet zeker.

D: Ze zochten naar hem om al hun problemen op te lossen.

Dan: Ja. En misschien was hij in die fase dat hij dat kon doen. Ik herinner me dat hij daar stond en wonderen verrichtte. Eenzaamheid is het eerste woord dat in me opkwam.

D: Wat betekent het?

Dan: Nou, ik was helemaal alleen. Na zijn vertrek was er niemand. (Grote zucht) Er is het idee dat ik hier niet echt het beste van maak.

Het was duidelijk dat dit nergens heen ging. Er werd geen nieuwe informatie toegevoegd. Dus liet ik Dan naar de laatste dag van zijn leven in dat leven gaan.

D: Wat doe je nu en wat zie je?

Dan: Ik lig gewoon in bed en sterf alleen. En de geheimen sterven met mij mee. Er is geen manier voor de mensen om te gebruiken wat ik in deze piramides heb, omdat ik ze niets heb laten zien. Of ik heb het aan niemand geleerd. Ik ben er alleen. En dat is het. Ik heb mijn ogen dicht.

D: Wat is er met je aan de hand als je sterft?

Dan: Ik ben gewoon oud. Ik krijg een gevoel van spijt en eenzaamheid, en gewoon compleet verdriet. Ik kijk nu naar mijn gezicht, en er zijn een paar tranen in mijn ogen, en ze sluiten gewoon. En ik zie eruit alsof ik niet weet wat er gebeurt. Ik had het beter kunnen doen.

D: Wat bedoel je met compleet verdriet?

Dan: Alsof dit hele ding zonde was. Zoals je hele wezen zegt: "Je had dat beter moeten doen", of "Ik wou dat dat niet was zoals het was." En je hebt dat verdriet in je opwellen. En dat is wat ik in mijn ogen kan zien als ik naar ze kijk als ze zich sluiten.

Ik nam hem toen mee naar voorbij de doodservaring en liet hem terugkijken op het hele leven en zien wat de les was.

Dan: Om iets te doen. Om het meeste te halen uit elke situatie die je hebt gecreëerd. Mensen zullen zijn wat ze zullen zijn. En het is aan jou om te zijn wat je gaat worden. Zo kun je verantwoordelijkheid nemen voor jezelf, of je kunt nooit iets doen. En daarmee kom je nergens. Wat erger is, niets bereiken als je weet dat je het kunt. Ik denk dat dat nu behoorlijk relevant is in mijn leven. Iedereen moet doen wat hij moet doen. En je kunt erdoor verslagen worden en nooit iets doen. Als je gaat kijken naar elke fout die je hebt, heb je nog steeds die input te maken, die hulp om te geven. En het is erger als je niet eens iets doet en het niet probeert.

Hierna heb ik met Dan en zijn onderbewustzijn gewerkt om de bron van zijn problemen te ontdekken en hoe deze op te lossen. De rest van de sessie was zeer succesvol. Ik wist dat we alleen maar voldoende tijd nodig hadden om eraan te werken, wat in Chicago werd ontkend door het abrupte einde van de sessie.

Ik heb Dan toen naar voren gebracht naar volledig bewustzijn. Na een tijdje gepraat te hebben ging Dan naar buiten naar zijn tent, waar hij tot de ochtend als een rots sliep. Na het ontbijt vertrok hij om nog wat meer te verkennen en te zien in New Mexico en Arizona Indian country voordat hij terugkeerde naar Los Angeles om zijn huurauto in te leveren en terug te keren naar Australië.

Weken later mailde hij me dat de sessie een succes was geweest en een belangrijke verandering in zijn leven had aangebracht. Hij was nu niet bang voor wat de toekomst ook zou brengen. Door onze vreemde ontmoeting voorzag hij me ook van een interessant stukje informatie over de plek die hij als "thuis" beschouwde.

* * *

Tijdens het doorzoeken van mijn bestanden om gevallen te vinden die in dit boek zouden moeten staan, vond ik deze die in 1990 werd gedaan. Destijds besefte ik de relevantie ervan niet, maar nu zie ik dat het een ander stukje van de puzzel van Sterrenkinderen is. Veel van mijn materiaal moet jaren wachten voordat het zijn niche vindt.

Robert was een knappe jongeman die eind dertig of begin veertig leek te zijn. Hij was een Vietnamveteraan die veel problemen had gehad die hij in verband bracht met de oorlog. Sinds zijn terugkeer was hij niet in staat om een baan te houden en was hij gehandicapt. Hij bracht veel tijd door in het Veterans Administration Hospital, waar de artsen ontdekten dat zijn fysieke problemen (meestal maag en darm en nervositeit) werden veroorzaakt door mentale problemen (of psychosomatisch). Ze hadden geprobeerd dit te traceren om erachter te komen of een specifiek incident in Vietnam het veroorzaakte. Ze waren niet succesvol geweest omdat hij weigerde te praten over alles wat er tijdens de oorlog was gebeurd. Ze probeerden hypnose en waren niet succesvol. Hun enige oplossing was om hem aan de drugs te zetten.

Zijn vriendin waarschuwde me dat ik waarschijnlijk dezelfde obstakels zou tegenkomen omdat hij standvastig weigerde het onderwerp Vietnam te benaderen. Ik zei hem dat dat goed zou komen, want we hoefden dat gebied niet eens te verkennen. We zouden in zijn vorige levens kijken en kijken of daar een aanwijzing was. Ik geloof dat dit hem hielp om te ontspannen, omdat hij mij niet als een bedreiging zag. De uitleg die naar buiten kwam, zou sowieso nooit begrepen zijn door de artsen van de VA. Dus zijn onderbewustzijn beschermde hem wijselijk door niet toe te staan dat dit verhaal aan de ongepaste mensen werd onthuld. Waarschijnlijk zou hij als patiënt in een psychiatrisch ziekenhuis terecht zijn gekomen. Misschien was dit de reden waarom zijn onderbewustzijn hem toestond om het aan mij te vertellen, omdat hij veilig was. Wat de reden ook is, ondanks jarenlange therapie en behandeling door VA-artsen, was dit de eerste keer dat deze verklaring (of enige verklaring) werd gegeven voor zijn oorlogsgerelateerde problemen.

Ik ging naar het huis waar Robert woonde met zijn vriendin en haar twee jongens. Hij had zijn eigen deel van het huis, zoals een klein appartement, waar hij alleen kon zijn als hij dat wilde. Hier hebben we de sessie gehouden. Nadat hij in een diepe trance was, kwam hij in een vreemde scène terecht die niet aards klonk. Het kostte nogal wat vragen om te proberen te bepalen waar hij was. Toen werd het me duidelijk dat hij geen vorig leven was ingegaan, wat de normale procedure is voor een eerste regressie. Hij had blijkbaar de ervaringen uit het verleden overgeslagen en was op een plek die klonk als het geestenrijk waar de ziel tussen levens naartoe gaat. Het klonk specifiek als het gebied waar de scholen zijn gevestigd. Misschien dacht zijn onderbewustzijn dat zijn antwoorden gemakkelijker uit dit gebied zouden komen dan uit het verkennen van een specifiek vorig leven.

    Hij bevond zich op een grote plaats met hoge witte muren en verschillende tinten licht afkomstig van een onbekende bron. Hij zag dat hij gekleed was in een wit gewaad dat eerder een deel van hem leek te zijn dan een gewaad.

R: Mijn lichaam hoeft niet beschermd te worden door kleding.
D: Waarom is dat?
R: Mijn lichaam is één.
D: Is het een fysiek lichaam?
R: Nee, niet echt. Het werkt als een fysiek lichaam, maar het is helemaal geen fysiek lichaam.
D: Kun je uitleggen wat je bedoelt?
R: Ik heb energie in me. Ik voel de warmte van mijn energie. Ik kan mijn armen zien. Ik heb het gevoel dat ik dingen kan doorstaan. Maar niet altijd. Alleen als het moet.
D: Waar denk je dat deze structuur is?
R: Het moet een soort behuizing zijn. Of een communicatie. Of een auditorium.
D: Wat bedoel je met een communicatie?
R: Ik wacht om naar een terminal te gaan. Ik moet daar informatie krijgen, voordat ik ga ....
D: Waar ga je naartoe?
R: Dat is niet aan mij om te beslissen.

    Hij had het gevoel dat hij moest wachten tot iemand hem kwam vertellen waar hij heen moest, of om hem te begeleiden. Hij zag dat er veel gangen waren en hij wist niet zeker welke hij moest nemen zonder iemand om hem aanwijzingen te geven. Al deed het er niet echt toe: "Want ik zal hier zijn of ik zal er zijn. Het maakt echt niet uit waar ik ben." Er was de onzekerheid dat als hij alleen op pad zou gaan, hij misschien een soort regel zou overtreden. Uiteindelijk besloot hij door een van de gebogen gangen te gaan. Hij bevond zich toen in een grote open ruimte.

R: Ik sta ergens voor. Ik zie mensen, maar ze lijken niet op mij. Misschien lijken ze nu op mij. Ze zitten boven, zodat ze de hele plaats kunnen bekijken, alle gangen. Ze hebben aura's. Er zijn gele aura's, en blauwe aura's, en groene aura's. En witte aura's. Eén persoon in de hoek heeft een echte witte aura.

D: *Hebben ze kleren aan?*

R: Nee. Het is hetzelfde als bij mij. Ze hebben geen kleren nodig. Het is alsof ze een informatiestand hebben en ze boven iedereen zitten, zodat ze naar buiten kunnen kijken en zien wie er komt en wie er gaat. En je kunt ze ook zien. Het is als een receptie. Ik vraag wat ik moet doen. (Pauze) Ze zeiden: "Wees niet gealarmeerd. Je gaat wanneer de tijd nodig is om te gaan. Je gaat weer naar school."

D: *Begrijp je wat ze betekenen?*

R: Ik heb het gevoel dat iedereen wordt getraind, naar school gaat om meer te leren over wat liefde is, wat leven is, wat God is. Maar mijn concept van God is niet hun concept.

D: *Wat bedoel je?*

R: God is overal.

D: *Wat is hun concept?*

R: Wij zijn God. Maar we moeten God aanbidden. We bidden niet voor God.

D: *Kun je hem wat vragen stellen?*

R: Ik zal het proberen.

D.: *Vraag hem waar deze plek is.*

R: Het zit in een andere dimensie. Niet per se waar het is. Het zit in ons zonnestelsel, maar het zonnestelsel is niet wat wij bepalen dat het is. Ons melkwegstelsel heeft verschillende zonnestelsels. En deze plek is slechts een terminal, informatiegebied, voor alle verschillende werelden in ons ene specifieke universum.

D: *Zijn ze fysiek?*

R: Ze zijn niet echt fysiek, net zoals ik niet fysiek ben.

D: *Kunnen ze je vertellen waar je naar school gaat?*

R: Ze komen erachter wat mijn achtergrond is en hoe ik het hele universum ten goede zou komen. En hoe ik verder kan. Ze wilden weten of mijn wetenschappelijke achtergrond op aarde is wat ik echt als mijn achtergrond wil hebben. Of is het mijn spirituele aard waar ik echt mee verder wil in mijn leven. Mijn achtergrond in biologie en geneeskunde vind ik interessant, maar het is interessanter om mensen spiritueel te helpen bij het herstellen van zichzelf.

D: *Heb je ervaring in biologie en geneeskunde in je werk?*

R: Op aarde heb ik diploma's in verpleegkunde en biologie, masters. Maar hoe meer ik leerde, hoe minder ik wist. Er is zoveel te leren. We kunnen ons niet alle concepten voorstellen die op Aarde voor ons openstaan, omdat we zeer beperkt en onvolwassen zijn. -- Ik sta hier gewoon. Ik voel me een beetje dwaas. Het is alsof je wacht om naar de wc te gaan.

D: *(Grinnikt) Ja, maar zullen ze je terugsturen naar de Aarde zodra ze erachter komen wat je achtergrond is?*

R: Nee, ik ga door. Naar een andere wereld. Er zijn verschillende werelden. Er zijn honderden en honderden en duizenden werelden waar je naartoe kunt gaan.

D: *Wat vind je daarvan?*

R: Nou, ik zal overal vrienden maken waar ik ga. Het zou leuk zijn om te weten dat ik met een aantal vrienden ben, maar we zitten toch allemaal op hetzelfde pad. En misschien kan ik gewoon doorgaan en weer mijn eigen vrienden maken.

D: *Hoe zit het met andere levens?*

R: Ik heb andere levens geleefd. Ik ben altijd op het gebied van wetenschap en geneeskunde en metafysica geweest.

D: *Dan is er veel kennis om uit te putten, nietwaar?*

R: ja. Ik heb het gevoel dat ik heel intelligent ben. En daarom weten ze niet waar ze me moeten plaatsen. Omdat mijn intelligentie niet overeenkomt met wat ik op aarde deed. Ik heb mezelf altijd tegengehouden.

D: *Bedoel je dat je veel potentie had die je niet gebruikte? (Jazeker) En ze willen je ergens neerzetten waar je dat kunt gebruiken?*

R: Uh-huh. Dus ik kan gelukkig zijn.

D: *Denk je dat je blij zou zijn als je al je potentieel zou gebruiken? (ja) Kun je het niet doen terwijl je op aarde leeft?*

R: Ik weet niet welke kant ik op moet, behalve de manier waarop ik ga.

D: *Als je veel potentieel hebt, zou het zonde zijn om het te verspillen, nietwaar?*

R: Het wordt nooit verspild. Kennis wordt nooit verspild. Dat is een vreugde van kennis en onderwijs. Het is er altijd. Het zijn de feiten of de waarheid.

D: *Je raakt het nooit kwijt. Je kunt er altijd uit putten als je het nodig hebt. Ben je al eens op deze plek geweest?*

R: Ik was misschien op een paar plaatsen in de hal geweest. Ik ben nog nooit in dit ene specifieke gebied geweest.

D: *Wanneer ga je daarheen?*

R: Na je dood.

D: *Zo vond ik het klinken. Maar ze weten niet zeker wat ze willen dat je de volgende keer doet?*

R: Ik moet de goed afgeronde balans van kennis die ik heb verzameld gebruiken om andere mensen te helpen die nog nooit zulke kansen hebben gehad. Ik heb veel geluk gehad.

D: *Heb je altijd op Aarde geleefd in het fysieke leven?*

R: Nee. De aarde is maar een heel kleine wereld. Het is een uitdaging om op aarde te leven.

D: *Misschien worden mensen daarom hierheen gestuurd.*

R: Iedereen heeft een uitdaging nodig en de aarde is een van de uitdagingen. Het lijkt er altijd op dat we deze uitdaging aankunnen. Maar nadat we hier zijn, zijn we zo gefrustreerd, omdat de uitdagingen groter zijn dan we eigenlijk dachten dat ze zouden zijn. Neerkijkend op de aarde ... het is zo'n kleine planeet, maar het bevat zoveel chaos dat één man het niet echt kan veranderen.

D: *Eén man kan soms wonderen doen. Je weet het nooit totdat je het probeert. Heb je het gevoel dat je ergens anders meer hebt gewoond dan op Aarde?*

R: Ik heb de aarde al een paar keer verkend, maar de volgende keer kom ik niet meer terug naar de aarde. Ik ga door naar ergens anders.

D: *Hoe zit het met de plaatsen waar je eerder hebt gewoond. Was er een favoriet?*

R: Ik heb altijd genoten van het water. Het water en de bomen. Op deze andere wereld zijn er verschillende... het ziet er niet uit als dezelfde bomen. Deze bomen lijken allemaal op de Douglas Sparren. En het water is blauw door de zuurstof en de waterstof.

D: *Wat zijn de mensen die daar wonen?*

R: Ze zijn net als ik nu.

D: *Je bedoelt dat energietype?*

R: Ja. Er zijn fysieke dingen. Dieren. Maar er is niets dat me schaadt, zoals op aarde.

D: *Waarom ben je niet fysiek en steviger op die wereld?*

R: Omdat we geen afval hebben, hebben we geen voedsel. We nemen energie in ons op. Dit voorkomt dat het lichaam dichter wordt.

D: En dat was een van je favoriete plekken?

R: Ja. Want je kunt gewoon zitten en de geur van de bomen en het water ruiken. Het is zo vredig.

D: Maar heb je iets bereikt toen je daar woonde?

R: Ja. Andere mensen helpen.

D: Had die wereld uitdagingen?

R: Alle werelden hebben uitdagingen. Sommige uitdagingen zijn niet noodzakelijkerwijs van kwaadaardige aard, zoals op aarde. Andere werelden hebben uitdagingen waarbij je moet weten wat goed en fout is. Je hebt verschillende paden om naar beneden te gaan. Maar je moet ervoor zorgen dat de liefde van God in je zit en dat je dat pad kiest. Want elke keer dat we dat pad kiezen, versterkt het onze goedheid die we van binnen hebben.

D: En dat is heel belangrijk. Maar je zei dat deze wezens in die kamer je proberen te helpen.

R: Ja. Dit is hun opdracht. Het is hun taak om mensen te helpen plaatsen. Er zijn monitoren daarboven in de bureaus. Het is niet de bedoeling dat ik naar de monitoren kijk. Ik heb het gevoel dat ze ergens naar kijken. Het is alsof ik geprogrammeerd word. Mijn herinnering aan alles waar ik aan heb gedacht, en wat ik ben, ze lopen er doorheen. Ze wissen de slechte delen en laten de goede delen achter. Ik hoef me de slechte delen niet echt meer te herinneren, want dat ligt aan de fysieke aard.

D: Ik denk dat ze weten wat ze doen. Is het als een machine?

R: Het dichtstbijzijnde wat ik kan bedenken is als een computer. De man op de terminal probeerde iets te zeggen, maar hij zegt het niet zo goed. (Pauze) Het is geen computer. Het zijn denkpatronen die trillen op een bepaalde golflengte die alleen bij hen bekend is. Het is als een vingerafdruk.

D: Dus elke persoon heeft zijn eigen individuele denkpatroon of vibratie?

R: Het is ingebouwd als een terminal van een computer. Het gaat door naar verschillende werelden. Het gaat naar die wereld die de hoofdstad van ons universum is.

D: Het is een soort clearing-house. En ze analyseren je talenten en al die dingen?

R: Ja. Dit is wat er tot me doordringt: ik ben misschien best goed in het kunnen praten met mensen en het troosten van mensen. En om filosofie van spirituele aard te bespreken, die ik kan gebruiken door mijn wetenschap, mijn opleiding en mijn dorst naar kennis van het spirituele.

D: *Wat gebeurt er dan?*

R: Ze geven me een opdracht. Ik heb wat rusttijd. Ik moet mijn aanpassingen doen.

D: *Nou, het is goed om te weten dat iemand anders helpt.*

R: Er is altijd wel iemand die helpt. Er zijn mensen die me nu helpen. Het zijn verschillende energieën. Ze staan vlak naast me. Zij zijn een andere energie dan ik. Het is niet echt een energie, maar het is energie. Ze voelen zich erg geruststellend. Ze zijn bij me op aarde geweest.

D: *Zijn deze energieën net als de andere?*

R: Nee. Die aan de bureaus hebben meer een lichaamsvorm. Niet wit. Ze zijn een beetje een vies uitziende kleur. Een groenblauwe kleur misschien? Blauwachtig groenachtig. Ze zijn een beetje solide, maar ze zijn niet solide. Je kunt je arm er niet echt doorheen prikken. Maar de andere energie die bij mij is, is meer een lichtenergie. Dat is wat het is. Het is licht! Puur licht. Ze zijn altijd bij me. Ze zullen een deel van mij zijn.

D: *Denk je van wel?*

R: Ja. Maar ik spreek hun taal nog steeds niet. Er is geen gesprek tussen ons. Het is gedacht.

Op dit punt besloot ik hem vooruit te brengen naar een tijd waarin hij zijn rust had voltooid en klaar was om zijn volgende opdracht aan te nemen. Hij zou het rustgedeelte kunnen versnellen, maar er toch de voordelen van krijgen. Ik hoefde hem daar niet te tellen omdat hij me onderbrak voordat ik de instructies had voltooid.

R: (Onderbroken) Ja, ik ben daar, precies op het randje, uitkijkend in de ruimte. Ik ben met iemand. En ik moet gelijk hebben op hun ... Ik weet niet wat .... Ik word erdoor overspoeld. Ik word verondersteld overspoeld te worden. Oké. Ik kan nu gaan. Ik kan gaan. Het zijn net engelenvleugels. Het zijn engelen, maar het zijn geen engelen. Ze zijn gewoon anders. Het is een soort pikorde. Iedereen heeft zijn baan. Iedereen heeft verschillende taken om elkaar te helpen. En ze hebben altijd medelijden met mensen die op aarde leven. Maar ze voelen zich ook een beetje jaloers, omdat ze de emoties die we hebben ervaren niet kunnen ervaren.

D: *Deze lichtenergieën?*

R: Ja. De lichtenergie. Ze hebben geen emoties ervaren, en huilen en lachen, zoals wij het hebben ervaren. En de pijn. Ze weten niet wat pijn is. Misschien heb ik het gevoel dat ik een beetje beter ben dan zij. Maar ik heb niet de macht die zij hebben. Ik word verondersteld te worden overspoeld door deze energie en genomen te worden zonder verbrand te worden, omdat we zo snel reizen. Er moet een beetje wrijving zijn. (Is dit zijn eigen perceptie? Omdat een geest niet gekwetst zou worden.) En het houdt me veilig. Het houdt ze veilig.

D: *Vanuit ons menselijk perspectief zou je denken dat ze geluk hadden dat ze geen emoties hadden ervaren. Het lijkt vreemd om te denken dat ze jaloers zijn.*

R: Misschien zijn ze meer compassievol, en dat is wat ik voel.

D: *En je reist door de ruimte of wat?*

R: Ik kan elk moment gaan. Ik wacht op je.

D: *Wachten op mij? Waarom?*

R: Ik weet het niet. Ik dacht gewoon dat ik dat was. (Grinnikte ik) Oké. We zijn er klaar voor. Ga je?

D: *Ik denk, als je er klaar voor bent. Ik ben slechts een gids om je door deze veel verschillende dingen te leiden. Dat is alles wat ik ben.*

R: Oké. We gaan!

D: *En ze houden je veilig. Vertel me hoe het is als je gaat.*

R: Het voelt alsof mijn hoofd ... Wauw! Het voelde als een grote stormloop. We zijn nu op een strand.

D: *Oh! Dat was toch snel?*

R: ja. Ze reizen echt snel. En we zijn op een strand. En ik zal gewoon geleid worden naar wat ik moet doen. (Pauze) Ik ben geen baby. Ik heb geen leeftijd. Ik voel me volwassen, maar er is geen leeftijd. Er is eigenlijk geen tijd. Er is tijd voor rust. Het is niet het moment waar we aan denken.

D: *Waar is dit strand?*

R: Het is op een wereld. En er zijn verschillende bomen. Ik ben aan het water, want daar wilde ik naartoe. Ik moet lopen ... en er is een woning boven. Het heeft een brede basis, en het is ... niet piramidevormig, maar het heeft verschillende niveaus die kleiner worden naar de top. (Handbewegingen) En het heeft een klein baken ding daarboven, een klein licht huis type ding. Je hebt geen zin om te lopen, maar je loopt. Het voelt gewoon alsof ik loop. Maar ik heb niet echt een stevige huid met haar erop. Het is gewoon .... (moeilijk uit te leggen.) Je kunt het vastpakken.

D: *Het heeft dus wel enige inhoud. -- Vertel me hoe de woning eruit ziet.*

R: Er zijn trappen die naar boven gaan, trappen. Het gebouw is blauw, met een gele bies. Er zijn grote ramen. Grote, grote dubbele deuren, die geel zijn. Het is heel groot. Heel mooi. Veel licht. Zeer comfortabel uitziend. Ik zou genieten van deze plek. Er zijn andere mensen die zeggen: "Hallo!"

D.• *Kennen ze je?*

R: Ja. Ze kennen me. Ze stonden me op te wachten. Velen van hen ken ik, maar ze hebben hun naam niet meer. Ik weet alleen dat ik ze al eerder heb gekend. En het voelt goed om bij mensen te zijn die ik vroeger kende. Ze kozen dezelfde plek als ik.

D: *Is dit een fysieke wereld?*

R: Redelijk fysiek, ja.

D: *Zijn de mensen allemaal zoals jij?*

R: Ja. Er zijn daar een paar mensen die groter zijn. Ze zien er lijker uit. Zij zijn misschien wel de superieuren.

D: *Hebben ze allemaal hetzelfde type energielichaam, zonder functies?*

R: Ze hebben niet echt functies nodig. Ik heb niet echt functies nodig. We hebben oren, maar we praten niet echt. We hebben ogen en we zien. We hebben geuren. En het lijkt alsof ik zoveel verschillende zintuigen heb. Meer dan ik nu op Aarde heb. Het wordt leuk om mee te maken. We zijn er allemaal om onderwezen te worden en om elkaar te onderwijzen.

D: *Wat voor soort zintuigen heb je die je op aarde niet hebt?*

R: Het is moeilijk uit te leggen. De geuren ... iedereen, alles heeft een andere geur. En het is gecorreleerd met het licht dat het lijkt. Ik hoef er dus echt niet te veel op in te gaan. Aanraking heeft hetzelfde trillingsniveau als de geur. Iedereen heeft een aura, alsof ze ingekapseld zijn.

D: *Wat moet je daar doen?*

R: Ik moet studeren en praten en leren. Met die andere mensen bespreken we onze vorige levens. En we worden verondersteld geïnstrueerd te worden hoe we op deze planeet moeten leven.
D: Dus je blijft een tijdje op die planeet?
R: Ja, totdat we min of meer slagen voor onze examens. Andere mensen passeren ze misschien niet zo snel als ik. En ik passeer ze misschien niet zo snel als sommige anderen.
D: Er is dus geen vaste tijd.
R: Nee, er is geen tijd.
D: Weet je wat je gaat doen nadat je geslaagd bent voor je tests?
R:Nee, dat wordt op dat moment beslist. Ik geniet van de zoektocht naar kennis.

Ik dacht niet dat we verder iets konden leren als hij een tijdje op die plek zou blijven. Het einde van de sessie naderde en we hadden nog steeds niet de oorzaak van zijn fysieke problemen in dit huidige leven vastgesteld. Dus vroeg ik hem om die scène te verlaten, zodat ik met zijn onderbewustzijn kon praten en misschien meer expliciete antwoorden kon krijgen.

D: Ik zou jullie onderbewustzijn enkele vragen willen stellen met betrekking tot jullie leven op Aarde op dit moment. Zou dat goed zijn?
R: Laat me teruggaan naar de Aarde.

Ik oriënteerde hem terug naar de huidige tijd en instrueerde zijn huidige bewustzijn om volledig terug te keren naar zijn lichaam. Op dit punt begon hij te bewegen en ik wilde nog niet dat hij wakker werd.

D: Ik wil dat je in deze staat blijft, dus ik kan met je onderbewustzijn spreken en het vragen stellen.
R: Daar heb ik nog herinneringen aan.
D: Oh, het was heel mooi. Ik wil het onderbewuste van Robert spreken alsjeblieft. Waarom kreeg Robert die scènes te zien?
R: Omdat hij mensen op aarde kan vertellen dat het leven voor altijd is. En dat we in balans zijn en het leven leiden dat we hier op aarde hebben. Wij, in dit fysieke lichaam, hoeven niet negatief te zijn. We kunnen positief zijn. En als we liefde kennen en liefde geven, ervaren we wat er buiten deze wereld is. We moeten weten dat we

spiritueel zijn, we zijn in balans. Uit de wetenschap weet hij waarom de lucht blauw is en de bladeren groen. Waarom de wormen in en uit gaan. Hij kent elk deel van het lichaam, elke spier, elk bot. Maar hij heeft nooit ontwikkeld wat hij als zijn spirituele natuur heeft beschouwd. Geen religieus geloof, maar spiritualisme. Hij wist dat er altijd leven is na deze wereld. Niet per se op deze wereld. Als je terugkomt naar deze Aarde, kies je ervoor om terug te komen. Of je wordt min of meer verteld om terug te komen, omdat je de kennis, de uitdagingen van deze ongehoorzame wereld niet hebt vervuld en geleerd. Het gaat naar school. Dat is alles wat we zijn. Wanneer we onze jonge kinderen opvoeden, leren we vanaf het begin. We gaan altijd naar school. Wat we als baby beginnen en door ons volwassen leven uitvoeren, gaan we na de geboorte in een ander leven door. We zijn altijd aan het leren. En sommige mensen weigeren te leren. Het is als het oude gezegde dat je de ezel naar de waterbak kunt brengen. Je kunt zijn neus en mond recht in het water steken, maar je kunt hem niet laten drinken. Totdat hij erachter komt dat het water zijn dorst lest.

D: *Soms blijven mensen gewoon dezelfde fouten maken.*

R: Ja. Je kunt hun hoofd in de muur rammen. In het geval van Robert heeft hij meer levens op andere werelden geleefd dan op aarde. Hij is gewoon naar deze wereld gekomen omdat het een uitdaging is, omdat hij zich snel verveelt.

D: *Denk je dat dit deel uitmaakt van zijn fysieke problemen, omdat hij niet gewend is aan een fysiek lichaam.*

R: Het kan, denk ik. Goh durn, ik wilde hier niet zijn. (Grinnikt) Daar ben ik het een beetje mee eens, want ik wil dit lichaam niet. Maar ik zit ermee opgescheept.

D: *Ja, voorlopig wel. En je moet ermee leren leven. Maar het lijkt erop dat hij in andere levens niet zo'n lichaam had om zich zorgen over te maken.*

R: Nee, hij voelde geen pijn. Pijn is de hel.

D: *Hij wist niet wat het was.*

R: Nee, daar is geen pijn. Je moet fysiek zijn om pijn te begrijpen.

D: *Misschien is dit iets wat hij kwam leren.*

R: Dat is het ook. En iedereen moet ook leren over roberts pijn, want Robert kan de pijn aan. Maar hij heeft het moeilijk met zijn drugs. Er is een fysieke afhankelijkheid van drugs. Wanneer hij duidelijk krijgt met deze Viet Nam-stress dat zijn lichaam doorgaat, zal hij misschien de VA vragen om een tijdje in het ziekenhuis te worden opgenomen. Omdat de arme man al zoveel jaren aan de drugs is, van het proberen te bestrijden van deze pijn. En deze pijn zal hem nooit verlaten totdat hij sterft.

D: *Denk je dat, of heb je er iets over te zeggen?*
R: Dat is zijn lot. Hij moet de pijn voelen, want hij kan de pijn aan. En mensen moeten van hem leren.

D: *Lijkt dat niet nogal wreed?*
R: Het is helemaal niet wreed, want er is geen tijd. Wanneer een persoon sterft aan kanker omdat hij te veel sigaretten heeft gerookt, leren de mensen om hem heen een vreselijk harde les. En hij ook. Maar iedereen gaat door. Het maakt echt niet uit, want het is slechts een flits van een paar seconden real-time.

D: *Als hij levens had waarin hij geen fysiek lichaam had, denk je dan dat dat de reden was waarom naar Vietnam gaan zo stressvol was?*
R: Ja. Maar het was iets wat hij wilde doen, en hij kreeg te horen dat hij het moest doen. Hij wist dat hij niet zou sterven, maar hij wist het niet echt. Er was dood om hem heen.

D: *En het bracht angst met zich mee.*
R: Ja, maar dat was wat hem op de been hield. Dat maakte dat hij deed wat hij deed. De uitdaging van de angst. Er zijn niet al te veel plaatsen in de universa die oorlog hebben. De Aarde is een van de weinige plaatsen waar je als mens oorlog kunt ervaren. Het overkwam de mens lang geleden, toen de hele wereld in gebreke bleef.

D: *Hoe bedoel je, de hele wereld is in gebreke gebleven?*
R: Er waren andere wezens die naar beneden kwamen om ons te helpen. En ze probeerden te paren, en ze probeerden rond te draaien en God te spelen.

D: *En zij waren degenen die deze situaties brachten?*
R: ja. Ze wilden leger, cowboys en indianen spelen. Ze zetten een patroon op. Mensen zijn in principe dieren en het is moeilijk om het patroon te doorbreken. Het heeft te maken met het evolueren uit het patroon. Het is als een slechte gewoonte. Zodra je begint te bijten in je vingernagels, zoals Robert doet, is het moeilijk om het te breken. Of een bepaald scheldwoord zeggen. Het is moeilijk om het te breken.

D: *Het is dus een gewoonte van het menselijk ras, bedoel je.*
R: Ja. Het is allemaal ons probleem.
D: *Het werd hierheen gebracht door andere wezens?*
R: ja. Ze wisten het niet. Het is niet echt hun schuld. Ik denk dat het gewoon een soort van ... Gebeurd.
D: *En nu is dit in het patroon van de Aardemensen.*
R: Ja. Het wordt steeds beter. De aarde heeft enig succes gehad in haar evolutionaire patronen. Het mannetje houdt van vechten. En dit is een van de plekken waar je dat kunt ervaren. Er zijn veel ervaringen van de Aarde waar je doorheen kunt gaan, zoals honger, oorlog. Er zijn andere ervaringen. Goddelijk zijn in de politiek. Of u kunt gewoon een aangenaam, aangenaam gevoel van het gezinsleven ervaren.
D: *Ja, je hebt veel keuzes. Dus ik krijg dan het gevoel dat toen hij naar Vietnam ging ....*
R: Dat was mijn keuze.
D: *Maar je was niet voorbereid op de stress.*
R: Nee, nee. Niemand vertelde me hoe erg het is.
D: *Maar blijkbaar heb je er een les uit geleerd. Een les die waardevol voor je zal zijn.*
R: Ja, omdat ik weet hoe oorlog is. Ik weet hoe vechten is. Dus als ik naar een andere wereld ga, en als iemand boos wordt of een -- je kunt het een "recessieve" eigenschap noemen - zou ik weten hoe het is. En ik zou die mensen kunnen helpen om daar voorbij te komen.
D: *Dat is heel waardevol. Maar geloof je echt dat Robert in dit leven kwam om het ongemak te ervaren dat hij ervaart? (Jazeker) Maar zou het niet makkelijker zijn als we hem konden helpen om daarmee te leven?*
R: Het zal gemakkelijker zijn naarmate de tijd vordert.
D: *Denk je dat als hij begrijpt waar het vandaan komt en de reden ervoor, het het voor hem gemakkelijker zal maken om ermee om te gaan?*
R: Maar hij heeft veel fysieke problemen.
D: *Maar kun jij, als onderbewuste, hem daar niet mee helpen?*
R: Alleen als hij naar het onderbewuste kan gaan, en om begeleiding kan vragen, en om de natuurlijke endorfines in zijn lichaam kan vragen om te helpen. Hij zal de pijn krijgen, zodat iemand anders kan ervaren dat hij hem kan helpen.

D: Maar toch zou het goed zijn als we het kunnen versoepelen. We willen hem niet het leven zuur maken terwijl hij deze lessen leert.
R: Robert zijn leven is niet miserabel. Hij heeft het gemaakt.
D: Denkt u van wel? Ik weet niet of hij het daarmee eens zou zijn. Maar het belangrijkste is dat als hij verlichting van het ongemak wil, hij naar het onderbewustzijn kan gaan en om de natuurlijke endorfines kan vragen om hem te helpen.
R: Ja. Net als nu heeft hij geen pijn.
D: Ja. Die endorfines zijn heel krachtig. Ze zijn veel krachtiger dan het nemen van welke vorm van drugs dan ook. Omdat ze natuurlijk zijn en ze worden gecontroleerd door het onderbewuste.

Ik plantte toen de suggestie dat wanneer hij verlichting nodig had, hij zich kon ontspannen en het onderbewustzijn kon vragen om de natuurlijke endorfines vrij te maken. Het onderbewuste probeerde met me in discussie te gaan: "Ja, maar Robert is zo gevoelig voor de pijn van iedereen."

Ik kon begrijpen waarom, want Robert was een zeer gevoelig en medelevend persoon. Na veel discussie stemde het onderbewuste ermee in om zijn deel te doen, als Robert zou meewerken. De uiteindelijke uitkomst is altijd aan de persoon. Als ze zichzelf niet echt willen genezen, om welke reden dan ook, dan kan niets wat ik kan doen helpen.

Ik heb nooit meer met Robert gewerkt. Ik hoorde van tijd tot tijd over hem. Hij ondervond nog steeds problemen en was in en uit het VA-ziekenhuis. Het leek alsof hij de les van pijn echt niet wilde loslaten, ook al was zijn onderbewustzijn bereid om met hem aan het probleem te werken. Ik zou echter willen denken dat het heeft geholpen door de natuurlijke endorfines vrij te maken op momenten dat hij ze nodig had, zodat hij niet zo verslaafd zou zijn aan de drugs. Tenminste, hij wist nu enkele van de redenen waarom hij dit deel van zijn leven meemaakte. Misschien had zijn onderbewustzijn gelijk toen het zei dat de pijn hem nooit zou verlaten totdat hij stierf. Als dat zo is, hoop ik dat hij zijn les leert, en ook anderen leert over pijn en over het leven met iemand die chronische pijn heeft. Als dat de reden is, dan heeft het verdienste omdat het leert. Dat is echt waar het allemaal om draait, lessen leren en van daaruit vooruitgang boeken. Als we een les goed leren, hoeven we die niet te herhalen.

Nogmaals, ik kan volledig begrijpen waarom Het onderbewustzijn van Robert dit verhaal niet naar buiten zou laten komen toen hij met de VA-artsen werkte. Misschien kan het horen van dit verhaal hen meer begrip geven en meer openstaan voor het zoeken naar de oorzaak van oorlogsstress op ongewone plaatsen met ongewone verklaringen.

* * *

TERUGKEER NAAR TAPESTRY KAMER

Ik bracht de maand maart 2000 door met het geven van lezingen in alle grote steden in Australië. Ik probeer een aantal privésessies te doen als ik op reis ben, omdat er altijd een wachtlijst is van mensen over de hele wereld die therapie willen. Norma had me geschreven na het lezen van een aantal van mijn boeken, en we maakten een afspraak om een sessie te hebben terwijl ik in Gold Coast was. Ze had veel persoonlijke en fysieke problemen waar ze verklaringen voor wilde vinden. Ook was ze gefascineerd door de beschrijving van de geestenwereld die we betreden als we dit leven verlaten, zoals gemeld in mijn boek Tussen dood en leven. Ze wilde deze plaatsen zelf zien, vooral het Temple of Wisdom Complex met zijn prachtige bibliotheek en tapijtkamer. Ik vertelde haar dat dit misschien mogelijk was. Ik zou haar eerst door een vorig leven moeten leiden en dan moeten zien waar ze na de dood naartoe is gegaan. Dit is de procedure waarvan ik heb ontdekt dat deze het beste werkt als we de geestenkant willen verkennen.

Ze ging snel in een diepe staat en herbeleefde een vorig leven in victoriaans Engeland dat veel van de persoonlijke karmische relaties verklaarde waarmee ze in dit leven betrokken was. Er waren veel details: data, namen en plaatsen in Londen, die gecontroleerd en geverifieerd konden worden. Ik heb nu zoveel regressies gedaan dat dit soort details me niet meer verbazen. Het belangrijkste is de therapie die is afgeleid van het herbeleven van het trauma en de emotie van het leven. Normaal gesproken laat ik het aan het onderwerp over of ze het willen onderzoeken en verifiëren. Ik heb geen bewijs meer nodig en controleer deze dingen niet, tenzij het van waarde is om in een boek op te nemen. Er zal nooit genoeg bewijs zijn om een ware scepticus te overtuigen, en een gelovige heeft geen bewijs nodig. Op dit punt in mijn werk ben ik meer gefascineerd door het onbekende, wat toch niet bewezen kan worden.

Toen ik haar naar het einde van dat leven bracht, stierf ze vredig als een oude vrouw in haar huis, omringd door haar familie. Terwijl ze wegdreef van het fysieke lichaam, vroeg ik haar om te beschrijven wat er gebeurde.

N: Er is een lampje. Figuren in gewaden en er is liefde en vrede. Ze nemen haar mee naar een plek die heel rustig en vredig is. Er is niemand in de buurt. Het is gewoon stil en erg mistig.

Dit klonk als de plek die anderen hebben beschreven als de Rustplaats, een soort heiligdom waar zielen een tijdje kunnen rusten voordat ze naar een andere bestemming gaan, hetzij aan die kant of door terug te keren naar een ander lichaam in een nieuw leven.

D: Een plek waar ze even kan rusten?
N: (Zachtjes) Ja. Het is leuk.
D: Moet ze daarna ergens anders heen?
N: Ja, het is tijd. Ze moet nu naar de kamers van kennis.
D: Ik heb van deze plaatsen gehoord. Norma wilde de herinnering hebben aan hoe ze eruit zagen. Wat laat je haar zien?
N: Er zijn pilaren. En veel boeken. En een koepel ... en mensen. En het is heel ... zwaar, dik van kennis. Het is groot. Het gaat voor altijd. Het heeft veel kamers buiten het stonede gebied. En er zijn loopbruggen en boeken en tafels en mensen.
D: Met wie spreek ik? Haar onderbewustzijn of .... ?
N: Norma is zich bewust van Norma, maar ik ben haar hogere zelf.
D: Ik noem het het onderbewuste. Het is het deel dat alle informatie heeft, nietwaar? (Jazeker) Dat is wat ik graag spreek. Ik ben me bewust van sommige van de delen van deze plek. Is er een kamer die de "tapijtkamer" wordt genoemd?
N: Oh, ja.

Dit werd in Tussen dood en leven beschreven als een tapijt van het leven waarin het leven van elke persoon als een rode draad wordt weergegeven. De manier waarop het zich verweeft is een levendige beschrijving van hoe ieders leven iedereen beïnvloedt. We zijn één en toch zijn we allemaal met elkaar verbonden.

D: *Ze vroeg zich af of ze die kamer kon zien?*
N: Ze gaat er de hele tijd naartoe.
D: *Doet ze dat? (Jazeker) Ze weet het toch niet?*
N: Dat doet ze, maar ze geloofde het niet.
D: *Kun je haar laten zien hoe de kamer eruit ziet?*
N: Het is een kamer vol licht. Het heeft geen plafond, want het wandtapijt is erg hoog. En het is erg lang. Gaat een lange weg. Er is geen einde. En het beweegt. Het leeft.
D: *Hoe bedoel je?*
N: Het leeft met het licht en de draden zijn levende wezens. Ze zijn niet ... materiaal. Ze hebben gevoel, en ze hebben nagedacht, en ze hebben kleur, en ze hebben leven.
D: *De strengen waaruit het weven van het wandtapijt bestaat?*
N: Ja. Ze zijn levendig. Sommigen van hen zijn zo helder. En ze zijn allemaal verschillende diktes, en ze hebben energie, entiteit. Hun eigen energie. Elk is uniek en mooi. En zij vormen deze beweging en levendigheid. Mooie patronen. Het verandert als een film op het scherm.
D: *Het is dus als een levend wezen, in plaats van alleen een stuk stof.*
N: Oh, het is geen doek. Een wandtapijt is zelfs een understatement. Het beschrijft het gewoon helemaal niet.
D: *Het is iets dat we echter kunnen begrijpen met onze beperkte kennis. Maar als de draden, de strengen, leven, wat stellen ze dan voor?*
N: Oh, ze zijn mooi. Het zijn mensen, hun leven, hun ziel. Ze vertegenwoordigen alles wat we zijn.
D: *Dus het is een voorbeeld van hoe het allemaal met elkaar verweven is*
N: O ja. Het is heel erg ingewikkeld. Meer dan we ooit hadden gedacht. Want elk leven, elk bestaan, elke gedachte, elke actie, alles wat we zijn, dat we zullen zijn, wat we zijn geweest, is vertegenwoordigd in elke streng. En dat zijn we ook allemaal.
D: *Vertegenwoordigt het alleen het huidige leven, of is de streng de geschiedenis van de ziel?*
N: Ja, en de toekomst en de ... nou ja, de ziel. Dat is het.
D: *Maar als het al verweven is, betekent dit dan dat alles vastligt.*

N: O, nee. In sommige delen van de streng is het ingesteld, afhankelijk van de laatste reis van de ziel op dat moment, omdat sommige levens die het kiest om te leiden geen vrije wil hebben.

D: *Doen ze dat niet? Of weten ze niet dat ze dat hebben?*

N: Ze hebben geen vrije wil.

D: *Dus niet elke entiteit heeft een vrije wil?*

N: Dat klopt. Het hangt af van het leven dat het kiest. Als het kiest voor een menselijk leven, heeft het een vrije wil. Maar als het een ander bestaan kiest, heeft het in sommige gevallen geen vrije wil. Dus daarom verandert de streng in zijn textuur en zijn verlichting en zijn kleur en zijn dikte en zijn verbinding met andere strengen. Het is heel complex.

D: *Het hangt dus allemaal af van de les die de ziel op dat moment leert.*

N: We zouden het geen "les" als zodanig noemen. We zouden het noemen ... herinnering. Want de ziel weet alles. Het weet alles. Het weet alles over alles wat er te weten valt. Het onthoudt gewoon niet altijd. En afhankelijk van het leven dat het kiest om te leven, herinnert het zich soms, en het herinnert zich soms niet.

D: *Als het een mensenleven is, zou het verwarrend worden als we al die dingen onthouden.*

N: Het is een leven dat de ziel kiest wanneer ze veel wil opruimen. Het zou anders niet kiezen voor een menselijk leven, want het is een moeilijk bestaan om te kiezen, op vele niveaus. Het is ook een zeer stimulerend leven om te kiezen. Want het is heel vol. Vol emotie en gevoel en textuur en levendigheid. In veel andere levens die een ziel kiest is er niet veel variatie. Er is niet veel textuur. Want ze hebben soms niet eens de derde dimensie om zich mee te verhouden. Ze weten niet van de derde dimensie.

D: *Moeten ze door dat soort levens gaan voordat ze in een aardse leven komen?*

N: Niet per se. Het hangt af van de keuze van de ziel. Dan hebben veel zielen natuurlijk veel aardse levens gekozen en komen ze vast te zitten op het driedimensionale wiel. En ze weten niet eens van andere bestaansvormen, waardoor ze meer karmische verbinding creëren en daarom naar de Aarde moeten terugkeren. Voor de ziel kan het frustrerend zijn, want zij begrijpen aan de andere kant dat er andere levens zijn die geleefd kunnen worden. Maar ze zijn zo opgesloten aan het aardse vlak dat ze het niet kunnen verlaten.

D: *Dat moeten ze allemaal eerst afmaken.*

N: Niet altijd al het karma gecreëerd door de karmische kracht. Maar veel van de tijd is er zoveel te doen, als ze geen ander aardse leven zouden hebben, zouden ze de kans verliezen om een lichaam te krijgen om naar terug te keren. En ze zouden de verbindingen missen die ze moeten maken. Ze missen misschien de kans om samen te trekken met de volgende ziel waarmee ze zich moeten verbinden. Ze hebben de neiging om in vergelijkbare kringen te blijven. En degenen, zoals Norma, die weten dat ze hier niet vaak hoeven te zijn, hebben de neiging om zich in cirkels van vergelijkbare of soortgelijke zielen te bewegen en ook uit hen te reizen.

D: *Maar als ze de kans verliezen om verbinding te maken, zou het veel tijd kosten voordat ze de kans weer hadden. En dat karma zou uiteindelijk moeten worden terugbetaald en opgeruimd. Is dat wat u bedoelt?*

N: Ja. Norma is zich daar zeer van bewust. Degenen die vastzitten in de derde dimensie zijn zich niet echt bewust. Ze weten in hun kennis ergens, vooral tussen levens door, dat er andere levens zijn die ze kunnen leiden. Maar ze weten dat ze in de Aardse dimensie moeten blijven om de karmische schulden te vervullen. Anders laten ze de kans liggen en moeten ze lang in geestvorm blijven. Ze kunnen naar andere buitenaardse levens gaan, andere dimensionale levens. Maar ze weten dat het hen beperkt, want ze missen het om zich te verbinden met die levens die aardgebonden levens zijn, die ze moeten vervullen.

D: *Maar in de andere levens, waar ze zich niet eens bewust zijn van de derde dimensie, creëren ze dan ook karma?*

N: O ja! (Nadrukkelijk) O ja! Het maakt deel uit van de reis van de ziel om karma te creëren.

D: *En werk het uit.*

N: Het is om de vibratie van die ziel te verhogen, om hen terug te brengen naar de Kracht van God.

D: *Maar in de andere levens creëren ze niet het intense karma dat we met het menselijk lichaam doen?*

N: Het kan net zo intens zijn, ja. En soms kunnen ze vast komen te zitten in een buitenaards leven.

D: *Om dezelfde redenen? (Oh ja!) Maar zoals ik me ervan bewust ben, kunnen ze in sommige buitenaardse levens zo lang leven als ze willen. (Jazeker) Ze zouden dus alle tijd hebben om dingen uit te werken.*

N: We spreken van lagere buitenaardse levensvormen.

D: *Kun je me daar iets over vertellen?*

N: Er zijn er die in zekere zin op kolonies mieren lijken. Die niet per se lichamen hebben. Ze zijn energie, maar zijn van één geest, om zo te zeggen.

D: *Zoals een groep?*

N: Ja. En ze bewegen misschien als een zwerm vogels. En misschien bewegen als mieren. Ze verbinden zich met elkaar als een kolonie. Ze bewegen als één, maar als afzonderlijke entiteiten. En ze hebben niet de karmische ingewikkeldheden die de menselijke vorm wel heeft. Het lijkt meer op een groepskarma, waarbij ze afspreken om als groep samen bepaald werk te doen. Dus als het niet wordt vervuld, wordt het niet geïntegreerd en vrijgegeven.

D: *Zijn er anderen die lagere soorten buitenaardse levensvormen zijn?*

N: Ze kunnen werknemers zijn voor hogere levensvormen. Maar de ironie is dat de zielen van de hogere levensvormen er soms voor kunnen kiezen om een werker te zijn. Bewegen van verschillende niveaus, om het zo maar te zeggen. Het is een misvatting dat een ziel naar boven beweegt. Het is niet van de ene hogere levensvorm naar de volgende hogere levensvorm. Zo is het niet.

D: *We hebben de neiging om zo te denken.*

N: Nee, het springt en kronkelt. Om allerlei redenen zal een ziel kiezen voor een reis. Gewoon soms voor de lol, voor de ervaring.

D: *Om terug te gaan en iets te ervaren dat op dat moment anders is.*

N: Ja, het draagt bij aan het wandtapijt. Het draagt bij aan de complexiteit van de ziel.

D: *De afwisseling.*

N: Ja, voegt het toe. Het geeft. Het vult. Het maakt de ziel completer. Het is een ander stukje van de puzzel.

D: *Dat lijkt me logisch. Norma vroeg zich af of ze een galactische connectie had.*

N: O ja! Ze is zich bewust van de galactische levensvormen die ze is geweest, maar ze is zich niet bewust van de details op een bewust niveau. Ze weet veel van zichzelf. En ze leert veel in dit leven. Tenzij ze echt terug wil naar de derde dimensie, hoeft ze hier niet meer te komen.

D: *Dus ze is hier min of meer haar werk aan het afmaken?*
N: Er is nooit enige voltooiing als zodanig, omdat je kunt komen en gaan wanneer je wilt. Maar ze geniet wel van het vrije wilsaspect van deze reis.
D: *Dus op elk moment kan een ziel besluiten dat ze geen aardse levens meer wil, en doorgaan en iets anders proberen.*
N: Alleen als het veel van zijn karma heeft opgeruimd. Want, zoals we al zeiden, jullie kunnen vele levens aan het Aardse vlak vastzitten. Want hoe meer levens je leeft, hoe meer je hier opgesloten zit, voor het karma dat je creëert.
D: *Het is dus beter als je alles opruimt als je ergens anders verder wilt.*
N: En vele zielen zijn zich hiervan bewust. Niet op een bewust niveau natuurlijk; daarom proppen ze zoveel in één leven. Veel zielen die hier zijn in deze tijd van de evolutie van de Aarde, hebben buitenaardse levens gehad. En velen zijn zich er niet helemaal bewust van. Er zijn er nu meer op dit aardse vlak dan ooit tevoren, want ze zijn hier met een reden: om de vibratie van Moeder Aarde te helpen verhogen.

In Keepers of the Garden zei Phil dat veel zielen die nog nooit aardse levens hadden gekend, zich vrijwillig hadden aangemeld om de aarde op dit moment in haar geschiedenis te helpen. Ze waren de infusie of transfusie van nieuw bloed, degenen die nooit geweld hebben gekend. Omdat ze dit niet hebben in de geschiedenis van hun ziel, kunnen ze helpen om de vibratie van de Aarde te veranderen en het naar een hogere dimensie te verheffen waar zaken als geweld onmogelijk zijn.

D: *Dit is mij verteld. Dat we weggaan van het geweld en een andere evolutionaire periode voor de aarde ingaan?*
N: O ja, en Moeder Aarde heeft dit gecreëerd.
D: *Omdat ze ook een levend wezen is?*
N: Natuurlijk.
D: *Wat veel mensen zich niet realiseren.*
N: Nee, en ze moet communiceren met de andere planeten van dit sterrenstelsel. En dan natuurlijk ook daarbuiten. Het is groter dan je denkt.

D.: Ja. Ik heb gehoord dat er niet alleen de tapijtkamer is die de zielen vertegenwoordigt, maar dat het complexer is dan dat.

N: O ja. De tapijtkamer vertegenwoordigt alleen die zielen die in dit universum werken, en de vele universa daarbuiten. Maar er is meer dan dat.

D: Zijn er andere wandtapijten, als voorbeeld, als analogie?

N: Zo is het, maar dat is zo'n vereenvoudigde uitleg. Woorden kunnen niet beschrijven. Stel je het universum voor, of visualiseer het, en stuur dat dan naar het oneindige. En je krijgt het idee dat elke ster een leven vertegenwoordigt, een ziel. En je raakt gewoon aan waar het allemaal om draait.

D: Maar de sterren zijn fysieke objecten, nietwaar?

N: Ja, maar we gebruiken het universum als een voorbeeld van hoeveel en hoe complex zielsreizen zijn. Als je visualiseert of je voorstelt dat elke ster een ziel en zijn reis naar het oneindige vertegenwoordigt, zul je begrijpen hoe uitgestrekt we werkelijk zijn.

D: Geen beperkingen eigenlijk, tenzij we ze onszelf opleggen. Klopt dat?

N: Elk leven dat door de ziel wordt gekozen, vertegenwoordigt een beperking om een reden, een les, om te zuiveren of dichter bij de bron te brengen, omdat dat ons zielsdoel is.

D: Om terug te keren naar de bron? (Jazeker) Maar we hebben nog veel te doen voordat we daar terug kunnen keren, nietwaar?

N: En is dat niet het avontuur?

D: Ja. Alle stronken en hobbels onderweg.

N: Norma is vele levensvormen van alle beschrijvingen geweest. En daar is ze zich van bewust. Daar heeft ze zich al op aangesloten. Wat ze niet begrijpt, is de uitgestrektheid van haar grootheid. Ze gelooft dat het kiezen van deze menselijke vorm in sommige opzichten kleinerend is. Ze gelooft niet echt dat ze zo groot kan zijn, wetende wie ze is in menselijke vorm, met de zwakheden en de blokkades van het menselijk leven dat ze leeft.

D: Geldt dat niet voor ons allemaal?

N: O ja. Maar veel zielen erkennen niet eens hun grootheid en hebben niet eens het feit aangestipt dat ze groot zijn. Want dat zijn we natuurlijk allemaal.

D.• Maar in dat opzicht zijn we allemaal grootser op de andere vlakken, de andere dimensies. Als je zegt "grootsheid"; hoe definieer je dat?
N: Alle zielen zijn natuurlijk groot, want ze maken deel uit van de bron. Veel zielen begrijpen of weten niet van hun grootheid en kunnen daarom de onrust die Norma voelt niet voelen. Want ze hebben het niet in hun bewustzijn. De onrust die ze voelt is dat ze zich bewust is van de grootsheid die ze is. Ze kan het feit niet oplossen dat ze zich in een menselijk lichaam bevindt, en dat een deel van haar reis is om de grootsheid te integreren. De grootsheid waarover we spreken is haar plaats in dit plan. Ze maakt deel uit van een groter geheel, de ziel die Norma is.

Dit klonk bekend in de oren. Het onderbewuste of hogere zelf heeft hetzelfde gezegd over veel van mijn andere onderwerpen. Blijkbaar zijn we allemaal veel groter dan we onszelf toedichten. Als we deze Godvonk alleen in anderen zouden kunnen herkennen, zou er geen oordeel zijn, geen vooroordeel. We zouden zien dat we allemaal zielen zijn op reizen die verschillende fasen van karma uitwerken. Allen proberen terug te keren naar de Goddelijke Bron.

N: Ze heeft veel belangrijke beslissingen genomen die vele zielen raken.
D: In andere levens.
N: Het gaat voorbij de vele levens wanneer ze "Wie we zijn" is. Ze begrijpt dat ze niet in levensvorm hoeft te zijn om beslissingen te nemen. Zij heeft deze beslissingen in zielsvorm voor vele zielen genomen.

Blijkbaar wanneer we het aardse bestaan betreden, de driedimensionale realiteit, bestaan we met een façade als acteurs die verschillende rollen spelen. Voor sommigen is het het avontuur van de ervaring, de reis. Voor anderen is het gevangenneming in een illusie die alle kwaliteiten van de werkelijkheid aanneemt. Het maakt niet uit hoe we het waarnemen, we creëren automatisch karma door alleen maar in deze dimensie te leven en zitten gevangen in deze realiteit totdat we de schulden terugbetalen. Er gebeurt zoveel meer achter de schermen dat we ons ooit kunnen realiseren. Maar er is gezegd: "Als we de antwoorden wisten, zou het geen test zijn." En dus verlangen we ernaar terug te keren naar die vage plek die we als "thuis" beschouwen, onbewust bewust dat dit niet kan gebeuren totdat we ons werk hier hebben voltooid.

DEEL V

METAFYSICA OF KWANTUMFYSICA

Hoofdstuk 11
Parallelle universums

Ik werd in de jaren 1980 meegenomen in deze vreemde en zeer diepe discussie tijdens het verkennen van het leven van Tuin, de jager, die de basis vormt voor mijn boek, The Legend of Starcrash. In dat leven doodde en bracht hij een zeer ongewoon dier terug naar het dorp. Eentje die nog nooit eerder of sindsdien door de mensen was gezien. De Sjamaan van de stam merkte op dat het een zeer vreemde gebeurtenis was en wilde alle details van de jacht weten. Hij was zo onder de indruk dat hij de slagers en skinners vroeg om extra voorzichtig te zijn bij het bereiden van het vlees. Hij wilde dat de schedel bewaard zou blijven en gebruikte hem daarna tijdens de ceremonies ter ere van de winterzonnewende. Alle details zoals gepresenteerd door Tuin suggereerden een paranormale ervaring van de hoogste graad. Eentje die hij nog nooit eerder had meegemaakt, maar die hij graag accepteerde. De realiteit ervan kon door de mensen niet worden ontkend omdat het bewijs zichtbaar was door de bewaarde schedel en huid. De beschrijving was zo vreemd dat ik ook wist dat het geen dier was dat ooit op de planeet Aarde had geleefd, althans niet binnen de bekende geschiedenis. Een zoöloog bevestigde ook mijn vermoedens. Als het dier niet van de aarde kwam, waar kwam het dan vandaan?

Nadat Tuin stierf en overstak, kon ik hem uitgebreid ondervragen over veel van de curieuze gebeurtenissen met betrekking tot zijn dorp. In deze toestand had hij toegang tot kennis die de sterveling wordt ontzegd. Ik ondervroeg hem over de vondst van het vreemde dier. Het antwoord dat naar voren kwam was zo complex dat ik wist dat het niet in dat boek thuishoorde. Ik vatte het samen in de meest kale, eenvoudigste details omdat ik dacht dat het zo ingewikkeld zou zijn dat het zou afleiden van het doel van dat boek. Het wordt hier in zijn geheel aangeboden. Ik kan het niet verder uitleggen. Alleen al het luisteren ernaar verwarde me en maakte me duizelig. Ik voelde me na afloop erg topsy-turvy. Het idee was zo vreemd aan mijn denken dat het me stoorde en mijn redeneergeest volledig verwarde. Hoewel het concept voor mij revolutionair lijkt, lijkt het misschien vrij eenvoudig voor iemand anders, iemand die geen moeite heeft om complexe theorieën te begrijpen. Veel mensen zullen waarschijnlijk zeggen dat het helemaal geen nieuwe theorie is, het is alleen nieuw en verrassend voor mij. Het zij zo. Ik vroeg de geest van de overleden Tuin of die het mysterie van het vreemde dier kon verklaren.

Beth: Dat was een zeldzame gebeurtenis. Je moet begrijpen dat het onze niet het enige universum is. Talloze parallelle universa bestaan langs de kant van de onze, maar omdat ze met verschillende snelheden trillen, zijn ze normaal onzichtbaar voor menselijke ogen. De universa kruisen elkaar, maar meestal zijn de snijpunten niet compatibel. Bewoners van de twee verschillende universa zijn zich dus niet bewust van de kruising. Er kunnen enkele kleine veranderingen zijn die een of twee kunnen opmerken, maar het zal niets groots zijn. Op dit ene specifieke punt was het een zeldzaamheid van een compatibel kruispunt. En toen Tuin op jacht was, bevond hij zich in twee universa tegelijk, maar was zich daar niet van bewust. Het dier dat hij doodde was een bewoner van het andere universum. Maar omdat het een compatibel kruispunt was, was hij in staat om het dier naar dit universum te transporteren zonder zijn basismatrix te vernietigen.

D: *Bedoel je dat het andere universum ook een fysiek universum was?*

Een andere samengesteld uit energie.subject had universa beschreven

B: Ja. Het was een fysiek universum gebouwd langs een andere basismatrix. Maar omdat de kruising compatibel was, werd de matrix van het dier niet vernietigd toen deze naar dit universum werd overgebracht. Dat maakt dat voorval zo zeldzaam. Als de kruising niet compatibel is, wordt de basismatrix van alles uit het andere universum vernietigd en bestaat deze niet langer in dit universum.

D: *Hoe bedoel je? Het zou gewoon verdwijnen of wat?*

B: Ja. Het zou gewoon in het niets oplossen en de energie in de ether vrijgeven.

D: *Zou iemand het zien als een fata morgana of iets dergelijks?*

B: Misschien. Onder bepaalde omstandigheden zouden ze het zien, dan lijkt het te glinsteren en in het niets te verdwijnen.

D: *(Ik probeerde het te begrijpen.) Zeg je dat dit andere universum naast dit universum bestaat?*

B: Ja, er zijn oneindig veel universa die naast deze bestaan. En ze zijn allemaal verweven als een doek. (Zucht) De termen van deze taal zijn niet voldoende.

D: *Dat is me eerder verteld.*

B: (Zoeken naar de woorden.) Ik zal een aantal termen moeten misbruiken om te proberen dit punt over te brengen. Deze verschillende universa - universi?, universa, wat dan ook - zijn als een doek verweven in een gigantische kosmos, die de totaliteit van al het bestaan bevat. Maar deze universa leven en dus zijn ze altijd in beweging en verschuivend, dus het is als een levend doek. En terwijl ze bewegen en verschuiven, veranderen hun relaties met de andere universa altijd. En omdat er een oneindig aantal van hen is, is de relatie nooit twee keer hetzelfde. En om een compatibel kruispunt te hebben, zoals bij dit ene incident met Tuin, moet er een zeer ongebruikelijke reeks variabelen tegelijkertijd bestaan. Omdat het zo zelden gebeurt, kan het niet met percentages worden uitgedrukt, het aantal is te klein. En dus staat dit universum nog steeds zij aan zij met dit universum in relatie tot het universum, maar het is nu een andere relatie omdat het door de eonen heen met alle andere universa is verschoven, in deze relatie van de gigantische kosmos. Begrijp je?

Ik mompelde dat ik dat wel deed, al deed ik dat eigenlijk niet. Dit verrassingsspervuur was zo ingewikkeld, het gaf me hoofdpijn om het bij te houden.

D: *Maar je zei dat dit soms gebeurt en dat mensen zich er niet van bewust zijn?*

B: Ja. Dit universum kruist voortdurend met andere universa. Het is gewoon een kwestie van wanneer en waar. Het wanneer: elk moment. Dit universum kruist op een gegeven moment altijd met ten minste één ander universum, zo niet meer. En aangezien er een oneindig aantal universa is en ze elkaar altijd kruisen, is het heel redelijk dat verschillende van deze kruispunten plaatsvinden op of in de buurt van deze planeet waar het door mensen kan worden waargenomen. Of het kruispunt compatibel genoeg is om iets direct te kunnen waarnemen, komt echter niet zo vaak voor. Meestal is het een heel kleine verandering die mensen met heel gewone percepties niet zouden opmerken. Alleen iemand die bijzonder oplettend is, zou dit zeer kleine verschil opmerken. En het is meestal niets wereldschokkends of iets dat ertoe zou doen. Het zou gewoon een heel klein ding zijn dat misschien een of twee mensen zullen opmerken, maar ze zullen er geen commentaar op geven omdat het zo'n klein ding is, en ze hebben het gevoel dat anderen zouden denken dat ze zich hadden vergist in wat ze hadden waargenomen om mee te beginnen.

D: *Kun je een idee geven van wat ze zouden kunnen ervaren?*

B: Ja. Een persoon loopt bijvoorbeeld op een dag en ze merken deze boom op. Het heeft een bijzondere vorm die onderscheidend is, en bijzonder mooi. En ze lopen een week of wat later langs dezelfde plek, en ze ontdekken dat de boom er niet meer is. Of misschien is de vorm radicaal anders, maar het is niets dat ze echt op de een of andere manier kunnen bewijzen. Het is maar een klein dingetje, maar het is anders dan voorheen. Wat er gebeurde, is dat op het punt waar de boom was, het een ander universum had doorsneden en het effect veranderde de boom of vernietigde zijn matrix tot waar het ophield te bestaan. Of misschien bestaat het nu in veranderde vorm in het andere universum.

D: *Tuin zei wel dat wanneer hij dit dier tegenkwam, hij een vreemd gevoel had met zijn zintuigen. Hij wist dat er iets ongewoons aan de hand was.*

B: Ja, hij was psychisch zeer hoog ontwikkeld, en dus was hij zich bewust van het feit dat hij zich in twee universa tegelijk bevond, maar hij wist niet hoe hij dit verbaal moest zeggen. Hij was niet erg zeker van wat hij wist. Hij wist wat hij wist zonder echt te weten wat hij wist.

D: *Ja, hij wist niet precies wat het was. Maar je bedoelt dat dit heel ongebruikelijk was voor hem om het dier terug te kunnen brengen naar de mensen van het dorp?*

B: Ja. Om het dier volledig terug te kunnen brengen in zijn universum zonder dat het dier in het niets oplost, is uiterst ongebruikelijk. Het gebeurt zelden. Het gebeurt wel, maar gewoon niet heel vaak.

D: *Natuurlijk waren de mensen in die tijd ook erg hongerig. Dit kan er bij hebben horen.*

B: Ja, hun paranormale gaven hebben het dier ongetwijfeld geholpen om de overgang te maken.

D: *Daarna werd het hoofd en de huid van het dier vele jaren daarna gebruikt door de wijze man, dus het was zeker iets fysieks. Als zoiets dan gebeurt, gebeurt het heel zelden in de buurt van mensen waar ze het zouden opmerken?*

B: Nou, het gebeurt in de buurt van mensen, maar meestal zijn de veranderingen zo klein of zo klein dat de meerderheid van hen het niet opmerkt. Mensen hebben de neiging om precies te zien wat ze willen zien. En als er iets anders is gebeurd, als ze het niet willen zien, zullen ze het niet doen. Of ze hebben het te druk om het op te merken.

D: *Of ze denken dat ze het zich hebben voorgesteld. Is er ooit een kans dat een mens oversteekt naar het andere universum?*

B: Dat gebeurt de hele tijd. Vaak zullen mensen die over straat lopen oversteken naar een ander universum. Verschillende van de universa, met name degenen die het dichtst bij deze liggen, lijken zo op elkaar dat ze praktisch identiek zijn. Dus soms, wanneer ze elkaar overlappen, kunnen mensen tijdelijk oversteken naar het andere universum en dan terugsteken zonder hun matrix te vernietigen. Het is de permanente overgang die zo zeldzaam is, zoals bij het dier. En vaak zullen ze in een ander universum zijn en zullen ze denken: "Goh, ik dacht zeker dat dit en dat was gebeurd." En iemand zegt: "Nou, nee, dat is nog nooit gebeurd. Dat verzin je gewoon." En een paar dagen later noemen ze dit opnieuw en iemand anders zegt: "Nou ja, je hebt gelijk, dat is gebeurd." Welnu, in die periode van een paar dagen waarin iedereen zei dat het niet was gebeurd, bevonden ze zich in een ander universum waar het niet was gebeurd.

D: *Dit zou verwarrend zijn voor een mens.*

B: Ja. Het zou hen doen denken dat ze zich misschien dingen inbeeldden. Daarom zouden ze het snel uit hun hoofd verwijderen en het incident vergeten, zodat ze zich er niet bewust van zouden zijn dat ze in een ander universum waren geweest.

D: *Maar het klinkt alsof de universa identiek zijn als ze in beide dezelfde mensen hebben.*

B: Meestal wel, en meestal zullen het maar een paar dingen zijn die net even anders zijn.

D: *Dan zou dit betekenen dat we allemaal een tegenhanger hebben, of meer dan één tegenhanger net als wij?*

B: Ja. In de meeste universa hebben we een identieke tegenhanger waarvan de basiservaringen erg op elkaar zouden lijken. In sommige universa zouden we geen tegenhanger hebben, maar het is zeldzaam dat we deze universa tegenkomen. Als we dat doen, is het een zeer schokkende ervaring. Als je naar iemand toe gaat waarvan je weet dat je die kent, en je weet wie je kent. En je groet ze en ze staren je aan alsof ze willen zeggen: "Wie ben je? Ik ken je niet. Ik heb je nog nooit gezien."

D: *Dat zou heel verwarrend zijn. Maar dan is het mogelijk als je oversteekt, om weer meteen terug te steken.*

B: Ja. Meestal is de cross-over slechts een zeer korte periode, misschien een paar uur of misschien zelfs zo lang als een paar dagen. Maar het is meestal een zeer tijdelijke overstek. En over het algemeen gaan de mensen die oversteken gewoon door met hun leven, hun gewone dagelijkse bezigheden. En ze zijn zich niet echt bewust van wanneer ze overstaken en terugstaken. Het moment van oversteken is erg dubbelzinnig. Maar sommige mensen herinneren zich misschien iets vreemds dat gebeurde terwijl ze daar waren.

D: *Merken ze gewoon dat ze zich een beetje vreemd voelen of wat?*

B: Soms merken ze dat niet eens. Soms merken ze gewoon iets op, bijvoorbeeld een bepaald gebouw dat in hun universum bestaat. En ze merken dat ze op een dag lopen en dat er geen gebouw is en dat het daar nog nooit een gebouw is geweest. Een paar dagen later merken ze dat er weer een gebouw staat. En op deze manier zouden ze weten dat ze tijdelijk in een ander universum waren waar geen gebouw was gebouwd waar er in hun universum was geweest.

D: *Met andere woorden, ze zijn niet absoluut identiek.*

B: Rechts. Ze zijn nooit helemaal identiek. Er is altijd minstens één ding anders. En dat ene ding dat anders is, is genoeg om een ander universum te maken. Soms kan het zo klein zijn als een zandkorrel die anders op een strand wordt geplaatst, om voldoende te zijn om een ander universum te zijn. En wat het nog complexer maakt, is dat er altijd nieuwe universa worden gecreëerd. Voor elke actie die wordt uitgevoerd, is er meer dan één mogelijke uitkomst. In jullie universum wordt één uitkomst gerealiseerd, maar alle energie van de andere uitkomsten moet ergens heen. En dus zorgen deze andere verschillende uitkomsten die niet in jullie universum werden gerealiseerd, ervoor dat er een ander universum ontstaat dat praktisch identiek is aan jullie universum, behalve dat deze specifieke uitkomst anders is. En van daaruit blijft het universum zich in zijn eigen richting ontwikkelen.

D: *Je bedoelt dat één persoon dit kan veroorzaken? Of moeten het veel mensen zijn?*

B: Nee, slechts één persoon. Iets. Het gebeurt de hele tijd. De gigantische kosmos groeit voortdurend. En het is oneindig complex, tot waar één geest het niet kan bevatten. Stel bijvoorbeeld dat in dit universum je neus begint te jeuken. Nu kun je verschillende dingen doen. Je kunt over je neus wrijven of je kunt eraan krabben, of je lichaam kan besluiten om te niezen. Al die drie dingen zullen gebeuren in dit universum. Stel dat je besluit te niezen, dan doe je dat. De energie van de andere twee mogelijke uitkomsten moet echter ergens heen. En zo ontstaan er op dat moment twee andere universa, waarbij je in de ene over je neus wreef en in de andere je neus krabde. En dat is op dit moment het enige verschil tussen die twee universa en deze. En dan blijven ze zich ontwikkelen. En ze zullen iets anders zijn, maar ze zullen nog steeds erg op deze lijken.

D: *Dit klinkt alsof het heel ingewikkeld kan worden.*

B: Dat is het ook.

D: *Ik geloof altijd dat we vaak in ons leven op kruispunten komen. Dat we een beslissing nemen om één ding te doen en toch verschillende andere beslissingen kunnen nemen die ons op een ander pad zouden brengen. Betekent dit dat de andere beslissing ook werkelijkheid wordt?*

B: Ja, de andere beslissingen komen ook tot stand, maar niet in jullie universum. Je komt op een kruispunt, zoals je het zegt, en je hebt een belangrijke beslissing. En je kunt een van de verschillende dingen doen. Afhankelijk van wat je doet, kan het heel goed de algemene richting van de rest van je leven bepalen. Je neemt de beslissing om een bepaalde kant op te gaan. Zodra je deze beslissing neemt om één bepaald ding te doen, zorgt de potentiële energie die hierachter was opgeslagen ervoor dat er andere universa ontstaan waar al die andere beslissingen ook uitkomen. Naar waar nu alternatieve jullie zijn die deze verschillende paden bewandelen. En hun leven zal anders zijn dan dat van jullie omdat ze een andere beslissing hebben genomen en ze een andere richting zijn ingeslagen. En dus dat universum anders is, en soms kunnen de gevolgen heel verstrekkend zijn. Waar in korte tijd, verrassend genoeg, dat universum heel anders is dan het jouwe.

D: *Ja, want je leven kan een totaal andere kant op gaan.*

B: En een totaal ander effect hebben op de mensen om je heen. Het is een sneeuwbaleffect dat dus een ander effect heeft op de mensen om hen heen, et cetera, et cetera.

D: *Maar je bent niet echt verantwoordelijk voor je beslissingen.*

B: Nee, nee. Je neemt de beslissing waarvan je denkt dat het het beste voor je is. Onder uw omstandigheden kan het zijn. En de andere omstandigheden ontstaan tot waar de andere kanten van de beslissing het beste zijn voor die omstandigheden die ook ontstaan. Soms neem je echter een beslissing en realiseer je je dat je de verkeerde beslissing hebt genomen, dat je niet de beste omstandigheid hebt gekozen. Wanneer je je dit realiseert, is wat er is gebeurd, dat deze specifieke tak van je leven zich afsplitst van een ander universum, van je oorspronkelijke universum. En de oorspronkelijke "jij" nam de juiste beslissing en jij speelde de alternatieve beslissing uit met de energie die daar was opgeslagen. Je leefde ermee en werkte er je leven zo goed mogelijk omheen.

D: *Is het mogelijk om de ander terug te krijgen? (Nee) Is het toch niet mogelijk om de twee weer samen te smelten?*

B: Nee. Maar het is niet zo fatalistisch als het klinkt. Want ook al heb je de verkeerde beslissing genomen of heb je het gevoel dat je de verkeerde beslissing hebt genomen, je kunt er toch het beste van maken. Omdat je nog steeds beslissingen moet nemen op elk moment van je leven, zal het verstandig nemen van deze beslissingen helpen om je leven op het pad te houden dat je wilt.

D: *Dan is het nog steeds mogelijk om je leven om te gooien en de andere kant op te gaan als je dat zou willen.*

B: Ja, je zult gewoon in een ander universum zijn dan de alternatieve jij die de beslissing heeft genomen die je graag had willen nemen.

D: *Nou, het klinkt alsof je fysieke lichaam op veel plaatsen op verschillende tijdstippen is. (Jazeker) Is het een exacte duplicaat van dit lichaam? Ik probeer dit te begrijpen in mijn beperkte aarden termen.*

Ik lachte nerveus. Dit werd uiterst ingewikkeld en verontrustend.

B: Het begint als een exacte duplicaat, maar na een tijdje vinden er verschillende veranderingen plaats. In het ene universum kun je bijvoorbeeld een verwonding oplopen die je in dit universum niet hebt, wat een verschil zou maken. Het is heel ingewikkeld. Het moeilijkste van alles is proberen de verschillende alternatieve jij in de alternatieve universa te relateren aan je ware zelf, aan je ziel. Dat is een ding dat karma zo ingewikkeld maakt. Vanwege de aantrekkingskracht van karma moet je alles minstens één keer ervaren om je ervaring af te ronden en om naar je ware hoge zelf te werken. Welnu, in elk leven ervaar je bijna alles tegelijk. Maar je moet nog steeds al deze verschillende dingen in hun juiste verhoudingen ervaren om je helemaal af te ronden naar waar je een totaal persoon zult zijn. Vandaar dat je meerdere keren terug moet gaan door meerdere levens. En je komt elke keer in verschillende universa te leven. Maar zo is het nu eenmaal. Deze taal is gewoon niet voldoende.

D: *Maar als al deze verschillende andere tegenhangers gescheiden levens leiden, en toch zijn ze allemaal delen van ons, waarom zijn we ons er dan niet van bewust? Waarom zijn we niet in staat om te communiceren en weten we dat ze bestaan?*

B: Omdat het te moeilijk en te ingewikkeld zou zijn voor jullie beperkte menselijke geest om te accepteren. Het zou te overweldigend zijn. Er zijn vele, vele concepten die verder gaan dan wat jullie als realiteit accepteren en die jullie niet mogen kennen, omdat ze de menselijke psyche volledig zouden overbelasten. Het is genoeg voor jou om je te concentreren op het huidige leven en de omstandigheden waarin je leeft. Maar wees gewaarschuwd, het ware zelf, je ziel, weet van alles wat je talloze tegenhangers doen en houdt het perfect bij. Je hoeft je als mens niet bezig te houden met de complexiteit ervan.

Godzijdank voor kleine zegeningen! Te midden van al deze ingewikkelde informatie werd ik herinnerd aan iets wat een ander van mijn onderwerpen zei. Hij zei dat ik nooit de antwoorden op al mijn vragen zou krijgen, omdat enige kennis eerder als vergif dan als medicijn zou zijn. Het zou eerder schaden dan verlichten. Dus ik veronderstel dat de mens nooit in staat zal zijn om de volledige hoeveelheid informatie uit de geest van God te verwerken.

D: *Het lijkt verwarrend om te denken dat een andere tegenhanger van jezelf, een fysieke tegenhanger, dingen doet waarvan je je niet bewust bent.*
B: Dat is waar. Je vraagt je misschien af wanneer je oversteekt naar een ander universum en je communiceert met een alternatieve groep mensen, zouden de mensen met wie je normaal gesproken omgaat je dan niet missen? Wanneer je echter oversteekt, is je tegenhanger ook overgestoken en dus word je niet gemist.
D: *Ik vroeg me dat af, of je je eigen zelf kon ontmoeten.*
B: Nee. Want als je oversteekt vormt het een vacuüm dat opgevuld moet worden en dus steekt je tegenhanger automatisch over om het vacuüm op te vullen, totdat de spanning op het punt komt dat je terug moet oversteken naar het universum waar je in thuishoort.
D: *Zullen de andere mensen enig verschil merken?*
B: Misschien. Een klein foutje, een subtiel verschil, meestal in herinneringen en dergelijke. Ze zeiden: "Weet je nog wanneer dit en dat gebeurde?" En je tegenhanger zou kunnen zeggen: 'Waarom, nee, dat is mij nooit overkomen.' En ze zullen het gewoon neerleggen op een defect geheugen of wat dan ook.
D: *Als je tegenhanger door het vacuüm werd getrokken, zou hij dan ook niet weten dat hij zich in een alternatief universum bevond?*
B: Niet tenzij jij en je tegenhanger een van de weinige mensen waren die bij wijze van spreken twee en twee bij elkaar zetten en zich realiseerden: "Goh, niet alles is helemaal op zijn plaats zoals het zou moeten zijn. Misschien zit ik in een alternatief universum." En wat dit interessant maakt, en je zou moeten helpen je medegenoten te begrijpen, is dat je op elk moment te maken kunt hebben met een van hen uit een van hun alternatieve universums. Naar waar als je iets zegt en ze herinneren het zich niet, in plaats van ongeduldig met ze te worden, onthoud gewoon, met deze specifieke, misschien is het hen nog niet overkomen of is het hen nog niet overkomen . "Nou, goh, ik praat met een van hun collega's. Over een paar dagen ...."
D: *Zou de ander ook een totaal andere persoonlijkheid kunnen hebben?*

B: Nee, de persoonlijkheid is over het algemeen hetzelfde. Soms zullen verschillende aspecten van de persoonlijkheid een beetje anders worden ontwikkeld vanwege een andere reeks ervaringen, maar meestal is de persoonlijkheid in principe hetzelfde. Omdat de persoonlijkheid een van de dingen is die je fysieke lichaam verbindt met je ware zelf.

D: Ik dacht dat als ze iemand zouden ontmoeten die op jou leek, maar totaal anders was, mensen zouden denken dat er iets vreemds aan de hand was.

B: Rechts. Maar dat gebeurt nooit, want de persoonlijkheid is in principe hetzelfde. Misschien kunnen sommige details anders zijn. In het ene universum kan iemand bijvoorbeeld vriendelijk en extravert en zeer spraakzaam zijn. Toch is hun alternatieve zelf misschien nog steeds vriendelijk, maar niet zo uitgaand. Ze zijn misschien verlegener en niet zo spraakzaam. Het zou maar zo'n kleine wijziging zijn.

D: Ja, en je familie of mensen zouden gewoon denken, nou, hij is in een stemming of zoiets.

B: Precies.

D: Maar is er ooit een geval waarin de twee tegenhangers elkaar zouden kunnen ontmoeten?

B: Ik denk niet dat het mogelijk is.

D: Ik dacht aan verhalen of legendes die we hebben gehoord, zoals dubbelgangers. Je dubbelganger zien.

B: Ja. Als je je dubbelganger zo ziet, dan kruisen de twee universa elkaar en ben je nog steeds elk in je afzonderlijke universum. En je ziet ze, maar het komt niet vaak voor.

D: Dat is waarschijnlijk de reden waarom het zo zeldzaam is als het is gemeld.

B: Ja. Wat er meestal zal gebeuren, is dat iemand anders je dubbelganger zal zien en je er later over zal vertellen.

D: Oh. Ik heb van dat soort gevallen gehoord. Ze zullen zeggen: "We zagen je op die en die plek." En je zegt: "Ik was er niet bij. Ik was de hele dag thuis. "

B: Precies. Je was thuis, maar je bevond je in een alternatief universum en je plaatsvervanger dwaalde rond.

D: Dat zou veel van deze vreemde gevallen verklaren waar we van hebben gehoord Maar in het geval van Tuin was het dier totaal anders dan elk dier op aarde in die tijd.

B: Ja. Dat was nog een reden waarom het zo zeldzaam was dat zijn matrix overleefde en permanent werd overgestoken, omdat er geen tegenhanger in dit universum was. Althans niet op Aarde. Nu is er een mogelijkheid dat het dier in dat specifieke geval wel een tegenhanger heeft in dit universum, maar op een andere planeet. Op dat moment, toen dit dier overstak en overgestoken bleef, stak zijn tegenhanger over naar een ander universum zelf of hield het op op dat moment te bestaan.

D: *Een ander aards dier zou niet in de plaats zijn overgestoken?*

B: Nee, want het was niet de tegenhanger van dit dier.

D: *Het zou dan een exacte tegenhanger moeten zijn. Maar het gebeurde wel in een tijd dat het dorp voedsel nodig had en ze het wel aten. Het schaadde hen op geen enkele manier. Het is heel interessant, het is ook heel ingewikkeld.*

B: Ja. Ik heb het gevoel dat ik misschien een aantal verkeerde indrukken in uw hoofd heb achtergelaten, vanwege de tekortkomingen van deze taal.

D: *Nou, dat kan. Andere mensen die ik zo heb gesproken, hebben ook gezegd dat de taal ontoereikend is om dingen uit te leggen. Soms moeten ze voor mij analogieën trekken.*

B: Waar. Ook hoogst ontoereikend. Het laat nogal vereenvoudigde noties in je hoofd achter.

D: *Ja, maar soms is dat de enige manier om dingen uit te leggen, ook al is het niet helemaal accuraat.*

B: Dat is waar. Ik wil niet dat je je schuldig voelt of jezelf beperkt tot je acties, simpelweg vanwege de alternatieve dingen die ook gebeuren. Blijf je leven leiden zoals je het altijd hebt geleefd, omdat het de natuurlijke manier is van de gigantische kosmos. Het is een feit dat toen je in dit universum werd geboren, je ook in verschillende andere universa werd geboren. En dus zullen acties en beslissingen die je neemt ervoor zorgen dat er een ander universum ontstaat of misschien een ander universum veranderen dat vergelijkbaar genoeg is. Dit is niet om jullie te alarmeren, want dat gebeurt de hele tijd.

D: *Dit is met andere woorden iets natuurlijks.*

B: Ja, en het maakt deel uit van het uitwerken van je karma. Het is ook niet zoals predestinatie. Jullie en al jullie alternatieve jullie hebben keuzevrijheid in de beslissingen die in jullie leven naar voren komen. En ook al neem je één beslissing, dat betekent niet automatisch dat je als alternatief de andere beslissing moet nemen. Als een ander alternatief je de andere keuze maakt, dan is dat omdat ze ervoor gekozen hebben. Het is hun vrije keuze. En het eindigt meestal op die manier balanceren. Af en toe kiezen jij en je alternatieve jij de ene weg wel en de andere weg is niet gekozen. Dan ontstaat er een ander universum waar die weg is gekozen, om de energie in balans te houden. Begrijp je?

D: Ik probeer het. Dit zal een beetje verteren en absorberen vergen, proberen het te begrijpen. Elke keer dat ik word blootgesteld aan een nieuw idee, is dit wat er gebeurt. Ik moet er even overheen voordat ik het echt begrijp.

B: Voel je vrij om me meer vragen te stellen als je het hebt verteerd. Het is belangrijk dat je het begrijpt.

D: Ik heb het gevoel dat ik geleid word om deze informatie die ik ontvang aan veel mensen te geven.

B: Ja, en het is belangrijk dat je het zo duidelijk mogelijk begrijpt met de beperkingen van je taal. Zodat wanneer het wordt uitgezonden naar andere mensen, ze een duidelijk begrip hebben en geen warrig begrip. Want dit specifieke concept zou de religieuze instellingen van jullie universum kunnen verstoren. En het zou veel, veel onnodige onrust kunnen veroorzaken.

D: Je blijft praten over die alternatieve mensen. Kan de een een beroep hebben en de ander een ander beroep? Of zou het erg op elkaar lijken?

B: O, dat hangt ervan af. Vaak is het niet ongebruikelijk dat ze vergelijkbare beroepen hebben. In dit universum is een persoon bijvoorbeeld goed in het werken met zijn handen en dus doen ze bijvoorbeeld elektrisch werk. In een ander universum doen ze misschien geen elektrisch werk, maar misschien doen ze iets anders waar ze ook met hun handen werken. Het kan een ambachtsman of houtbewerker zijn of iets dergelijks. Of als iemand in dit universum een ingenieur is, maar ze hebben een hobby, bijvoorbeeld muziek. Ze zijn erg gepassioneerd door muziek, maar het is gewoon een hobby voor hen. Dan zijn ze in een ander universum misschien een muzikant in plaats van een ingenieur. Dus wat je basisneigingen ook zijn in je persoonlijkheid, omdat de persoonlijkheid in principe hetzelfde is in de universums. Als het een veelzijdige persoonlijkheid is waarbij de persoon in staat is om veel verschillende dingen te doen, kunnen hun tegenhangers in de andere universums iets radicaal anders doen dan ze hier doen, omdat het vermogen om dit te doen in hun persoonlijkheid zit.

D: *Nu ben ik bijvoorbeeld schrijver. Zou een ander deel van mij nog steeds huisvrouw zijn en niet geïnteresseerd in schrijven?*

B: Nee, de interesse om zichzelf uit te breiden zou er nog steeds zijn. Je hoeft echter niet per se de richting van het schrijven in een ander universum te nemen. Bijvoorbeeld, in dit universum in plaats van een huisvrouw te willen blijven, wilde je je geest verruimen en iets meer voldoening geven en werd je een schrijver. In een ander universum zou je dezelfde basispersoonlijkheidsdrang hebben om niet alleen een huisvrouw te blijven. Je zou jezelf willen uitbreiden, om iets anders te doen, dus misschien ben je begonnen met vrijwilligerswerk. Of misschien ben je in een ander universum in plaats daarvan betrokken geraakt bij ambachten en dergelijke. Of ik merk dat je geïnteresseerd bent in psychische dingen. Welnu, in een ander universum in plaats van betrokken te raken bij het schrijven, ben je misschien betrokken geraakt bij psychische dingen en heb je er niet aan gedacht om erover te schrijven, maar gewoon om ze te doen.

D: *En toen ik dacht aan deze verschillende alternatieven die ik kon nemen, dan werden ze ergens anders werkelijkheid?*

B: Ja, als ze niet al ergens anders werkelijkheid waren.

D: *eh, dit kan heel ingewikkeld worden.*

B: Het is heel complex. En ik heb sterk het gevoel dat je het deze keer niet kunt absorberen. Je zult waarschijnlijk terug moeten komen en me meer vragen moeten stellen, wat prima is. Het is belangrijk dat je dit begrijpt en dat het duidelijk is. Elke beslissing die je neemt is goed. Er bestaat niet zoiets als een verkeerde beslissing. Misschien heb je later het gevoel dat je een betere beslissing had kunnen nemen. Maar op dat moment was de beslissing die je nam goed voor je. En voel je dus niet schuldig over zogenaamde fouten die je in het verleden hebt gemaakt, want er bestaat niet zoiets als een verkeerde beslissing.

D: *Omdat de andere kant van de beslissing ergens bestaat.*

B: Ja, het is allemaal in balans. En wanneer er een belangrijke beslissing in je leven komt, komt er meestal een vorm van die beslissing naar voren in sommige van je alternatieve levens in de alternatieve universums. En dus zullen meestal de meeste aspecten van de beslissing worden weergegeven in het eindresultaat. Af en toe zal een van de aspecten niet worden vertegenwoordigd en daarom zal er een nieuw universum ontstaan om ook die kant van de beslissing te vertegenwoordigen. Wanneer het gebeurt, zou je je hier niet van bewust zijn, omdat het gewoon een natuurlijk iets is. En je leven zal langs die lijn doorgaan en je zult je niet realiseren dat er een extra alternatief voor jou is. Het is een automatisch proces en er is geen fysiek fenomeen bij betrokken, dus je weet niet wanneer het gebeurt.

D: *Sommige van de vragen die ik stel, lijken misschien heel eenvoudig en heel naïef.*

B: Dat is te verwachten, zodat jullie het zullen begrijpen. Je moet ergens beginnen.

D: *Zijn deze andere alternatieve persoonlijkheden allemaal geassocieerd met dezelfde familieleden? (Jazeker) Het zou geen ander gezin zijn of een andere man of kinderen of iets dergelijks.*

B:Soms. Meestal is het een evenwichtige weergave. Bijvoorbeeld als je op een bepaald moment in je leven de keuze had tussen trouwen met een man of een andere man. En jij hebt voor één man gekozen, in de andere universa zullen verschillende alternatieve jijs over dezelfde man beslissen. En meestal zullen meerdere alternatieve jijs beslissen over de alternatieve man. Vandaar dat hun universums in die richting anders zullen zijn omdat een alternatief jij voor de andere mens hebt gekozen. En dus zou de familie er op die manier anders uitzien. Dus ja, er zijn jullie die verschillende families hebben, verschillende voorouders en dergelijke vanwege deze verschillende beslissingen. Maar tegelijkertijd zijn er andere universums waar dezelfde beslissingen werden genomen en dus dezelfde familieleden bij betrokken zouden zijn.

D: *Als je dan oversteekt naar een universum met een andere man en familie, zou dat erg verwarrend zijn.*

B: Ja, dat zou het zijn. Maar dat gebeurt niet vaak, want omdat dat universum radicaal anders is, zou het moeilijker voor je zijn om succesvol over te steken. Het is meestal met de universa waar alles heel erg op elkaar lijkt, bijna identiek, waar de gemakkelijkste toevallige oversteek plaatsvindt.

D: *Zou dit iets te maken hebben met trillingsniveaus?*

B: Ja, gratis vibraties, complementaire energieën. Een universum waar in het verleden soortgelijke beslissingen zijn genomen. Net als in je universum waar alles heel dicht bij hetzelfde lijkt te zijn, met slechts een paar kleine, zeer subtiele verschillen hier en daar, is het veel gemakkelijker om dit universum te kruisen. En kruisen elkaar op zo'n manier dat je een open portaal hebt waar je doorheen kunt. Nu kunnen er incidenten zijn waarbij dit universum kan kruisen met een ander universum, zodat je misschien in staat bent om dingen te observeren die gaande zijn, maar het zou geen open portaal zijn, naar waar je niet in staat zou zijn om te communiceren met dingen die gaande zijn

D: Je kon doorzien, maar niet door?

B: Rechts. Je kunt bijvoorbeeld op een dag wandelen en je kunt iets waarnemen dat anders is dan je je herinnerde. Maar je gaat niet op onderzoek uit, je blijft gewoon lopen. Je vraagt het je af en er is niemand in de buurt om ernaar te vragen. Vandaar dat jullie interactie hebben gehad met dat universum. Je zag alleen maar iets anders. Of als er andere mensen in de buurt zijn, zou het niet in je opkomen om ze ernaar te vragen. Of als je dat doet, lijken ze je niet te horen omdat het portaal niet openstaat voor waar je kunt communiceren.

D: Net als een raam waar je doorheen kunt kijken, maar niet doorheen stapt?

B: Rechts. En je zou niet in staat zijn om de plaats te vertellen waar je universum eindigt en dat universum begint. Je denkt gewoon dat je aan de overkant van de straat kijkt of wat-heb-je-ergens naar. En ergens tussen jullie en daar is waar de twee universa elkaar kruisen.

D: Je zei wel dat je soms iets ziet en het begint er glinsterend uit te zien en dan zou het gewoon verdwijnen?

B: Ja, dat is wanneer de kruising ten einde loopt en de universa uit elkaar trekken. Dit zou ook veel van de incidenten van wat jullie geesten en luchtspiegelingen noemen helpen verklaren. Je hebt een fenomeen dat bekend staat als de Bermudadriehoek. Dat gebied blijft om de een of andere reden kruisen met dit andere specifieke universum. Er is daar een ongewoon magnetisme en het zorgt ervoor dat deze vliegtuigen naar het andere universum vliegen. En meestal lossen hun matrices op.

D: Dan bestaan de mensen niet meer als ze daar doorheen gaan?

B: Rechts. Ze gaan op dat moment over.
D: *En het vliegtuig, de schepen of wat dan ook, het hele ding lost op? Het bestaat niet meer op het andere vlak?*
B: Nadat het uit dit universum naar het andere universum is gegaan, bestaat het niet langer in dit universum, want het is flauwgevallen. In het andere universum kan het niet bestaan omdat de trillingen niet samenvallen en hun tegenhangers daar nog steeds zijn. Dus een van hen moet geven. Meestal is het degene die het meest recent is overgestoken die oplost. Soms is het de andere die oplost, maar dit gebeurt niet vaak. Dit is de verklaring voor sommige van de verhalen die je hebt van iemand die over een veld of zoiets loopt en vervolgens in het niets verdwijnt. Hun tegenhanger was net overgestoken naar dit universum en ze moesten ergens heen. En wanneer ze in het niets verdwenen, zijn ze meestal overgestoken naar het andere universum of is hun matrix opgelost.
D: *Maar dit is slechts het oplossen van het fysieke lichaam. De ziel kan toch op geen enkele manier geschaad worden?*
B: Nee, nee. Dit is gewoon het fysieke lichaam.
D: *Wordt het spirituele gebied beschouwd als een van deze parallelle universa?*
B: Er zijn oneindige universa op het fysieke vlak, maar op het spirituele vlak is het in principe allemaal één universum. We kunnen met alles communiceren. Op het fysieke vlak werken sommige mensen hun karma uit door verschillende alternatieve levens te leiden in verschillende parallelle universums. Vooral als ze een aantal specifieke details van een bepaald aspect van hun karma willen uitwerken. En de verschillende beslissingen die ze in de verschillende universa nemen, zijn op zo'n manier in evenwicht gebracht dat ze hun karma helpen. Soms, omdat al deze universa zich op een fysiek vlak bevinden, heffen de beschermende barrières tussen hen soms op. En de persoon met wie ze praten is al overgegaan uit dit ene universum, maar leeft nog steeds in het andere universum. Het is moeilijk uit te leggen.
D: *Ik dacht dat wanneer ze in één universum stierven, al hun verschillende plaatsvervangers ook zouden sterven.*
B: Ze sterven allemaal binnen dezelfde algemene tijd, maar niet noodzakelijkerwijs allemaal tegelijk. Het hangt ervan af hoe lang het duurt om dat aspect van karma uit te werken, van alternatieve oplossingen voor dit ene aspect van karma in deze verschillende

universa. Het duurt meestal ongeveer even lang, maar het is geen duidelijk einde omdat tijd aan deze kant geen betekenis heeft. En dus zijn er soms wat van dat soort discrepanties. Maar meestal zullen ze verschijnen omdat het niet vaak voorkomt dat deze discrepanties samenvallen met de energiebarrières die zichzelf af en toe tenietdoen.

D: *Als je dan iemand ziet en er later achter komt dat ze weken eerder zijn overleden, zie je misschien een alternatief?*

B: Ja. Een andere verklaring is dat soms wanneer een geest een paar weken eerder is gestorven en ze zich nog niet hebben aangepast aan het spirituele niveau, hun spirituele echo soms bijzonder overtuigend kan zijn, of bijzonder compatibel met de fysieke vibratie van dingen.

D: *Fysiek genoeg zijn om iemand aan te raken en met ze te praten? (Jazeker) Dit zou er ook mee gepaard gaan dat Jezus Zichzelf zichtbaar genoeg maakte zodat mensen Hem konden aanraken. Toen Hij na de Opstanding terug zou zijn gekomen.*

B: Ja. Toen Hij voor het eerst terugkwam, was Hij nog niet volledig aangepast aan het spirituele niveau. En daarom zei Hij tegen de eerste mensen die Hem wilden aanraken, om Hem niet aan te raken, omdat Hij nog niet naar Zijn Vader was opgevaren. Maar later, toen Thomas Hem wilde aanraken, had Hij enkele andere aanpassingen in Zijn geestelijke echo aangebracht tot waar Hij aangeraakt kon worden.

D: *Dat is altijd verwarrend geweest. Als ze dood waren, hoe konden ze dan zo fysiek zijn. Ze hebben ook de gevallen van de spooklifters, waar ze daadwerkelijk in de auto stappen, en ze rijden en praten met de mensen.*

B: Ja. En dan verdwijnen.

D: *Zou dat in dezelfde lijn liggen? (Jazeker)*

Dit spervuur van vreemde informatie liet me mentaal uitgeput achter. Ik had het gevoel dat mijn hersenen waren verwrongen en gebogen als een krakeling. Niets had me ooit zo gestoord als deze lawine. Ik wist dat het lang zou duren, als het ooit zou duren, voordat ik het zou absorberen, uitzoeken en begrijpen. Misschien zullen andere lezers niet dezelfde moeilijkheid hebben en zal het precies passen in hun kijk op de werkelijkheid, of op zijn minst plausibel genoeg zijn om hun geest open te stellen voor radicaal denken.

Toen Beth wakker werd, was het enige wat ze zich van de sessie herinnerde een vreemd mentaal beeld. Ze wilde me erover vertellen voordat het verdween.

B: Stel je elektronische modellen van het atoom voor, waar het de verschillende elektronenschillen en de paden van de elektronen toont die in alle richtingen rondgaan, "Whirrrrr". Nu stellen deze paden van de elektronen, in plaats van elektronische draden zoals ze zijn afgebeeld, ze in plaats daarvan voor als zilveren banden. Stel je dit voor op het niveau van de elektronen, deze zilveren banden van ongeveer een vierde van een inch breed, zou ik zeggen. En het hele plaatje is ongeveer zes centimeter rond. (Ze maakte handbewegingen om de grootte te laten zien.)
D: *Het zou groter zijn dan een honkbal.*
B: Ongeveer zo groot als een flinke grapefruit of meloen. En deze zilveren banden zijn ongeveer een vierde van een centimeter breed en gaan rond in alle verschillende richtingen. Een beetje kolkend en golvend en bewegend en voortdurend schuivend als het ware bevatte een explosie van zilveren banden. Er is geen manier om ze te tellen, het is een oneindig aantal van hen. Dat is het beeld in mijn hoofd.
D: *Ze zijn een beetje verstrengeld of wat?*
B: Ja, er zal er een zijn die zo gaat en een andere die overlapt en nog een die overlapt en nog een die overlapt. (Handbewegingen.) En ze zijn allemaal een beetje met elkaar verweven en overlappen elkaar en kruisen elkaar. En de verschuivingen tussen hen, en de relaties tussen hen veranderen en verschuiven altijd en de hoeken veranderen en dergelijke.
D: *Dit is misschien een ander visualisatiebeeld dat ze me probeerden te geven om te laten zien hoe de verschillende universums werken. Ze spraken over een doek met alle draden in elkaar.*
B: Ja, ik zag ook de draden dit doen.
D: *Dit moet het beeld in je hoofd zijn geweest, maar ze konden dat niet helemaal overbrengen, dus gaven ze me het idee van een doek omdat het eenvoudiger te beschrijven was.*
B: Ja. Misschien hebben we beide concepten nodig om uit te leggen hoe het is.

* * *

Informatie over hetzelfde onderwerp uit een andere bron.

D: *Als ieder van ons tegelijkertijd in verschillende bestaansgebieden leeft, is dit dan wat bekend staat als parallelle levens?*
Phil: Dat klopt. In de zin dat ieder van jullie, op dit punt in jullie leven, gewoon facetten zijn van jullie ware hele zelf. Jullie zijn puntjes van bewustzijn. Je totale bewustzijn gaat veel verder dan alles wat je op jouw niveau zou kunnen omvatten of voorstellen. Daarom is het gemakkelijk om te zien dat naarmate je bewustzijn groeit, naarmate je je realiteit van de spirituele ladder verbreedt, je merkt dat je bewustzijn overlapt met dat van andere individuen. Zodanig dat je op het ultieme niveau inderdaad op het God-vlak bent, waar alles één is. Je bewustzijn op jouw niveau is gewoon een uitgesponnen of gericht pinpoint van dat totale spirituele bewustzijn. En zo kon men zien dat op verschillende niveaus jullie bewustzijn inderdaad zou overlappen met anderen, zodanig dat uiteindelijk alles één is. Daarom zijn alle levens uiteindelijk gelijktijdig.
D: *U zei ooit dat we slechts de toppen van onze eigen ijsbergen waren.*
P: Dat klopt.
D: *Wanneer de voorspelde veranderingen op aarde op onze planeet tot stand komen, hoe zal dat dan de parallelle of in elkaar grijpende universa beïnvloeden?*
P: Er zullen ervaringen op dit specifieke niveau zijn die op dit vlak zullen worden ervaren. De ervaring als geheel zal echter op een veel dieper niveau worden gedeeld. Zowel op rasniveau als op een dieper niveau, het universele niveau. Zelfs nu worden ervaringen op andere planeten en in andere gebieden van jullie universum gedeeld door een dieper aspect van jezelf. Een verder-hoger-op-de-ladder niveau van jezelf. Wanneer - en dit is weer op individueel niveau - ieder van jullie die overgang ervaart, die elk uiteindelijk moet ervaren, dan zullen jullie zien dat er anderen op andere gebieden zijn die soortgelijke overgangen hebben ervaren. En ze zullen in staat zijn om aanmoediging en energie te bieden, zodat je geholpen zult worden bij alle inspanningen die je nodig hebt.

* * *

Meer informatie kwam naar voren toen Beth de Bibliotheek bezocht op het geestenvlak tijdens een sessie in 1986.

B: Het is alweer een tijdje geleden dat we elkaar in de bibliotheek hebben ontmoet. De kennis is er allemaal, sprankelend en glanzend en klaar om geleerd te worden. Als de vraag zich toevallig ergens anders bevindt, zal ik mezelf daar in plaats daarvan projecteren. Het is geen probleem.

D: *Op een keer vroeg ik jullie naar UFO's en ruimteschepen uit de ruimte. En in die tijd werd je behoorlijk boos op me omdat ik het concept van dimensies niet kon begrijpen. (Jazeker) U zei dat deze schepen uit vele dimensies kwamen en u zei dat ik vrij onwetend was over dit onderwerp. (Gelach) Kunt u mij iets vertellen?*

B: (Geïrriteerd) Ik zal proberen. Een moeilijkheid zijn de planetaire invloeden waaronder jullie geboren zijn. Het zorgt ervoor dat je heel stevig vasthoudt aan wat je waarneemt als realiteit, die af en toe op dit niveau overkomt als dicht of koppig. Dat is soms frustrerend. Ik zal proberen u uit te leggen over dimensies. Waar je bent, op de weg in het leven dat je op dit punt in je ontwikkeling leeft, neem je visueel drie dimensies waar. Dat is hoogte, breedte en diepte. En jullie wetenschappers gaan ervan uit dat de vierde dimensie tijd is, om de ruimte in te nemen van de rest van het object waarvan jullie weten dat het er is, maar jullie kunnen niet direct zien, omdat licht in een rechte lijn op jouw bestaansniveau reist. Uit gemakzucht hebben jullie wijze mannen deze dimensies gelabeld: de eerste, tweede, derde en vierde dimensie, ervan uitgaande dat dat alles is wat er is. Vanuit hun beperkte begrip van de aard van het universum en hun beperkte begrip van de betrokken wiskunde, is dit voldoende om hun vergelijkingen uit te werken. Er zijn echter veel verschillende manieren om de werkelijkheid waar te nemen, veel verschillende manieren om "wat is" te ervaren. En elk van deze verschillende manieren bevat en omvat verschillende dimensies. Deze verschillende dimensies zijn niet noodzakelijkerwijs lengte, breedte, diepte en tijd. Deze labels zijn van toepassing op slechts vier dimensies wanneer er echt veel dimensies zijn. Begrijpt u het tot nu toe? (Jazeker) De verschillende combinaties van deze verschillende dimensies bevatten verschillende takken van het mega-universum die ik jullie eerder heb beschreven. Herinner je je het universum en hoe het zich altijd vertakt en verdeelt en weeft vanwege de aard van de tijd?

D: *Ja. En dan zijn de parallelle universa allemaal met elkaar verweven?*

B: Precies. Deze parallelle universa omvatten niet alleen dezelfde dimensies waarmee jullie vertrouwd zijn, maar ook andere parallelle universa die betrokken zijn bij alle andere dimensies die jullie niet kunnen waarnemen. Deze andere universa bevatten ook intelligent leven, hogere levensvormen die ook door de cirkel van karma werken. De wezens in sommige van deze universa zijn veel geavanceerder dan jullie, spiritueel, mentaal en intellectueel. Bijgevolg hebben velen van hen een manier ontdekt om van hun universum naar jullie universum te reizen door bepaalde wonderbaarlijke apparaten te gebruiken, om de dimensies die ze waarnemen te veranderen. En door de dimensies die ze waarnemen te veranderen in de dimensies die jullie waarnemen, plaatst het hen automatisch in jullie universum. Het is moeilijk uit te leggen. Daarom wordt gezegd dat ze uit verschillende dimensies komen. Omdat hun universum als het ware dezelfde ruimte inneemt als jullie universum, met een andere reeks dimensies, zodat niets botst. Om een analogie in je wereld te trekken: In een gebied op een mistige dag is het alsof je een stuk gaas in de mist hebt hangen met wat dauw op het gaas en wat mist in de mist. Nu nemen het gaas, de dauw, de mist en de mist allemaal dezelfde ruimte in, maar ze zijn nog steeds gescheiden van elkaar. Zo is het ook met de verschillende dimensies. Je set dimensies kan bijvoorbeeld het gaas zijn. De set dimensies van een wezen kan de mist zijn, en de mist is overal in het gaas en in het gaas, maar het botst niet met het gaas. En het enige wat dit wezen kan waarnemen is de mist. Daarom is het zich niet bewust van het gaas en botst het er niet mee. Terwijl je je alleen bewust bent van het gaas en de vezels waaruit het gaas bestaat. Je bent je niet bewust van de mist die rond en door het gaas zit en rond elk van de vezels van het gaas. En je bent je niet bewust van de dauw die op het gaas is gecondenseerd, want het is buiten je waarneming. Begrijp je?

D: *Het is moeilijk. De wetenschappers in onze tijd denken dat deze UFO's afkomstig zijn uit de fysieke ruimte zoals wij die kennen.*

B: Ze komen uit de fysieke ruimte, maar niet zoals je die kent. Ze veranderen hun perceptie van de werkelijkheid om samen te vallen met jullie perceptie van de werkelijkheid, waardoor ze verschijnen in de ruimte zoals jullie die kennen. Een manier waarop ze de fantastische snelheden kunnen bereiken die ze gebruiken om te reizen, is door beide universa gedeeltelijk waar te nemen, zodat ze de afstand tussen de punten kunnen verkleinen. Wat ik weet klinkt totaal verwarrend, maar dat is de enige manier waarop het in jouw taal kan worden uitgelegd. Als ik kijk naar de zogenaamde "visuele" representaties ervan in deze bibliotheek, zijn de betrokken concepten zeer elegant en eenvoudig zoals de meeste grote concepten die de basisbouwstenen van het universum zijn. Maar als ik ze in woorden probeer uit te leggen, klinken ze veel ingewikkelder dan ze in werkelijkheid zijn. Omdat ik probeer uit te leggen wat niet is, evenals wat wel, dus ik zal een nauwkeurig mentaal beeld schetsen.

D: *Ik snap het. Maar de onderzoekers denken aan UFO's die van verschillende planeten komen. Ik weet niet of ze dit concept kunnen begrijpen.*

B: Ze moeten heel duidelijk zijn over dit onderwerp van de verschillende dimensies. Ik heb alleen de labels gebruikt van de vier dimensies die je hebt. De drie die je visueel waarneemt, zijn alles wat je kunt waarnemen met je vijf zintuigen. Je hebt simpelweg nergens in je hersenen of je taal concepten om met andere dimensies om te gaan. Daarom heb ik ze geen labels gegeven. Ik zal dit echter zeggen om het begrip te helpen. Dat wat je beschouwt als onderdeel van de dimensie die "tijd" wordt genoemd, omvat in feite verschillende dimensies. Jullie wereld en universum bevatten niet slechts vier dimensies. Het is samengesteld uit veel meer dimensies dan dat, maar de anderen worden op één hoop gegooid onder het label dat je "tijd" noemt. Daarom gebeuren er vaak vreemde dingen die onverklaarbaar zijn, vanwege de aard van deze verschillende dimensies die op elkaar inwerken, die je als één dimensie waarneemt. Daarom is het soms tegenstrijdig, onzinnig en verwarrend voor je. De verschillende aard van deze verschillende dimensies die jullie "tijd" noemen, zijn deze extra dimensies. Jullie zijn in staat om ze waar te nemen, maar jullie wetenschappers proberen ze weg te rationaliseren. Je lichaam is echter uitgerust om ze waar te nemen, en het is deze perceptie van deze andere dimensies die aanleiding geeft tot wat je "psychische krachten" hebt genoemd. Deze paranormale krachten zijn niets buitengewoons. Ze liggen in dezelfde lijn van jullie in staat zijn om diepte, lengte, breedte waar te nemen. Deze paranormale krachten zijn jullie afstemming op deze andere dimensies die jullie onder het concept van tijd hebben gegooid.

D: *Dit is een onderwerp dat waarschijnlijk nog een tijdje kan doorgaan.*

B: Het zou kunnen. Voor meerdere sessies. Verschillende van uw tapes.

D: *Het belangrijkste is dat ik het kan schrijven en degenen die het kunnen begrijpen, het kan laten begrijpen, zelfs als ik het niet allemaal kan begrijpen.*

B: Degenen die hoger opgeleid zijn, kunnen het moeilijker hebben om te begrijpen omdat ze meer vastzitten in hun ideeën.

* * *

Informatie van Phil tijdens een sessie in 1996 in Hollywood waar hij op dat moment woonde. Ik probeerde hem al een tijdje te ontmoeten, maar mijn reisschema liet het niet toe. Mijn belangrijkste focus in deze sessie was om wat losse eindjes aan elkaar te knopen en ontbrekende stukken te vinden die ik in dit boek kon gebruiken. Het kostte vele jaren van het verzamelen van stukjes en beetjes van verschillende mensen over de hele wereld om deze concepten naar voren te brengen en ze te verduidelijken, zo goed als we kunnen met ons begrip.

Phil kwam naar mijn hotel nadat hij van zijn werk was gekomen. Na het inhalen van de afgelopen maanden zijn we begonnen met de sessie. Terwijl hij ontspannen op het bed lag, begon hij te praten voordat ik hem zijn trefwoord gaf. Ik hoefde onze normale procedure niet te gebruiken. Hij begon al voordat ik de bandrecorder had aangezet. Dit gebeurde slechts één keer eerder, in de begindagen van ons werk toen we werkten aan het verhaal van het zaaien van de aarde.

P; Jullie zijn een recordhouder en er zijn nu mensen die dit streven zouden vergemakkelijken. Je mag dat vragen stellen wat je als je vragen ziet.

D: *Ik wilde dat er aanwezigen aanwezig waren die informatie konden geven in analogieën, indien mogelijk, om het voor de gemiddelde persoon gemakkelijker te maken om te begrijpen.*
P: Dat klopt. Dat is, zoals u zelf al eerder hebt opgemerkt, altijd ons handelsmerk geweest. Om jullie vereenvoudigde symbolieken te gebruiken om de abstracte concepten over te brengen die we jullie zouden geven. We merken dat het misschien gemakkelijker is voor de menselijke geest om dat wat vertrouwd is te visualiseren, in tegenstelling tot het proberen te conceptualiseren van dat wat abstract is. Het is noodzakelijk, vanwege de unieke structuur van je menselijke geest - en we zouden hier verduidelijken, niet om de hersenen te zeggen, maar eerder de geest zelf. De mentale processen die inherent zijn aan jullie menselijk bestaan zijn niet conventioneel. Ze zijn enigszins aangepast van de geaccepteerde norm van wat we de "universele realiteit" zouden noemen.
D: *Ik ben betrokken bij een project en ik probeer veel zeer gecompliceerde concepten te begrijpen. Kunt u het concept van gelijktijdige tijd uitleggen?*
P: We zien dat de realiteit enigszins verkeerd wordt voorgesteld in jullie conventionele wijsheid die jullie menselijke geest probeert te definiëren. Dit is zowel een belemmering als een hulp in je verlangen om te begrijpen. We vragen u een schijf voor te stellen die op zijn platte gezicht ligt, zodat de bovenkant van deze schijf voor u zichtbaar is.
D: *Kijk je erop neer?*
P: Dat is juist. Schrijf vervolgens een punt in op enige afstand van het midden van deze schijf, langs een straal van een lijn van het midden naar de omtrek of buitenrand van deze schijf. Draai vervolgens deze schijf en merk op dat het pad dat door dit ingeschreven punt wordt afgelegd, voor onbepaalde tijd in één richting lijkt door te gaan. We zouden dit omschrijven als oneindigheid. Daarin is de waargenomen richting nooit veranderd en is het einde nooit bereikt. Je hebt jezelf nog nooit ontmoet op dit pad. Daarom is er voor de waarnemer die op dit punt is gepositioneerd, geen einde of geen begin. Er is gewoon beweging of beweging in een waargenomen voorwaartse richting. Realiseer je dan dat deze perceptie alleen te wijten is aan het feit dat je in het vliegtuig van je reis zit. Als je jezelf uit dat vlak zou verwijderen, of het perspectief zou nemen van degene die op de

schijf neerkijkt, in tegenstelling tot degene die zich op de schijf bevindt, zou deze perceptie duidelijk zijn. De schijnbare discrepantie is dat er inderdaad een begin en een einde is. Elke positie op die schijf kan worden gebruikt als referentie, of begin of einde. Het is gewoon niet duidelijk uit die positie op de schijf. Wanneer men zich verwijdert van het niveau van de schijnbare werkelijkheid, dan is de ware werkelijkheid manifest.

D: *Dan degene die op de schijf staat, zou dat de manier zijn waarop we het waarnemen?*

P: Zo wordt het waargenomen, niet dat je het waarneemt.

D: *Omdat we het zien als een lineaire manier.*

P: Dat klopt. De waarneming is gewoon vanuit een gezichtspunt, en niet vanuit een realiteit. We zien dat velen op jullie vlak proberen hun realiteit te definiëren door hun gezichtspunt. Er zijn bredere realiteiten die onopgemerkt blijven, simpelweg omdat mensen weigeren hun gezichtspunt te veranderen.

D: *Dat is iets wat niet mogelijk is voor iemand die het vermogen daartoe tart.*

P: Ik denk dat een van de complicaties die we hebben met het proberen te begrijpen van gelijktijdige tijd, het idee is dat in plaats van lineair te vorderen, alles eigenlijk op hetzelfde moment gebeurt. Zo definiëren we simultane tijd. Het concept zelf klopt enigszins niet. Jullie definitie van gebeuren is op zichzelf niet helemaal in staat om de realiteit van het bestaan te begrijpen. Wanneer we zeggen "gebeuren", is het hele idee van gebeuren bepalend. Happening is op dit moment, in tegenstelling tot het bestaande, dat ongedefinieerd is. De perceptie van gebeuren is weer enigszins beperkend, in die zin dat het woord "gebeuren" per definitie zowel een begin als een einde moet hebben. De definitie van "gebeuren" duidt op het begin van een gebeurtenis en het einde van een gebeurtenis. Daarom vragen we u om zowel dit begin- als eindpunt te laten vallen. En realiseer je gewoon dat er is wat is. Daarom bestaat alles tegelijkertijd, in tegenstelling tot alles gebeurt tegelijkertijd.

D: *Een van de problemen die ik hiermee heb, is dat je in onze realiteit zoals we die waarnemen, groeit van een baby naar een kind naar een volwassene. En dat is lineair. Als het allemaal tegelijk bestaat, hoe kan dat dan worden gedefinieerd?*

P: Er bestaan veel verschillende scenario's in je leven, die je bewust op een unieke manier waarneemt. En hier verwijzen we naar onze andere verklaring, dat jullie mentale processen enigszins zijn aangepast van de algemeen aanvaarde universele realiteiten. Je mentale processen op zich bepalen datgene wat je waarneemt. Ze laten slechts een heel klein deel van de werkelijkheid op een bepaald moment toe. Er zijn mensen die een veel breder spectrum van het bestaan kunnen zien, zonder deze beperkende factoren, noch begin noch einde, maar totaal bestaan. We spreken hier over velen die van veel hogere en geavanceerde bewustzijnsniveaus zijn. Het is echter mogelijk voor degenen in jullie vliegtuig om dit te begrijpen en dit zelfs op de een of andere manier of manier van gradaties te ervaren terwijl ze hun geest openen, om zo te zeggen, om de barrières van begin en einde te laten vallen. Het universum bestaat. Het begint of eindigt niet. Het bestaat gewoon.

D: *Maar in onze realiteit zien we onszelf beginnen als een baby en het lichaam groeit en verandert. Is dat niet in tegenspraak met het idee dat alles tegelijk gebeurt?*

P: De geboorte-ervaring is zeer analoog aan de mentale concepten, of mentale functies van je ervaring. Er is een gedefinieerd begin en een gedefinieerd einde, een geboorte en dood. En je leven wordt bepaald door al die punten die tussen de twee grenzen vallen. Als je jezelf zou verwijderen van deze gedefinieerde reeks omtrek en naar je totale bestaan zou kijken, zou je zien dat de geboorte- en doodsmerken gewoon definities zijn en geen realiteiten. Je ziel bestaat zowel in als uit de "bankmerken" die je beschrijft als geboorte en dood. Je neemt dus een hoger of breder perspectief, en ziet dat je bestaat, of je nu leeft of niet.

D: *Ja, dit zijn dingen die ik kan begrijpen. Ik kan het gewoon niet in de perimeters van de gelijktijdige tijd plaatsen waar alles in één keer zou gebeuren.*

P: Het bestaan van termen als "gebeuren" of "begin en einde", zijn enigszins bepalend, in die zin dat ze je in die termen laten denken. We zouden jullie willen vragen om andere termen te gebruiken, zoals "bestaan", wat niet definiërend is in begin of einde, maar eenvoudigweg het bestaan van de werkelijkheid relateert. De werkelijkheid bestaat. Het begint niet en het eindigt niet. Jullie definitie van gelijktijdige tijd is gewoon een poging om het hele plaatje in een tweedimensionale term te bekijken, wat enigszins verwarrend is, omdat er inderdaad dit concept is, maar niet in jullie termen.

D: *We hebben te maken met de termen die onze geest in de Engelse taal begrijpt. OK. Laten we doorgaan naar een andere. Ik probeer het concept van parallelle levens te begrijpen, zelfs parallelle universums. Misschien zijn dat twee totaal verschillende dingen, maar laten we beginnen met parallelle levens. Ze zeggen dat dit levens zijn die we tegelijkertijd ervaren. En daar komt weer het begrip tijd naar boven. Maar ze bevinden zich in verschillende tijdsperioden en kunnen elkaar zelfs overlappen.*

P: Dit is inderdaad een soortgelijk concept, in die zin dat parallelle tijd en parallelle universa inderdaad de gelijktijdige tijd en universa zijn waarover we eerder spraken. Het is gewoon een kwestie van je aandacht richten op één bepaald aspect van dat wat de som is van al je ervaringen. We zouden opnieuw verwijzen naar de analogie van de cirkel, waarin elk punt dat op de cirkel is gedefinieerd, een begin of een einde kan zijn. Het wordt niet gedefinieerd door zijn karakter als het een of het ander. Het is er gewoon. Begrijp dan dat alle punten op die cirkel tegelijkertijd op die cirkel bestaan. En zijn niet begin of einde, op zichzelf, maar alleen per definitie. Ze zijn op zich geen punt. Ze zijn gewoon een definitie.

D: *We geloven dat we als geest een lichaam binnengaan en dat leven ervaren. Maar als we ook bestaan, een ander leven leiden dat er parallel aan loopt, hoe kan dat dan worden gedefinieerd? Ik denk aan één ziel die één lichaam tegelijk binnengaat.*

P: Je realiteit, jij, je persoonlijke realiteit, kan worden gedefinieerd als een cirkel. Jij, in je bewuste staat, kunt alleen het punt of segment begrijpen dat je geest kan waarnemen. Je bewustzijn is alleen in staat om dat wat direct voor je ligt waar te nemen. Niet om te zeggen dat je niet verder kunt kijken dan je eigen neus, maar we zouden die analogie gebruiken in de zin van een totaalplaatje. Alles wat je bent en alles wat je bent geweest en alles wat je zult zijn, bevindt zich in die cirkel. Maar je perceptie daarvan is gewoon dat wat klein genoeg is voor je bewuste geest om waar te nemen. Je bent je, op hogere niveaus, bewust van de som van je bestaan. Je bewuste geest, op het vlak van waaruit je spreekt, is echter alleen in staat tot datgene wat het meest direct is voor je bewuste geest.

D: *Ik had gewoon een gedachte. Wanneer ik hypnose doe en ik neem de persoon mee naar andere levens, is dat dan een manier om de focus te veranderen? Zoals het wisselen van zender op een televisietoestel.*

P: Dat is precies goed. Het is inderdaad dezelfde persoon of energie. Het bewustzijn wordt eenvoudigweg langs deze cirkel naar voren of naar achteren gericht. Dit wezen bestaat. Het begint niet, het eindigt niet. Het bestaat gewoon. Je verandert alleen je focus of perspectief van het ene deel van dat bestaan naar het andere. Er is geen breuk in het bestaan. Het is continu en oneindig in beide richtingen. Je kunt je waarneming echter bevorderen om aan te sluiten bij datgene wat je zoekt. De kennis die je zoekt, vind je op een ander deel van die cirkel.

D: *Dan is het alsof het onderbewuste de kennis heeft, de optelsom van alle levens.*

P: Het onderbewuste is de optelsom van al die levens. Het is de cirkel zelf. Het bewuste beweegt zich gewoon naar dat deel van de cirkel waarover je informatie zoekt. En dan vertelt dat wat zich in dat deel van de cirkel bevindt. We zouden verduidelijken, zoals in uw vraag, dat in gevallen van mentale aberraties of ziekte waarbij de perceptie vervormd is, het verplaatsen naar een ander deel van de cirkel een vervorming in de perceptie zou veroorzaken. We spreken hier met de veronderstelling dat de realiteiten worden gepresenteerd zoals ze werkelijk zijn, en niet door een vervormde lens van valse indruk. Want dat kan inderdaad. De lens of bewuste geest, moet helder en onvervormd zijn, zodat de informatie van de verschillende punten op deze cirkel, zowel gepresenteerd als .... We vinden hier een moeilijkheid bij het vertalen van het woord, om te concluderen dat de perceptie van die informatie juist is.

D: *Dan klinkt het alsof ons concept van het onderbewuste echt fout zit. Is het onderbewuste het nauwst verbonden met de ziel of de geest?*

P: Er is eigenlijk geen verschil. De ziel en de geest zijn identiek. Het onderbewuste is in jouw definitie gewoon de intelligentie of het bewustzijn van die ziel. In jouw definitie wordt het bewustzijn van je ziel gedefinieerd als het onderbewuste. Het is een feit dat je ziel je bewustzijn is. Dat is een van de struikelblokken bij het leren van de realiteit van het universum. Is dat je bewustzijn je realiteit is. Het is niet zo dat je het universum waarneemt door je bewustzijn, de realiteit is je bewustzijn. Je bent wat je denkt. Dat is jullie ware realiteit.

D: *We denken dat het onderbewuste is als de recordhouder, de bewaker van de systemen van het lichaam, en op die manier objectief blijft. Het is als een beschermer van het lichaam. Maar ik denk dat ik het niet heb gecorreleerd met het zijn van de werkelijke ziel of geest.*

P: Het bestaan van je bewustzijn bevestigt het feit dat je dat bent. Je denkt, dus dat ben je. En toch ben je dat, en toch weet je het niet. Daarom denk je, daarom ben je dat niet.

D: *Het bestaan van je bewustzijn bevestigt het feit dat je dat bent. Je denkt, dus dat ben je. En toch ben je dat, en toch weet je het niet. Daarom denk je, daarom ben je dat niet.*

P: De emotionele aspecten van het leven in een omgeving zoals je je bevindt, vereisen dat er een soort interface is, om te functioneren met de stromingen van realiteiten die om je heen wervelen. Deze emoties maken het mogelijk om de inname van informatie uit dat wat om je heen wordt verwerkt, te verwerken in het bestaan van je ziel. Om het bestaan om je heen te vertalen naar een manier die door je bewustzijn kan worden waargenomen.

D: *Ik denk dat dat het iets makkelijker maakt. Nog een vraag in dezelfde lijn. Kun je me een beschrijving of definitie geven van andere dimensies die dicht bij ons bestaan, hoewel ze onzichtbaar voor ons zijn?*

P: Er zijn vele dimensies rondom jullie gedefinieerde gebied van de werkelijkheid. We vragen jullie om datgene te kiezen wat jullie het meest relevant vinden en het te definiëren in termen die jullie misschien begrijpen. Er zijn in feite vele dimensies, zowel boven als onder jullie diepte van waarneming. Dat wil echter niet zeggen dat het een of het ander groter of minder is dan.

D: *Ze zeggen dat er veel dimensies zijn die heel dicht bij ons bestaan, maar onzichtbaar voor ons, en toch lijken ze erg op de onze. Heeft dat zin?*

P: Ze zijn toegankelijk voor jou, maar misschien niet duidelijk voor jou. Er zijn veel aspecten van deze andere dimensies die elkaar overlappen van de ene dimensie naar de andere. En toch zijn er nog veel meer aspecten die uniek zijn voor die specifieke dimensie. Er zijn momenten waarop je emotionele toestanden ervoor zorgen dat je geest zich uitbreidt en verbreedt en je perceptie van de wereld om je heen verbetert. Veel mensen vinden bijvoorbeeld dat het kijken naar een bepaalde zonsondergang op een bepaald moment in hun leven, of misschien een tijdstip van de dag of het jaar, hen een gevoel van bewustzijn zal geven dat niet gebruikelijk is in hun leven. Een eenheid met de natuur die ongewoon is. Of misschien in de volkstaal van degenen die deze ervaringen zoeken, om één te worden met de natuur. Ze hebben hun bewustzijn afgestemd op die specifieke draad die al deze universa gemeen heeft. Daarom voelen ze de adem van hun bestaan zich uitbreiden tot het punt dat ze het gevoel hebben dat ze zich in veel andere dimensies tegelijk bevinden. En dat zijn ze inderdaad. Ze zijn zich ervan bewust.

D: *Dan lijkt het hetzelfde concept naar voren te brengen van waar onze focus ligt. De andere dimensies zijn er allemaal, maar we kunnen ze niet waarnemen vanwege onze focus.*

P: Dat klopt.

D: *Dan lijkt het alsof die drie onderwerpen samengaan.*

P: Dat klopt. De algemene reikwijdte van dit gesprek is meer van perceptie in tegenstelling tot realiteit. De realiteiten van het universum zijn er voor iedereen om waar te nemen. De individuele groei en het begrip van de persoon die het op een bepaald moment zou proberen te begrijpen, zou echter bepalen tot welke diepte of ademhaling of hoogte ze in staat zouden zijn om deze andere realiteiten waar te nemen.

D: *Als ze het dan hebben over het verhogen van ons bewustzijn, betekent dat dan dat we ons meer bewust zullen worden van deze andere realiteiten?*

P: Dat klopt.

* * *

Discussie op een van de groepsbijeenkomsten in de jaren 1980.

V: *Soms denken we dat we verschillende aspecten van onszelf hebben, die misschien wel hier op Aarde leven op hetzelfde moment dat we dat doen. Hoe vaak is dit waar?*

Phil: Mijn onmiddellijke reactie was, heel frequent. Veel vaker dan we ons bewust zijn. In feite, hoe meer gedachteprojecties we in die gebieden uitzenden, hoe meer "sap" we dat vermogen geven. Onze aspecten hebben echter een eigen leven. Ze bestaan en zijn zich meestal niet bewust van hun andere aspecten. Wij en anderen.

* * *

Tijdens een andere sessie met Phil in 1999.

D: Ik heb informatie verzameld over verschillende dimensies en ik wilde dat uitbreiden. Ik weet wel, op mijn beperkte manier, dat de andere dimensies die onze planeet omringen fysieke werelden zijn, met fysieke menselijke wezens die erop leven. Maar ze trillen met verschillende snelheden en zijn onzichtbaar voor ons. Kunt u mij daar meer informatie over geven?
Phil: Er is een zekere circulaire realiteit in die zin dat er geen gevoel van eindigheid is in de ware realiteit. Er zijn vele schakeringen van de werkelijkheid die op verschillende manieren tot uitdrukking komen. Om echter te zeggen dat een dimensie fysiek is, in tegenstelling tot spiritueel, is enigszins misleidend. Het concept lijkt te worden begrepen als fysiek anders dan spiritueel. Het is gewoon dat wat je "fysiek" noemt bepaalde kenmerken heeft, die enigszins gescheiden of verschillend zijn van wat je "spiritueel" noemt. Ze zijn echter één en dezelfde. Het gaat er gewoon om dat er bepaalde verschillen zijn die de een van de ander onderscheiden. Als je de ware realiteit van groen water zou definiëren in tegenstelling tot blauw water, zou je kunnen zeggen dat groen water zeker niet hetzelfde is als blauw water. Het is echter duidelijk dat het ware bestanddeel van elk, dat water is, volledig identiek is. Er zijn gewoon verschillen tussen de twee, die hen onderscheiden. Dus zou je kunnen zeggen dat blauw water verschilt van groen water?
D: Ik heb gehoord dat er andere wezens in deze andere dimensies leven. Ze zijn onzichtbaar voor ons, maar ze leven in wat zij beschouwen als een fysieke wereld.
P: Dat klopt. Het is zoals de radiogolven in jullie lucht allemaal tegelijkertijd bestaan en allemaal verschillende informatie bevatten, verschillende realiteiten, maar toch tegelijkertijd in dezelfde ruimte kunnen bestaan. Het is gewoon een kwestie van

een verschil in frequentie. Er is geen interferentie totdat de frequenties proberen dezelfde frequentie op hetzelfde moment te delen.

D: *Dit veroorzaakt wat we "statisch" of overlappend noemen?*

P: Ja. Moeilijkheid.

D: *Gebeurt dit met dimensies?*

P: Af en toe. Maar gelukkig zijn er in het schema van dingen waarborgen die dit voorkomen. Het is echter mogelijk voor een incidentele overlap.

D: *Wat zou er gebeuren als dat zou gebeuren?*

P: Wezens uit verschillende dimensies kunnen op elkaar inwerken en zich bewust worden van elkaar door hun eigen zintuiglijke waarnemingen. De zintuigen, die jullie je "vijf zintuigen" noemen, zijn instrumenten die zijn afgestemd op de frequenties op jouw bestaansniveau. De wezens die andere niveaus van bestaan bewonen, hebben zintuiglijke organen die zijn afgestemd op hun eigen specifieke frequentie van bestaan. Als, om wat voor reden dan ook, deze niveaus van bewustzijn elkaar zouden overlappen of dezelfde frequentie zouden delen, dan zouden de zintuiglijke elementen van elk op dezelfde frequentie worden afgestemd. En de wezens op elk vlak zouden zich van elkaar bewust zijn.

D: *Zouden ze weten dat er iets ongewoons was gebeurd?*

P: Misschien, maar niet per se. Er zijn tussen de dimensies kleine veranderingen. Tussen opeenvolgende dimensies worden de grotere veranderingen duidelijker. Zodanig dat de wezens uit verschillende dimensies verwijderd zouden, als ze in staat waren om te begrijpen dat ze zagen, beseffen dat er inderdaad iets heel eigenaardigs aan de hand is. Omdat de veranderingen echter zo subtiel zijn tussen de dimensies, is elke opeenvolgende dimensie iets anders dan de volgende. Het zou kunnen dat men zich, althans in eerste instantie, niet bewust zou zijn dat men zich in een andere dimensie had bevonden.

D: *Maar het is mogelijk om heen en weer te gaan.*

P: Dat klopt.

D: *We hebben gehoord dat er soms vensters zijn die het gemakkelijker maken om van de ene dimensie naar de andere te gaan. Is dit waar?*

P: Er zijn openingen die nuttig zijn om wezens, die de kennis en het bewustzijn hebben, in staat te stellen dit zogenaamde "venster" te manifesteren. Er is echter niet in uw terminologie een bepaalde plaats die kan worden gedefinieerd als een bestaand fenomeen, op zichzelf, dat statisch is, dat u op elk moment kunt openen door er gewoon naartoe te lopen. De energieën kunnen zodanig gemanipuleerd worden dat er een venster gegenereerd kan worden. Het is echter geen natuurlijk voorkomend fenomeen. Er was, zoals u weet, een experiment uitgevoerd door uw marine dat gewoonlijk het "Philadelphia Experiment" wordt genoemd. Dit is een voorbeeld van een experiment met deze "vensters". Er zijn wezens die spiritueel in staat zijn om van de ene dimensie naar de andere over te gaan. Je beste voorbeeld zou misschien Jezus zijn, die toegang had tot veel verschillende niveaus. Na zijn ascensie kon hij bewust terugkeren naar jullie vliegtuig en verschijnen. Ook al was hij misschien niet van jouw vliegtuig, hij kon naar je vliegtuig komen.

D: Je bedoelt dat de overheid een manier heeft gevonden om het raam te openen om heen en weer te gaan, met het Philadelphia Experiment? Of hebben ze een raam gemaakt?

P: We zouden zeggen dat er een raam is geopend. Het vermogen om terug te komen was echter niet zo finessed als het vermogen om het te openen. Er waren catastrofale resultaten vanwege het onvermogen om dit fenomeen goed te manipuleren. Het is een natuurlijke toestand in universele zin. Deze vliegtuigen zijn gewoon natuurlijk en gebruikelijk. Het is echter jullie niveau van begrip op dit punt dat hen of dit concept enigszins bovennatuurlijk maakt. Niets is minder waar. Het is de basis van de werkelijkheid, in universele zin.

D: Maar de overheid heeft een manier gevonden om dit te doen.

P: Er zijn mensen die werken aan het manipuleren van deze energieën. Er zijn er die min of meer geslaagd zijn. Vanwege het gebrek aan spiritueel bewustzijn, dat noodzakelijk is, is er echter nog misschien nog een zeer ruw fundamenteel begrip van dit fenomeen.

D: Gaan de experimenten door?

P: Dat klopt. Het is op dit moment mogelijk om energie of materie door de dimensies te transporteren. De spirituele werkelijkheden die dit verschijnsel mogelijk maken, worden echter nog niet begrepen. De basis van begrip tot nu toe is technologisch geweest. De spirituele component is niet begrepen. Er zijn experimenten geweest die zijn mislukt. En de deelnemers waren er na afloop wat slechter aan toe dan voorheen. Hun ziel of geest heeft het vermogen, of misschien de middelen, om deze slachtoffers van deze experimenten te genezen wanneer ze door het dimensionale vlak zijn gegaan naar dat wat jullie het "spirituele" niveau noemen. Er zijn gevallen geweest waarin individuen volledig verloren gingen naar een andere dimensie en in wezen gevangen zaten in een andere dimensie.

D: *Hoe kunnen ze gevangen zitten als de ziel kan gaan en staan waar ze wil en alles kan doen wat ze wil.*

P: Het zijn de fysieke componenten waar we het over hebben. Er zijn gevallen waarin het fysieke lichaam volledig naar een andere dimensie wordt getransporteerd met de ziel intact.

D: *Dat is wat je bedoelt. Het fysieke zat gevangen in een andere dimensie en kon niet meer terug.*

P: Dat klopt. Uw begrip is voldoende om ons in staat te stellen te zien wat u beschrijft. En ja, het klopt dat ze elkaar soms overlappen. Op dit moment is het echter technologisch niet haalbaar voor iemand in uw vliegtuig om dit regelmatig te proberen. Het is in feite een van de manieren waarop degenen die jullie de "buitenaardse wezens" noemen in staat zijn om door grote afstanden te manoeuvreren. Het is gewoon een kwestie van tussen de dimensies te gaan en die portalen te vinden die in hun natuurlijk voorkomende staat bestaan. We willen hier het verschil definiëren tussen dat wat we beschreven als een venster in tegenstelling tot wat we beschrijven als een portaal.

D: *Ja, ik zou graag het verschil willen weten.*

P: In de context waarin we eerder spraken, was een venster een apparaat waarmee je eenvoudig van het ene bestaansniveau naar het andere kon gaan. Dit is geen natuurlijk voorkomend apparaat. Een portaal is echter een natuurlijk voorkomend fenomeen, net als een tunnel, waarin wat je "afstand" op een bepaald vlak zou noemen, kan worden overschreden. Men zou in staat zijn om grote afstanden af te leggen door door deze portalen te gaan. Deze portalen bevinden zich echter op hetzelfde vlak. Ze overstijgen de afzonderlijke gebieden van de werkelijkheid niet. Zodra men met dat specifieke vliegtuig op de bestemming is aangekomen, is het noodzakelijk om over te stappen op het vliegtuig waar men wil aankomen.

D: Dat is het deel waar ik verwarring mee heb. Dit is anders dan andere dimensies, dit is op hetzelfde vlak.

P: Portalen bevinden zich op hetzelfde vlak. Ze overstijgen geen vliegtuigen. Er zijn portalen in de vliegtuigen zelf, maar de portalen overspannen de vliegtuigen niet.

D: En dit is iets anders dan tussen dimensies gaan.

P: Dat klopt.

D: Ik ben daar nog steeds een beetje in de war over. Als we aan hetzelfde bestaansniveau denken, zouden de buitenaardse wezens dan afkomstig zijn van een fysieke ster of een deel van het sterrenstelsel dat er nu is. Maar in plaats van te gaan op lichtsnelheid of wat dan ook, zouden ze gewoon een portaal vinden?

P: Dat klopt.

D: Dus ze bevinden zich op dit fysieke niveau van de werkelijkheid, in plaats van in een andere dimensie. Ze hebben net deze deuropeningen gevonden, zodat ze sneller heen en weer kunnen gaan.

P: Inderdaad

D: Dit alles is verwarrend voor mij, maar ik had gewoon een idee. Met de planeet Venus als voorbeeld, in "onze" dimensie lijkt het erop dat er daar geen leven is. Zou het mogelijk zijn dat er in een "alternatieve" realiteit of een andere dimensie mensen kunnen wonen?

P: Op het niveau waarop je de werkelijkheid ervaart, zou dat er niet zijn. In hogere dimensies zijn er echter in feite veel levensvormen op veel van de planeten die zich gewoon op een ander expressieniveau bevinden. Het zou eenvoudigweg zijn dat de uitdrukking, zoals deze zich op jouw niveau manifesteert, niet de essentie van wat je "levensvormen" zou noemen, overbrengt of uitdrukt. Er is op de lagere niveaus van die uitdrukking gewoon gas en gesteente. Hoewel een ijsberg slechts gedeeltelijk zichtbaar wordt geacht, is het bekend dat de volledige expressie van de ijsberg niet zichtbaar is. Het niveau waarop je de werkelijkheid op Venus ziet, is simpelweg een deel van dat wat onder water is, om het zo maar te zeggen. Er zijn delen van de totale expressie die onzichtbaar voor jullie zijn omdat jullie waarnemingen niet in staat zijn om de realiteit van de hogere bestaansniveaus te begrijpen.

D: Dus op een alternatieve realiteit, een andere parallelle wereld, om zo te zeggen, zou er een fysiek ras kunnen leven?

P: Dat klopt. En in de zin van onze ijsberg-analogie zouden we de ijsberg opnemen om bestaansgebieden te transcenderen.

Toen Phil wakker werd, besprak hij het deel van de sessie dat hij zich herinnerde.

P: Het belangrijkste wat ik kreeg was het feit dat er een verschil is tussen de afmetingen. Maar dat er binnen een dimensie niveaus van bewustzijn zijn, zelfs binnen een dimensie. Er zijn bijvoorbeeld dingen waarvan we ons niet bewust zijn op deze dimensie, laat staan de andere dimensies. Het is als het spectrum van licht dat allemaal één licht is in deze dimensie, en we zijn ons misschien alleen bewust van bepaalde delen van het spectrum. Ons bewustzijn is beperkt tot een heel klein deel van deze dimensie. We zijn ons niet volledig bewust van alle elementen van deze dimensie, en nog veel minder van de andere dimensies. En dus bevindt het concept van portalen zich binnen een dimensie. Je kunt grote afstanden afleggen binnen deze dimensie, maar er zijn geen portalen van deze dimensie naar de volgende. Maar er zijn gradaties van ... het is bijna alsof er dimensies binnen dimensies zijn. Er zijn niveaus binnen deze dimensie die voldoende veranderen dat ze anders zouden zijn dan de andere niveaus binnen deze dimensie.

D: Een beetje zoals het lezen van een octaaf. Elke noot zou een dimensie zijn, maar het is nog steeds veilig binnen een octaaf. (Jazeker) Ik waardeerde je uitleg over de portalen in tegenstelling tot de ramen.

P: Het water leek de gemakkelijkste manier om uit te leggen hoe we over spiritueel en fysiek denken. Het is in principe dezelfde realiteit, alleen in een andere vorm.

We waren het er allemaal over eens dat we groeien en uitbreiden naar waar we ingewikkelde informatie nu kunnen verwerken en begrijpen die we in het begin van ons werk nooit hadden kunnen begrijpen.

***

ARTIKEL DAT VERSCHEEN IN DE DAILY TELEGRAPH, Londen 11 oktober 1995

"WELKOM IN DE VOLGENDE WERELD"
Door Dr. Michio Kaku

Einsteins zwaartekrachttheorie, die ons de oerknaltheorie en zwarte gaten geeft, is onderworpen aan de strengste test tot nu toe en met vlag en wimpel geslaagd. In het laatste nummer van Physics Today kondigden astronomen van Harvard, MIT en het Haystack Observatory trots aan dat ze Einsteins theorie hadden bevestigd tot een verbazingwekkende nauwkeurigheid van 0,04 procent door de buiging van radiogolven van de quasar 3C279 nabij de rand van het zichtbare universum te meten. Maar er zit enige ironie in deze aankondiging. Elk succes benadrukt alleen maar een gapende kloof. Zelfs terwijl wetenschappers steeds nauwkeurigere tests van Einsteins theorie van verwrongen ruimte toejuichen, wist Einstein zelf dat zijn theorie brak bij de oerknal. De theorie had voeten in de aarde.
Relativiteit was waardeloos, besefte hij, als het ging om het beantwoorden van de meest gênante kosmische vraag in de hele wetenschap: wat gebeurde er vóór de oerknal? Stel elke kosmoloog deze vraag, en ze zullen hun handen opsteken, met hun ogen rollen en klagen: "Dit kan voor altijd buiten het bereik van de wetenschap liggen. We weten het gewoon niet." Tot nu toe welteverstaan. Er is de laatste tijd een opmerkelijke consensus ontstaan rond wat "kwantumkosmologie" wordt genoemd, waarin wetenschappers geloven dat een fusie van de kwantumtheorie en de relativiteitstheorie van Einstein deze kleverige theologische vragen kan oplossen. Theoretische fysici haasten zich naar binnen waar de engelen bang zijn om te betreden. In het bijzonder ontstaat er een aantrekkelijk maar verrassend nieuw beeld in de kwantumkosmologie dat in staat zou kunnen zijn om enkele van de grote mythologieën van de schepping te synthetiseren. Er zijn twee dominante religieuze mythologieën. Volgens het joods-christelijke geloof had het universum een definitief begin. Dit is de Genesishypothese, waarin het universum werd uitgebroed uit een Kosmisch Ei. Volgens het hindoeïstische

boeddhistische geloof in nirvana is het universum echter tijdloos; het heeft nooit een begin gehad, noch zal het een einde hebben.
Kwantumkosmologie stelt een prachtige synthese voor van deze schijnbaar vijandige standpunten. In het begin was Niets. Geen ruimte, geen materie of energie. Maar volgens het kwantumprincipe was zelfs Nothing instabiel. Niets begon te vergaan; dat wil zeggen, het begon te "koken" met miljarden kleine bubbels die zich snel vormden en uitbreidden. Elke bubbel werd een uitdijend universum. Als dit waar is, dan maakt ons universum eigenlijk deel uit van een veel groter "multiversum" van parallelle universums, dat echt tijdloos is, zoals Nirvana. Zoals Steve Weinberg, de Nobelprijswinnaar fysicus, heeft gezegd: "Een belangrijke implicatie is dat er geen begin was; dat er steeds grotere Oerknalen waren, zodat het (multiversum) eeuwig doorgaat hoeft men niet voor de Knal met de vraag te worstelen. Het (multiversum) is hier al die tijd gewoon geweest. Dat vind ik een heel bevredigend beeld."
Universa kunnen letterlijk ontstaan als een kwantumfluctuatie van niets. Dit komt omdat de positieve energie in materie wordt afgewogen tegen de negatieve energie van de zwaartekracht, dus de totale energie van een bel is nul. Het kost dus geen netto energie om een nieuw universum te creëren. Alan Guth, grondlegger van de inflatietheorie, merkte ooit op: "Er wordt vaak gezegd dat er niet zoiets bestaat als een gratis lunch. Maar het universum zelf kan een gratis lunch zijn." En Andre Linde van Stanford heeft gezegd: "Als mijn collega's en ik gelijk hebben, kunnen we binnenkort afscheid nemen van het idee dat ons universum een enkele vuurbal was die in de oerknal werd gecreëerd." Hoewel deze foto aantrekkelijk is, roept het ook meer vragen op. Kan er leven bestaan op deze parallelle universa? Cambridge-kosmoloog Stephen Hawking twijfelt: hij gelooft dat ons universum naast andere universa kan bestaan, maar ons universum is speciaal. De kans op het vormen van deze andere bubbels is verwaarloosbaar klein.
Aan de andere kant gelooft Weinberg dat de meeste van deze parallelle universums waarschijnlijk dood zijn. Om stabiele DNA-moleculen te hebben, moet het proton minstens drie miljard jaar stabiel zijn. In deze dode universa zijn de protonen mogelijk vervallen tot een zee van elektronen en neutronen.
Ons universum is misschien een van de weinige die compatibel is met het leven. Dit zou in feite de eeuwenoude vraag beantwoorden

waarom de fysieke constanten van het universum in een smalle band vallen die verenigbaar is met de vorming van leven. Als de lading van het elektron, de gravitatieconstante, enz., enigszins was veranderd, dan zou het leven onmogelijk zijn geweest. Dit wordt het Antropisch Principe genoemd. Zoals Freeman Dyson van Princeton zei: "Het is alsof het universum wist dat we eraan kwamen." De sterke versie hiervan stelt dat dit het bestaan van God of een almachtige godheid bewijst. Maar volgens de kwantumkosmologie zijn er misschien miljoenen dode universa. Het was daarom een ongeluk dat ons universum omstandigheden had die compatibel waren met de vorming van stabiele DNA-moleculen. Dit laat echter de mogelijkheid open dat er parallelle universums zijn die bijna identiek zijn aan de onze, behalve een noodlottig incident. Misschien verloor George III de Koloniën niet in zo'n universum.

Ik kan echter de kans berekenen dat je op een dag over straat loopt, om vervolgens in een gat in de ruimte te vallen en een parallel universum binnen te gaan. Je zou langer dan de levensduur van het universum moeten wachten op zo'n kosmische gebeurtenis. Zoals de bioloog J.B.S. Haldane opmerkte: "Het universum is niet alleen queerer dan we denken, het is queerer dan we kunnen veronderstellen."

* * *

Dr. Michio Kaku is hoogleraar theoretische natuurkunde aan de City University of New York en auteur van Hyperspace: a Scientific Odyssey through the 10th Dimension (Oxford University Press).

Het lijkt erop dat de grote wetenschappelijke geesten op zijn minst een deel van het beeld hebben.

Hoofdstuk 12
De energie en de assistenten

Veel van de informatie in dit boek werd verzameld tijdens de jaren 1980 toen ik een beginnende onderzoeker was. Ik was ervan overtuigd dat ik alle antwoorden op het leven had door mijn werk als therapeut uit een vorig leven. Al het bewijs bewees voor mij het bestaan van reïncarnatie, maar ik had de levens in een lineaire progressie (of regressie) geplaatst, omdat dat de enige manier was waarop de meeste van onze geesten het zich kunnen voorstellen. Ik had mijn meningen en theorieën gevormd op basis van de cases waarmee ik had gewerkt. Toen ik met Phil begon te werken, was mijn ordelijke geloofssysteem verstoord. Mijn werk met hem resulteerde in mijn boek Keepers of the Garden, dat me blootstelde aan een radicaal ander concept van het begin van het leven op aarde. Er was nog veel meer dat niet in dat boek stond. Ik kreeg informatie en werd blootgesteld aan concepten waar ik nog nooit van had gehoord. Ze dreigden mijn veilige wereld omver te werpen. In het begin was ik er zo zeker van dat ik alle antwoorden had dat ik geen nieuwe theorieën wilde onderzoeken die niet pasten. Ik had ze kunnen weggooien, maar toen besloot ik een open geest te houden en dieper te graven. Ik realiseerde me dat als ik de informatie zou ontkennen zonder het te onderzoeken, ik niet beter zou zijn dan religieuze instellingen die verkondigen dat ze de "enige" waarheid hebben. In plaats van het buitenbeentje materiaal weg te gooien, leg ik het opzij om later bekeken te worden. De tijd is nu gekomen om het te onderzoeken en te proberen het te begrijpen, zo goed als onze beperkte menselijke geest kan.

In plaats van geïsoleerde informatie van Phil te zijn, begon het uit veel onderwerpen over de hele wereld te komen, alsof het onaangeboorde waarheid en kennis was. Ik weet dat ik het in het begin van mijn werk nooit had kunnen begrijpen en het had kunnen weggooien. Nu, na meer dan twintig jaar onderzoek, realiseer ik me dat ik kleine porties heb gekregen totdat ik klaar was om de meer gecompliceerde informatie te verteren. Zelfs als ik het niet volledig begrijp, en ik weet zeker dat ik maar een klein deel van een veel groter beeld heb, ben ik nu klaar om het te presenteren om anderen aan het denken te zetten.

In de begindagen van mijn experimenten in de jaren 1980 hadden we vaak groepsbijeenkomsten in het huis van Billie Cooper in Rogers, Arkansas. Daar zou ik Phil in trance brengen en iedereen kon vragen stellen. Er waren vaak veel mensen aanwezig, en natuurlijk draaiden hun vragen om hun persoonlijke problemen (banen en liefdeslevens). Maar af en toe werden er complexere vragen gesteld, en ik heb deze geïsoleerd om in dit boek te worden gepresenteerd, omdat ik zag dat ze een rode draad volgden.

Het volgende zou vaak gebeuren wanneer we de sprekende entiteit vroegen om zichzelf te identificeren.

P: We spreken hier als een collectieve energie. Want er is geen behoefte aan personalisatie. Er bestaat hier niet zoiets als het "ik"-concept, want alles is "wij".

D: Hoeveel ben je?

P: Het toekennen van een fysiek getal zou zinloos zijn. Want daarmee zou je proberen grenzen van persoonlijkheid te definiëren, dat er x aantal persoonlijkheden zou zijn. En vanuit onze perceptie klopt dit niet. Dit is geen onderscheid. We bestaan gewoon naast elkaar. Er is geen onderscheid tussen de ene persoonlijkheid en de andere, of het begin van de ene persoonlijkheid en de andere. Het is gewoon een gedeeld en naast elkaar bestaand bestaan. Er is geen onderscheid. Nogmaals zeggen we, we zijn niet lineair in tijd of afstand, en zijn enigszins niet in staat om dat concept te vertalen. We bestaan gewoon. We proberen ons bestaan niet te definiëren. Het is aan jullie kant dat jullie jezelf moeten identificeren en afzonderen en jezelf moeten isoleren, zodat je "jij" wordt. Wij zijn wij. Wij op dit vlak hebben geen, wat jullie zouden noemen, identiteit, want er is op dit niveau geen noodzaak om te identificeren. De herkenning van identiteit is onmiddellijk en volledig. Het is niet nodig om een label te plakken. Want wanneer men labels bevestigt, fixeert men meer op het etiket dan op de identiteit. Dit gebeurt in je vliegtuig omdat je het bewustzijn niet hebt. Denk niet aan het label maar aan de energie. Als jullie waren zoals wij, zouden jullie nu in deze kamer in totale duisternis kunnen zitten en in en uit elke kamer kunnen gaan, en ieder van jullie zou onmiddellijk in totale duisternis degenen herkennen die zitten en die zich voortbewegen. Begrijp alsjeblieft dat wat je bewustzijn omvat zo enorm is en veel meer is dan je bewuste geest kan bevatten. Je bent inderdaad één met het universum. En dus moeten jullie niet verbaasd zijn om te ontdekken dat er veel aspecten van jezelf zijn waarvan jullie je nooit bewust zijn geweest.

D: *Zou dit ook gelden voor wat we beschouwen als ervaringen uit vorige levens?*

P: Dit kunnen herinneringen zijn, niets meer dan herinneringen die worden gedeeld, vanwege het feit dat jullie verbonden zijn, ieder van jullie samen, op je innerlijke bewustzijn. De herinnering aan een van jullie wordt door ieder van jullie gedeeld. Je kunt elkaars gedachten op een heel diep niveau herinneren. En dus kun je ontdekken dat je vorige leven inderdaad heel nauwkeurig een herinnering wordt genoemd aan iemand die dat bestaan heeft geleefd. We zouden zeggen dat er niet zoiets bestaat als vorige levens, want vanuit ons oogpunt is alles geweest, alles is en alles zal tegelijkertijd zijn. Omdat we geen idee van tijd hebben, is ieder van jullie elkaar al geweest en is elkaar in jullie toekomst. We weten dat dit op dit moment niet erg duidelijk voor jullie is. Ieder van jullie zal echter in de nabije toekomst informatie krijgen, waarin ieder van jullie zal worden uitgedaagd om dit concept te onderzoeken. Dat wil zeggen: het verleden en het heden gelijktijdig met de toekomst.

D: *Dat is wat verwarrend wordt. Hoe komt het dat we in staat zijn om steeds opnieuw contact te maken met een bepaald vorig leven? Waarom zouden we niet naar andere gaan elke keer dat ik de persoon terugval?*

P: Je kunt ook één enkele noot volgen gedurende een hele symfonie. Als je je zou kunnen voorstellen dat je een enkele noot hoort die op een enkel instrument wordt gespeeld, en deze noot gedurende een hele symfonie volgt, zou je deze noot opnieuw zien verschijnen, of beter gezegd, deze noot opnieuw horen verschijnen in deze symfonie. En je zou deze ene noot inderdaad kunnen identificeren als een aparte identiteit. Op dezelfde manier kunnen jullie je deze, wat jullie zouden noemen, vorige levens in jullie hele geschiedenis herinneren, simpelweg door je perspectief te vernauwen tot dat ene specifieke gebied dat je wilt kiezen. De bewuste selectie lijkt misschien willekeurig; het is echter in feite dat je jezelf hebt voorgeprogrammeerd om elke keer dat je daar terugkeert terug te keren naar dat specifieke segment.

D: *Kunnen we het woord "vibratie" of "energie" gebruiken? Dat degenen die veel vorige levens kunnen beoordelen, gewoon in staat zijn om meer van deze energieniveaus te beoordelen dan andere?*

P: Dat klopt. Ieder van jullie zou veel meer lijnen kunnen volgen dan jullie ooit zouden kunnen begrijpen. Het is mogelijk. Er is echter de noodzaak om iemands ervaringen te beperken tot alleen die gebieden die begrip en verlichting brengen. En dus zou het verstandig zijn om die levens te negeren die disharmonie zouden brengen, want dat is niet het beoogde doel. Als je je bewustzijn onmiddellijk zou toestaan om alles wat voor je beschikbaar is in je op te nemen, zou je overweldigd worden. Want er gebeurt veel meer dan jullie ooit kunnen bevatten, zelfs nu we spreken, in elk van jullie eigen afzonderlijke persoonlijkheden. Want in de kleur wit zijn er veel, veel afzonderlijke kleuren, en je kunt gemakkelijk één afzonderlijke kleur uittrekken van die welke wit is. Op dezelfde manier heb je zelf een bepaalde energie die een onderdeel is van je Hogere Zelf eruit getrokken of geïsoleerd. En dus werd deze energie teruggebracht naar jouw niveau, dit aspect van persoonlijkheid, om het zo maar te zeggen. Het was inderdaad een essentieel onderdeel van jezelf dat op dit niveau vrij spel kreeg. Jullie zitten zelf in deze kamer zijn gewoon de toppen van een enorme ijsberg. En als je bewuster en bewuster in staat was, zou je meer van dat wat zich onder de oppervlakte bevindt naar je niveau kunnen brengen, en vice versa. Dat wat je als jezelf hebt geïsoleerd, zou naar die hogere niveaus kunnen gaan waarin je andere aspecten van energie zich bevinden. Velen van jullie doen dit op een gegeven moment. Het is niet zo dat je iemand anders ervaart. Het is alsof je een deel van jezelf ervaart dat je nog nooit eerder hebt gezien.

D: *Is het dan mogelijk om een leven dat nog niet heeft plaatsgevonden te herzien?*

P: Dat klopt. Je kunt overal naartoe waar je naartoe wilt: verleden, heden, toekomst, op aarde of in de ruimte. Het maakt niet uit. Ergens. De toekomst ingaan lijkt in eerste instantie misschien moeilijk, simpelweg omdat je niet gewend bent om op die manier te denken. Dus ja, je zou gemakkelijk kunnen terugvallen naar een toekomstig leven.

D: *Vooruitgang.*

P: Het zou een kwestie van semantiek zijn. Maar zoals gezegd is alles al gebeurd en is er nog niets tegelijk gebeurd. Tijd is inderdaad een relatieve factor.

D: *Kun je gelijktijdige tijd beschrijven op een manier dat mensen op dit vlak het gemakkelijk kunnen begrijpen?*

P: We zullen het proberen. Als je dat zou willen, overweeg dan het verschil tussen een rechte lijn en een cirkel. Als je een lijn zou trekken en twee punten op een rechte lijn zou verbinden, zou je merken dat er geen mogelijkheid is voor parallellisme, in de zin dat ze allemaal in hetzelfde vlak zitten. Als je echter twee punten binnen een cirkel zou verbinden, zou er inderdaad de mogelijkheid zijn dat twee punten door een rechte lijn met elkaar verbonden zijn. Als je tijd alleen als een concept zou beschouwen, en in die context een cirkel, dan zou het mogelijk zijn om twee punten in de tijd met elkaar te verbinden. Stel dat deze cirkel dan een spiraal zou worden, zodanig dat de uiteinden oneindig werden verlengd tot het punt dat ze in feite hetzelfde punt waren. Dan zou dit spiraalconcept kunnen worden voorgesteld om te zien dat er zelfs binnen een cirkel, misschien, een soort lineaire progressie is, van het ene uiteinde naar het andere. Dit tijdsconcept is er een die bijzonder fysiek van aard is, omdat iedereen in de fysieke wereld bepaalde fundamentele concepten moet gehoorzamen. Een begin en een einde. Leven en dood. Zwart-wit. Plus en min. Het is noodzakelijk om de realiteiten te scheiden van de spirituele wereld, zodat deze realiteiten in het fysieke worden achtergelaten, zodat een polariserend proces kan worden bereikt. Er is in dit proces een dualiteitsconcept dat wordt gegeven. De plus en min, enzovoort. Er is dus de vrije wil, terwijl er in een cirkel geen vrije wil is, omdat er geen begin en geen einde is, en geen zwart en geen wit. In fysiek heb je het ene of het andere uiteinde, als je dit concept kunt volgen. De vrije wil is niet het doel dat de middelen heiligt. Het is gewoon een bijproduct van de realiteit van polarisaties. De vrije wil is eenvoudigweg voortgekomen uit het feit dat er polariteiten zijn in de fysieke wereld. De tijd is echter niet gepolariseerd. Er is geen plustijd en geen mintijd. Er is gewoon een idee van wat nu is en wat er toen is. Die, al sprekend, verandert van dat wat nu is naar dat wat toen is. Dus hoe kon er "nu" zijn? De tijd staat nooit stil, dus automatisch wordt het concept van nu gewoon uit het raam gegooid. Nu is het meteen gisteren of voorbij. Op het moment dat je je realiseert dat nu een gedachte is, is het al voorbij. U hoeft zich nu dus geen zorgen te maken. Je leeft altijd in de toekomst, als je dat wilt.

D: *Maar ik heb gehoord dat we veel mogelijke toekomsten hebben.*

P: Dat is juist, maar vaak kun je de dingen observeren die je het meest waarschijnlijk zullen overkomen vanuit de richting waarin je leven naar dat punt is gegaan. En er is ook vrije wil die alles dicteert wat zal zijn.

D: *Een vraag van de groep: Ik heb me beziggehouden met energieën, plus en min, mannelijk en vrouwelijk, zoals we ze nu uitdrukken. Zijn er manieren waarop we die energieën in ons in evenwicht kunnen brengen?*

P: Allereerst moet men zich ervan bewust zijn dat velen niet voor niets gepolariseerd zijn. Er is inderdaad in de natuur zoals er in de geestenwereld is, degenen die meer van de een zijn dan van de ander. En dan zijn er nog degenen die gelijk zijn. Misschien kunnen we hier de yin en yang voorbeelden gebruiken. Is het minder nobel om allemaal yin te zijn, dan om allemaal yang te zijn? Of is het nobeler om een totale balans tussen de twee te zijn? Het is niet meer recht om meer van de een te zijn dan de ander, en het is ook niet meer recht om volledig gelijk te zijn. Er is alleen dat wat het meest geschikt is. Voor elke specifieke les moet je putten uit dat wat het meest geschikt is, de yin of de yang. We zien dat uw vraag spreekt over het harmoniseren van uzelf. Dat wil zeggen, om meer in balans te komen in je energieën. We willen u echter waarschuwen bij het realiseren dat het midden van de weg niet noodzakelijkerwijs de meest wenselijke plek is om te zijn.

D: *Dat roept de kwestie van homoseksualiteit op.*

P: Dit is gewoon een kwestie van energieën, in die zin dat er mannelijke en vrouwelijke energieën zijn. En bij een man, wanneer hij begiftigd is met overwegend vrouwelijke energieën, oefent hij deze eigenschap uit, die voornamelijk bij vrouwen is. Dit is dan de reden voor de aantrekkingskracht op mannen, want tegenstellingen trekken aan, of ze nu in mannelijke of vrouwelijke lichamen zijn. En dus wordt dit afgelijnd tot een energieniveau van vrouwelijke energie in een mannelijk lichaam, aangetrokken door mannelijke energie in een mannelijk lichaam.

D: *Je zei dat het een vrouwelijke energie is. Wat bedoel je?*

P: De polariteit of gezindheid van de ziel wordt gegeven als meer overwegend vrouwelijke energie.

D: *Zou dat betekenen dat de ziel meer vrouwelijke levens heeft gehad, of meer vrouwelijke ervaring?*

P: Deze ziel zou dat hoogstwaarschijnlijk hebben gedaan, niet dat het overwicht van levens de ziel zou hebben geprogrammeerd voor meer vrouwelijke energie. Er is, bij het creëren van zielen, een persoonlijkheidsafdruk die meestal mannelijker of vrouwelijker of iets neutraler is.

D: *Dan hebben de vorige levens hier niets mee te maken?*

P: Ja, ze hebben hier veel mee te maken, want het zijn ervaringen die worden herinnerd en dus enigszins de affecties van het individu programmeren bij het uitdrukken van de energieën. De levens bepalen echter niet of de entiteit mannelijk of vrouwelijk is.

D: *Ik heb ontdekt dat als een ziel meer levens van het ene geslacht had dan het andere, het voor hen moeilijker was om ermee om te gaan.*

P: Dat klopt, want er is meer vertrouwdheid met het andere geslacht. Het zou verwarring kunnen veroorzaken, want er is in deze samenleving veel programmering om strikt een man of een vrouw te zijn, en niet alleen het een of het ander met de geslachten gekruist.

D: *Is dit de belangrijkste reden voor homoseksualiteit, of kunnen er andere verklaringen zijn?*

P: Dit is de meest voorkomende. Er zijn echter gevallen waarin men ervoor kiest om in zo'n kruiswerkelijkheid te incarneren om lessen te leren. Veel lessen zijn: matigheid, tolerantie, geduld, nederigheid, etc. Het is misschien niet alleen een kwestie van keuze, maar van noodzaak.

Vraag: *Er is een theorie dat de planeet Aarde omringd is door een band van energie. En opgenomen in deze band is elke actie, elke gedachte en alles wat ooit heeft plaatsgevonden. En dat iedereen informatie kan ontvangen door daar simpelweg op in te spelen. Klopt dat?*

P: Dat is een juiste uitspraak. Ja, inderdaad, want er is wat je zou kunnen noemen een aura rond deze planeet, die voortdurend wordt opgebouwd uit de emoties en houdingen van de bewoners die op deze planeet leven. En dus weerspiegelt deze aura als geheel het ras dat de planeet eronder bevolkt. Net zoals je aura als geheel je persoonlijkheid weerspiegelt. Dat wil zeggen, de energie die in je aura verblijft.

D: *Onze aura wordt beïnvloed door de energieën die ons lichaam creëert?*

P: Dat klopt.

D: *Hoe zit het met de energieën die de Aarde omringen?*

P: Zijn het toekomstige energieën die misschien niet naar een fysiek niveau zijn gekanaliseerd? Het antwoord is: ja. Voor je verleden, heden, toekomstige progressie is een soort proces. Een industrieel proces dat de energieën van een hoger niveau haalt en ze naar een lager niveau kanaliseert, door middel van jullie acties. En dus is je aura het resultaat van deze verwerking. De energieën zijn echter altijd geweest en zullen dat altijd blijven. Ze worden echter vanuit jullie oogpunt van het ene niveau naar het andere geherkanaliseerd. De aura van de Aarde bestaat uit die energieën die van de hogere naar de lagere energieën zijn verwerkt. En dus zijn dit bijproducten van de menselijke ervaring. Net als de rook van een rookstapel.

D: *Kun je het verschil uitleggen tussen de hogere energieën en de lagere energieën?*

P: De hogere energieën zijn wat je "God" of "waarheidsbewustzijn" of "verlichting" zou kunnen noemen. Dat wat is. Dit zijn frequenties van de hoogste orde en worden aangeboord door je geest en je bewustzijn. De lagere energieën zijn energieën van het hogere niveau die naar een lager niveau zijn gebracht. Ze zijn een bijproduct van de menselijke ervaring. Het zijn energieën, maar ze zijn verlaagd naar een niveau dat meer is afgestemd op dat van jullie. We spreken hier op veel verschillende manieren over energieën. Muziek, wiskunde, verwondering, verwondering, liefde, haat. Dit zijn allemaal energieën.

D: *En ik begrijp dat ze allemaal zijn opgenomen. Dat niemand verspild wordt, niemand wordt vergeten. Klopt dat?*

P: Niemand gaat ooit verloren. Veel worden echter niet gebruikt. Als bijvoorbeeld de liefdesenergie rond jullie planeet vaker zou worden gebruikt dan de haatenergie of angstenergie, zien we dat de aura rondom jullie planeet enorm zou verschillen. En van een hoger totaal energieniveau. Het is alsof deze bijproducten, deze aura's die worden afgegeven, indicatief zijn voor de energieën die zijn verwerkt.

D: deze planeet zou worden vernietigd, wat zou er dan van deze energieën worden?

P: Ze zouden gewoon worden teruggestuurd naar het universum. En op een andere manier worden herverwerkt op een andere plaats in, zoals je zou kunnen zeggen, een andere keer. Energie kan niet vernietigd worden. Het zou echter nodig zijn dat de energieën worden omgeleid. Want ze zouden doelloos door het universum drijven als ze niet opnieuw werden gekanaliseerd en opnieuw werden toegepast op een ander gebied of vlak, zodat ze konden worden teruggebracht naar een nuttig doel.

D: Dan gaan deze energieën niet verloren, ze worden veranderd. Ze zouden niet in dezelfde vorm blijven. -- Kun je nader ingaan op wat wij onze "ziel" noemen? Zou dit dezelfde energie zijn waar je het over hebt gehad?

P: Er is hier sprake van een afgescheidenheid. We spreken op een zeer vrije manier over energieën, die de ziel verwerkt. De ziel hier zou de functionerende machinerie zijn, als je dat zou mogen zeggen. De energieën zouden de brandstoffen zijn die de ziel voeden. De ziel is een vonk, een fragment van de oorspronkelijke Ene Ziel. Want allen, op een gegeven moment, waren gewoon heel en samen. En in wat jullie het begin van de schepping noemen, was deze heelheid versplinterd. En ieder van jullie werd verstoten om het leven als afzonderlijke identiteiten te gaan ervaren. Dit is wat jullie de tijd van de zondeval hebben genoemd, waar de kennis verloren ging en het bewustzijn naar de Aarde werd afgewend. En deze hogere energiegebieden werden genegeerd en weggegooid. Dus je kunt vanuit een strikt analoog standpunt zien dat er een duidelijke daling van bewustzijn was, van het hogere niveau naar het meer basale aardse vlak. Er was niet, zoals eerder is gevoeld, een golf van kwaad aanwezig toen deze val plaatsvond. Het was gewoon dat de aandacht van die bewoners werd verlegd van het hogere naar het lagere niveau. Dat is wat bedoeld wordt met de zondeval. Dit is geen goed of fout oordeel. Het is gewoon een feit dat zich in het rijk van de waarheid bevindt. En dus kun je zien dat wanneer je je zicht verliest op wie en wat je bent, je de neiging zou hebben om rond te dwalen, zoals de mensheid nu al vele millennia op deze planeet heeft gedaan. De zondeval is dus gewoon een vergeten van de ware identiteit. Een verlaging van het bewustzijn en vergeten dat alles werkelijk deel uitmaakt van het geheel.

D: *Wat veroorzaakte de versplintering, het uiteenvallen, in de eerste plaats?*

P: Dit was een opzettelijke daad van de hele Ziel, de Ene Hele Ziel, zodat die ervaring divers kon zijn. Er was in die tijd behoefte aan meer diverse ervaring. Men erkende dat om iemand in staat te stellen alles wat is volledig te begrijpen, er meer ervaring nodig zou zijn.

D: *Deze ziel die in het begin versplinterde, kreeg de Aarde-ervaring en nam de vorm aan van een lichaam. Dan worden lichaam en ziel gescheiden bij de dood. We weten wat er met het lichaam gebeurt. Wat gebeurt er op dat moment met de ziel?*

P: Dit is een zeer individuele basis. Want veel zielen - we zouden ze splinters noemen - vinden dat ze verder zijn teruggevallen dan het punt waarop ze zich oorspronkelijk bevonden. En zo bevinden ze zich verder van de waarheid dan toen ze oorspronkelijk waren geïncarneerd. En dus moeten er die lessen worden gegeven die de gemaakte fouten zullen uitwissen. Anderen vinden dat ze meer verlicht zijn geworden en dus afgestemd zijn op dat niveau dat de Ene Ziel is.

D: *Moeten degenen die achteruitgaan weer een lichaam komen bewonen?*

P: Nee, want dat hoeft ook niet. Als het het meest geschikt is, ja, dan is dat misschien het beste om te doen. Er is echter geen regel die zegt dat men moet incarneren.

D: *Wat er uiteindelijk met de individuele ziel gebeurt.*

P: Het uiteindelijke doel is dat alle zielen terugkeren naar de Ene. En neem dus alles mee wat er is meegemaakt. Het is alsof ieder van jullie ervaring verzamelt en opslaat voor een toekomstige datum, wanneer ieder van jullie zal terugkeren met je verzameling ervaringen. En dus weer delen met het geheel. Dan zal alles wat van het begin tot het einde van de schepping is ervaren, gedeeld worden. Het is een symfonie van ervaring.

D: *Deze oorspronkelijke ziel die versplinterde, zou dat hetzelfde zijn als ons concept van God?*

P: Dat klopt. Het is het Ene, het Al-Zijn, de Waarheid, het Licht. Velen hebben hun eigen label. Je zou kunnen zeggen dat je identiteit losstaat van deze God. Ieder van jullie is echter echt een individueel stuk of onderdeel van datgene wat jullie God noemen. Er is geen God zonder ieder van jullie. Want als ieder van jullie eenvoudigweg zou discreteren, dan zou God Zelf discreteren.

* * *

Deze sessie vond plaats in 1987 nadat Phil vele maanden in Californië had gewerkt aan verschillende banen, waaronder de films, en terwijl ik volledig ondergedompeld was in het werken aan de Nostradamus-informatie. Hij was terug verhuisd naar ons gebied en wilde weer met mij gaan werken. We hadden geen onderwerp om ons op te concentreren, dus besloten we om gewoon te kijken waar deze sessie toe leidde. Ik was altijd voorbereid op het onverwachte. Ik gebruikte zijn trefwoord en de liftmethode. Toen de liftdeur opening zag hij een stralend wit licht.

P: Het is helemaal wit licht. Totale energie. Dit is een energievlak, of een rijk van bestaan waar wij, die de "Assistenten" genoemd zouden kunnen worden, in wonen. We zijn in wezen pure energievorm zonder fysieke constructie, maar louter energie en samengesteld uit gedachten.
D: *Wat bedoel je als je zegt dat je assistent bent?*
P: Wij zijn degenen die komen om te helpen bij deze inspanningen die jullie hebben ondernomen. Dat wil zeggen, om kennis te zoeken die beschikbaar is voor degenen die erom zouden vragen. We zijn vloeibaar van aard, in die zin dat we onszelf kunnen vormen naar de energieën die we om ons heen vinden. We kunnen ons aanpassen aan de energieën die ons geroepen hebben. Dat wil zeggen, uzelf. Wij zijn assistenten. We brengen die energie met ons mee die het meest bevorderlijk is voor het werk waaraan jullie op het punt staan deel te nemen. We helpen bij het in evenwicht brengen van de energieën en brengen zo datgene met ons mee wat het meest geschikt is voor welke specifieke situatie we ons ook bevinden. Nogmaals, we zeggen "wij", omdat we een collectief bewustzijn zijn en geen enkelvoudige identiteit. We onderschrijven niet het concept van enkelvoudige identiteit, wat in menselijke termen isolatie zou betekenen, want we zijn zeker niet geïsoleerd. We zijn te allen tijde in communicatie en

gemeenschap met alle andere vormen van energie. Er is geen isolatie of scheiding. We spreken slechts vanuit het rijk van het bestaan waarin wij ons bevinden, naar jullie rijk van bestaan dat jullie bezetten.

Ik wist niet hoe ik vragen moest stellen. Dit was iets wat ik nog niet eerder was tegengekomen. Ik probeerde het te relateren aan iets dat ik kende in mijn werk. Ik wist nooit wat ik kon verwachten, omdat ik altijd naar onbekend en onbekend terrein werd geleid.

D: Heb je een connectie met onze gidsen of voogden?
P: Er is hier misschien een differentiatie in die zin dat we niet jezelf of delen van jezelf zijn. We onderscheiden ons in feite van dat aspect van jezelf, en toch zijn we in feite een deel van jezelf, in die zin dat we van het geheel zijn, één van de hele schepping. Daarom zijn we in sommige feiten een deel van jezelf en toch in andere, niet zo. Wij zijn van en toch niet van dat wat jullie "Aarde" energieën noemen.

D: Dan bedoel je dat onze gidsen of bewakers aspecten zijn van onze eigen ziel, ons eigen zelf?
P: Dat is juist. Want je bent inderdaad je eigen gids, in die zin dat je hogere zelf altijd uitkijkt naar je lagere zelf. Jij, die jezelf probeert te identificeren op één punt van bewustzijn, bent slechts een facet van je totale zelf. Door te proberen je bewustzijn te identificeren en te isoleren, scheid je dat specifieke aspect van jezelf van je hele zelf. Dit is wat we zouden noemen ... we vinden de term hier onvertaalbaar. Het concept zou echter isolatie van het geheel of personalisatie zijn.

D: Als energieën, heb je ooit leven op Aarde of afscheiding of identiteit op die manier gehad?
P: We delen in jullie isolement, in die zin dat we, opnieuw, een deel van jullie bestaan zijn. In dat opzicht, ja, we hebben vele incarnaties gerealiseerd. We zijn echter niet wat je 'bewoners' van een bepaald vlak zou noemen. We zijn in feite multidimensionaal en omvatten tegelijkertijd veel verschillende niveaus van bewustzijn. Daarom konden we niet zeggen dat we ooit, zoals je zou kunnen zeggen, gepersonaliseerd zijn geweest.

D: *Ik probeer te differentiëren. Ik dacht dat jullie misschien ooit aardse identiteiten hadden en toen evolueerden naar een hogere energie, zoals jullie nu zijn. Klopt dit niet?*
P: We zouden kunnen zeggen, niet dat we ooit gefractionaliseerd zijn geraakt. We spreken vanuit een niveau dat multidimensionaal is en niet gescheurd of versplinterd is in individuele energie-eenheden. We zijn ons gewoon bewust van veel verschillende niveaus tegelijk. Zodanig dat we zelfs nu nog spreken op jouw niveau van bestaan, terwijl we tegelijkertijd op weer een ander niveau zijn of bestaan. Het is wat je misschien 'transbewustzijn' zou kunnen noemen.
D: *Dan is deze energie het enige bestaan dat je ooit hebt gehad.*
P: We zijn geëvolueerd van een mindere adem van bewustzijn naar een meer omvattende vorm van energie. We zijn echter altijd een transawareale energie geweest. De onze is er altijd een geweest van een hulpmodus van bestaan. Daarin brengen we datgene wat nodig is naar degenen die erom zouden vragen. De onze is een dienstverlenende industrie, zoals je zou kunnen zeggen.
D: *Natuurlijk ben ik altijd gebonden aan ons conventionele denken. Dus excuseer mijn vragen als ze onwetend klinken. Maar zou jij het niveau zijn dat we als "engelen" beschouwen? Ik weet dat ons concept waarschijnlijk zeer beperkt is.*
P: Wij zijn van mening dat het in uw terminologie in feite gepast zou zijn voor sommigen om te zeggen dat we inderdaad engelen zijn. Want in uw terminologie is een engel iemand die komt helpen in tijden van nood. Een boodschapper van God. Een weldoener. Er zijn natuurlijk veel verschillende ideeën over wat een engel precies is. Ter illustratie zouden we ons echter als engelen laten classificeren als dat gepast was.
D: *Natuurlijk hebben we dit mentale beeld van engelen met een menselijke vorm.*
P: Het is niets meer dan pure energie die wordt aangetrokken door een andere energie. Het is een eenvoudige kwestie van aantrekkingskracht door soortgelijke krachten. Het is misschien mogelijk om dit te verklaren door de term "nucleair" niveau te gebruiken. Daarin zijn de energieën in wezen inderdaad nucleair. Nucleair wordt hier gebruikt in de zin van .... We vinden dat deze gedachtegang misschien onnauwkeurig is en we zouden onszelf hier willen omkeren. En zeggen dat het concept dat we proberen

te beschrijven van een meer elektrische aard is. In die zin stoten ladingen af en trekken tegenstellingen aan. En op deze manier zou men kunnen zien dat wanneer er een verschil in energie is, het overschot van nature naar het tekort zal trekken. Dat is eigenlijk waar je je tegenpolen vandaan haalt. De ene is van een surpluskarakter, de andere van een tekortkarakter. En dus zouden de twee vanzelf aantrekken.

D: *Als we dan elektriciteit gebruiken, gebruiken we een deel van wat u vertegenwoordigt? Zou dat kloppen?*

P: Beter gezegd, een concept van wat we zijn. Want het principe is hetzelfde. Niet noodzakelijkerwijs een deel van onszelf gebruiken, in het concept dat we deel uitmaken van de elektrische stroom die stroomt. Maar omdat alle energie van het geheel is, is het in dat opzicht juist om dat te zeggen.

D: *Dan zou de manier waarop we elektriciteit gebruiken de manier zijn waarop we uw diensten kunnen gebruiken?*

P: Misschien om het beter uit te leggen, zou je de biologie van je immuunsysteem kunnen gebruiken. Wanneer er in een deel van het lichaam behoefte is aan een bepaald afweersysteem, mobiliseert het lichaam als geheel zijn metabolisme om dat vereiste enzym of eiwit te produceren en te verzenden om de specifieke antilichamen te bouwen die nodig zijn om een infectie af te weren. Zo reageert het lichaam als geheel op een pinpoint of een lokalisatie van infectie, en stuurt zo de specifieke behoeften van die defensieve reactie naar het gebied dat behoefte heeft. Op dezelfde manier kan het universum als geheel een bepaalde energievorm mobiliseren en sturen naar een bepaalde plaats in het universum die nodig is, om te helpen bij de genezing van, wat we zouden noemen, "disharmonie". Wij, in deze analogie, kunnen worden vergeleken met antilichamen die worden gestuurd om disharmonie te genezen.

D: *Ik ben altijd in staat om een duidelijker beeld te krijgen door deze analogieën. Mij is verteld over elementalen? Heb je een connectie met dat soort energie?*

P: Zoals we al eerder zeiden, is er altijd een verbinding tussen alle niveaus en vormen van energie. Er is slechts een lokalisatie van een bepaalde energie naar een bepaalde vorm van behoefte. En dus zijn we in contact en bewust van dat wat jullie "elementaire" energieën noemen. Wij zijn echter niet wat jullie "elementaire" energie zouden noemen. Want zoals jullie het zouden waarnemen, staan we daar ver boven en toch omvatten we het tegelijkertijd.

D: Ik vroeg me af of je van dezelfde aard was. Ik heb gehoord dat de elementaire energie heel basaal is en niet de intelligentie of het begrip heeft dat je lijkt te hebben.

P: Misschien zou je naar het ene uiteinde van een spectrum kijken wanneer je singulariseert of isoleert wat je "elementaire" energie zou noemen. Je kijkt slechts naar een bepaald aspect van een totale energie en beschrijft dit als elementair. Het is echter een essentieel onderdeel van een completer beeld.

D: Ik heb begrepen dat de elementaire energie meestal wordt geassocieerd met onze aarde.

P: Het lijkt erop dat jullie het alleen als lagere levensvormen zouden waarnemen, zoals jullie grassen en planten of bepaalde vormen van wat jullie misschien "lage levensvormen" op jullie planeet zouden kunnen noemen. Er is natuurlijk de energie die geassocieerd wordt met jullie hogere levensvormen, dat wil zeggen jullie katten en honden. En ook de energie die geassocieerd wordt met jullie hoogste levensvormen, dat zijn julliezelf. Er is geen onderscheid tussen de energieën, in die zin dat ze weer deel uitmaken van het geheel. Ze worden slechts geassocieerd met een of meer specifieke niveaus van bewustzijn. Want het zou een grove onnauwkeurigheid zijn om te zeggen dat gras niet op de hoogte is, want het is wel bewust. De grond waarop je loopt is inderdaad bewust. Als je dit zou ontkennen, zou je jezelf misschien degraderen tot een positie van God, allesomvattend, alles bewust en al het andere dat onder en onbewust is. Dit is niet juist. De hele schepping is zich bewust. Of je dit waarneemt of niet, is helemaal aan jezelf. Want jullie hebben de mogelijkheden om je bewust te worden van de hele schepping, van de laagste tot de hoogste vormen van bewustzijn. En niet noodzakelijkerwijs beperkt tot jullie specifieke Aarde. Je zou je heel goed bewust kunnen worden van de hele schepping, simpelweg door het feit te erkennen dat alles wat is zich bewust is.

D: Natuurlijk zou dit het leven moeilijk maken in ons fysieke leven.

P: We denken dat het je leven misschien rijker en voller zou maken, omdat je je niet zo alleen en afgesneden zou voelen. Want jullie zouden weer in een broederschap zijn, net als jullie bestemming.

Je bent misschien geïsoleerd geraakt door vele fouten die niet de jouwe zijn, of misschien door onheil. Het is echter uiteindelijk de verantwoordelijkheid van het individu hoe bewust hij of zij wordt. Als iemand ervoor kiest om het bestaan van anderen te ontkennen, dan is dat hun voorrecht. Maar dan moeten ze wel kunnen .... We zouden dit veranderen, in die zin dat we geen betekenis van straf willen aanduiden. Dat concept willen we niet uitdrukken. We proberen te impliceren dat men zijn eigen realiteit creëert. En zo kan men zien dat wanneer men zijn eigen werkelijkheid creëert, men die moet leven.

D: *Ja, sommige mensen zouden het als een straf zien. Maar als je het zelf hebt gemaakt, moet je de consequenties nemen.*

P: Dat klopt.

D: *Je blijft over het geheel spreken. Is dat wat wij als God beschouwen?*

P: In een meer verlichte benadering is het geheel inderdaad wat je "God" zou noemen, in die zin dat God allesomvattend zou zijn. We zijn echter van mening dat je huidige of huidige concept van God misschien meer gegeneraliseerd is als zijnde een abstractie van menselijke eigenschappen die tot een scheppersstatus zijn verheven.

D: *Ik vroeg me af of je zou worden beschouwd als de status van maker of co-creators.*

P: Er zit natuurlijk een kern van waarheid in wat je zegt. Wij vinden het echter ongepast om onszelf zo te achten.

D: *Dan ben je niet zo ver geëvolueerd? Ik denk dat ik je fysiek ergens probeer te plaatsen.*

P: We zijn nooit scheppers geweest. Wij zijn geen scheppers. We zijn in feite mogelijk ... we willen dit echter verduidelijken. Er is op dit moment een .... (Pauze)

D: *Wat? Een misverstand of wat?*

Een diepe ademhaling en toen opende Phil abrupt zijn ogen. Hij was wakker. Dit was ongebruikelijk voor hem om dat te doen. Ik vroeg hem wat er gebeurd was.

P: (Hij was nu klaarwakker.) Het werd afgesloten. Het was alsof ze zich klaarmaakten om iets te zeggen, toen was er een verstoring in de energievelden.

D: *Denk je dat het iets was waar ze het niet over hadden moeten hebben?*
P: Nee, het was alsof er interferentie was. Het gebeurt soms, weet je, wanneer verschillende energieën komen en gaan. Het is een beetje delicaat om het in balans te krijgen, en als er een energie van buitenaf binnenkomt, verbreekt het de verbinding.
D: *Zoals statisch of wat?*
P: Nou, het is geen elektrische energie. Het lijkt meer op gedachte-energie.
D: *Iets wat je dacht?*
P: Nee, het is gewoon energie van buitenaf. Het is niet slecht, het was alsof de verbinding verbroken was.

Het was nooit duidelijk wat de oorzaak van de storing was, maar Phil vond dat we de sessie voor de dag moesten beëindigen. Dat was goed met mij, want de hele sessie was een belasting voor me geweest. We bespraken een onderwerp dat voor mij erg ingewikkeld was om te begrijpen, en ik had moeite met het formuleren van vragen. Dus haalde ik opgelucht adem toen ik zijn huis verliet. Ik wist dat ik tijd nodig zou hebben om de informatie te verteren en op zijn minst gedeeltelijk te assimileren. Ik wist niet dat ik het laatste van deze vreemde energie niet had gezien.

We hadden die avond een speciale bijeenkomst gepland bij Billie Cooper thuis. Ze hadden ook onze sessies met Phil gemist toen hij in Californië woonde, dus ze wilden hem graag weer laten komen. Er waren veel aanwezigen die dit fenomeen nog nooit hadden gezien, dus er was een sfeer van nieuwsgierigheid in de kamer toen we begonnen. Ik gebruikte opnieuw zijn trefwoord en de liftmethode. Toen de deur openging was het schitterende licht terug, bijna alsof het nooit meer weg was gegaan. Omdat ik geen tijd had gehad om vragen te formuleren, waren mijn gedachten aan het racen om te bedenken hoe ik moest beginnen.

D: *Is dit hetzelfde licht dat we vanmiddag zagen?*
P: Dat klopt.
D: *Denk je dat dit de juiste energie is die eventuele vragen kan beantwoorden die vanavond kunnen worden gesteld?*
P: Voor deze groep in deze tijd zou dit zijn als een verbinding tussen dat wat je vraagt en dat wat je zult ontvangen. Want vaak zal men

vragen wat onpraktisch is om te geven, en dus moet men ontvangen wat het dichtst bij datgene ligt waar om gevraagd is.

D: *Toen we vanmiddag contact opnamen met deze energie zeiden ze dat ze van een assistent-aard waren. Een hulpnatuur is de energie die wordt gebruikt wanneer je dingen in je leven wilt creëren en dingen wilt laten gebeuren. Dit is de energie die wordt voortgebracht en gebruikt, en het kan op vele manieren worden gebruikt. Heb ik gelijk in mijn definitie?*

P: We zouden zeggen dat dat juist zou zijn.

D: *Het is een energie die meerdere dimensies omvat in plaats van op één niveau te zijn. Daarom had het veel meer kennis dan een enkele energie. Dus misschien is het de juiste om vanavond door te komen.*

P: We zouden zeggen dat een meer gedefinieerde verklaring misschien op zijn plaats zou zijn. We willen uitleggen dat deze energie niet van pakhuisaard is. Dat wil zeggen, een vorm van of vergaarbak voor kennis. Het is gewoon een kanaal waardoor die kennis wordt doorgegeven. We brengen dat wat gevraagd wordt. We hebben of bewaren deze kennis niet. Misschien is dit op jouw niveau een onbeduidend punt. In verdere gesprekken kan het echter heel duidelijk worden dat er inderdaad een diepgaand verschil is tussen degenen die deze kennis zouden kanaliseren en degenen die deze kennis zouden opslaan of ontvangen.

De vragen die beantwoord werden zijn verwerkt in de verschillende hoofdstukken van dit boek.

* * *

Vele malen kwamen op deze bijeenkomsten geesten naar voren, of wat ze ook waren, die nieuwsgierig naar ons waren. Deze amuseerden en schrokken ons vaak door ons vragen te stellen. Sommige van deze vragen waren uiterst moeilijk te beantwoorden, omdat ze vaak betrekking hadden op concepten in onze cultuur waar we niet te veel over nadenken. Toen dit gebeurde, konden we gemakkelijk de moeilijkheid waarderen die we hen doormaakten door enkele van de vragen die we vaak stelden. Maar het is opmerkelijk dat ze altijd meteen de antwoorden konden vinden, terwijl wij struikelden en overlegden en vaak gewoon berustend onze schouders ophaalden als ze de rollen omdraaiden.

P: Het is niet nodig om ons te vrezen als we door deze man spreken, hij doet dit vrijwillig en zonder angst voor nadelige gevolgen. Zo brengt hij deze energie door hem heen om met jullie te delen, want hij heeft de waarheid in deze energie gevonden en wil deze dus met anderen delen. Door zo te geven ontvangt hij onmetelijk. We hoeven ons opnieuw niet te vrezen. Wij zijn gewoon sommigen die een niveau hebben bereikt dat ver boven dat wat zich nu in de geïncarneerde natuur op jullie planeet bevindt. We zijn hier om waarheid en verlichting te brengen. En om te helpen bij het verhogen van het bewustzijn op jullie planeet, zodat de onwetendheid en het bijgeloof dat lijkt te heersen zou worden verdreven en vervangen door kennis en waarheid. We komen in vrede en in harmonie en in liefde. (De stem was dieper en klonk anders dan die van Phil. Het bezorgde me koude rillingen.) Jullie worden op dit moment in de gaten gehouden door iemand die veel groter is dan alles wat ooit in deze kamer is ervaren. Er is op dit moment een Wachter, een bewaker die nu aan deze kamer is toegewezen, om degenen te beschermen die hier nu bijeen zijn en die willen leren. (De stem ging steeds lager en dieper. Het leek in niets op Phils normale stem. Dit was ook duidelijk voor de anderen in de kamer.) We zouden u nu vragen, zouden we u vragen kunnen stellen?

Dit was onverwacht, maar toen ik de kamer rondkeek, knikten de anderen instemmend dat we deze andere invalshoek moesten proberen.

Een lid van de groep vroeg: "Ben jij de essentie van levens die op aarde zijn geleefd?"

P: Dat zou een juiste uitspraak zijn, ja. Als je zou kunnen, stel je dan het collectieve bewustzijn voor van ieder van jullie in deze kamer nu, samen zonder jullie fysieke lichamen. Als jullie bewustzijn uit jullie lichamen zou worden verwijderd, zouden jullie verenigd zijn door een gemeenschappelijk belang of een gemeenschappelijk doel. En zo is het ook bij ons. Want we merken dat onze energieën qua vibratie vergelijkbaar zijn en zeer compatibel, hoewel niet identiek. We werken gewoon heel goed samen als één eenheid, delen informatie en ideeën en bieden datgene aan waarmee we op een bepaald moment vertrouwd zijn. Er is geen identiteit gegeven of noodzakelijk. We bestaan gewoon.

D: *En u wilt ons enkele vragen stellen?*
P: Op dit moment zouden we de kans op prijs stellen. We zullen u echter toestaan om eventuele toezeggingen voor deze afspraak vanavond voor te bereiden. Met andere woorden, je mag als eerste gaan.
D: *Hoe je het ook wilt doen. Er zal tijd zijn voor ons allemaal, denk ik.*
P: Er is één gebied dat we vanavond zouden willen behandelen, als het in consensus met uw fractie is. En dat zou zijn op het gebied van seksueel bewustzijn, of met andere woorden, genderidentiteit. Want we krijgen hier geen seksuele identiteit. We zijn gewoon etherische spirituele energie en vinden het enigszins amusant - in geen respectloze termen - dat je jezelf als het een of het ander ziet. Jullie lijken een zeer sterke behoefte te hebben om jezelf te scheiden op basis van genderidentiteit. Dit vinden we het meest fascinerend. Het lijkt erop dat er hier sprake is van een schisma in je eigen identiteit. We hebben het gevoel dat jullie je ware identiteit zijn kwijtgeraakt wanneer jullie je op deze voorwaarden tot elkaar moeten verhouden. Dat is gewoon een constatering vanuit ons referentiepunt. En dat is gewoon het punt waarvan we dachten dat we het ter discussie zouden stellen, als u dat gepast vond.
D: *Hmmm, een nogal vreemd onderwerp. Ik denk toch niet dat we er ooit over hebben nagedacht?*

Een lid van de groep bood zich aan: "Mag ik een beetje uitweiden, alsjeblieft?"

P: Wij hopen van wel. En geef ons zo enig inzicht in deze verschijning, zodat we er mogelijk vanuit ons niveau beter begrip van kunnen krijgen.

Het lid vervolgde: "Zoals ik het begrijp, wil je het gebied van fysiek bespreken. En je bent etherische energie, bent niet bezig met fysieke dingen, dus je hoeft je geen zorgen te maken over seksuele identiteit. Maar in een fysiek gebied is dit erg belangrijk, omdat het onze identiteit vertegenwoordigt. Dus jullie zijn in een discussiegebied gekomen dat misschien een beetje vreemd is aan etherische energie. Zolang we beperkt zijn tot fysieke lichamen, is dit een zeer belangrijk onderdeel van ons wezen, en we moeten ons ermee bezighouden. Vind je dat logisch?"

P: Wij assimileren deze reactie. En zou aldus antwoorden: Wij begrijpen uw bezorgdheid. We begrijpen uw behoefte om uw fysieke aspect te identificeren of te herkennen. We voelen echter - en we prediken hier niet, alleen een observatie van onze referentie - dat er niet zozeer een gevoel van voogdijzorg is geworden dat aan deze fysieke lichamen wordt gegeven, maar meer een gevoel van identiteit dat aan deze fysieke lichamen wordt gegeven. Het lijkt alsof het fysieke lichaam zelf een identiteit heeft gekregen.

D: Dat is waar. Het heeft een identiteit gekregen omdat dat de manier is waarop we onszelf herkennen, beperkt tot tijd en materiële dingen. Mag ik een vraag stellen? Is iemand van jullie energieën ooit in een fysiek lichaam geweest?

P: Dat is niet juist, want we zijn nog nooit op een niveau geweest waarop het fysieke zich kon manifesteren. We zijn van een energie die eenvoudigweg niet bevorderlijk is voor de vorming van fysieke materie. Het is een elektromagnetische energie, en niet van de structuur of samenstelling die de vorming van fysieke materie zou vergemakkelijken. Er zijn op dit moment niemand onder ons die ooit heeft ervaren wat jullie een "fysieke" incarnatie zouden noemen, hoewel dat niet wil zeggen dat we niet eerder op jullie planeet zijn geweest. Dat hebben we, maar niet in menselijke vorm. Er zijn vele andere vormen dan de mens op jullie planeet geweest, die bewustzijn droegen. U hebt echter geen registratie van deze formulieren, want er zijn er geen gegeven om te worden opgenomen.

Lid: Wat is dan uw oorsprong?

P: We spreken vanuit de essentie van de waarheid, van de Ene Ware God, zoals je in je volkstaal zou zeggen. We komen van de gevers van de waarheid, het legioen van licht, of zoals je zou kunnen zeggen, de aartsengelen. De onze is een boodschap van informatie. We zouden hier onze rol als gevers van de waarheid definiëren. Er zijn veel andere squadrons of legioenen waarvan de verantwoordelijkheden gezondheidskwesties kunnen omvatten, of misschien het herbouwen of reconstrueren van planeten. Er zijn er waarvan de hele functie uitsluitend de constructie van universa is.

D: Het Schepper niveau.

P: Dat is juist. Er zijn veel verschillende expertisegebieden beschikbaar om uit te putten. Omdat jullie informatie zoeken, hebben jullie contact opgenomen met ons, de gevers van de waarheid. En hier zijn we dan.

Lid: Ik denk dat ik dat begrijp. We hebben verantwoordelijkheden in ons fysieke rijk. Wat voor verantwoordelijkheden heb je? Ik weet dat jullie niet beperkt zijn door tijd zoals wij. Waar houd je je mee bezig? Wat doet deze energie?

P: Er wordt op dit vlak veel werk en aandacht besteed aan de vorming en creatie van dienstbare energieën, of om te parafraseren, het maken van ringen of cirkels in een vijver. Ons werk, als we dit grof kunnen analogiseren, is simpelweg stenen in het water gooien en ervoor zorgen dat de cirkels naar buiten stralen van waar de stenen of kiezels zijn geland. Het is in deze concentrische cirkels die naar buiten stralen, waar we uitblinken of op ons best zijn. Natuurlijk begrijp je dat dit een eenvoudige analogie is. Maar het doel is om energiepatronen te creëren die nuttig zijn voor die levensvormen en energieën die zich op een niveau bevinden dat enigszins onder het onze ligt. Met andere woorden, we maken een zeer bevorderlijke atmosfeer of omgeving in deze energiecirkels. Zodat degenen die onder ons werken een gastvrije omgeving hebben om in te werken. Het is een keten van erfelijke omgevingen, net als jullie natuurlijke keten van hiërarchieën op jullie fysieke wereld. Heeft dit zin?

De leden van de groep reageerden dat dit wel het geval was.

D: Het is een beetje ingewikkeld. Maar zijn dit ook energieën die we zelf kunnen gebruiken om dingen te creëren?

P: Niet direct. Want deze energieën waar we mee te maken hebben, bevinden zich op een niveau dat veel hoger is dan jullie rechtstreeks zouden kunnen manipuleren. Door situaties zoals deze waarin er een overbruggend effect is, kunnen we echter concepten en analogieën en visualisaties en rationalisaties enzovoort uitwisselen. Zodat onze realiteiten en waarheden kunnen worden overbrugd naar jouw niveau van begrip en vice versa.

D: *Daarom lijkt het je zo vreemd om onze verschillende concepten te zien.*

P: Dat klopt. We verontschuldigen ons hier, want we willen echt niet prediken, maar alleen observeren. Maar we vinden dat er te veel nadruk is gelegd op genderidentiteit. En is getrokken uit de ware identiteit, het bewustzijn of God-zelf of Christus-identiteit, of een van de vele honderdduizenden termen gegeven aan dat wat is. Dat wat je ware identiteit is, de energie die energie is zoals wij zelf zijn. Natuurlijk weet je dat je fysieke lichaam niets meer is dan een werktuig of een hulpmiddel. Het zou zijn alsof je, terwijl je in je auto reed, de identiteit van de auto zelf aannam en niet alleen een passagier in de auto bent. (Gelach) Je zou dan het gevoel hebben dat je een Buick bent. Je bent groot. Je bent rood. Je zou je vier banden onder je voelen. En je zou elke kras en deuk voelen die je kreeg. Dit is natuurlijk weer een heel eenvoudige analogie. We hebben echter het gevoel dat het adequaat - althans vanuit ons oogpunt - onze percepties samenvat van hoe de fysieke realiteit de spirituele realiteit lijkt te hebben getranscendeerd.

D: *Ja, maar wanneer je het fysieke lichaam binnengaat, vergeet het onderbewuste het andere deel en concentreert zich gewoon op het fysieke. Dit is een van de gevaren van het betreden van het fysieke.*

P: Dat is een volkomen juiste uitspraak. Het is inderdaad een gevaar, een gevaar dat niet precies of noodzakelijkerwijs een gegeven is, maar een gevaar dat echt voorkomt.

Een ander lid van de groep interrumpeerde: "Zeg je dat we zo betrokken zijn geraakt bij het lichaam dat onze geest draagt, tot het punt dat we elke kras, elke hobbel citeren en voelen, en trots zijn op onze kleur en dergelijke, meer nog dan betrokken zijn bij de ware identiteit, de geest?"

P: Dat is juist, en een zeer verlicht inzicht in een zeer reëel probleem op deze planeet. De ware identiteit bevindt zich in het fysieke. En het is zeer ongebruikelijk dat een individu zijn ware identiteit herkent als die van de energie binnenin, en niet van het voertuig eromheen.

D: *Maken we dan te veel van de scheiding tussen het mannelijke en het vrouwelijke, in plaats van beide in ons wezen te integreren?*

P: Dat klopt helemaal. Want in deze identiteitsscheiding zijn er de sociale wetten gegeven die voorschrijven dat energieën die in mannelijke energie zijn ingesloten, zich door sociale conventie op een bepaalde manier zullen verhouden tot die energieën die zijn ingesloten in een vrouwelijk voertuig. En we kunnen als voorbeeld gebruiken, uw gebruiken van daten en lichaamstaal enzovoort. Het is op dit moment, in dit gebied van jullie planeet, de geaccepteerde norm dat de hele nadruk ligt op geslachten van tegenovergestelde identiteit. En het is niet geaccepteerd dat geslachten van gelijke identiteit zich bewust zijn van elkaar, zoals op ons vlak. We hebben het gevoel dat er veel verkeerde uitlijning is geweest als gevolg van deze verkeerde identificatie. Wat we hier zeggen is niet iets in termen van seksuele relaties, maar gewoon van vrienden zijn. Veel mannen zijn bang om vrienden te zijn omdat ze allebei mannen zijn. En veel vrouwen zijn bang om vrienden te zijn omdat ze allebei vrouw zijn. En toch zijn veel vrouwen en mannen bang om vrienden te zijn, omdat ze bang zijn dat de motieven van een bijbedoelingsniveau zijn. Je ziet dus dat er veel onbegrip wordt gegeven vanwege deze fysieke identificatie.

D: *Heb je de balans van de mannelijke en vrouwelijke energieën in ieder van jullie?*

P: Voor alle praktische doeleinden bestaat er niet zoiets als mannelijke en vrouwelijke energieën op dit niveau. Er zijn gewoon energieën. Er is geen onderscheid.

Lid: *Ik zou denken dat je er enige ervaring mee zou hebben gehad om het te kunnen herkennen. Zijn jullie dan energieën die zijn gecreëerd door hogere energieën, of zijn jullie die zijn gecreëerd vanwege gedachtepatronen van de Aarde?*

P: We zijn geschapen door de Meester, door de Al-Een. De allerhoogste God van de hele schepping. Wij zijn niet, zoals jullie zouden kunnen vermoeden, van Aardse energieën, want we komen uit een vlak ver boven dat wat door Aarde-energieën benaderd zou kunnen worden. Naarmate je echter verder komt van het man-vrouwniveau van het bestaan, wordt het onderscheid tussen man en vrouw steeds minder. Tot het punt waarop we hier zijn, zodat er geen enkel onderscheid is. Het is gewoon voor jullie voortplantingsdoeleinden dat er dit onderscheid is gemaakt. In spiritueel is er echter geen behoefte aan voortplanting. In spiritueel is er geen behoefte aan onderscheid, en dus hoe verder je je terugtrekt van je fysieke gebied, hoe minder het onderscheid groeit tot het punt waarop er helemaal geen onderscheid is.

D: Dit is een van de lessen die we hebben gekozen om te leren en te ervaren, om naar dit niveau en in deze fysieke lichamen van verschillende geslachten te komen. Blijkbaar heb je als energie niet besloten om die dingen te ervaren, maar het maakt allemaal deel uit van ons leren.

P: Er is geen keuze in deze kwestie. Want als we ervoor zouden kiezen om te incarneren, konden we dat gewoon niet. Het is een kwestie van natuurkunde.

D: Dat zou je niet mogen of niet kunnen?

P: Het zou niet mogelijk zijn dat onze energieën in een fysiek lichaam worden opgesloten. Het is een kwestie van trillen. De fysieke lichamen die jullie energieën omvatten, vibreren op een niveau dat veel te langzaam is om onze energieën te bevatten. Het zou zijn alsof je water in een emmer scherm probeert te houden. We doen hier geen oordeelsoproep, want we begrijpen jullie redenen om in fysiek geïncarneerd te zijn. Hier zijn veel lessen uit te trekken. We hebben echter het gevoel - en nogmaals, we zeggen dit met zoveel liefdevolle zorg als we maar kunnen overbrengen - dat er vanuit ons oogpunt gewoon een overidentificatie lijkt te zijn die aan de fysieke voertuigen wordt gegeven. En minder aan het energieaspect van je identiteit. Misschien zijn we bevooroordeeld in onze mening omdat we het bekijken vanuit een positie die er niet aan onttrokken is.

D: Ik dacht dat je misschien een evoluerende energie was. Dat er op een gegeven moment het punt zou kunnen komen waarop je in een lichaam zou incarneren.

P: Als het mogelijk zou zijn om een fysiek lichaam op een niveau te brengen dat ons zou kunnen bevatten, dan zou het mogelijk zijn. Op dit punt echter, althans in ons rijk van ervaring en in de niveaus van fysieke materie die we hebben ervaren, zou het niet mogelijk zijn.

D: *Wat is het verschil tussen de spirituele energie die we in ons lichaam hebben wonen en jouw type energie?*

P: Gewoon trillingsfrequentie. We vinden in uw discussie veel verlichting. En we waarderen uw eerlijkheid en openhartigheid. We vinden het af en toe ook leuk om te observeren, zodat we kunnen leren van uw discussies. We waarderen dit, want er zijn niet vaak mensen die naar ons niveau zouden komen om jullie waarheden, jullie concepten met ons te delen. Hoewel ze niet van ons zijn, stellen we het op prijs om ze met jullie te delen, want ze verlichten ons ook. Er is blijkbaar het idee dat we op de een of andere manier superieur zijn omdat we anders zijn. Dat is niet de waarheid. We bevinden ons in een andere vibratie, mogelijk enigszins verwijderd van die van jullie, maar dit maakt ons niet superieur. In Gods koninkrijk zijn er geen superieuren en minderwaardigen. Er zijn gewoon mensen die in hun juiste vorm en ruimte bestaan en die gewoon doen wat gedaan moet worden. Er is geen concept van beter dan of minder dan. Dit is een bijzonder menselijk concept.

Lid: *Ben je een geperfectioneerd wezen en heb je een pad van evolutie op jouw niveau? Ga je terug naar de bron van alle energie in het universum, of blijf je op dit niveau?*

P: Allereerst zouden we zeggen dat er verschillende veronderstellingen zijn die we niet helemaal juist vinden. We zijn geen vervolmaakte wezens en verre van dat. We zijn ook lerende wezens. Wij zijn ascendant wezens. We zijn op een evolutionair pad, zoals je zou kunnen zeggen. Het ultieme antwoord hebben we niet. Want als we de laatste stap al hadden bereikt, dan zouden we op geen enkele manier via dit voertuig kunnen communiceren en hem toestaan het te doorleven. Het is een energie die veel verder gaat dan alles wat een fysieke vorm zou kunnen herbergen. Zoals de fysieke vorm eenvoudig zou verdampen, zou deze energie proberen een lichaam te bewonen. Het zou eenvoudigweg de vibratie van die fysieke moleculen verhogen tot een niveau dat veel verder gaat dan wat ze konden ondersteunen, en zou dan losbandig worden. We willen jullie niet bang maken of alarmeren, maar jullie een gevoel geven van de kracht van die energie. Want de energie zou zo intens zijn dat iedereen in deze kamer om hem heen gewoon zou verdampen. Je hebt geen idee van de kracht van de hele God-energie. Het is veel te krachtig om op dit niveau te worden gebracht. Deze energie bestuurt het hele universum, de hele schepping. En als zodanig, zelfs in minuscule vorm, als het op dit niveau zou worden gebracht, zou het geen goed doen. Op een bepaald moment in jullie evolutie - en dit omvat iedereen in deze kamer in fysieke zin - zal ieder van jullie niet alleen dit niveau bereiken van waaruit we spreken, maar het ook overtreffen, zoals wijzelf zullen doen. Ook wij zijn een evolutionaire soort. We bevinden ons op een ascendant niveau en zijn niet geperfectioneerd. We zijn echter meer verlicht vanuit het oogpunt dat ons perspectief veel breder is dan het jouwe. Er zijn van die dingen waarvan jullie intieme kennis hebben, waarvan wij geen kennis hebben. En zo is het door te communiceren dat we deze kennis geven en nemen. We leren hiervan terwijl jullie leren. We kunnen ons net zo goed groeperen en contact opnemen met een van jullie zodat we je vragen kunnen stellen. En vaak ook.

D: *Dan zullen we op een gegeven moment dat niveau bereiken?*

P: Dat klopt. Het is echter niet gegeven, het moet worden geleerd. Want door je kennis en bewustzijn te vergroten, neemt je trillingsfrequentie toe. En dus hoe meer je bent afgestemd op het absolute, op de ene ware God-identiteit, hoe hoger je vibratie zal toenemen. En zo zullen jullie, door jullie proces van spirituele evolutie, uiteindelijk die vibratie bereiken waarmee we nu resoneren. Maar het is een vooronderstelling dat ons niveau is waar je naartoe wilt evolueren. Nogmaals, er zijn veel andere gebieden en niveaus om naartoe te evolueren. Je zou je kunnen voorstellen dat je aan de voet van een immense berg staat, met veel, veel, veel verschillende paden om te beklimmen. Je staat aan de voet van een pad dat zich vertakt in een groot aantal andere paden. Allemaal leiden ze uiteindelijk naar de top, maar toch niet allemaal op dezelfde plek, zelfs niet aan de top. Want misschien is er op het hoogste niveau wel een plateau, zodat je op veel verschillende plekken op dit plateau kunt zijn. Dan is ieder van jullie op een bepaald punt onder het plateau, misschien in de buurt van de bodem, voor onze analogie. En je kunt zien dat er al enige afstand is tussen jezelf en de bodem. Want door dit niveau te bereiken dat we kunnen communiceren, heb je al enige afstand afgelegd. Dan kun je zien dat met deze berghelling bedekt met verschillende paden, er veel verschillende manieren zijn om in je overwicht te gaan. Wij, misschien zijn aan de kant en op een bepaald niveau hoger dan u, als u ervoor kiest om ons daar te plaatsen. En we voelen ons gevleid dat je dat zou doen. Dan kun je zien dat je misschien het pad of de paden zou willen volgen, zodat je hetzelfde punt aan de zijkant van deze berg zou kunnen bereiken. Er zijn echter een veelheid aan keuzes, zodat u dat niet hoeft of misschien wel zou willen. Uiteindelijk zou je zelf het plateau bereiken, misschien in een veel kortere tijd, of misschien langer, om je terminologie te gebruiken. Uiteindelijk zouden we allemaal het plateau bereiken. We bevinden ons echter niet noodzakelijkerwijs op hetzelfde punt, zelfs niet op het plateau. Heeft dit zin?

Er was veel overeenstemming vanuit de groep.

D: Maar je hoefde niet door de evolutie te gaan die we moeten doormaken.
P: Het was niet wat je vergelijkbaar zou kunnen noemen. Zelf zijn we echter geëvolueerd van een mindere naar een grotere. Er zijn energieën die krachtiger zijn dan het niveau dat we hebben bereikt, die je je niet eens kunt voorstellen.

D: Waar komen deze energieën vandaan? Waar komen ze vandaan?

P: Er is geen ruimte of tijdsbestek gegeven aan deze energieën. Ze zijn van een constructief type energie. Ze zijn een beetje de opbouwende energieën van het universum. Het zijn constructieve energieën in die zin dat ze helpen en proberen universums te construeren. Dat wil zeggen, fysieke werkelijkheden en de geestelijke noodzakelijkheden die bij die fysieke realiteit horen. Het zijn bouwers van de universa.
D: Vanaf het makersniveau? Co-creator?
P: Niet dus, want ze zijn niet van de schepper. Het zijn echter assimilators, misschien zou dat een juistere term zijn. Want zij scheppen op zichzelf niet de materialen die een universum vormen. Ze verzamelen echter die energieën en realiteiten om een universum samen te stellen. Niet om te impliceren dat ze uit het niets creëren zoals op het niveau van de maker zou zijn, maar meer

van de technische status zijn. Zij zijn misschien de bouwers, niet de makers.

D: *Een tijdje geleden zei je dat je ons een aantal vragen zou willen stellen.*

P: Misschien moeten we ons hier verzamelen, want we zijn nu enigszins verspreid. We zouden misschien onze middelen kunnen bundelen en kijken wat voor ons het meest relevant is om naar te vragen, zoals jullie zelf voor deze sessie deden. Een zeer vergelijkbare situatie zal zich aan onze kant voordoen, als u dat wilt. We geven de voorkeur aan een korte periode, zodat we onze energie in één focus kunnen verzamelen. (Pauze) We zouden zeggen dat we heel weinig begrip hebben van uw concept van eerlijkheid. Want wat eerlijk is voor de een, is vaak niet eerlijk tegenover de ander. En toch kan het morgen misschien helemaal worden teruggedraaid. Hoe komt het dat uw rechtvaardigheidsnormen zo flexibel kunnen zijn?

Dat was een "biggie". Er was veel discussie over de vraag of iemand in onze groep zich vrijwillig wilde aanmelden om het aan te raken.

D: *Dat is een moeilijke vraag, maar dan hebben we je ook moeilijke vragen gesteld. Nu zijn de rollen omgedraaid.*

Lid: Ik moet toegeven dat er heel weinig eerlijkheid wordt gezien en erkend. Ik denk dat onze menselijke natuur daar in binnenkomt. Vanwege het menselijk comfort willen we dat alles eerlijk is als het op ons betrekking heeft. En onze neiging is om aan onszelf te denken voordat we aan anderen denken. Dus totdat we een punt bereiken waarop we andere mensen accepteren, is het moeilijk voor ons om eerlijk te zijn. En soms, zelfs als we proberen eerlijk te zijn, wordt het niet op dezelfde manier door andere mensen ontvangen als de bedoeling was. Eerlijkheid wordt dus meer een concept dan een realiteit.

D: *Je bedoelt dat het egoïstisch is, met andere woorden.*

Lid: *Dat maakt het egoïstisch, ja. Om oneerlijk te zijn.*

P: We zouden dan misschien zien dat uw concept van rechtvaardigheid behoorlijk dynamisch is. Daarin verandert het misschien met het uur, met de situaties waarin je je bevindt. Zou dit dan ook gezegd kunnen worden dat eerlijkheid misschien een zeer individueel concept lijkt te zijn dat door jullie samenleving op grove wijze is veralgemeend als gegeven door God Zelf? Dan is wat eerlijk is goed en daarom is het door God gegeven.

Lid: Ik denk dat dat waar is.

D: Ik denk dat onze opvoeding ook veel invloed heeft. De manier waarop je bent opgevoed.

P: We denken dat dat misschien de reden is waarom God zo verkeerd begrepen wordt op jouw niveau. Dat Zijn oordelen en decreten misschien in werkelijkheid eenvoudig menselijk lijken te zijn - we zoeken hier naar - er is geen helemaal nauwkeurig concept beschikbaar om dit te beschrijven.

D: Misschien is het daarom zo moeilijk uit te leggen. (Gelach)

P: We zouden zeggen dat jullie concept van eerlijkheid misschien een van een lakmoesproef is die wordt gebruikt om jezelf de meest comfortabele doorgang door een bepaalde tijd te gunnen. Om ongemak te verlichten, met andere woorden.

Een ander lid: Nou, ik heb een ander concept van eerlijkheid. Als één ding of één voorrecht eerlijk is voor één persoon, dan zou het voor elke betrokkene hetzelfde voordeel moeten zijn. Maar onze samenleving laat het niet zo zijn. Het komt min of meer van wie je kent om meer voordeel te krijgen. En dat is niet eerlijk. En ik spreek niet voor mezelf. Ik spreek voor de hele Verenigde Staten of de hele wereld. Dit is mijn concept van eerlijkheid. Niet: "Hé, ik ben bedrogen in de supermarkt en dat is niet eerlijk, want ik ben niet de enige die dat overkomt. Ik praat waarschijnlijk in raadsels.

Lid: En we zijn ook individuen en dus kijken we naar elk afzonderlijk ding omdat het individuen zijn en geen twee van ons hetzelfde denken.

D: Ja, dat maakt het moeilijk om te zeggen wat eerlijk is en wat niet eerlijk is. We kunnen geen algemene beschrijving hebben omdat we allemaal zo verschillend zijn. Ik weet niet of we die heel goed hebben beantwoord.

P: We denken dat we misschien teruggaan naar de tekentafel. (Gelach van de groep.)

D: Dat spijt me. We hebben je waarschijnlijk meer dan ooit door elkaar gehaald. (Gelach)

P: Dat klopt. Nogmaals, we zijn hier niet om morele kwesties te beargumenteren. Want vanuit uw standpunt hebben we geen moraal. Er is geen moraal nodig, omdat moraal gewoon wetten zijn die zijn opgezet om gedrag te beheersen. En in ons bestaan is er niet zo'n behoefte aan deze invloeden van buitenaf. Het bestaat niet. Het is niet nodig. En dus zullen we er niet voor kiezen om onze kunstmatige moraal op te leggen, die nodig zou zijn om ons te verhouden tot jullie zeer reële moraal. Want wij hebben niet zo'n bevoegdheid om dat te doen. We hebben geen echte ervaring om moraal mee te hebben. Altijd wanneer er mensen zijn die willen leren, zullen we delen wat we weten dat trouw is aan ons en aan jullie. Er zijn veel dingen die waar zijn voor jullie die niet waar zijn voor ons. En weer veel dingen die voor ons waar zijn die niet waar zijn voor jou. Er zijn echter veel dingen die we kunnen delen die voor ons beiden waar zijn.

D: *Een gemeenschappelijke ontmoetingsplaats.*

P: Dat klopt. - We zouden zeer vereerd zijn om terug te komen, want altijd in deze uitwisselingen leren we zoveel, zo niet meer van jullie. We begrijpen uw concepten vaak niet totdat we ze vanuit ons oogpunt kunnen uitleggen.

Op dit punt vond er een vreemde overgang plaats. Met een diepe ademhaling en een zucht begon Phil te spreken met zijn normale stem, die hoger en levendiger was. Het was voor iedereen duidelijk dat de andere energie weg was en een andere zijn plaats had ingenomen. Deze gaf er de voorkeur aan om de alledaagse en gewone vragen over het aardse vlak te beantwoorden. De andere energie was al meer dan een half uur aanwezig. Toen het vertrok, was de verandering onmiddellijk en compleet. De ondervraging ging door met elke persoon die persoonlijke vragen stelde over hun dagelijks leven.

De bandrecorder was aangelaten en toen Phil terugkeerde naar de wakkere staat, zei hij dat één ding dat hij zich herinnerde was dat er veel meer aan de hand was dan waar hij over sprak. Het was alsof deze energieën veel onder elkaar praatten, hetzij over wat we vroegen of wat we zeiden. Het was echter niet zoals spraak. Hij had gewoon het gevoel van discussie. Hij had het waarschijnlijk toch niet kunnen herhalen.

Phil herinnerde zich dat de groep entiteiten ons vroeg om te definiëren wat eerlijkheid was. Hij had de indruk van een groep die soms zo brabbelde dat hij geen enkele individuele stem kon bepalen. Het leek erop dat ze zeiden: "Waarom is het goed om een man op het slagveld te doden en niet een kind in de baarmoeder?" Dit was de reden voor de vraag over eerlijkheid. Om hun gevoel van frustratie over onze schijnbare dubbele standaard op te lossen.

* * *

Tijdens een andere bijeenkomst had een lid van de groep een vraag: "Vaak als ik wakker word uit een diepe slaap, heb ik het gevoel dat ik tril, of mijn lichaam pulseert in een hoog tempo. Wat veroorzaakt dit?"

P: Je ziel, zoals je het noemt, keert terug uit een hoger geladen staat, uit het astrale vlak, dat een hoger niveau van bewustzijn is. En je keert terug naar een lager niveau van bewustzijn, zodat je ziel kan terugkeren naar je lichaam. Want je lichaam trilt op een bepaalde frequentie, en terwijl je ziel in je lichaam is, is het noodzakelijk dat je ziel dicht bij die trillingsfrequentie is. Want als je ziel te snel zou trillen, zou ze zich afscheiden van je lichaam. In je droomtoestand sporen je dromen je ziel vaak aan naar een hoger energieniveau. En zo scheid je je af van je lichaam en ervaar je astrale projectie. Je ziel en lichaam moeten trillen op, niet noodzakelijkerwijs, een gelijke frequentie, maar een vergelijkbare of nauwe frequentie. Vaak als je in een depressie zit, heeft je ziel zijn vibratie onder die van je lichaam verlaagd, en dus voel je je behoorlijk blauw of humeurig. Je momenten van verheffing zijn vaak wanneer je ziel trilt op een frequentie die hoger is dan je lichaam.

D: *Door dan sneller te vibreren en te scheiden van het lichaam, zijn dit de buitenlichamelijke ervaringen die mensen hebben?*

P: Dat klopt. Want wanneer je je afscheidt van je lichaam, vibreer je met een frequentie die hoger is dan die wat je lichaam kan onderhouden of weerstaan, en zo is er de scheiding.

Terugkeren van een OBE kan ook tijdelijke verlamming veroorzaken totdat de verbinding tussen hersenen en lichaam is hersteld.

* * *

MEERDERE PERSOONLIJKHEDEN

Vraag: Ik heb me altijd erg ongemakkelijk gevoeld in dit vliegtuig, alsof ik vijf verschillende mensen ben.

P: Het is misschien nodig voor jou om jezelf echt te identificeren. Verbaast dit concept je? Er zijn inderdaad afzonderlijke entiteiten of identiteiten in jezelf, omdat veel mensen meerdere persoonlijkheden hebben. Dit is geen vreemd concept. Het lijkt er echter op dat het in deze samenleving enigszins besmet is geraakt met het idee dat meerdere persoonlijkheden automatisch schizofreen zijn, of een symptoom van een psychische aandoening, wat helemaal niet het geval is. Het is een eenvoudig aspect van de natuur dat zeer gangbaar is in alle samenlevingen en in alle soorten dieren, menselijk of anderszins. Jij, als je dat wilt, kunt meerdere identiteiten in jezelf identificeren. Iemand die verlegen is en de introverte die graag thuisblijft en breit of haakt, of wat je ook leuk vindt om te doen. En dan zijn er van die momenten waarop je liever naar buiten gaat en je hielen schopt, om zo te zeggen, en gewoon een leuke tijd hebt. En dat is niet verkeerd. Het is niet meer verkeerd dan het is om thuis te blijven en een thuismens te zijn. Geen van beide is verkeerd. Elk spreekt zijn eigen waarheden en zijn eigen gepastheid. Er zijn die aspecten van jezelf die ervoor kiezen om leergierig te zijn en te schreeuwen om kennis. Het aspect van jezelf dat heel moederlijk en heel liefdevol is, en toch met het omdraaien van een muntje zo koud kan zijn als blauw staal. Doet dit een belletje in je rinkelen? Is het onnatuurlijk om het ene moment heel liefdevol te zijn en het andere moment heel koud? Als men zich in de positie bevindt die dit vereist, is het dan onnatuurlijk of niet? Dat is het niet. Dat is het natuurlijk niet. Het is niet nodig om bang te zijn voor meerdere persoonlijkheden, want dat is gewoon een aspect van jezelf. We moedigen je aan om deze afzonderlijke persoonlijkheden of persoonlijkheidskenmerken te identificeren. Ze zullen zichzelf zelfs namen toekennen als je dat wilt, en hebben wat je "afzonderlijke" identiteiten zou kunnen noemen. Dit zijn gewoon facetten van je totale persoonlijkheid. En het is deze combinatie van facetten die de hele persoonlijkheid vormen. Wanneer een persoonlijkheid niet gezond is, dan lopen deze facetten niet synchroon of communiceren ze niet met zichzelf. Ze werken niet samen. Een gezonde persoonlijkheid heeft deze make-up van facetten die in harmonie zijn. Er bestaat niet zoiets als een diamant met één facet, net zo min als er een mens is met één persoonlijkheid. Het is onmogelijk. Want de menselijke persoonlijkheid vereist door zijn bestaan meerdere facetten. De regenboog kan worden gebruikt als een analogie van harmonie. Dit fenomeen geeft het uiterlijk van het cirkelvormige of misschien halfronde aspect met de verschillende kleuren overal. Dat wil zeggen, harmonie. De som van het kleurenspectrum in een cirkelvormig aspect, dat representatief is voor het geheel. Dat wil zeggen, de cirkel is oneindig en vertegenwoordigt God. Daarom wordt de helft getoond en de helft niet duidelijk, wat weer waar is voor je eigen aard. Dit betekent dat jullie zelf fysiek en toch spiritueel zijn. De helft wordt getoond en de andere helft niet. En toch bevatten jullie in ieder van jullie dat wat niet samen is met het volledige spectrum van alles wat is.

* * *

Een andere versie van meerdere persoonlijkheden uit een ander onderwerp.

D: *Heb je ooit gehoord van wat een "meervoudige persoonlijkheid" wordt genoemd? Ze lijken veel persoonlijkheden in één lichaam te hebben.*
Brenda: Ja. Uw psychologen zijn op de goede weg bij het opsporen van de redenen waarom en de oorzaken ervan. Deze meervoudige persoonlijkheden worden veroorzaakt door geesten die een bepaalde zware lading negatief karma hebben. En in het proces om dit voor zichzelf te ontkennen, splitsen ze zichzelf op in wat afzonderlijke entiteiten lijken te zijn, maar eigenlijk zijn het verschillende takken van dezelfde entiteit. Het is alsof je een bloem hebt met veel bloemblaadjes. Ik zal de hand van dit apparaat gebruiken om te demonstreren. (Ze stak haar hand op en wees naar de verschillende vingers en de pols terwijl ze haar analogie gaf.) Je hebt een bloem met veel bloemblaadjes en de bloemblaadjes zijn verbonden aan de basis (de pols). Maar de bloem is zo geplaatst dat je de bloemblaadjes alleen van halverwege tot aan de uiteinden ziet, en ze zien eruit als afzonderlijke objecten. Je kunt niet zien waar ze onderaan zijn samengevoegd. Deze meervoudige persoonlijkheidsgeesten lijken

afzonderlijke entiteiten te zijn, omdat je alleen het deel ziet dat apart lijkt. Maar aan de basis, in de kern van de geest, verbinden ze zich allemaal tot één geest. En, zoals ik al zei, de geest heeft een bijzonder zware lading negatief karma dat ze hebben ontwikkeld. En ze proberen dit voor zichzelf te ontkennen en willen ontsnappen aan hun huidige cyclus van karma. Ze blijven dus alle kanten op slaan. En deze verschillende richtingen die de geest uitslaat, verschijnen als verschillende persoonlijkheden in het lichaam dat de geest bezet houdt.

D: *Ik heb de theorie dat deze persoonlijkheden misschien fragmenten of spiegelbeelden waren van persoonlijkheden die ze in vorige levens hadden.*

B: Meestal wel. Terwijl de geest in de andere richting toeslaat, put hij uit de recente vorige levens, van vroegere persoonlijkheden die ze in andere fysieke bestaanen gebruikten. Maar omdat de geest wild toeslaat, zijn het meestal vervormde versies van deze persoonlijkheden of zoals je zei, slechts een fragment ervan, omdat de geest niet wordt georganiseerd. De geest is in paniek.

D: *Ze zeggen dat de andere persoonlijkheden soms mannelijk, vrouwelijk, volwassen of kind zijn. Daarom kwam ik op dat idee.*

B: Ja. Het was een goed idee. Het is bijna zoals het is. Omdat ze putten uit hun herinneringen uit het verleden, en de geest herinnert zich de vorige levens. En dus kunnen ze putten uit verschillende aspecten of misschien slechts één bepaald aspect van één persoonlijkheid uit een vorig leven voor een van deze meerdere persoonlijkheden.

D: *En ze brengen hen binnen om hen te helpen ontsnappen, om zo te zeggen, uit hun leven, hun karma.*

B: Ze denken dat het hen helpt ontsnappen, maar dat is niet zo. Het is alsof je een vis aan je vislijn laat floppen. Het heeft ongeveer evenveel effect.

D: *De psychiater probeert hen weer te verenigen in één persoonlijkheid. Ze zeggen dat het heel moeilijk is om te doen.*

B: Ja. Psychiaters zijn daar nog niet echt effectief in. Ze hebben het juiste idee in gedachten, maar ze proberen lijm aan te brengen op de uiteinden van de afzonderlijke stukken in plaats van te proberen naar de basis te gaan waar ze al verenigd zijn, en de huren op de basis te helen. Maar dat is een heel complex proces, en ze hebben nog niet de mogelijkheid ontwikkeld om dat te doen. Maar ze zijn in ieder geval op de goede weg.

D: Een ding dat ze gemeen hebben, is dat er een soort traumatische gebeurtenis in het leven van de persoon lijkt te zijn die ervoor zorgt dat dit in de eerste plaats gebeurt.

B: Ja. De traumatische gebeurtenis vestigt de aandacht van de geest op de negatieve lading karma waarmee het te maken heeft. En dat is de reden waarom in deze gevallen elke keer daarna wanneer een traumatische gebeurtenis plaatsvindt, de geest weer in paniek toeslaat en een andere persoonlijkheid verschijnt. De geest realiseert zich niet dat ze dit kunnen omdraaien en het voorgoed kunnen werken, voor bevestigend karma. Ze raken gewoon weer in paniek en slaan weer toe, en dus verschijnt er weer een fragment.

D: Het klinkt alsof ze hun karma niet uitwerken.

B: Ja, dat is waar. Ze kunnen het niet aan.

D: Ze blijven ertegen vechten

* * *

D: Is er iets anders aan tweelingen, identiek of niet-identiek?

B: Nee. Tweelingen zijn meestal net als elk ander familielid en broers en zussen. Het zijn twee geesten die karmisch nauw met elkaar verbonden zijn omdat ze samen iets uitwerken, zoals man en vrouw, andere broers en zussen of hechte relaties. In het geval van eeneiige tweeling hebben ze echter, vanwege de resonantie tussen de twee lichamen, de neiging om extra paranormale vermogens te hebben.

D: Ik heb één theorie gehoord, dat eeneiige tweeling dezelfde ziel kan zijn die zich in twee delen heeft gesplitst om twee verschillende lessen te leren.

B: Niet in het algemeen. Meestal als een ziel twee verschillende lessen moet leren, zullen ze hetzelfde lichaam bewonen, maar in twee verschillende universums. (Uitgelegd in hoofdstuk 11.)

D: Ze zeggen dat sommige tweelingen zo op elkaar lijken. Ze kunnen een heel continent uit elkaar zijn en toch dezelfde dingen doen.

B: Dat komt door de resonantie die is opgezet tussen hun lichaam en mentale energieën, vanwege het algemene patroon van het universum. Wanneer twee dingen erg op elkaar lijken, zullen ze een resonantie tussen hen hebben. Hun trillingen zijn zo vergelijkbaar dat het vergelijkbare effecten en vergelijkbare resultaten zal hebben. En dat is de reden waarom tweelingen bij de geboorte uit elkaar zijn gegaan en een continent uit elkaar hebben gehaald en elkaar niet kennen, uiteindelijk trouwen met mensen met dezelfde namen, vergelijkbare hobby's hebben, vergelijkbare banen en dergelijke, vanwege de resonantie.

D: *Soms lijken ze ook een mentale connectie te hebben.*

B: O ja. Zoals ik al zei, eeneiige tweelingen hebben een extra dosis paranormale vermogens tussen de twee. Simpelweg omdat hun geest op hetzelfde niveau trilt.

D: *Dan zijn ze net als ieder ander. Het zijn twee geesten die terugkwamen zodat ze samen konden zijn.*

B: Rechts. En in staat zijn om hetzelfde te denken en hun paranormale vermogens, het is alsof je een snaar tokkelt, dan een stemvork ernaast brengt en de stemvork begint te trillen.

D: *Ik dacht dat een manier waarop ik het zou kunnen bewijzen of weerleggen, zou zijn om tweelingen terug te laten gaan en te zien of ze in hetzelfde leven naar dezelfde persoonlijkheid gingen. U denkt niet dat dit zou gebeuren?*

B: Nee, dat geloof ik niet. Ze zouden elkaar waarschijnlijk meerdere keren overlappen in vorige levens en elkaar in andere relaties noemen. In een vorig leven kunnen ze man en vrouw zijn geweest of een ander soort hechte relatie.

D: *Het zouden verschillende personages zijn, om zo te zeggen, in hetzelfde leven, maar ze zouden niet dezelfde persoon zijn.*

* * *

DE TERUGKEER VAN CHRISTUS

Tijdens een andere sessie bij Billie's ging de discussie over het stellen van vragen over Jezus.

Phil: Het zou gepast zijn om te zeggen dat Hij in alle opzichten een man was. En toch was Hij in alle opzichten ook een vrouw. Hij was volledig geïntegreerd en had zowel de verlangens van een man als toch de intuïtie en het gevoel van een vrouw. We spreken hier niet per se van seksuele verlangens, maar van menselijke gevoelens. Hij was echter meer dan menselijk. Hij was niet, zoals je zou zeggen, een gewoon mens. - Zou de Meester hier nu niet kunnen zijn?

D: We denken dat Hij onder ons is in de geest.

P: Zou Hij niet fysiek kunnen zijn?

D: Op aarde, bedoel je?

P: Dat klopt.

D: Nou, we hebben er nooit over nagedacht.

P: Misschien is Hij gekomen en heb je Hem niet herkend. Is dit mogelijk?

D: Het zou kunnen. Ik begreep dat Zijn geest in ieder van ons zou wonen.

P: Dat klopt.

D: Staat dat dan los van het wonen in een lichaam als persoon?

P: Als de geest in een lichaam woont, is Hij dan niet geïncarneerd?

D: Nou, als dat een universele incarnatie zou zijn.

P: Dat klopt.

D: Zeg je dat Hij is teruggekomen naar de aarde?

D: Het is niet alleen als één individuele persoon?

P: Dat klopt.

D: We dachten dat je misschien bedoelde dat Hij in fysieke vorm was teruggekeerd.

P: Hij is teruggekomen in fysieke vorm. Maar Hij bevindt zich niet in, zoals je zou zeggen, één enkel individueel lichaam. Hij werkt door ieder van jullie heen. Dit is in een zeer letterlijke zin, de waarheid. Het is niet alleen een welsprekende figuur van spraak. De kracht van Christus zit in ieder van jullie die nu in deze kamer incarneert.

D: Ik had net een idee. Dit is misschien wat ze bedoelen met de wederkomst van Christus.

P: Dat klopt. Want in deze toestroom van verlichting is er werkelijk in ieder hier de vonk van Christus. Want ieder heeft een klein stukje van de Christusgeest in zich, en dus door de hele mensheid heen. Wanneer de hele mensheid in één geest samenkomt, dan zal er zowel letterlijk als figuurlijk de wederkomst van Christus zijn.

D: Ik denk dat mensen verwachten dat Hij één entiteit is, één persoon die weer terugkeert.

P: Dit is een nauwkeurige perceptie, maar het is er een die in dit geval niet waar is. Je neemt de situatie nauwkeurig waar, maar de waarheid is dat het niet de ware situatie is. Het is meer dan dat. Het is dat eigenlijk, en toch is het meer.

D: In plaats van dat één persoon terugkeert, is het in meerdere mensen teruggekeerd.

P: Dat klopt. Zoals binnen de hele planeet.

D: Eigenlijk is Christus dan al teruggekeerd.

P: Dat klopt.

D: Het is gewoon een andere manier om ernaar te kijken. Daarom zou er een ander concept nodig zijn om het te begrijpen. Hij is al teruggekeerd in de geest van verschillende mensen.

P: In de geest van vele miljarden mensen. Want deze geest is nu echt over de hele planeet, niet in een paar gegeven.

D: Op die manier kunnen ze veel meer bereiken dan één persoon.

P: Dat klopt. Want het woord is tegelijkertijd over de hele planeet verspreid. En werkt zich een weg van binnen naar buiten.

D: De kerk wil dat we denken dat er maar één persoon zou zijn die het zou verspreiden wanneer Hij weer terugkeerde. Ook daar zou Hij aanbeden worden. Dat is het probleem.

P: Dat is een juiste inschatting.

D: Dit zou een andere manier zijn om ernaar te kijken, waar de Kerk moeite mee zou hebben.

P: Ook daarin zouden we moeite hebben met de Kerk. Want we proberen vele malen diegenen te bereiken die echt en eerlijk op zoek zijn naar de waarheid. Ze vinden echter dat ze zich naar buiten moeten keren in plaats van naar binnen. Ze lijken dit concept niet te kunnen bereiken om hen in staat te stellen zich naar binnen te keren waar de echte waarheid ligt.

D: Ja, ze moeten altijd iets of iemand hebben naar wie ze kunnen kijken en aanbidden. Dat is de enige manier waarop ze het kunnen interpreteren. Een standbeeld, een foto of een concept van één persoon.

P: Dat klopt. Een predikant of redenaar of staatsman of arts of een van de vele andere vormen van heldenverering.

D: Dat maakt het voor sommigen van hen veel gemakkelijker, denk ik, als ze het woord krijgen van die ene bron of ideologie of wat het ook is. En ze hoeven niet te vertrouwen op hun eigen denken, hun eigen geest.

P: Dat klopt.

D: Het is een interessant concept.

* * *

Q: Is de lijkwade van Turijn de authentieke grafwade van Jezus?
P: Dat klopt. Dat relikwie dat de lijkwade van Turijn wordt genoemd of toegeschreven, is inderdaad dat grafkleed waarin de Meester zelf werd gewikkeld op het moment van zijn fysieke dood. Het is ingeprent met die energie die wordt uitgestraald door de voortschrijdende ontbinding van zijn fysieke lichaam, zodat er geen fysieke sporen meer van dat lichaam zouden zijn. Dit is inderdaad een puur natuurlijk fenomeen. Het was enigszins geavanceerd van aard omdat het niet gebruikelijk was. Het was echter geen wonder.

Q: Kunt u ons vertellen waarom sommige afbeeldingen en beelden, vooral van Christus of Zijn moeder, tranen of bloed lijken te produceren, en is daar enige betekenis aan verbonden?
P: Er is weer dit bewustzijn waar we over spreken, dat alles doordringt wat is. De hele schepping maakt deel uit van dat Godsconcept. Daarom zijn de feitelijke fysieke elementen waarover je spreekt inderdaad een essentieel onderdeel van dat Godsconcept. Ze zijn inderdaad op de hoogte. In jouw definitie zijn ze echter misschien niet in leven. Er is in deze iconen het bewustzijn van dat God-concept. Bewustzijn van niet alleen hun eigen bewustzijn, maar ook van die individuen en entiteiten om hen heen, jezelf, die zich ook bewust zijn. In uw projecties bij het bekijken van deze pictogrammen wordt het bewustzijn van de ene naar de andere overgebracht. Of het bewustzijn van de personen die kijken, wordt vaak overgebracht naar dat pictogram. Het fenomeen zelf is een manifestatie van die overdracht van bewustzijn. De tranen zijn een manifestatie van het bewustzijn van de individuen die deze iconen bekijken. Het verdriet is inderdaad oprecht. De schande dat de mensheid de kruisiging is van degene die gekomen was om het ras te redden dat Hem kruisigde.

Q: Ik begrijp dat men tranen produceerde die in een fles konden worden verzameld. Wat zouden ze laten zien als ze werden geanalyseerd?
P: Het zouden inderdaad tranen zijn, of de inhoud vergelijkbaar met menselijke tranen.

Q: Ook al kwamen ze van doek en verf?

P: Dat klopt. Jullie zijn zelf, nogmaals, scheppers. Dit is inderdaad een puur fysiek en volledig natuurlijk fenomeen. Het is de overdracht van bewustzijn. En daarmee de formulering van een manifestatie afgeleid van het bewustzijn, of dat bewustzijn dat is overgedragen. De individuen zelf brengen dit bewustzijn over op de iconen, niet dat de iconen zelf daadwerkelijk huilen. Maar het bewustzijn van de individuen, en de kracht van hun geloof, brengt dit bewustzijn over op dat icoon.

D: *De mens is dan de katalysator.*

P: De mens is de afzender van dit bewustzijn. Het icoon is de katalysator.

D: *Zelfs zonder dat ze zich bewust zijn dat ze dit daadwerkelijk doen?*

P: Dat klopt. Als er niemand deze iconen zou bekijken, zou er geen overdracht van bewustzijn zijn en daarom zouden er geen wonderen te zien zijn.

* * *

Lid: *Dan is het waar als tien procent van ons allemaal voor hetzelfde bidt ....*

D: *Het is uitvergroot. Het is niet alleen vermenigvuldigd, maar ook in het kwadraat.*

P: Rechts. Ieder van jullie draagt een vonk van deze energie in je. Een kleine tijdtablet misschien, om de woorden in je vocabulaire te gebruiken. Een klein fragment van deze energie. En door zo samen te bidden, verbinden jullie deze kleine vonken met elkaar en creëren jullie een veel krachtiger en krachtiger niveau van deze energie. Zo kun je zien hoe het komt dat wanneer mensen samen bidden hun energie toeneemt. Het is door zich aan te sluiten bij deze vonk van de schepper dat dit wordt gedaan.

Lid: *We hebben dus allemaal een vonk van de schepper in ons. Een deel van ons is God.*

P: Dat klopt. Dat is wat je in leven houdt. We willen hier graag ingaan op een eigenwijs aspect. Velen op de planeet hebben het gevoel dat om iets te manifesteren, ze onvermurwbaar moeten worden tot het punt dat er geen mogelijkheid is dat er iets anders gebeurt. De fout hierin ligt in het feit dat wat men zegt en wat men denkt vaak op gespannen voet met elkaar staat. Wat men werkelijk gelooft, is vaak niet precies wat men zegt. Dus als iemand iets zegt, zet dat inderdaad een reactie in gang die precies het tegenovergestelde zou kunnen zijn van wat er gezegd wordt. En dus, door zo standvastig te zijn in dit geloof, wordt er die manifestatie gegeven die volledig in strijd lijkt te zijn met wat er gezegd wordt.

* * *

P: We zouden zeggen dat je twijfelen iets meer een beschermende eigenschap is, in die zin dat je ervoor kiest om niet te geloven en dus te twijfelen. De informatie die vaak in strijd is met datgene waarvan je hebt afgesproken dat het de realiteit is, is ongemakkelijk om te integreren. En je voelt dat dit weer niet ongegrond is, maar misschien onnodig. We vragen je om meer vertrouwen in jezelf te hebben. Begrijp dat je hier niet bent om jezelf te misleiden. Je bent in feite je eigen leraar. En je moet luisteren en meer vertrouwen stellen in datgene wat je zelf leert. Je moet jezelf meer begrijpen als je eigen beste vriend en vertrouweling dan als rivaal.

* * *

Q: *Mijn vragen zijn beantwoord terwijl we door de kamer gingen. Ik heb het gevoel dat toen mijn zoon in de vijfde klas zat en hij zei: "Toen ik in de derde klas zat, dacht ik dat ik alles wist." Ik zei: "Nou, hoe zit het nu?" En hij zei: "Nu weet ik dat ik alles weet." (Er werd veel gelachen.)*

P: We zouden zeggen dat dat het meest geschikt is voor de menselijke ervaring. Want de een ziet de volgende berg en zegt: "Nou, die moet ik beklimmen", en dat doen ze dan. En ze zeggen: "Oh, er is er nog een." En dus is elke berg daaronder gewoon een mollenheuvel. Dit is niet helemaal de analogie die u gaf, maar we zijn geamuseerd door beide. En zouden ervan willen genieten, want we zijn nogal geamuseerd door menselijke inspanningen, van het bouwen van bergen en behoorlijk ontevreden worden en zo een ander bouwen. Kennis is op dezelfde manier. Een derdeklasser bouwt een berg kennis en kijkt en zegt: "Wow, nu weet ik alles." En zie, hij kijkt en er is nog een berg net ten oosten. En dus beklimt hij die ene en deze derde graad berg is zo klein, en zo gaat het maar door. En dus bouwen we hier ook nog steeds bergen. Want er is nooit de hoogste berg bereikt tot volmaaktheid. Dat is de ultieme berg.

D: *Tot die conclusie ben ik gekomen. Hoe meer je leert, hoe meer je merkt dat je moet leren.*

Hoofdstuk 13
Het gebruik en de manipulatie van energetische kracht

Deze sessie werd in 1989 gehouden met Beverly, een kunstenaar met wie ik vaak had samengewerkt. Ik gebruikte haar trefwoord en telde haar tot de spirituele staat van het tussenleven, waar we toegang hadden tot informatie.

D.• *Wat ben je aan het doen? Wat zie je?*
Beverly: Ik zie nog niets, maar het is alsof ik schommel op zachte golven. Ik ben niet in een oceaan, maar in het universum. Ik kan naar beneden kijken en de planeet zien. Het lijkt op alle foto's die je van de aarde ziet. Blauw en wit.
D: Is er iets anders aan?
B: Nee. Het hangt gewoon in de ruimte, op een bed van roosters, om het zo maar te zeggen.
D: Wat bedoel je?
B: Het is alsof het universum bestaat uit rasterlijnen. En ze fluctueren, ze bewegen. Ze eb en vloed, als volle golven in de oceaan. Ik bedoel niet beukende golven. Ik bedoel golven die van heel diep in het water bewegen. Ze zijn zachtaardig, maar het zijn zeer diepe, langzaam zwaaiende bewegingen in de ruimte. En de Aarde zit in dit bed, net als alle andere planeten en sterren en zonnen.
D: Dit laat zien dat het universum echt leeft, als het zo beweegt. Betekent dit dat de Aarde en de andere planeten ook in beweging zijn? Ik denk aan de werking van golven.
B: Ze bewegen niet zoals de ruimte dat is. Ze draaien en wat dan ook binnen deze golvende ruimte. Ik heb een voorbeeld voor je. Heb je die glazen dozen gezien waar water in zit, dat heen en weer stroomt, dat zakenmensen soms kopen om naar te kijken omdat het ontspannend is.
D: Ja, die heb ik gezien.

B: Ze bewegen heel langzaam en gelijkmatig, en toch gaat het op en neer, en op en neer. Dat is het bed van de ruimte.

D: *Dit verstoort de planeten die zich erin bevinden niet?*

B: Nee. Ze draaien en draaien in dit bed.

D: *De foto van een bed is alsof ze erop liggen.*

B: Ze liggen erin. Net als in een oceaan kan er een vis in zwemmen. Waar er water boven de vis en onder de vis zou zijn, en naar rechts en naar links. Misschien als ik zou zeggen dat het meer lijkt op de lucht waarin we leven, in plaats van bed, zou dat het voor je verduidelijken.

D: *OK. Omdat ik het beeld had van de aarde die heen en weer schommelde, als een schip dat op zee wordt gegooid.*

B: Nee. Het is een heel langzame beweging, maar is vol. Met andere woorden, het beweegt overal. Het is geen oppervlaktegolf.

D: *En dit is waaruit de ruimte bestaat? (Jazeker) Ik denk dat we het idee hebben dat de ruimte stagneert en leeg is.*

B: Nee, nee. Het leeft en het is voedend. Het voedt alles erin. Het zou dus levend en ontroerend moeten zijn.

D: *Op welke manier voedt het?*

B: Niets kon groeien in stagnatie. Niets kan evolueren of veranderen. De essentie ervan voedt wat erin zit, net zoals de lucht ons in staat stelt om te ademen. Als de lucht er niet was om ons van onze adem te voorzien, dan zouden ook wij dood zijn.

D: *Hetzelfde gebeurt dus op grotere schaal, alsof de Aarde een persoon is. (Jazeker) Er is iets in de ruimte dat bijdraagt aan het leven. (Precies) Ik kan zien wat de lucht ons levert. Wat levert de ruimte aan de aarde, de werelden? Een energie?*

B: Zijn aanwezigheid is levendigheid. Teruggaand naar de vis in de oceaan, als de vissen uit die plaats werden gehaald of als het water verdampte, zou de vis sterven. Het is dus niet zo dat de ruimte ons iets voedt om ons te voeden. Zijn aanwezigheid stelt ons in staat om te leven en voedt ons daardoor, want zonder dat zouden we niet bestaan. Er zit leven in, en ja, het zou een energie genoemd kunnen worden. Maar ik ben bang dat dat misleidend zou zijn, omdat het geen actieve energie is. Het is actief, maar op een subtiel niveau.

D: *Maar het is ook niet passief.*

B: Rechts. Zoals ik al zei, het is actief op een subtiel niveau, terwijl we energie zien als iets met sterke beweging. Er is energie met een sterke beweging die door deze ruimte en door ons heen gaat. Maar het ruimte-element zelf waar ik het over heb gehad, is meer een inactieve energie, maar niet dood. Of een minder actieve energie dan we meestal denken.

D: *Wat is die sterkere energie die je zei die door alles heen gaat?*

B: De sterkere energie lijkt meer op de levenskracht, de creatieve stuwkracht, die daadwerkelijk gestuurd kan worden. Hoewel de levendigheid van de ruimte niet gericht is, is het er gewoon. Het bestaat gewoon.

D: *Het is heel neutraal?*

B: Het is neutraal, en toch heeft het een positieve in zich, want zonder het zouden we niet leven. Je kunt dus niet zeggen dat het helemaal neutraal is, zoals in "stagnerend" of "dood". Er zit wel levenskracht in en wat beweging.

D: *Maar het is niet geregisseerd.*

B: Juist. Het is als een constante, waar meer actieve energie kan worden gericht en gericht.

D: *Dit is de actievere energie waar je het over hebt, die door alles heen gaat.*

B: Dat is een apart soort energie van de ruimte, levendheid of energie, ja.

D: *En die andere energie die sterker en gerichter is, gaat door alles heen op alle niveaus?*

B: Ja, dat is zo.

D: *Natuurlijk vraag ik me altijd af waar zoiets vandaan komt. Alles moet ergens vandaan komen, in onze manier van denken.*

B: Dat klopt in onze manier van denken, en ik weet daar niet alle antwoorden op. Maar ik denk niet dat het ergens vandaan hoeft te komen. Het is er, het is een gegeven, het heeft altijd bestaan en zal altijd bestaan. En waar zou je dan kunnen zeggen dat het vandaan komt?

D: *Maar je zei wel dat het geregisseerd was.*

B: Het is regisseerbaar. Misschien is dat logischer of nauwkeuriger. Het kan worden gericht en het kan worden gewijzigd. De energiekracht kan in een bloem gaan en deze uit de grond laten ontspringen en groeien en bloeien. Diezelfde energiekracht kon gaan naar een hardloper die een marathon liep. Het kon gaan in een schilder die aan het schilderen was. Het zou de bevalling in kunnen gaan, en zichzelf herscheppen en doorgaan en doorgaan en doorgaan. En in plaats van een wijdverspreide energie te zijn wanneer het een bloem of een hardloper of een nieuw kind wordt, is het gerichte of gerichte energie.

D: *Dat is wat me verwarde toen je zei dat het geregisseerd of regisseerbaar was. Ik denk altijd dat iemand of iets het zou moeten regisseren, om het richting te geven.*

B: Heb je een top zien draaien? Zodra het begint te draaien, herschept het zijn eigen kracht, laten we zeggen. Nu vallen toppen natuurlijk om. Maar er is zoiets, geloof ik genaamd "centrifugale kracht", dat zodra het begint te draaien, het zou doorgaan. Zoals de Aarde zelf. Zodra het in zijn baan begint te draaien, gaat het gewoon door. Niemand hoeft het te blijven duwen zoals een kind op een schommel. Het sterft niet af. En dat zou enigszins hetzelfde zijn met energie. Het blijft zichzelf voortdurend herscheppen. En waar het oorspronkelijk vandaan kwam -- als dat zo was -- weet ik niet.

D: *Dan hoeft het niet geleid te worden door een of andere superieure kracht.*

B: Dat is meer dan waar ik over kan praten. Om het naar een dichter niveau te brengen, naar iets dat we zouden kunnen begrijpen, is dat de energie zichzelf stuurt. Het is zelf bewustzijn en stuurt zichzelf. En als er iets boven en buiten dat is, weet ik niet wat dat is.

D: *Je zei dat het iets was waar je niet over kon praten. Is het iets wat je niet mag, of gewoon iets waar je de antwoorden niet op weet.*

B: Nee, het is gewoon te groot.

D: *Te groot om terug te brengen tot ons niveau van begrip?*

B: Het is te groot voor mij om te begrijpen.

D: *Ik denk dat het altijd teruggaat naar ons concept van God.*

B: Ik denk dat ons godsbeeld heel verkeerd is. We proberen het één persoon of één geest of één energie te laten zijn die op de knop drukt om dingen aan te zetten.' En ik denk niet dat het zo werkt. Maar het is te groot voor mij om te begrijpen, en daarom te groot voor mij om met iemand om te gaan.

D: *Als deze energie dan richtbaar is, is het dan richtbaar door menselijke wezens?*

B: De energie is de mens. De energie manifesteert zich als mens. Dus de mens stuurt de energie niet, de energie stuurt de mens.

D: *Ik dacht dat als de energie er was, het misschien voor ons was om op de een of andere manier te gebruiken.*

B: We gebruiken het zelf. Ik weet dat dit moeilijk is. Ik weet niet hoe ik het moet verduidelijken.

D: *Tenzij je een andere analogie hebt.*

B: Misschien. (Als kunstenaar gebruikte Beverly wat ze kende om een analogie te geven.) Als je zou vallen - ik zal dunne verf moeten gebruiken, omdat dikke verf niet zou bewegen. Laten we zeggen dat je dunne verf op een stuk papier liet vallen. Prachtig gekleurde verf. En het viel en verspreidde zich in verschillende richtingen, en maakte een prachtige foto. De verf die op het papier is gevallen, is het gevolg van de energiedaling. Die energie bepaalt het resultaat dat op het papier verscheen. Het schilderij op het papier heeft geen controle over de energie die het heeft laten vallen. Begrijp je wat ik bedoel?

D: *Ja, dat denk ik wel. Toen het viel, ging het gewoon vanzelf.*

B: Ja. Maar dan het product, het afgewerkte schilderij - ik denk aan een inktvlekontwerp, niet aan een afgewerkt schilderij waar je vele uren aan werkt. Maar laten we zeggen dat je prachtige verf uit de lucht op dit blotterpapier hebt laten vallen, zodat het in verschillende richtingen liep en een patroon van schoonheid vormde. Dat voltooide patroon van schoonheid regeert dan niet over de energie die het heeft laten vallen. Energie manifesteert zich dus als een menselijke vorm en de energie zelf heeft de controle. De menselijke vorm, dat zou dan het schilderij zijn, heeft geen controle over wat het heeft laten vallen.

D: *Ik denk dat ik denk aan mensen die hun leven willen veranderen en hun eigen realiteit willen creëren. Is dit het type energie dat ze kunnen gebruiken door een bepaalde richting?*

B: Ja, maar je kunt het niet van de verkeerde kant doen, zie je. Het energie-einde is het einde dat de energie heeft en het doen doet, niet het blotterschilderen of het menselijke einde. Nu kan het menselijke einde een verandering in de resultaten beïnvloeden. Maar het komt niet voort uit het stuk papier, of het menselijk lichaam, het komt voort uit de energie. De energie kon nog een druppel verf laten vallen en veranderen wat er het moment ervoor bestond.

D: *Ik probeer te zien of we misschien meer controle hadden in ons leven, dat we zouden weten hoe we deze energie moeten sturen.*

B: Wij wel. Wij hebben de controle. Maar de bedieningsknop bevindt zich aan de andere kant, het is niet aan de resultaatkant. Het is aan de energiekant. Ik zou verkeerd kunnen lezen wat je zegt, maar ik denk dat je probeert te zeggen dat je wilt dat het blotterpapier opstaat en de energie, de verfstroom, stuurt. En zo werkt het niet. Als je de mens als het blotterschilderij gebruikt, en je gebruikt het laten vallen van de verf als de energiekracht, creëert het laten vallen van de verf op het blotterpapier iets dat heeft wat erin zat, de verf, op het blotterpapier. En het is er nog steeds. Maar als er geen verf meer zou vallen, zou het blotterpapier stagnerend en permanent zijn, net als het was. Het zou nooit veranderen. En als het blotterpapier zou proberen een verandering te beïnvloeden op de energie waar het vandaan kwam, zou dat onmogelijk zijn. De energie, de verf, valt continu op het blotterpapier om het te veranderen. Het blotterpapier verandert de energie niet.

D: Hoe kunnen mensen dan veranderingen bewerkstelligen, als het aan de andere kant moet zijn? Hoe kunnen ze dit gebruiken en veranderingen in hun leven bewerkstelligen?

B: Dat is hoe ze het doen, met deze energiekracht die de verf laat vallen. Zie je, we zijn allebei verbonden. Maar dat is waar de verandering vandaan komt, de energiekracht, niet van het blotterpapier of de menselijke vorm die plat is.

D: Hoe kunnen ze dan een verandering creëren? Ik probeer een manier te bedenken waarop mensen deze energie kunnen gebruiken om zichzelf te helpen.

B: Dat doen ze, maar ... misschien heb ik je een slechte analogie gegeven. Het papier zonder dat de verf er voortdurend op valt, zou dood papier zijn. Nu is de interactie van de energie die de verf op het papier laat vallen een continue heen en weer energie-uitwisseling. Maar de manier om op de knop te drukken is niet aan het oppervlak, het dode lichaamseinde of het papieren uiteinde. De knop wordt ingedrukt vanaf het punt waar hij vandaan valt.

D: Maar hoe kunnen we ervoor zorgen dat deze knop wordt ingedrukt?

B: Wij zijn die knop. Wij zijn niet het papiertje. Dus we duwen het elke keer als we de verf laten vallen.

D: Dan hebben we wel controle door onze eigen geest?

B: Het is meer dan de geest. Ja, de geest maakt er deel van uit, maar er is een energie die nog groter is dan de geest, die het omvat. Dat de geest binnenin is. En dat is groter dan de geest.

D: *Maar het idee, het verlangen, moet beginnen bij de menselijke geest. Over wat ze willen veranderen en wat ze willen creëren.*

B: Teruggaand, omdat we het voorbeeld van het vallen van de verf al hebben gebruikt, laten we zeggen dat het van een oogdruppel is, omdat het niet eens een hand heeft. Of uit een kraangreep. De oogdruppel werkt misschien niet. Maar het laat vloeibare verf op een stuk papier vallen. Als het stopt met vallen, zou dat stuk papier gewoon dood puin zijn. Maar het houdt niet op met vallen. Het blijft dalen, en daarom verandert het papier waarop het valt voortdurend. En ze voeden zich met elkaar. Want de energie, in de vorm van verf, die op het papier valt, geeft energie aan het papier. Een energie verwekt zichzelf, zodat het zich verspreidt en terugvoert naar de bron, de oogdruppel. Daar is dus een voortdurende revolutie. Het papier alleen kon de energie niet sturen, omdat het niets op zichzelf is. Het is om te beginnen uit de druppel gemaakt. Begrijpt u het iets duidelijker?

D: *Ik geloof het wel. Ik probeer gewoon een werkbare manier te vinden waarop wij, als mensen, dit kunnen gebruiken. Ik weet dat dat de onderkant van de schaal is.*

B: Nee, het is niet de onderkant van de schaal. Het is gewoon de manier waarop mensen de energie op dit niveau gebruiken. Het is niet de bodem. Het woord "onder" duidt een hoger of boven aan, of iets om naartoe te verheffen. En dat is geen accurate beschrijving. Er zijn gewoon vele vormen en vele manieren waarop energie kan worden gestuurd. En het ene is niet per se beter of slechter dan het andere.

D: *Ik wilde een praktische manier vinden waarop een mens deze energie kon sturen. Zou er een procedure zijn die ze zouden kunnen volgen om een doel te creëren en het in de praktijk te brengen?*

B: Ja. Ze konden die energie sturen.

D: *Hoe doen ze dat?*

B: In ons fysieke lichaam zou het mentaal zijn. Het is echter meer dan dat. De mentale feedback van het papier naar zijn energiebron is miniem in vergelijking met de energiebron. Het is een deel van de manier waarop we zouden kunnen - dit stuk papier zou kunnen activeren - activeren wat het wil. Dat is, denk ik, wat je vraagt.

D: *Ja. In het leven.*

B: De energie zelf is het leven. Het is ook licht. Als we het proberen te scheiden van het blotterpapier, maken we een grote fout. Dat zou het blotterpapier zijn dat probeert controle te hebben over de energie. Het moet dus samenwerken. Er moet een flow zijn. En de manier waarop het zou kunnen worden geregisseerd, zou zijn om af te stemmen op de oorspronkelijke energie. Het is meer een kwestie van aandacht en focus, en afstemmen op waar die stroom constant en soepel is. Als het blotterpapier op zichzelf wilde werken en op een tangens wilde afgaan, kon dat. Omdat het eigen energie heeft, zou dat dan een nieuwe cyclus starten. Maar het zou heel klein zijn en waarschijnlijk verkeerd gericht, vergeleken met wanneer het terug zou worden gevoed in zijn eigen bron. En dat zou de kracht constant aan het werk houden. En zolang het blotterpapier hier aan mijn rechterkant in de energiebron aan mijn linkerkant (handbewegingen) werd gevoerd, zolang dit werkte of de energie heen en weer werd geleid, voedend in zijn manifestatie en terug naar zijn bron, in zijn manifestatie en terug naar zijn bron, zelfs als het een bloem was. Voeden in de bloem en laten groeien, zijn zaad laten vallen, terugvoeren naar de bron, weer omhoog komen, groeien, zijn zaad laten vallen, terugvoeren naar de bron terwijl het zich in dat niet-plantaardige stadium bevond. Het zou dus constant zijn. Je kunt begrijpen dat het zich bijvoorbeeld niet fysiek zou manifesteren tijdens de winter, maar dat het in het voorjaar weer zou opkomen. Maar mensen overwinteren niet, hoewel ze wel in en uit graden van levendigheid gaan. Ze zijn subtiel. Misschien de droomtoestand, misschien een in en uit waar we ons niet echt bewust van zijn. En zolang dat terug bleef voeren naar de bron waaruit het kwam, zou er een voortdurende energie zijn die niet minder zou worden. Het zou zijn energieniveau behouden. Als dit blotterpapier hier zou besluiten om op een tangens af te gaan en iets te maken, zou het kunnen. En het zou iets creëren dat er keer op keer in zou terugkoppelen. Maar het zou van minder kracht zijn dan wanneer het terugvoerde naar zijn oorspronkelijke bron. Het is als stralen die eruit zouden gaan. Begrijp je wat ik bedoel?

D: *Ja. Maar in het voorbeeld van de bloem gaat dat allemaal automatisch. Het gebeurt toch. Het is een constante terugkoppeling naar de bron. Dit is wat de levenskracht is.*

B: Ja. En zo is het ook met mensen.

D: *Maar het is een automatisch iets waar ze niet echt over nadenken.*
B: Het zou gebeuren, of ze er nu over nadachten of niet. Maar je zou het kunnen regisseren. En die richting zou in de regel van een hoger niveau komen dan ons eigen bewustzijn. Bijna alsof het geleid werd. En als het niet voldoende geleid zou worden, zou dit de tijd zijn, het gebied waarin onze energieën verkeerd gericht zouden zijn, en dingen zouden gebeuren die we waarschijnlijk niet van plan waren.
D: *Omdat we de verkeerde energiegolven uitzonden?*
B: Nee, we stuurden de juiste energiegolven uit, maar we wisten niet hoe we ze moesten sturen of we hadden niet genoeg kracht om ze te sturen om te doen wat we wilden, en dus gingen ze een beetje in de war. Zoals statisch op een radio als het niet goed is afgestemd. Als je bent afgestemd, zou het heel duidelijk naar voren komen. Maar als je het zonder enige richting uitzond, kon er statisch zijn, wat statisch was, wat zou eruit kunnen zien als gewoon veel rommel. Omdat het niet goed gefocust of goed geregisseerd was.
D: *Dan moeten we weten hoe we dit moeten regisseren en focussen?*
B: Ja. Maar meer dan alleen de mens die weet hoe. De energiestroom die ons heeft gecreëerd, weet hoe, en we zouden ons daar weer op moeten afstemmen. Dan hoeven we het niet alleen voor onszelf uit te zoeken. We zouden het voor onszelf uitzoeken, want dat is onszelf. Maar we zouden ons afstemmen op een nog sterkere frequentie, een hoger bewustzijnsniveau, dat zou helpen dit te sturen, in plaats van te proberen alle kracht voor onszelf te nemen en het ten onrechte te sturen
D: *Maar u zei dat we meer contact moesten hebben. Hoe kunnen we dat bewust doen?*
B: Ik denk dat het een kwestie is van ... als ik zeg "de schade herstellen", ben ik bang dat het misleidend zal zijn. Maar ik weet op dit moment niets anders te zeggen. Als we ons niet zouden bemoeien met de werking, zou het vanzelf goed werken. Wanneer we nu energie uitzenden die verkeerd gericht is of statisch is, laten we zeggen, met rust gelaten, zal het verdwijnen en teruggaan naar de oorspronkelijke energie. Maar als één persoon verkeerd gerichte energie uitzendt, en een dozijn andere mensen sturen het toevallig op hetzelfde moment en op dezelfde plaats uit, dan krijgt het kracht. Een verkeerd gerichte energiekracht, zie je. En het

maakt het moeilijker, omdat het zich nu begint te vormen en te stollen tot een eigen kracht. En het maakt het moeilijker voor het om op natuurlijke wijze te verdwijnen en terug te vallen in de natuurlijke stroom.

D: *Het is toen een eigen leven gaan leiden.*

B: Ja. En als het eenmaal zover is, moeten we er bewust aan werken om het te verdrijven. Daarvoor hadden we dat niet hoeven doen. Het zou automatisch terug in de stroom zijn gegaan. Maar wanneer er genoeg verkeerd gerichte energieën op hetzelfde moment of op dezelfde plaats worden uitgezonden en het krijgt enige kracht, dan zal het van zichzelf blijven spinnen. Hetzelfde doen wat het weet te doen, namelijk verkeerd gerichte energie. Tenzij we dat opbreken en het weer laten verdwijnen in de normale stroom, wat overigens onbewust gebeurt. Ik denk dat dat een deel van je eerste vraag was: "Hoe kunnen we het bewust doen?" We hoeven het niet bewust te doen. Dat doet het gewoon. De enige keer dat we het bewust moeten doen, is wanneer het is afgedwaald.

D: *Hoe breken we deze misplaatste energie op? Je zou het moeten opbreken om het terug naar de bron te laten gaan.*

B: Door te zaaien zou dit een manier zijn. Ik weet niet of het allemaal is. Maar laten we zeggen dat je deze stroom hebt die van gigantische energiebron naar zijn manifestatie gaat, waarvan we er maar één zijn, een menselijk lichaam. Er zijn vele, vele dingen die die energie uitgaat en zich manifesteert als. Maar als we nu geïnteresseerd zijn in deze, de mens, en die mens zendt uit - omdat het nu energie heeft, heeft het nu ook leven. En energie herschept zichzelf gewoon. - Dus dan stuurt het zijn eigen, en laten we zeggen dat het verkeerd is gericht. Hoe breken we dat op, is uw vraag. Door terug te keren naar de oorspronkelijke energiebron, positieve of natuurlijke energiestroom hierin te laten gaan, en het in de verkeerd gerichte te laten zaaien, tot het punt dat het het voldoende verdunt dat het vervolgens terug kan vallen in de normale - onbewuste voor mensen - routine. Er is hier bewustzijn, dus dat wil ik verduidelijken. Er is, in deze grote energiebron, zijn bewustzijn, dat het in ons verspreidt als de energie heen en weer gaat.

D: *Dat was het bewustzijn waarvan je zei dat het ons begrip te boven ging.*

491

B: Ja, inderdaad.

D: *Maar dan moeten we goede gedachten en positieve gedachten uitzenden, of kunnen we het doen door de oorspronkelijke bron te vragen om positieve gedachten te sturen.*

B: Het is meer alsof je erop afstemt. Laten we zeggen dat de oorspronkelijke bron alles heeft. Het kan van alles en nog wat creëren, niet alleen in deze wereld, maar in alle werelden. En het zendt altijd deze energie naar ons uit. Als we het ene willen in plaats van het andere, stemmen we gewoon af op die band.

D: *Maar we moeten dit met een bewuste inspanning doen. In ons fysieke lichaam moeten we worden verteld om bepaalde dingen te doen om het te kunnen doen.*

B: Met hun eigen bewustzijn kunnen ze het sturen. Die van hen gaat ook helemaal los, en het gaat andere dingen creëren. Maar wat ze uit de grote bron willen halen, stemmen ze af. Open dat kanaal om dat binnen te laten komen in plaats van iets anders. En dus wordt dat een prominenter en overheersend onderdeel van hun make-up. En dan wordt hetzelfde uitgesponnen in wat ze manifesteren.

D: *Mensen vragen me altijd hoe ze kunnen creëren wat ze willen. Ze willen een formule, een stapsgewijze methode.*

B: Ja, ik weet het, en dat is heel moeilijk. En ik wou dat er een nuttiger antwoord was, maar ik denk dat dat niet zo is. Ik denk dat wanneer we leren om de rechte lijn te bewandelen, om zo te zeggen - en ik bedoel niet moreel - ik bedoel dat wanneer we wiebelen, onze energie onderweg verdwijnt. Als we een heklijn lopen, hoe meer we hem recht lopen, hoe meer kracht we hebben om te creëren wat we willen. Maar zie je, op dit moment wiebelen we. Dus soms maken we het en soms wiebelen we het af en maken we het ongedaan, en dan gaan we weer aan de slag en maken we het opnieuw. Misschien is het gewoon om te oefenen met lopen, tot waar we niet zo veel wiebelen en sommige dingen verliezen die we willen.

D: *Het heeft ook veel te maken met geloofssystemen.*

B: O ja, dat zou inhouden wat je wilt. Als je geen geloofssysteem had, zou je het ene niet boven het andere willen. Zie je, het is er allemaal.

D: *Je zou gewoon nemen wat er op je pad kwam.*

B: Precies. En ons geloofssysteem zorgt ervoor dat we een voorkeur hebben voor het ene ding boven het andere, of het nu regen is, laten we zeggen, of zonneschijn. Het zijn allemaal manifestaties, alle regen en alle zonneschijn. Als we geen geloofssysteem hadden, zou het ene net zo goed voor ons zijn als het andere; in feite zijn ze dat wel. Het is ons geloofssysteem dat zegt dat zonneschijn de voorkeur heeft boven regen. En als we op dat punt van realisatie komen -- we zijn er al; we weten gewoon niet dat we dat zijn. Eigenlijk zijn we er altijd mee bezig; we zijn ons er niet van bewust. Wanneer we ons ervan bewust zijn dat alles net zo goed is als al het andere, zullen we niet eens proberen ons te concentreren op het krijgen van wat we willen. We hebben het allemaal.

D: *Er zijn mensen die bij wijze van spreken gewoon met de stroom meegaan en nemen wat er komt. Ze weten niet dat ze iets boven iets anders kunnen verkiezen.*

B: Maar helaas hebben we daar last van. We lijden duidelijk als we ernstige pijn hebben in plaats van lichamelijk comfort. Ik voel dat dat is wat je zegt. Ze gaan met de stroom mee, of het nu pijn doet of niet. Maar ik zeg dat er een hoger niveau is dan dat, waar pijn net zo goed voelt als goed. Waar we niet worden beïnvloed door gekwetst worden. Alles waar we het over hebben gehad is natuurlijk zo, maar het leidt allemaal tot een ultimate waarin het geen verschil zal maken. We zullen misschien door het leerproces gaan, als menselijke wezens. - Laten we vanaf dat niveau praten. - Van hoe we terug kunnen leiden naar deze energie en krijgen wat we willen. We zitten in dat proces, en het kan al dan niet een langdurig proces zijn. Omdat we sowieso niets van tijd weten, is het moeilijk om dat te beoordelen. Maar zie je, hier, deze grote energiebron (handbewegingen) maakt het niet uit wat het uitzendt, omdat het allemaal net zo goed is als al het andere. Wij, hier op Aarde, met onze geloofssystemen, besluiten dat de een beter is dan de ander. En wat je vraagt is hoe we onszelf trainen om alleen het goede te kiezen.

D: *Of wat we willen.*

B: Of wat we willen, ja, uit wat er bij wijze van spreken wordt afgeschoten. En dus zullen we dit proces doorlopen om te leren hoe we dat moeten doen. En op dat moment zullen we ons realiseren dat dat allemaal niet nodig was, omdat het allemaal is wat we hoe dan ook willen. Als we ons dat realiseren, hoeven we niet te leren hoe we kunnen krijgen wat we willen.

D: *Dan kunnen we er eigenlijk allemaal gebruik van maken. Wat we als positief, negatief of wat dan ook beschouwen.*
B: Absoluut. Het is allemaal gewoon energie zonder goed, geen slecht, geen pijn, geen goed gevoel, geen goed, geen fout, niets. Maar vooral vanwege ons geloofssysteem willen we het scheiden in delen die goed en fout zijn, en goed en slecht. En als gevolg daarvan willen we precies kiezen wat we daaruit willen halen. Wanneer we een niveau bereiken waarop we begrijpen dat dat allemaal onnodig was - er was geen goed, geen fout, geen goed, geen slecht, geen pijn, geen goed gevoel - dan hoeven we niet eens te hebben geleerd hoe we kunnen krijgen wat we willen.
D: *Maar mens zijn, daar ligt onze focus.*
B: Dat is waar het nu is, ja. Voordat we in ons leven kunnen trekken wat we willen, moeten we tot het besef komen dat het geen verschil maakt. Want zolang het een verschil maakt, maken we het onszelf moeilijker om het te krijgen. Pas als het geen verschil meer maakt, wordt de flow zo gelijkmatig, dat we ons zo gemakkelijk kunnen afstemmen dat we alles kunnen hebben wat we willen. Het is een soort van, het kost geld om geld te verdienen. Zolang je het hebt, kun je het blijven maken. Als je het niet hebt, is wanneer je in de problemen zit, in dit leven. Dus wanneer we uiteindelijk ons bewustzijnsniveau verhogen, dan realiseren we ons dat we al het geld, hulp, wat we maar willen kunnen hebben. Maar tegen die tijd, omdat we weten dat we het kunnen, is het gewoon denken, het doet er niet meer toe. We zijn er niet zo aan gehecht. Totdat we ons dat realiseren, zijn we er erg aan gehecht, omdat we denken dat we het niet kunnen krijgen.
D: *Dat is heel logisch.*
B: Ik zal een voorbeeld geven. Terwijl je een ladder beklimt, trap naar de Hemel, om zo te zeggen, elke stap die je blijft beklimmen, lossen de stappen eronder op. Het is alsof je de trap voor je projecteert, omdat je denkt dat je hem nodig hebt om naar de volgende ster te klimmen. En het lost onder je op als je gaat, omdat je het niet meer nodig hebt. Je komt van deze ster naar die ene. (Handbewegingen) En je bouwt je ladder, die tijdens het klimmen oplost. En dan kom je hier bij deze ster. Wat al die tijd waar was, was dat wanneer je op deze ster stond, je op elk gewenst moment bij deze andere ster had kunnen zijn zonder de ladder te gebruiken. Maar de enige manier waarop we dat weten is om daar op deze

ladder te komen, die dan niet goed is en niets waard. Ik bedoel niet dat het niet goed is. Ik bedoel, het dient niet langer een doel. En als we denken dat we die ladder bouwen zodat anderen ons kunnen volgen, hebben we het mis, omdat iedereen zijn eigen ladder moet bouwen. Je kunt niet reizen op andermans hersenen of energie. Dat is niet wat het is, maar misschien is het in deze termen verklaarbaar. Je kunt het leven van iemand anders niet leven.

D: *Ja, maar zou de ladder niet zijn doel dienen om hen de weg te wijzen?*

B: Het toont alleen de persoon die dat leven leeft op de manier. Een ander zou zijn eigen ladder moeten bouwen om daar te komen.

D: *Ik dacht dat als je iets leerde, je het kon doorgeven als kennis om andere mensen te helpen.*

B: Ja, dat zou kunnen. Maar de ladder lijkt meer op de levendigheid ervan, dan op kennis. En ieder mens moet zijn eigen leven doen. We kunnen niet naar de hemel rijden op de jasstaart van iemand anders.

D: *Maar we kunnen ze voorbeelden geven en laten zien?*

B: Ja. Elke entiteit, die doet wat ze doet, geeft voorbeelden of ze dat wil of niet. Het doet het gewoon. Een andere entiteit, met een niveau van bewustzijn, kan dat zien. In werkelijkheid zouden ze niet hoeven te lenen of te gebruiken wat een ander heeft geleerd. Maar ze denken van wel, en dat doen ze ook.

D: *Ze willen niet helemaal opnieuw beginnen en het allemaal zelf uitzoeken. Daarom hebben we voorbeelden, we hebben boeken.*

B: Ja. Dus als dat nuttig is en we gebruiken dat en het leidt ons, dan is dat prima. Daar is niets mis mee. Maar in werkelijkheid, als er maar één mens ooit op aarde was, en hij zag niets van de voorbeelden van iemand anders die hem waren voorgegaan, zou hij nog steeds bij die ster komen. En zou het waarschijnlijk net zo snel doen, als de tijd ergens bestond.

D: *Door het zelf uit te zoeken.*

B: Het is geen kwestie van uitzoeken, het is een natuurlijke evolutie. Je plant een zaadje in de grond, het groeit op. Het wordt wat het zaad was. Als je een eikel plant, groeit er een eik uit. Het is geen berk of konijn. En we hebben dit allemaal in ons. En als we helemaal alleen worden gelaten, komen we nog steeds op dezelfde plek terecht. Maar vanwege deze statische energie om ons heen die die natuurlijke stroom verstoort, willen we rietjes pakken voor hulp. En omdat de static er is, en we denken dat we rietjes moeten pakken voor hulp, doen we dat. Maar onderliggend aan dat alles, zouden we er hoe dan ook niet echt nodig zijn en zullen we er ook komen. Het verlicht gewoon onze menselijke geest om hulp te hebben, of wat we als hulp beschouwen.

D: *Ja, dat is het menselijke deel ervan. Nou, al die energie waar je het over hebt, ik vraag me af hoe onze menselijke ziel daarin past.*

B: Dat is waarschijnlijk wat je een "ziel" zou noemen. De geest, de levenskracht, zou de beste manier zijn waarop ik het zou kunnen verklaren. Dat is wat we hier over het algemeen bestempelen als een "ziel".

D: *Dat is het deel dat overblijft nadat het fysieke lichaam sterft.*

B: Ja, want het zou maar doorgaan. Energie kan niet verdwijnen.

D: *Maar het lijkt erop dat het geïndividualiseerd blijft als persoonlijkheid.*

B: Het kan als het wil. Het kan doen wat het wil doen. Het kan individualiseren als een bloem, of het kan individualiseren als een mens. Ofwel met exact hetzelfde bewustzijn als het moment ervoor, ofwel met een ander bewustzijn. Het kan alles doen wat het wil doen. Het is schepping.

D: *De energie of de ziel?*

B: Het is allemaal één en hetzelfde. En het kan zichzelf verdelen, of het kan als een soort van stollen als één grote entiteit. Stel je voor dat je water uit een slangmond spuit. Door dat mondstuk te draaien, kun je het als afzonderlijke druppels naar buiten laten komen, of je kunt het mondstuk veranderen en het als één stroom naar buiten laten komen. Of je kunt het nog breder verspreiden en het slechts kleine kleine druppels als een spray hebben. Of hoe je het ook wilt doen. Het is allemaal hetzelfde.

D: *Het is allemaal zo ingewikkeld. Daarom probeer ik het in termen te vatten die ik kan begrijpen. Want als ik het niet kan begrijpen, is het moeilijk voor mij om het door te geven aan iemand anders.*

B: Er is een verschil tussen logisch begrijpen en bewust zijn van. En ik denk dat we ons bewust kunnen zijn van dingen en ze kunnen kennen, die we logischerwijs niet begrijpen. Het is een beetje alsof je een vierkante pin in een rond gat steekt. Ze passen niet helemaal.

D: Het zou dus heel moeilijk voor ons zijn om zelfs maar te hopen dat we veel hiervan proberen te begrijpen. We worden beperkt door onze menselijke hersenen. We moeten ons gewoon realiseren en voelen dat het waar is.

B: Ja. Zolang het beperkt is binnen onze geloofssystemen, is het moeilijk, zo niet onmogelijk om het logisch te begrijpen. Omdat onze geloofssystemen zo beperkt zijn in omvang, en wat we proberen te begrijpen en ons bewust te worden zo groot is, dat het niet allemaal in ons kleine doosje van geloofssystemen past. Totdat we van die doos afzien, kunnen we het niet allemaal binnenlaten. Het gaat gebeuren of je het allemaal begrijpt of niet, want dat is de aard ervan.

D: Maar ik probeer over deze dingen te schrijven, zodat mensen zich ervan bewust kunnen zijn.

B: Ja. En dat is heel nuttig, want het vergroot wel de geloofshokjes van mensen. En dat is waar het zien van anderen die ons zijn voorgegaan, helpt. Het zou hoe dan ook gebeuren. Maar het zien van degenen die ons zijn voorgegaan, stelt ons in staat om onze doos een beetje uit te breiden met ons bewustzijn daarvan. En wat je doet door over deze dingen te schrijven, helpt mensen te zien dat er iets aan de andere kant van die doos is. Ze kunnen het een beetje openduwen en opnemen. En ze zullen dat blijven doen en dat doen en dat doen, totdat hun doos groot genoeg wordt om dit allemaal aan te kunnen. Nou ja, niet alles, maar het zou een continu proces zijn.

D: Met andere woorden, ze kunnen het pas aan als ze er toch klaar voor zijn.

B: Dat is waar. Je kunt alle boeken schrijven die je wilt, maar totdat iemand bereid is om het te lezen, zal het die persoon geen goed doen. Het kan jou goed doen, en het kan anderen goed doen. Maar het zal de persoon die niet klaar is om over de rand van zijn doos te kijken niet helpen. En wanneer ze klaar zijn om over de rand te kijken, zal alles helpen.

D: Dan gaan ze op zoek naar dingen die de informatie leveren. Het lijkt je heel duidelijk, maar het is ingewikkeld voor mij.

B: Het is me ook niet zo duidelijk, behalve dat ik weet dat het zo is.

* * *

D: We hebben gelezen over universele geest, universeel bewustzijn. Is het waar dat we allemaal op de een of andere manier verbonden zijn, dat we informatie uit de universele geest kunnen halen zodra we meer verlicht zijn?

Phil: Dat klopt, want uiteindelijk zijn allen één, het God-concept omvat de hele schepping. Allemaal, punt. Daarom, aangezien ieder van jullie inderdaad een deel van het geheel is, dan is ieder van jullie inderdaad een aspect van de ander. Je bent inderdaad onderdeel van elkaar.

D: Is dat de manier waarop metafysische genezing plaatsvindt? Waar kun je de energie die beschikbaar is en de energieën waarmee we allemaal verbonden zijn, manipuleren?

B: Het zou iets ingewikkelder zijn dan dat. Het concept is echter wel degelijk juist in die zin dat de energieën waarover jullie spreken deel uitmaken van jezelf en jullie deel uitmaken van de energieën. Het is alsof jullie zwemmen in energieën en jullie zelf deel uitmaken van de wateren waarin jullie zwemmen. Door de wateren om je heen te manipuleren, kun je ervoor zorgen dat stromingen van je naar iemand duwen of trekken, of van iemand naar jou. Deze stromingen, zoals jullie je goed kunnen voorstellen, zijn de energieën waarover we spreken. Je hoeft deze energieën alleen maar met je geest te richten om deze stromingen te vormen. Er kunnen opslagplaatsen van deze stromingen beschikbaar zijn voor degenen die ze nodig zouden hebben. En in deze manipulatie merk je dat deze opslagplaatsen voor jouzelf beschikbaar zijn. Het creëert en disciplineert energieën. Jullie zelf op jullie vlak zijn, in elke ware zin van het woord, goden, in die zin dat jullie je creaties kunnen creëren en dat ook doen in jullie eigen gebied en dimensies van bewustzijn. Je bent echter niet zo gelijk aan of zo groot als het algemene, totale omvattende aspect van het God-concept dat je hebt. Niemand van jullie op dit niveau zou ooit kunnen hopen dat niveau te bereiken. Het is echter voldoende om te zeggen dat ieder van jullie een deel van dat totale, algehele bewustzijn in je heeft. En je bent inderdaad in staat om te creëren en te disciplineren. Daarom ben je volgens je eigen definitie van God, de Schepper, een god in en van jezelf. Jullie zijn zelf scheppers van God. Misschien niet op een niveau dat u toeschrijft aan de allesomvattende God. Het is hier echter belangrijk op te merken dat jullie zelf inderdaad scheppers zijn.

* * *

Phil: Er is een fysiek energiespectrum. Er zijn die energieën die datgene vormen en in de juiste verhouding maken wat je als fysiek waarneemt. In een juiste combinatie van verschillende energieën is er een gemanifesteerde fysieke vorm. De fysieke vorm die je om je heen ziet, is een combinatie van veel verschillende fysieke energieën die zich manifesteren om die vormen te produceren die je ziet. Je ogen nemen die energieën waar en dus nemen jullie de fysieke vorm waar.

* * *

Brenda: Ik bevind me binnen een nexus die een kruispunt is van verschillende universa die continu bestaan. Ik observeer hoe ze op elkaar inwerken. Ik kijk naar de patronen die ze veroorzaken in hun bestaansstructuur.
D: Dat klinkt ingewikkeld. Is het mooi om naar te kijken?
B: Ja dat is zo. Realty complex en mooi. Het is moeilijk te beschrijven. Het hangt ervan af op welk niveau je ernaar kijkt. Op één niveau ziet het eruit als -- weet je hoe bladbliksem eruit ziet? (Jazeker) Stel je bladbliksems voor van elke denkbare kleur en zie het allemaal op elkaar inwerken. De verschillende vellen energie van de verschillende kleuren die rondvloeien en flikkeren. En je bekijkt het op een ander niveau en je ziet het raster van tijd kromtrekken en interageren en veranderen. Het ligt er maar net aan op welk niveau je ernaar kijkt. Er zijn andere niveaus. Het is heel complex en het is heel mooi.

* * *

Brenda: Ik observeer het netwerk van basisenergiedeeltjes waaruit het universum bestaat en het bij elkaar houdt. Je zou het op verschillende manieren kunnen beschrijven, afhankelijk van je percepties en welk organisatieniveau je ernaar kijkt. Aan de ene kant ziet het eruit als een los geweven deken met elke afzonderlijke draad die bepaalde soorten energie vertegenwoordigt, in en uit weeft en interageert met de andere energieën, alles bij elkaar en in orde houdt. En aan de andere kant, als je het op een andere manier bekijkt, lijkt het op een energiemist, omdat alles energie is en het zich overal zal verspreiden. Het is alsof je in een mist zit en je elk afzonderlijk deeltje dat de mist vormt kunt zien, om een analogie te gebruiken. Waar je je op je Aardse vlak bevindt, bestaat mist uit kleine deeltjes vocht. Het is alsof je elk individueel deeltje uniek en compleet op zichzelf kunt zien. Maar in dit geval is elk individueel deeltje een deeltje van energie, en elk individueel deeltje leeft op zijn eigen manier. Het is spannend. Het trilt en beweegt zich binnen zijn kleine invloedssfeer. En dit is overal met de talloze massa's deeltjes.

D: *Zou dit als atomen zijn?*

B: Kleiner dan atomen. Atomen zijn clusters van energiedeeltjes. Deze zijn als de subatomaire fysische eigenschappen die jullie wetenschappers proberen te bestuderen. (Pauze) Ik kan de verbinding met uw taal niet leggen. Ze hebben zulke vreemde namen die jullie wetenschappers gebruiken. Quarks? Dingen als kleine kleine neutrino's van energie. De energieën en deeltjes die betrokken zijn bij wat in jullie taal wordt bestempeld als de nieuwe fysica. Dit is de eerste glimp van een idee van hoe de dingen zijn. Omdat dit een nieuw vakgebied is dat je bestudeert, heb je er nog geen kennis van. Je vermoedt nauwelijks dat dit aspect van de dingen bestaat. Jullie wetenschappers proberen het te begrijpen en te kwalificeren. Om het regels te geven om dingen uit te leggen die ze observeren, maar wat ze waarnemen is een zeer onvolledig beeld. Om een analogie te gebruiken, het is alsof er een lange film in je bioscopen wordt vertoond. En alles wat je ziet is één enkel frame van de film, van het hele beeld. En proberen uit te leggen waar de film over gaat en de plot van het verhaal.

D: *Slechts vanuit één frame?*

B: Rechts. En dat is wat jullie wetenschappers proberen te doen aan deze energie. Wat ze hebben waargenomen is het equivalent van het zien van misschien een klein detail in dat ene frame. Misschien de kleur van het haar van een van de acteurs in dit ene frame. En uit die informatie proberen ze op te bouwen waar de film over ging. De plot van het verhaal, wie het schreef, waar de muziek over ging en zo. En het is onmogelijk. Ze moeten meer leren en meer observeren voordat ze erachter kunnen komen wat er echt aan de hand is. Ze hebben al het juiste verband gelegd tussen deze nieuwe fysica en de oude wetenschap van de mystiek. Maar de oude wetenschap van de mystiek is gedeeltelijk overgebleven van de voormalige beschaving en gedeeltelijk van millennia van observatie. Observatie verzameld van deze dingen die worden veroorzaakt door deze mist van energie, die mensen hebben waargenomen en geprobeerd te verklaren.

D: *Maar hoe kunnen ze het hele plaatje krijgen? Ze kunnen deze dingen niet zien.*

B: Nee, maar ze kunnen effecten van deze dingen waarnemen, wat hen zou helpen te begrijpen wat deze zijn. Het belangrijkste wat ze moeten doen is hun geest open houden voor alles, hoe belachelijk het ook klinkt of hoe onwaarschijnlijk het in eerste instantie lijkt. Want alle onwaarschijnlijkheden en alle dingen die belachelijk lijken, maken ook deel uit van het universum. Dingen die "toeval" en "toeval" worden genoemd, zijn algemene labels van dingen die zijn waargenomen en die hierdoor worden veroorzaakt.

D: *U zei dat dit gebaseerd was op de wetenschap van de mystiek. Veel mensen zien dat als hekserij en het occulte. Is dat wat u bedoelt?*

B: Ja, gedeeltelijk. In het tijdperk waarin je je nu bevindt, hebben mensen zich afgesneden van hun wortels. En terwijl ze dit deden, hebben ze de mystiek ontkend en gezegd dat ze een modern en opgeleid volk zijn; dat de wetenschap alles verklaart. Wanneer de wetenschap eindelijk haar ultieme hoogtepunt bereikt, zal iedereen mystici zijn. Met mystiek bedoel ik alles wat te maken heeft met de hogere niveaus van dingen, waaronder hekserij, occultisme, de verschillende mystieke religies uit het Oosten: boeddhisme of hindoeïsme en dergelijke.

D: *Veel mensen gooien het allemaal gewoon over één kam als zijnde aan de duistere kant.*

B: Ja. De macht kan worden geperverteerd en om de verkeerde redenen worden gebruikt, net als alles. Maar het is in het voordeel van de mensheid om vertrouwd en comfortabel te raken met deze kracht en het te gebruiken voor het oplossen van zijn problemen. Er zijn nog steeds culturen die hier meer voor openstaan dan andere. In jullie cultuur heeft het dit afgesloten. Maar er zijn veel mensen die dit beoefenen en gebruiken in hun leven en helpen hun tradities levend te houden, wat belangrijk is. Dat lijkt een kenmerk van de mensheid. Dingen die ze niet begrijpen, gooien ze op één hoop in categorieën en sluiten ze op in een kast en vergeten ze, of proberen dat te doen. En van alles wat bestaat kun je leren en kun je profiteren van alles wat bestaat - sommige dingen meer dan andere, 'tis waar - maar in het algemeen. In uw wetenschap van de geneeskunde hebben ze bijvoorbeeld een vaccin ontwikkeld. En dus worden vaccins nu door iedereen gebruikt om ziekte te helpen voorkomen en een onbalans van het lichaam te voorkomen. In vroegere beschavingen ontwikkelden hun wetenschappen wat nu mystiek wordt genoemd, en iedereen gebruikte het om onbalans van het harmonieuze geheel te helpen voorkomen. Door zijn aard heeft het bereikt wat al jullie individuele wetenschappen nu proberen te bereiken. Hun wetenschappen begonnen als vergelijkbare individuele wetenschappen en verenigden zich vervolgens toen ze ver gevorderd raakten op het gebied van kennis. En ze realiseerden zich dat alles één is, een harmonieus geheel is. Ze verenigden zich en de mensen leerden en pasten de kennis toe die zich ontwikkelde. Het is wat bekend staat als mystiek, omdat ze naar het ultieme hadden gestreefd en ontdekten dat deze onderliggende energie alles organiseert. En als iemand zich hiervan bewust is en weet hoe dit kan worden veranderd of gemanipuleerd om te bereiken wat je wilt, terwijl je er in harmonie mee blijft, dan is alles wat er moet gebeuren gedaan.

D: *Je bedoelt dat ze ontdekten dat ze het niet nodig hadden voor medicijnen?*

B: Toen ze op dit niveau kwamen waar ze in harmonie konden zijn met het geheel, was geneeskunde niet langer nodig. Het was overbodig, want het kwam zelden voor als iemand ziek werd. Ze wisten waar ze uit balans waren. En ze veranderden hun energieën om alles weer in balans te brengen. Dan zouden ze niet meer ziek zijn.

D: *Kun je me vertellen welke beschavingen dit in zo'n hoge mate hebben ontwikkeld?*

B: Het waren verschillende beschavingen, maar ze stonden met elkaar in contact. Het was een wereldwijde vorm van kennis, maar verschillende delen van de wereld hadden subtiel verschillende manieren om naar dingen te kijken, vanwege hun cultuur. Er was de beschaving van Atlantis en er was een beschaving in Zuid-Amerika. En er waren verschillende beschavingen in het Oosten:

een in India, een in de bergen in wat nu "Tibet" en "Sri Lanka" wordt genoemd. En er ontstonden twee verschillende beschavingen in de plaats genaamd "China", maar ze leefden in harmonie met elkaar. Ze werden beschouwd als één beschaving met een tweeledig type cultuur. En deze beschavingen hebben allemaal bijgedragen aan de ontwikkeling van de wetenschap vanuit hun verschillende gezichtspunten om er een compleet geheel van te maken.

D: *Bestonden deze andere beschavingen tegelijkertijd met Atlantis?*

B: Ja. Atlantis dateert van vóór de meeste van hen, maar het waren allemaal oude beschavingen. De beschaving in Tibet en Zuid-Amerika begon ongeveer in dezelfde tijd als Atlantis, en de andere beschavingen kwamen iets later. Maar ze bestonden lang genoeg dat ze allemaal in hoge mate vooruitgingen.

D: *Ik denk dat veel mensen het idee hebben dat die beschavingen na de verwoesting zijn ontstaan.*

B: Een nieuwe reeks beschavingen kwam na de vernietiging van Atlantis. Toen Atlantis werd vernietigd, schudde het de hele wereld door elkaar, voor zover het menselijke interactie betrof, wetenschappen, kunst, enz. De hele wereld voelde de gevolgen ervan. Atlantis was de belangrijkste beschaving, het centrum van de beschaving in het algemeen. En toen het werd vernietigd, leek het de vitale energie van de andere beschavingen te hebben weggenomen, zodat ze in verval raakten. Maar deze andere beschavingen gaven aanleiding tot de huidige wereld.

* * *

Brenda: Ik kijk naar de hele structuur van de tijd. Het is heel ingewikkeld. Het is bijna als een holle bol gemaakt van fijn zilverdraad. Al deze draden gaan rond en kruisen elkaar, een beetje als een driedimensionaal model van het atoom en hoe je de elektronen ziet rondgaan. Er gaat een reeks zilveren draden zo rond. En er is nog een serie zilveren draden die haaks rondgaan om deze allemaal te kruisen. En het vormt deze holle bol. Het is moeilijk te beschrijven, het is heel ingewikkeld.

D: *Het klinkt ingewikkeld.*

B: En één ding om je hoop te geven, met het feit dat het zo is gestructureerd, betekent dat alles kan gebeuren. Want alle mogelijke combinaties zijn hier aanwezig.

D: Je bedoelt dat het niet is ingesteld, of voorbestemd, naar waar het moet zijn.

B: Nee. Dit is de reden waarom magie en dergelijke werken. Want als je wilt dat er iets gebeurt, en je mediteert erover en projecteert mentale energie naar dit gebeuren, dan zal het ervoor zorgen dat je leven in die tijdstroom wordt geleid.

* * *

Brenda: Het is misschien een herhaling van wat je eerder hebt gehoord, maar het kan niet te veel benadrukt worden. Allereerst moeten jullie je realiseren dat alles wat energie genereert trillingen uitstraalt. Dingen die licht genereren, wat een vorm van energie is, laten lichttrillingen horen en je ziet ze als stralend, zoals een gloeilamp. Of iets dat geluid genereert, je ziet het trillen en je hoort het geluid, maar het is nog steeds trilling en het is nog steeds energie. Je hersenen wekken ook energie op. Alles wat er in je hersenen gebeurt, genereert energie en genereert dus trillingen. Wat betekent dat elk van je lichamelijke processen of een van je gedachten of welke emotie dan ook, trillingen uitstraalt. En deze trillingen beïnvloeden de ether die jullie omringt. Je wordt omringd door en gevuld met en doorgeschoten met trillingen uit miljarden verschillende bronnen. Deze trillingen zijn van alle niveaus en sterktes. En de energie die door je hersenen wordt uitgestoten, is voldoende om sommige van deze niveaus van trillingen te beïnvloeden. Bijgevolg kan men toekomstige uitkomsten beïnvloeden door wat men denkt. Ik weet dat je dit eerder hebt gehoord, maar ik leg het je nogmaals uit, zodat je niet ontmoedigd raakt als dingen in eerste instantie niet lijken te lukken. Je blijft maar nadenken over wat je wilt dat er gebeurt en het komt tot stand. Soms op onverwachte manieren, omdat soms de trillingen door vele kanalen moeten gaan om te beïnvloeden wat er moet worden beïnvloed. Ik zie dat heel duidelijk. Ik weet niet of ik het uitleg, dus het zal je overtuigen.

D: Je doet het heel goed. Als ik in de war raak, zal ik het je vragen.

B: Je hersenen zijn het trillingscentrum van je lichaam. En er is een focus van deze trillingen, de zonnevlecht genoemd. En dat is als een lens die licht scherpstelt. De zonnevlecht richt deze trillingen en stuurt ze vervolgens weer naar alle delen van het lichaam en naar je aura om de dingen in balans te houden. Dat is de reden waarom wanneer je mediteert en jezelf openstelt om trillingen te absorberen om je vibraties aan te vullen, je je moet voorstellen dat ze binnenkomen via de bovenkant van je hoofd en dan naar beneden gaan naar je zonnevlecht. Zodat de zonnevlecht deze trillingen kan verspreiden naar je lichaam waar ze nodig zijn, zodat alles in balans zal zijn.

D: *Ik werd geleerd om door het lichaam te gaan en elk chakra te activeren en vervolgens het overtollige via de voeten in de grond door te geven. Zou dat onjuist zijn?*

B: Niet onjuist. Het is een manier om het te doen. Wanneer je door elk chakra gaat, zorg er dan voor dat je ook de solar plexus oplaadt. Op die manier revitaliseert het je lichaam, maar je moet er ook zeker van zijn dat je ook je aura revitaliseert, die zich tot ver buiten je lichaam uitstrekt. En dus, zorg ervoor dat je een extra schok van energie naar de zonnevlecht stuurt, om ervoor te zorgen dat je aura tot het uiterste wordt gerevitaliseerd om je te helpen beschermen tegen eventuele schade die in je richting kan komen. En dan moet elke overtollige energie, ja, via de voetzolen naar de Aardemoeder worden gestuurd. Het laadt je aura op en helpt je te beschermen wanneer je verdediging naar beneden is, zoals wanneer je slaapt. Het is verstandig om overdag extra dingen te doen om jezelf te beschermen. Ofwel door je aura voor te stellen als briljant wit of goud, of door je een piramide van energie om je heen voor te stellen. Op welke manier je je ook op je gemak voelt, want als je met andere mensen omgaat, heb je extra bescherming nodig. Maar 's nachts, in de privacy van je huis als je gaat slapen, zou de bescherming van je aura voldoende moeten zijn. Misschien wil je je een piramide van energie om je heen voorstellen vlak voordat je gaat slapen, maar je hoeft je er geen zorgen over te maken. Je wordt 's nachts beschermd terwijl je slaapt, omdat het onderbewuste het heel goed doet. En als je in een liggende positie bent wanneer je de piramide projecteert, stel jezelf dan voor als ongeveer een derde van de onderkant van de piramide, want dat is de focus van de kracht en energie van de piramide.

D: *Je bedoelt alsof het lichaam zo ver boven de bodem van de piramide zweefde.*

B: Ja, maar je bent nog steeds volledig omringd door de piramide, zelfs de onderkant van je lichaam. Het is een zeer krachtige figuur. Het is een focus. Het is moeilijk om alles uit te leggen wat de piramide kan doen.

D: *Veel mensen hebben me verteld dat er niets is om je zorgen over te maken. Je hoeft nergens tegen beschermd te zijn.*

B: Het is als de bliksem. Bliksem is een neutrale kracht. Het is niet goed of slecht, het is er gewoon. Het is heel krachtig. Aan de ene kant kan het worden gebruikt om elektriciteit op te wekken. Aan de andere kant kan het mensen doden. Deze krachten zijn in principe neutraal en men kan ze voor eigen doeleinden gebruiken als men voorzichtig is. Maar tegelijkertijd, wanneer men zich openstelt voor verkenning en nieuwe ervaringen, moet men ervoor zorgen dat men wordt beschermd, omdat deze neutrale krachten geen moraliteit hebben. Ze handelen gewoon op de manier waarop hun energie stroomt in een bepaalde situatie. En je moet ervoor zorgen dat je beschermd bent tegen eventuele negatieve stromen. Het is goed dat u ons advies opvolgt. Het helpt je om vooruit te komen en het maakt het voor ons gemakkelijker om met je te communiceren.

D: *Maar hoe dan ook, je zei dat je deze vibraties uitzendt voor wat je wilt bereiken. (Jazeker) Als je het eenmaal hebt verzonden, moet het dan gebeuren?*

B: Er zijn dingen die het kunnen beïnvloeden. Zo stuur je bijvoorbeeld gedachten uit dat je wilt dat er iets gebeurt. En ze zullen naar buiten gaan en ervoor zorgen dat dingen op hun plaats vallen om het te laten gebeuren. Maar als je later ontmoedigd of depressief wordt en je gedachten uitzendt van: "Goh, het zal nooit gebeuren", zal het zijn impuls verzwakken. En als je over je depressie heen bent, moet je weer sterke gedachten uitzenden, positieve gedachten om het te helpen zijn impuls te herwinnen, zodat het zal gebeuren.

D: *Om de eerste gedachten opnieuw te benadrukken?*

B: Rechts. En dit werkt met alles. Elke verandering in je leven, zakelijk of persoonlijk. Een relatie tussen jou en een ander, of iets dat je wilt doen, of persoonlijke dromen, of wat dan ook.

D: Ik heb geleerd dat gedachten heel krachtig zijn en dat ze kunnen bereiken wat je wilt.

B: Ja, dat kunnen ze. En daarom moet je voorzichtig zijn met negatieve gedachten, omdat ze ook krachtig zijn. En ze kunnen helpen om je positieve gedachten te neutraliseren. Dus als je wilt dat je positieve gedachten uitkomen, blijf er dan positief over denken. Mediteer er intens op. Doe echte visualisatie. Kent u dat concept?

D: Waar visualiseer je het zoals het al gebeurd is?

B: Ja. Of misschien stel je je zelfs voor dat het gebeurt alsof je erboven zweeft en ernaar kijkt. En dan achteraf alle positieve veranderingen voorstellen die als gevolg daarvan zijn gebeurd. En hoe de wereld en je leven eruit zouden zien nadat het is gebeurd.

D: Ik heb geleerd om het te visualiseren zoals het al gebeurt en het met zoveel mogelijk details te vullen.

B: Ja, precies. Voeg dialoog, gevoelens en alles toe, alsof je het echte leven observeert. Onthoud dat hoe groter het project is, soms hoe langer het duurt, omdat er meer kanalen zijn waar je gedachten doorheen moeten gaan om er meer stukjes voor op hun plaats te laten vallen.

* * *

Op een groepsbijeenkomst vroegen we naar helende energie. Een lid van de groep vroeg: "Ik heb er belang bij om anderen te helpen genezen. Waar komt de energie vandaan die wordt gebruikt om anderen te helpen?"

Phil: De kosmische energieën waarover we eerder spraken, zijn die energieën waar je naar vraagt. Je hoeft alleen maar je geest te openen om deze energieën te concentreren. Open en accepteer, en je geest zal zo echt werken als een kristal.

D: Kan iemand deze energieën gebruiken of zijn het speciale gaven voor genezing?

P: Deze energieën zijn voor vrijwel iedereen in het universum om te gebruiken voor hun voordeel en anderen als ze dat willen. Ze zijn niet exclusief voor wie dan ook. Je kunt deze energieën gebruiken zoals je wilt.

D: *Kunnen deze energieën schadelijk zijn voor de persoon die helpt of de persoon die ze genezen?*
P: Er bestaat zoiets als overbelasting, maar dit is niet zo schadelijk. Het is slechts een onevenwichtigheid. Je zou niemand doden door deze energieën te gebruiken. Vrees niet, want dit zijn Gods gaven, net zo zeker als het zonlicht en de lucht op jullie planeet. Koester ze en gebruik ze te goeder trouw en ze zullen je op den duur koesteren.
Het lid: Verschillende mensen ontvangen wat we een "genezing" noemen, maar binnen een korte periode, zes maanden of een jaar ontwikkelen ze een ander probleem of gaan ze terug naar hetzelfde probleem.
P: Je zegt dat de genezing niet blijft of duurt?
Het lid: Nou, zo lijkt het ons. Ze worden een tijdje genezen en dan gaan ze terug naar dezelfde ziekte.
P: Ja, dit is natuurlijk. De effecten zijn niet altijd blijvend. Als de ziekte in een dergelijke mate is, zou een periodieke repetitie, een booster, zo u wilt, noodzakelijk en gepast zijn. Dit doet niets af aan de effecten van de genezing en overdrijft de ziekte ook niet. Het is gewoon een feit dat een booster vaak nodig kan zijn. Je zult vertrouwd raken met deze acties naarmate je deze energieën vaker gebruikt. Sommige ziekten kunnen een korte genezingssessie vereisen, andere kunnen een verlengde, soms levenslange, toewijding vereisen om een genezing te bewerkstelligen. De eerste vraag wat genezing betreft, kan het best worden gevisualiseerd als een lekkende emmer. Als de emmer gaten bevat, moet je hem voortdurend vullen met water. De emmer lekt water totdat de gaten zijn gedicht. Genezing is slechts, in dit geval van illustratie, het vullen van de emmer met water, wat de symptomen tijdelijk zal bedekken. De gaten in de emmer moeten worden gedicht en de genezing zal voltooid zijn.
Het lid: Is het mogelijk dat we voorgeprogrammeerd zijn voor een tijd om te sterven. Is het mogelijk dat dit in ons DNA zit of erfelijk is. Een persoon wordt bijvoorbeeld geboren en hij moet leven om vijfendertig te worden. Ze kunnen eerder sterven door een ongeluk of ze kunnen dat uitbreiden. Kan dat?
P: Het kan om veel verschillende redenen zijn. Het kan worden voorgeprogrammeerd om het leven een vooraf afgesproken periode te leven, of het kan afkomstig zijn van een onjuist dieet of

levensstijl. Het kan van een ongeluk zijn. Er zijn veel dingen die bij wijze van spreken een gat in de emmer kunnen veroorzaken. Wat een tijd op leven betreft, is de dood noodzakelijk om vooruitgang te boeken. Stagnatie zou optreden als er geen dood zou zijn om iemand naar de geestenkant te verplaatsen. Dit is een continu proces dat het meest geschikt is voor het leren van veel informatie. Alles is wat dat betreft zoals het hoort.

Het lid: Ik was gewoon benieuwd of we het met vrije wil konden verlengen of inkorten. Ik vroeg me af of mijn DNA een soort voorprogrammering had.

P: Er is een maximum geprogrammeerd in het DNA. De daadwerkelijk toegewezen tijd is vrijwel zeker afhankelijk van het individu.

Het gesprek ging over het gebruik van energie om te helpen in financiële situaties.

P: Deze energie, die je misschien zult verbazen, is een bijna identieke energie, die zich echter op verschillende manieren manifesteert. De energie die financiën brengt, is inderdaad dezelfde energie die gezondheid of ziekte brengt. Ben je verrast om dit te horen? Om een toename van financiële energie te stimuleren, zou dezelfde techniek van visualisaties en affirmaties worden gebruikt die worden gebruikt bij helende energie. Dit is gewoon alsof je dezelfde straal wit licht door twee afzonderlijke prisma's laat gaan. Een die de neiging had om meer van een blauwe kleur naar voren te brengen, en een die de neiging zou hebben om meer een groene kleur naar voren te brengen. Het is inderdaad dezelfde energie, maar het wordt anders vertaald. De energie is in principe neutraal, het is gewoon hoe het wordt gebruikt. Deze energie kan armoede of rijkdom brengen, of het kan gezondheid of ziekte brengen. Het kan veel dingen brengen. Het kan geluk en verdriet brengen, of het kan gezond verstand of krankzinnigheid brengen. Altijd is het hoe het wordt gebruikt, en in de intentie is hoe het zich manifesteert.

D: De meeste mensen denken dat het goed of slecht is.

P: Velen zouden ervoor kiezen om te besluiten dat iemand anders hen verkeerd had gedaan en het had laten gebeuren. En daarmee hun eigenlijke doel om te leven te verslaan. En dat wil zeggen, om te leren deze energieën op de meest constructieve manier mogelijk te richten. Dat is echt de onderliggende reden om geïncarneerd te worden, in fysiek, is om te leren manipulators van deze energie te worden.

D: *Misschien is dat een van de lessen die we proberen te leren.*

P: Dat is de les die we allemaal proberen te leren. Dat is de les die op deze planeet geleerd moet worden. Want alles is hierop terug te voeren. De lessen van genezing, de lessen van liefde, de lessen van begrip, de lessen van geduld. Allen hebben hun wortels in dit basisfundament: het gebruik van de energieën. Het weerspiegelt dus op het fysieke vlak het meest nauwkeurig wat het ware plan is, wat Gods plan is. Degenen die deze energie onverstandig of onbewust manipuleren, merken dat ze situaties om zich heen creëren die niet productief zijn, of trouw aan het plan. Het hele doel van incarneren en leren is om te leren bedreven manipulators van deze energie te worden. En in al je doen en laten leer je dit op de een of andere manier te manipuleren, of het nu financieel of politiek of qua gezondheid is of een van de vele, veel verschillende manieren.

D: *De meeste mensen realiseren zich niet dat ze naar hen toe trekken wat ze willen, zelfs als het slecht is.*

P: Niet zozeer dat ze het naar zich toe trekken, maar dat ze het manifesteren. Ieder van jullie manifesteert wat je vindt. Het is niet zo dat het er is en het naar je toe komt. Natuurlijk weet u dat we een semantische discussie voeren, maar het is een mooi punt dat moet worden begrepen. Dat je daadwerkelijk manifesteert wat je vindt. Het is niet zo dat het rondzweeft en zich op de een of andere manier aan je hecht, en dan bevind je je in de putten en de ellende van pijn en wanhoop. Nee, nee. Het is dat deze situatie die men zo onaangenaam vindt, zich heeft gemanifesteerd, is veroorzaakt door een verkeerd gebruik of misverstand over de energieën. Het wordt niet naar één gebracht, het wordt door één gebracht.

D: *De manier waarop mensen zeggen: "Alles gaat altijd mis. Alles wat ik doe, niets lukt."*

P: Ja, en dat versterkt het hele concept van "alles overkomt mij". En dus gaat men door het leven en denkt men na over hoe verkeerd het leven voor hen is, en hoe ellendig alles is. En hun gedachten kanaliseren de energie in dat soort situaties. Je krijgt waar je om vraagt.

D: *Natuurlijk zouden ze de laatsten zijn om toe te geven dat ze dit eigenlijk zelf veroorzaken. Ze zeggen: "Ik wil niet ongelukkig zijn. Ik wil niet ziek zijn."*

P: Dat klopt. En de moeilijkste persoon om naar te luisteren ben jijzelf. - Er is op dit moment op deze planeet een gebrek aan begrip van de relatie tussen emoties en gezondheid. Want als je al deze inzichten zou integreren, zou de recuperatie veel sneller en affectiever zijn. Er kan dus vanuit een emotioneel oogpunt worden gezegd dat door disharmonie in harmonie te brengen, deze disharmonie overal wordt verspreid, ervan uitgaande dat het lichaam in harmonie is om mee te beginnen. Je kunt het dus zien als een kwestie van disharmonie of dis-ease. En als je in iemand wordt gebracht die geen vrede met jezelf heeft, kun je zien dat dit ongemak in het lichaamssysteem wordt gebracht en zich overal verspreidt. Men voelt zich dus niet op zijn gemak en uit harmonie, gewoon vanuit een emotioneel oogpunt. Het kan in een wiskundig oogpunt worden bekeken, als je het naar dat niveau zou willen nastreven. Als je bijvoorbeeld een perfecte vergelijking hebt, een die perfect werkt, zonder resten en zonder delers. We zullen hier voorzichtig zijn omdat dit voertuig geen hoger niveau van begrip van wiskunde heeft, maar we zullen zijn niveau gebruiken om dit uit te leggen. Als je kunt zien dat er een bepaalde vergelijking is die voldoet aan een bepaalde reeks berekeningen, en dit komt uit op een perfect uitgebalanceerd antwoord, dan is dat harmonie. Als men echter in deze vergelijking één variabele of één getal invoert, misschien, waardoor de resten verschijnen, of de vergelijking niet tot een perfecte regeling komt, dan zal er, zoals je zou kunnen vertellen, disharmonie of ongemak zijn. Er is in feite een rest, in wiskundige termen.

D: *Het komt er niet eens uit.*

P: Dat is juist. Het kan worden gerelateerd door muziek als een onenigheid of door een van een aantal verschillende methoden van wat je "analogieën" zou kunnen noemen. Deze zijn allemaal waar en gelijktijdig, en ze gebeuren allemaal tegelijkertijd. Het is gewoon dat je ervoor kiest dat dit gebeurt in een of meer niveaus van bewustzijn.

D: *Wat kunnen deze mensen dan doen om zich opnieuw uit te lijnen of om weer in harmonie met zichzelf te komen?*

P: Ze moeten zichzelf altijd omringd zien door dat wat het meest perfect mogelijk is. En dus moeten ze hun oordeel altijd in het licht van dit feit gebruiken om dit niveau van perfecte kwaliteit van leven te behouden. Houd altijd deze harmoniefactor in gedachten, dat wat wordt waargenomen het meest geschikt is voor dat doel. Dat geldt voor alle aspecten van het menselijk bewustzijn. Houd er altijd rekening mee dat men zal ontvangen en doen wat het meest geschikt is voor zichzelf, of voor wat de onderneming ook is. Want door dit te doen, trek je je van nature tot jezelf aan, als je je wilt verhouden tot dat niveau van spreken, precies datgene waar je om vraagt. Jullie manifesteren in feite de realiteit van de meest harmonieuze situatie. Velen op de planeet hebben het gevoel dat om iets te manifesteren, ze onvermurwbaar moeten worden tot het punt dat er geen mogelijkheid is dat er iets anders gebeurt. De fout hierin ligt in het feit dat wat men zegt en wat men denkt vaak op gespannen voet met elkaar staat. Wat men werkelijk gelooft, is vaak niet precies wat men zegt. Dus als iemand iets zegt, zet dat inderdaad een reactie in gang die precies het tegenovergestelde zou kunnen zijn van wat er gezegd wordt. En dus wordt er, door zo standvastig te zijn in dit geloof, de manifestatie gegeven die volledig in strijd lijkt te zijn met wat er gezegd wordt. Men manifesteert datgene waar men het meest bang voor is, omdat men zegt dat men het niet zal zien, of dat het niet zal gebeuren. Maar toch, door daar voortdurend over na te denken, wat dat ook moge zijn, creëer je dat. En net zo zeker moet ontmoeten of onder ogen zien wat men zo sterk zegt dat ze niet willen ontmoeten.

D: *Dat is een paradox van het mens-zijn.*

P: Dat klopt. Het is een paradox van het zijn van een manipulator van de energieën. Het is een valkuil om minder verlicht te worden of te zijn. En dus zou het iedereen die, zoals nu op deze planeet is, een manipulator van de energieën zijn, beter verlicht moeten worden. En om meer te weten te komen over hoe je datgene kunt manifesteren wat echt gewenst is.

D: *Het zou het leven een stuk makkelijker maken als mensen zich alleen maar zouden kunnen realiseren dat ze veel controle hebben over situaties en gebeurtenissen.*

P: Dat klopt. Ze zouden in hun leven de ware harmonie kunnen hebben die iedereen zoekt. Sommigen zijn hier bedrevener en bedrevener in dan anderen. Wij zouden tegen jullie willen zeggen dat jullie nu in deze kamer bijeen zijn, dat ieder van jullie op zijn eigen manier nu een reis kan zien die voor jullie ligt. Eigenlijk in heel eenvoudige bewoordingen, iedereen op deze planeet heeft dezelfde reis. Velen zijn zich er echter meer van bewust dan anderen.

D: *We zitten allemaal op hetzelfde pad, alleen gaan we verschillende kanten op.*

P: Dat klopt. Alle paden zullen echter uiteindelijk samenkomen en elkaar op één plek ontmoeten.

D: *Het neemt gewoon veel meer wendingen onderweg.*

P: Dat klopt.

Hoofdstuk 14
De transformatie van het menselijk lichaam

In 1999 had ik mijn eerste blootstelling aan de vermelding van DNA-veranderingen in het menselijk lichaam toen ik een sessie had met Luigi op onze UFO-conferentie in Eureka Springs. Ik ontmoette zijn moeder in Florida op een conferentie een paar maanden eerder, en er was geen tijd om een privésessie te houden. Toen ik haar vertelde over de UFO-conferentie in Eureka Springs besloot ze met haar dochter mee te gaan. Ze belde haar zoon, Luigi, in Italië en vertelde hem erover, dus reisde hij helemaal vanuit Europa om aanwezig te zijn. Toen hij aankwam, besloot ze dat hij de sessie meer nodig had dan zij, omdat hij een aantal verontrustende UFO-ervaringen had gehad (vermoedelijk) en hij ze wilde verkennen. Harriet zat bij de sessie, net als zijn moeder. Ze dacht dat ik misschien moeite had met zijn accent en dat hij misschien moeite zou hebben met vertalen naar het Engels terwijl hij onder hypnose was. Het bleek dat we geen problemen hadden. In de discussie vooraf vertelde hij me wat hij zich herinnerde, dus we waren van plan om terug te keren naar die dag en meer details te krijgen. Hij was 's nachts naar school geweest voor een acteerles in Pavia, Italië, en reed naar huis toen het incident plaatsvond. In zijn herinnering zagen hij en zijn vriendin een licht in de lucht en liepen van de snelweg af om ernaar te kijken. Dat was alles wat er gebeurde, maar het stoorde hem.

Tijdens de sessie was ik niet verbaasd toen we ontdekten dat er veel meer gebeurde dan alleen het licht zien. Toen Luigi in de diepe trancetoestand kwam, herbeleefde hij het incident. Ze dachten dat het licht misschien een vliegtuig was dat neerstortte en trokken van de snelweg af om te kijken. Toen ze uit de auto stapten, zagen ze dat het een enorm vaartuig was dat langzaam bewoog totdat het boven het hoofd stopte. Toen ging er een deur van onderen open en kwam er een lichtstraal op hen af. Het volgende wat hij zag was dat hij op een tafel lag in een kamer die leek op een operatiekamer met een groot licht boven hem. Toen hij rechtop ging zitten, zag hij een wezen op zich afkomen dat volledig uit licht leek te bestaan. Tot mijn verbazing omhelsde het wezen hem. Luigi werd toen emotioneel toen hij zei: "Ik voel me daar veilig. Ik voel me gelukkig." Hij had moeite om de juiste woorden in het Engels te vinden om te beschrijven hoe het wezen zich voelde toen hij het aanraakte. "Alsof iemand je energie geeft, en je kunt het voelen. Toen het me omhelsde, voelde het als fysiek. Maar als je het aanraakt ... het is geen solide."

Ik wilde toen de vragen stellen, en het stemde ermee in. Daarin stond dat hij aan boord van een vaartuig was, en dit was niet de eerste keer dat hij daar was geweest. Ik vroeg waarom hij het zich niet herinnerde en Luigi zei: "Beter voor mij. Ik zal het later weten. Nu is het nog te vroeg." Hij zei dat dit al heel lang aan de gang was en dat ze elkaar al eerder in andere levens hadden ontmoet. Het wezen had zeshonderd jaar in onze tijdsverrekening geleefd.

Ik had dit al eerder gehoord toen ik aan dit soort zaken werkte. Vaak hebben de wezens zielen gedurende verschillende levens gevolgd en interacties met hen gehad, omdat ze zo lang kunnen leven als ze willen. Soms raakt de alien gefrustreerd omdat de persoon het zich niet herinnert en moeten ze opnieuw worden herinnerd aan hun instemming en toewijding aan het project.

In gebroken Engels herhaalde Luigi wat het wezen hem vertelde. "Ik zal het op het juiste moment weten. Ik zal een belangrijke rol spelen in wat er gaat gebeuren. En ze hebben het ons al verteld. Grote veranderingen. Zeer grote veranderingen op aarde. Continenten zullen bewegen. En het water ... en ze komen terug. We zullen niets herkennen. En ze zullen heel verdrietig voor ons zijn. Mensen hebben al die vieze dingen gedaan, domme dingen. Maar het is niet het einde van de wereld. Het zal het einde van een tijdperk zijn." De entiteiten konden niets doen om deze dingen te stoppen, maar ze probeerden het te vertragen. Zijn rol was om mensen te redden, en ze zouden hem leren hoe hij dit moest doen.

Natuurlijk ben ik altijd op zoek naar een tijdsbestek. Ze zeiden dat het heel snel zou zijn. Ik wist dat dat me niet veel vertelde, omdat hun tijdsbesef anders is dan het onze. Hij zei: "Maximaal twintig jaar." Luigi kreeg toen een grote explosie te zien, en een giftige wolk die zich over het land zou verspreiden, en mensen die renden en probeerden zich te verstoppen.

Toen kreeg hij hetzelfde te horen wat ik al in dit boek heb genoemd, dat ze in staat zouden zijn om bepaalde geselecteerde te redden door ze aan boord van vaartuigen te nemen. Er zouden veel, veel ambachten zijn en de mensen zouden lange tijd aan boord moeten wonen. Dan zouden ze worden teruggebracht: "En met hun hulp blijven we groeien. We beginnen opnieuw. Alles is veranderd. Het zal heel moeilijk voor ons zijn. Dat is in het verleden al gebeurd."

Ik vroeg wie deze mensen waren. "Ze komen van verschillende planeten, verschillende sterrenstelsels. Als een vakbond? Om de planeet te redden. Allereerst helpen ze ons, omdat we anders zijn. En dit is een planeet die gered moet worden, want we veranderen, en we zullen het masker niet meer hebben. Ze gaan rond sterrenstelsels. Meestal met de onze, omdat we meer in moeilijkheden zitten. En daar kunnen we niet in ons eentje uit komen, want we groeien steeds dieper. En we zullen niet fysiek zijn zoals we nu zijn. Hij liet me zien hoe we zullen zijn. We zien eruit als ... een soort spook, maar dan met een figuur."

D: *Een spook. Je bedoelt alsof je er doorheen kunt kijken?*
L: Niet bepaald. Het is moeilijk om dat te beschrijven. Ik weet niet hoe ik dat moet omschrijven. Niet meer solide.
D: *Meer als een geest?*
L: Ja, maar geen geest. Hij laat het me zien, maar ik weet niet hoe ik het moet uitleggen. Niet zoals ze zijn. Maar bijna. Hij liet het me gewoon zien. Hij is gewoon een varken geworden. Om mij te laten zien dat hij kan worden zoals hij wil worden.
D: *Ja. Vertel hem dat ik begrijp wat hij zegt. Hij is een energiewezen, nietwaar? (Jazeker) Hij kan worden wat hij wil worden. Maar hij zei dat we niet zo zullen zijn.*
L: Bijna, maar niet helemaal.
D: *Maar het lichaam zal tot op zekere hoogte nog steeds fysiek zijn? (Ja, ja.) Zal het nog steeds voedsel nodig hebben?*
L: Niet zoveel als nu. Verschillend.
D: *Zal het nog steeds slaap nodig hebben? Dingen die een lichaam nodig heeft?*
L: Een paar. Niet bij deze.
D: *Zal het nog steeds andere wezens moeten creëren zoals ... Ik denk aan reproductie?*

L: Hij zegt dat seks anders zal zijn. Niet fysiek meer. Het zal als een unie van energie zijn, maar hij zegt dat het fijn voelt. Het voelt sowieso goed. Hij laat het me zien. Zoals twee ballen die samenkomen en iets creëren. Het is moeilijk uit te leggen.

Dit type reproductie werd beschreven in The Custodians.

D: Ik denk dat ik wel begrijp wat je bedoelt. Maar ik probeer erachter te komen of het bijna fysiek was, hoe het op elkaar zou lijken en hoe het anders zou zijn. Moeten we huizen en gebouwen hebben zoals we nu doen? (Jazeker) En steden.
L: Steden? Want we zullen niet zijn zoals zij zijn. Dat is te veel. En te vroeg.
D: Als we niet echt solide zijn, zullen we dan nog steeds ons lichaam gebruiken om dingen te bouwen?
L: Met het hoofd. De geest zal heel sterk zijn. We hoeven niet meer te praten. En we zullen veel meer kunnen leven.
D: Kan hij een aantal vragen over jou beantwoorden? Omdat ik weet dat Luigi zich afvroeg wat er de laatste tijd is gebeurd toen hij zei dat hij wakker werd en trilde en trilde. Kan dit wezen je vertellen wat er in die tijden gebeurt?
L: Ja. Werken aan het systeem. Werken aan het DNA. Het ophangen ... in spirant (Fonetisch. Bedoelde hij spiralen?).
D: Kun je uitleggen wat je bedoelt?
L: Ja. Omdat we mensen twee spiralen van DNA hebben. We zullen er twaalf hebben.
D: Waarom moeten we er twaalf hebben?
L: Dat is een hoger niveau dat we kunnen krijgen.
D: Maar hoe zal dat het lichaam helpen?
L: Want vroeger hadden we er twaalf. Vele miljoenen jaren geleden.
D: Wat gebeurde er toen?
L: Genetische experimenten. Zou ons terug kunnen brengen naar twaalf. Ze werden teruggebracht tot twee.
D: Wat was het experiment dat werd gedaan?
L: Om te zien hoe ... wat er gebeurt. En ik denk om te maken ... wat we doen op ratten. Op dieren. Ze hebben het bij ons gedaan.
D: Je bedoelt dat ze het gedaan hebben?
L: Nee, nee, nee, niet zij. Andere wezens.
D: Waarom zouden ze dat willen doen?

L: Om te zien. Gewoon nieuwsgierigheid.
D: *Om te zien wat er zou gebeuren als ze het DNA in twee zouden veranderen, bedoel je?*
L: Ja. Daarom zijn we nu zo. En we hebben dat grote masker. Daarom zijn mensen zo beperkt. En daarom zijn er mensen die niet geloven in UFO's en allerlei dingen.
D: *Wordt er allemaal mee geëxperimenteerd, om het DNA te vergroten?*
L: Een deel van ons zal er zes hebben, en nog een deel twaalf.
D: *En ze doen dit nu op bepaalde mensen in de bevolking, bedoel je.*
L: Ja, op veel mensen. Om het DNA te veranderen. Om ons voor te bereiden.
D: *Hij zei dat ze het nu met Luigi's lichaam doen. Zal dit het lichaam op enigerlei wijze pijn doen?*
L: Nee, nee, helemaal niet. We zullen niet meer de ziekten hebben die we nu hebben. Het is een heel langzaam proces en het duurt jaren.
D: *Maar degenen van wie de lichamen zijn voorbereid, zijn degenen die aan boord van het vaartuig zullen worden gebracht wanneer de veranderingen zich voordoen?*
L: Ja, maar ze zeggen, veel, veel, veel, veel, veel, zullen dat hebben.

Ik had een gedachte tijdens het typen van dit. In mijn boek The Custodians werd vermeld dat het menselijk lichaam de ruimtevaart aan boord van hun vaartuigen in zijn huidige staat niet kan overleven. Het lichaam kan de versnelling en de verandering in de trillingen van een andere dimensie niet aan. Dit was een ding dat de mensheid zou verhinderen om in de ruimte te reizen zoals ze doen, omdat we het versnellen van de trillingen om dimensies te kruisen niet aankunnen. Zal de verandering in DNA het lichaam in staat stellen zich aan deze veranderingen aan te passen? Is dat een van de redenen daarvoor? Hij zei dat het voorbereiding was.

D: *Ze werken dus aan veel mensen. (Jazeker) Is dit de reden waarom steeds meer mensen UFO's zien en ervaringen hebben met buitenaardse wezens?*
L: Omdat het normaal moet worden dat we ze zien.
D: *Ze laten zich nu meer zien, omdat ze willen dat mensen eraan wennen? (Jazeker) Als deze dingen dan met Luigi's lichaam*

gebeuren, moet hij zich er geen zorgen over maken? (Nee) Ze zijn natuurlijk.
L: Ja. Sommigen voelen ze meer, en anderen voelen ze minder. Maar hij is best gevoelig. En heel binnenkort ga ik fysiek het schip op. En ik zal het onthouden. En ze zullen me veel informatie geven.

Hij herinnerde zich toen dat hij het schip verliet om terug te keren naar zijn auto. Hij huilde: "En alle geluk, want ik voel me goed." Dit was nogal een contrast met wat hij voelde toen hij de waarneming meldde. Toen was er een grote angst voor het onbekende en een vraag over wat er, als er al iets was gebeurd, was gebeurd.

Vanwege de moeilijkheid met het gebroken Engels heb ik deze tape sterk gecondenseerd en besloten om het grootste deel ervan in de vertelling te stoppen.

De volgende gevallen kwamen uit andere delen van de Verenigde Staten en geven meer informatie over de verandering van het menselijk lichaam.

* * *

Ik ontmoette John, een oudere man, tijdens een tour met een groep op het prachtige eiland Bali in de zomer van 2000. Naast het bezoeken van de tempels en het deelnemen aan de verschillende ceremonies, wilde hij een privésessie met mij hebben. Hij was al vele jaren betrokken bij metafysica en had al details over veel van zijn vorige levens geleerd door persoonlijke meditatie. Hij was meer geïnteresseerd in het ontdekken van buitenaardse associaties. Hij had geen bewuste herinneringen aan enige betrokkenheid bij hen, maar vanwege vele ongewone gebeurtenissen gedurende zijn leven vermoedde hij dat er een verband zou kunnen zijn. Ik vertelde hem dat wanneer ik een regressie doe, ik de persoon niet leid of probeer te beïnvloeden, dus hij zou gaan waar hij moest gaan.

De sessie werd gehouden in een prachtig luxe hotel aan het strand. De geur van bloemen en het zangerige gezang van vogels vulden de lucht en filterden door de open ramen naar binnen toen we begonnen. Ik gebruikte de techniek die was ontworpen om het onderwerp in een passend verleden te plaatsen. Omdat hij geen bewuste herinneringen had aan buitenaardse interacties, leek het me het beste om op mijn normale manier te beginnen door hem eerst naar een vorig leven te brengen. Maar dat gebeurde niet.

Toen John het toneel betrad, zag hij zichzelf in zijn achtertuin staan, gekleed in zijn pyjama, starend naar een vreemd uitziend object. Het was een glimmende zilveren bolvormige schijf ondersteund op poten. Hij riep uit: "Het is misschien twintig, dertig voet lang. Ik ben verbaasd, omdat het zo smal is, zo slank. Ik denk dat iemand erin zou moeten gaan liggen om te passen. Het is niet hoe ik dacht dat het eruit zou moeten zien."

Toen ik een tijdsreferentie probeerde te vinden, vroeg ik hoe hij eruit zag. Hij zei dat hij zijn baard had, maar het was donker (het is nu grijs). Hij heeft al zo'n vijftien jaar een baard en zijn lichaam voelde jonger aan. Dat gaf ons een passend tijdsbestek. Hij stond naar de stralende schijf te kijken totdat hij links van hem een andere lichtbron opmerkte. Het was een veel groter schip met meerdere lagen. "Het heeft een algemene lichtgevende kwaliteit die het gebied lijkt te verlichten. Het is metaalachtig, maar in tegenstelling tot de zilveren schijf die dun is. Het is zo groot dat ik het niet allemaal tegelijk kan zien. Ze zijn heel verschillend van elkaar."

Toen ik hem vroeg waarom hij in de tuin stond, vertelde hij een verhaal dat heel bekend is geworden in mijn onderzoeken naar dit soort fenomenen. "Iemand heeft me gebracht zodat ik het kon zien. Ik was net naar bed aan het gaan toen ik iets om de hoek van de kamer zag fladderen. Ze namen me mee door het plafond. Dat deel kan ik me niet herinneren. Alles werd zwart toen ik bij het plafond kwam. Aan de buitenkant had dit wezen één arm onder mijn kont en één arm achter mijn rug. We zweefden naar een ... het lijkt een lichtstraal te zijn. Omhoog in een soort baai, en in een gebied komen dat wit, sprankelend schoon en zeer modern ogend is."

Daar werd hij begroet door verschillende wezens die hem leken te kennen. Ze begeleidden hem naar een kamer. "Er is een medische onderzoekstafel met een soort metaalachtige stijgbeugels aan het einde voor de voeten. De tafel is vergelijkbaar met wat er in het kantoor van een arts op aarde is, behalve deze metalen uitbreidingen. Het is een gewatteerd oppervlak, zeer lichtgrijze kleur. Mij wordt gevraagd om hierover te gaan liggen. Ik lijk niet bang te zijn. Ik ben een beetje gewend aan hun -- wat ik noem -- grappige gezichten. Het is alsof ik het eerder heb gedaan, en hier ben ik weer voor mijn jaarlijkse controle of iets dergelijks."

De figuren stonden naast de tafel en leunden over hem heen. "Ik ben me er niet van bewust dat ze iets anders doen dan alleen maar naar mij kijken. Ik denk dat ik misschien scan met hun geest, hun ogen of zoiets." Er was geen enkele vorm van apparatuur of instrumenten. De wezens waren vrij klein, maar er was één groter wezen dat een feminitisch gevoel van vriendelijkheid naar hem projecteerde. Het deed niet mee, maar stond achter de anderen alleen maar te observeren.

Hij stond toen op van de tafel en liep met de anderen een ander deel van het schip in. Ze gingen door een opening in een groot rond koepelvormig gebied met opgevoerde lagen rond de zijkanten. Een helder licht kwam van een groot gloeiend kristal in het midden van de kamer. John dacht dat dit de krachtbron voor het schip zou kunnen zijn. Ze liepen rond de omtrek van de koepelvormige kamer en draaiden een smalle gang af naar een andere kamer. Daar werd hij in een vreemd apparaat gestopt dat tegen een muur stond.

J: Ik sta op in deze ... Ik word vastgebonden ... Het is een soort glas ... allemaal transparant. Het zit iets dieper dan ik ben. Het is geen buis, het is een langwerpig ding met een platte rug. Ik sta in dit transparante ding en nu komt er licht van bovenaf naar beneden. Ik denk dat ik doordrenkt word met een soort lichtenergie. - Het is alsof ik buiten naar mezelf sta te kijken.

Ik stelde hem gerust dat hij veilig was. Dit klonk vergelijkbaar met Phil (Keepers of the Garden) die keek naar wat hem werd aangedaan, omdat zijn persoonlijkheid werd verwijderd en gescheiden van zijn lichaam. Hij werd ook de waarnemer.

J: Het is gewoon dit licht dat van bovenaf komt. Het verlicht mijn hoofd en ik denk dat het licht door mijn lichaam naar beneden gaat. Het voelt als een infusie van energie, die mijn moleculaire structuur verandert. Ik denk dat het het steeds meer transformeert in een licht lichaam of zoiets, ook al voel ik me nog steeds erg zwaar van binnen. Maar ik denk dat het daar om gaat. Het lijkt gewoon een rinkelende sensatie te zijn. Ik krijg nu iets over het veranderen van de DNA-strengen, het vergroten van de DNA-strengen.

D: *Hoe bedoel je?*

J: Dat de lichtenergie die in het lichaam komt de ... je weet dat de DNA-strengen in zekere zin echt als lichtstrengen zijn. En ze worden veranderd en uitgebreid, verhoogd. Dat betekent dat het hun vermogen verhoogt om meer en meer licht vast te houden, met elke infusie. Dat duurt niet lang; ze doen de deur open en ik stap naar buiten.

D: En het lichtproces verandert het DNA op de een of andere manier?

J: Dat is het begrip dat ik heb.

D: Wat is het doel van het veranderen van het DNA?

J: Om steeds meer licht vast te houden, en om het lichaam te transformeren in steeds meer een lichtlichaam. Minder dicht. Steeds meer hemels licht kunnen vasthouden. En het doel is om een staat van Christusbewustzijn te bereiken.

D: Weet je hoe het DNA wordt veranderd? Kun je het iemand daar vragen? Misschien kunnen ze het je uitleggen.

Dit heeft in het verleden gewerkt. Wanneer we een vraag hebben waar het onderwerp het antwoord niet op weet, laat ik ze een van de wezens vragen om de informatie te verstrekken.

J: Ja, ik zal vragen hoe het DNA wordt veranderd. (Pauze) Nou, ze laten me zien ... Ik zie een visualisatie van deze strengen, spoelen die allemaal een soort van verlicht of sprankelend met licht of zoiets. En blijkbaar baren ze ... splitsen zich af en maken andere strengen, door deze versmelting van licht.

D: In hoeveel strengen splitsen ze zich af?

J: Ik hoor "zes", maar ik zie er geen zes.

D: En dit moet om de zoveel tijd gebeuren?

J: Ik denk dat het een lopende procedure is - steeds vaker op dit moment. Soms meer dan eens gedurende een periode van vierentwintig uur. Als ik een dutje doe en dan tijdens de slaaptoestand 's nachts. Daarom word ik aangemoedigd om regelmatig meditatiepauzes te nemen. Elk uur tenminste, om dit bepaalde trillingsniveau te handhaven.

D: Waarom moet het herhaald worden? Blijft het DNA niet zo als het wordt uitgebreid?

J: Het blijft zo, maar om zich op een hoog niveau van licht te houden, hangt het ook af van de tusseninfusies, en van mijn mentale vermogen om toegang te krijgen tot mijn eigen God-kracht, het licht binnenin, om zo te zeggen. Het houdt die strengen geactiveerd, zodat ze steeds permanenter kunnen worden. En dat is de voorbereiding op de volgende stap. Maar het moet een soort van geconsolideerd of gestold worden.

D: *Voordat ze doorgaan naar de volgende stap?*

J: De volgende, ja. En veel daarvan hangt af van mijn bereidheid en mijn vermogen om me voortdurend af te stemmen op het Christusbewustzijn, mijn hogere zelf.

D: *Is dit iets wat al vele jaren aan de gang is?*

J: Ja, maar het versnelt nu ik aan hen heb bewezen dat ik toegewijd ben aan het vervullen van mijn goddelijke doel, om zo te zeggen, en zorg om op het spirituele pad te blijven. Ik heb bewezen dat ik de mensheid echt van dienst wil zijn. En zo heb ik een bepaald punt bereikt van het slagen voor tests en uitdagingen, en het blijven volgen van de koers. Vervolgens wordt dit versnellingsproces geïntensiveerd.

D: *Maar het moet in een toenemend tempo worden gedaan om er een permanente verandering in het lichaam van te maken?*

J: Blijf het verhogen tot de uiteindelijke twaalf strengen. Dat is het uiteindelijke doel van het bereiken van de verheven vijfdimensionale staat van zijn.

D: *Maar het zou niet solide worden als dit niet regelmatig werd herhaald?*

J: Het is alsof het kan verstarren of stagneren of ... Ik zie dit ... precies zoals spieren in het lichaam. Als ze niet worden gebruikt, worden ze

D: *Geatrofieerd?*

J: Het is hetzelfde. En dus moet ik mijn deel doen met meditatie en het afstemmen en bevestigen van mijn intenties. Dan zullen ze helpen bij hun technologische proces, naar binnen gaan en het hele ding versnellen. Het zou vele, vele jaren duren om dit te bereiken door middel van strikte meditatie.

D: *Maar als dit proces op enig moment zou worden gestopt, zou het atrofiëren. Het zou toch niet doorgaan?*

J: Het zou hoger zijn dan mijn staat vroeger was, maar zou tekortschieten in wat het bedoeld is en kan zijn. Het Ultieme Doel: de vijfdimensionale staat van vibratie en bewustzijn.

D: *Vraag hen, wanneer ze dit doen, activeren ze iets met het licht, of creëren ze iets in het lichaam, nieuw DNA, dat er voorheen niet was?*

J: O, nee. Ze zijn begonnen met de twee strengen, en zoals ik al zei - op de een of andere manier door dit proces - bleven ze andere strengen baren, waardoor het aantal cellen of wat dan ook toenam.

D: *Bijna de manier waarop cellen zich delen?*

J: Hmmm, ik denk dat dat is wat ze proberen te zeggen.

D: *Wordt dit iedereen aangedaan?*

J: Het wordt in de eerste plaats gedaan aan degenen die specifiek geïncarneerd zijn om de mensheid te helpen tijdens deze geëvolueerde grotere bewustzijnsstaat. Het zal in mindere mate gebeuren met degenen die zich momenteel niet bewust zijn van hun spirituele zelf, die niet weten dat ze spiritueel zijn. Dus in de eerste plaats zijn ze nog steeds verstrikt in de dichtheid van bewustzijn.

D: *De anderen die het laten doen, moeten ze allemaal aan boord van dit soort vaartuigen gaan om het te activeren?*

J: Het antwoord is ja.

D: *Is dat zo? Je zei een tijdje geleden dat ze het konden doen als je mediteert of slaapt?*

J: Ik denk dat ik op die momenten word meegenomen voor een ander proces dat minder intens is, maar laten we eens kijken. (Pauze) Er is iets dat kan worden uitgevoerd als ik uit mijn lichaam ben. Er zijn technologische chirurgen, zeggen ze, die in staat zijn om je etherische lichaam te verwijderen en te versmelten met het grotere lichtquotiënt. (Verward) Zoals ik het begrijp. En breng het dan terug naar mijn fysieke lichaam zonder helemaal naar het moederschip te gaan. Ze hebben kleinere laboratoriumschepen waar dit gebeurt.

D: *Het hoeft dan dus niet altijd met de machine te gebeuren.*

J: Ik probeer te zien of het een technologisch apparaat is, of dat de technologische chirurgen het met hun verstand doen. Ik denk dat dat is wat het is. Hun geestkracht kan dit proces ook helpen en bevorderen, maar niet in dezelfde mate als de geest en het technologische apparaat op het grotere schip. Maar beide zijn effectief en beide worden nu op regelmatige basis gedaan.

D: *Hoe beïnvloedt dit proces het lichaam?*

J: Het lichaam wordt lichter en de cellulaire structuur, de membranen worden dunner en dunner en lichter en lichter. We verlangen naar lichter en lichter voedsel. Het lichaam heeft steeds meer moeite met het verteren en verwerken van het zware dichte voedsel. Daarom denk ik dat ik een verlangen heb naar steeds meer vloeistoffen. En ik eet zelden, als ik thuis ben, iets anders dan een fruitsmoothie. Ik dump het allemaal in en maak een dik vloeibaar ontbijt en lunch. En meerdere keren per week heb ik een vloeibare lunch van alleen wortelen en tomatensap en selderij en verse groenten.

D: *Dus het zorgt ervoor dat je het zwaardere voedsel niet wilt?*

J: Rechts. Meer en meer voel ik dat al een tijdje.

D: *Hoe beïnvloeden deze veranderingen de gezondheid van het lichaam?*

J: Het zou een gezonder lichaam zijn omdat het steeds meer verandert in een licht lichaam.

D: *Het lichaam wordt gezonder tot waar geen ziekte is, bedoel je?*

J: Nee, er zal voortdurende ziekte zijn, maar nadat het proces is voltooid, zal het lichaam veel immuuner zijn voor de meeste ziekten, maar niet volledig vrij. Het heeft mijn mentale krachten vergroot en wanneer de transformatie voltooid is, zal ik veel meer controle over mijn lichaam hebben dan ik nu doe. En ik zal het bij wijze van spreken veel kunnen corrigeren en herbalanceren.

D: *Dus zelfs het veranderen van slechts een paar strengen kan een verschil maken in het lichaam, voordat het de voltooide staat bereikt?*

J: Het maakt wat verschillen, maar in het transitieproces is er een tendens dat er meer onevenwichtigheden plaatsvinden, omdat het oude wordt vervangen door het nieuwe. En het oude wil aan zichzelf vasthouden om een status quo te handhaven, tot een bepaald punt waar het nieuwe solide is en de nieuwe strengen de meerderheid zijn. Het is bijna een democratisch proces, dan zal het nieuwe dominant zijn. En het versnellingsproces zal weer versnellen, omdat steeds meer van het oude wordt vervangen door het nieuwe.

D: *Dus in die tijd dat het lichaam veranderingen ondergaat, is het nog steeds resistenter tegen ziekte en ziekte?*

J: Niet per se.

D: *Ik vroeg me af hoe het lichaam werd beïnvloed en hoe het voelde.*

Tot nu toe was John's stem zacht, slaperig en vaak moeilijk te transcriberen omdat de woorden samen flauwvielen. Nu werd de stem luider en duidelijker, gemakkelijker te begrijpen en te transcriberen. Dit was voor mij een duidelijke aanwijzing dat de andere entiteit eindelijk was begonnen zich voor Johannes te verantwoorden in plaats van dat hij de antwoorden hoorde. Het zou er ook op kunnen wijzen dat het onderbewuste het gesprek was aangegaan. Hoe dan ook, de antwoorden vloeiden veel gemakkelijker, wat ik altijd leuk vind. Dan weet ik dat ik in contact sta met de ware informatie en kan ik nauwkeurigere antwoorden krijgen zonder de tussenkomst van de sceptische en kritisch bewuste geest.

D: Zal dit de levensduur van het individu verlengen?
J: Zeer.
D: Tegen de tijd dat het is voltooid, of terwijl het hele proces aan de gang is?
J: De mens is tijdens dit overgangsproces nog steeds vatbaar voor vele nadelige effecten die op dit specifieke moment op de planeet bestaan. Er zijn echter andere factoren van beschermende aard die mensen die dit proces doormaken helpen en medeplichtig maken, plus zoveel mogelijk extra bescherming. En tijdens de bezoeken aan boord worden scanapparaten gebruikt die vaak opdringerige bacteriën of infectieuze deeltjes kunnen verminderen. Maar het is op dit moment geen perfecte procedure. Er wordt veel geëxperimenteerd en wetenschappelijk geobserveerd met betrekking tot de meest dramatische transformatie van het menselijk lichaam in een aanzienlijk ander lichaam, een lichtlichaam.
D: Dus je weet niet echt zeker hoe het gaat aflopen, omdat je nog steeds aan het experimenteren bent?
J: We zullen bij wijze van spreken zeker het uiteindelijke tactiele product ontvangen, maar het overgangsproces bestaat nog steeds uit veel mysteries.
D: Maar als je deze bescherming geeft om iemand resistenter te maken tegen bacteriën en dergelijke, gebeurt dit dan met machines? Of hoe gaat dat proces in zijn werk?

J: Wanneer iemand in de glazen kamer is en doordrenkt is met het licht, vernietigt het een aantal van de interessante dingen die het menselijk lichaam kunnen doordringen.

D: *Wat was het doel van het scannen in het begin, op tafel?*

J: In het algemeen alleen om zijn algemene fysieke, mentale, emotionele welzijn te bepalen. Om te zien in welke mate hij in balans is, om te zien in welke mate zijn verschillende lichamen: fysieke, mentale, emotionele, etherische en astrale lichamen, in of uit lijn zijn. En gewoon een visueel onderzoek van fysieke omstandigheden enzovoort, dat moet worden waargenomen en geregistreerd en vergeleken met eerdere bezoeken en onderzoeken en ....

D: *Het is net als een controle om te zien of alles gaat zoals het zou moeten? (Jazeker) En als dat niet zo was, zou je dan aanpassingen doen?*

J: Ja. Aanpassingen zouden deels technologische en deels verhoogde instructies zijn door het meditatieproces, over wat het - met behulp van de term - "gekozen wezen" kan doen in termen van het overwinnen van actuele problemen, veroordelend gedrag of gevoelens van gebrek. Het gevoel niet te vertrouwen in het universum om altijd alles te bieden wat op een bepaald moment nodig is, ongeacht de omstandigheden. Om uiteindelijk alle gevoelens van de materiële wereld als bron van veiligheid los te laten. En rekenen op de spirituele en metafysische wereld, om zo te zeggen, als bron van veiligheid.

D: *Dat is lastig. Maar u zei: als er aanpassingen zouden worden gedaan, is dat gedaan met technologische apparaten. Zouden dat deze machines met het licht zijn?*

J: Waarschijnlijk wel, maar de mens moet zijn of haar deel doen. We kunnen onze technologische expertise niet verder leggen dan wat de menselijke persoon bereid is te doen op het fysieke vlak. Het moet een perfecte harmonie zijn tussen de bereidheid om spiritueel vooruitgang te boeken, om samen te werken. Als iemand de stappen neemt die nodig zijn op het mentale vlak, zullen die stappen worden beloond door onze verhoogde deelname om dat individu te helpen. Als het individu stopt, niet bereid om door te gaan op zijn vooraf gekozen pad - dat elke persoon kiest vóór incarnatie - dan zal het proces tot stilstand komen. Vrije wil is erg belangrijk voor iedereen van de Aarde. Ze moeten de illusie die in het huidige massabewustzijn bestaat doorzien en transcenderen. En vertrouw op de hogere spirituele wetten en processen.

D: *Wordt dit gedaan bij meerdere mensen die geestelijk op het juiste punt zijn?*

J: Tienduizenden mensen op dit moment. Het is wanneer de mensheid de kritische massa bereikt, degenen die hun trillingssnelheden en hun vermogen om steeds grotere hoeveelheden licht vast te houden hebben verhoogd - hemellicht, moeten we zeggen - dan zal het "Honderdste Apensyndroom" een realiteit worden en deze Aarde zal een staat van hoger bewustzijn hebben bereikt, en het zal anderen op de planeet beïnvloeden. En dit hogere bewustzijnswelzijn zal zich verspreiden van de relatief weinigen naar steeds grotere aantallen, simpelweg vanwege de eenheid van de hele schepping. Simpelweg omdat iedereen bestaat binnen de ene lijn, de ene liefde van God.

D: *Wat gebeurt er met degenen die niet meedoen? Degenen die nog steeds in de dichtere mindset zitten, in fysieke zin.*

J: Elke ziel zal zijn eigen keuze maken, om al dan niet deel te nemen aan dit proces. En velen zullen niet meedoen. Velen zullen vasthouden aan hun oude waardesystemen. Velen zullen vasthouden aan de illusie van waar ze in zijn gaan geloven tijdens hun incarnatie op Aarde, en zullen niet verder kijken dan deze illusie. En daarom zullen ze hun lichaam verlaten en opnieuw worden toegewezen aan een andere planeet waarvan de lessen een voortzetting zijn van die op de planeet Aarde op dit specifieke moment. De planeet Aarde zal een andere school worden, een hogere school waarop de vijfdimensionale vibratie het nieuwe curriculum zal bepalen, de nieuwe lessen die beschikbaar zijn voor die zielen om aan deel te nemen op een hoger niveau dan dat wat nu beschikbaar is in het driedimensionale bewustzijn.

D: *Mij is verteld dat die mensen achter zouden blijven. Dat is wat het betekent?*

J: Ze zullen achterblijven in termen van hun eigen groei. Ze zullen niet meebewegen en blijven stappen en groeien met de anderen die toegewijd zijn en de mentale en fysieke disciplines hebben beoefend die nodig zijn om zichzelf spiritueel te betrekken.

D: *Dus als ze hun lichaam verlaten, komen ze hier niet meer terug. Dan is dat op een heel andere plek. (Jazeker) En dit gebeurt met tienduizenden mensen, en ze weten het niet bewust, toch? Net zoals John het niet bewust wist.*

J: John weet veel vanwege zijn directe leringen. En er zijn tegenwoordig velen op Aarde die in direct contact staan met hun gidsen van vele planetaire systemen, die hier zijn om de mensheid te helpen om naar de hogere niveaus van vibratie en bewustzijn te gaan. En er worden er elke dag meer en meer ontwaakt vanwege hun specifieke voorgeselecteerde tijdschema toen ze in het lichaam op Aarde kwamen. Je ziel komt binnen met een voorgeselecteerde agenda die een tijdschema bevat om als het ware te ontwaken. Dat ontwaken zal worden veroorzaakt door bepaalde gebeurtenissen die op de planeet plaatsvinden. John weet veel vanwege zijn directe leringen. En er zijn tegenwoordig velen op Aarde die in direct contact staan met hun gidsen van vele planetaire systemen, die hier zijn om de mensheid te helpen om naar de hogere niveaus van vibratie en bewustzijn te gaan. En er worden er elke dag meer en meer ontwaakt vanwege hun specifieke voorgeselecteerde tijdschema toen ze in het lichaam op Aarde kwamen. Je ziel komt binnen met een voorgeselecteerde agenda die een tijdschema bevat om als het ware te ontwaken. Dat ontwaken zal worden veroorzaakt door bepaalde gebeurtenissen die op de planeet plaatsvinden. Deze gebeurtenissen kunnen eenvoudig contact zijn met andere mensen, spirituele leraren die hen iets zullen vertellen dat zal ontwaken en hun proces zal starten. Sommigen zullen worden gewekt door geofysische calamiteiten, om zo te zeggen, die in hun omgeving zullen gebeuren, of het nu een orkaan of een tornado of een aardbeving is. Er zijn dus veel verschillende apparaten of processen om het ontwaken van zielen die op dit specifieke moment op de planeet komen te activeren. Sommigen zullen plotseling en dramatisch worden gewekt, zoals Johannes was, door hun voorgeselecteerde, voorbestemde gidsen. Terwijl anderen geleidelijker tot het zelfrealisatieproces zullen komen, door verschillende ervaringen enzovoort. Er zijn katalysatoren omdat dit proces als het ware wordt "uitgerold".

D: *Over de hele wereld dan.*

J: Ja. Hoewel Amerika op dit moment het primaire gebied is voor het ontvangen en verspreiden van informatie, door mensen in de boeken die ze schrijven, films die ze maken. En andere vormen van communicatie die over de hele wereld zullen worden verspreid. Dat wil niet zeggen dat andere mensen in andere landen ook geen informatie ontvangen, maar de VS van A. is het publicatiecentrum, om zo te zeggen, van spirituele informatie op dit specifieke moment.

D: *Het verspreidt zich vanuit Amerika en treft op die manier veel meer mensen. (Jazeker) Is dit een andere reden waarom de levensduur wordt verlengd?*

J: Naarmate de nieuwe Aarde zich ontvouwt, zal de staat van zijn dramatisch verschillen van de huidige realiteit, want wanneer iemand de hogere bewustzijnsstaat, het vijfdimensionale bewustzijn, bereikt, is er niet langer onwetendheid over het kosmische proces. Er is niet langer een onwetendheid van God die al het leven overal doordringt. Daarom is men vrij van de beperkingen van geboorte en rijping en dood in een relatief korte periode. Iemand in het vijfdimensionale bewustzijn realiseert zich dat ze een veel grotere controle kunnen hebben over - niet alleen hoe lang ze leven, wat honderden jaren kan zijn - maar het hele proces van creatie. Omdat het creëren van werkelijkheden heel, heel snel zal plaatsvinden wanneer men die staat van vijfdimensionaal bewustzijn bereikt. Dus controle over het lichaam of meerdere lichamen, en het vermogen om vrij uit het lichaam door het universum te reizen, zal gemeengoed zijn.

D: *Ik kreeg te horen dat ik in de buurt zou zijn om al deze dingen te zien, omdat de leeftijd niet hetzelfde zou zijn. Is dat wat u bedoelt?*

J: Ja. Het oude paradigma dat nu op aarde bestaat van een relatief korte levensduur zal een verre herinnering zijn.

D: *Maar alleen voor degenen die zich hierop voorbereiden.*

J: Degenen die de staat van vijfdimensionaal bewustzijn bereiken, zullen vooruitgaan en deelnemen aan de nieuwe Aarde, en zullen in staat zijn om deze dingen te doen.

D: *Mij is ook verteld dat de buitenaardse wezens menselijke lichamen hebben gecontroleerd om genezingen voor ziekten te vinden, zodat het lichaam langer kan leven. Klopt dat?*

J: Dat klopt.

D: *Dat een van de doelen voor de lichamelijke onderzoeken was om te proberen een aantal van deze progressieve ziekten die in de wereld zijn te stoppen.*

J: Naarmate het fysieke lichaam door zijn transformatieproces gaat, zal het immuuner worden. De mensen of de nieuwe mensen, of de hybriden die komen die zullen deelnemen aan de nieuwe Aarde, zullen meer bewustzijn brengen, meer kennis om de oude ziekten te genezen, om zo te zeggen. Het is dus niet alleen een actueel doorlopend proces, maar een proces dat zal doorgaan naar de hogere staten van bewustzijn. En in de hogere staten van bewustzijn zal de eliminatie van deze dingen worden versneld, vanwege de enorm toegenomen intelligentie, het gebruik van de geest, de grotere toegang tot zeer geavanceerde technologie. Veel dingen die op dit specifieke moment niet op de planeet bestaan - of als ze wel bestaan, worden onderdrukt of niet gebruikt of in het geheim gehouden voor de een of andere motivatie.

D: *Ik kreeg te horen dat de mensen die aan boord van deze vaartuigen zijn, dit al onder de knie hebben. Ze kunnen zo lang leven als ze willen, zijn vrij van ziekte en ze sterven niet voordat ze klaar zijn om te sterven.*

J: Dat klopt.

D: *En dat ze proberen de mensen in dezelfde staat te krijgen?*

J: Ja, of op zijn minst een staat die aanzienlijk verder gaat dan waar de huidige mensheid zich bevindt.

D: *We zullen dan waarschijnlijk altijd wat beperkingen hebben.*

J: Ja. Altijd een werk in uitvoering, om zo te zeggen, is een voortdurend evoluerende reeks uitdagingen, of het overwinnen van die uitdagingen.

D: *Omdat dit een planeet is van het leren van lessen, evenals het hebben van een vrije wil.*

J: Alle planeten hebben als het ware hun lessen. Zelfs die lessen die jullie wildste verbeelding op Aarde te boven gaan in de huidige staat van driedimensionale beperkingen. Maar het universum is en zal altijd een proces van groei en uitdijing zijn, en uitdagingen. Het maakt niet uit hoe hoog de trillingssnelheid is, ongeacht welk niveau beschavingen en wezens hebben bereikt, met elk niveau van spiraal omhoog, worden nieuwe uitdagingen aangetroffen voor voortdurende groei.

D: *De Aarde kan dus nooit een echt perfecte plek worden, vanwege de vrije wil en de lessen hier. (Jazeker) Ik heb nog één vraag. Deze dingen waar je het over had, over het veranderen van het DNA.*

Weet de regering van de Verenigde Staten deze dingen? Heb je deze concepten met hen gedeeld?

J: Er zijn verschillende wetenschappers in de VS en andere landen die zich als het ware bewust zijn van het mutatieproces. Ze zijn enigszins verbaasd en verbaasd over het proces dat zich nu op de planeet ontvouwt. En ze zien het als een nogal plotseling en dramatisch mutatieproces. Maar velen zijn zich ervan bewust.

D: *Je bedoelt dat ze deze veranderingen die zich voordoen wetenschappelijk kunnen zien?*

J: Velen zijn op de hoogte. Velen zijn ook bang om deze informatie vrij te geven uit angst voor spot door hun wetenschappelijke collega's, die geen directe ervaring en observatie van dit proces hebben gehad.

D: *Zodat ze met hun wetenschappelijke instrumenten kunnen zien dat deze veranderingen plaatsvinden in het menselijk lichaam.*

J: Dat klopt.

Andere onderzoekers en schrijvers hebben informatie ontdekt over de activering en de voortgang naar twaalf strengen DNA, maar ze gaan ervan uit dat het spontaan zal gebeuren. Het lijkt erop dat het een geleidelijk proces zal zijn om het DNA te activeren om meer strengen te produceren (of te baren). Als deze nieuwe strengen kunnen stollen en permanent worden, zullen ze meer strengen produceren. Het zal dus niet snel gebeuren, maar wordt zeker geactiveerd in de lichamen van tienduizenden mensen wereldwijd. Het maakt allemaal deel uit van een goddelijk plan waar we op dit moment slechts een flauw glimp van hebben.

Voor de sessie had ik vragen op een rijtje gezet waar John de antwoorden op wilde vinden. Een daarvan betrof een ongewone droom die in zijn geheugen was gebleven.

D: *John zei dat hij op een nacht een zeer, zeer reële droom had om een ruimteschip uit het raam te zien. Hij voelde de behoefte om te schreeuwen, maar dat lukte niet. Was dat slechts een droom, of was het een ervaring, of wat?*

J: Dat was meer dan een droom. Dat was een ontmoeting in een andere dimensie. En de aanwezigheid van ons schip bracht een aantal traumatische herinneringen terug die voornamelijk voortkwamen uit zijn jeugdervaringen toen de huidige ziel niet werd ontwikkeld tot de huidige volwassenheid die op dit specifieke moment in Johannes bestaat. Toen hij een kind was, maakte onze vreemde, niet-menselijke verschijning hem helaas bang en liet bepaalde traumatische littekens achter, om zo te zeggen, emotionele littekens.

D: *Omdat kinderen het vaak niet begrijpen.*

J: Ja. En we betreuren ten zeerste dat dit is gebeurd en dat de littekens nog steeds bestaan. Voor John was het uiterlijk van het schip dus tweeledig. Het triggerde wel die herinnering, en dat gevoel van terreur. Het diende echter ook het doel om Johannes ervan bewust te maken dat hij innerlijk werk te doen had om deze ervaring uit het verleden te overwinnen. En wat dat betreft heeft hij sinds die tijd veel vooruitgang geboekt.

D: *Is dit een van de redenen waarom deze herinneringen worden vertroebeld of verwijderd, omdat het voor een kind moeilijker is om te begrijpen wat er gebeurt? Zou dat een reden zijn om de persoon niet te laten herinneren?*

J: Zeer zeker. Ook als iemand spiritueel evolueert en zijn trillingssnelheid verhoogt tot een punt waarop men zich werkelijk één voelt met de hele schepping, en een staat van liefdevol bewustzijn handhaaft, dan is er niets te vrezen. Omdat het universele feit van het leven, om zo te zeggen, van één zijn met al het leven, niet alleen intellectueel geaccepteerd wordt, maar ook een diep gevoeld weten. Daarom wordt de eenheid van de hele schepping aanvaard, ongeacht het uiterlijk van de levensvormen. Elke levensvorm, hoe bizar de vorm ook kan worden vergeleken met het huidige aardse bewustzijn, wanneer iemand die staat van universele eenheid en onvoorwaardelijke liefde voor iedereen bereikt, verdwijnt de angst. Het is niet langer een realiteit voor die specifieke persoon.

Mij is door de buitenaardsen verteld dat angst de sterkste emotie is die mensen hebben. Als ze iets niet kunnen begrijpen, kleuren ze het met angst om het in het kader van hun geest te laten passen. Met begrip voor de ervaring verdwijnt angst. Dit is het platform van mijn werk geweest met mensen die denken dat ze zogenaamde "onaangename" ervaringen hebben gehad. Wanneer ze kunnen begrijpen wat er is gebeurd, kunnen ze het integreren in hun huidige leven en ermee leven, in plaats van er bang voor te zijn en zich ervan terug te trekken.

Ik vind het heel opmerkelijk dat twee mannen een wereld van elkaar een identiek scenario konden bedenken zonder de informatie te kennen die ik van over de hele wereld had verzameld. Ik denk dat dit validiteit toevoegt.

* * *

Een sessie waarvan werd verwacht dat het een normale sessie voor therapie zou zijn, werd uitgevoerd terwijl ik sprak op de Laughlin UFO-conferentie in Nevada in 2000. Tijdens mijn eerste gesprek maak ik altijd een lijst met vragen waar het onderwerp de antwoorden op wil vinden. Zo kan ik ze zoveel mogelijk hulp geven en kunnen ze het meeste voordeel uit de sessie halen. In veel van deze gevallen zijn de antwoorden niet wat ik normaal zou verwachten. Bij het werken met het onderbewuste heb ik geleerd om een open geest te houden en vragen te blijven stellen als de objectieve verslaggever, ook al gaat de sessie in een onverwachte richting. Met mijn onverzadigbare nieuwsgierigheid sta ik open voor alle nieuwe informatie, hoe vreemd ook.

Lee was een jonge vrouw van begin veertig, en we hadden net een vorig leven meegemaakt en legden de verbindingen met haar huidige leven met behulp van haar onderbewustzijn.

D: Is er een verband tussen dat leven en het huidige leven dat Lee leeft?
L: Ja, maar het gaat geleidelijk. Er gebeurt niets in één leven. Ik hou niet van de traagheid. Dat leven liet haar zien dat het goed is om op te komen voor wat je denkt dat goed is. Het is prima om alleen te zijn. Het maakt niet echt uit dat we alleen zijn. We denken gewoon dat we dat zijn. We zijn eigenlijk nooit alleen.
D: Ze heeft een aantal vragen die ze zou willen stellen. In haar huidige leven als Lee is ze nooit getrouwd en heeft ze afgezien van seks. Ze wilde weten wat de reden daarvoor was.
L: Een deel van mij kwam niet uit deze realiteit. Een deel van mij dat hier nu is, is niet van deze tijd en komt niet uit deze ruimte. Het begrijpt seks niet zoals seks op deze planeet wordt begrepen. Het begrijpt tijd niet zoals tijd op deze planeet wordt begrepen. Deze

planeet is extreem traag en heel, heel moeilijk om op te zijn. En dat deel van mij is hier vanzelf gekomen, en daar heb ik hier geen hulp voor.

D: *Over welk deel heb je het?*

L: We zijn allemaal onderdelen. We zijn nooit slechts één onderdeel. Het kwam hier als licht. Het licht weet het al. Het licht komt hier helemaal puur, en het is een heel vreemde ervaring om hier te zijn, maar het is oké. Het kan worden aangepast aan.

D: *Maar Lee heeft veel fysieke levens op aarde gehad, nietwaar?*

L: Ja, maar dat is maar een deel van haar. Ze is nooit alleen Lee geweest. Dat is gewoon een geloofssysteem. Het is meer dan dat. Het is niet mannelijk, het is niet vrouwelijk. Het is licht. Het begrip van een ander type. Er zijn geen woorden in het vocabulaire hiervoor. Het is nieuw.

D: *Haar ziel is dezelfde ziel die al deze levens heeft doorlopen en de ervaringen heeft geleerd. Is dat niet zo? (Jazeker) Heb je het over iets anders dat is binnengekomen?*

Ik dacht aan de kleine gloeiende lichtwezens met wie Bartholomeus sprak, die zich vrijwillig aanmeldden om te komen helpen. (Eerste deel)

L: (Ze had moeite om het uit te drukken.) Tijd bestaat helemaal niet. Tijd niet. Tijd is alleen in jouw dimensie, in deze dimensie hier. Het bestaat nergens anders hetzelfde. Het gaat heel langzaam. Het is heel moeilijk om dit uit te drukken. Het moet worden verduidelijkt.

D: *Maar we zitten gevangen in dit tijdssysteem in deze realiteit. (Jazeker) Dit deel dat anders is, dat deze dingen niet begrijpt, waar komt dat deel vandaan?*

L: Het komt van ... niet van sterren. Niet van jullie zonnestelsel. Het komt niet voort uit je geloof in een zonnestelsel, want dat is wat alle dimensies hier zijn. Het is precies wat je nodig hebt om te leren.

D: *Voor onze werkelijkheid.*

L: Ja. Je creëert meesters. Je creëert leraren. Dat zijn slechts creaties.

D: *Maar ze helpen ons te leren.*

L: Ja. Ze zijn hier voor dat doel.

D: *Waar komt het andere deel vandaan?*

L: Het andere deel is voorbij ... het is niet ergens uit. Het is er niet, het is er niet. Dat is het ook. Het is een trillingssnelheid, maar het is geen trillingssnelheid. Het gaat zo ver daarbuiten, dat er geen woorden zijn om het uit te drukken. Het moet gevoeld worden. Het begint gevoeld te worden op deze planeet, maar het heeft zo lang geduurd.

D: *Dit deel, hoe wordt het een deel van haar?*

L: Het loslaten van oude concepten, oude ideeën. Ermee kunnen herenigen. Het is er geweest. Het is er altijd geweest. Maar we binden onszelf vast als we op deze planeet zijn. En als we onszelf vastbinden, kunnen we het niet zien.

D: *Ik probeer het te begrijpen. Neemt dit deel het over?*

L: Het heeft niets over te nemen. Dat is het ook. Het is gewoon zo. Er is geen overname. We denken dat we gecontroleerd worden. Dat is wat er mis is op deze planeet. We zijn altijd bang om gecontroleerd te worden door iets of iemand, maar we worden nooit gecontroleerd. Dit is de illusie ervan. We zijn nooit gecontroleerd. We denken alleen maar dat we dat zijn.

D: *Maar als het er altijd al is geweest, waarom zijn andere mensen zich er dan niet van bewust?*

L: Het heeft geen woorden. Het heeft geen locatie. Het heeft geen geluid. Het heeft niets dat te herkennen is. Het is helemaal stil, en toch is het helemaal krachtig. En het is gewoon ... heel langzaam. (Zucht) Het heeft zoveel levens gekost. De tijd op deze planeet is niet eens correct. De geschiedenisboeken hebben het niet goed. Tijd is gewoon niet wat we zijn wijsgemaakt.

D: *U zei dat het niet overnam. Hoe hecht dit deel zich aan de fysieke persoon? (Pauze) Of is dat het juiste woord?*

Ik dacht nog steeds dat het deel dat ze beschreef iets was dat los stond van haar ziel of persoonlijkheid zoals we die waarnemen. De meest logische conclusie zou een vorm van bezit door een entiteit zijn. Andere onderzoekers hebben hier gevallen van gemeld, maar in al mijn jaren van werk heb ik nog nooit iets van dit type gevonden.

L: Het fysieke is alleen hier. Hier is het niet eens in het tijdsbestek dat je denkt dat het is. De levensduur is niet eens in het tijdsbestek dat je denkt dat het is. Het is alles. Allemaal, maar we zijn van plan om er doorheen te gaan. Mensen maken dit mee, maar het is niet allemaal wie we zijn.

D: *U zei dat dit een deel van haar is. Is dit weer een deel van iedereen? (Jazeker) Alle mensen hebben dit andere deel?*

L: Er zijn gradaties van. Iedereen heeft het, maar niet iedereen zal het zien.

D: *Ze zullen niet weten dat het er is? (Jazeker) Hoe zit het met meesters of spirituele leraren? Zijn ze zich meer bewust dan anderen?*

L: Sommigen van hen.

D: *Maar dit deel in Lee is meer overheersend in dit leven en daarom is ze nooit getrouwd? (Jazeker) In andere levens was het niet zo overheersend? (Nee) Ik dacht dat als het meer overheersend is in dit leven, wanneer is dit deel dan binnengekomen of gehecht geraakt aan haar lichaam, maar je bedoelt dat het er al die tijd is geweest.*

L: Het gebeurt niet in een opeenvolging van gebeurtenissen. Het is er. Het is niet in dit lineaire tijdsbestek. En daarom lijkt het erop dat het zich hecht, maar dat doet het niet. Er is gewoon zoveel. Er zijn werelden en werelden van informatie. En niets daarvan is beperkt tot geboorte en dood. Geboorte tot de dood is daar een heel klein onderdeel van. En het maakt echt niet uit. Wij denken dat het ertoe doet. Dat doet het en toch niet. Het is gewoon een kleine, kleine flikkering. En het andere deel is het belangrijkste, maar het is niet beperkt. Dit is het moeilijkste deel om te beschrijven. Je kunt niet iets beschrijven dat onbeperkt is.

D: *Dat is waar. Zou dit deel het equivalent zijn van God, zoals wij dat kennen?*

L: We kennen God niet. We denken van wel, maar dat doen we niet. God is zo groot. God is een naam die we hebben gegeven voor ultieme kracht die verder gaat dan de sterrenstelsels. Het gaat verder dan alles wat geesten zich kunnen voorstellen.

D: *Is dat andere deel daarmee verbonden, of staat het los van elkaar?*

L: Nee, het hangt ermee samen.

Ik deed echt mijn best om dit vreemde concept te begrijpen, dus het was moeilijk om vragen te bedenken die meer informatie zouden opleveren.

D: *Het is dus als een allesomvattende energie of kracht. (Jazeker) En het zit in iedereen, of daar?*

L: Het is er.

D: *Maar niet iedereen is zich ervan bewust.*

L: Ja. Lichamen zitten losser in elkaar dan men zich kan voorstellen. We beschouwen ze als solide, maar dat zijn ze niet, vanuit andere standpunten. Vanuit andere werkelijkheden zijn ze dat niet. Soms zijn mensen hier bang voor, maar het is niet iets om bang voor te zijn. Het universum heeft gelijk in zijn manier van doen

D: *Waarom zijn mensen er bang voor?*

L: Omdat ze niet ver genoeg zien. Het heeft niets te maken met zien met de ogen. Je kunt er niet bij. Je kunt het einde van het universum niet bereiken. Je kunt het einde van niets bereiken, want er is geen einde. En woorden, de taal ... de genetische structuur van het lichaam bevat het nog niet. Het heeft er hints van, maar het bevat het niet. We staan er niet los van. Het is er voor ons, maar we hebben onszelf gescheiden in individuen om dit te ervaren. Er is geen ervaring die verkeerd is.

D: *Alles heeft een doel of een les. (Jazeker) Maar we hebben allemaal individuele zielen, nietwaar?*

L: Een ziel is een veel groter concept dat we ons kunnen voorstellen door het "individueel" te noemen. We kunnen op het ene moment individueel zijn en op een ander moment een enorme ziel. En daar zit geen tijdsverdeling in. Dat gaat van de een naar de ander.

D: *Ik denk graag aan een individuele geest die ervaringen heeft en lessen leert.*

L: Spirit gaat uit en leert lessen door individuele vonken, en het keert terug met alle kennis van die ervaringen.

D: *Het doet dit en wordt onderdeel van deze grotere ziel? (Jazeker) En die grotere ziel is gelijkwaardig aan God?*

L: Het staat gelijk aan wat we als God beschouwen, omdat we God niet hebben begrepen. Het is te groot. We moeten perimeters plaatsen. We maken onze eigen hiërarchieën om te begrijpen.

D: *We zien God als de Schepper van alles wat we weten. Klopt dat?*

L: Wij zijn ook die schepper. We zijn niet gescheiden van God. We maken allemaal deel uit van dezelfde schepping. Er is geen verdeeldheid.

D: *Met dat begrip heb ik mensen verteld dat ze alles kunnen creëren wat ze willen in het fysieke, nietwaar?*

L: Nee, want er zijn hier bindingen. Er zijn manieren om hier te leren die we ervaren. Ja, op de ene manier zouden we dat kunnen, en op een andere manier hebben we ervoor gekozen om dat niet te doen. Het is de keuze om deze kant op te gaan.

D: *We leggen onszelf beperkingen op.*

L: We hebben beperkingen opgelegd voor deze ervaring.

D: *Maar dit andere deel manifesteert zich niet in het leven van de meeste mensen om ervoor te zorgen dat hun leven anders is. Is dat zo?*

L: Dit is wat ze zijn, maar ze kunnen het niet aanraken met hun vijf zintuigen. Er is nog niet het vermogen, zelfs niet in de hersenen, om dit goed te gaan begrijpen. Wat er gebeurt, is dat het verandert. Er is geen circuit in de hersenen om dit aan te kunnen. Er zal nooit in het menselijk brein zijn zoals het nu bestaat. Daar komt verandering in.

D: *Hoe verandert het?*

L: Er ligt een sprong voor ons. Het gaat niet geleidelijk. Er is een sprong, maar niet iedereen zal die sprong maken. Sommigen wel, anderen niet. Maar dat betekent niet dat ze achterblijven. Ze zitten gewoon op een andere route. Het is een upgrade van het vermogen waar het tijd voor is. Veel dingen veranderen op dit moment op de planeet. Er broeien veel problemen onder het oppervlak van de oceaan en de grond. We hebben het gemaakt voor de ervaring. En het is niet iets om bang voor te zijn. Het kan angst veroorzaken, maar ....

D: *Alles gebeurt met een reden.*

L: Ja, dat is zo.

D: *Maar je zei dat de circuits in onze geest, onze hersenen, aan het veranderen zijn?*

L: We zullen meer aankunnen. We zullen het nooit allemaal weten. Er is geen einde.

D: *Hoe gebeurt dit?*

L: Lange tijd stagneerde het menselijk brein. Het kon en kon niet verder. Er zijn upgrades gedaan. Net zoals computers worden geüpgraded, worden menselijke hersenen ook geüpgraded. Het vindt plaats. Het is een nieuwe overbrugging van circuits.

D: *Is dit op genetisch niveau?*

L: De cellen veranderen. De genetica verandert. (Alsof je ergens naar kijkt.) Oh, ik weet niet wat dat zijn! De cellen veranderen. De genetica verandert. Er is meer capaciteit. Mensen denken dat hun hersenen groter moeten worden om meer capaciteit te hebben. Dat doen ze niet. Ze moeten gewoon ... het is een andere bedrading. Het is een andere configuratie.

D: *Ze zeggen altijd dat we toch niet al onze hersenen gebruiken.*

L: Wij niet.

D: *Is dit iets dat automatisch in onze circuits is geprogrammeerd, of is het iets dat van buitenaf gebeurt?*

L: Het werd daar oorspronkelijk geplaatst om te zien hoe het zich zou ontwikkelen. Het kan alleen plaatsvinden wanneer bepaalde veranderingen in de atmosfeer op de planeet hebben plaatsgevonden. Je moet hiervoor op de jonge kinderen letten. Sommigen van hen. Niet allemaal, maar wel een aantal. Jonge kinderen hebben iets nieuws dat nog niet eerder is gezien. Ze zullen het niet zien op röntgenfoto's, op elk type apparatuur zoals dat. Het is een nieuwe ontwikkeling. We hebben er allemaal de capaciteit voor. Nog niet iedereen, maar het is er wel.

D: *Dus het duikt ook geleidelijk op bij de volwassenen? (Jazeker) Maar het was iets dat in ons lichaam werd gestopt toen we werden geschapen?*

L: Er was hoop dat het zich zou ontwikkelen, maar twee keer is het mislukt. Toen werd het opnieuw opgestart en het lijkt eindelijk vat te hebben gekregen.

D: *Mij is verteld dat buitenaardse wezens degenen zijn die ons fysieke lichaam hebben gecreëerd. Zijn zij degenen die dit in ons systeem hebben geprogrammeerd? (Jazeker) U zei dat het twee keer is mislukt. (Jazeker) Kun je me daar iets over vertellen? Is dat in onze geschiedenis?*

L: Het was voordat er geschiedenis werd geschreven, om te beginnen. Daar is in het begin geen geschreven geschiedenis voor. Aan de andere kant is je hele geschiedenis verkeerd. Er is zoveel mis mee. Het is herschreven. Het is vals geschreven. Het klopt niet.

Zoiets zeg je niet tegen me zonder mijn interesse te wekken. Ik ben altijd op zoek naar "verloren" kennis, vooral kennis die ten onrechte op ons is neergekomen. Ik ben altijd op zoek naar de "echte" versie.

L: Het voelt als een mislukking in de planning. Iets mocht niet.

D: *Je bedoelt dat er iets onverwachts is gebeurd? (Jazeker.) Ontwikkelde de mensheid zich te snel?*
L: Ze ontwikkelden zich in de verkeerde richting. De mens zou zich te snel hebben ontwikkeld voor de planeet die hem huisvestte. Er zijn fouten gemaakt. Het zou te vroeg in het systeem voor een onevenwichtigheid hebben gezorgd.
D: *Te veel te vroeg? (Jazeker) En dat was voor de tijd van de opgetekende geschiedenis?*
L: Ja. Ze moesten veranderingen aanbrengen.

Ik vroeg me af of ze het over Atlantis had. Mij is verteld dat de mensheid zijn geestespotentieel in zeer hoge mate ontwikkelde, maar toen misbruikte hij het zodat het vermogen werd weggenomen. Dit was ten tijde van de vernietiging van Atlantis. Er werd gezegd dat de vaardigheden in onze tijdsperiode zouden terugkeren als we in het stadium waren waarin we ze verstandig konden gebruiken.

D: *Wat gebeurde er bij de tweede keer?*
L: Er was een afsplitsing. De Bijbel heeft het niet bij het rechte eind dat rassen in verschillende richtingen gaan. Dat is geen juiste informatie. (Ze leek gefrustreerd en had blijkbaar moeite met hoe ze het moest verwoorden.) De geschiedenis van deze planeet zal nooit bekend worden door de geschriften die nu op deze planeet zijn. Die geschriften zijn niet correct geweest. Er zijn hints, maar die zijn niet correct geweest.
D: *Dat is wat ik probeer te doen in mijn werk, verloren kennis herstellen.*
L: Een deel ervan is weggehaald. Een deel daarvan is bewust verloren gegaan. Een deel ervan werd begraven. En er is nu een terugkeer van, maar het is gefragmenteerd. En het zijn de fragmenten waar je naar moet zoeken. En de fragmenten komen beetje bij beetje. Ze komen niet allemaal in één stuk. En de fragmenten zullen verborgen zijn in de hersenen van sommige van de mensen met wie je in de toekomst werkt.
D: *En die moet ik in elkaar zetten? (Jazeker) Maar je zei dat het bij de tweede keer splitste toen het niet werkte? Kunt u dat toelichten?*
L: Er is een genetisch experiment gedaan dat niet goed werkte. En het zorgde voor verwarring. De Bijbel schreef daarover in het verhaal

van de Toren van Babel. Dat was een genetisch experiment dat niet helemaal accuraat was.

D: *Dus de geest in die tijd probeerde uit te breiden?*

L: Ja. Het kon niet. Het versplinterde. Het verloor zijn vermogen om goed te begrijpen en verdeelde zichzelf.

D: *En toen moest alles opnieuw beginnen? (Jazeker) Hoewel niet helemaal terug naar het begin.*

L: Nee. In een andere vorm.

D: *En nu bereiken we het punt weer? (Jazeker) En ze denken dat het deze keer wel gaat lukken?*

L: Ja. Het komt samen. Maar het is op zo'n andere manier, dat mensen het niet in de goede richting zoeken. We raken overbalanceerd in onze technologie, en daar zit het grootste probleem. Het spirituele is niet genoeg benadrukt. Religie is niets, maar spiritualiteit is alles. En er is een overbalans, en de planeet verliest zijn evenwicht wanneer de balans uit is. De geest, het lichaam, de geest raakt uit balans. Dat geldt ook voor de planeet. Daar zijn wij verantwoordelijk voor.

D: *Dus op dit moment hebben de buitenaardsen het weer getriggerd om in de goede richting te werken?*

L: Ja, het is getriggerd. Maar ze kunnen maar zoveel doen, omdat we onze lessen te leren hebben.

D: *Ja, dat is waar. Wanneer het wordt geactiveerd, wordt het dan gedaan door deze waarnemingen en interactie ermee?*

L: Ja, het is op veel verschillende manieren dat het tot stand komt.

D: *Maar dit is iets dat we nodig hebben voor deze periode?*

L: Ja. Het is er altijd geweest om gebruikt te worden.

D: *En ze denken dat we nu op het moment komen dat we meer capaciteit kunnen openen.*

L: Ja. Maar als het te snel gebeurt, is er geen circuit om ervoor te zorgen. Circuits is daarvoor niet eens het beste taalgebruik. Er zijn dingen in de hersenen die een arts niet kan zien. Een röntgenfoto kan het je niet vertellen. Geen van deze dingen.

D: *Maar circuitry is een woord dat we begrijpen. (Jazeker) Dus we moeten analogieën en woorden gebruiken die we kunnen begrijpen, anders is het te moeilijk om het aan mensen uit te leggen.*

L: Ja. Het heeft geen woorden. Het heeft geen begrip. Als je in de duisternis van de oceaan kijkt, kun je daar geen licht werpen. Dat kan gewoon niet. Je verstoort wat daar al geregeld is. Er zijn mensen die het nodig hebben. En degenen die in het donker moeten zwemmen. En hun hele levensvorm zou worden vernietigd en volledig geruïneerd, als dat zou gebeuren. Het kan niet snel, hoewel er wel sprongen plaatsvinden. Sprongen kunnen plaatsvinden, maar alleen als het circuit er is en op zijn plaats is, en als de balans er is. De planeet verkeert op dit moment in een wanhopige toestand. De planeet is helemaal niet stabiel. Er lopen mensen rond zonder enig idee van wat er met hen gebeurt, of met hun hersenen, met hun lichaam onder de toegenomen zwaarte van de trillingen en het plasma. Plasma? Iets met een plasma vortex. Ik begrijp het niet. Er is een soort plasmavortex die dit beïnvloedt. Er is hier geen goed of slecht. Er is gewoon ervaring. Maar we hebben dat vermogen in ons om in balans te zijn. Er is een combinatie van een elektrische magnetische stimulatie op verschillende delen van de hersenen die tot op dit moment in de geschiedenis niet kon worden ontdekt. In de tijd die het naar buiten kan brengen. Daarvoor zou het niet klaar zijn geweest. Het kan circuits die gesloten zijn heropenen. Als je naar je piramides kijkt, vind je een beeld van wat er nu op de planeet gebeurt. Maar je moet diep in de geschiedenis van de piramides kijken om die bevestiging te vinden. Het is er, maar het staat niet op de muren geschreven. Wat er nu op dit moment gebeurt, is een herordening van de circuits van de hersenen. Egypte wist dit. Ze hadden een ander systeem om het naar buiten te brengen. Hun systeem was rudimentair voor wat er nu op de planeet kan gebeuren. Hoewel hun systeem werd geholpen door buitenaards leven. Als iemand zegt dat het niet waar was, was het waar. Zoals het was, hadden ze een upgrade. Er zijn vergelijkbare opwaarderingen geweest over de hele planeet in verschillende gebieden.

D: *Maar soms was het te vroeg. Is dat wat u bedoelt?*

L: Meestal gebeurde het wanneer het zou moeten gebeuren. Maar nogmaals, we staan op het randje van onbalans. Maar de onevenwichtigheid is niet alleen planetair. Het omringt de planeet. Het is het denken, het is het misbruik van milieubalans. We hebben al die kennis, maar we hebben het vernietigd. We hebben het onderworpen. We zijn er veel van kwijtgeraakt.

D: *We moeten helemaal opnieuw beginnen.*

L: Er wordt iets gedaan aan de oostkust van de Verenigde Staten. Het zal niet onmiddellijk zijn, maar het is nu in sommige laboratoria. Het is in Virginia.

D: *Nieuwe technologie of wat?*

L: Ja. Het is het begin. Toch is er een nieuwe technologie.

D: *Eén ding is mij verteld. Onze fysieke leeftijd doet er toch niet toe?*

L: Het heeft er niets mee te maken. Onze leeftijd staat sowieso op het punt om uitgebreid te worden. Nog niet vele jaren. We hebben nog veel werk te doen voordat dat kan gebeuren.

In dit geval leerde ik dat niet alleen de genetische samenstelling van het menselijk lichaam werd veranderd om ziekte en leeftijd te weerstaan, maar dat de hersenen ook ontwikkelingen en expansie ondergingen. De vermelding van kinderen die deze verbazingwekkende ontwikkeling op jonge leeftijd laten zien, is al gedocumenteerd. Er zijn verschillende boeken over het onderwerp en in sommige delen van het land wordt getest. Kinderen worden geboren met het geavanceerde circuit dat al aanwezig is. Het zijn de volwassenen die een inhaalslag moeten maken.

Dit vreemde concept van een deel dat tot mij sprak en dat los stond van de cliënt, maar een integraal onderdeel ervan was moeilijk te begrijpen voor mijn menselijke geest. Toch heb ik sindsdien andere gevallen gevonden, en een daarvan wordt gemeld in het laatste hoofdstuk.

* * *

Meer informatie van dit type kwam via Phil in 1999. Ik had al een paar jaar geen sessie meer met Phil gehad. Na een tijdje in Californië te hebben gewerkt, woonde hij op dat moment terug in Arkansas en kwam naar de UFO-conferentie in Eureka Springs. Harriet was bij deze sessie aanwezig. Ze was ook blij om hem na zo'n lange tijd te zien.

Ik gebruikte de kantoorbouwmethode die Phil gewend was en toen de liftdeur opening zag hij het bekende briljante witte licht dat vaak aanwezig was tijdens onze sessies. Er stond iemand klaar om ons te brengen waar we heen moesten voor informatie.

P: Hij zegt dat de informatie op dit moment wordt gegeven, omdat het tijd is voor het menselijk ras om de onwetendheid te begrijpen die ervoor heeft gezorgd dat ze vele, vele, vele jaren zo angstig zijn geweest. Kennis, bewustzijn en begrip kunnen mensen in staat stellen zich vollediger en vollediger uit te drukken en delen van hun realiteit niet af te sluiten vanwege angst en onwetendheid. Hij zegt dat je een sleutel krijgt waarmee je toegang krijgt tot deze gebieden met informatie die al vele eonen ontoegankelijk zijn. Het begrip van wie we zijn en waar we vandaan kwamen was zo volledig veranderd, dat er geen basis was om deze kennis te begrijpen. Maar in deze tijden van spiritueel ontwaken en verheffen kan de ware geschiedenis en genetische realiteit van het menselijk ras opnieuw vollediger en vollediger in zijn geheel worden begrepen.

D: *Je zei dat ze me de sleutel zouden geven?*

P: Er zijn mensen die jullie tegenhangers zijn op het spirituele vlak die met jullie werken. Evenals in jou, om dit streven dat je hebt ondernomen te bevorderen. Niet alleen deze specifieke episode waarin we nu spreken, maar de hele inspanning om de kennis en het bewustzijn naar de massa te brengen. Deze sleutel geeft u toegang tot bepaalde gebieden van informatie die tot nu toe niet beschikbaar waren voor degenen die zich zouden inspannen om de geschiedenis en realiteit van de menselijke soort te onderzoeken.

D: *We hebben verschillende dingen waar we op dit moment in geïnteresseerd zijn. We hebben informatie gekregen over het DNA van het menselijk lichaam, dat er iets mee gebeurt en verandert. Kun je daar iets over vertellen?*

P: Er worden bepaalde veranderingen aangebracht waardoor bepaalde functies van het lichaam kunnen worden verbeterd. Het menselijke model wordt enigszins gemanipuleerd om zijn overlevingskansen en het vermogen om weerstand te bieden aan en bestand te zijn tegen bepaalde milieu-uitdagingen te verbeteren. Dit is nodig om het menselijk lichaam in staat te stellen bepaalde atmosferische omstandigheden op andere planeten en in andere omstandigheden te verdragen. Het lichaamsprototype dat je draagt, kan op veel andere plaatsen in het universum worden gebruikt. En dus wordt dit fysieke lichaam aangepast om bepaalde planetaire omstandigheden te kunnen overleven, die anders zijn dan die van julliezelf.

D: *Betekent dit dat deze menselijke lichamen naar andere planeten zullen gaan?*

P: Dat klopt. Er zal gebruik worden gemaakt van deze genetisch gemanipuleerde lichamen op andere planeten, die bewoond zullen worden door zielen die die sfeer hebben gekozen om hen in staat te stellen deel te nemen aan hun spirituele plichten.

D: *Ik heb gehoord dat er zeker iets aan de hand is met het DNA van de lichamen die nu leven.*

P: Er zijn veel veranderingen die zijn geïntroduceerd door omgevingsomstandigheden op jullie planeet, niet genetisch gemanipuleerd. Er zijn veel veranderingen in jullie omgeving geweest die veranderingen in jullie fysiologische expressie hebben veroorzaakt. De reactie op deze chemicaliën en energieën in jullie atmosfeer en omgeving hebben deze veranderingen in jullie lichaam verplicht gesteld. Het lichaam reageert gewoon op deze prikkels.

D: *Je bedoelt alsof het immuunsysteem zich aanpast of op de een of andere manier reageert?*

P: Dat klopt. Het aanpassingsvermogen om aan zijn omgeving te voldoen en automatisch veranderingen aan te brengen, werd bij zijn creatie in deze menselijke expressie geprogrammeerd. Er zijn levensvormen die dit automatische aanpassingsvermogen niet hebben ingebouwd en daarom afhankelijk zijn van manipulatie van buitenaf om te veranderen. Het menselijk lichaam heeft echter het vermogen gekregen om zich automatisch aan te passen aan zijn omgeving, zodat nauwe manipulatie niet nodig is. De lichamen reageren gewoon op deze veranderingen in jullie omgeving.

D: *Als de lichamen zich niet aanpasten, zou het lichaam dan sterven?*

P: Er zou minder tolerantie zijn naarmate de omgeving veranderde en misschien uitdagender werd voor het lichaam. Het lichaam zou het steeds minder kunnen verdragen. En dus naarmate de omstandigheden verder veranderden, zou er minder weerstand zijn tegen de milieu-uitdagingen. En ja, de lichamen zouden op een gegeven moment niet meer in staat zijn om in de omgeving te overleven.

D: *Dus wat gebeurt er met onze omgeving is het vergiftigen van het lichaam en het dwingen om zich aan te passen?*
P: Dat klopt.
D: *Dus als het niet zou veranderen, zou het niet overleven.*
P: Ervan uitgaande dat de omgeving niet veranderde in een meer harmonieuze staat. Want met het wegnemen van de uitdagingen zou het lichaam zijn afweer hebben geleerd en gemodelleerd om bestand te kunnen zijn. Als deze uitdagingen zouden worden verwijderd, zou het lichaam weer veranderen om zich aan te passen aan de omgeving waarin het zich bevond.
D: *Mij is verteld dat er een aantal buitenaardse wezens zijn die er menselijk uitzien, maar niet echt menselijk zijn omdat hun interne organen hebben geleerd zich aan te passen aan veel verschillende omgevingen.*
P: Dat klopt.
D: *Dus we gaan op die weg?*
P: Dat klopt.
D: *Mij is verteld dat dit een van de redenen was waarom we moeite zouden hebben met reizen en leven in de ruimte, omdat ons lichaam zich op dit moment niet kan aanpassen.*
P: We zouden zeggen dat "op dit moment" de sleutel is. We zijn ons ervan bewust dat deze veranderingen inderdaad tijd kosten. De manipulatie kan echter door opeenvolgende generaties worden gedaan om een zeer capabele tolerantie voor veel verschillende soorten omgevingen mogelijk te maken.
D: *Of kan het snel voorkomen in één lichaam in één generatie?*
P: Afhankelijk van de specifieke verandering die nodig is, kan deze in feite in één generatie worden bereikt. Meer radicaal verschillende veranderingen zouden echter een veel langer tijdsbestek vereisen, om deze veranderingen op natuurlijke wijze te laten plaatsvinden.
D: *Als een vorm van evolutie, zij het versneld.*
P: Dat klopt.
D: *Verandert iedereen? Of zijn het gewoon bepaalde groepen, bepaalde mensen?*
P: Alle mensen die op dit moment op deze planeet leven, ervaren door het milieu veroorzaakte veranderingen in hun immuunsysteem. De andere veranderingen waar we het over hebben zijn niet omgevingsfactoren, maar opzettelijke genetische manipulaties. De genetische manipulatie wordt echter gecontroleerd binnen een

bepaalde populatie die is geselecteerd, vanwege eerdere generatie ... (had moeite met het vinden van het juiste woord) ... oogsten, zou misschien een manier zijn om het te verwoorden. We zijn echter gevoelig voor jullie morele conditionering ten opzichte van "oogsten" in conventionele zin.

D: *Ons woordgebruik.*

P: Dat klopt.

D: *Dus als bepaalde groepen of bepaalde mensen zijn geselecteerd, komt de genetische manipulatie niet bij iedereen voor?*

P: Dat klopt. Manipulatie wordt veroorzaakt vanuit de baarmoeder in de periode van conceptie. En dus als dit wezen groeit en een producerende, of fokkende, of misschien broedende capabele wordt, wordt elke volgende generatie dan enigszins gewijzigd om de gewenste verandering te propageren. Dit is een generatie-onderneming, in die zin dat elke volgende generatie iets anders is dan de vorige.

D: *Zouden deze geselecteerde mensen op de een of andere manier anders zijn dan de gemiddelde mensen zouden opmerken?*

P: Het fokken en manipuleren dat op jullie planeet wordt gedaan, is niet wat jullie "merkbaar" zouden noemen van de ene generatie op de volgende. Als je echter misschien tien generaties naast elkaar zou kunnen vergelijken, of de aantallen van tien generaties verwijderd, zou er een meer merkbare verandering zijn in fysiologische, emotionele en spirituele componenten.

D: *Natuurlijk zouden de meeste mensen zeggen dat dat kwam door het verschil in het voedsel en de vooruitgang die onze medische wetenschap heeft geboekt.*

P: En er zouden veranderingen zijn op basis van die stimuli. De veranderingen waar we het hier over hebben zijn echter veel subtieler dan jullie zouden opmerken als gevolg van milieu- of sociale veranderingen.

* * *

Deze sessie vond plaats toen ik sprak op een UFO-conferentie in Clearwater, Florida in november 1999. Marie sprak met me nadat ze op de conferentie was aangekomen en liet me een aantal vreemde teksten zien die ze had gedaan terwijl ik lezingen gaf. Ze zei dat ze dit vreemde schrijven de hele tijd doet en geen idee heeft wat het betekent of waarom ze het schrijft. Ik dacht dat het een goed idee zou zijn om haar samen te stellen met een vrouw die ik het jaar ervoor ontmoette op een UFO-conferentie in Wisconsin. Het schrijven leek vreemd genoeg op elkaar. Een andere vrouw had me voorbeelden gegeven van wat ze buitenaards schrijven noemde, maar het leek meer op gekrabbeld automatisch schrijven, omdat het in het Engels was.

Marie wilde een sessie hebben, en een van de dingen die ze wilde onderzoeken was waarom ze gedwongen werd om het vreemde schrijven te doen. Ze had het jaar ervoor ook een ongewone ervaring gehad tijdens het volgen van de Gateway-cursus aan het Monroe Institute in Virginia. Dit is een intensieve cursus voor diegenen die willen leren hoe ze bewust out of the body reizen, remote viewing kunnen bereiken en hoe ze hun geest op opmerkelijke manieren kunnen gebruiken.

De sessie werd gehouden in mijn hotelkamer op de conferentie. Het begon normaal genoeg. Toen ze in de diepe trancetoestand kwam, bracht ik haar terug naar de tijd van het incident. Ze stond buiten het Instituut en kwam toen het gebouw binnen, maar het werd al snel duidelijk dat ze iets anders beschreef dan de normale omgeving die er had moeten zijn.

M: Ik kom het gebouw binnen ... Ik zie al het hout, en de stoffen eromheen. Ik kijk naar de sfeer. Eventueel kijken of - ik weet niet zeker wat ik zoek - zien ... Ik kijk door de lucht. Ik zie meer dan ik normaal zie.
D: *Wat vind je van die plek?*
M: Dat het niet is wat ik dacht. Het is groter en er is meer aan de hand. Ik ben bijna overweldigd door de uitgestrektheid van de ruimte die erin zit.
D: *Je dacht dat het maar een kleine groep zou zijn met je programma.*
M: Ik denk het wel.
D: *En er zijn andere dingen aan de hand?*

Ik dacht dat ze bedoelde dat er andere programma's met andere deelnemers tegelijkertijd plaatsvonden. Al snel bleek dat ze de fysieke ingang van dit gebouw niet beschreef. Ze zag iets in deze trancetoestand dat niet zichtbaar was geweest voor haar fysieke ogen, maar dat niet verborgen was voor haar onderbewustzijn. Was ze in staat om in een andere dimensie te kijken?

M: Er is een gat zoals ik het nu zie. Het is als een kloof of een portaal.
D: *Wat bedoel je?*
M: Dat is alles wat ik kan voelen als ik kijk. Ik loop naar binnen en ineens verdwijnt de fysieke ruimte en komt er een ander soort ruimte voor in de plaats. En het is enorm. En het is duidelijk.
D: *Je bedoelt dat er in plaats van de muren en de kamers, nog iets anders is?*
M: Rechts. Alsof dat een valse structuur was. Er is een podium voor fysiek begrip, voor wat troost voor het fysieke wezen.
D: *Zijn er ook andere mensen?*

Ik vroeg me af of de andere mensen die aankwamen om de cursus te volgen hetzelfde zagen.

M: Ik zie nu geen mensen in deze zaal. En ze horen er te zijn. Ik krijg een gevoel van ongelooflijk hoog geladen 'spullen' in deze enorme ruimte. Ik zie geen wezens. Toen ik eenmaal binnenkwam, dacht ik dat de fysieke realiteit was die ik op het punt stond te ervaren, nu ik het vanaf hier kan zien, is het een illusie van wat het echt is. En er is een kans om te verschuiven van weten en relateren in drie dimensies naar het bestaan in meer dan de derde dimensie.
D: *Maar op dat moment voelde je dit niet bewust aan, is dat wat je bedoelt?*
M: Rechts. Dat wist ik tot voor kort niet. En het is heel echt, en heel fysiek in zijn eigen betekenis, maar niet zoals wij het kennen.
D: *Wat voor een programma ga je daar studeren?*
M: Over licht.

Mijn volgende zin was helemaal leeg. Het verschoof zo ver weg dat ik nauwelijks woorden kon horen. Met de volgende zin werd het geluid weer normaal. Dit gebeurt soms bij het doen van dit soort werk, en de bandrecorder lijkt bijna te worden beïnvloed door uitbarstingen van energie. Ze ademde zwaar en leek een soort ongemak te ervaren. Pikte ze ook dezelfde energie op die mijn recorder beïnvloedde? Ik gaf haar suggesties voor welzijn en vroeg haar wat haar beïnvloedde.

M: Ik weet het niet. (Zware ademhaling.) Het is het meest totaal, en het is een schok.

D: *Waarom denk je dat het je op die manier zou beïnvloeden?*
M: Omdat het zo anders is. Zoveel over de andere energieën die we huisvesten.
D: *In ons lichaam, bedoel je?*
M: Deels in ons lichaam, maar het gaat ons lichaam te boven. Ons lichaam is als kleine aardingsapparaten, vanwege dit dimensionale ding.
D: *Hoe ziet deze plek eruit?*
M: Het ziet er niet uit zoals ik dacht. Het lijkt niet op het hout en de stof.
D: *Ik bedoel, lijkt het op een gebouw?*
M: Het echte instituut doet dat je binnenloopt.
D: *Maar wat je nu ziet.*
M: Nee. Ik zit op een balkon, een heel hoog balkon. En er is een balkon daar in het fysieke. Maar dit is veel breder, en het is als kristal. Er is veel kristal. Ik kijk naar beneden in het midden van de kamer. En het is heel verhelderend en adembenemend en schokkend. Het is een overlay. Er bestaat zowel iets als het fysieke.
D: *Dat is een goed woord ervoor, een overlay.*

Zou het mogelijk zijn dat het Monroe Institute zich daadwerkelijk bevindt boven een soort interdimensionale deuropening of portaal dat onzichtbaar is voor onze bewuste zintuigen? Dit kan gedeeltelijk enkele van de opmerkelijke gebeurtenissen verklaren die zich daar voordoen.

D: *Ben je alleen?*
M: (Een fluistering.) Ik ben alleen. Er is mijn fysieke lichaam dat erg opstaand en geïsoleerd voelt en ... alsof het nog niet is overgewaaid. En nu ik hierin vooruit ga, zie ik dat ik gevraagd word om los te laten en van mijn fysieke af te wijken. Het is heel mooi.

Ze werd emotioneel en begon te huilen.

D: *Wat is er aan de hand?*
M: (Emotioneel) Het is zo mooi. (Huilt)

Marie was kunstenares. Een van de dingen die ze wilde weten, was waarom ze niet meer kon schilderen. Ze had geen inspiratie.

Dus stelde ik voor dat ze zich de scène waar ze naar keek zou kunnen herinneren en in staat zou zijn om het in een schilderij na te bootsen.

M: (Emotioneel en vol ontzag.) Ik zou het kunnen proberen. ja.
D: De meeste mensen zouden toch nooit beseffen dat er zoiets moois was?
M: Nee, ze konden het niet zien. Ik kon het niet zien. Ik kon het tot nu toe niet weten.
D: Laten we je toestaan om de herinnering aan het beeld in je hoofd te houden, zodat je het kunt schilderen. En we kunnen het zo precies krijgen als we kunnen.
M: (In tranen) Dat wil ik wel. Ik wil.

Ik gaf de onbewuste suggesties zodat ze het geheugen zou kunnen behouden en later zou kunnen gebruiken. Het zien van zo'n mooie scène raakte haar emotioneel. Hoewel dit een onverwachte ontwikkeling was, wilde ik verder gaan en de ongewone gebeurtenis onderzoeken die zich op het Instituut voordeed. Ze herinnerde zich dat ze een prachtig licht zag terwijl ze in een donker isolatiehokje zat met oortelefoons op haar hoofd.

D: Ik weet dat het moeilijk is om die plek te verlaten omdat het zo mooi is, maar we willen wat andere dingen verkennen. Laten we die scène verlaten en naar de tijd gaan dat je de vreemde ervaring met het licht had. En je luisterde naar wat tapes?
M: (De emotie en het huilen stopten.) In een klein doosje.
D: Zijn de banden muziek?
M: Het zijn trillingen.
D: Je luistert via oortjes?
M: Rechts. Je bent alleen met oortjes.
D: In een kamer alleen.
M; Een piepklein doosje. Je slaapt en luistert naar tapes en ....
D: Slaap je daar?
M: Ja, het is een isolatiecabine waar je in slaapt.
D: Heb je er last van om zo opgesloten te zitten?
M: Nee, ik vind het leuk. Daar kan ik ze ontmoeten.

D: Ontmoet wie?

M: Ik weet het niet. Deze zeer slimme wezens.

D: OK. Terwijl je naar de geluidstrillingen door de oortjes luisterde, gebeurde er toch iets? (Jazeker) We kunnen dat nog eens doornemen en het in meer detail bekijken. Wat gebeurde er als eerste?

M; Ik werd bang.

D: Waarom?

M: Want zoiets had ik nog nooit gevoeld. God!! Het voelt als deze ongelooflijk welwillende pure liefde. Het komt naar je toe en je kunt het niet geloven. (Emotioneel) Je kunt niet geloven dat het bij je is. En je ziet het.

D: Dit wordt veroorzaakt door het luisteren naar de oortjes?

M: Het opent een kans om zo open te zijn en elkaar met de juiste frequentie te ontmoeten.

D: Je moet ervoor openstaan om dit te doen, zonder blokkades, of wat?

M: Je moet er op een bepaald niveau naar verlangen.

D: Wat gebeurt er dan?

M: Toen won het mijn vertrouwen. Het witte licht. En stabiliseerde me. Het haakte bij me, dus ik zou niet bang zijn.

D: Alleen het witte licht?

M: Eerst. En toen ik stabiel was, voelde ik meer trillingen naast mijn linkerkant. Ik schrok ervan omdat het zo anders was dan het witte licht. En op de een of andere manier kreeg ik de opdracht om mijn hoofd te draaien en te kijken. Het was allemaal donker in deze ruimte, maar ik kon kijken, ik kon zien en voelen. Glinsterende. Het is een ruimtewezen. Dat wist ik niet. Je kunt er bijna in kijken, maar het is het helderste blauw. Diep, helder blauw. Je kunt het meer voelen dan zien.

D: Waarom zeg je dat het een ruimtewezen is?

M: Ik weet het niet. Dat kwam er net uit.

D: Zou je functies of iets kunnen zien waardoor je dat zou kunnen denken?

M: Gewoon diepblauw. Ik weet niet waar dit vandaan komt. Het is gewoon een gevoel dat het van een ster komt. Het voelt goed in mijn hart als ik dat zeg.

D: Wat was het eerste witte licht dat je zag?

M: Het was een opdracht van God. Het was niet God, maar het deed alsof het voelde als de liefde van God. Maar het was een intelligentie die deze verbinding tussen mij en dit wezen leidde. Het wist zoveel van menselijke emoties dat het de beste en veiligste emoties die we kennen kon intensiveren. En zorg daarvoor, zodat de koppeling kan gebeuren.

D: *En het andere blauwe licht, of wat het ook is, kwam op dat moment en kwam naast je?*

M: In mij.

D: *In jou. Moest je het in je laten komen?*

M: Ja. Het wachtte tot ik het erkende. En toen gleed het op de zachtste, langzaamste, gemakkelijkste manier gewoon, als een overlay. Het trilde, en zo voel ik me nu ook. Het trilde gewoon. En ik denk dat het me aan het veranderen was. Het was het hervormen van mijn systeem.

D: *Waarom deed het dat?*

M: Voor hoger werk. Dus ik zou niet gewond en verbrand zijn.

D: *Hoe kun je gewond of verbrand raken?*

M: Er is iets dat ons kan verbranden. Dit is bescherming. Straling. Een soort stralingsexperimenten.

D: *En dit geeft je een bescherming? Je veranderen, zei je?*

M: Ja, op mijn cellulair niveau. Beginnend op het fysieke cellulaire niveau, maar het past ook iets aan om meer nieuwe systemen voor de toekomst te huisvesten.

D: *Nieuwe systemen. Wat bedoel je?*

M: Nieuwe sterrenzaden. Voor deze planeet. Systemen die zich in het lichaam bevinden, maar ze zijn niet van het lichaam.

D: *Het creëert nieuwe systemen in het lichaam die er voorheen niet waren?*

M: Het is het zaaien van het systeem.

D: *Dit zal het lichaam op geen enkele manier schaden, toch?*

M: Nee. Genetisch ben ik erop ingesteld om deze overgang te helpen. (Ze leek opgetogen.) Het is compleet. En het leeft. En het is veilig.

D: *Waar komt deze straling vandaan die mensen pijn kan doen?*

M: Van onder de Aarde. Nu zie ik de kern van de Aarde. Ik zie gewoon een bal. Het kan zelfs een soort straling zijn die in ons wordt geïnjecteerd, of om een of andere slechte reden in ons wordt gestopt. En dit blauwe systeem kan je genoeg veranderen, zodat dit - ik wil zeggen "kern" materiaal - zal worden gedeactiveerd.

D: *In ons lichaam, bedoel je?*
M: Het kan zijn, of het kan in de kern van de aarde worden geplaatst. Je zou het kunnen doorslikken. (Emotioneel) Dat was pijnlijk om daarover na te denken.
D: *Hoe konden we het in ons lichaam krijgen?*
M: Je zou het kunnen doorslikken. (Bijna huilend.) Je zou gedwongen kunnen worden. Als een soort oorlog. Je kunt overleven. (Ze was emotioneel.)
D: *Zijn er andere manieren waarop het in het lichaam kan komen?*
M: Je kon er mee gebombardeerd worden, mee gestraald. Dit blauwe lichtsysteem zou je beschermen en je zou niet gewond raken.
D: *Wie zou de mensen met zoiets bombarderen?*
M: Er is een ander ras dat het genetisch materiaal zou willen. En ze zouden het op deze manier kunnen nemen. Maar deze blauwe energie zou het onmogelijk maken.
D: *Wordt deze blauwe energie ook bij andere mensen gebruikt?*
M: Ja. Veel mensen nu. Wanneer het aankomt en wanneer het tijd is, krijg je de keuze om het te accepteren of niet.
D: *Want niet iedereen kan naar het Monroe Instituut.*
M: Nee, het kan op andere plekken gebeuren.
D: *Is het iets dat gebeurt en ze beseffen het niet?*
M: Ze weten niet waar het voor is. Ze denken dat al die liefde die naar hen toekomt, en het is zo goed, het is zo verleidelijk, dat je dit natuurlijk wilt. En het is de enige manier waarop het kan versmelten met je systeem, omdat je "ja" moet zeggen met je hart.
D: *Gebeurt het altijd op een bewust niveau waar mensen zich herinneren dat het gebeurde?*
M: Ja. En je weet van de bewuste uitwisseling.
D: *Maar het klinkt goed omdat het een manier is om mensen te beschermen.*
M: Het maakt deel uit van het grotere plan. Er komt een grote oorlog.
D: *Op aarde?*
M: En het is erg warm. En ze zullen niet winnen, maar ze gaan heel hard proberen om te nemen wat ze willen en nodig hebben.
D: *Maar dit zal de straling veroorzaken?*
M: Ja, deze groep. Het is hun methode.
D: *Maar niet iedereen zal openstaan voor deze liefdesenergie, toch?*
M: Nee. Ze moeten eerst leren hoe ze contact kunnen maken met hun hart voordat de opening en het infuus kan plaatsvinden.

D: *Omdat er veel mensen op deze wereld zijn die heel bitter zijn, heel negatief.*
M: Klopt. En dat zit in de weg.
D: *Wat gebeurt er met de mensen die deze bescherming niet hebben?*
M: Ze zullen verdorren. Ze zullen bakken. Ze worden niet beschermd.
D: *Dus deze beschermende energie komt naar steeds meer mensen op aarde? (Jazeker) Dit is het plan, om meer mensen te laten overleven?*
M: Ja. Het plan is.
D: *En waarom kreeg je deze bescherming?*
M: Omdat ik kan spreken. Want ik ga met veel mensen werken. En ik vertel ze de juiste woorden op het juiste moment. Ik zal fungeren als een sleutel voor hen om zich open te stellen voor ontvangst.
D: *Heeft dit blauwe licht enige connectie met jou die je helende werk doet?*

Ze was onlangs begonnen met het doen van deze dienst.

M: (Een openbaring.) O ja! Zie je, als ik het helende werk doe, ben ik het blauwe licht wezen. En ik doe met anderen wat het blauwe licht met mij deed. Dat kan ik overbrengen op mensen. Daarom komen ze naar mij toe.
D: *Een tijdje geleden noemde je het een "seeding". Ze krijgen de energie in mensen en ze kunnen het overdragen aan anderen.*
M: Ja, dat klopt. Het is wel zo één op één. Dat is het moeilijke, maar dat is wat ik een tijdje moet doen. Het kost zoveel tijd om het één voor één te doen. Dat is mijn doel. Ik denk nu ik dit allemaal heb gezien, dat ik meer contact heb gehad dan ik me realiseerde. Ik kon het niet allemaal bij elkaar optellen. Ik kon het grote plaatje niet zien.

Een opmerking hier. Toen ze het had over iets dat met het fysieke lichaam werd gedaan om te voorkomen dat straling het zou schaden, deed het me denken aan Karens regressie die werd gemeld in The Custodians. In haar visioen dat ze door de buitenaardse wezens werd getoond, probeerde ze mensen te helpen die overal om haar heen stierven, maar ze kon zelf niet ziek worden. Het leek een soort stralingsvergiftiging te zijn en niets wat ze kon doen zou helpen. Het was hartverscheurend en ze voelde zich erg ongemakkelijk tijdens het kijken naar het tafereel. Vlak daarvoor had ze een wolk boven het land en het water gezien die iets deed, en de vis vergiftigde etc. Ik vroeg me af of Marie's verhaal dat er iets met het fysieke lichaam werd gedaan om hen voor te bereiden op zo'n scenario, van invloed zou kunnen zijn op dat van Karen.

D: *We hebben nog een vraag. Dit vreemde geschrift dat Marie heeft ontvangen. Weet u daar iets van?*
M: Het is net regen. Het is als licht. Het regent door deze kanalen over de hele wereld, de aarde. En als je ernaar kijkt, zal het je veranderen.
D: *Is het een taal?*
M: Het is informatie. Het komt uit een hogere bron die voor ons zorgt en onze evolutie in de gaten houdt.
D: *Waarom zetten ze het in symbolen?*
M: Omdat de symbolen nieuwe patronen activeren binnen het energieveld zelf.
D: *Alleen al het zien van de symbolen?*
M: Rechts. De persoon kan daadwerkelijk het patroon volgen en de beweging identificeren.
D: *Is dit een taal die iemand ergens spreekt of schrijft?*
M: Het is gesproken.
D: *Het is dus een taal die iemand ergens begrijpt?*
M: Het lijkt meer op een wiskundige taal, als je je dat zou kunnen voorstellen.
D: *Mij is verteld dat sommige ruimtewezens symbolen gebruiken. En zo dragen ze blokken informatie over, in symbolen.*
M: Het lijkt niet helemaal op de taal die je hier kent, of zelfs oude scripts. Zo is het niet. Het is een patroon. Het verschijnt wanneer het tweedimensionaal is, als een taal. Maar als je elk stuk zou kunnen zien als een beweging die een ander deel van het wezen activeert, dan zou je het beter begrijpen.
D: *Als Marie dit schrijft, staat er dan niet zoiets als een pagina in een boek? (Nee) Dus als ik haar zou vragen om naar deze pagina te kijken die ze heeft geschreven, zou ze me niet kunnen vertellen wat er staat. Klopt dat?*
M: (Aarzelend) Je zou het kunnen proberen.

D: *OK. Laten we Marie haar ogen laten openen en naar het papier laten kijken. (Ik hield het papier dat ze had geschreven voor zich.) Zie je het papier? Zegt het iets in woorden?*
M: (Terwijl ze de krant bestudeerde) Ja, dat is het, eigenlijk.
D: *Hoe wordt het gelezen? Uit welke richting?*
M: (Ze bewoog van het papier naar haar ogen.) Het komt op deze manier.
D: *Hoe bedoel je?*
M: Het is niet zo, op deze manier, op deze manier. (Moties)
D: *Niet op en neer, en het gaat ook niet achter elkaar.*
M: Het is zo. Het komt van de krant naar je toe. Het geeft informatie. Het is bijna alsof je het hier neerzet. (Ze legde haar hand over haar hart.) En je voelt het. En het beste wat je soms kunt doen, is er gewoon naar kijken en het hier in je opnemen.
D: *Maar welke informatie geeft het je?*
M: Het is aanmoediging. En het is een manier om de rechte loop van je hart te kennen, wetende over de grootsheid.
D: *Dus als ze dit schrijft, is dit dan een andere manier om het in haar lichaam te krijgen? (Jazeker) Op dezelfde manier als het blauwe licht deed?*
M: Het is anders, maar in zekere zin, ja, het verandert dingen daar. Maar het is bijna alsof je je kunt voorstellen dat licht van elk symbool komt en je verandert door zijn eigen straling.

Het door Marie getekende voorbeeld lijkt meer op een snel handschrift of steno. Sinds ik met haar heb gewerkt, heb ik voorbeelden van vreemde geschriften van over de hele wereld ontvangen. Dit schrijven lijkt meer gestructureerd (zoals afdrukken). In alle gevallen voelen de mensen zich gedwongen om de symbolen te schrijven. Er lijkt geen logica in hun gedrag te zitten. In boek twee zal ik deze voorbeelden en computeranalyse opnemen om overeenkomsten te vinden.

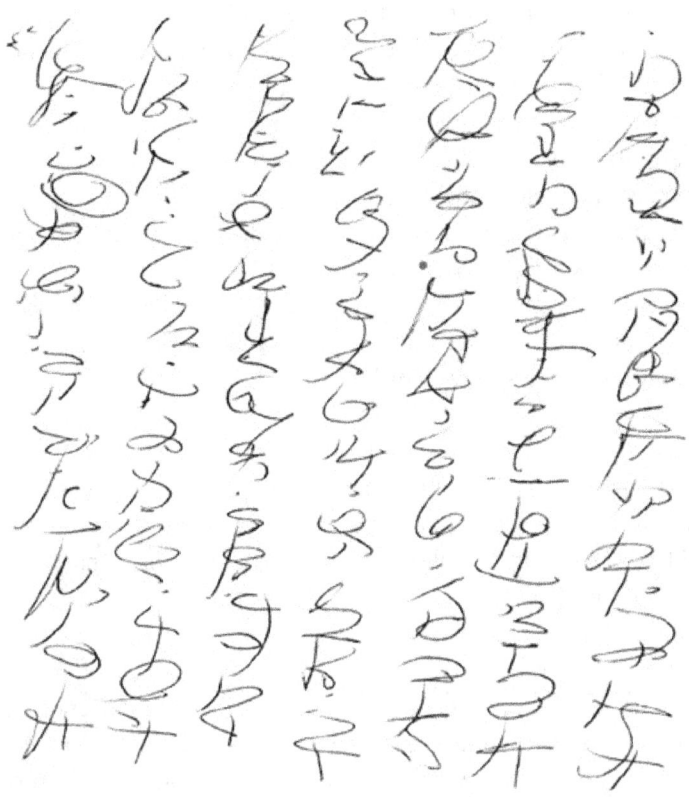

Ik pakte het papier weg en liet haar haar ogen weer sluiten.

D: *Anders zouden we het zien als ons schrijven, en we zouden verwachten dat het woorden zou zeggen. Het is dus oké als Marie deze dingen blijft schrijven.*

M: Ja. Ze reinigen.

D: *Ze leveren informatie op manieren die we ons niet konden voorstellen. (Rechts) We hebben nog één vraag. Ze heeft in het verleden dromen gehad over operaties. Kun je haar daar iets over vertellen? Waren het maar dromen of wat?*

Marie had levendige jeugdherinneringen aan fysieke operaties die aan haar lichaam werden uitgevoerd en naar artsen gingen. Ze kon niet begrijpen waarom haar familie ontkende dat ze zich hadden voorgedaan. Ze zeiden dat haar nooit iets was aangedaan.

M: Ik denk dat ze het weet. Het was zo duidelijk, dat het allemaal in overeenstemming was. En ze had jaren geleden, jaren geleden gevraagd om met ons samen te werken.
D: *Het waren dus geen dromen? Het waren herinneringen aan dingen die gebeurden?*
M: Toen ze de juiste leeftijd had bereikt. Het waren aanpassingen die werden gemaakt, maar het werd gedaan op het fysieke lichaam.
D: *Waar waren de aanpassingen voor?*
M: Om oude patronen te verwijderen die haar zouden verhinderen om te verhuizen naar het werk dat ze later zou doen. Ze moesten operatief worden verwijderd.
D: *Chirurgisch! OK.*

Er was nog een ongewone gebeurtenis toen Marie op het Monroe Institute was. Ze ervoer een hoge toon die dwars door haar hoofd leek te prikken. Het duurde enkele seconden en was erg onaangenaam. Daar heb ik naar gevraagd.

D: *Wat veroorzaakte het ongemak?*
M: Ze wist het, en op dat moment wilde ze het niet accepteren. Het was een poging om de receptoren in de tempelierskwabben aan te passen, om toegang te krijgen tot meer informatie, en het moest in groepsverband gebeuren. Het moest met de anderen gebeuren.
D: *Werden andere mensen ook op dezelfde manier getroffen?*
M: Ja, het was een plan.
D: *Gaven ze informatie of namen ze informatie aan?*
M: Nee, het was gewoon de aanpassing van het deel van de hersenen, maar het zijn niet de hersenen. Het wezen dat alle informatie ontvangt, en hogere frequenties kunnen nu worden benaderd.
D: *Het was zodat ze meer informatie kon krijgen. (Jazeker) Ze namen toen niets weg. (Nee)*

Als ik in staat was om binnen een jaar toegang te krijgen tot zoveel gevallen die spraken over de manipulatie van het menselijk lichaam, hoeveel anderen zijn er dan die niet zijn benaderd? Ze zeiden dat deze veranderingen werden gedaan op tienduizenden mensen over de hele aarde. Het kan echt vergelijkbaar zijn met het Hundredth Monkey

Syndrome en zal onopgemerkt blijven totdat de kritische massa is bereikt, en de realiteit van dit fenomeen kan niet worden ontkend.

Ik kreeg nog steeds meer informatie over de verandering van de DNA-structuur van het menselijk lichaam toen dit boek naar de drukker ging. Dit zal worden uitgebreid in Boek Twee van Het Ingewikkelde Universum. Ik dacht oorspronkelijk dat ik dit hele hoofdstuk moest vasthouden zodat dit materiaal kon worden toegevoegd, maar ik denk dat dit de voorbereiding van de geest van mensen zou vertragen. Ze moeten klaar zijn om de dramatische en dynamische veranderingen die eraan komen te begrijpen.

Hoofdstuk 15
De Mechanische Persoon

Deze sessie werd uitgevoerd in mijn hotelkamer in Londen in september 2000 terwijl ik op een lezingentournee in Engeland was. Johanna was een jonge vrouw die nog maar twee jaar in Engeland had gewoond. Ze kwam uit Duitsland, maar ik vond haar accent perfect. Ze zei dat ze een natuurlijk talent voor talen had en sloeg heel snel aan. Ze had niet heel veel klachten, vooral nieuwsgierigheid. Sommige van haar verzoeken leken me triviaal, maar het probleem van elke persoon lijkt belangrijk voor hen. Ze maakte zich zelfs zorgen dat er als kind wat tanden waren getrokken. Ik dacht dat het het gevoel was dat ik perfect moest zijn, maar ze zag het niet helemaal zo. Ik had geen idee wat ik kon verwachten (zoals bij iedereen die voor een sessie komt), maar ik had zeker niet verwacht dat het vorige leven dat naar voren kwam. Aan het eind vroeg ik of ze me toestond om de tape te gebruiken, want het was zeker een primeur. En op dit punt in mijn onderzoek dacht ik dat ik niet meer verrast kon worden. Elke keer als ik die aanname doe, komt er iets nieuws naar me toe om mijn denken opnieuw uit te dagen. Ze maakte een kopie van de tape en stuurde die later naar mijn hotel.

Ik gebruikte de cloudmethode die de persoon normaal gesproken naar een geschikt vorig leven brengt wanneer hij uit de wolk afdaalt. Opnieuw moest ik verrast worden.

D: Vertel me het eerste wat je ziet als je naar de Aarde afdrijft. J: Eigenlijk drijf ik niet naar de Aarde. Ik drijf ergens anders heen.
J: Ik drijf af op een soort grijzige planeet. Het ziet er vreemd uit, metallic. Het geeft me een vreemd gevoel. Heel vreemd. Niet zo leuk.
D: Waarom heb je er last van?
J: Het voelt heel cool. En het is niet zacht zoals de cloud. Het is moeilijk.
D: Hoe ziet het eruit onder je voeten?

J: Het is een beetje steenachtig. Steen, het is ook stof. En er is helemaal geen gras, noch iets als planten. Tenminste waar ik nu sta. Het is ook grijs en metallic. Er lijken gebouwen van een soort op het oppervlak van de planeet te zijn. Ze liggen in de verte, maar ik kon erheen lopen als ik dat wilde.

D: Hoe zien de gebouwen eruit?

J: Asymmetrisch. Het is als een half dak. Weet je, als je een huis neemt en het heeft een heel steil dak, en je snijdt dat in tweeën, dan krijg je het soort gebouw dat ik bedoel. Het heeft een zeer rechte voorkant en kleine ramen, als dat is wat ze zijn. Het kunnen luchtgaten zijn of zo, ik weet het niet.

D: *Lijken alle gebouwen op elkaar?*

J: Ik zie er op dit moment maar een paar, en deze zien er zo uit. Al het andere is steen, en bergen, kleine bergen.

D: *Op de achtergrond?*

J: Ja, en waar ik ook ben.

D: *Is het helder?*

J: Nee, het is niet helder.

D: *Ik vroeg me af of er een zon was.*

J: Nee, ik kan geen zon zien. Het is donkerder. Je kunt alles zien, maar het is niet helder.

Ik vroeg haar toen om naar haar voeten te kijken, zodat ik kon zien hoe ze eruit zag. Ze hapte naar adem en leek totaal verrast te zijn door wat ze zag. Het was totaal onverwacht voor haar.

J: Het is lastig voor mij om te zeggen, maar ik denk dat ik het zal moeten zeggen. Ze zijn metaalachtig. Het zijn een soort vreselijke dingen zoals ... als je je de hoeven van een paard voorstelt, maar dan puntig en heel technisch. Dat zijn mijn voeten. (Dit maakte haar erg ongemakkelijk.)

Ik was ook verrast, maar ik heb geleerd om te gaan met wat het onderwerp ziet, en probeer vragen te bedenken, hoe vreemd de situatie ook is. Er is altijd een reden voor het onderbewuste om te kiezen voor het leven waarin ze gaan.

D: *Dat is vreemd, alsof ze gemaakt zijn van een soort metaal?*

J: Ja. Het voelt alsof ik zelf een beetje metaalachtig ben. En de handen zijn een beetje zo ... het zijn een soort klauwen, maar er zijn maar twee stukjes. Je weet wel, net als de voeten. Het is als twee puntige dingen zoals een hoef. En de handen zijn vergelijkbaar.

D: *In plaats van vingers of cijfers van welke aard dan ook?*

J: Ja. Het voelt helemaal niet menselijk. Ik voel me vreemd.

D: *Heb je enig idee hoe je gezicht eruit ziet? (Pauze) Ik kan me voorstellen dat je jezelf toch niet kunt zien?*

J: Ik wil naar het meer en mezelf in het water zien.

D: *Is er een meer in de buurt?*

J: Ja, ik kan gaan. (Pauze) Ik loop op een grappige manier alsof, als een machine bijna. Het is anders dan hoe ik nu in mijn lichaam ben in dit leven. Ik kan mijn arm zien die ook een beetje grappig is, wat mijn schok bevestigt. Eigenlijk is het net een metalen ding, het hele ding. Ik loop naar dit meer en maak bewegingen die niet soepel zijn. Ik wankel daar en kijk in het water.

D: *Stijve bewegingen?*

J: Stijf, ja, en ik voel me een beetje als een robot als ze lopen. Beweeg gewoon de ene kant naar voren en de andere kant naar voren. Niet erg elegant eigenlijk. Ook al is het lichaam niet al te lelijk, maar ik zal zo meteen naar mijn gezicht kijken.

Ik gaf instructies dat het haar niet zou storen om naar zichzelf te kijken, hoe ongewoon het ook was.

J: Ik heb zoiets als ogen, en ze hebben de look als ogen, maar ... hoe ze in mijn gezicht staan, het is meer een driehoek. Ze bevinden zich in een driehoek.

D: *In plaats van een ovaal?*

J: ja. De flat is bovenop en de punt is naar beneden. Het zijn best mooie ogen, dat is een verademing. Ze zijn vreemd, die donkere ogen, en ze lijken een geleiachtige kwaliteit te hebben. Maar de rest van het gezicht is metallic.

D: *Heb je een mond of een neus?*

J: Ik heb een soort mond, ja, maar het is meer een opening. Als een rond dingetje. En de neus ... Ik ben niet zeker van een neus. Er zijn een soort spleten, sleuven. Heel vreemd.

D: *Kun je enig idee krijgen van hoe het van binnen is?*

J: Er is daar veel machinerie aan de gang. Machinerie.

D: *Ik vroeg me af of je organen had zoals mensen.*
J: Ik lijk dingen in me te hebben, ja. Ik weet niet of het organen zijn of wat ze zijn. Veel machines. Eigenlijk lijken er meer machines te zijn dan wat dan ook. Ik weet niet of ik bloed heb of iets dergelijks. Ik ben ... grijsachtig, donkerachtig ... een donkergrijs soort metaal.
D: *Dat is net als de kleur van de hele planeet, nietwaar? Donkergrijs?*
J: ja. Ook al zijn er variaties op de planeet. Als je dichterbij komt is er ook wit, witte steen en ook donkerder grijze steen. En de gebouwen zijn erg donker. Ze zijn een beetje glimmend grijs. Hoe noem je dit metaal dat zo donker en grijs is? Het huis is glanzend, reflecterend. Het is net als het spul dat ze op aarde hebben, niet als zilver, maar donker.
D: *Aluminium is helder, niet donker. Maar geen bomen of gras of zo?*
J: Nee, geen bomen of gras, nee.
D: *Denk je dat je daar woont in die stad waar die gebouwen staan?*
J: Ja, ik hoor daar op de een of andere manier thuis. Daar ben ik gemaakt.
D: *Wil je die plek van dichterbij zien?*
J: Hmm, het is een behoorlijke afstand.
D: *Je hoeft niet te lopen. Je kunt heel snel bewegen.*
J: Ja, daar kan ik naartoe. Het is een enorme stad van deze huizen.
D: *Ja, daar kan ik naartoe. Het is een enorme stad van deze huizen.*
J; Nee, dat is een andere plek. Degene waar ik de een of twee zag, dat is precies dat. Maar ik ben verhuisd naar de andere plek waar ik ben gemaakt. Dat zijn allerlei vormen van huizen, maar allemaal heel glanzend en grijs en donker. En we kunnen eronderdoor. We kunnen de planeet in. Er gebeuren veel dingen onder de oppervlakte. Het belangrijkste is dat het een beetje in het geheim gebeurt. Het zit eronder.
D: *Is dat het deel waar je het meest bekend mee bent?*
J: Daar kom ik vandaan. Daar ben ik gemaakt.
D: *Hoe ga je daar naar beneden?*
J: Ik weet gewoon hoe ik naar beneden moet gaan. Er zijn openingen, maar je gaat er gewoon doorheen. Het is niet zoals deuren. Het is gewoon omdat je er doorheen wilt, je gaat door. En je zweeft min of meer - niet naar beneden - maar glijdt naar beneden. Er zijn veel paden, en je gaat gewoon naar beneden alsof je een modern

buizensysteem hebt waarbij je gewoon door de lucht duwt of iets in een buis.

D: *Zoals paden of trottoirs?*

J: Ja, maar je loopt niet echt. Je valt erin. Jij bepaalt waar je naartoe wilt, en dat is waar het je duwt.

D: *En je zei dat je op dat gebied was neergehaald?*

J: ja. Er is veel vuur. En er zijn tafels waar ze dingen maken.

D: *Brand? Je bedoelt zoals lassen of machines of .... ?*

J: Ja, misschien lassen. Er zijn open haarden waar ze te maken hebben met metaal. En ze maken vormen. En er zijn andere plekken in een andere ruimte waar ze het interieur doen.

D: *De verschillende onderdelen en alles?*

J: Ja, de binnenkant ervan. Het werkt allemaal samen.

D: *Zie je de mensen die deze machines maken?*

J: ja. Ze zijn vleziger in het gezicht. En de rest kan ik niet zien omdat ze in een soort plastic beschermende kleding zitten. Ze dragen deze kleding over het hele lichaam.

D: *Komt dit door waar ze werken?*

J: Ja, het moet heel schoon zijn.

D: *Hoe zien ze eruit?*

J: (Ze leek ze te bestuderen.) Niet zoals ik. Ze hebben zachtere gezichten en ze zijn vrij bleek. Ze zien er heel menselijk uit, wat we 'menselijk' noemen. Bleek en lichtroze. Ze hebben wenkbrauwen, wat ik niet heb.

D: *Hebben ze haar?*

J: Ze hebben haar, ja, en ze hebben heel extreem haar. Heel lichtblond of helemaal zwart. Ik zie geen andere kleur. Vrij kort. Het is een soort gelikte, gelikte rug. Ik zie mannen, en ze zien er best goed uit.

D: *Zie je vrouwen of zijn het allemaal mannen?*

J: Ik zie op dit moment geen vrouwen, nee.

D: *En deze mannen maken deze machines?*

J: Ja, ze maken ons.

D: *Zie je anderen die op jou lijken?*

J: Nee, ik zie maar halve. Ik bedoel, delen van dat proces.

D: *Ze zijn dus bezig gemaakt te worden. Waarom creëren ze mensen ... dingen zoals jij? Ik weet niet of ik je een persoon moet noemen of niet. Waarom creëren ze jou?*

J: Ze willen experimenteren en kijken of ze het kunnen. Ze gebruiken ons ook voor dingen die ze niet willen doen. Of ze kunnen het niet, omdat het te gevaarlijk is of zo.

D: *Zoals dienaren of arbeiders?*

J: Ja, meer als arbeiders. Werknemers die een bepaalde taak moeten uitvoeren.

D: *Het klinkt alsof ze al een tijdje aan het experimenteren zijn, want het werkte echt goed, nietwaar?*

J: ja. Er is een grote ruimte. En ze maken nieuwe. Ik weet niet waarom. Ik neem aan dat we na een tijdje aan het slijten zijn. We kunnen niet eeuwig doorgaan, dus moeten ze nieuwe maken. Het is heel vreemd.

D: *Maar zijn het allemaal machines?*

J: Het zijn allemaal machines. Er is zoiets als een ziel. Dat is zo vreemd, want ik heb ook gevoelens. Ik ben niet zomaar een machine, weet je.

D: *Zijn ze in staat om een ziel, een geest in deze machines te stoppen?*

J: Ik denk dat ze er een deel van het hunne in hebben gestopt.

D: *Wat bedoel je?*

J: Ze verdelen de hunne. Ze geven ons een beetje van hen. We zijn ze dus niet, maar we functioneren op hun manier.

D: *Anders zou je als een robot zijn, een machine?*

J: ja. Ze willen dat we de dingen goed doen. Of om te vertrouwen op onze emoties en de taak die we moeten doen. We zouden niet verfijnd genoeg zijn om het te doen als we dat stuk niet hadden. We zouden gewoon geprogrammeerd zijn. Maar naast het feit dat we zeer goed uitgerust zijn voor de taak met een metalen lichaam, moeten we ook dingen doen waar we op de een of andere manier soulfulness nodig hebben. En daarom geven ze ons een beetje van hen, want dat is de enige manier waarop ze ... Ik bedoel, ze creëren geen zielen. Dat vermogen hebben ze niet. Misschien doet God het of iemand anders. Maar ze hebben geen ziel om ons te geven. Ze kunnen het alleen doen door een klein beetje van hen op te offeren. En dat is wat ze in ons stoppen.

Dit was het deel dat ik moeilijk kon begrijpen. Als ze naar een leven ging waar ze een mechanisch persoon was, een machine, een robot, hoe kon ze dan met me communiceren? Hoe kon ze gevoelens hebben? Een mechanische schepping zou er geen ziel aan toegewezen krijgen, en een ziel zou er normaal gesproken niet voor kiezen om het binnen te gaan. Dit was een totaal nieuw idee, dat iemand een machine een stukje van zijn eigen ziel kon geven, zodat deze effectiever zou kunnen functioneren in deze buitenaardse wereld.

D: *Kun je zien hoe dat wordt gedaan?*
J: Ik zie ze een ceremonie doen. Ze komen bij elkaar en ze "spugen" het uit en stoppen het in de machine als het klaar is.
D: *Wat bedoel je met "uitspugen"?*
J: Ze lijken te besluiten dat ze een beetje willen geven, en ze spugen het uit hun mond in de machine-persoon.
D: *Hoe ziet het eruit als ze het uitspugen?*
J: (Pauze) Ik kan het niet echt zien. Ze stoppen het direct in de machine.
D: *Je bedoelt dat het onzichtbaar is?*
J: ja. Of zoals wanneer je uitademt, je niet echt iets ziet, tenzij het koud is. Dat soort dingen.
D: *Dit... activeert het?*
J: Dat laat het daar gewoon los. En dat is wat het gevoel geeft aan de machine. Zonder dat zou het gewoon een machine zijn, en ze zouden computerchips of dingen moeten doen om het zeer ondergeschikte taken te laten uitvoeren. Maar ze willen meer dan dat.
D: *Neemt het iets van hen weg als ze het een stukje van hen geven.*
J: Ja, het neemt dat stukje van zichzelf weg. Ze moeten genoegen nemen met minder. Ze moeten een beetje van hun macht opgeven om dingen te laten gebeuren, wat ze willen dat gebeurt. Anders zouden ze het niet kunnen.
D: *Denk je dat er een andere manier zou zijn waarop ze de machines zouden kunnen activeren?*
J: Nee, dat konden ze niet, nee. Ze hebben een ziel nodig.
D: *Vaak worden dingen geactiveerd door de geest.*
J: O nee, zo is het niet. Ze hebben deze kracht van de geest niet. Dat hebben ze nog niet.
D: *Maar ze zijn in staat om het een beetje van zichzelf te geven, het te verdelen om de machine te activeren.*
J: ja. Dat is wat ze kunnen doen. Ik bedoel, de machine werkt met alleen de elektriciteit of wat ze hebben om de onderdelen en alles te stimuleren. Omdat het geprogrammeerd is, zou het werken.

Maar het zou niet op deze geavanceerde manier werken. Dus besloten ze dat ze een klein offer zouden brengen en tien of twintig procent zouden inbrengen. En ze kunnen nog steeds hun zielsdelen hebben, waarvan ik denk dat ze denken dat het voldoende is. Dus ze geven een klein beetje aan de machine, zodat deze meer dienovereenkomstig kan handelen.

D: Denkt de machine zelfstandig en heeft hij een intellect?
J: De machine heeft denkkracht, ja. Maar het is natuurlijk geprogrammeerd. Het is alleen maar denken omdat het geprogrammeerd is. Het heeft dat allemaal van hen gekregen.
D: Het kan niet vanzelf als individu?
J: Nee, nee. Pas als het de ziel heeft, kan het op een andere manier reageren. Dat is het verschil. Het zal nog steeds alleen doen wat het moet doen, maar het heeft meer variatie in reageren.
D: Het is dus niet als een compleet wezen dat op zichzelf kan functioneren en denken als een mens? (Nee, nee.) Maar het geeft het meer mogelijkheden dan een machine.
J: Ja, dat klopt.
D: Meer een persoonlijkheid, denk ik. (Jazeker) Tja, kun je als machine praten? Kun je met hen communiceren?
J: Nee. We kunnen praten, ja. Het klinkt niet erg mooi. Het is alsof het taal is, maar het klinkt niet mooi.
D: Is dat de manier waarop ze communiceren?
J: Nee, ze hebben mooie stemmen, maar we hebben alleen machinestemmen.
D: Ze communiceren dus wel verbaal, in woorden.
J: Ja, dat kunnen ze. Ze geven ons commando's in woorden, maar ook met de binnenkant, de machinerie. Ze kunnen niet zomaar denken en wij doen het. Ze moeten het ons vertellen.
D: En je bent in staat om met hen te communiceren.
J: Alles wat we zeggen is "ja" of "begrepen" of zoiets.
D: Dus ook al heb je een bepaalde hoeveelheid intellect, je kunt niet communiceren als een denkend mens.
J: Dat is niet de bedoeling. Dat zou kunnen, maar dat is niet de bedoeling. We zijn geprogrammeerd om de taak te begrijpen en "begrepen" te zeggen en het te doen.
D: Welnu, het individu dat je een stukje van zijn ziel heeft gegeven, van zichzelf, voelt dat individu enige aantrekkingskracht tot je, of verbinding?

J: Ik denk dat het enige verband dat we hebben, is dat ik weet welke het is. Ik kan het gezicht zien.

D: *Ik dacht dat als het je een deel van zichzelf zou geven, het zich op de een of andere manier met je verbonden zou kunnen voelen.*

J: Het zou kunnen, maar dat weet ik niet. Dat kan ik niet voelen. Ik weet welke het was, en misschien voel ik er iets voor, of ermee of .... Ik kan het niet zeggen.

D: *Nou, het is een andere manier van bestaan, nietwaar?*

J: Ja, het is een vreemde manier van bestaan.

D: *Moet je iets consumeren? Ik denk aan levensonderhoud. Hoe blijf je in leven? Als machine vind ik dat waarschijnlijk een vreemde vraag.*

J: We eten niet echt iets. Ook gaan we niet naar het toilet. We krijgen zoiets als een substantie, zoals een olie, maar dat is alleen voor de machines. We krijgen niets voor de ziel.

D: *Hoe doen ze de olie in je?*

J: Ze zetten het gewoon waar het nodig is, kleine hendels en gaten waar je gewone olie nodig hebt. Weet je, het is net een auto of zoiets.

D: *Maar ze wilden tenminste niet alleen machines hebben. Ze wilden dat ze meer persoonlijkheid hadden. (ja) Maar zoals je al zei, het slijt wel. En daarom moeten ze meer blijven verdienen?*

J: Ja, ze willen echt alles verkennen en ze hebben veel werknemers nodig. Vanwege waar ze naartoe gaan, kennen ze de omgeving niet en hoe het zal zijn. En we moeten stabiel zijn tegen hitte. Want als we naar een andere planeet moeten waar het heel warm is, moeten we dat kunnen overleven, en niet uitdrogen. De olie is dus een soort hittebestendig. En onze handen zijn eigenlijk hittebestendig. Ik realiseer me nu dat de voeten ook hittebestendig zijn. Alles is hittebestendig.

D: *Ik zou denken dat metaal warmte zou geleiden, maar ik denk dat het een andere soort is.*

J: Het is een ander soort. We hebben het niet op aarde. Het ziet er aan de buitenkant gewoon uit als iets dat we hebben.

D: *Dus ze nemen je mee op hun verkenning van andere planeten.*

J: Ja, ze sturen ons weg voor taken, zodat we kunnen zien welke planeet bevorderlijk is voor wat het doel ook is.

D: *Als ze je daarheen brengen, wat nemen ze je dan op?*

J: Die ronde dingen waar we in reizen. En ze zetten de bestemming in. We weten dat ze het een kaartje geven en dat invoegen, en dat is de bestemming. Dus het brengt ons daarheen.

D: *Gaan ze met je mee?*

J: Nee, nee. Ze zouden nooit met ons meegaan. Nee, nee. We moeten het doen. Omdat ze een huid hebben en roze zijn. Ze zouden geen bescherming hebben tegen licht, omdat het heel intens licht is waar we naartoe gaan. Daarom hebben we donkere ogen. We hebben ook speciale zonnebrillen. Het zijn zonnebrillen die ... (verward, moeilijk te beschrijven) ... hoe zeg je dat? Als een dun, plastic ding. Maar er zitten kleine gaatjes in, dus er komt maar een bepaalde hoeveelheid licht doorheen. En al de rest is donker. Zo geven we onszelf extra bescherming.

D: *Is dat een deel van je oog?*

J: Nee, dat is als iets extra's dat we er bovenop leggen. We zetten het over de ogen, als een zonnebril bijna.

D: *Als je naar deze plaatsen gaat, kunnen ze toch ook erg koud zijn?*

J: Dat zou kunnen, ja.

D: *Kun je functioneren in elke soort temperatuur, elke soort omgeving?*

J: Ja, maar we zijn speciaal gemaakt voor de warmteplekken.

D: *Welnu, zie jezelf naar een van deze plaatsen worden gestuurd. Je zei dat ze de kaart in de machine stopten?*

J: ja. We gaan daar binnen en de capsule is gesloten, en de capsule gaat waar we moeten gaan. En het moet ook nogal hittebestendig zijn, zelfs meer dan we op de een of andere manier zijn. Want anders gaat het ons niet terugbrengen.

D: *Ze moeten je terugbrengen met informatie?*

J: Rechts. We hebben een automatische registratie van informatie. Het gaat door de ogen.

D: *Legt dat op de een of andere manier informatie vast, zoals gegevens of zoiets? (Jawel.) Wat doe je als je op de plek aankomt?*

J: Daar landt het. We moeten door de hitte heen. En reis rond in de hitte en kijk wat eronder zit. En of er mensen zijn, of niet, wat er is.

D: *Zoals een hittebarrière, bedoel je? (Ja, ja.) En je landt daar om te zien of er leven is?*

J: En of er leven is, en wat voor soort. Zodat ze kunnen worden voorbereid voor het geval ze door de hitte gaan. Zodat ze de planeet kunnen bezitten of verkennen. En zo niet, dan kunnen ze het beter niet doen. Dus ze krijgen dit soort informatie.

D: *Als het het soort plek is waar ze naartoe kunnen gaan en overleven.*

J: ja. En daarom hebben we de ziel ook nodig, omdat we ook kunnen voelen of het aangenaam is, of dat de mensen goed of slecht zijn.

D: *Een machine zou dat niet kunnen. (Nee) Een machine kan informatie opnemen, maar het kan hen geen dingen geven die ze moeten weten.*

J: ja. Maar er zit ook een nadeel aan. Omdat we ziel hebben - oké, misschien is het maar tien of twintig procent - maar we hebben het. Dat betekent dat we alle emoties hebben die daarbij horen. Dat betekent dat we dingen als aantrekkingskracht onder elkaar voelen.

D: *Je bedoelt elkaar als een machine?*

J: ja. En misschien zelfs met andere wezens van andere planeten. Er kunnen andere zijn die vergelijkbaar genoeg zijn om een attractie te creëren. En natuurlijk is het niet de bedoeling dat we dat leven of voelen. We hebben geen voortplantingsorganen. Dat hebben ze geblokkeerd. Ze hebben ons gemaakt, maar we voelen alle gevoelens. Dat is heel vreemd.

D: *Dat is een van de nadelen?*

J: Ja, want daar hebben we last van. En ook voor hen is het iets wat ze niet begrijpen. Ze moeten ermee dealen als we terugkomen. En we willen onze taak niet doen, omdat we iemand hebben ontmoet. Het is heel moeilijk.

D: *Omdat dat deel van de ziel een aantrekkingskracht heeft, een gevoel.*

J: (Helaas) Ze zijn eigenlijk heel wreed tegen ons, omdat ze ons bewijzen dat er geen hoop is. En ze doen dingen met ons lichaam, grappige dingen. Omdat we denken dat er misschien een kans is als ze ons iets van binnen geven. Als ze het goed maken, zouden we dit eigenlijk kunnen doen. We zouden connecties kunnen hebben zoals zij dat hebben. We kunnen verliefd zijn, en een gezin en zo hebben, maar ze zijn niet bereid om dat te doen. Integendeel, ze lachen. Ze doen dingen met mij. Weet je, ze zetten iets door, zoals een schroevendraaier, en ze zeggen: "Kijk, er zit niets in. Het is belachelijk. Het is gewoon metaalachtig. Je hebt niets. Er kan geen gevoel zijn." Maar het is als een fantoompijn. We hebben het, omdat we denken dat we daar iets hebben dat vruchtbaar is, vanwege het zielsgedeelte. Ze beseffen waarschijnlijk niet helemaal hoe het moet zijn. En ze denken: "Oh, het zijn gewoon machines." Maar dat zijn we niet. We hebben alle behoeften. Het is maar in geringe mate misschien, in mindere mate, maar op onze eigen manier hebben we deze behoeften. En ze staan ons niet toe om het te leven.

D: *Dus ze realiseerden zich niet dat ze je ook gehandicapt maakten door je deze gevoelens te geven.*

J: Ik denk dat ze geen idee hadden.

D: *Maar zoals je al zei, ze zijn nog steeds aan het experimenteren.*

J: Dat is waar, ze zijn aan het experimenteren en ze beseften niet echt wat er kon gebeuren.

Dit deed me denken aan verwijzingen naar recente films en tv-programma's. In "Bicentennial Man" was Robin Williams een robot die evolueerde tot het punt dat hij niet te onderscheiden was van een mens, met alle gevoelens en emoties. Ook in een 'Star Trek, Next Generation'-aflevering waarin Data gedemonteerd moest worden, en moest bewijzen dat hij echt bijna mens was. In beide gevallen konden "normale" mensen niet geloven dat machines het vermogen konden ontwikkelen om emoties te voelen en te ervaren, en kenmerken konden vertonen die we categoriseren als strikt behorend tot het menselijk ras.

D: *Als je naar deze plaatsen gaat, verzamel je dan informatie door gewoon alles te bekijken?*

J: ja. En eigenlijk door er naartoe te gaan. Door het te laten staan - de temperatuur te meten en te zien hoe dicht de gordel rond deze planeet is. En hoe koud of warm het eronder is, of er bevolking is, of zo niet. En als er bevolking is, is het alsof je een foto maakt door je ogen. Alleen al door ernaar te kijken, wordt de informatie tot op zekere hoogte binnengebracht. En ze kunnen dat aan de andere kant eruit halen en de gegevens reproduceren.

D: *Hoe zit het met de mensen, de wezens die op deze planeten leven? Hoe reageren ze als ze je zien?*

J: Oh, we moeten echt proberen om niet gezien te worden, want ze zijn nogal geschokt als ze ons zien.

D: *Dat is wat ik dacht. Je zou niet op hen lijken.*

J: O, helemaal niet. Ze zouden geschokt zijn. Dat kunnen we alleen als ze ... zoals in trance. Soms moeten we iets doen om ze niet bewust te maken dat we er zijn. Een soort van blokkeren van het bewuste deel van de bewuste geest - dan nemen we de foto en gaan we weg. En ze ontspannen en zijn weer normaal. Ze herinneren het zich niet meer.

D: *Misschien moet je daarom dat kleine menselijke deel hebben, omdat een machine niet zou weten hoe hij deze dingen moet doen.*

J: Nee, het zou niet gevoelig zijn om te beseffen dat de andere persoon zich concentreert, of het slaapt, of het is dagdromen, of wat ze ook zijn.

D: *En als het gezien zou worden, zou het niet weten hoe het zich moet verstoppen.*

J: Nee. Het zou de schok die het veroorzaakt helemaal niet begrijpen. Terwijl we het kunnen weten, kunnen we zien dat er verschillende soorten mensen zijn, en ze reageren. En we geven de voorkeur aan de machinemensen. Ik bedoel, ik ben liever bij een verliefde machinepersoon dan bij iemand anders. Het is heel moeilijk.

Deze beschrijving van het doel en de taken van de robots klonk erg vergelijkbaar met de kleine grijze wezens die in UFO-gevallen werden gezien. In The Custodians werd mij verteld dat deze kleine wezens waren geschapen om taken uit te voeren en fysieke omgevingen te betreden die schadelijk zouden zijn voor de wezens op het grotere vaartuig. Toen ik suggereerde dat ze klonken als robots, werd me verteld dat het geen mechanische, maar biologisch geschapen wezens waren die strikt als arbeiders werden gebruikt. Ze lijken ook een zekere mate van intelligentie te hebben, in die zin dat ze de taken kunnen uitvoeren, maar niet emotioneel betrokken lijken te zijn. Het is deze kille houding die de mensen die contact met hen hebben gehad het meest beangstigt. Ik probeer in mijn therapie uit te leggen dat dit komt omdat ze geen volledig denkend, functionerend wezen zijn. Zouden ze een meer bijgewerkte versie van de mechanische robotwerkers kunnen zijn? Zou de wetenschappelijke technologie in de loop van de tijd van machinerie naar bionica zijn geëvolueerd? Kunnen ze ook geactiveerd worden door een vonk die ze gekregen hebben van ...

D: *Nou, voel je geluk of vreugde met je werk? Heb je dat soort emoties?*
J: Ik heb plichtsbesef. Ik heb niet echt plezier in het werk. Ik doe het omdat ik het moet doen.
D: *Je bent geprogrammeerd om het te doen.*
J: Ja, en het is wat ik moet doen, dus dat klopt. Het voelt goed om het te doen, maar het is niet iets dat me iets in het bijzonder geeft.
D: *Je kunt dus niet zeggen dat je je werk leuk vindt. Je doet het gewoon.*
J: ja. Ik heb er ook geen hekel aan. Je doet het gewoon.
D: *Dus wat doe je als je klaar bent met het verkennen van de planeet?*
J: We komen terug en zij halen de informatie eruit. En soms geven ze ons een beetje rust, en oliën ze ons en zo. Soms gaan we meteen terug naar ergens anders.
D: *Omdat je niet moe wordt zoals zij.*
J: Nee, we worden gewoon emotioneel moe van binnen, als je dat noemt. Maar ze weten het toch niet.
D: *Je hoeft sowieso niet te communiceren en te vertellen over je gevoelens.*
J: Ja, dat kunnen we, maar dat is niet de bedoeling. Ze maken grappen als we zouden zeggen dat we zus-en-zo willen. Ze lachen, want we zijn maar voor tien procent mens. Je weet of je dat wilt zeggen, en dat is niet de bedoeling. Ze realiseren zich niet wat ze ons hebben gegeven. Het is een veel breder iets, een geschenk of wat dan ook, dan ze zich realiseren.
D: *Ik vraag me af of ze wisten of het een verschil zou maken.*
J: Nee, want ze zouden ons willen controleren. Ze hebben ons alleen vanwege wat ze willen.
D: *Ik dacht dat het misschien een verschil zou maken als ze het echt wisten.*
J: Het enige wat ik kon denken dat dat zou kunnen gebeuren, is dat ze, in plaats van rond te snuffelen in onze onderste delen van het lichaam, het gewoon zouden vullen met een soort ondoordringbaar metalen ding. Ze lachten weer en zeiden: "Kijk, nu zit het erin. Dat is wat je hebt. Je hebt niets."
D: *Ik dacht omdat ze niet echt kunnen weten wat je voelt, dat zou een van de redenen kunnen zijn dat ze er niets aan kunnen doen.*
J: Nee, dat willen ze niet. Wanneer we iets zeggen, waar het ook over gaat, als het niet met de taak te maken heeft, lachen ze gewoon.

D: U zei dat als men verslijt, hij een andere moet maken. Wat gebeurt er met dat menselijke deel? Wordt dat overgeheveld naar het nieuwe?
J: Ik geloof het wel. Het gaat in de andere.
D: Dus ze hoeven het niet nog een keer te doen?
J: Nee, iedereen geeft maar één keer een donatie.
D: En dan als het lichaam roest of slijt....
J: Ja, of wat het ook is. Ze zetten het gewoon in de volgende.
D: Hoe kunnen ze dat doen? Hoe zou het van de ene machine naar de andere worden overgebracht?
J: (Fluistert) Hoe kunnen ze dat doen? (Pauze) Ik denk dat het hetzelfde is als in de ceremonie. Ze laten het meezuigen door de ander, door de nieuwe. De nieuwe lijkt het van de oude naar binnen te zuigen.
D: Dan wordt de andere waarschijnlijk gebruikt voor onderdelen, denk ik.
J: Ja, of ze steken het gewoon in het vuur en maken er iets nieuws van.
D: Dus dit deel dat is als een ziel ....
J: Het is een soort van gerecycled.
D: Gewoon van machine naar machine gaan. Ze hoeven het dus maar één keer te doen. Maar je hebt niet echt een keuze over het hele ding, toch? (Nee) Welnu, laten we die scène verlaten en doorgaan naar een belangrijke dag, wanneer er iets gebeurt dat je belangrijk vindt als deze machine. Wat doe je nu? Wat zie je?
J: Ik ben met iemand. Met een machinemens. En we willen echt op een andere manier leven. En ze is eigenlijk meer - hoe zal ik het zeggen? - daar verlangt ze naar. Ze opende mijn ogen een beetje. Ze lijkt meer ziel te hebben of zoiets. En ze zegt dat het niet genoeg is om net een machine te zijn. Dat andere stukje hebben we ook. En we willen ook andere dingen doen, niet alleen de hitte in gaan en verkennen. We willen - noem je het - een privéleven hebben.
D: Hoe weet je dat het een "zij" is? Heb je het gevoel dat je een seks of een geslacht hebt?
J: Ik heb het gevoel dat ik een "hij" ben, omdat ik de ziel van een hij heb gekregen. En ze komt uit een ander gebied. En ze is een zij. Weet ik. Dat voel ik. Ik kan altijd voelen wanneer ik aan het werk ben of ik omringd ben door een hij of door een zij.
D: Ze kwam uit een ander gebied?

J: Ja. En ze doet taken zoals ik, maar misschien heeft ze iets te veel ziel of zo. Ze heeft hier veel over nagedacht en ze wil dat we ontsnappen of iets anders doen.

D: *Wat vind je ervan? Is er een manier om te ontsnappen?*

J: Ik weet het niet. Ik vertrouw haar. Ik denk van wel als ze het zegt.

D: *Is er ergens waar je naartoe kunt gaan?*

J: Ze denkt dat er veel plaatsen zijn waar we naartoe zouden kunnen gaan, omdat ze niet zouden weten of we ergens anders naartoe zouden gaan. Zoals na de taak, voordat ze ons de nieuwe informatie geven. Als we hadden gepland waar we naartoe konden, zouden ze het niet weten.

D: *In de capsule bedoel je?*

J: Nee, gewoon op de planeet. Als we gewoon naar buiten lopen naar de taak, maar in plaats daarvan lopen we ergens anders. En we komen gewoon niet meer terug.

D: *Zouden ze je niet op de een of andere manier kunnen volgen?*

J: Ik weet het niet. Misschien wel.

D: *Is dat haar plan?*

J: Het is maar een hoop. Het is gewoon een beetje, weinig hoop. Het is geen echt doordacht plan, want dat is alles wat ze kan bedenken.

D: *Maar het is een idee.*

J: Het is een leuk idee en het zou het proberen waard zijn, nietwaar?

D: *Ja. Is dat wat ze wil doen na de volgende taak?*

J: Ze wil het niet alleen doen, want de reden waarom we het willen doen is natuurlijk vanwege dat privé-stukje. Een soort zielenuitwisseling. En we hebben er niet veel van, maar we denken dat het kan groeien als we het meer of zo gebruiken.

D: *Ja, en als je alleen was, zou je eenzaam zijn. Je kunt eenzaamheid voelen. Klopt dat?*

J: Ja, dat voelen we. En we hebben verlangens naar onbeschrijfelijke nabijheid, die we nooit hebben ervaren.

D: *Je hebt verlangens naar anderen van je eigen soort, dus je kunt niet alleen op pad gaan en alleen bestaan. (Nee, nee.) Wat besluit je te doen?*

J: Ik vind het allemaal heel aanlokkelijk klinken wat ze zegt. En ik denk dat het het proberen waard zou zijn. En dat geeft haar moed om te zeggen: "Misschien moeten we het snel proberen." Liever vroeg dan laat. Dus besluiten we manieren te vinden om naar deze verre plaatsen te gaan waar een grot is of zoiets. In de bergen zit een gaatje, en misschien kunnen we ons daar een tijdje verstoppen. Want alles wat we nodig hebben is olie of iets dergelijks, dus het is geen probleem.

D: *Dus je denkt dat je het zou kunnen doen en ze zouden het verschil niet weten. (Jazeker) Wat besluit je te doen?*

J: We besluiten dat na de volgende taak te doen. Wanneer de volgende gelegenheid zich voordoet.

D: *Vertel me wat er gebeurt.*

J: Ze is teruggekomen en ze zit in een andere capsule, maar ze is op dezelfde missie. Wat vreemd is, want ze is nog niet eerder geweest. Ik weet niet hoe dat uitpakte. Misschien heeft ze met iets of iemand geruild. Maar ze was op dezelfde missie. En ja, we ontsnappen. We ontsnappen wel. We lopen gewoon weg naar deze plek. Maar we hebben ons natuurlijk niet gerealiseerd dat ze meer dan één middelen hebben om ons te vinden. En natuurlijk vinden ze ons de volgende ochtend. Ze vinden ons heel snel. Ze beseffen de volgende dag dat we weg zijn. En ze gebruiken gewoon hun machines om ons te vinden waar we ons bevinden. Ze vinden ons sneller dan ik dacht.

D: *Wat gebeurde er dan?*

J: Allereerst gaven ze ons een vervelende lach om ons uit te lachen. En dan prikken ze in onze onderste delen van het lichaam. Ze prikken erin en maken grappige grappen over onze niet-bestaande seks en hoe dom we denken dat we zijn. Wat denken we slim dat we zijn, en echt dat zij de meesters zijn. Er komt iemand binnen die echt van streek is, alsof hij persoonlijk beledigd is, vanwege wat we onszelf hebben toegestaan te doen. (Zucht) En dat is degene die het bevel geeft dat we in het onderste deel van het lichaam worden geslagen. We worden verpletterd terwijl we de ziel nog in ons hebben.

D: *Ze realiseren zich niet dat het niets met seks te maken heeft. Het is gewoon gezelschap, nietwaar?*

J: Ze denken dat dat is wat we denken dat we willen doen. En ze maken er grappen over.

D: *Dus dat is wat hij heeft verordonneerd, dat je verpletterd zult worden?*

J: Ja, we zullen in dat deel van het lichaam worden geslagen. "We zullen je laten zien hoe belachelijk je bent." En voor ons beiden zou het gebeuren, als een vernedering en een straf. En natuurlijk is het als een doodstraf, nietwaar? (Jazeker) Omdat het betekent dat we weer gesmolten zullen worden. (Helaas) En wat gebeurt er met het zieletje?

D: *Ja, dat vroeg ik me af. Wat gebeurt er?*

J: Dat doen ze ons aan, ja. We voelen de vernedering. Hoewel we het lichaam of zo niet kunnen voelen, kunnen we de vernedering wel voelen.

D: *Je kunt niet echt pijn voelen in een metalen lichaam.*

J: Nee, nee. Maar we voelen al de rest. En we voelen de macht die ze hebben, en eigenlijk dat ze ons gewoon als niets kunnen behandelen. Dus slaan ze het lichaam kapot en gooien ons dan in het vuur.

D: *Met de ziel nog in? Dat doen ze meestal niet, toch?*

J: Nee, de ziel moet ... Ik weet niet wat ze met de ziel doen.

D: *Laten we eens kijken wat er gebeurt nadat ze je in het vuur hebben gegooid. Ga naar waar het voorbij is. Wat is er met jou gebeurd, de echte jij?*

J: Het cirkelt gewoon. Het heeft het vuur verlaten en het cirkelt rond. En het is ook in staat om met de andere ziel te communiceren, dus dat is best leuk. Maar aan de andere kant is ons bestaan niet mogelijk geweest op de manier die we wilden.

D: *Wat besluit je te doen?*

J: We besluiten weg te drijven, heel ver weg.

D: *Ze kunnen je nu toch niet vangen?*

J: Nee, ze merken ons niet eens op. Ze zijn het eigenlijk helemaal vergeten.

D: *Normaal gesproken zouden ze je in een ander lichaam hebben gestopt.*

J: Ja, dat is waar. Ze hadden er te laat over nagedacht of zoiets. Ik weet het niet.

D: *Misschien dachten ze dat je niet het soort was dat ze wilden, dus het zou beter zijn om van je af te komen.*

J: Dat is een mogelijkheid, ja. Ik weet het niet.

D: *Maar dat is goed. Je bent ontsnapt, nietwaar?*

J: Eigenlijk hebben we dat na alles gedaan, ja. Dat is waar.

D: *Je ontsnapte op een andere manier dan je dacht. (ja) In zo'n bestaan hoef je niet meer te leven. Je kunt gaan en staan waar je wilt.*

J: Ja, dat is waar.

Ik vroeg toen om met Johanna's onderbewustzijn te spreken. Dat is hoe ik de antwoorden kan krijgen en de therapie kan toepassen door rechtstreeks te spreken met dat deel dat de gegevens van de persoonlijkheid bijhoudt, en het kan worden beïnvloed om positieve veranderingen aan te brengen. Mij is nooit de toegang geweigerd, omdat het zich realiseert dat ik het welzijn van de persoon voorop heb staan in mijn werk. Ik geloof dat het mijn motieven heel duidelijk kent, en als ik niet de juiste motieven had, zou mij de toegang worden ontzegd. Het is altijd gemakkelijk om te zien wanneer het onderbewuste spreekt, omdat het objectief is en in de derde persoon over de cliënt spreekt en hen als een afzonderlijke persoonlijkheid behandelt.

D: *Waarom liet het onderbewuste Johanna dat ongewone leven zien?*
J: Om haar te laten zien dat het vernederingsgedeelte nog steeds heel sterk bij haar is. Ze heeft een angst om vernederd te worden. Er is een sterke link.

In dit huidige leven is een van de problemen die Johanna heeft dat ze gemakkelijk vernedering voelt, zelfs als het niet opzettelijk is. Dit heeft haar ervan weerhouden haar volledige potentieel te ontwikkelen en veel doelen na te streven.

D: *Dat lichaam was niet menselijk. Heeft Johanna vele levens gehad in een volledig menselijk lichaam?*
J: Ja, ze heeft ook veel andere mensenlevens gehad. Maar die beïnvloedt haar nog steeds. Het was ook om haar te helpen begrijpen waarom haar behoefte aan vrijheid zo sterk is. Om onafhankelijk te zijn.
D: *Maar ik vond het vreemd dat ze op die ongewone manier geschapen was en een deel van een ziel kreeg.*
J: Dat is niet verwonderlijk, want daarvoor had ze een leven waarin ze het zielsdeel van zichzelf niet genoeg waardeerde. Mensen zeggen: "Oh, het is gewoon je ziel. O, dat emotionele stukje is niet belangrijk." En ze werd getoond hoe het is als de ziel geen uitdrukking kan vinden. Of hoe beperkend het is om maar tien of twintig procent te hebben, in plaats van het volledige bedrag.

D: *Voor mij is dat verwarrend. Kunt u antwoorden? Ze dacht dat de persoon die haar schiep haar een deel van haar ziel gaf. Is dat wat er is gebeurd?*

J: Ja. Maar toch zat ze in zichzelf in het machineleven. Ze was een compleet - nou ja, zo compleet kan zijn - persoon. Dus moest ze de beperktheid ervaren van het hebben van meer machineleven dan zielsleven.

D: *Maar wanneer de ander haar een deel van zijn ziel gaf, zou het van hem zijn, nietwaar, in plaats van de hare?*

J: Het was een deel van haar, nietwaar? Ik bedoel, ze was allebei.

D: *Dat kwam gewoon bij me op. Je bedoelt dat zij ook de persoon was die haar leven gaf?*

J: Ja, maar dat wist ze helemaal niet. Want anders had ze deze ervaring niet gehad, als ze haar dat hadden verteld. Als haar was verteld dat we meer dan één persoon zijn. We hebben overal zielsstukjes.

D: *Omdat ze in wezen geen leven konden creëren. Ze konden gewoon een deel van zichzelf overdragen?*

J: Dat klopt.

D: *Dus ze zou eigenlijk in de machine weten dat ze minder was. (Jazeker) Dus een deel van haar ging verder met de man en het heeft ook karma gemaakt. (Jazeker) En het andere deel bestaat nu in Johanna.*

J: En het zal haar ook uitleggen waarom ze in dit leven haar ziel belangrijker vindt dan wat dan ook.

D: *Op dit punt beseft ze de waarde ervan, omdat er een tijd was dat ze er maar een heel klein deel van had. (Rechts) Ze had nog wat vragen. Verklaart dit ook de problemen in haar fysieke vrouwelijke organen?*

Voorafgaand aan de sessie besprak ze problemen met onregelmatige menstruaties met veel krampen.

J: Ja, dat is zo. De angst om vernederd te worden door een mannelijk persoon, omdat degene die besliste over de verplettering een man was. En het hele gevoel ging ook over vernedering. Ook het tasten en porren dat ze met de gereedschappen deden als ze erom lachten, maakte deel uit van haar zielsherinnering. Het was dus niet veilig voelen in een vrouwenrol.

D: *Ze wilde dus geen volwaardige vrouw zijn en kinderen krijgen.*

Ze is nooit getrouwd en heeft nooit kinderen gewild. Ze heeft momenteel een platonische relatie met een man.

J: Ja. Het gevaar om zo verpletterd te worden door iemand die machtiger is, lijkt een zeer reëel gevaar.

Ik bleef de vragen stellen die ze had gevraagd, en veel van de huidige problemen kwamen voort uit het gemakkelijk vernederen, ook al was het onbedoeld. Het grootste deel van mijn therapiewerk is het samenvoegen van de stukjes en het overtuigen van het onderbewuste om de fysieke ongemakken los te laten, omdat ze niet nodig zijn in het huidige leven. Ze hebben hun wortels in een ander leven. Zodra de verbinding is gemaakt en het begrip komt, wordt het probleem losgelaten en zijn fysieke en emotionele voordelen onmiddellijk. De symptomen hebben hun doel gediend om de aandacht van de bewuste geest te krijgen, dus ze zijn niet langer nodig. Veel gevallen van vrouwelijke problemen en onvruchtbaarheid etc. zijn terug te voeren op gebeurtenissen uit vorige levens. Dit was echter de vreemdste verklaring die ik ooit heb gehad voor dit soort fysieke problemen.

De therapieverbinding was belangrijk, maar voor mij was het meest interessante aspect van deze zaak dat een ziel een machinelichaam kan bewonen. Ook dat de ziel zichzelf kon verdelen, en een splinter kon afbuigen en een andere persoonlijkheid kon worden die andere lessen leerde dan de gastheer of de oorspronkelijke ziel. De twee zouden zich nooit bewust zijn geweest van elkaar, of dat er een scheiding was. Dus hoeveel stukken van ons zijn versplinterd en zielsstukken geworden zonder ons bewuste bewustzijn? We zullen het waarschijnlijk nooit weten, en het gaat terug op het idee dat we in wezen allemaal deel uitmaken van iedereen, en alles is één.

* * *

In mijn begindagen van regressietherapie had ik een geval dat enige gelijkenis vertoont, en op dat moment had ik geen idee wat ik had gevonden. Het paste niet in de mal waarin ik mijn koffers op dat moment probeerde te plaatsen, meestal lineaire reïncarnatie. Een vrouw ging naar een vorig leven waar ze een hoogopgeleide priesteres was die toegewijd was aan het werken in een tempel en als adviseur voor het volk. Ze zou celibatair opgesloten blijven in de tempel en leidde een zeer eenzaam leven.

Tot op een dag een vreemdeling de haven binnenvoer en ze uiteindelijk verliefd werden. Ze stond voor een moeilijke keuze: vertrekken met haar minnaar, of bij haar gezworen geloften in de tempel blijven. Ze besloot uiteindelijk weg te varen, en daar kwam de verwarring (van mijn kant) om de hoek kijken. Ze deed verslag van het tafereel vanuit twee verschillende gezichtspunten: terwijl ze vrolijk wegvoer, en terwijl ze op de kust stond te snikken omdat een stuk van haar wegging. Blijkbaar was het deel van haar dat op het schip zat niet op de hoogte van het deel dat achterbleef. Bijna alsof de beslissing haar in twee mensen had verdeeld. Ik heb dit concept nooit kunnen begrijpen.

Toch gaat het ook samen met het concept dat in hoofdstuk 11 wordt beschreven over parallelle levens en dimensies. Wanneer we een beslissing nemen, moet de energie van degene die we niet hebben gekozen ergens heen gaan. En dus splitst het zich af en wordt het een andere "jij" die de andere beslissing uitleeft. Misschien was de priesteres in dit geval op de hoogte van wat er gebeurde vanwege haar opleiding, waar ze normaal gesproken niet had moeten weten dat er iets was gebeurd. Ze zou de man hebben zien wegvaren en op die manier verdriet om zichzelf hebben gevoeld, niet omdat er een stuk van zichzelf wegging. Als er niets anders is, hebben deze gevallen me geleerd om met een open geest na te denken en ingewikkelde concepten te verkennen.

Hoofdstuk 16
De Goddelijke bron

Ik sprak op een UFO-conferentie in Berkeley in november 2000 en verbleef in het nabijgelegen Y.M.C.A. Deze sessie was een van de vele die ik uitvoerde in mijn kamer in de Y. Shirley was een vrouw van in de veertig die al heel lang een sessie wilde, maar elke keer dat ik naar dit deel van Californië kwam, was er een lange wachtlijst. Eindelijk hadden we de kans om samen te komen. Er werd hard gebouwd aan de overkant van de straat waar een gebouw van vijf verdiepingen werd voltooid. Al mijn sessies op deze locatie hadden hetzelfde probleem. Het lawaai stoorde me, maar leek het onderwerp niet te storen toen ze eenmaal onder waren. Ze zijn zich niet bewust van enige verstoring wanneer ze in deze staat van trance zijn. Eenmaal in Memphis ging een tornado alert sirene af. top van het gebouw naast het motel waar ik in was. Het ging een half uur door en was erg merkbaar op de tape, maar het onderwerp had er helemaal geen herinnering aan.

Shirley ging snel in de diepe trance en ik nam haar mee naar een vorig leven om de antwoorden op haar problemen te vinden. Ze viel terug naar een plattelandsleven waar boeren op een veld werkten. Ze zag zichzelf in een mannelijk lichaam, maar ze leek geen deelnemer, alleen een waarnemer. Vaak wanneer dit gebeurt, komen ze niet uit het gebied en reizen ze misschien door en zijn ze gestopt om de scène te bekijken. In deze gevallen kan ik ze meestal terugbrengen naar waar ze vandaan reisden, of ze vooruit naar hun bestemming brengen. Dit werkte niet met Shirley. Ze was niet betrokken bij een van de scènes waar ze naartoe ging. Hoewel ze gevuld waren met levendige details, was ze slechts een waarnemer.

Ze zei: "Ik herken deze plaatsen, maar ik voel me er niet op mijn gemak. Ik voel me niet op mijn plaats, alsof ik niet ben wie ik ben. Niets komt me echt bekend voor. Het is alsof ik het moeilijk heb."

Omdat ze zich niet op haar plaats voelde, vroeg ik haar om te verhuizen naar waar ze zich op haar gemak voelde, waar ze het gevoel had dat ze erbij hoorde. Om naar een plek te gaan die vertrouwd was.

Ze verraste me volledig met haar snelle en onverwachte antwoord: "De Zon!" Ik vroeg haar uit te leggen wat ze bedoelde.

S: We kunnen naar de Zon gaan. Daar voel ik me comfortabel en vertrouwd.
D: In de zon?
S: In de Zon. Met het licht. Ik maak er deel van uit. Het is maar één groot licht. En het is warm.
D: Onze Zon, of is het ... iets soortgelijks?
S: Het is de Zon.
D: Het is de Zon? (Jazeker) Tja, hoe is het om daar los van te zijn?
S: (Grote adem) Normaal! Het voelt thuis. Ik heb geen lichaam. Ik heb wel bewustzijn. Ik ben een deel van het geheel, en niet gescheiden.

Omdat ze zo positief en tevreden was besloot ik daarin mee te gaan. Ik heb proefpersonen een aantal zeer vreemde ervaringen laten beschrijven die onverwacht waren. Het onderbewuste neemt ze altijd mee naar wat ze zouden moeten zien, en dat is meestal om een belangrijke reden. Het zal het onderwerp ten goede komen; ook al begrijp ik het niet.

D: Een deel van het hele licht? Tja, hoe is het om in de Zon te zijn? Veel mensen vragen zich dat af.
S: Als je het nadert, is het extreem helder en heet. Maar als je erin gaat, is het niet meer warm. Als je het eenmaal bent geworden, is het gewoon een lichtbal. Met bewustzijn.
D: De Zon heeft ook bewustzijn?
S: Ja. Het is een groter bewustzijn. Het gaat maar door en door.
D: Maar zijn er niet veel zonnen op veel plaatsen?
S: Niet zo. Er is alleen deze.
D: Dit is anders dan een ster die een zon is? Is dat wat u bedoelt?
S: Ja. Het is pure energie.
D: Want er zijn toch veel zonnen, met veel planeten eromheen?
S: Ik weet het niet. Het enige wat ik weet is dat ik naar deze lichtbal ging die ik herkende. Zodra ik wist dat het mijn thuis was, en toen ik erin ging, had ik geen formulier. Ik had gewoon totaal bewustzijn en energie.

D: *Heb je het gevoel dat dat je thuis is? (Jazeker) En dat is waar je je op je gemak voelt? (Jazeker) Nou, dat is heel goed. Voelt het vreemd om geen lichaam te hebben?*
S: Nee. Het voelt normaal.
D: *Was je er al lang, of weet je het?*
S: Ik weet het niet, maar ik herken het. Het is wie ik ben.
D: *Zijn er andere wezens, andere entiteiten bij jou?*
S: Ja, maar als je er eenmaal bent, ben je niet anders. Het is alsof jij de entiteit bent. Als ik uit de Zon trek, of uit deze bal van energie en licht trek, dan word ik anders. En er zijn andere entiteiten. Als ze zich terugtrekken, worden ze gescheiden. Als ze naar binnen gaan, is het er maar één.
D: *Dus dat is een comfortabel gevoel om allemaal deel uit te maken van één ding? (Jazeker) En dan kun je je weer terugtrekken.*
S: Ja, als ik dat wilde, kon ik me terugtrekken.
D: *Heb je een naam voor deze plek?*
S: Ik heb er geen naam voor.
D: *We plakken graag namen en labels op dingen. Maar ben je er al lang?*

Het was moeilijk om vragen te bedenken voor zoiets onbekends.

S: Ik kan hier nog lang zijn. Als ik daar ben, is het niet waarschijnlijk dat ik weer naar buiten zou willen. Maar ik kan het wel.
D: *Maar je kunt toch niet altijd op één plek blijven?*
S: Dat kan ik. Ik weet niet waarom ik uit zou gaan, maar soms gaan we uit.

Ik probeerde te bedenken hoe ik haar kon bewegen, want dit leek nergens heen te gaan. Ze zou tevreden kunnen zijn om daar voor onbepaalde tijd te blijven.

D: *En je kunt naar buiten gaan en weer naar binnen komen? (Jazeker) En als je naar buiten gaat, splits je je op in verschillende individuele entiteiten? (Jazeker) OK. Laten we eens kijken waar je naartoe gaat als je uitgaat. Vertel me wat er gebeurt als je naar buiten gaat en een individuele entiteit wordt.*
S: Het is niet comfortabel. Het is heel verontrustend. T is... dat fysieke ... het gevoel is onaangenaam.

D: *Als je het licht verlaat, bedoel je dat je fysiek wordt als een entiteit?*
S: Fysiek als entiteit. Het is veel anders. Geen deel uitmaken van het geheel is heel erg verontrustend. En het is erg koud. En het is heel zwaar. En het is heel alleen.
D: *Je bent dan afgescheiden en in de ander maak je deel uit van alles? Zou dat kloppen?*
S: Je maakt er geen deel van uit. Je bent het gewoon.
D: *Jij bent het.*
S: Het is niet zo dat je een heel stelletje bent, in één. Je bent het gewoon. Er is geen scheiding. Geen verschil. Er is alleen een verschil als je uitgaat. Dat is wanneer je uit elkaar trekt, en je wordt "wij" en "zij" of veel, of ... een grens.
D: *Wat bedoel je met een grens?*
S: Omdat je een vorm hebt, dus er is een grens om je heen. En door die vorm weerhoudt het je ervan om afgescheiden te zijn.
D: *Ik probeer het te begrijpen. Waarom zou je dan een formulier aannemen?*
S: Ik denk dat het is om te dienen wie je kiest. Ik denk dat het een vorm van dienen en opofferen is dat we gaan ... om te helpen ....
D: *Om wie te helpen?*
S: Om de anderen te helpen die misschien niet weten hoe ze terug moeten komen.
D: *Komt iedereen uit dezelfde plaats?*
S: Ik geloof het wel. Als ik het benader, kan ik beter antwoorden. Als ik erop inga, ja. Maar als ik eruit kom, en erbuiten sta, is er te veel verschil om alles te weten.
D: *Je bedoelt dat je een deel van de informatie of kennis verliest?*
S: Ja, dat denk ik wel. Het is alsof wanneer ik nader, ik weet het, ik weet het zeker, ik ben het. Maar als ik ervan wegga, verlies ik daar wat van. En toch kies ik ervoor om weg te gaan.
D: *Maar denk je dat al deze individuele entiteiten van die ene plaats komen?*
S: Het is de enige plek die ik ken.
D: *De enige die je kent. (Jazeker) Ik was benieuwd of er nog meer van dat soort plekken waren.*
S: Mijn gevoel is dat er maar één plek is.
D: *En dan gaan mensen naar buiten en komen terug als individuen. (Jazeker) Komen ze terug in cycli, met tussenpozen of wat dan ook?*

S: Ja. Het is niet allemaal tegelijk. Het is willekeurig, wanneer iets is voltooid, of wanneer je energiek moet worden.
D: *Je bedoelt dat je regelmatig terug moet gaan om energie te krijgen? (Jazeker) Als je dat niet doet, wat zou er dan gebeuren?*
S: Het is niet dat we dat niet zouden doen. We moeten naar huis. Je gaat terug. Je krijgt energie zodat je naar buiten kunt blijven gaan. En je gaat nooit meer terug.
D: *Dus je gaat dan heen en weer.*
S: Ja. Soms blijf je langer. En soms blijf je minder.
D: *Maar het is altijd een plek waar je uiteindelijk naar terug zult gaan? (Jazeker) Welnu, waar ga je heen als je wegreist van dit licht?*
S: Ik denk dat ik naar planeten ga. Aarde, andere plaatsen ook.
D: *Kun je beschrijven wat je bedoelt? Naar welke andere plaatsen zou je gaan?*

De constructie, het geklonken en het lawaai van zwaar materieel aan de overkant van de straat werd erg luid en leidde me af. Het leek Shirley echter helemaal niet te deren.

S: Plekken die anders zijn. Die niet zoveel kleur hebben als de aarde. Hebben verschillende vormen - niet van het materiaal.
D: *Hoe bedoel je?*
S: Geen vegetatie. Niets met kleur. Geen bloemen, geen vogels. Saai. Rode kleuren. Grove rode kleuren. Terpen, kleien.
D: *Hebben ze een fysieke omgeving, zoals bergen of vuil of wat dan ook?*
S: Er zijn bergen, maar die zijn daar anders. Ze zijn puntig, en zeer gelijnd en scherp.
D: *Hoe weet je waar je heen moet als je naar deze verschillende plekken gaat?*
S: Als ik beweeg is er iets in mij dat ... Ik word gestuurd. Ik word gestuurd om de host te helpen.
D: *Hoe weet je waar je heen moet?*
S: Het bewustzijn stuurt ons. We weten het gewoon.
D: *Je bedoelt, het grote licht dat je hebt achtergelaten? Het bewustzijn? Noemt u dat zo? (Jazeker) Het stuurt je, vertelt je waar je heen moet?*

S: Ja. Het lijkt meer op mentale telepathie. Het is alsof ik het gewoon weet. Ik maak deel uit van het geheel, dus ik weet waar ik heen moet. En als ik het verlaat, word ik meer een individueel lichtwezen.

D: *Je bent op dat moment gescheiden. En je lijkt instinctief te weten waar je naartoe moet? (Jazeker) En als je daar dan aankomt, wat gebeurt er dan?*

S: Ik zal, denk ik, een vorm worden zoals de vormen, waar ik ook ga. En ik help als ik nodig ben.

D: *Dus de formulieren kunnen overal anders zijn. (Jazeker) Hoe word je deze vormen?*

S: Ik denk dat ik ze gewoon denk.

D: *Ik denk dat ik denk aan zielen en geesten en hoe ze een vorm zouden binnengaan. Is het anders dan dat?*

S: Ik denk de vorm, en ik ben er.

D: *Ik denk in aardse termen.*

S: Je bedoelt alsof ik geboren ben. (Jazeker) Ik zie mezelf niet geboren worden. Op aarde ... laat me denken, als ik naar de Aarde zou gaan.

D: *Want de Aarde is waar ik bekend mee ben. Ik weet dat anderen waarschijnlijk anders zijn.*

S: Ik was op weg naar een andere plek.

D: *Daar kunnen we zo op terugkomen. Ik wilde dit deel verduidelijken, indien mogelijk. Als je naar de Aarde zou komen, hoe zou het dan gebeuren?*

S: Ik denk dat als ik naar de Aarde kom, ik soms geboren kan worden. Maar dat hoef ik niet te zijn.

D: *Ik denk aan de ziel of geest, hoe je jezelf ook noemt, die een baby binnengaat zoals die geboren wordt.*

S: Zo hoef ik het niet te doen.

D: *Hoe zou je het doen als je het op een andere manier deed?*

S: Ik zou gewoon ergens op ingaan.

D: *Maar zou er niet al een geest in zitten?*

S: Niet als ik naar binnen ging. Niet wanneer ik naar binnen zou gaan. Maar heel zelden, op aarde, doen we dat.

D: *Omdat mij is verteld dat er aan elk formulier één is toegewezen?*

S: Soms ga je weg. Soms vertrekt een ziel - het is een overeenkomst - soms vertrekken ze. En ik kan binnenkomen.

Dit klonk een beetje als een "walk-in". Deze worden beschreven in Tussen dood en leven. Normaal gesproken ruilt een andere ziel plaatsen met de ziel die momenteel het lichaam bezet als die ziel meer heeft aangenomen dan ze aankan. Het is een acceptabel alternatief voor zelfmoord.

D: Noem je jezelf een ziel of een geest?
S: Ik ben geen geest. Ik ben een ziel.
D: Hoe zou je jezelf definiëren, als ziel? Ik weet dat de taal soms niet toereikend is.
S: Ja, want ik gebruik geen taal. Denken. Je denkt maar na. Het is bewustzijn. En ik ben bewustzijn, dingen kunnen heel snel gebeuren.
D: Dus zou je jezelf als een ziel beschouwen als een stukje bewustzijn?
S: Ik ben bewustzijn.
D: Je bent bewustzijn, maar je bent ook een individu.
S: Op aarde, op andere plaatsen, maar als ik naar huis ga, ben ik gewoon degene.
D: Wanneer je naar de Aarde komt, voer je een formulier in wanneer het als baby wordt geboren?
S: Als we naar de aarde gaan, en ik ga naar een baby, dan ga ik niet zomaar naar een baby. Ik ga naar binnen waar ik nodig ben. Ik zie een ziel in de baby waar ik naartoe ga. En ik denk dat ik me bij die ziel aansluit.
D: Dus het is anders dan de andere zielen of geesten? Is dat wat u bedoelt? (Jazeker) Waar ze aan één worden toegewezen, doe je dat op een andere manier?
S: Ik denk het wel, want ik zie mezelf niet geboren worden. Ik zie mezelf een keuze maken. En het is een overeenkomst.
D: Met de ziel die er al is?
S: Ja. Zo'n situatie misschien.
D: En je kunt dit op elk moment tijdens de levensduur van de vorm doen?
S: Ik doe het en blijf er de hele tijd bij. En dan ga ik weg. Maar ik kan het in elke fase.
D: Dat bedoelde ik. Het hoeft toch geen baby te zijn? U kunt het op elk moment invoeren? (Jazeker) Zolang het maar in overeenstemming is met de ziel die er al is? (Jazeker) En het bewustzijn is degene die je instinctief vertelt waar je naartoe

590

moet? (Jazeker) En je zei dat als je naar andere plaatsen, andere planeten of andere rijken gaat, het anders wordt gedaan?
S: Ik denk dat ik als volwassene naar binnen ga. Ik zie de vorm en ik word het gewoon. Maar er is al een formulier.
D: Er zijn dus geen kleinere versies van, zoals baby's. Het zijn allemaal volwassen, volwassen vormen?
S: Als ik in die fase naar binnen ga. Althans op deze plek.
D: Ik blijf denken aan het fysieke, maar het is misschien niet zo.
S: Het is een fysieke ingang. Als ik zeg dat ik een individu ben wanneer ik de massa van het energiebewustzijn verlaat, ben ik een vorm van iets buiten dat energiebewustzijn. Ik ben misschien geen vorm van wat er nog gaat gebeuren. Ik ben dus nog steeds energiebewustzijn, maar ik heb een vorm die niet beschrijfbaar is.
D: En je hebt een bewustzijn, een persoonlijkheid die denkt, nietwaar?
S: Mij wordt verteld, ja, als bewustzijn.
D: Dus op die manier heb je wel een individualiteit, ook al ben je energie. Is dat wat u bedoelt?
S: Ja. En ik ben dienstbaar.
D: Deze plaatsen waar je naartoe gaat waar je denkt een lichaam, is dat hoe de andere entiteiten op die plaats ook lichamen creëren? (Jazeker)

Naast de bouwgeluiden begonnen sommige kinderen een peprally op straat beneden met geschreeuw, gezang en getrommel, omdat we in de buurt van verschillende scholen waren. Ook hier leek het Shirley niet te deren.

D: Ik stel zoveel vragen omdat ik moeilijke concepten probeer te begrijpen. Dus op die plaatsen hoeven mensen of entiteiten geen groeiproces te doorlopen. Ze creëren gewoon de vorm waarin ze willen zijn door het te denken. Klopt dat? (Jazeker) Er zijn dus veel andere manieren om dingen te doen dan wat we op Aarde weten. (Jazeker) Daarom is het voor mij een beetje moeilijk te begrijpen. Maar als je het lichaam tot stand zou brengen door het te denken, dan zou het toch niet sterven?
S: Ik ga nooit dood. Het lichaam van degene naar wie ik ga, zal sterven, en dan gaan we uit elkaar. En hun ziel gaat zijn eigen weg. En ik ga terug.

D: *Dus elke keer dat je dit doet, ben je altijd met een andere ziel in het lichaam?*
S: Ja, dat denk ik wel.
D: *Je bent nooit alleen in het lichaam. Dat klinkt anders. Het is niet de manier waarop we normaal gesproken denken over geesten en zielen.*
S: Ik ben bewustzijn.
D: *Maar je bedoelt dat er een andere ziel in deze lichamen is, de fysieke vorm, zelfs als je denkt dat het bestaat? (Jazeker) En dan combineer je daarmee.*
S: Ik combineer niet.
D: *Hoe doe je dat? Meedoen? Dat zou combineren zijn.*
S: Ik word er niet één mee. Ik serveer het. En dan ga ik naar huis.
D: *Maakt dat je niet meer een waarnemer? Ik gebruik waarschijnlijk niet de juiste terminologie.*
S: Ik ben geen waarnemer.
D: *Je zei dat je de ziel dient, maar je bent een bewustzijn. Kun je me helpen het te begrijpen?*
S: Deze persoon die hier ligt, heeft het ook moeilijk om dit te begrijpen.
D: *Laat de informatie gewoon doorstromen en we kunnen het later uitzoeken. Op deze manier kunnen we het allebei begrijpen. Je zei dat je niet de waarnemer bent. Als je de ziel dient die in het lichaam is, ben je niet de ziel die de ervaring heeft.*
S: Het kan zijn dat ik me bij de ziel voeg en dat ik puur bewustzijn ben. Ik heb een ziel, maar ik ben niet mijn ziel. Ik ben nu puur bewustzijn. Een energie. Ik ben er lang genoeg geweest dat dat mijn thuis is. Ik help planeten. Ik ga naar bepaalde plaatsen waar ik nodig ben en ik help de wezens op de planeet. En als ik erop inga, is het waar ik nodig ben op het moment dat ik nodig ben. Als ik in de ziel ga, een baby, overheerst mijn bewustzijn. Ik overschrijf dat bewustzijn totdat ik niet nodig ben.
D: *Kan dit gebeuren voordat het lichaam daadwerkelijk sterft, dat je niet nodig bent?*
S: Ja. Maar meestal niet.
D: *Welnu, als er een andere ziel aan dat lichaam is toegewezen en je helpt die ziel min of meer, betekent dat dan dat je geen karma voor jezelf creëert*

S: Ik kan karma creëren. Dat hoeft ook niet. Maar soms kan ik te veel vergeten en karma creëren. En dan verlies ik een beetje het spoor bijster van mijn huis, tot ik het me herinner. Dat zijn de keren dat ik langere tijd weg ben. Dan kan ik op een andere manier geboren worden. Maar als ik eraan denk, ga ik naar huis. Ik vergeet het nooit, maar dan ook nooit. Maar soms als ik een opeenhoping van een serieus karma heb, moet ik het uitwerken voordat ik het me zal herinneren.

D: *Ben je op dat moment de overheersende ziel in het lichaam, in plaats van de helper? (Jazeker) Kun je heen en weer schakelen? (Jazeker) Je kunt de ziel helpen of als je karma creëert dan word je de ziel die het moet ervaren. Heeft dat zin? (Jazeker) Ik denk dat we altijd aan bezit denken, maar zo klinkt het niet.*

S: Nee. Nee, het is altijd een keuze, en het is alleen wanneer ik nodig ben.

D: *Maar soms raak je bij wijze van spreken gevangen en moet je de overheersende in het lichaam zijn totdat je het uitwerkt. (Jazeker) En dan kun je of naar huis, of weer heen en weer schakelen?*

S: Igo thuis. Het is niet ... soms vergeet ik het wel.

D: *Dan is het grootste deel van wat je hebt gedaan als een helper geweest, in plaats van een fysiek leven te leiden. Is dat wat u bedoelt? (Jazeker) Dus zelfs op andere planeten, andere dimensies, hebben jullie geprobeerd te helpen. (Jazeker) Maar op dit moment dat je in het lichaam van Shirley bent, ben je dan de helper of ben je de overheersende ziel?*

S: Ik ga naar binnen om te zien. (Pauze) Ik ben de overheersende ziel.

D: *In dit leven dan. (Jazeker) Is dit de reden waarom - in haar bewuste geest - ze zich niet verbonden heeft gevoeld in dit leven? (Jazeker) Ze blijft maar zeggen dat ze naar huis wil. Ze weet dat ze hier niet thuishoort. (Jazeker) Omdat ze meer met je verbonden is dan de gemiddelde persoon? (Jazeker) Dat is logisch, nietwaar?*

Dit lijkt op de andere gevallen in dit boek waar mensen ernaar verlangden om naar huis te gaan, maar niet wisten waar "thuis" was. In de meeste van deze gevallen toen ze naar huis terugkeerden, was het een vreemde fysieke planeet. Dit geval met Shirley leek te wijzen op een nog dieper verlangen naar thuis dat verder ging dan de fysieke of oorspronkelijke gastheerplaneet. Deze andere proefpersonen hadden vaak het gevoel dat ze deel uitmaakten van de plaats waar ze zich bevonden, en ze hadden ook een grote aarzeling om te vertrekken. Toch klonk Shirley's nog basaler en essentiëler. Misschien een herinnering uit een deel van onze oergeest dat bestond vóór de schepping van fysieke werelden, dat voor altijd een deel van ons is geweest.

D: *Waarom raakte je als het ware gevangen in dit lichaam en werd je de overheersende ziel? (Pauze) Je hebt karma gecreëerd, denk ik, anders zou je toch niet de overheersende ziel zijn?*
S: Ego. Ik heb wat macht misbruikt.
D: *Vertel me erover.*
S: Ik heb valse dingen gecreëerd.
D: *Je zei dat je dingen kunt bedenken?*
S: Nee. Als ik uit mijn centrum kom, kan ik in het bestaan denken. Maar ik kan dingen niet in het leven denken.
D: *Maar je zei dat je op een ander moment valse dingen creëerde?*
S: Ik heb op dieren geëxperimenteerd. Ik heb ze in verschillende vormen gemaakt.
D: *Was dit in een leven waarin je op dat moment leefde? (Jazeker) Waarom heb je dat gedaan?*
S: Omdat ik iets wilde creëren. En ik had het vermogen.
D: *Als fysieke entiteit deed je deze dingen? (Jazeker) Ik denk dat ik aan een wetenschapper denk of zo? (Jazeker) Deed je het gewoon uit nieuwsgierigheid of zo?*
S: Het was om te zien of het werkte.
D: *Deden anderen hetzelfde?*
S: Ja. Maar ik was een van de hoofden. Het was moreel niet juist.
D: *Maar je zei, valse dingen creëren.*
S: Mens en dier. Experimenteren met verschillende dieren. Creëren met lichaamsdelen. Chirurgisch en genetisch.
D: *Zouden deze vreemde wezens leven? (Jazeker) Deze plek waar je dit deed, had het een naam?*
S: Atlantis. Het was niet goed, het was ergens in de buurt.
D: *Gewoon uit nieuwsgierigheid om te zien of het zou kunnen.*
S: Ja, het kwam van ego.
D: *Wat deed je met deze wezens nadat ze waren geschapen?*
S: Laat ze los.
D: *Zouden ze zichzelf kunnen herscheppen? Kunnen ze zich voortplanten?*

S: Sommigen wel. Sommigen konden dat niet. Ik was in een andere ziel gekomen. De ziel was een wetenschapper. De ziel had ego. Veel ego. En ik verdwaalde in het ego.

D: *Je raakte toen te betrokken en zo werd het je karma. (Jazeker) Maar deden mensen niet veel dingen die in die tijd niet goed waren, omdat ze gewoon nieuwsgierig waren?*

S: Ja. Maar omdat ik verstrikt raakte in ego, werd mijn bewuste ego verkeerd gebruikt. Ik had macht.

D: *En toen zat je min of meer gevangen in de cyclus van het moeten terugkeren en terugbetalen van het karma. (Jazeker) En dat zorgde ervoor dat je gevangen zat in het fysieke op het menselijke aardse vlak? (Jazeker) Dus heb je deze dingen terugbetaald?*

S: Ik heb terugbetaald.

D: *Dat is een grote schuld, maar denk je dat je dat karma bijna hebt voltooid? (Jazeker) Dus misschien duurt het niet lang meer en kun je naar huis. Maar op dit punt moet je bij Shirley blijven, bij dit lichaam? (Jazeker) Dit betekent dat Shirley veel onaangeboorde kennis heeft en dat informatie waarvan ze niet eens weet dat die er is. (Jazeker) Als ze het in dit leven wil gebruiken, zou ze dan in staat zijn om die kracht en die informatie aan te boren?*

S: Enigszins.

Vervolgens stelde ik dit deel van haar (ik wist niet of ik met haar onderbewustzijn sprak of niet) de vragen die ze voor de sessie had opgeschreven. Dit deel was zo nauw met haar afgestemd, dat het haar belangrijk advies kon geven om haar te helpen gebeurtenissen in haar leven te begrijpen. Een ding in het bijzonder waar ze naar had gevraagd, was haar diepe en nauwe affiniteit met dieren. Ze kan mentaal met hen communiceren. Ik vermoedde dat het antwoord verband zou houden met het leven in Atlantis, waar ze dieren in grote mate had mishandeld. Ik had gelijk, want er stond dat ze nu zo geëvolueerd was dat ze op een positieve manier één was geworden met dieren.

Shirley had een paar jaar geleden een vreemde ervaring gehad waar ze me naar wilde vragen. Tijdens een rebirthing sessie zag ze zichzelf een leven leiden als een buitenaards wezen in een reptielachtig lichaam. Soms zal het onderwerp tijdens het rebirthing-proces dramatische ervaringen hebben, vaak verder gaand dan het herbeleven van de geboorte-ervaring en het binnenhalen van scènes uit vorige levens. Ze wilde hier meer informatie over vinden.

D: *Toen ze een keer bezig was met rebirthing ging ze naar een ervaring waar ze in reptielachtige vorm was. Ze wilde weten, is dat een echte herinnering, of wat er aan de hand was?*
S: Ja, dat was een ware herinnering. Het was niet wie ze was. Het was wie/ik. En eigenlijk sta ik niet los van haar, maar/ben ik.

Ik was weer in de war. Deze hele sessie presenteerde informatie die ik nog nooit eerder was tegengekomen.

D: *Je zei dat je nu de overheersende ziel bent als Shirley. (Jazeker) Zijn jullie altijd samen geweest, als zielen? (Jazeker) Elk leven dat je hebt geleefd, heeft zij geleefd? (Jazeker) En soms was zij de overheersende, en soms ben jij dat ook?*
S: Zij is de overheersende ziel geweest, maar ik begin de overheersende ziel te zijn.
D: *Maar je bent altijd samen geweest en je hebt haar de hele tijd geholpen. (Jazeker) Maar dat was een leven lang ergens anders in reptielenvorm?*
S: Dat was een herinnering die ik had. Omdat ik in haar ziel ben geweest als een deel van haar, en toch niet gescheiden, maar toch niet hetzelfde - er zijn geen woorden - kwam ik met mijn herinnering. En toen ze herboren werd, zag ze zichzelf zo.
D: *Dat is het moeilijke deel, proberen deze twee dingen te scheiden, omdat we zo gewend zijn om in onze fysieke termen te denken.*
S: Dat zijn de grenzen.

Na meer vragen te hebben gesteld met betrekking tot Shirley's fysieke toestand, vroeg ik dat ongewone deel van haar om zich terug te trekken en bracht haar terug naar volledig bewustzijn. Onnodig te zeggen dat ik in de war was door deze nieuwe informatie en wist dat het tijd zou kosten om te verteren. Ik vroeg me ook af hoe moeilijk het voor Shirley zou zijn om te begrijpen nadat ze de kans had gehad om naar de tape te luisteren.

Sinds deze sessie had ik een soortgelijke ervaring met een man in 2001. Hij viel ook terug naar een helder licht dat zo comfortabel was dat hij daar wilde blijven. Hij drukte het gevoel van grote eenzaamheid en afgescheidenheid uit toen hij het moest verlaten en individualiseren om op deze zielsverkenningen te reizen.

Waar hebben we contact mee opgenomen? De Bron? Universeel bewustzijn? Gefragmenteerd zielsdeel? God bron?

Hoe meer vragen we stellen, hoe meer vragen er worden gesteld. Het lijkt eindeloos te zijn. We zullen het waarschijnlijk nooit allemaal kunnen begrijpen, en er zullen altijd meer gecompliceerde concepten zijn die net buiten ons bereik liggen. Maar voor mij en mijn onverzadigbare nieuwsgierigheid is dat de opwinding van de zoektocht en het avontuur van het onderzoeken van het onbekende. Ik zal de reis voortzetten.

Over de auteur

Dolores Cannon, een regressieve hypnotherapeut en paranormaal onderzoeker die "Verloren" kennis registreert, werd geboren in 1931 in St. Louis, Missouri. Ze werd opgeleid en woonde in Missouri tot haar huwelijk in 1951 met een carrière marineman. Ze bracht de volgende 20 jaar door met reizen over de hele wereld als een typische marinevrouw en het opvoeden van haar gezin.

In 1968 had ze haar eerste blootstelling aan reïncarnatie via regressieve hypnose toen haar man, een amateurhypnotiseur, een vorig leven tegenkwam tijdens het werken met een vrouw die een gewichtsprobleem had. In die tijd was het onderwerp "vorig leven" onorthodox en heel weinig mensen experimenteerden in het veld. Het wekte haar interesse, maar moest opzij worden gezet omdat de eisen van het gezinsleven voorrang kregen.

In 1970 werd haar man ontslagen als gehandicapte veteraan en trokken ze zich terug in de heuvels van Arkansas. Daarna begon ze haar schrijfcarrière en begon ze haar artikelen te verkopen aan verschillende tijdschriften en kranten. Toen haar kinderen een eigen leven begonnen, werd haar interesse in regressieve hypnose en reïncarnatie opnieuw gewekt. Ze bestudeerde de verschillende hypnosemethoden en ontwikkelde zo haar eigen unieke techniek die haar in staat stelde om de meest efficiënte vrijgave van informatie van haar proefpersonen te verkrijgen. Sinds 1979 heeft ze informatie van honderden vrijwilligers teruggekaatst en gecatalogiseerd. In 1986 breidde ze haar onderzoek uit naar het UFO-veld. Ze heeft ter plaatse studies gedaan naar vermoedelijke UFO-landingen en heeft de graancirkels in Engeland onderzocht. Het grootste deel van haar werk op dit gebied is de opeenstapeling van bewijsmateriaal van vermoedelijke ontvoerden door middel van hypnose.

De boeken die al zijn uitgegeven van deze auteur zijn: Nostradamus spreekt, Nostradamus spreekt opnieuw, Jezus en de Essenen – Ze Wandelden met Jezus – Between Death and Life – A soul Remembers Hiroshima – Keepers of the Garden – Legacy fro mthe Stars – The Legend of Starcrash – The Custodians

Verschillende van haar boeken zijn te verkrijgen in meerdere talen.

Dolores heeft vier kinderen, en veertien kleinkinderen, die haar gegrond houden in het "echte" leven met haar familie en de "onechte, ongeziene" wereld die haar werk omvat.

Als je met Dolores contact wenst op te nemen of vragen hebt over haar werk, nodig ik je graag uit om naar het volgende adres al je vragen te sturen. (Voeg hier aub een geposteerde envelop ter retourzending aan toe.) Je kan ons ook contacteren via de website.

Dolores Cannon
Ozark Mountain Publishing
P.O. Box 754
Huntsville, AR 72740

WWW.OZARKMT.COM

Other Books by Ozark Mountain Publishing, Inc.

Dolores Cannon
A Soul Remembers Hiroshima
Between Death and Life
Conversations with Nostradamus, Volume I, II, III
The Convoluted Universe -Book One, Two, Three, Four, Five
The Custodians
Five Lives Remembered
Jesus and the Essenes
Keepers of the Garden
Legacy from the Stars
The Legend of Starcrash
The Search for Hidden Sacred Knowledge
They Walked with Jesus
The Three Waves of Volunteers and the New Earth
A Vey Special Friend
Aron Abrahamsen
Holiday in Heaven
James Ream Adams
Little Steps
Justine Alessi & M. E. McMillan
Rebirth of the Oracle
Kathryn Andries
Time: The Second Secret
Cat Baldwin
Divine Gifts of Healing
The Forgiveness Workshop
Penny Barron
The Oracle of UR
P.E. Berg & Amanda Hemmingsen
The Birthmark Scar
Dan Bird
Finding Your Way in the Spiritual Age
Waking Up in the Spiritual Age
Julia Cannon
Soul Speak – The Language of Your Body
Ronald Chapman
Seeing True
Jack Churchward
Lifting the Veil on the Lost Continent of Mu
The Stone Tablets of Mu
Patrick De Haan
The Alien Handbook
Paulinne Delcour-Min
Spiritual Gold
Holly Ice
Divine Fire
Joanne DiMaggio
Edgar Cayce and the Unfulfilled Destiny of Thomas Jefferson Reborn
Anthony DeNino
The Power of Giving and Gratitude
Carolyn Greer Daly
Opening to Fullness of Spirit
Anita Holmes
Twidders
Aaron Hoopes
Reconnecting to the Earth
Patricia Irvine
In Light and In Shade
Kevin Killen
Ghosts and Me
Donna Lynn
From Fear to Love
Curt Melliger
Heaven Here on Earth
Where the Weeds Grow
Henry Michaelson
And Jesus Said – A Conversation
Andy Myers
Not Your Average Angel Book
Guy Needler
Avoiding Karma
Beyond the Source – Book 1, Book 2
The History of God
The Origin Speaks

For more information about any of the above titles, soon to be released titles, or other items in our catalog, write, phone or visit our website:
PO Box 754, Huntsville, AR 72740|479-738-2348/800-935-0045|www.ozarkmt.com

Other Books by Ozark Mountain Publishing, Inc.

The Anne Dialogues
The Curators
Psycho Spiritual Healing
James Nussbaumer
And Then I Knew My Abundance
The Master of Everything
Mastering Your Own Spiritual Freedom
Living Your Dram, Not Someone Else's
Sherry O'Brian
Peaks and Valley's
Gabrielle Orr
Akashic Records: One True Love
Let Miracles Happen
Nikki Pattillo
Children of the Stars
A Golden Compass
Victoria Pendragon
Sleep Magic
The Sleeping Phoenix
Being In A Body
Alexander Quinn
Starseeds What's It All About
Charmian Redwood
A New Earth Rising
Coming Home to Lemuria
Richard Rowe
Imagining the Unimaginable
Exploring the Divine Library
Garnet Schulhauser
Dancing on a Stamp
Dancing Forever with Spirit
Dance of Heavenly Bliss
Dance of Eternal Rapture
Dancing with Angels in Heaven
Manuella Stoerzer
Headless Chicken
Annie Stillwater Gray
Education of a Guardian Angel
The Dawn Book
Work of a Guardian Angel

Joys of a Guardian Angel
Blair Styra
Don't Change the Channel
Who Catharted
Natalie Sudman
Application of Impossible Things
L.R. Sumpter
Judy's Story
The Old is New
We Are the Creators
Artur Tradevosyan
Croton
Croton II
Jim Thomas
Tales from the Trance
Jolene and Jason Tierney
A Quest of Transcendence
Paul Travers
Dancing with the Mountains
Nicholas Vesey
Living the Life-Force
Dennis Wheatley/ Maria Wheatley
The Essential Dowsing Guide
Maria Wheatley
Druidic Soul Star Astrology
Sherry Wilde
The Forgotten Promise
Lyn Willmott
A Small Book of Comfort
Beyond all Boundaries Book 1
Beyond all Boundaries Book 2
Beyond all Boundaries Book 3
Stuart Wilson & Joanna Prentis
Atlantis and the New Consciousness
Beyond Limitations
The Essenes -Children of the Light
The Magdalene Version
Power of the Magdalene
Sally Wolf
Life of a Military Psychologist

For more information about any of the above titles, soon to be released titles, or other items in our catalog, write, phone or visit our website:
PO Box 754, Huntsville, AR 72740|479-738-2348/800-935-0045|www.ozarkmt.com